KB217008

한 권으로 배우는 신학교

Originally published in English under the title of

THE PORTABLE SEMINARY

by Bethany House Publishers,
a division of Baker Publishing Group,
Grand Rapids, Michigan, 49516, U.S.A.

한 권으로 배우는 신학교

알리스터 맥그래스, 존 스토트, 마크 놀 외 지음
데이빗 호튼 총편집 | 전의우 옮김

규장

《한 권으로 배우는 신학교》 '교수진'

여기서 소개하는 학자, 교사, 저술가, 실천가들은 《한 권으로 배우는 신학교》의 교수진이다.
이들의 강의는 단순한 지적 자극이 아니라 당신이 '사랑하고 선을 행하도록' 하는 데 목적이 있다.
본문 가운데 기고자의 이름이 없는 글은 편집자들이 쓴 것이다.

알리스터 맥그래스 ALISTER E. McGRATH
옥스퍼드 대학(Oxford University)에서 박사학위를 받았고, 같은 대학 역사신학 교수이며, 《기독교 신학 기초》(Theology: The Basics, 기독교문서선교회 역간)를 비롯해 여러 권의 책을 썼다.

존 스토트 JOHN R. W. STOTT
캠브리지 대학(Cambridge University)에서 박사학위를 받았고, 세계적으로 유명하고 유능한 설교자이자 성경학자이며, 《기독교의 기본 진리》(Basic Christianity and Understanding the Bible, 생명의말씀사 역간)를 비롯해 많은 책을 썼다. 2011년에 세상을 떠났다.

마크 놀 MARK A. NOLL
반더빌트 대학(Vanderbilt University)에서 박사학위를 받았고, 휘튼 칼리지(Wheaton College)에서 28년간 재직했으며, 지금은 노트르담 대학(University of Notre Dame) 역사학 교수로 있다. 《미국의 하나님: 조나단 에드워즈에서 아브라함 링컨까지》(America's God: From Jonathan Edwards to Abraham Lincoln) 등 여러 권의 책을 썼다.

토마스 애스큐 THOMAS A. ASKEW
노스웨스턴 대학(Northwestern University)에서 박사학위를 받았고, 고든 칼리지(Gordon College) 부설 동서문제국제연구소(East-West Institute of International Studies)의 역사학 명예교수이자 사무국장으로 있으며, 리차드 피라드(Richard Pierad)와 함께 《미국 교회를 경험하다: 간추린 역사》(The American Church Experience: A Concise History)를 썼다.

윌리엄 바아커 WILLIAM P. BARKER
피츠버그에서 오래 목회를 했고, 피츠버그 신학교(Pittsburgh Theological Seminary)의 연속 교육 과정(Continuing Education) 책임자로 있으며, 저서로는 《교회사의 인물들》(Who's Who in Church History) 등이 있다.

도날드 블로쉬 DONALD G. BLOESCH
시카고 대학(University of Chicago)에서 박사학위를 받았고, 두부크 신학교(Dubuque Theological Seminary)의 명예교수로 있으며, 저서로는 《복음주의 신학의 본질》(Essentials of Evangelical Theology)과 크리스천 파운데이션(CHRISTIAN FOUNDATION) 시리즈가 있다.

릴리언 브레켄리지 LILLIAN BRECKENRIDGE
남서침례교 신학교(Southwestern Baptist Theological Seminary)에서 박사학위를 받았고, 오럴 로버츠 대학 신학대학원(Oral Roberts University, Graduate School of Theology)에서 부교수로 기독교 교육학(Christian Education)을 가르치며, 남편 제임스 브레

켄리지(James Breckenridge)와 함께 《당신의 하나님은 피부가 무슨 색인가?》(What Color Is Your God?)라는 책을 썼다.

폴 채펠 PAUL G. CHAPPELL
드류 대학(Drew University)에서 박사학위를 받았고, 오럴 로버츠 대학(Oral Roberts University)의 신학대학(School of Theology) 학장을 지냈다.

로버트 클라우스 ROBERT G. CLOUSE
아이오와 대학(University of Iowa)에서 박사학위를 받았고, 인디애나 주립대학(Indiana State University) 역사학 교수로 있으며, 《교회 이야기》(The Story of the Church), 에센셜 바이블(THE ESSENTIAL BIBLE)을 포함해 여러 책을 쓰거나 편집했다.

케빈 크래그 KEVIN M. CRAGG
미시건 대학(Michigan University)에서 박사학위를 받았고, 베델 대학(Bethel University) 역사학 교수로 있으며, 폴 스픽커드(Paul R. Spickard)와 함께 《세계 기독교 인물사》(A Global History of Christians)를 썼다.

제임스 던 JAMES D. G. DUNN
캠브리지 대학(Cambridge University)에서 박사학위를 받았고, 영국 더햄 대학(University of Durham) 신학과 교수로 있다.

월터 엘웰 WALTER A. ELWELL
에딘버러 대학(University of Edinburgh)에서 박사학위를 받았고, 《복음주의 신학사전》(Evangelical Dictionary of Theology)과 《베이커 성경 신학 사전》(Baker Theological Dictionary of the Bible)을 비롯해 수많은 책을 쓰거나 편집했으며, 〈크리스처니티 투데이(Christianity Today)〉의 서평 편집자로 일했고, 지금은 휘튼 칼리지(Wheaton College)의 명예교수로 성경과 신학을 가르치고 있다.

질리안 에반스 GILLIAN R. EVANS
리딩 대학(University of Reading)에서 철학박사학위를, 옥스퍼드 대학(Oxford University)과 캠브리지 대학(Cambridge University)에서 문학박사학위를 받았고, 캠브리지 대학 역사학 교수로 있으며, 《중세 시대의 믿음》(Faith in the Medieval World)을 비롯해 많은 책을 썼다.

폴 페인버그 PAUL D. FEINBERG
달라스 신학교(Dallas Theological Seminary)에서 박사학위를 받았고, 형제인 존 페인버그(John Peinberg)와 함께 《용감한 신세계를 위한 윤리》(Ethics for a Brave New World)를 썼다. 2004년에 세상을 떠날 때까지 트리니티 신학교(Trinity Evangelical School)에서 성경과 조직신학을 가르쳤다.

폴 페리스 2세 PAUL W. FERRIS, JR.
드롭시 칼리지(Dropsie College)에서 박사학위를 받았고, 베델 신학교(Bethel Theological Seminary) 구약학 교수로 있으며, 저서로는 《성경과 고대근동에 나타난 집단 애가의 장르》(The Genre of Communal Lament in the Bible and the Ancient Near East)가 있다.

케네스 갱글 KENNETH O. GANGEL
미주리 대학(University of Missouri)에서 박사학위를 받았고, 달라스 신학교(Dallas Theological Seminary) 기독교 교육학 명예 석좌교수, 토코아 폴 칼리지(Toccoa Fall College) 상임학자, 콜럼비아 성경신학교와 선교학교(Columbia Biblical Seminary and School of Missions) 겸임교수이며, 《영성 형성에 관한 기독교 교육자 핸드북》(The Christian Educators Handbook on Spiritual Formation) 등의 책을 쓰거나 편집했다.

노만 가이슬러 NORMAN L. GEISLER
로욜라 대학(Loyola University)에서 박사학위를 받았고, 남부 복음주의 신학교(Southern Evangelical Seminary) 학장이자 신학과 변증학 교수로 있으며, 네 권짜리 《조직신학》(Systematic Theology)을 비롯해 여러 권의 책을 쓰거나 편집했다.

데이비드 길 DAVID W. GILL
남캘리포니아 대학(University of Southern California)에서 박사학위를 받았고, 풀러 신학교(Fuller Theological Seminary), 리젠트 칼리지(Regent College), 시애틀 퍼시픽 대학(Seattle Pacific University)을 비롯해 여러

학교의 겸임교수나 방문교수로 있으며, 《바른 행위: 실생활을 위한 윤리적 원칙》(Doing Right: Practical Ethical Principle)을 포함해 여러 권의 책을 썼다.

아더 글래서 ARTHUR F. GLASSER
커버넌트 신학교(Covenant Theological Seminary)에서 박사학위를 받았고, 풀러 세계 선교학교(Fuller School of World Mission) 명예학장으로 있다.

줄리 고먼 JULIE GORMAN
풀러 신학교(Fuller Theological Seminary)에서 박사학위를 받았고, 같은 학교에서 그리스도인의 형성과 제자훈련 프로그램(Christian Formation and Discipleship Program)을 담당하는 교수로 있으며, 《기독교 공동체: 소그룹 핸드북》(Community That Is Christian: A Handbook on Small Groups)을 비롯해 여러 권의 책을 썼다.

진 그린 GENE L. GREEN
에버딘 대학(University of Aberdeen)에서 신약 해석학으로 박사학위를 받았고, 휘튼 칼리지(Wheaton College) 신약학 교수로 있으며, 저서로는 《데살로니가서 해설》(The Letters to the Thessalonians)이 있다.

에드워드 헤이스 EDWARD L. HAYES
덴버 대학(University of Denver)에서 박사학위를 받았고, 덴버 신학교(Denver Seminary) 명예총장으로 있으며, 찰스 스윈돌(Charles Swindoll), 로이 적(Roy Zuck)과 함께 《교회: 오늘의 세상에 자리한 그리스도의 몸》(The Church: The Body of Christ in the World of Today)을 썼다.

월터 허언 WALTER R. HEARN
일리노이 대학(University of Illinois)에서 박사학위를 받았으며, 미국 과학자 협회지(American Scientific Affiliation Newsletter) 편집자이자 캘리포니아 버클리에 있는 뉴 칼리지 신학원(New College for Advanced Christian Studies) 겸임교수로 있다.

칼 헨리 CARL F. H. HENRY
보스톤 대학(Boston University)에서 박사학위를 받았고, 《하나님, 계시, 권위》(God, Revelation and Authority)를 비롯해 많은 신학 저서가 있으며, 2003년에 세상을 떠났다.

어빙 헥삼 IRVING HEXHAM
브리스톨 대학(University of Bristol)에서 박사학위를 받았고, 캘거리 대학(University of Calgary)의 종교학 교수로 있으며, 카라 포위(Karla Poewe), 패커(J. I. Packer)와 함께 쓴 《사이비 종교와 뉴에이지 종교에 대한 이해》(Understanding Cults and New Age Religions)를 비롯해 여러 권의 저서가 있다.

알리 후버 ARLIE J. HOOVER
오스틴에 있는 텍사스 대학(University of Texas)에서 박사학위를 받았고, 아빌린 크리스천 대학(Abilene Christian University) 역사학 교수로 있다.

린 존슨 LIN JOHNSON
내셔널-루이스 대학(National-Louis University)에서 공학석사학위를 받았으며, 테일러 대학(Taylor University) 겸임교수로 있다. 프리랜서 작가로 상도 받았으며 여러 권의 책을 편집했다.

바이런 클라우스 BYRON D. KLAUS
풀러 신학교(Fuller Theological Seminary)에서 박사학위를 받았고 하나님의 성회 신학교(Assemblies of God Theological Seminary) 총장으로 있다.

마를린 르피버 MARLENE D. LEFEVER
휘튼 칼리지(Wheaton College)에서 석사학위를 받았으며, 지금은 쿡 커뮤니케이션(Cook Communications)의 교육개발을 담당하는 부회장이다. 수련회 강사이자 컨설턴트로, 북미 전역의 대학과 신학교에서 초청 강연을 하며, 《학습 방식》(Learning Styles)이라는 책을 썼다.

휴 더모트 맥도날드 HUGH DERMOT MCDONALD
런던 대학(University of London)에서 박사학위를 받았고, 런던 바이블 칼리지(London Bible College) 부총장을 지냈다.

고든 루이스 GORDON R. LEWIS
시러큐스 대학(Syracuse University)에서 박사학위를 받았고, 덴버 신학교(Denver Seminary)에서 기독교 철학과 신학을 가르치며, 저서로는 《기독교 진리 주장에 대한 검증》(Testing Christianity's Truth Claims) 등이 있다.

도날드 맥킴 DONALD K. McKIM
피츠버그 대학(University of Pittsburgh)에서 박사학위를 받았으며, 멤피스 신학교(Memphis Theological Seminary) 교무처장과 신학교수를 지냈고, 지금은 웨스트민스터 존 낙스 출판사(Westminster John Knox Press)의 학술전문 편집자로 있다.

제임스 민스 JAMES E. MEANS
덴버 대학(University of Denver)에서 박사학위를 받았고, 덴버 신학교(Denver Seminary) 목회학과 설교학 교수로 있으며, 저서로는 《리더십과 기독교 사역》(Leadership in Christian Ministry) 등이 있다.

버클리 미켈슨 A. BERKELEY MICKELSEN
시카고 대학(University of Chicago)에서 박사학위를 받았고, 베델 신학교(Bethel Theological Seminary) 명예교수로서 성경해석학을 가르친다.

스코트 모로 SCOTT MOREAU
트리니티 신학교(Trinity Evangelical Divinity School)에서 박사학위를 받았고, 휘튼 칼리지(Wheaton College) 선교학과 학과장이자 교수로 있으며, 《세계 선교 안내》(Introducing World Missions)를 비롯해 여러 책을 쓰거나 편집했다.

레온 모리스 LEON L. MORRIS
캠브리지 대학(Cambridge University)에서 박사학위를 받았고, 호주 멜보른의 리들리 칼리지(Ridley College) 학장을 지냈으며, 《사도들이 전한 십자가》(The Apostolic Preaching of the Cross) 외에 많은 저서가 있다.

프레드릭 노우드 FREDERICK A. NORWOOD
예일 대학(Yale University)에서 박사학위를 받았고, 가렛 복음주의 신학교(Garrett Evangelical Theological Seminary)에서 기독교 역사 분야 명예교수를 지냈으며, 저서로는 《1500년 이후 근대 기독교의 발전》(The Development of Modern Christianity Since 1500) 등이 있다.

리디야 노바코비치 LIDIJA NOVAKOVIC
프린스턴 대학(Princeton University)에서 박사학위를 받았고, 베델 대학(Bethel University)에서 성경과 신학을 가르치는 부교수로 있다.

토마스 헨리 루이스 파커 THOMAS HENRY LOUIS PARKER
영국 더햄 대학(Durham University) 신학과 명예강사였다.

리차드 피라드 RICHARD V. PIERARD
아이오와 대학(University of Iowa)에서 박사학위를 받았고, 인디애나 주립대학(Indiana State University) 역사학 교수이며, 토마스 아스큐(Thomas Askew)와 함께 《미국 교회를 경험하다: 간추린 역사》(The American Church Experience: A Concise History)를 썼다.

게리 필립스 W. GARY PHILLIPS
그레이스 신학교(Grace Theological Seminary)에서 박사학위를 받았고, 브라이언 칼리지(Bryan College)의 성경연구를 가르치는 석좌교수를 지냈으며, 지금은 테네시주 차타누가에 있는 시그널 마운틴 바이블 교회(Signal Mountain Bible Church)의 목사로 있으며 최근 저서로는 《사사기, 룻기 해설》(Judges and Ruth)이 있다.

마이클 레딩 MICHAEL REDDING
그레이스 신학교(Grace Theological Seminary)에서 신학석사학위를 받았고, 《중요한 주제들: 성경의 핵심 교리와 시대》(Great Themes: Understanding the Bible's Core Doctrines and Times)와 《중요한 장소들: 성경의 사건들》(Places: Picturing the Events of the Bible)이라는 책을 썼다.

로버트 소시 ROBERT L. SAUCY
달라스 신학교(Dallas Theological Seminary)에서 신학

박사학위를 받았고, 캘리포니아주 라 미라다(La Mirada)에 있는 비올라 대학(Biola University) 조직신학 석좌교수이며, 저서로는 《하나님의 계획 속에 있는 교회》(The Church in God's Program)를 비롯해 닐 앤더슨(Neil T. Anderson)과 함께 쓴 《당신 속에 잠자는 하나님의 능력을 깨워라》(Unleashing God's Power in You) 등이 있다.

마크 쇼 MARK SHAW
웨스트민스터 신학교(Westminster Theological Seminary)에서 박사학위를 받았고, 선교사이며, 케냐의 나이로비 복음주의 신학교(Theology at Nairobi Evangelical Graduate School of Theology)에서 역사를 가르치고 있다. 저서로는 《교회사에 나타난 10가지 중요한 개념》(Ten Great Ideas from Church History) 등이 있다.

브루스 셸리 BRUCE L. SHELLEY
아이오와 대학(University of Iowa)에서 박사학위를 받았고, 덴버 신학교(Denver Theological Seminary)에서 교회사와 역사신학 주임교수로 있으며, 저서로는 《현대인을 위한 교회사》(Church History in Plain Language, 크리스챤다이제스트 역간) 등이 있다.

도날드 스미스 DONALD K. SMITH
오레곤 대학(University of Oregon)에서 박사학위를 받았고, 웨스턴 신학교(Western Seminary)의 문화연구학과 학과장으로 있다.

폴 스픽커드 PAUL R. SPICKARD
버클리에 있는 캘리포니아 대학(University of California)에서 박사학위를 받았고, 산타바바라에 있는 캘리포니아 대학(University of California)의 역사학 교수로 있으며, 케빈 크래그(Kevin M. Cragg)와 함께 《세계 기독교 인물사》(A Global History of Christians)를 썼다.

제임스 스타물리스 JAMES J. STAMOOLIS
남아프리카의 스텔렌보시 대학(University of Stellenbosch)에서 박사학위를 받았고, 세계복음주의 협의회(World Evangelical Fellowship's Theological Commission)의 사무총장을 지냈으며, 지금은 트리니티 대학원(Trinity Graduate School)의 학장이다.

로버트 스타인 ROBERT H. STEIN
프린스턴 대학(Princeton University)에서 박사학위를 받았고, 남침례교 대학(Southern Baptist Theological Seminary) 신약해석학 주임교수로 있으며, 저서로는 《성경 해석의 기본》(A Basic Guide to Interpreting the Bible) 등이 있다.

빈슨 사이넌 VINSON SYNAN
조지아 대학(University of Georgia)에서 박사학위를 받았고, 리전트 대학(Regent University) 신학대학(School of Divinity) 학장으로 있으며, 《오순절의 음성》(Voices of Pentecost)을 비롯해 여러 권의 책을 썼다.

타이트 티에누 TITE TIENOU
풀러 신학교(Fuller Theological Seminary)에서 박사학위를 받았고, 트리니티 신학교(Trinity Evangelical Divinity School) 학장이자 선교학 교수이다.

제프 터니클리프 GEOFF TUNNICLIFFE
휘튼 칼리지(Wheaton College)에서 석사학위를 받았으며, 세계 복음주의 연맹(World Evangelical Alliance) 국제분과장이자 캐나다 복음주의 세계선교 협회(Evangelical Fellowship of Canada's Global Mission Roundtable) 회장이다. 저서로는 《세상을 바꾸는 101가지 방법》(101 Ways to Change Your World) 등이 있다.

하워드 보스 HOWARD F. VOS
달라스 신학교(Dallas Theological Seminary)와 노스웨스턴 대학(Northwestern University)에서 각각 신학박사학위와 철학박사학위를 받았고, 뉴욕 브라이어클리프 매너(Briarcliff Manor)에 있는 킹스 칼리지(Kings College) 역사학과 고고학 교수이며, 《간추린 AMG 성경개론》(The AMG Concise Introduction to the Bible)을 비롯해 많은 저서와 공저가 있다.

래리 워커 LARRY LEE WALKER
드롭시 칼리지(Dropsie College)에서 박사학위를 받았고, 멤피스에 있는 중미 침례교 신학교(Mid-America Baptist Theological Seminary) 구약학과 셈어 교수로 있다.

로날드 월리스 RONALD S. WALLACE
에딘버러 대학(University of Edinburgh)에서 박사학위를 받았고, 콜럼비아 신학교(Columbia Theological Seminary) 성경신학 교수를 지냈으며, 저서로는 《다니엘의 메시지》(The Message of Daniel) 등이 있다.

티모시 웨버 TIMOTHY P. WEBER
시카고 대학(University of Chicago)에서 박사학위를 받았고, 멤피스 신학교(Memphis Theological Seminary) 총장으로 있으며, 저서로는 《아마겟돈으로 가는 길: 어떻게 복음주의자들이 이스라엘의 가장 가까운 친구가 되었는가?》(On the Road to Armageddon: How Evangelicals Became Israel's Best Friend) 등이 있다.

레지날드 화이트 REGINALD E. O. WHITE
리버풀 대학(University of Liverpool)에서 석사학위를 받았고, 영국 글레스고우에 있는 침례교 신학대학(Baptist Theological College) 총장을 지냈으며, 저서로는 《특별한 사도》(Apostle Extraordinary) 등이 있다.

데니스 윌리엄스 DENNIS E. WILLIAMS
남서침례교 신학교(Southwestern Baptist Theological Seminary)에서 박사학위를 받았고, 남침례교 신학교(Southern Baptist Theological Seminary) 산하 기독교 교육과 리더십 학교(School of Christian Education and Leadership) 학장이자 기독교 교육학 교수로 있다.

마빈 윌슨 MARVIN R. WILSON
브랜다이스 대학(Brandeis University)에서 박사학위를 받았고, 고든 칼리지(Gordon College)에서 성경·신학과(Bible and Theological Studies) 교수로 있다.

로버트 야브로 ROBERT W. YARBROUGH
에버딘 대학(University of Aberdeen)에서 박사학위를 받았고, 트리니티 인터내셔널 대학(Trinity International University) 신약학 부교수로 있으며, 베이커 신약주석(Baker Exegetical Commentary on the New Testament) 시리즈의 공동편집자이다.

티모시 예이츠 TIMOTHY E. YATES
스웨덴 웁살라 대학(University of Uppsala)에서 박사학위를 받았으며, 세인트 존스 칼리지(St. John's College)와 더햄 대학(University of Durham)에서 강사를 지냈으며, 저서로는 《기독교의 팽창》(The Expansion of Christianity) 등이 있다.

라비 재커라이어스 RAVI ZACHARIAS
트리니티 신학교(Trinity Evangelical Divinity School)에서 신학석사학위를 받았고, 지금은 라비 재커라이어스 국제 선교회(Ravi Zacharias International Ministries) 회장으로 있으며, 세계적으로 존경 받는 강연자로 《예수, 무엇이 특별한가?》(Jesus among other gods) 등 많은 저서가 있다. 그가 매주 방송하는 라디오 프로그램(Let My People Think)은 전 세계 일천여 개 방송국을 통해 전파를 타고 있다.

차례

서/문

(만약) 당신이 신학에 귀 기울이지 않는다면,
그것은 당신에게 하나님에 대한 개념이 없다는 뜻이 아니다.
다만 당신이 잘못된 개념 곧 나쁘고 뒤섞이고 낡은 개념을 많이 갖고 있다는 뜻이다.
C. S. 루이스 C.S.Lewis

이 책이 누구에게 유익할까?

Who Will Benefit from This Book?

당신은《한 권으로 배우는 신학교》에서 매우 특별한 배움을 경험할 것이다. 이런 종류의 책이 전통적으로 그렇듯이, 이 책도 이 시대와 미래의 크리스천 리더들이 성경 진리를 더 깊이 이해하고, 신학과 성경에 대한 소양을 넓히며, 기독교가 현대 문화를 형성하는 사람들과 세력에게 경시받는 (또한 빈번하게 훼손되는) 세상에서 기독교의 진정한 사상을 알고 이를 실천하도록 돕는 데 목적이 있다.

《한 권으로 배우는 신학교》에서는 세계적으로 저명한 복음주의 신학자들과 현장 활동가들로 구성된 '교수진'이 신학, 성경 언어와 해석, 구약과 신약의 배경과 개괄, 기독교 역사, 변증학과 세계종교, 선교, 기독교 교육, 리더십, 기독교 윤리 등 모든 분야에서 개론 수준의 강의를 한다.

그러나 여기에는 신성한 전당이나 건물이 없고 상아탑이나 스테인드글라스도 없다. 진도는 전적으로 당신의 몫이다. 어느 정도의 분량을 어느 정도의 속도로 어느 정도 차분히 공부하느냐는 전적으로 당신의 선택에 달렸다. 한두 주제에 초점을 맞춰도 좋고 책 전체를 탐독해도 좋다. 공부 장소도 당신의 환경이나 기호에 맞게 정하면 된다. 해변도 좋고, 산속 휴양지도 좋고, 출퇴근 시간의 전철 안이나 비행기 안도 좋고, 자신만의 조용한 장소도 좋다. 신학과 성경을 한 차원 높게 알고 싶다면 대환영이다.

한 권의 책이 신학교를 대신할 수 있는가? 절대로 그럴 수 없다. 그 무엇도 신학교나 신학대학원에서 얻는, 깊은 가르침이나 인격적 교류를 대신할 수 없다. 다시 말하지만, 《한 권으로 배우는 신학교》가 제공하는 것은 신학대학원 수준의 교육에 대한 개론일 뿐이다.

그렇다면 이 책에서 얻을 수 있는 유익은 무엇인가? 신학교에 들어갈 생각을 하는 독자라면, 이 책을 통해 앞으로 배울 내용을 조금 맛볼 수 있다. 사역에 쫓겨 공식적인 신학대학원 교육을 받을 시간이나 기회가 없는 사람이라면, 이 책을 통해 성경과 신학을 더 깊이 알 수 있을 것이며, 한층 더 새로운 과정과 간편한 참고서의 내용도 얻을 수 있을 것이다. 사역을 더 깊이 이해하거나 전임 사역이나 자원 봉사 사역을 진지하게 생각하는 평신도들이라면, 어휘뿐 아니라 지식까지 확장해 주고 사고를 촉진시켜 주며 더 깊은 연구 자료를 제공하는 이 책이 유용할 것이다.

모든 배움이 그렇듯이, 당신은 이 책으로 공부하면서 뿌린 만큼 거둘 것이다. 이 책의 내용이 모두 쉽지는 않다. 어떤 부분은 조금 버거울 것이다. 예를 들면, 성경 언어, 신론, 변증학이 그럴 것이다. 그러나 성인 정도의 읽기 능력이 있다면 누구라도 너끈히 해낼 수 있다.

그리스도인의 삶은 점점 더 많은 지식을 요구한다. 우리는 많은 교육을 받으면서도 하나님이 바라시는 믿음과 용기와 겸손은 여전히 부족할 수 있다. 그러나 우리가 하나님을 알고 그분이 우리에게 요구하시는 삶을 이해할수록, 우리가 대중 여론이나 의심스러운 교리나 방종한 삶의 바다에서 표류할 가능성은 그만큼 줄어들 것이다.

《한 권으로 배우는 신학교》 입학을 축하한다! 이 책을 읽으면서 마음에 어떤 자극이 오든, 마음을 열고 당신의 영혼을 살찌우라.

왜 신학을 공부하는가?

Why Study Theology?

기독교 신자들이 모인 데서 신학(theology)이나 교리(doctrine)라는 단어를 말해보라. 거의 어디서든 다양한 반응이 나올 것이며, 꽤 부정적인 반응도 있을 것이다. 어떤 그리스도인들은 여기에 대해 모른다고 입심 좋게, 거의 자랑스럽게 말한다. '신학자'로 보이고 싶어 하는 사람은 거의 없는 듯하다. 결국, 신학자들은 경건하지만 성경의 그리 중요하지 않은 부분을 놓고 다투고, 사소한 교리 논쟁에 몰두하며, 모호한 주제를 놓고 아무도 읽지 않을 두꺼운 책을 쓰는 실천적이지 못한 사람들이 아닌가? 이러한 전문가들이 귀중한 시간을 그리 중요하지 않은 것에 허비하는 동안, 우리는 때로 적대적인 환경에서 그리스도인의 삶을 사느라 정신없이 바쁘다.

당신도 이렇게 생각한다면 "모든 그리스도인은 신학자이다"라는 브루스 밀른(Bruce Milne)의 주장에 놀라거나 당황할 것이다. 그러나 잠시 생각해 보라. 신학은 하나님에 관한 연구나 학문이다. 우리는 누구나 하나님에 관해 어느 정도 알지만 자신이 아는 게 '신학'이라고는 거의 생각하지 않는다.

> 우리 모두는 거듭남으로써 하나님을 알기 시작했으며, 따라서 그분의 본성과 행위를 어느 정도 이해한다. 다시 말해, 우리 모두는 앉아 끼워 맞춰 본 적이 있든 없든 간에 일종의 신학을 갖고 있다. 그러므로 바르게 이해한다면, 신학은 추상적 논쟁을 할 능력이 있는 소수의 종교 지식인을 위한 게 아니다. 신학은 일상의 일이다. 일단 이 점을 파악했다면, 우리의 의무는 하나님의 영광을 위해 우리가 될 수

있는 최고의 신학자가 되는 것이다. 그러기 위해서 우리는 그분이 바로 이 목적을 위해 우리에게 주신 책, 곧 성경을 연구함으로써 하나님과 그분의 길에 대한 우리의 이해를 분명히 해야 한다(딤후 3:16을 보라).

우리는 하나님의 자녀이다. 그러므로 하늘에 계신 우리 아버지를 알고, 우리의 삶을 향한 그분의 길과 뜻을 최대한 알려고 노력하는 게 마땅하다. 우리의 신앙을 막연히 들여다보려 한다면 십중팔구 좌절에 빠지고 하나님과의 관계를 오해하게 될 것이다.

'신학'과 '실제적 믿음' 가운데 하나를 선택해야 할 때, 대부분의 그리스도인은 후자를 선택한다. 그러나 하나님을 아는 지식은 성장하지 않은 채 믿음이 진정으로 성장할 수 있는가? 우리가 바르게 행동하고 있고, 지혜로운 선택을 하고 있으며, 하나님이 기뻐하시는 삶을 살고 있는지를 판단하는 기준이 우리에게 없다면, 우리는 자신이 정말로 그렇게 하고 있는지 어떻게 알겠는가? 알리스터 맥그래스는 이렇게 단언한다. "옳은 일을 하는 데 관심이 있는 사람이라면 누구라도 인간의 삶에 관한 가치관이 반드시 있어야 한다. 이러한 가치관을 결정하는 것은 신앙의 내용(beliefs)이며, 이러한 신앙의 내용을 가리켜 교리(doctrine)라 한다. 따라서 기독교 교리는 그리스도인의 삶의 기본 틀을 제공한다."

맥그래스가 하나의 틀(framework)을 말하는 부분에서 필립 얀시는 기초(foundation)를 말한다.

예수님은 겉으로 보면 똑같은 집을 짓는 두 사람에 관해 말씀하셨다. 폭풍이 몰아쳤을 때 두 사람의 진짜 차이가 드러났다. 한 집은 비가 퍼붓고 개울이 넘치고 거센 바람이 불었는데도 넘어지지 않았다. 반석 위에 세웠기 때문이었다. 반면에 두 번째 집은 크게 부서졌다. 어리석게도 모래 위에 세웠기 때문이었다. 건축뿐 아니라 신학도 기초가 중요하다.

신학이 빈번하게 받는 비판 가운데 하나는 신학이 영적 발전보다 논쟁을 더 쉽게 일으킨다는 것이다. 그리스도인들은 이렇게 말할 때가 많다. "우리의 정열을, 자신은 옳고 다른 사람들이 그르다는 것을 증명하는 데 덜 쏟고 서로 사랑하는 데 쏟는다면 더 낫지 않겠는가?" 널리 인정하듯이, 교리는 다른 사람들의 견해를 깎아내리는 무기로(때로는 무딘 도구로) 사용될 때가 너무나 많다. 하나님의 '의'(righteousness)를 희생시키면서 자신의 '옳음'(rightness)을 따르는 일은 결코 권할 만한 게 아니다. 그러나 교리를 오용하는 사람이 있다고 교리 공부를 피하는 것은 단지 다른 사람의 집이 괴상하다고 기초도 없이 마구잡이로 내 집을 짓는 것만큼 어리석은 짓이다. 사도 바울은 지식이 우리를 교만하게 할 수 있다고 훈계하지만(고전 8:1), 동시에 "하나님을 알지 못하기" 때문에 죄를 짓는 사람들을 질책한다(고전 15:34). 우리는 지식과 사랑, 지식과 믿음의 균형을 이루어야 한다.

> 현대 기독교는 바른 교리의 중요성을 무시하거나 축소하는 경향이 있다. 끝없는 논쟁에 지친 오늘날의 그리스도인들은 정말 중요한 것은 바른 교리가 아니라 바른 관계라는 생각을 받아들인다. 바른 관계가 바른 교리보다 중요하다는 생각은 잘못된 전제이다. 바른 관계와 바른 교리 둘 다 중요하다(R. C. 스프로울).

그와 동시에,

> 정확한 교리 자체만으로는 충분하지 않다. 비극적이게도, 정확한 교리만으로는 하나님의 진리를 실제적으로 순종하지 못할 수 있다. 이것은 교리가 자주 비난 받는 이유 가운데 하나이다. 정확한 교리가 거룩하고 사랑이 가득하며 성숙한 삶으로 이어지지 못한다면, 뭔가 지극히 잘못된 것이다. 그러나 이것이 바른 교리를 소홀히 하거나 무시하는 이유가 될 수는 없다(브루스 밀른).

예수님은 "네 마음을 다하고 목숨을 다하고 뜻을 다하여 주 너의 하나님을 사랑하라"는 것이 가장 큰 계명이라고 말씀하셨다(마 22:37). 그분은 마치 우리가 마음이나 목숨이나 뜻으로 하나님을 사랑할 수 있는 것처럼 우리에게 선택권을 주지 않으셨다. 가장 큰 계명은 세 가지 모두를 요구한다. 우리의 뜻을 다해 하나님을 사랑한다면 자연히 그분을 최대한 많이 알게 될 것이다. 여느 관계처럼, 사랑은 하나님이 어떤 분인지, 그분이 세상과 우리 안에서 어떻게 일하시는지, 그분이 무엇을 사랑하고 무엇을 바라시는지, 그분을 노하게 하거나 기쁘게 하는 것은 무엇인지 알고 이해하라고 우리를 강권한다. 이런 것을 알려면 철저히 집중하고 부지런히 연구해야 한다.

기도와 겸손은 매우 중요하며, 우리와 하나님, 우리와 타인의 관계를 늘 돌아보도록 돕는다. 적어도 이생에서는 절대로 하나님을 완전히 알 수 없다. 이사야는 하나님의 길이 우리의 길보다 높음을 상기시킨다(사 55:9). 그런데도 우리가 기도하고 연구할 뿐 아니라 순종하고 겸손한 삶을 산다면, 어제보다 오늘 하나님을 더 잘 알 수 있다. 기도와 겸손이 몸에 밸 때, 또한 성경을 연구하고 하나님의 종을 통해 그분의 음성을 들을 때, 우리는 성령의 말씀에 주목하게 된다. 이런 태도를 가진다면, 우리는 더 나아가 어느 누구도, 어느 학파도, 어느 기관이나 교회나 교단도 모든 해답을 다 갖고 있지는 못하다는 사실을 잊지 않을 것이다.

이 책도, 이 책의 편집자들이나 많은 기고자들도 모든 해답을 다 갖고 있지는 못하다. 그렇다 하더라도, 이 책은 당신이 성경 교리를 더 깊이 이해하는 첫걸음을 내딛도록 서론적인 내용을 제공한다. 성경과 노트를 준비하고 이 책을 읽으라. 하나님의 속성을 공부하거나 예수 그리스도의 대속 사역에 관한 부분을 읽거나 성령의 사역을 숙고할 때, 당신은 하나님을 기쁘시게 하고 세상에서 당신이 선 자리에서 변화를 일으킬 토대인 신학적 기초를 쌓기 시작하는 것이다.

데이빗 호튼

존 스토트, 월터 엘웰, 휴 더모트 맥도날드, 칼 헨리

서론 | 계시 | 성경의 영감 | 성경의 권위 | 정경으로서의 성경

01 성/경/론

머리에 있는 하나님의 말씀이 가슴에는 없을 수 있지만,
머리에도 없는 하나님의 말씀이 가슴에 있을 수는 없다.
R. C. 스프로울 R. C. Sproul

서론
Introduction

+ 존 스토트

요즘은 어느 종교에 대해서든 그 종교가 주장하는 모든 배타적인 요소를 거부하는 게 유행이다. 타종교도 그들만의 거룩한 책이 있다. 그런데도 왜 기독교의 성경이 그렇게 특별한가?

우리는 성경이라는 주제의 중요성을 알고, 많은 사람들이 성경이 특별하다는 점을 변호하려는 우리의 시도를 아주 싫어하리라는 사실도 안다. 그러므로 우리는 몇 가지 정의에서 시작할 것이다. 그리스도인들이 성경이 특별하다고 말할 때 일반적으로 사용하는 중요한 세 단어는 계시(revelation)와 영감(inspiration)과 권위(authority)이다.

기본 단어는 계시이다. 이 단어는 '베일을 벗김'(unveiling)이라는 뜻의 라틴어 명사에서 왔으며, 하나님이 주도적으로 자신을 나타내셨음을 말한다. 이 개념은 분명히 타당하다. 왜냐하면 하나님이 누구든, 무엇이든 간에, 우리의 지식을 완

전히 초월하시기 때문이다. "네가 하나님의 오묘함을 어찌 능히 측량하며 전능자를 어찌 능히 완전히 알겠느냐"(욥 11:7). 절대로 그럴 수 없다. 그분의 무한한 광대함이 우리의 눈에는 베일에 싸여 있다. 우리는 스스로의 힘으로 하나님을 발견할 수 없다. 우리가 하나님을 알려면, 그분이 직접 자신을 알리셔야 한다.

두 번째 단어, 즉 영감은 하나님이 자신을 계시하려고 선택하신 주된 방법을 말한다. 하나님은 부분적으로 자연에서 자신을 계시하셨고, 무엇보다 그리스도에게서 가장 확실하게 자신을 계시하셨을 뿐 아니라 특별한 사람들에게 '말씀하심'으로써 자신을 계시하셨다. 이러한 '말을 통한 커뮤니케이션'(verbal communication) 과정을 '영감'이라고 한다. 우리는 성경과 관련해 말할 때 영감이라는 단어를 시인이나 음악가가 '영감 받았다'(inspired)라고 할 때처럼 일반적 의미로 사용하지는 않는다. 반대로, 영감이라는 단어가 성경과 관련해 사용될 때는 특별하고 엄밀한 의미를 내포한다. 다시 말해, "모든 성경은 하나님의 호흡으로 되었다"(all Scripture is God-breathed, 딤후 3:16. 한글개역은 "모든 성경은 하나님의 감동으로 된 것으로"). 이것은 단 하나의 헬라어 표현을 번역한 것으로, 어떤 번역들은 "하나님에 의해 영감되었다"(inspired by God)라고 보다 덜 정확하게 옮겼다. 그렇다면 이것은 하나님이 기록자들에게 호흡을 불어넣으셨다(breathed into)는 뜻도 아니고, 특별한 성격을 부여하려고 기록에 호흡을 불어넣으셨다는 뜻도 아니며, 인간 저자들의 기록이 하나님의 호흡에 의해 나왔다(breathed by God)는 뜻이다. 하나님이 인간 저자들을 통해 말씀하셨다. 이들은 그분의 대변인이었다.

더 나아가, 우리는 이러한 영감이 인간 저자들이 사용한 모든 단어에 적용된다는 점에서 '축자영감'(逐字靈感, verbal inspiration)이라고 주저 없이 말한다. 예를 들면, 사도 바울은 하나님이 자신에게 계시하신 것을 다른 사람들에게 전달하면서 자신은 "이것을 말하거니와 사람의 지혜가 가르친 말로 아니하고 오직 성령께서 가르치신 것으로 하니"(고전 2:13)라고 선언할 수 있었다. 이것은 조금도 놀라운 게 아니다. 왜냐하면 정확한 단어들 외에 다른 어떤 방법으로도 정확한 메시지를 전달할 수 없기 때문이다.

세 번째 단어, 즉 권위는 성경이 그 자체의 성격 때문에, 즉 하나님의 영감으로 주어진 하나님의 계시이기 때문에 갖는 힘이나 무게를 말한다. 성경은 하나님으로부터 온 말씀이며, 우리에 대해 권위가 있다. 사람이 내뱉는 모든 말 뒤에는 그 말을 하는 사람이 있다. 그러므로 다른 사람들이 화자(話者)의 말을 어떻게 여기느냐를 결정짓는 것은 화자 자신(그의 인격과 지식과 위상)이다. 따라서 하나님의 말씀은 하나님의 권위를 수반한다. 우리가 하나님의 말씀을 믿는 것은 그분의 신분 때문이다.

이것이 바로 예수님께서 갈릴리 호수에서 시몬 베드로에게 깊은 데 그물을 내려 고기를 잡으라고 하셨을 때 베드로가 배운 교훈이다. 베드로가 어부로서 오랜 경험을 통해 축적한 모든 전문 지식에 비추어볼 때, 예수님의 제의는 전혀 이치에 맞지 않았다. 베드로는 이렇게 항변하기까지 했다. “선생님, 우리가 밤이 새도록 수고하였으되 잡은 것이 없습니다.” 그러나 베드로는 지혜롭게 덧붙였다. “(그러나) 말씀에 의지하여 내가 그물을 내리리이다”(눅 5:4,5).

그러므로 우리는 하나님이 말씀을 통해 자신을 계시하셨고, 이러한 하나님의 (하나님의 호흡으로 된) 말씀이 성경에 기록되고 보존되었다고 단언한다. 사실 성경은 기록된 하나님의 말씀이기에, 참되고 믿을 수 있으며 우리에 대해 신적 권위를 갖는 것이다.

계시

Revelation

+ 월터 엘웰

기독교 신학은 성경 본문과 하나님의 확실한 능력의 행위를 근거로 이렇게 단언한다. 하나님의 계시는 신학 작업의 처음이요 마지막이고 유일한 근원이며, 이러한 확고한 기초가 없으면 모든 신학 논의는 목적도 없고 전혀 무의미해진다. 사람들이 하나님을 아는 이유는 하나님께서 주도적으로 행동하시기 때문이다. 하나님은 언제나 계시의 주도자이며 저자이시다. 사람들은 계시의 수용자이다. 하나님은 달리 알려질 수 없는 것을 드러내신다. 그분은 그렇지 않으면 숨겨져 있을 것을 열어 보이신다(신 29:29; 갈 1:12; 엡 3:3).

일반계시

하나님은 두 가지 방법으로 베일을 벗기신다. 첫째 방법을 가리켜 일반계시(general revelation)라 한다. 하나님은 자연과 역사, 그분의 형상으로 창조된 모든 인간에게서 자신을 계시하신다. 사람들은 하나님의 계시와 자연의 관계를 통해 하나님의 존재를 직관적으로 아는데, 이러한 관계는 지속적이며 성경 전체인 구약(시 14:1; 19:1)과 신약(행 14:17; 17:22-29; 롬 1:19-21)이 뒷받침하는 진리이다. 하나님은 살아 계시며, 전능한 창조자이시며, 최고의 재판관으로서 자신의 피조물들을 공의롭게 대하시고 '전적 타자'(Wholly Other)로서 그들을 다스리신다. 모든 사람이 이것을 알고 인식한다. 따라서 하나님이 존재한다는 사실을 부인할 수 없다. 사람들이 무신론자들처럼 하나님을 부인할 때, 이것은 본성 자체가 일으키는 내적 확신을 억지로 거스르는 것이다. 바울은 아테네인들에게 "모든 사람이 하나님, 곧 한 분이요 유일한 참 하나님 안에서 살고 움직이고 존재한다"고 단언했을 때 그들의 공감을 기대할 수 있었다(행 17:28). 인간은 모든 피조물과 자연 법칙에서 하나님에 대한 자연 지식(natural knowledge, '자연인식'으로도 번역한다)을 얻기 때문에(토마스 아퀴나스와 같은 스콜라주의자들은 이것을 하나님이 직접 계시하시는 것과 구분하기 위해 자연신학이라 불렀다), 바울은 사람들이 "범사에 종교심이 많다"(22절)고 말할 수 있었다. 이것은 하나님과 자연을 동일시하는 게 아니라 오히려 하나님에 대한 자연적 지식이 인간 본성과 자연에 깊이 뿌리박혀 있음을 인정하는 것이다.

그러나 하나님에 대한 자연 지식은 한계가 있고 부족하다. 자연 지식은 개인에게 하나님이 존재한다는 사실을 대면시키기 때문에, 개인은 종교적 행위에 참여하고 자기 존재의 근원과 이유와 마지막에 대해 여러 가지 궁극적인 질문을 한다. 그러나 바울이 썼듯이(롬 1:18-2:16), 비극은 인간이 타락 이후 하나님을 아는 지식을 버리고 자기 마음대로 행하며, 하나님을 섬기는 게 아니라 형상이나 피조물을 섬긴다는 사실이다. 따라서 죄인들은 하나님에게서 더 멀어지고, 존재의 궁극적인 질문에 대한 어리석은 대답으로 스스로를 만족시킨다. 자연 지식을 왜곡하고 곡해하는 이러한 경향 때문에, 어떤 신학자들은 이것을 결코 계시라고 불러서는 안 된다고 주장했다. 이러한 개념에 따르면, 계시는 개개인 속에서 하나님과의 대면을 일으킨다. 그러나 이러한 설명은 논박되었으며, 일반계시를 부정하면 사람들이 더 이상 하나님 앞에서 책임을 질 수 없으리라는 게 그 이유이다.

마르틴 루터는 하나님에 대한 자연 지식의 타당성을 인정했다. 루터에 따르면, 하나님은 그분의 피조물 뒤에서 찾을 수 있거나 단순히 피조물로부터 추상적 방법으로 추론될 수 있는 분이 아니다. 오히려 자연 영역의 경이(驚異)는 하나님이 자신을 알리신 그분의 '베일'이나 '가면'이다. 이것들은 단순히 하나님에 관한 개념을 형성하는 출발점이 아니라 그분이 중요한 부분을 차지하시고 주된 역할을 하시는 무대에서 그분을 나타낸다. 루터는 이러한 자연 증거들이 왜곡되었다고 해서 하나님의 계시의 타당성이 부정되는 것은 아니라고 주장했다. 비록 단편적이고 불완전하며 자주 왜곡된다 하더라도, 일반계시나 자연계시는 하나님이 창조 세계에서 그분의 위엄과 능력을 나타내시는, 참으로 타당한 수단이다(롬 1:18-32).

특별계시

자연계시를 통해 하나님을 어렴풋이 알 수 있더라도 여전히 그분과 그분의 은혜로운 목적은 전혀 알 수 없다. 은혜롭고 사랑이 많은 하나님은 모두가 구원받기를 원하신다. 그래서 특별계시(special revelation)를 통해, 자신의 구원 계획을 다양한 방법으로 인간에게 알리신다. 하나님이 성경을 통해 자신의 마음과 목적을 계시하지 않으셨다면, 인간은 그리스도 안에 있는 하나님의 메시아적 목적을 전혀 알 수 없을 것이다. 그러나 타락 전, 창조자와 인간 사이의 교제는 직접적이었고 전혀 방해 받지 않았던 게 분명하다. 아담과 노아와 같은 최초의 족장들의 경우, 하나님의 계시는 초자연적 방법으로 사용된 분명한 언어를 통해 직접 주어졌다(창 3:14-19; 6:13-21; 7:1-4; 12:1-3).

다른 시대에, 하나님의 계시는 다양한 방법을 통해 주어졌다. 예를 들면, 하나님의 천사가 아브라함의 장막에 나타나거나(창 18:1-15), 떨기나무 불꽃 가운데 나타나거나(출 3:1-22), 구름 가운데 나타나거나(출 34:6,7), 모세와 이스라엘 백성을 위해 시내산에서 불과 구름 가운데 나타났다(출 19장). 거룩한 산에서, 하나님은 자신의 뜻과 마음을 특별한 종 모세를 통해 말씀하셨다. 하나님은 그분이 세우신 선지자들에게 때로는 꿈과 환상 가운데, 깨어 있을 때든지 잠든 동안 말씀하셨다(예를 들면, 어린 사무엘의 경우 – 삼상 3:1-14). 내적 자극을 통해, 하나님은 그분의 선지자들을, 나중에는 사도들을 감동시켜 그분의 생각과 말씀을 사람들에게 말하고 기록하게 하셨다. 이스라엘 백성이 출애굽을 하고 홍해를 건너며 40년간 광야에서 기적적으로 살아남은 일과 같은 하나님의 전능하신 역사들이, 그분의 선지자들을 통해 세밀하고도 올바르게 해석되도록 하셨다. 하나님은 선지자들과 사도들의 가슴과 마음을 즉시 조명하심으로써, 그들이 그분께서 주시는 그분의 말씀을 전하게 하셨다(렘 1:4-19; 고전 2:13; 살전 2:13; 벧후 1:16-21). 하나님의 계시의 절정은 그분의 사랑하는 아들 예수 그리스도께서 육신으로 오신 사건이다(요 1:14-18; 갈 4:4,5; 히 1-2장). 예수님은 아버지를 계시하셨고 모든 사람을 향한 아버지의 은혜로운 뜻을 계시하셨는데, 그분의 계시는 직접적이고 정확하며 탁월했다(요 14장).

하나님은 그분의 선지자들과 사도들의 가슴과 마음을 조명하셔서 그분의 말씀을 하게 하는 데 그치지 않으셨다. 특별한 경우, 하나님은 이들을 감동시켜 그분이 계시하기를 원하시고 늘 품고 계신 생각과 말과 약속을 기록하게 하셨다. 이러한 거룩한 기록의 모음집은 놀랍도록 조화롭고 통일되며, 하나님은 이것을 통해 인간을 향한 그분의 생각과 목적을 계시하신다. 이러한 기록 작업을 하면서, 선지자들과 사도들은 단순히 특정한 역사적 사건을 열거하는 데 그치지 않았고 하나님이 특별한 교통(special communication)을 위해 계시하신 것도 기록했다. 계시와 영감은 하나님이 자신과 자신의 뜻을 드러내실 때 필연적으로 수반되며, 어떤 곳에서는 둘이 하나 되어 하나님의 말씀을 은혜롭게 전한다. 이 둘은 서로 다르다. 계시는 다양한 방법으로 주시는 하나님의 조명(divine illumination)과 관련이 있으며, 선지자들과 사도들은 계시를 통해 하나님을 알고 하나님에 관한 것을 안다. 반면, 영감은 하나님이 그분의 말씀을 기록하실 때 고용하시는 하나님의 대리자(divine agency)이다. 따라서 영감의 초점은 무엇보다 기록된 본문이다. 계시의 초점은 하나님이 자신과 자신의 목적에 대해 알리시는 정보나 노출(disclosure)이다. 하나님의 영감으로 기록되었기 때문에, 성경은 율법(그분의 뜻)과 복음(그리스도 안에 있는 그분의 구원 약속 — 요 20:21)이라는 두 가지 큰 교리를 선포하면서 오늘날 우리를 위한 하나님의 계시로서 바르게 인식되고 존중된다.

현대 신학 자유주의 신학(liberal theology)에 따르면, 특별계시가 필요 없다. 왜냐하면 인간은 내적 조명을 통해 하나님을 인식하고 이해할 수 있기 때문이다. 어떤 사람들에게, 성경은 단지 하나의 기록일 뿐이다. 이들에 따르면, 우리는 성경에서 하나님의 능력의 행위를 인간의 말과 생각으로, 인간의 상황에 따라 제시함으로써 그 행위를 되풀이하고 재생산하려는 인간의 시도를 접할 뿐이다. 따라서 이들은 성경과 성경이 제시하는 진리와 성경의 교리(가르침)를 계시로 받아들이기를 거부하고, 신자와 하나님의 인격적 만남을 유일하게 진정한 계시나 하나님이 일으키신 계시적 사건으로 볼 뿐이다. 이것은 또한 계시를 받아들이지 않는 곳이나 인간이 하나님을 만나지 못하는 곳에서는 어떤 계시도 있을 수 없음을 암시한다.

말할 필요도 없이, 이것은 하나님의 계시에 내포된, 특히 영감된 선지자들과 사도들이 기록한 말씀에 내포된 하나님의 은혜로운 목적을 이상하게 둘로 나누는 것이다. 하나님은 주도적으로 자신을, 죄와 불의에 대한 자신의 심판을, 그리스도 안에 있는 자신의 긍휼과 은혜를 이런 방법으로 알리셨다. 말씀은 사람들이 받아들이든 그렇지 않든 여전히 하나님의 거룩한 계시이다. 그러나 사랑이신 하나님의 목적은, 그분이 말씀 가운데 자신을 드러내실 때 모든 사람들이 그분의 말씀을 듣고, 믿음과 신뢰로 그분을 받아들이며, 마침내 구주를 믿음으로써 구원받는 것이다.

> 자유주의 신학자들은 한편으로 하나님의 능력의 행위를 말하면서도 다른 한편으로 인간에게 자신의 말씀, 곧 성경을 맡기시는 하나님의 능력의 행위를 거부하는 큰 모순에 빠진다.

현대 신학자들은 계시란 개인과 하나님간의 인격적 만남에 국한될 뿐이라는 아주 좁은 계시관을 보이며, 계시적 진리와 성경 전체를 심하게 훼손한다. 왜냐하면 이들은 성경이 참으로 영감된 하나님의 말씀임을 부정하는 전제적 입장을 견지하기 때문이다. 이들은 성경이 하나님의 영감으로 기록된 인간 저자들의 산물이라고 말한다. 그러나 현대 신학은 성경을 하나님의 능력의 행위에 대한 철저히 인간적인 기록으로밖에 인정하지 않는다. 자유주의 신학자들은 한편으로 하나님의 능력의 행위를 말하면서도 다른 한편으로는 인간에게 자신의 말씀, 곧 성경을 맡기시는 하나님의 능력의 행위를 거부하는 큰 모순에 빠진다. 성경의 그리스도를 구원할 다른 그리스도는 없으며, 주 예수 그리스도께서 주시고 증거하신 성경 외에 다른 성경은 없다. 모든 성경은 그분을 증거한다(요 5:39; 행 10:43; 18:28; 고전 15:3).

성경의 영감

The Inspiration of Scripture

+ 휴 더모트 맥도날드

초대교회가 구약을 하나님의 영감으로 된 기록으로 온전히 받아들일 때, 두 가지 중요한 요소가 있었다. 첫째는 페이지마다 "하나님이 이르시되"나 "하나님이 말씀하시되"와 같은 표현이 지속적으로 나타난다는 점이었다. 또한 메시아 도래에 관한 구약의 많은 예언이 예수님에게서 성취되었고, 그리스도인들이 보기에 이러한 예언들은 하나님이 직접 주신 게 분명했다. 둘째 요소는 성경에 대한 예수님의 태도였다. 예수님은 구약을 "폐하지 못한다"고 말씀하셨다(요 10:35; 눅 16:17). 예수님은 구약을 사랑하셨고, 구약의 본질적 메시지를 삶으로 실천하셨으며, 자신이 구약을 하나님의 말씀으로 받아들이신다는 것을 보여주셨다. 초대교회의 입장에서, 예수님이 구약의 영감을 인정하셨다는 것(마 22:43)은 구약이 하나님에게서 왔으며 역사적으로 정확하다는 뜻이었다.

그리스도의 구약관은 구약의 인용과 암시로 가득한 신약의 구약관이 되었다. 신약은 "성경에 이르기를", "기록되었으되", "하나님이 이르시되", "성령이 이르시되"와 같은 표현을 지속적으로 사용하는데, 이것은 신약에서 성경이 기록된 하나님의 말씀과 동일시되었음을 보여준다.

그렇다면 신약 자체의 영감은 어떻게 되는가? 최초의 복음 전파자들은 자신이 하나님께서 주신 '복음'을 받았다고 확신했다(롬 1:16). '성령을 통하여' 구전 형태로 사도들이 받은 복음의 메시지(행 1:2)는 나중에 성령의 역사를 통해 기록되었다. 마침내 신약이 성경으로서 구약과 어깨를 나란히 하게 되었을 때, 성경은 구체적이고 확고한 의미를 갖게 되었다. 다시 말해, 성경은 '기록된 하나님의 말씀'을 의미하게 되었다.

그 결과, 그리스도인들은 구약과 신약을 동일하게, 유일한 하나님의 말씀으로 여긴다. 성경의 기록 과정은 그 결과가 정확히 하나님의 말씀이 되도록 하나님의 자기 계시를 기록하는 과정이었다. 하나님의 계시가 성경에 기록되었다. 어떤 신약 구절은 성경의 초자연적 영감을 구체적으로 말하지만 그리스도인들은 이러한 영감의 증거를 성경 어디서나 찾을 수 있다.

영감의 성격

19세기 중반 이전까지, 교회는 성경의 영감을 동일한 시각으로 보았다. 하나님은 그분의 특별한 자기 계시가 오류 없이 영원히 남을 수 있도록 성경의 실제 말씀을 인간 저자들에게 주셨다. 2세기에 저스틴 마터(Justin Martyr, 165년경에 순교했으며 스스로를 '할례받지 않은 자'라고 한 것으로 보아 이방인이 분명하며, 마르쿠스 아우렐리우스 황제 초기에 순교했다. 순교자 저스틴이라고도 부른다 — 역자 주)는 성경을 '하나님의 언어'라고 했고, 4세기에 니사의 그레고리(Gregory of Nyssa, 335-395년경)는 성경을 '성령의 음성'이라고 했다. 16,17세기에, 프로테스탄트 종교개혁자들도 이러한 주장을 되풀이했다. 그러나 19세기 후반, 진화론이 퍼지고 성경에 대한 '고등비평'(higher criticism)이 일어나면서 몇몇 신학자들이 축자영감(verbal inspiration)이라는 역사적 개념에 의문을 품었다. 축자영감 개념을 수정하거나 축자영감설을 "종교발전이론과 구약은 잡동사니 모음"이라는 주장을 허용하는 새로운 영감설로 완전히 대체하려는 시도들이 있었다. 몇몇 신학자들은 영감의 자리를 객관적 단어에서 주관적 경험으로 옮겨버렸다. 이러한 경험은 종교 천재들의 경험, 곧 진리에 대한 자신들의 통찰과 일별(一瞥, 흘끗 봄)이 성경에 보존되어 있는 선지자들의 경험일 수 있다는 것이다. 또한 이것은 성경 말씀이나 메시지에 붙잡혀 성경이 영감된 책이라고 인정하는 현대인의 경험일 수도 있다는 것이다.

이렇게 철저히 바뀐 견해들은 성경이 말하는 성경의 영감을 제대로 보여주지 못한다. "예언은 언제든지 사람의 뜻으로 낸 것이 아니요 오직 성령의 감동하심을 받은 사람들이 하나님께 받아 말한 것임이라"(벧후 1:21). 그러므로 신약에 따르면, 구약의 선지자들은 성령께서 시작하고 주도하신 말씀을 선포했다. 이들의 말은 단순히 이들의 생각이나 말로 표현된 하나님의 생각이 아니라 성령에 감동되어(헬라어로 '수반되다'의 의미) "하나님께 받아 말한 것"(the word of God, NEB)이다. 이 구절은 언표된 예언을 구체적으로 다룬다. 그렇더라도 베드로 사도는 성경 전체가 하나님에게서 기원했음을 강조하기 위해 성령의 역사에 힘입은 것으로 보인다(벧전 1:3-25). 동일한 하나님의 성령께서 바울을 감동시켜 기록하게 하셨다(벧후 3:15,16). 언표된 말씀과 기록된 말씀 모두에 대해, 성령께서 마음을 비추시고 기록 작업을 감독하셨다.

바울에 따르면, 성경의 언어는 "하나님의 호흡으로 되었다"(God-breathed, 한글개역은 "하나님의 감동으로." 딤후 3:16). 바울이 사용했듯이, 여기에 사용된 헬라어 단어는 성경이 단지 일반적 형태의 기록, 즉 "하나님이 호흡을 불어넣으신"(breathed into by God) 기록에 불과하지 않음을 의미한다. 바울의 말은 성경이 "성령을 불어 내는"(breathes out the Spirit) 책에 불과한 게 아니라 오히려 하나님의 창조적 호흡의 산물이며 따라서 하나님의 산물(divine product)이라는 뜻이기도 하다.

구약에서, '호흡'(breath, 숨)에 해당하는 히브리어 단어들은 '영'(spirit)으로 자주 번역된다(예를 들면, 창 1:2; 6:3; 삿 3:10; 6:34). 하나님의 '호흡'은 그분의 성령이 창조 능력을 내뿜는 모습에 대한 표현이다(창 1:2; 2:7; 욥 33:4; 시 104:30). 이러한 창조 능력은 하나님이 그분의 목적을 이루시는 데 필요한 특별한 인간 활동과 기술의 근원이다(출 35:30-35; 민 24:2; 삿 6:34). 구약 전체에서, 하나님의 호흡이나 영은 특히 예언과 관련이 있다(민 24:2; 사 48:16; 욜 2:28; 미 3:8). 이러한 관찰은 "하나님의 호흡으로 되었다"는 바울의 말을 이해하는 배경을 제공한다. "여호와의 말씀으로 하늘이 지음이 되었으며 그 만상을 그의 입 기운으로 이루었도다"(시 33:6). 이와 마찬가지로, 하나님의 호흡을 통해 성경이 만들어졌다. 하나님은 그분의 영을 보내심으로써(시 104:30) 태초에 창조 사역을 행하셨다. "여호와 하나님이 … 생기를 그 코에 불어넣으시니(breathed into) 사람이 생령이 되니라"(창 2:7). 이와 비슷하게, 하나님은 인간을 통해 성경을 구성하는 말씀을 호흡하셨다. 그러므로 성경은 하나님의 형상을 전하며, 성경만이 구원에 이르도록 가르치고 의로 교육할 수 있다(딤후 3:15,16).

구약 전체에서 또 하나 중요한 것은 '성령'과 '말씀'의 결합이며, 이 둘의 차이는 하나님의 '호흡'과 '음성'의 차이에 비유될 수 있다. 음성은 생각의 분명한 표현이다. 반면에 호흡은 말이 나오게 하는 힘이다.

신약에서 하나님의 호흡, 즉 하나님의 대리자는 성령이다. 따라서 "성령이 이르시되"(the Holy Spirit says)라는 말과 "성경에 이르되"(Scripture says)라는 말이 같다고 단언할 만큼 성령과 성경의 관계는 밀접하다(히 3:7). 바울은 자신이 고린도 교회에 편지로 제시하는 것은 "사람의 지혜가 가르친 말로 아니하고 오직 성령께서 가르치신 것"이라고 단언했다. 바울은 자신이 성령께서 가르치신 말씀을 통해 "영적인 일은 영적인 것으로 분별한다"고 덧붙였다(고전 2:13. "성령이 있는 사람들에게 영적 진리를 해석한다/interpreting spiritual truths to those who possess the Spirit", RSV). 신학자들은 성령께서 성경이 독자들에게 이해되게 하시는 과정을 가리켜 일반적으로 영감보다는 '조명'(illumination)이라고 한다.

성경관의 결과들 성경이 말하는 성경의 영감을 받아들이면 두 개의 꽃 봉우리가 나타난다.

첫째 봉우리로, 성경의 영감은 완전하다고 할 수 있다. 여기서 완전하다는 말은 '가득하다, 전체적이다, 완벽하다'는 뜻이다(이것을 가리켜 '완전 영감' 또는 '총체적 영감', '전적 영감'이라고도 한다 — 역자 주). 다시 말해, 성경의 모든 부분이 하나님의 호흡으로 되었다. 영감이 완전하다는 말은 영감이 부분적일 뿐이거나 정도의 문제라고 주장하는 조명설(illumination theory)을 거부한다는 뜻이다. 성령의 활동은 성경의 몇몇 부분이나 특별한 구절에 제한되지 않고 기록된 말씀 전체에 해당된다. 완전 영감은 영감을 단순히 하나의 자연적 행위로 보는 '통찰설'(insight theory)을 거부한다.

그러나 완전 영감은 성경 속의 모든 말이 반드시 참이라는 뜻은 아니다. 욥의 친구들의 잘못된 시각(욥 42:7-9), 베드로의 거짓말(막 14:66-72), 이방 왕들의 편지들(스 4:7-24)은 성경에 인용되었으나 성령으로 영감되지는 않았다. 이것들이 실제로 참이냐 거짓이냐는 문맥에 따라 결정되어야 한다. 그러나 성경 저자들은 이러한 내용을 성령의 영감을 통해 기록했다. 하나님은 이러한 내용이 그분의 계시의 한 부분이 되기를 원하셨다.

성경이 인정하는 두 번째 봉우리는 영감이 성경 단어에 적용된다는 것이다. 하나님의 호흡으로 된 성경은 하나님이 주신 단어로 구성된다. 성경은 '거룩한 기록'이다. 영감은 생각과 단어를 내적으로 연결하는 역할을 했으며, 둘 모두에 영향을 미쳤다. 역사적으로, 이러한 영감 이해를 가리켜 '축자적'(verbal)이라고 한다. 이 용어는 하나님의 날숨(divine outbreathing)의 산물, 즉 실제적인 단어에 주목하게 한다. 성령께서 성경 단어에 관여하셨으므로, 신자는 성경 단어를 무한히 신뢰할 수 있다.

그러나 영감이 축자적이라는 말이, 성경 기록 과정 자체가 받아쓰기였거나 기계적일 뿐이었다는 뜻은 아니다. 초대교회 교부들이 이런 견해들을 견지했다는 사실은 이들이 성경 말씀을 고귀하게 여겼음을 보여주지만, 이런 견해들이 올바른 영감 이론의 기초는 아니다. 역사적 영감 교리를 반대하는 사람들은 축자 영감과 기계적 영감을 자주 연결하며, 결과적으로 축자 영감을 유물론적인 것으로 보고 거부한다. 이들에게 축자적이라는 말은 성경 저자들이 자신도 거의 이해하지 못하는 단어를 기록하는 속기사와 같았다는 뜻이다.

오늘날 복음주의 신학자들은 축자 영감을 말할 때 하나의 방법을 구체적으로 제시하지 않는다. 이들은 성령의 활동이 성경의 모든 단어와 연관이 있었다는 점을 강조한다. 영감의 정확한 성격을 정확히 규정할 수는 없다. 우리는 성경 기록 과정을 하나님의 비밀로, 하나님을 떠나서는 설명할 수 없는 신비나 기적으로 여겨야 한다.

몇몇 보수적인 학자들이 기꺼이 인정하듯이, 축자적이라는 용어는 모호하다. 대부분의 복음주의 신학자들은 기계와 같은 저자들이 성령이 불러주는 대로 성경 단어를 '받아썼다'고 보는 그 어떤 영감설도 받아들여서는 안 된다는 데 동의한다. 그러나 이들은 성경에 쓰인 단어가 성령의 말씀으로서 완전한 의미를 가질 만큼 성령께서 성경 저자들에게 영향을 미치셨다는 점을 가장 잘 전달할 수 있다고 여기면서 '축자적'이라는 용어를 그대로 사용한다(예를 들면, 왕상 22:8-16; 느 8장; 시 119편; 렘 25:1-13; 롬 1:2; 3:2,21; 16:26).

그러나 성경 말씀은 완전히 인간의 말이기도 하다. 성경 저자는 둘이라고 할 수 있다. 성경은 하나님과 인간 개개인의 합작품이다. 성경이 인간의 저작이라는 증거는 문체상의 특징, 역사관, 문화적 정황 등에서 분명하게 나타난다. 심리학적 시각에서 볼 때, 성경 각권은 뚜렷한 특징을 가진 각 저자의 문학 작품이다. 모세, 선지자들, 예수 그리스도, 사도들은 자신의 말이 하나님에게서 왔다고 생각했다. 선지자들은 하나님의 말씀을 말했다(렘 1:7; 겔 2:7). 예수님은 아버지의 말씀을 언급하셨다(요 7:16; 12:49,50). 사도들은 그리스도의 이름으로 명령했고(살후 3:6), 그 명령의 신적 권위를 주장했으며(고전 14:37). 이들의 가르침은 성령에게서 나왔다고 보았다(고전 2:9-13).

그러므로 완전 축자영감설(doctrine of plenary verbal inspiration)은 성령께서 성경 저자들과의 관계에서 특별하고 절대적인 방법으로 행동하심으로써 이들이 하나님의 진리를 오류 없이 계시하게 하셨고, 그에 따라 성경은 하나님의 무오한 말씀이라고 단언한다. 성경은 예수 그리스도처럼, 신적 요소와 인간적 요소가 분리될 수 없는 하나의 전체, 역동적으로 연합된 하나의 전체를 형성한다. 언어는 인간적 요소이고 메시지는 신적 요소이다. 인간 저자들은 메시지를 받는 과정에서 수동적이지 않았다. 이들은 단순히 하나님의 펜(pen)이 아니라 그분의 필자(筆者, penmen)였다. 그 결과는 하나님이 성경의 주 저자(primary author)이며 성경 전체가 하나님의 말씀임을 확인해준다.

결론 영감은 하나님이 성경 저자들에게 미치신 직접적 영향으로 정의된다. 성경 저자들은 스스로를 포기하지 않았으나(단순한 도구로 전락한 게 아니라 — 역자 주) 성령께서 이들을 깊이 감동시키고 지키시며 이끌어 이들의 결과물이 기록된 하나님의 말씀이 되게 하셨다. 어거스틴은 성경을 전능하신 하나님이 그분의 피조물에게 보내는 편지라고 말했다. 마르틴 루터는 "우리가 성경 외에 어디서 하나님의 말씀을 찾을 수 있겠는가?"라고 물었다. 웨스트민스터 요리문답은 하나님이 성경의 저자이므로 "성경은 하나님의 말씀이다. 따라서 성경을 받아들여야 한다"고 말한다. 복음주의 그리스도인들은, 지금도 성경은 하나님의 영감으로 되었기 때문에 우리가 성경을 절대적으로 신뢰할 수 있고 완전히 의지할 수 있다고 본다.

성경의 권위

The Authority of Scripture

+ 칼 헨리

문명은 '권위의 위기'를 불러왔다. 이 위기는 종교적 신앙의 영역에만 국한되지 않았고, 특히 성경을 믿는 사람들에게만 위협적인 게 아니었다. 부모의 권위, 결혼의 권위, 정치적 권위, 학문적 권위, 교회의 권위 등이 모두 깊은 의문의 대상이 되었다. 특별한 권위 곧 성경, 교황, 통치자뿐 아니라 권위 자체의 개념이 심각한 도전을 받았다. 따라서 오늘날 성경의 권위가 맞게 된 위기는 문명화가 낳은 불확실성에 대한 생각을 반영하는 것이다. 과연 복종을 요구하며 받을 수 있는 힘과 권리가 누구에게 있는가?

성경의 권위에 대한 도전

많은 학문적인 진영이 권위에 대한 전반적인 의문을 허용하고 장려했다. 철저한 세속적 시각을 가진 철학자들은 하나님과 초자연적인 것은 신화적 개념이며, 자연적 과정과 사건만이 유일하게 궁극적 실체를 형성할 뿐이라고 단언했다. 이들에 따르면, 모든 존재는 일시적이고 변할 뿐이며, 모든 신앙과 사상은 그 시대 및 문화와 관련이 있다. 그러므로 성경이 말하는 종교도 다른 모든 종교처럼 문화 현상일 뿐이다. 이러한 생각을 가진 사상가들은 성경에 신적 권위가 있다는 주장을 무시한다. 그들에게 초월적 계시, 불변의 진리, 변하지 않는 계명은 경건한 허구(pious fiction)일 뿐이다.

급진 세속주의(radical secularism)는 인간이 '성년이 되었다'고 보면서 이를 토대로 인간의 자율과 창조적 개성을 주장한다. 인간은 자기 운명의 주인이며, 자신의 사상과 가치관의 창조자이다. 인간은 목적이라고는 없는 우주에 산다고 추정되며, 그 우주 자체가 하나의 우주적 사건(이를테면, 빅뱅 — 역자 주)을 통해 생겨났다고 여겨진다. 그러므로 인간은 자연이나 역사에 자신이 선호하는 그 어떤 도덕 기준이라도 자유롭게 부가할 수 있다. 이 견해에 따르면, 하나님이 주신 진리와 가치관, 초월적 원칙을 강요하는 것은 인간의 자기 성취를 억누르고 창조적 발전을 방해한다. 따라서 급진 세속주의는 특별한 외적 권위를 반대하고 이러한 권위에 대한 주장을 독단적이고 비도덕적이라고 생각하는 데 그치지 않고, 모든 외적 권위를 매우 적대적으로 대하며 외적 권위가 자율적 인간의 정신을 본질적으로 제한한다고 본다.

하나님의 초월적인 뜻을 객관적 기록의 형태로 계시하는 영감된 성경은 믿음과 행동의 규범이며, 그리스도께서는 성경을 통해 그리스도인들의 삶에서 그분의 신적 권위를 행사하신다.

성경을 읽는 사람이면 누구라도 하나님의 권위와 옳고 선한 것에 대한 분명한 계시를 거부하는 현상이 오래된 것임을 알 것이다. 이것은 '성년이 된' 현대인에게만 나타나는 현상이 아니다. 이런 현상은 이미 에덴에도 있었다. 아담과 하와는 개인적인 기호와 사욕(self-interest)을 좇아 하나님의 뜻을 거역했다. 그러나 이러한 거역은 진화론적 발전 단계의 맨 처음에 위치한 철학적 '지식'(gnosis)으로 합리화되지 않고 '죄'로 인식되었다.

어떤 사람이 철저히 점진적 관점을 취하면서 모든 실체는 우연이며 변한다고 생각한다면, 우주에서 인간의 결정적이며 창조적인 역할의 기초는 어디에 있는가? 어떻게 목적 없는 우주가 개인적인 자기 만족을 줄 수 있는가? 인류의 영원하고 우주적인 존엄을 진정으로 보존하는 것은 창조자요 구속자이신 하나님, 도덕적 순종과 높은 영적 운명을 위해 인간을 지으신 분을 말하는 성경의 대안뿐이다. 그러나 성경은 이러한 대안을 제시하면서 개인의 영적 결정을 요구한다. 성경은 인간이 창조를 통해 하나님을 닮은 이성적이며 도덕적인 형상을 지녔기 때문에 동물보다 우월하며 아주 존귀한 존재("하나님보다 조금 못한", 시 8:5)라고 말한다. 성경은 모든 인간이 아담의 죄에 가담했다고 말하면서, 그리스도의 중보를 통해 구속 받고 새롭게 되라는 하나님의 자비로운 부르심을 선포한다. 타락한 인간은 새롭게 하시는 성령의 역사를 경험하고, 예수 그리스도의 형상으로 변화되며, 공의와 칭의의 하나님과 영원히 함께하는 최종 운명을 고대하라고 요구받는다.

우리 시대가 성경적 교리를 거부하는 이유는 성경적 유신론(biblical theism)이 잘못이라는 논리적 증명 때문이 아니다. 오히려 '선한 삶'을 말하는 다른 시각들에 대한 주관적 선호도 때문이다.

인간이 주권적 하나님과의 관계에서 날마다 책임이 있음을 강하게 상기시켜주는 도구가 성경뿐인 것은 아니다. 하나님은 우주와 역사, 내적 양심에서 자신의 권위를 계시하신다. 다시 말해, 모든 사람의 마음을 파고드는 살아 계신 하나님을 드러내신다(롬 1:18-20; 2:12-15). 이러한 '하나님의 일반계시'를 거부하고 억누른다고 하나님의 최후 심판에 대한 두려움을 완전히 떨칠 수는 없다(롬 1:32).

그러나 우리에게 하나님의 실체와 권위를 영적으로 거역하는 인간의 모습을 가장 분명히 보여주는 것은 '특별계시'인 성경이다. 성경은 하나님의 성품과 뜻, 인간 실존의 의미, 영적 영역의 성격, 모든 시대와 인류를 향한 하나님의 목적을 모두 이해할 수 있도록 명제 형태로 명료하게 제시한다. 성경은 하나님이 개개인과 나라들을 심판하시는 기준을 객관적인 형태로 제시하며, 도덕의 회복과 그분과의 교제 회복을 위한 수단도 제시한다.

그러므로 성경에 대한 관심은 인간 문명의 진로에 결정적이다. 알기 쉬운 하나님의 계시, 즉 창조자요 구속자이신 하나님께 모든 인간의 삶을 주관하는 권세가 있다는 믿음이 근거가 있느냐는, 과연 성경에서 하나님과 그분의 목적에 관해 말하는 내용이 신빙성을 가지느냐에 달렸다. 현대 자연주의(modern naturalism)는 성경의 권위를 반박하고, 성경이 기록된 하나님의 말씀, 즉 그분의 마음과 뜻을 전하는 초월적 계시라는 주장을 공격한다. 성경의 권위에 대한 공격은 계시 종교(revealed religion)에 관한 논쟁과 문명 세계의 가치관에 대한 현대의 갈등에서 폭풍의 중심이다.

성경이 말하는 성경

하나님의 뜻이 확실한 진리의 형태로 알려진다는 전제는 성경의 권위에서 아주 중요하다. 정통 복음주의에 따르면, 선택된 선지자들과 사도들이 받은 하나님의 계시가 의미 있고 참되다고 여겨지려면, 다양한 의미를 내포할 수 있는 고립 개념(isolated concept)으로 제시되는 게 아니라 문장이나 명제로 제시되어야 한다(언어학에서, 고립 개념이란 다른 개념과 관련 없이 대상 자체가 갖는 내재적 속성으로 정의되는 보편적 개념을 말하며, 이와 반대되는 상호연관 개념은 한 대상의 개념이 다른 대상과의 상호연관 속에서 정의되는 개념을 말한다 — 역자 주). 명제, 즉 주어와 술어와 접속사를 갖춘 문장이 명료한 커뮤니케이션의 논리적 최소 단위이다. "그러므로 여호와께서 이르시되"라는 구약의 예언 형식은 명제의 형태로 계시된 진리를 특징적으로 제시했다. 예수 그리스도께서는 자신이 하나님의 참된 말씀이나 가르침이라는 것을 나타내는 논리적 문장을 제시하기 위해 "그러나 나는 너희에게 이르노니"라는 독특한 형식을 사용하셨다.

성경이 권위가 있는 이유는 하나님이 성경에 권위를 주셨기 때문이다. 성경 자체의 말로 하면, "모든 성경은 하나님의 호흡으로 되었다"(all Scripture is God-breathed, NIV. 딤후 3:16. 한글개역은 "모든 성경은 하나님의 감동으로 된 것으로"). 이 구절에 따르면, 구약 전체 또는 구약의 모든 요소가 하나님의 감동으로 되었다. 동일한 주장을 신약에까지 확대할 수 있다는 것은 단순한 암시의 수준은 넘어서지만 분명하게 표현되지는 않았다. 신약에는 신약이 구약과 동일한 권위를 갖는다고 봐야 하며 사실 그렇게 봤다는 암시들이 있다. 바울의 편지들은 "다른 성경들"과 함께 분류된다(벧후 3:15,16). 디모데전서 5장 18절은 "성경에 일렀으되"라고 말하면서 누가복음 10장 7절을 신명기 25장 4절과 나란히 인용한다(고전 9:9). 더욱이, 계시록은 하나님에게서 온 기록이라고 주장하며(계 1:1-3), 예언(prophecy)이라는 용어를 구약적 의미로 사용한다(계 22:9,10,18, 계시록은 자신을 가리켜 '예언'이라고 말한다 — 역자 주). 사도들은 자신이 말로 가르친 것과 글로 가르친 것을 구별하지 않았고, 영감된 자신의 선포를 하나님의 말씀이라고 선언했다(고전 4:1; 고후 5:20; 살전 2:13).

성경은 오류가 없는가?

성경의 역사적, 과학적 신빙성에 대한 끊임없는 공격으로 인해, 그리고 성경의 가르침이 오류가 있을 수 있는 인간에게서 비롯되었다는 시각으로 인해, 성경의 권위에 관한 교리가 무너졌다. 다른 한편으로, 성경의 권위가 전제하거나 암시하는 바를 과장하는, 극단적으로 보수적인 변증가들이 성경 무오 교리를 불필요하게 훼손할 때도 있었다. 몇몇 보수적인 학자들은 역사적 비평을 성경의 권위에 적대적인 것으로 여기고 거부했으며 성경 무오에 동의하느냐를 기준으로 '참' 그리스도인과 '거짓' 그리스도인을 구분했다.

한 사람이 성경에 대해 완전히 하나님의 감동으로 되었다는 점을 받아들인다면, 다시 말해, 하나님이 성경 기록의 전체 과정을 감독하셨다고 믿는다면, 성경의 권위에 관한 교리는 의심할 여지없이 내용의 무오성을 암시한다. 그러나 기독교 신앙이 역사적 비평을 거부함으로써 자신의 주장을 펼 수 있으리라고는 거의 생각할 수 없다. 이렇게 하는 것은 자기 입장을 뒷받침하기 위해 무비판적 역사관에 호소해야 한다는 뜻일 것이다. 복음주의는 정당성을 인정할 수 없는 결론을 조장하는 독단적 전제에 너무나 자주 의존하는 '고등비평'을 향해, 적절한 가정을 토대로 하고 변호될 수 있는 결론을 내리는 건전한 비평으로 답해야 한다(성경비평을 크게 하등비평/Low Criticism과 고등비평/Higher Criticism으로 나누는데, 하등비평은 본문비평을 말하며 고등비평에는 역사비평/historical criticism, 자료비평/source criticism, 양식비평/form criticism, 편집비평/redaction criticism 등이 있다 — 역자 주).

복음주의 기독교는 성경의 무오성을 확고한 신학적 믿음으로, 성경이 자신에 관해 말하는 바와 일치하는 믿음으로 지켜내야 한다. 그러나 복음주의 기독교는 이러한 믿음을 공유하지 않는 모든 그리스도인들의 신앙을 의심할 필요가 없으며, 그들을 희망 없는 배교자로 여겨서도 안 된다. 더 나아가, 성경의 권위보다는 예수 그리스도의 권위를 존중한다고 주장하는 사람들이 예수님의 가르침과 모순되는 것도 아니다. 왜냐하면 예수님은 차원 높은 성경관을 갖고 계셨기 때문이다. 더욱이, 예수님의 삶과 사역에 대한 완전한 설명은 그분의 십자가 죽음과 부활과 천국 사역에 달려 있었으며, 성령에 감동된 사도들에게서 나왔다. 예수님의 지상 사역의 가르침 중에서 자신의 전제에 맞는 요소만 가려 선택하는 것은 논리적이지 않다. 성경의 완전한 신뢰성을 거부한다면 결국 예수님의 삶의 목적을 성경이 말하는 바와 다르게 말할 것이다. 다시 말해, 그리스도의 육체적 죽음과 부활이 하나님이 죄인을 용서하시는 근거가 아니라고 말할 것이다.

역사적 복음주의의 입장은 《엑스포지터스 성경 연구주석》(The Expositors' Bible Commentary, 기독지혜사 역간)의 책임 편집자 프랭크 게블라인(Frank E. Gaebelein)의 말로 요약된다. "성경은 하나님의 감동으로 되었고, 완전히 신뢰할 수 있으며, 완전한 권위를 갖는다." 성경이 권위 있고 완전히 신뢰할 만한 이유는 하나님의 감동으로 되었기 때문이다. 루터교 신학자 프란시스 파이퍼(Francis Pieper, 1852-1931)는 성경의 권위와 성경의 영감을 직접 연결했다. "성경의 신적 권위는 순전히 성경의 성격, 곧 성경이 하나님의 호흡이라는 데 있다. 다시 말해, 성경이 '하나님의 호흡으로 되었다'는 데 있다." 패커(J. I. Packer)는 성경의 진실성에 대한 모든 훼손은 동시에 성경의 권위에 대한 훼손으로 여겨야 한다고 말했다. "성경의 무오성을 말한다는 것은 첫째, 성경이 하나님에게서 나왔으며 둘째, 하나님은 진실하고 믿을 수 있는 분이라는 믿음을 고백하는 것이다. 이러한 용어들의 가치는 성경의 권위에 대한 원칙을 보존한다는 데 있다. 왜냐하면 절대적으로 진리이며 믿을 수 있는 진술이 아니라면 절대적 권위를 가질 수 없기 때문이다." 패커는 그리스도와 사도들과 땅의 교회가 모두 구약이 절대적으로 신뢰할 만하며 권위가 있다는 데 동의한다는 것을 보여줌으로써 이러한 논증을 강화했다. 구약의 성취인 신약은 결코 덜 권위 있는 게 아니다. 그리스도께서는 복음을 전하는 제자들에게 자신의 권위를 부여하셨고, 그 결과 초대교회는 이들의 가르침을 받아들였다. 하나님의 계시로서, 성경은 인간의 주장이 갖는 한계를 초월한다.

최근의 도전들 어떤 학자들은 문화 의존적인 가르침을 기꺼이 받아들임으로써 성경의 권위를 훼손했다. 여자들에 관한 바울의 몇몇 말이나 이스라엘이 팔레스타인에 다시 모이는 데 대한 그의 견해는 당시 랍비들의 가르침을 반영하는 것으로 여겨져 무시되었으며, 그에 따라 바울의 시각이 문화적으로 제한되어 있다는 증거로 받아들여졌다. 몇몇 부분에서, 성경의 가르침은 유대 전통과 분명히 일치한다. 그러나 히브리 전통이 규범으로까지 높아져 성경보다 위에 있거나 성경을 수정하거나 성경과는 반대로 간다고 여겨지는 부분에 대해, 예수님은 이러한 전통을 비판하셨다. 바울이 때로 전통을 가르치며 역사적으로 구약에 뿌리를 둔 전통을 따라 가르쳤다는 사실이 바울의 문화 의존성을 입증하는 것은 아니다. 다른 부분들에서, 바울은 랍비적 전통을 날카롭게 비판했다.

복음주의의 변함없는 시각은 영감된 성경 저자들이 단순히 전통에서 배운 바를 가르치는 게 아니라 하나님이 호흡하신 바를 가르친다는 것이다. 다시 말해, 이들에게는 선포할 때 현재의 전통에서 하나님이 인정하시는 것과 그렇지 않은 것을 분별하는 성령의 마음이 있었다. 그러므로 영감된 성경 저자들은 유대 전통이 반영하는 예언적 계시의 요소뿐 아니라 유대 전통이 거기서 이탈함으로써 반영하지 못하는 요소도 말했다고 보는 게 더 건전한 시각이다. 일단 '문화 의존'의 원칙을 성경에 적용하면, 사도들의 가르침에서 권위 있는 것과 권위 없는 것을 구분하는 객관적 기준을 세우기 어렵다. 동성애에 관한 바울의 시각은 성직 계급의 권위에 대한 그의 시각처럼 문화적 편견으로 여겨질 수 있다. 성경의 권위에 대한 시각도 마찬가지이다.

어떤 학자들은 성경의 개념적-명제적 권위를 제쳐둔 채 성경의 '기능적' 권위만 인정하려 했다. 성경의 권위는 서로 철저히 다르고 심지어 모순되는 요소들로 정의된다. 어느 하나도 최종적인 것으로 보지 않으며 모두 동등하다고 본다. 외적 권위에 대한 주장은 신앙 공동체의 삶을 극적으로 바꿔놓는 내적 권위에 종속된다. 이러한 이론이 서로 다른 견해를 전혀 차별하지 않는다고 공언함에도 불구하고 성경의 객관적 진리에 대해 전통적 복음주의의 강조를 명백히 배제하는 것은 당연하다. 그러나 일단 성경의 가르침이 전체적으로나 부분적으로 타당성을 잃는다면, 한 인간의 삶이 변해야 하는 이유를 설명할, 설득력 있는 이유가 하나도 남지 않는다.

성경의 권위에 관한 문제는 성경의 합리적 타당성과 역사적 사실성에 관한 관심과 거의 분리될 수 없다. 그러나 복음주의자들은 성경의 권위는 하나님의 권위이며, 모든 진리와 역사적으로 정확한 진술이 하나님의 권위를 갖지는 않는다고 주장한다. 성경이 권위 있는 이유는 하나님의 말씀이기 때문이다. 선택된 선지자들과 사도들은 하나님의 진리가 하나님의 영감을 통해 자신들의 진리가 되었다고 증언한다. 이들 가운데 몇몇은 자신의 무관심이나 심지어 적대감에도 불구하고 하나님의 부르심을 받았다(예를 들면, 예레미야 선지자와 사도 바울). 유대기독교(Judeo-Christian religion)는 역사적 계시와 구속에 기초한다. 성경은 역사에 무관심하지 않으며, 오히려 고대 종교와 철학에는 없는 뚜렷한 직선적 역사관을 제시한다.

하나님 말씀의 능력 성경은 지금도 세상에서 가장 많이 인쇄되고 널리 번역되며 많이 읽히는 책이다. 성경 말씀은 많은 사람들의 가슴에 그 무엇보다 귀한 보물이었다. 성경이 주는 지혜의 선물과 새 생명과 능력의 약속을 받은 사람들 모두 처음에는 성경이 말하는 구속의 메시지가 낯설었고, 많은 사람들이 성경의 가르침과 영적 요구에 적대적이었다. 모든 세대에서, 인종과 나라를 초월해 모두에게 도전을 주는 성경의 능력이 나타났다. 성경은 미래의 희망을 담고 있으며 현재에 의미와 힘을 주며 잘못된 과거와 하나님의 용서의 은혜를 연결한다. 그렇기 때문에 성경을 소중히 여기는 사람들도, 성경에 대해 권위 있고 하나님이 계시하신 진리로 받아들이지 않는다면 이러한 내적 보상을 오랫동안 경험하지 못할 것이다. 복음주의 그리스도인에게, 성경은 하나님이 영감을 주신 선지자들과 사도들을 통해 명제적 진리라는 객관적 형태로 주어진 하나님의 말씀이며, 성령은 이 말씀을 통해 믿음을 주시는 분이다.

정경으로서의 성경

The Canon of Scripture

+ 월터 엘웰

AD 4세기 이후, 교회는 66권으로 된 성경을 갖게 되었다. 신약은 27권이었고 구약은 39권이었다. 플라톤과 아리스토텔레스와 호머가 헬라 문학의 정경을 형성했듯이, 신약의 책들은 기독교 문학의 정경이 되었다. 유대교 경전(구약)에서 책을 선택했던 기준은 알려져 있지 않지만, 어떤 책이 하나님을 섬기는 민족의 일상생활과 종교에서 갖는 가치와 관련이 있었던 것은 분명하다. 초대교회 저자들에 따르면, 신약의 책을 선택하는 기준의 중심은 그 책의 '사도성'(apostolocity)이었다. 구약의 책들처럼, 신약의 책들은 지역 교회들이 지속적인 예배 과정에서, 그리스도인의 삶을 위한 권위 있는 지침이 필요해서 수집하고 보존한 것이었다. 정경의 형성은 하나의 사건이 아니라 과정이었기에, 정경이 로마제국 전역에서 최종적으로 결정될 때까지 수백 년이 걸렸다. 지역 정경들(local canons)이 비교의 기초였으며, 이러한 정경들에서 비록 몇몇 동방교회의 신약은 서방교회의 신약보다 조금 얇기는 하지만, 마침내 오늘날 기독교 세계에 존재하는 일반적인 정경이 나왔다. 기독교 전체뿐 아니라 유대교도 하나님의 영께서 그분의 말씀이 생겨나고 보존되는 과정에서 섭리하셨다고 믿는다.

구약 정경

구약(Old Testament)은 유대문학에서 나타나지 않는 이름이다. 유대인들은 그들의 39권짜리 성경을 타나크(Tanak)라 부르기를 더 좋아한다. 타나크는 토라(Torah, 율법), 나비임(Naviim, 선지서), 케투빔(Kethubim, 시가서)의 첫 글자를 따서 만든 약어(略語)이다. 누가복음 24장 44절에서, 이것들은 "모세의 율법과 선지자의 글과 시편(히브리어 성경에서 시가서의 첫 번째 책)"이라 불린다. 그리스도인들은 자신들의 책을 신약(New Testament) 또는 언약(covenant)이라 부르는데, 언약은 하나님이 아브라함 및 족장들과 맺으셨고 그리스도께서 그분의 사도들에게 재확인하신(마 26:28) 약속을 가리키는 데 사용된 용어이다. 1세기 그리스도인들은 그리스도께서 세우신 자신들의 새 언약(new covenant, 고전 11:25)이 예전에 하나님이 족장들과 맺으셨고(엡 2:12), 선지자들을 통해 말씀하셨고(렘 31:31-34), 그러므로 첫 언약이라 불리거나(히 8:7-13; 9:1,15-22) 몇 세기 후에는 구약으로 불리는 언약의 연속이라고 생각했다.

'정경'(canon)은 일반적으로 유대교와 기독교에서 성경으로 인정되며 그에 따라 신앙과 교리의 문제에서 권위 있는 책을 말한다.

구(Old)와 신(New)이라는 용어는 1,2세기 사도적 교부들의 글이나 2세기 초에서 중반에 이르는 변증가들의 글에는 나타나지 않지만 2세기 말의 저스틴 마터(Justin Martyr, 《트리포와의 대화/Dialogue With Trypho》, 11:2), 이레니우스(Irenaeus, 《이단논박/Adversus Haereses》, 4.9.1), 알렉산드리아의 클레멘트(Clement of Alexandria, 《논문집/Stromata》, 1:5)의 글과 3세기 초 오리겐(Origen, 185-254)의 글(《제1 원리들에 관하여/De Principiis》, 4.1.1)에 나타난다. 이들의 글에서, 이러한 표현은 언약을 포함하는 책들보다는 언약 자체를 가리켰다(전환이 마침내 이루어지기는 했지만).

정경(canon)은 구약과 신약 어디서도 유대 성경을 가리키는 데 사용되지 않았다. 이 단어가 본래 내포하는 제한의 개념은 구약의 책들이 기록되고 있던 수천 년 동안 유대교에서 종교적 권위의 성격에 적합하지 않았다. 유대인들은 오직 토라만이 더하거나 뺄 수 없는 것이라고 생각했다(신 4:2). 유대교에는 모세에서 말라기까지 천년 동안 닫힌 정경(closed canon, 완성된 정경), 다시 말해 권위 있는 책에 대한 배타적 목록이 없었다. 구약 사람들은 그들의 역사에서 39권으로 된 구약을 가져본 적이 한 번도 없었다. 이들의 정경이 언제 닫혔는지는 알 수 없다. AD 70년에 예루살렘이 멸망한 지 20년 후에 얌니아(Jamnia)에서 랍비들이 종교적 권위에 관한 몇 가지 질문을 던졌다. 그렇더라도 39권의 목록을 최초로 작성한 사람은 170년 무렵 사르디스의 멜리토(Melito of Sardis)였다. 다니엘서의 기록 연대를 BC 2세기로 보지 않는다면, 이 목록에는 말라기 시대 이후에 기록된 책은 하나도 포함되지 않았다.

선지서와 시가서는 항상 율법서에 비해 이차적인 것으로 여겨졌다. 선지서와 시가서를 기록하고 엮는 작업은 이스라엘 백성의 삶에서 일어난 하나의 사건이기보다는 과정이었으며, 주로 율법에 대한 민족의 반응에 관한 기록 역할을 했다. 이들에게 율법은 너무나 거룩했기 때문에(랍비 전승에 따르면: 바빌로니아 탈무드의 내용/Baba Bathra 14a; Cairo Damascus Document 5.2도 참조하라) 성막 지성소의 언약궤에 보관되었다. 그러나 신명기 31장 26절에서, 모세는 레위인들에게 율법서를 단지 언약궤 곁에 두라고 명령했다. 그럼에도 불구하고, 율법서는 지성소에 있었다는 사실만으로도 구약의 다른 책들과의 관계에서 특별한 위치에 있다고 보기에 충분하다.

초기 히브리 전승의 일치된 증언에 따르면, 현재의 구약을 구성하는 39권은 본래 24권으로 나뉘어 있었다. 여기에는 다섯 권의 율법서와 여덟 권의 선지서와 열한 권의 시가서가 포함되었다. 현대의 히브리어 성경은 처음 인쇄된 세 판에서(15세기말) 사용되었던 이러한 삼중적 구분을 반영한다. 율법서는 우리에게 친숙한 오경(五經), 즉 창세기에서 신명기까지를 포함했다. 8권의 선지서는 여호수아, 사사기, 사무엘(상, 하), 열왕기(상, 하), 이사야, 예레미야, 에스겔, 소선지서였다. 소선지서(12권)는 한 권으로 여겨졌고 현재의 성경과 동일한 순서로 배열되었다. 11권의 시가서는 3권의 시(시편, 잠언, 욥기)와 중요한 절기에 읽으며 절기의 순서에 따라 배열된 다섯 개의 두루마리(아가, 룻기, 애가, 전도서, 에스더)와 세 개의 내러티브나 역사서(다니엘, 에스라-느헤미야, 역대기상하)로 이루어졌다.

진정한 유대 전통과는 달리, 룻기와 사사기, 애가와 예레미야를 합쳐 구약을 21권으로 나누려는 노력도 있었다. 그러나 이러한 모든 노력은 헬라 전통에서 기원했으며 히브리 전통의 지지를 전혀 받지 못했다.

현존하는 가장 오래된 히브리어 구약 사본은 AD 8세기의 맛소라 본문(Masoretic texts)이다. 사해 두루마리에서는 낱권 사본들만 발견되었다. 맛소라 본문의 기록자들은 책의 배열에 관해서는 어떤 규정도 정하지 않았던 게 분명하다. 히브리어 사본에는 후기 선지서(Latter Prophets)나 시가(Writings)를 배열하는 일치된 순서가 없기 때문이다. 히브리어 성경의 고대 헬라 번역들의 경우도 상황은 전혀 다르지 않다. 현대 개신교에서 성경 순서는 라틴 벌게이트역(Latin Vulgate, 4세기말 제롬이 번역했으며 현재 로마 가톨릭 교회의 공식 성경이다 — 역자 주)을 따르고 내용은 히브리어 성경을 따른다. 벌게이트역과 셉투아젠트(Septuagint, BC 3세기 알렉산드리아에서 히브리어를 헬라어로 번역한 구약 성경으로 70인역이라고도 하며 LXX로 표시한다 — 역자 주) 모두 외경(外經, Apocrypha)을 포함하지만, 유대인들은 외경을 전혀 받아들이지 않았다. 로마 가톨릭 교회는 외경을 영어 번역에 포함시켰는데(한글로 번역된 '공동번역'과 '새성경'에도 외경이 포함되어 있다 — 역자 주), 이것은 벌게이트역이 가톨릭교회에 미친 영향 때문이다. 가톨릭교회는 외경을 제2 정경(deuterocanonical)으로 여긴다.

일치된 순서는 없다 하더라도, 헬라어 사본들에 반영된 알렉산드리아의 순서에 따르면, 책은 주제별 곧 내러티브, 역사, 시, 예언으로 배열되었고, 묵시서(apocryphal books)는 이 세 범주에 적절하게 배치되었다. 히브리 성경의 구분은 완전히 무시되었다.

초기 히브리어 성경들은 본문을 현재 우리가 보는 성경의 단락과 유사한 크고 작은 단락으로 나누었다. 단락들 사이의 공간이 구분 표시였다. 작은 단락의 경우에는 세 글자를 띄웠고 보다 큰 단락의 경우에는 아홉 글자를 띄웠다. 모든 사본의 단락 숫자가 동일하지는 않다. 예수님은 '가시나무 떨기에 관한 글'에 대해 말씀하실 때(막 12:26) 이러한 단락을 언급하고 계셨을 것이다. 나중에, 전례를 위한 필요 때문에 율법서가 바벨론 회당에서는 1년에 걸쳐(54단락), 팔레스타인 회당에서는 3년에 걸쳐 다 읽을 수 있도록(154단락) 본문이 더 세밀하게 나눠졌다.

신약 정경

신약 정경의 형성은 구약 정경의 형성만큼 베일에 싸여 있지는 않지만 구약의 경우와 마찬가지로 하나의 사건이라기보다는 과정이었다. 사도직에는 타고난 권세가 따랐으나(마 28:18) 모든 사람이 아무런 의문 없이 이 권세를 인정하지는 않았다(고전 9:1-3). 사도들이나 사도들과 밀접한 관련이 있는 사람들이 쓴 모든 책이 최종적으로 정경에 포함된 것은 아니었다. 바울이 고린도 교인들에게 이전에 보낸 편지(고전 5:9)와 그가 라오디게아 교회에 보낸 편지(골 4:16)는 지금까지 전혀 확인되지 않았다. 어떤 사람들은 고린도 교회에 쓴 편지는 정경의 서신서에 포함되어 있다고 주장하며 마르시온(Marcion, 85-160년경. 2세기의 기독교 이단으로 구약의 하나님은 열등하기 때문에 신약의 하나님만 믿어야 한다고 주장했다 — 역자 주)[1]은 바울이 라오디게아 교회에 쓴 편지가 실제로 에베소서라고 생각했다. 폴리갑(Polycarp, 80-165. 사도요한의 제자로 계시록에 나오는 서머나 교회의 감독이었으며 순교했다 — 역자 주. 이 책 18장을 보라)은 2세기 중반에 빌립보의 그리스도인들에게 편지를 쓰면서 바울이 빌립보 교회를 향해 쓴 복수(複數)의 편지를 언급한다(폴리갑이 쓴 '빌립보인들에게 쓴 편지/Letter to the Philippians' 3장 2절을 보라). 물론, 경건한 신자들은 구전의 형태든 기록의 형태든 간에 사도들의 모든 가르침을 권위 있는 것으로 받아들였다. 2세기 말, 이레니우스는 사도성을 정경의 진정성을 평가하는 근본 기준으로 여겼다.

이러한 초기 저자들의 중요하고 권위 있는 모든 저작들을 한데 모으자는 생각이 언제 일어났는지는 알 수 없다. 베드로는 바울이 쓴 것으로 알려진 여러 편지를 언급한다(벧후 3:16). 폴리갑은 빌립보 교회에 편지를 쓰면서(2세기 중반) 그들의 요청으로 자신에게 있는 이그나티우스(Ignatius)의 모든 편지를 보낸다(폴리갑의 같은 책 13:2). 이그나티우스는 40여 년 전에 죽었지만 열 교회는 그의 편지들을 폐기하거나 잃어버리지 않았다.

바울 서신은 "대부분의 옛 편지들처럼 잊혀졌으며" 사도행전의 등장을 계기로 수집되었다는 에드가 굿스피드(Edgar Goodspeed, 1871-1962)의 가설은, 해결되는 문제보다 더 많은 문제를 낳는다. 편지를 (양피지나 파피루스에) 쓰는 데 비용이 많이 들었으며, 신약이 있지도 않았고 교회들이 주로 지역의 카리스마적 지도자를 통해 유지되고 있던 시대에, 사도들의 편지는 귀한 축복이었다(고전 14장). 바울은 골로새 교회를 향해 자신이 라오디게아 교회를 대상으로 쓴 편지를 받아서 읽고 그 편지를 라오디게아 교회에 전해주라고 했다(골 4:16). 분명히 이러한 편지들은 귀하고 권위 있는 것으로 여겨졌을 것이다. 이러한 편지들이 방치되어 '잊혀지지는' 않았을 것이다. 복음서와 사도행전이 바울 서신을 전혀 인용하지 않은 것은 바울 서신이 언제 수집되었는가 하는 문제와는 전혀 상관이 없다. 개개의 편지들이 알려졌다면, 또한 기록되고 있는 저작에 적합하다고 여겨졌다면 인용되었을 것이다. 예를 들면, 로마의 클레멘트(Clement of Rome, 30-100. 로마 감독)는 AD 90년경에 편지를 쓰면서 고린도전서를 분명하게 언급했다. "복된 사도 요한의 편지를 취하라. 그가 너희에게 쓴 첫 편지에서 설교를 시작하면서 어떻게 했는가? 그는 참된 영감으로 너희를 꾸짖었다"(클레멘트 1서 47:1-3). 클레멘트는 그런 후 고린도전서 1장에 나오는 문제를 언급한다.

2세기 말, 초기 기독교 문서들을 수집하는 일이 잘 진행되었던 게 분명하다. 마르시온은 제한적이지만 이미 바울과 누가의 저작들을 가지고 있었다(바울의 저작들 가운데는 열 개만 받아들였다). 영지주의는 엄청난 양의 기독교 묵시 문헌을 수집하고 있었다(1945년 상부 이집트/Upper Egypt에서 발견되었으며, 제임스 로빈슨이 〈나그 함마디 문서〉The Nag Hammadi Library라는 제목으로 출판했다). 이레니우스와 터툴리안(Tertullian, 160-220년경)은 신약의 책들에 대한 폭넓은 지식을 보여준다. 무라토리안 정경(Muratorian canon, 현존하는 가장 오래된 신약 정경 목록 — 역자 주)이 4세기가 아니라 2세기의 것이라면, 이것은 이 시대에 신약의 많은 책을 포함하지만 보편 교회(Universal Church)가 받아들일 수 없는 다른 여러 책까지 포함하는 정경 목록이 (로마에?) 있었다는 분명한 증거이다. 공예배에서 읽을 수 있는 사도들의 책과 그럴 수 없는 책이 더 자세히 나누어진다.

일반적으로 AD 200년경의 것으로 보이며 몇몇 바울 서신을 포함하는 파피루스 사본이 1931년 이집트에서 발견되었는데, 후에 체스터 베티(Chester Beatty)가 이 파피루스를 구입했다. 이것은 교회가 공인한 책의 목록은 아니지만 2세기 말에서 3세기 초에 책이 수집되었음을 보여주는 증거이다. 이 사본은 조각이지만 로마서, 히브리서, 고린도전후서, 에베소서, 갈라디아서, 빌립보서, 골로새서, 데살로니가서의 일부를 차례대로 포함하고 있다. 발견된 열두 사본 가운데 또 하나는 복음서와 (우리가 아는 순서대로) 사도행전을 포함한다. 이 사본의 연대는 3세기 전반이다(3세기에는 우리가 알고 있는 권위 있는 책의 목록이 아직 나타나지 않는다).

가이사랴의 유세비우스(Eusebius of Caesarea, 약 260-340년경. 《교회사/Ecclesiastica Historia》, 6.25)는 3세기에 기록된 오리겐의 여러 저작을 언급하는데, 오리겐은 여기서 자신이 '정경적'(cannonical)이라고 한(내가 믿기로는 초대교회 저자들 가운데 처음으로) 책들을 논했다. 그러나 오리겐은 이러한 책들에 대한 권위 있는 목록을 제시하지 않는다.

다른 한편으로, 4세기에는 여러 목록이 제시되었다. 유세비우스는 여러 범주의 책을 구분했다. (1) 인정받은 책(accepted. 라틴어로 'Homologomena'라고 하며 여기에는 4복음서, 사도행전, 14개의 바울 서신, 베드로전서, 요한일서, 계시록이 포함되었다 — 역자 주), (2) 논쟁의 대상이 되는 책(disputed. 라틴어로 'Antilegomena'라고 한다), (3) 거부된 책(rejected. 라틴어로 'Nota'라고 한다), (4) 이단의 책(heretical)이 있다. 인정받은 책에는 현재 신약을 구성하는 대부분의 책이 포함된다. 논쟁의 대상이 되는 책에는 야고보서, 유다서, 베드로후서, 요한2서, 요한3서가 포함된다. 신약의 책들 가운데 유일하게 거부된 책에 포함된 것은 계시록이다. 그러나 유세비우스는 많은 사람들이 계시록을 첫째 그룹에 둔다고 말했고 자신도 계시록을 이미 첫째 그룹에 두었다(그러나 유세비우스는 계시록을 셋째 그룹에 넣어야 한다는 의견을 덧붙였다 — 역자 주). 넷째 그룹은 주로 위경들로 구성된다(같은 책, 3.25).

가장 오래되고 좋은 헬라어 성경 사본은 4세기의 바티칸 사본(Codex Vaticanus)과 시내 사본(Codex Sinaiticus)이다. 바티칸 사본은 마태복음에서 히브리서까지를 포함하며, 히브리서 9장(정확히는 9:14 — 역자 주) 이후 부분이 없다. 바티칸 사본은 4복음서(현재의 순서로), 사도행전, 일반서신(General Epistles, 신약의 편지들 가운데 수신자가 구체적인 개인이 아닌 편지로 '공동서신'이라고도 하며, 야고보서, 베드로전후서, 요한1, 2, 3서, 유다서가 여기에 포함된다 — 역자 주), 바울 서신의 순서로 되어 있다. 시내 사본은 복음서(현재의 순서로), 바울 서신, 데살로니가후서, 히브리서, 디모데전후서, 디도서, 빌레몬서, 사도행전, 일반서신, 계시록, 바나바 서신과 헤르마스 목자서의 순서로 되어 있다. 바나바 서신과 헤르마스 목자서가 포함된 것은 이 사본을 사용한 공동체가 다른 몇몇 공동체보다 범위가 더 넓은 지역 정경(local canon)을 사용했음을 암시한다. 5세기의 알렉산드리아 사본(Codex Alexandrinus)도 클레멘트 1서와 2서를 포함한다. 이들 사본들은 이집트의 지역성을 대변하는 것으로 보인다.

현재의 신약을 구성하는 27권만 포함하는 실제적인 정경 목록이 최초로 등장한 것은 AD 367년 알렉산드리아의 아다나시우스(Athanasius of Alexandria, 296-373년경)가 쓴 축서(festal letter, #96)에서이다. 그러나 그 순서는 다르다. 사도행전, 복음서, 일반서신, 데살로니가후서, 바울 서신, 히브리서, 디모데전후서, 디도서, 빌레몬서, 요한계시록의 순서로 되어 있다. 380년, 이고니움의 암필로치오(Amphilocius of Iconium)의 저작들에서 27권이 현재의 순서(라틴 벌게이트역에서 취한 것)로 나타난다.

이것은 27권이 현재의 순서대로 되어 있는 목록이 등장한 것이 4세기 말, 서방에서 정경 형성 과정이 결론에 이르고 있을 무렵이었다는 뜻이다.

신약에는 책들의 '정확한' 순서가 나오지 않는다. 우리가 지금 사용하는 순서는 로마 가톨릭 교회의 공식 성경인 라틴 벌게이트역(Latin Vulgate)의 순서를 따른 것일 뿐이다. 라틴 벌게이트역은 최초의 번역 성경들의 모체였다.

현재의 장(章) 구분은 스테판 랭던(Stephen Langdon)이 13세기 초(1228년경)에 라틴 벌게이트역의 구약뿐 아니라 신약에서 사용한 데서 시작되었다. 현재의 절(節) 구분은 1551년에 제네바에서 라틴어판 신약을 출판하면서 장을 다시 절로 쪼갠 데서 시작되었다.

더 깊게 공부하려면

F. F. Bruce, *Canon of Scripture*
David Ewert, *A General Introduction to the Bible*
Norman L. Geisler, *Systematic Theology(4 vols.)*
Norman L. Geisler and William E. Nix, *From God to Us: How We Got Our Bible*
Carl F. H. Henry, God, *Revelation, and Authority*
H. D. McDonald, *What the Bible Teaches About the Bible*
J. I. Packer, *God Has Spoken*
Paul D. Wegner, *The Journey From Texts to Translations: The Origin and Development of the Bible*

10장 끝에 있는 목록도 보라.

래리 워커
히브리어, 아람어, 헬라어

02 성경의 언어

하나님이 그분의 계시를 전하는 데 사용하시는 각 언어의 개성은
그 목적에 적합하다.

히브리어, 아람어, 헬라어

Hebrew, Aramaic, Greek

+ 래리 워커

그리스도인들은 하나님이 한 권의 책을 통해 자신을 계시하셨다고 믿는다. 따라서 성경을 읽는 사람들은 성경의 언어를 가능한 한 많이 배움으로써 유익을 얻을 수 있다. 성경의 주된 두 언어인 헬라어와 히브리어(성경에는 아람어로 기록된 몇몇 구절이 있다)는 중요한 두 어군(語群)인 인도-유럽어와 셈어를 대표한다. 이들의 대조적인 언어적 특징이 결합되어 철저하고 점진적이며 명제적인 하나님의 계시를 낳는다. 이러한 계시의 특징은 단순성과 다양성과 능력이다.

언어와 생각의 관계는 느슨하지 않다. 언어는 인간 영혼의 산물이자 투영이다. 언어는 단순히 생각이 임의대로 입거나 벗는 옷이 아니라 몸이며, 생각은 그 몸의 영혼이다. 하나님이 그분의 계시를 전하는 데 사용하시는 각 언어의 개성은 이러한 목적에 적합하다.

하나님의 계시를 전하고 영구화하는 일의 중요성이라는 면에서는 그 어떤 번

역도 성경 원어를 대신할 수는 없다. 성경 원어는 단순히 밖에서 문법과 어휘를 통해 배워야 하는 게 아니라 각각의 특별함을 적절히 이해함으로써 내부로부터 배워야 하는 것이기도 하다.

히브리어

신약이 그렇게 사용하기는 하지만, 히브리어라는 이름은 구약 자체가 자신의 언어를 가리켜 부르는 이름이 아니다. 구약에서, 히브리(Hebrew)는 히브리어를 사용하는 개인이나 민족을 가리킨다. 히브리어 자체는 '가나안 방언'(사 19:18) 또는 '유다 방언'이라 불린다(느 13:24). (현대의 어떤 번역은 왕하 18:26,28을 '유다 말'로, 또 어떤 번역은 '히브리어'로 옮긴다.)

기원과 역사 중세에는 히브리어가 인류의 원시 언어(primitive language)였다는 것이 일반적인 견해였다. 영국령 당시 미국에서도, 히브리어는 여전히 '모든 언어의 어머니'로 여겨졌다. 그러나 언어학자들은 이런 이론이 근거가 없다고 보았다.

히브리어는 실제로 페니키아어(Phoenician), 우가릿어(Ugaritic), 모압어(Moabite)를 포함하는 가나안의 여러 방언 가운데 하나이다. 이외에도 가나안 방언들(예를 들면, 아모리어)이 존재했으나 학문적 분석이 가능할 만큼 충분한 기록이 남아 있지는 않다. 이러한 방언들은 이스라엘이 가나안을 정복하기 전에 이미 그 땅에 존재했었다.

1974년 무렵까지, 가나안 언어와 관련된 가장 오래된 증언은 우가릿과 아마르나(Amarna) 기록에서 발견된 것으로 BC 14-15세기의 것이었다. 이보다 앞선 이집트 기록에 몇몇 가나안 단어와 표현이 나타나지만 가나안 언어의 기원은 확실하지 않다. 1974년과 1976년 사이, 거의 17,000개의 토판이 북부 시리아의 텔 마르디크(Tell Mardikh, 고대의 에블라/Ebla)에서 발굴되었는데, 이전까지 알려지지 않은 셈어로 기록된 것이었다. 이 토판들은 BC 2,400년대(어쩌면 그보다 더 이전에) 제작되었기 때문에, 많은 학자들은 이 언어가 히브리어의 모체였던 '옛 가나안어'(Old Canaanite)일 것이라고 생각한다. 1977년 또 다시 천여 개의 토판이 발굴될 때까지, 에블라의 토판 가운데 겨우 100개 정도만 번역되었다.

언어는 오랜 기간에 걸쳐 변화한다. 알프레드 대제(Alfred the Great, 9세기) 시대에 사용된 영어는 현대 영어를 쓰는 사람들에게는 거의 외국어처럼 보인다. 히브리어도 이러한 일반적 원칙의 예외가 아니었다. 그러나 다른 셈어들처럼, 히브리어는 오랜 세월 속에서도 상당히 견고히 유지되었다. 드보라의 노래(삿 5장)와 같은 시들은 히브리어의 가장 오래된 형태를 보존하는 듯 보인다. 후에 긴 언어의 역사에서 일어난 변화들이 고대 단어들의(시적 언어로 보존될 때가 많다) 존재와 일반적인 문체의 차이에서 확인된다. 예를 들면, 언어학자가 볼 때 욥기는 에스더보다 훨씬 고대의 문체로 기록된 게 분명하다.

다양한 히브리 방언이 성경 시대에도 공존했을 것이다. 십볼렛(shibboleth)처럼, 발음의 변형이 사사 시대에 일어났던 것으로 보인다(삿 12:4-6). 언어의 몇몇 특징은 팔레스타인의 북쪽 지역과 남쪽 지역 간에 방언의 차이가 있었음을 보여준다.

어군(語群) 히브리어는 서남아시아 전역에서 사용된 셈어 어군에 속한다. 셈어(Sematic languages)는 지중해에서 유브라데스강 계곡의 동쪽 산악지대까지, 북쪽으로 아르메니아에서 남쪽으로 아라비아 반도 끝까지 사용되었다. 셈어는 남부어(아랍어, 이디오피아어), 동부어(아카디아어), 서북부어(아람-시리아어, 가나안어: 히브리어, 페니키아어, 우가릿어, 모압어)로 분류된다.

특징 초기의 다른 셈어들처럼, 히브리어도 숙고보다는 관찰에 집중한다. 다시 말해, 히브리어는 사물을 내적 존재나 본질로서 분석하는 게 아니라 현상으로서 겉모습을 따라 일반적으로 관찰한다. 결과를 관찰하지만 일련의 원인을 추적하지는 않는다.

히브리어는 생생하고 단순해서 번역하기 어렵다. 히브리어는 놀랍도록 간결하고 직접적이다. 예를 들면, 시편 23편은 55개의 단어로 이루어져 있다. 그러나 대부분의 경우, 이것을 번역하려면 두 배 정도의 단어가 필요하다. 첫째 줄과 둘째 줄은 이렇게 되어 있다(/ 표시는 히브리어 원문에서 단어가 나눠지는 곳이다).

여호와는/ 나의 목자시니/ 내게 부족함이/ 없으리로다.

The Lord/(is) my shepherd/ I shall want/ nothing.(NEB)

히브리어 원문으로는 겨우 네 단어지만 영어로 옮기려면 여덟 단어가 필요하다(한글로 옮기려면 여섯 단어가 필요하다 — 역자 주). 히브리어는 모든 생각의 미묘한 차이를 나타내기 위해 서로 구분되고 뚜렷이 다른 표현을 사용하지 않는다. 어떤 사람은 이렇게 말했다. "셈족은 채석장인데, 헬라인들은 그곳의 거친 바위를 깨고 다듬어 짜 맞추었다. 전자는 종교를 낳았고 후자는 철학을 낳았다."

히브리어는 그림과 같은 언어이다. 히브리어는 과거를 단순히 서술하는 게 아니라 언어적 그림으로 나타낸다. 단지 하나의 풍경이 아니라 감동적인 파노라마를 제시한다. 사건의 전개 과정을 마음의 눈앞에 재현한다('보라/behold'라는 말이 자주 사용되는 데 주목하라. 이것은 히브리어풍/Hebraism이 신약에 넘어온 것이다). "그가 일어나 갔다"(he arose and went), "그가 입술을 열어 말했다"(he opened his lips and spoke), "그가 눈을 들어 보았다"(he lifted up his eyes and saw), "그가 소리 높여 울었다"(he lifted his voice and wept)와 같은 일반적 표현들은 그림을 닮은 히브리어의 강점을 보여주는 예이다.

구약의 많은 심오한 신학적 표현은 히브리어의 언어 및 문법과 긴밀한 관련이 있다. 하나님의 가장 거룩한 이름 '여호와'(Lord)는 '존재하다'(be) 또는 '존재하게 하다'(cause to be)라는 히브리어 동사와 직접 관련이 있다. 구약의 다른 많은 인명과 지명도 히브리어에 대한 적절한 지식이 있을 때 가장 잘 이해할 수 있다.

문법 히브리어의 구조에 친숙해지면 구약의 많은 비유법과 수사학적 도구를 더 잘 이해할 수 있다.

(1) 알파벳과 자체(字體). 히브리어 알파벳은 22개의 자음으로 구성된다. 모음 부호는 히브리어 역사에서 후대에 고안되어 첨가되었다. 에블라의 발굴 이전까지 가장 오래된 형태의 가나안어 알파벳은 BC 14세기 우가릿어의 쐐기 모양의 알파벳이지만, 히브리어 알파벳의 기원은 알려져 있지 않다.

이따금 우가릿(안디옥 근처의 Ras Shamra)의 발굴 현장에서 선형문자(쐐기 형태가 아닌) 알파벳(linear alphabet)이 나타나는데, 이는 아브라함 시대와 모세 시대 사이에 기록된 것으로 보이는 가장 오래된 히브리어 알파벳이다. 가나안어의 알파벳 가운데 선형문자 형태로 가장 오래된 것은 사사시대(BC 13-11세기)의 것이다. 고대의 필기 형식을 가리켜 일반적으로 페니키아 자체(Phoenician script)라 하는데, 이것은 헬라어 알파벳과 그 외에 서양의 알파벳보다 앞선 것이다. 현대 히브리어 성경에 사용되는 자체(아람어 자체나 정방형 자체)는 포로기(BC 6세기) 이후 유행하기 시작했다. 더 오래된 형태가 초기 기독교 시대에 동전이나 하나님의 이름에 여전히 이따금 사용되었다(사해 두루마리에서처럼). 히브리어는 항상 오른쪽에서 왼쪽으로 쓴다.

히브리어 알파벳

다음은 히브리어 각 알파벳과 그 이름과 대략적인 발음이다.

문자	이름	발음	비고
א	알렙(Aleph)	-	(일반적으로 묵음**)
בּ,ב	베트(Beth)	b, v	
גּ,ג	김멜(Gimel)	g, gh	
דּ,ד	달렛(Daleth)	d, th	
ה	헤(He)	h	
ו	와우(Vav)	v	
ז	자인(Zayin)	z	(유음, 구개음)
ח	헤트(Heth)	kh	
ט	테트(Teth)	t	
י	요드(Yod)	y	
כּ,כ,ך*	카프(Kaph)	k, kh	
ל	라메드(Lamed)	l	
מ,ם*	멤(Mem)	m	
נ,ן*	눈(Nun)	n	
ס	사멕(Samek)	s	
ע	아인(Ayin)	-	
פּ,פ,ף*	페(Pe)	p, f	(대개 묵음**)
צ,ץ*	사데(Sade)		
ק	코프(Koph)	k	
ר	레쉬(Resh)	r	
שׂ,שׁ	신(Sin), 쉰(shin)	s, sh	(혀 뒤쪽을 목젖에 가깝게 해서 발음한다)
תּ,ת	타우(Tav)	t, th	

* 형태는 단어 끝에서만 사용한다.
** 모음점에 따라 다르게 발음한다.

(2) 자음. 가나안어 가운데 페니키아어와 모압어의 알파벳은 자음이 22개이다. 우가릿어에 나타나는 더 오래된 가나안어의 경우는 자음 숫자가 더 적다(현대 아랍어에는, 우가릿어에는 있지만 히브리어에는 없는 더 오래된 몇 개의 가나안어 자음이 있다). 더 오래된 가나안어 글자들은 히브리어 성경이나 고대 히브리어의 정방형 아람어 자체(square Aramaic script)나 페니키아어 자체에서는 전혀 사용되지 않았다.

(3) 모음. 본래, 자음만으로 기록하는 히브리어에서 모음은 기록자나 독자가 알고 있을 뿐 표기되지는 않았다. 전통과 문맥을 토대로, 독자는 필요한 자음을 넣어서 읽었다(이것은 영어의 약어 표시와 아주 비슷하다. 예를 들면, 'bldg'는 building으로 읽고, 'blvd'는 boulevard로 읽는 식이다). 기독교 시대가 시작된 후, 유대인들이 흩어지고 예루살렘이 멸망하면서 히브리어는 '사어'(死語)가 되었고 더 이상 구어(口語)로 널리 사용되지 않았다. 따라서 전통적 발음과 이해를 잊어버릴 가능성이 높아졌으며, 유대 서기관들은 모음을 영구적으로 표기할 필요를 느꼈다.

히브리어 모음 부호는 AD 5세기 무렵에 고안되었고, 몇 세기를 거쳐 발전되어 마침내 영구적으로 '고정되었다.' 각기 다른 시대, 다른 곳에서, 적어도 서로 다른 세 가지 모음 체계가 사용되었다. 지금 사용되는 본문은 디베랴(Tiberias)에서 활동한 맛소라 학자들이 고안한 모음 체계이다. 단음과 장음을 가진 각 모음은 자음 위나 아래에 위치하는 몇 개의 점이나 선으로 구성된다. 점과 선의 결합으로 단모음이나 중모음을 표시한다.

(4) 연결. 히브리어는 서구 언어들이라면 따로 떼어 쓸 많은 단어들을 결합된 형태로 사용한다. 어떤 전치사들은('in'에 해당하는 be-; 'to'에 해당하는 le-; 'like'에 해당하는 ke-) 자신이 이끄는 명사나 동사 앞에 직접 붙으며, 영어의 'the'에 해당하는 정관사 ha-와 'and'에 해당하는 접속사 wa-도 마찬가지이다. 소유격이나 여격(與格, accusative)을 나타내는 대명사들이 단어 끝에서 접미사로 사용된다(이런 접미사는 대개 한 글자나 두 글자이다 — 역자 주). 한 단어에 접두사와 접미사가 동시에 붙을 수 있다.

(5) 명사. 히브리어에는 중성이 없다. 모든 명사는 남성이거나 여성이다. 무생물도 단어의 형태나 특징에 따라 남성이나 여성으로 분류된다. 대개, 추상적 개념이나 그룹을 나타내는 단어는 여성이다. 명사는 어근에서 파생되며, 모음이

바뀌거나 접두사나 접미사가 붙어 다양한 형태를 띤다. 헬라어와 많은 서구 언어와는 반대로, 복합 명사는 히브리어의 특징이 아니다.

히브리어 명사의 복수형을 표시할 때는 남성 명사의 경우에는 뒤에 '-im'을 붙이고(seraphim, cherubim), 여성 명사의 경우에는 어미를 '-oth'로 바꾼다.

각각 주격, 소유격, 여격을 나타내는 격어미(case endings)는 히브리어 발전 과정에서 사라졌다. 사라진 격어미를 보충하기 위해, 히브리어는 다양한 연결어를 사용한다. 간접 목적어는 'to'에 해당하는 전치사 'le-'로 연결하며, 직접 목적어는 'eth'로 연결한다(eth는 한국어의 '을/를'에 해당하지만 목적어 앞에 온다는 점이 다르다 — 역자 주). 여격 관계를 나타낼 때는 여격 앞에 있는 단어를 '연계형'(construct state) 또는 축약형으로 표시한다.

(6) 형용사. 히브리어는 형용사가 빈약하다. 히브리어는 '두 마음'(a double heart)을 '한 마음과 한 마음'(a heart and a heart)으로 표기하며(시 12:2), '두 종류의 저울추'(two kinds of weights)는 실제로 '하나의 돌과 하나의 돌'(a stone and a stone)로 표시한다(신 25:13). 그리고 '왕의 자손'(royal family)은 '그 왕국의 씨'(the seed of the kingdom)로 표시한다(왕하 11:1).

히브리어 형용사는 비교급이나 최상급이 없다. 관계를 나타낼 때는 'from'이라는 전치사(히브리어로는 min-이다 — 역자 주)를 사용한다. 따라서 "너보다 더 낫다"(better than you)라고 말하고 싶을 때는 "너에게서 좋다"(good from you)로 표시한다(여기서 min-의 번역인 'from'을 '보다'라는 뜻으로 이해하면 된다 — 역자 주). "뱀은 … 들짐승 중 가장 간교하니라"(The serpent was more subtle than any other wild creature)는 문자적으로 "뱀은 모든 짐승에게서 간교하니라"(the serpent was subtle from every beast)로 표시한다(창 3:1). 최상급은 여러 방법으로 표시한다. "매우 깊다"(very deep)라는 개념을 표현하고 싶을 때는 "깊고, 깊다"(deep, deep)라고 표시한다(전 7:24). "가장 좋은 노래"(best song)를 말할 때는 "노래들 중의 노래"(song of songs)로 표시하며("왕 중의 왕"은 king of kings), "가장 거룩하다"(holist)고 말하고 싶을 때는 "거룩하다, 거룩하다, 거룩하다"(holy, holy, holy)라고 표현한다(사 6:3).

(7) 동사. 히브리어 동사는 대개 세 글자로 된 어근을 토대로 형성된다. 어근의 모음을 바꾸거나 접두사나 접미사를 붙여 동사 형태를 만든다. 어근을 이루

는 자음은 히브리어의 셈어적 근간으로 서구 언어에는 없는 '의미의 안정성'을 제공한다. 모음은 매우 유동적이며, 히브리어에 상당한 탄력(elasticity)을 제공한다.

정확한 시제는 히브리어 동사의 특징이 아니다. 히브리어의 시제는, 특히 시(詩)에서 대체로 문맥에 따라 결정된다. 히브리어에는 두 시제가 있는데 완료 시제(완료된 행동을 나타낸다)와 미완료 시제(완료되지 않은 행동을 나타낸다)가 있다. 미완료 시제는 모호하다. 미완료는 주로 직설법에 사용되지만(현재, 과거, 미래), 명령법(명령, 요청), 기원법(소망, 바람), 간접 명령법(jussive)이나 권고법(cohortative, 가벼운 명령)에도 사용된다. 완료 시제의 용법 가운데는 특별히 '예언적 완료'(prophetic perfect)라는 게 있는데, 여기서는 미래의 사건이 너무 확실해 과거의 사건으로 표현한다(예를 들면, 사 5:13).

문체 히브리어 어법은 그림 같은 게 그 특징이다.

(1) 어휘. 대부분의 히브리어 어근은 본래 물리적 행위를 표현하거나 자연적 대상을 나타냈다. 결정하다(decide)라는 단어는 본래 '자르다'(cut), 참되다(be true)는 '확실하게 고정되다'(be firmly fixed), 옳다(be true)는 '곧다'(be straight), 존경할 만하다(be honorable)는 '무겁다'(be heavy)는 뜻이었다.

추상적 용어는 히브리어의 특징과 거리가 멀다. 예를 들면, 성경 히브리어는 신학, 철학, 종교에 해당하는 구체적인 단어가 없다. 지적이거나 신학적인 개념은 구체적 용어로 표현된다. 죄(sin)라는 추상적 개념은 과녁을 빗나가다(miss the mark), 굽은(crooked), 배반(rebellion), 침해(trespass, 넘다/cross over)와 같은 단어로 표현된다. 마음(mind)이나 지성은 가슴(heart)이나 신장(reins) 같은 단어로, 감정이나 동정은 그릇(bowls)과 같은 단어로 표현된다(KJV, 사 63:15 참조. '주의 자비'를 thy bowls로 옮겼다 — 역자 주). 이외에 히브리어의 구체적 용어로는 힘이나 활력을 의미하는 뿔(horn), 자신을 의미하는 뼈(bones), 후손을 의미하는 씨(seed) 등이 있다. 정신적 특성은 그 특성을 가장 적절하게 구현하는 몸의 한 부분으로 자주 표현된다. 가장 적절한 힘은 팔이나 손, 분노는 콧구멍, 불쾌함은 숙인 얼굴(falling face), 받아들임은 빛나는 얼굴, 생각은 머리로 각각 표현될 수 있다.

어떤 번역자들은 하나의 히브리어 단어를 영어의 동일한 하나의 단어로만 표시하려고 한다. 그러나 이러한 시도는 심각한 문제를 일으킨다. 때로 히브리어 단어는 주어진 문맥에 따라 상당히 다른 의미를 갖는다. 동일한 어근이 용례와 문맥에 따라 다양한 의미를 갖는다. 복(bless)을 의미하는 단어가 저주(curse), 인사(greet), 호의(favor), 찬양(praise)을 의미할 수도 있다. 심판(judgment)을 의미하는 단어도 공의(justice), 판결(verdict), 형벌(penalty), 포고(ordinance), 의무(duty), 관습(custom), 방법(manner)을 의미할 수 있다. 힘(strength, power)을 의미하는 단어가 군대(army), 덕(virtue), 가치(worth), 용기(courage)를 의미할 수 있다.

본래는 서로 다른 자음을 나타내는 것이었으나 언어의 발전 과정에서 합쳐져 형태가 동일해진 단어들 사이에는 더 큰 혼란이 일어난다. 이런 이유 때문에, 동일해 보이는 어근이 사실은 서로 다른 어근에서 나온 것일 수 있다. 예를 들어, 영어 'bass'(물고기 이름)와 'bass'(음악의 베이스)의 경우를 비교해 보라.

(2) 구문. 히브리어 구문은 비교적 덜 복잡하다. 종속 접속사(if, when, because 등)는 거의 사용되지 않는다. 문장은 대개 and로 연결된다. 성경 본문의 영어 번역들은 일반적으로 항상 분명하지는 않더라도 이어지는 문장 간의 논리적 연관성을 보여주려고 한다. 창세기 1장 2절-3장 1절에서는, 56절 가운데 세 절만 빼고 모두 '그리고'로 시작한다. 그러나 RSV는 이러한 패턴을 '그리고(and, 1:3), 그래서(so, 1:27), 따라서(thus, 2:1), 그러나(but, 2:6), 이제(now, 3:1)'로 번역한다.

히브리어의 문체는 직접화법을 통해 활력을 얻는다. 화자(話者)는 단순히 "이런저런 사람이… 라고 말했다"(간접화법)라고 말하지 않는다. 대신 각자 직접 말하기 때문에(직접화법), 반복해서 읽더라도 신선함이 그대로 묻어난다. 히브리어는 생각을 억누르거나 나타낼 때의 느낌을 담은 정서적 언어이다.

(3) 시. 히브리시는 다양한 수사학적 도구를 사용한다. 이 가운데 유운법(類韻法, assonance. 단어 중간 부분에서 음을 맞추는 시의 기법 – 역자 주), 두운법(頭韻法), 이합체시(離合體詩, acrostics. 각 행의 첫 글자를 맞추는 시의 기법으로, 히브리시에서는 각 행의 첫 글자를 알파벳 순서대로 배열하는 형태가 자주 사용된다 – 역자 주)와 같은 몇몇은 히브리어 원어에서만 확인할 수 있다. 그러나 히브리시의 가장 큰 특징인 대구법(parallelism)은 영어(한글) 번역에서도 분명하게 나타난다. 많은 형태의

대구법 가운데, 네 가지가 기본이다. 유사(synonymous)는 대구를 이루는 행이 동일한 내용을 서로 다른 단어로 반복해서 말하는 형태이다. 대조(antithetic)는 서로 반대되는 생각을 대비시켜 표현하는 형태이다. 보충(constructive)은 대구의 후반부가 전반부의 생각을 채우는 형태이다. 절정(climatic)은 뜻이 점점 강해지는 대구의 후반부가 전반부에서 뭔가를 취해 반복하는 형태이다. 히브리어 문학에는 서정시(lyric), 비가(elegies), 송시(odes)를 비롯해 다양한 형태의 시가 있다.

(4) 비유. 히브리어는 히브리인들의 특성과 생활 방식에 근거한 비유적 표현이 많다. '눈동자'(apple of the eye, 신 32:10; 시 17:8; 잠 7:2; 슥 2:8)와 '잇몸'(skin of my teeth, 욥 19:20) 등 영문학에서 친숙하면서도 이상한 표현 가운데 히브리어 문체에서 온 것도 있다. '드러내다, 계시하다'(disclose, reveal)라는 뜻의 '귀를 노출시키다'(uncover the ear)와 같은 보다 놀라운 히브리어 표현법은 번역하기 어렵다. 이외에 보다 친숙한 표현으로는 '완고하다, 거역하다'(be stubborn, rebellious)라는 뜻의 '목을 굳게 하다'(stiffen the neck)와 '주의 깊게 듣다'(listen closely)라는 뜻의 '귀를 기울이다'(bend or incline the ear) 등이 있다.

유산 히브리어는 영어와 그 외의 현대어를 풍성하게 했다.

(1) 단어. 영어에는 히브리어에서 차용된 단어들이 있다. '아멘, 할렐루야, 주빌리'(jubilee, 희년)와 같은 단어는 영향력이 크다. 데이비드(David), 조나단/존(Jonathan/John), 미리암/매리(Miriam/Mary), 베들레헴(Bethlehem, 미국의 여러 마을과 도시 이름), 벧엘(Bethel), 시온(Zion)과 같은 많은 히브리어 고유 명사들이 현대어에서 인명과 지명으로 사용된다.

(2) 표현. '동굴의 입'(mouth of the cave)과 '땅의 얼굴'(face of the earth, 지표면)과 같은 일반적인 많은 히브리어 표현이 무의식적으로 영어 비유에 차용된다. '분노의 포도'(grapes of wrath)와 '에덴의 동쪽'(east of Eden)과 같은 몇몇 비유는 책이나 영화의 제목으로 사용되었다.

아람어

구약에서는 히브리어 외에도 아람어가 사용되는데, 아람어는 다니엘서(2:4b-7:28), 에스라서(4:8-6:18; 7:12-26)에서 나타난다. 아람어 어구와 표현도 창세기(31:47), 예레미야(10:11), 그리고 신약에서 나타난다.

구약의 아람어 사용 창세기 31장 47절은 동시대 인물인 두 사람이 각각 히브리어와 아람어를 사용하는 장면을 보여준다. 이스라엘의 조상 야곱은 특정한 기념비인 '증거의 돌무더기'를 히브리어로 명명하고, 그의 장인은 아람어로 명명한다.

아람어는 언어학적으로 히브리어와 아주 가깝다. 성경의 아람어 본문은 히브리어와 동일한 문자로 기록되었다. 두 언어는 동사, 명사, 대명사 등에서 매우 비슷하다. 히브리어와는 대조적으로, 아람어는 많은 차용어를 비롯해 더 많은 어휘와 다양한 접속사를 사용한다. 아람어는 또한 분사에 대명사나 '있다'(be)라는 동사의 다양한 형태를 결합시켜 사용하는 정교한 시제 체계를 갖추고 있다. 아람어는 음조의 부드러움이나 시적인 면에서는 히브리어에 비해 떨어지지만 정확한 표현에서는 히브리어보다 뛰어나다.

아람어는 지금까지 알려진 언어 가운데 역사가 가장 길고 생생한 언어일 것이다. 아람어는 성경의 족장 시대에 사용되었으며 지금도 소수의 사람들이 사용하는 언어이다. 아람어와 그 동족어인 시리아어는 여러 시대와 지역에서 많은 방언으로 분화되었다. 단순성과 명료성과 정확성이 특징인 아람어는 일상생활의 다양한 필요를 쉽게 채워주었다. 아람어는 학자들과 학생들과 법률가들과 상인들이 다 같이 사용할 수 있는 언어였다. 어떤 사람들은 아람어가 영어와 동등한 가치를 갖는 언어였다고 말한다.

아람어의 기원은 알려져 있지 않지만 아모리 족속과 밀접한 관련이 있을 것이며, 학자들만 겨우 아는 고대 북서 셈어 방언들과도 관련이 있을 가능성도 있다. 비록 아람 왕국이 전혀 존재한 적이 없지만, 다양한 아람 '국가들'(states)이 영향력 있는 나라로 발전했다. 그 시대(BC 7,8세기)의 몇몇 짧은 아람어 비문이 발견되어 연구되고 있다.

BC 8세기에, 히스기야왕의 신하들은 아람왕 산헤립의 대변자에게 "우리가 알아듣겠사오니 청하건대 아람 말로 당신의 종들에게 말씀하시고 성 위에 있는 백성이 듣는 데서 유다 말로 우리에게 말씀하지 마옵소서"(왕하 18:26)라고 요청했다.

페르시아 시대(한글 성경에서는 바사 시대 — 역자 주)에 이르자, 아람어는 국제 무역의 언어가 되었다. 유대인들은 포로기에 편의를 위해 (분명히 상업에서) 아람어를 사용했을 것이다. 한편으로, 히브리어는 배운 사람들이나 종교 지도자들만의 언어로 제한되었다.

점차적으로, 특히 포로기 이후 아람어가 팔레스타인에 막대한 영향을 끼쳤다. 느헤미야는 혼합 결혼으로 태어난 아이들이 히브리어를 할 줄 모른다고 한탄했다(느 13:24). 유대인들은 페르시아, 헬라, 로마 시대에 아람어를 계속 널리 사용했던 것 같다. 마침내 히브리 성경이 아람어로 번역되었고 탈굼(Targums)이라 불렀다. 몇몇 탈굼 사본이 사해 두루마리에서 발견되었다.

신약의 아람어 사용 쉽게 생각하면, 아람어는 예수님 시대에 팔레스타인의 공용어였다. 그러나 이것은 결코 확실하지 않으며, 그 당시의 언어적 상황을 지나치게 단순화하는 것이다. 신약에 사용된 이름에는 히브리어뿐 아니라 아람어(바돌로매, 바요나, 바나바), 헬라어(안드레, 빌립), 라틴어(마가)까지 나온다. 아람어가 헬라어와 히브리어만큼 널리 사용되었다는 데는 의심의 여지가 없다. 라틴어는 군대와 통치 진영에서 제한적으로 사용되었을 것이다. 전승을 보면, 예수님 시대에 사용된 일상 히브리어 방언인 미쉬나 히브리어(Mishnaic Hebrew)도 나타난다. 미쉬나 히브리어 문헌도 사해 두루마리 가운데서 발견되었다.

신약의 몇몇 구절에 나오는 히브리어는 무엇인가(요 5:2; 19:13,17,20; 20:16; 계 9:11; 16:16)? 예수님이 달리신 십자가에 걸린 팻말은 히브리어, 헬라어, 라틴어로 되어 있었다(요 19:19,20). 후에, 사도 바울은 히브리어를 사용했다(행 22:2; 26:14). 그가 정확히 어떤 방언을 사용했는지에 대해서는 논쟁의 여지가 있지만, 바리새인이었던 그가 구약의 히브리어를 읽을 수 있었다는 데는 의심의 여지가 없다. 히브리어에 해당하는 헬라어 단어는 종종 '아람어'라고 번역되었으며, 따라서 아람어는 셈어나 히브리어-셈어의 혼합을 가리키는 (중부 유럽과 동부 유럽에서 쓰이던 유대인 언어인 이디시어/Yiddish가 독일-히브리어/German-Hebrew가 혼합된 언어이듯이) 일반적 용어였을 것이다. 어쨌든, 아람어는 예수님 시대에 유대인들이 사용한 언어로, 히브리어에서 헬라어로 전환되는 과정에서 고리 역할을 했다. 이런 의미에서, 아람어는 구약의 히브리어와 신약의 헬라어를 연결시켜 준다.

헬라어(그리스어)

헬라어는 커뮤니케이션 수단으로 아름답고 풍성하며 조화로운 언어이다. 또한 왕성한 사고와 종교적 신앙 모두에 적합한 언어이다. 전성기 때, 헬라어는 세상에서 매우 큰 문명 가운데 하나의 언어였다. 이러한 문화적 시대에 언어와 문학과 예술이 전쟁보다 더 번성했다. 헬라 정신은 아름다움에 대한 이상에 몰두했다. 헬라어는 철학적 대화와 시와 당당한 웅변에서 그 예술성을 보여주었다.

힘과 활력이 특징인 헬라어는 다양성과 놀라운 효율성을 발휘할 수 있었다. 헬라어는 단순히 이야기를 말하는 게 아니라 상황을 꿰뚫고 분명하게 제시하는 어휘와 문체를 지녔기 때문에, 논쟁을 위한 언어였다. 고전 헬라어는 소수의 어근에서 많은 형태의 어휘를 정교하게 발전시켰다. 헬라어는 구문이 복잡하기 때문에 정교한 단어 배열을 통해 미묘한 의미 차이를 정확히 표현할 수 있다.

고대 역사 헬라어의 기원은 분명하지 않지만 고대 헬라어라 할 수 있는 최초의 흔적이 미케네와 미노아 문헌(Mycenaean and Minoan documents)에 나타난다. 이들은 다른 형태의 세 글자를 포함한다. 미노아 상형문자(가장 오래된 것), 선형문자 A(linear A), 선형문자 B(linear B, 가장 최근의 것). 선형문자 B는 일반적으로 '선헬라어'(pre-Greek)로 여겨진다. 선형문자 B의 음절 문자는 헬라 본토에서 발견된 토판에서 나타난다(BC 1400-1200).

미케네 문명과 문자는 도리아인(Dorian)의 침입(BC 1200)으로 갑자기 끝났다. 수세기 동안 기록이 사라진 것으로 보인다. BC 8세기경, 헬라어 기록이 다른 문자, 추측하건대 페니키아어에서 빌려왔으며 이후에 헬라어 음가와 기록 방식에 맞게 수정된 알파벳을 기초로 한 문자로 나타났다. 서부 셈어들(Western Semitic languages)처럼 헬라어도 처음에는 오른쪽에서 왼쪽으로 기록하는 체계였으나 최종적으로 왼쪽에서 오른쪽으로 기록하는 체계로 바뀌었다. 고어 시대(BC 8-6세기)에 도리아 방언(Dorian), 이오니아 방언(Ionian), 아카이아 방언(Achaean), 아이올리스 방언(Aeolic) 등이 나타났다.

고전 시대(BC 5-4세기)에, 헬라 문화는 문학과 예술에서 절정에 이르렀다. 고전(classical 또는 애틱/Attic) 시대에, 헬라어는 섬세한 구문과 유연성과 불변화사(不變化辭, particles. 말에서 짧고 변하지 않는 부분들로 번역이 불가능할 때가 많다)의 풍부한 활용이 특징이었다. 아테네가 문화와 정치의 중심지가 되면서, 애틱 방언(Attic dialect, 아테네 헬라어를 말한다 — 역자 주)도 명성을 얻었다. 마케도니아인들의 정복으로(BC 338년과 334년에 알렉산더가 이끄는 마케도니아인들은 아테네와 테베의 연합군을 물리치고 펠로폰네소스 반도를 제외한 그리스 전역을 정복했으며, 그 후 알렉산더는 동방원정 길에 올랐다 — 역자 주), 애틱 헬라어는 다른 방언들(특히 이오니아 방언)의 영향과 결합되어 동부 지중해 지역의 국제어가 되었다.

헬레니즘과 코이네(Koine) 헬라어 알렉산더 대왕(BC 356-323)의 정복 전쟁으로, 헬라어와 헬라 문화가 확산되었다. 지역 방언들은 대개 헬라 헬라어(Hellenistic Greek) 또는 코이네(koine, 일상) 헬라어로 대체되었다. 코이네 헬라어는 일상생활의 모든 면을 보여주는 수천 개의 기록에서 나타난다. 코이네 헬라어는 통속적 표현을 애틱 헬라어에 덧붙였으며, 그 결과 애틱 헬라어는 보다 세계적인 언어가 되었다. 문법의 간소화도 헬라어가 세계적인 문화가 되는 데 일조했다. 단순하고 대중적인 말을 반영하는 새로운 언어는 상업과 외교의 공용어가 되었다. 헬라어는 고전적 헬라어에서 코이네 헬라어로 발전하면서 고상함을 많이 잃고 섬세한 뉘앙스의 표현도 잃었다. 그럼에도 불구하고 헬라어는 힘과 아름다움과 명료함과 논리적, 수사학적 힘이라는 두드러진 특징을 그대로 유지했다.

바울이 라틴어가 아니라 헬라어로 로마의 그리스도인들에게 편지를 썼다는 사실은 의미가 크다. 당시의 로마제국은 정치 부분을 제외하고는 문화적으로 헬라 세계였다.

셉투아젠트(Septuagint) 그리스도 이전의 몇 세기 동안, 동부 지중해 지역은 헬라화(Hellenization)뿐 아니라 셈화(Semitization) 과정을 겪고 있었다. 구약이 헬라어로 번역된 데서 두 문화의 영향을 확인할 수 있다.

성경이 히브리어에서 헬라어로 번역된 것은 획기적인 사건이었다. 셉투아젠트(Septuagint, 히브리어에서 헬라어로 번역된 최초의 성경. 70인역이라고도 하며 LXX로 표기한다 — 역자 주)는 나중에 기독교 사상에 강한 영향을 미쳤다. 히브리 저자들이 헬라어를 사용했으며, 그 필연적인 결과로 헬라의 정신과 사고방식이 유대 문화에 영향을 미쳤다. 유대인들은 히브리어 어휘로는 도저히 떠올릴 수 없는 개념을 표현하기 위해 풍부한 헬라어 어휘를 차용했다. 또한 오래된 헬라어 표현은 유대적 개념에 상응하는 새로운 의미를 갖게 되었다.

헬라어 구약은 기독교 사상의 발전에 매우 중요했다. 셉투아젠트에 나오는 헬라어 단어의 용례가 신약에서 그 단어의 의미를 이해하는 열쇠가 될 때가 많았다. 구약의 '유대-헬라'(Jewish-Greek) 방언은 신약에서 때로는 매우 문자적으로, 때로는 매우 느슨하게 번역되었다.

신약 헬라어 대부분의 신약 저자들은 유대인이었으나 당시의 공용어인 헬라어로 기록했다. 게다가 사도 요한은 헬라 철학에 상당히 정통했던 것으로 보인다. 요한은 그리스도를 말하면서 '말씀'(Word, 헬라어로 logos, 요 1:1)과 그 외 여러 추상적 표현을 사용했다. 요한은 헬라 철학과 히브리 사상이 독특한 방법으로 융합되었던 이집트의 중심, 알렉산드리아의 영향을 받았을 것이다.

바울도 헬라 저자들을 알고 있었다(행 17:28; 고전 15:33; 딛 1:12). 따라서 히브리 선지자들과 학자들뿐 아니라 헬라의 웅변가들과 철학자들도 바울의 언어에 영향을 미쳤다.

예수님이 히브리어나 아람어 중 정확히 어떤 방언을 사용하셨는지는 논쟁거리이다. 그러나 성령께서 헬라어 복음서가 영감으로 기록되게 하신 것은 사실이다. 예수님의 가르침과 성취에 관한 헬라어 기록들은 복음이 헬라어를 사용하는 전역에 전파될 길을 열었다.

기독교 저자들이 사용한 코이네 헬라어의 품위와 신중함은 몇몇 고전적인 저작들만큼 인위적이고 현학적이지 않았을 뿐 아니라 구어 코이네 헬라어가 때로 그럴 수 있는 것처럼 그다지 저속하거나 통속적이지도 않았다. 헬라어 단어들은 셈어 문체의 단순함과 생생함의 영향을 받아 성경 문맥 속에서 보다 풍성하고 영적인 의미를 띠었다. 신약은 특별한 '성령'의 언어로 기록된 것이(중세의 몇몇 학자들은 이렇게 믿었다) 아니었다. 20세기에 이집트에서 발견된 수만 장의 파피루스에는 성경 언어의 어휘 및 문법과 유사한 것들이 나오는데, 이것은 성경 언어가 그 시대의 언어적 기초의 한 부분이었음을 보여준다. 그러나 신약 헬라어는 그럼에도 불구하고 '자유로웠으며,' 자신만의 관용적 표현을 만들어낼 때가 많았다. 기독교 저자들은 예수 그리스도에 관한 자신의 메시지를 전하기 위해 새로운 표현을 소개함으로써 헬라 사상에 영향을 미쳤다.

셈어의 영향 신약 헬라어는 히브리 사상의 직접성과 헬라 표현의 정확성을 결합하기 때문에, 히브리 개념이 헬라어의 미묘한 섬세함을 통해 해석될 때가 많다. 셈어의 영향은 복음서와 계시록과 야고보서에 가장 강하게 나타난다. 누가복음과 히브리서에는 보다 전형적인 헬라어 문체가 나타난다. 서신서는 히브리의 지혜와 헬라의 변증법적 철학을 혼합한다. 히브리의 예언적 메시지와 헬라의 수사학적 힘이 결합된 형태의 설교들이 나타난다.

신약은 셉투아젠트를 직접 인용하고 암시하는데, 이외에도 셈어가 신약 헬라어에 미친 폭넓은 영향은 많은 부분에서 나타난다. 예를 들면, 신약의 구문에는 셈어 문체가 많이 나타난다.

어휘 헬라어 신약의 어휘는 풍부하며, 저자가 바라는 세세한 의미까지 전달하기에 충분하다. 예를 들면, 신약은 '사랑'을 말하면서 서로 다른 두 단어를 사용하며(두 종류의 사랑이 있기 때문에), '서로/또 하나'(another)를 말하면서 서로 다른 두 단어를 사용하며(종류가 같은 것과 다른 것), 다양한 종류의 지식을 말하기 위해 여러 단어를 사용한다. 의미 있게도, 당시의 헬라 문화에서 일반적으로 사용되던 에로스(eros, 세 번째 종류의 사랑) 등과 같은 몇몇 단어는 신약에 나오지 않는다.

더욱이, 헬라어 단어는 복음서 문맥에서 새로운 의미를 띠는데, 이것은 새로운 가르침이 높은 수준의 도덕과 결합하는 데서 비롯되었다. 저자들은 삶(생명), 죽음, 영광, 진노와 같은 단어를, 새로운 사상을 표현하기 위해 새로운 방식으로 사용하기를 주저하지 않는다. 저자들이 영적으로 정결하게 하시는 그리스도의 능력을 나타내기 위해 물, 씻음, 세례와 같은 단어를 사용할 때처럼, 때로는 한 단어의 문자적 의미가 거의 사라지기도 한다. 신약의 어휘는 또한 할례, 우상숭배, 저주(anathema), 디아스포라, 오순절과 같은 헬라어 구약에만 나오는 단어도 포함한다. 차용어로는 알렐루야와 아멘(히브리어), 아바와 맘몬과 고르반(아람어)이 있다.

신약에 나오는 단어의 의미를 이해하려면 고전 헬라어 사전이 필수지만 이것만으로는 부족하다. 그 단어가 헬라어 신약과 헬라 저작들, 그리고 일상생활의 언어를 반영하는 문헌에서 어떻게 사용되는지도 반드시 알아야 한다. 파피루스 문헌에는 신약 단어의 의미를 이해할 수 있는 예가 많이 나온다. 예를 들면, '연보'(contribution, 고전 16:1)에 해당하는 헬라어 단어는 한때 신약에만 사용되는 단어라고 생각되었으나 파피루스에서도 동일한 의미로 널리 사용된다. 한때 고전 헬라어를 토대로 정의되었던 많은 헬라어 단어가 파피루스에 나타난 용례를 통해 보다 정확한 의미를 갖게 되었다.

헬라어 알파벳

이름	헬라식 이름	영어식 표기	대문자	소문자	발음이 비슷한 영어
알파	ἄλφα	*a*	Α	α	a as in father
베타	βῆτα	*b*	Β	β	b as in Bible
감마	γάμμα	*g*	Γ	γ	g as in gone
델타	δέλτα	*d*	Δ	δ	d as in dog
엡실론	ἒ ψιλόν	*e*	Ε	ε	e as in met
제타	ζῆτα	*z*	Ζ	ζ	z as in daze
에테	ἦτα	*ē*	Η	η	e as in obey
쎄타	θῆτα	*th*	Θ	θ	th as in thing
이오타	ἰῶτα	*i*	Ι	ι	i as in intrigue
카파	κάππα	*k*	Κ	κ	k as in kitchen
람다	λάμβδα	*l*	Λ	λ	l as in law
뮤	μῦ	*m*	Μ	μ	m as in mother
뉴	νῦ	*n*	Ν	ν	n as in new
크시	ξῖ	*x*	Ξ	ξ	x as in axiom
오미크론	ὂ μικρόν	*o*	Ο	ο	o as in not
피	πῖ	*p*	Π	π	p as in peach
로	ῥῶ	*r*	Ρ	ρ	r as in rod
시그마	σίγμα	*s*	Σ	σ/ς	s as in study
타우	ταῦ	*t*	Τ	τ	t as in talk
윕실론	ὖ ψιλόν	*u/y*	Υ	υ	u as the German ü
파이	φῖ	*ph*	Φ	φ	ph as in phone
키	χῖ	*ch*	Χ	χ	ch as in loch
프시	ψῖ	*ps*	Ψ	ψ	ps as in lips
오메가	ὦ μέγα	*ō*	Ω	ω	o as in tone

문법 다른 인도-유럽어처럼, 헬라어 단어의 의미는 다양한 접두사나 접미사의 추가나 변화에 영향을 받는다(이러한 과정을 가리켜 '어형변화/굴절'이라 한다). 신약 헬라어의 어형변화 체계는 고전 헬라어에 비해 단순하지만 많은 언어보다 복잡하다. 따라서 헬라어의 의미는 영어보다 훨씬 덜 모호하다.

히브리어와는 대조적으로, 헬라어에는 남성과 여성뿐 아니라 중성도 있다. 종류가 많고 정확한 헬라어 전치사는 섬세하며, 문맥에 따라 다양한 의미를 갖는다. 신약 헬라어는 고전 헬라어가 사용하는 불변화사(不變化辭, participle, 관사, 전치사, 접속사 등의 어형변화가 없는 것 — 역자 주) 가운데 겨우 절반 정도밖에 사용하지 않는다.

헬라어 동사 체계는 히브리어보다 훨씬 더 복잡하며, 영어로는 표현하기 힘든 미묘한 의미 차이를 표현할 수 있다. 각각의 헬라어 동사는 다섯 가지 상(相, aspects)이 있는데, 문법학자들은 이를 시제(時制, tense), 법(法, mood), 태(態, voice), 인칭(人稱, person), 수(數, number)라 부른다.

(1) 시제(Tense). 헬라어 동사의 시제는 영어와는 달리 행동의 시간보다는 행동의 종류를 주로 다룬다. 헬라어에는 세 종류의 기본적인 행동이 있다. 지속적 행위는 현재, 미완료, 미래 시제로(때때로) 표현된다. 단순행위 또는 단회적 행위는 부정과거와 미래 시제로(자주) 표현된다(부정과거는 완료되지 않은 과거의 행위를 말한다). 완료된 행위는 완료 시제(과거 행위의 결과가 현재에도 계속 영향을 미친다)와 과거완료 시제로(결과가 과거에 제한된다) 표현된다. 헬라어 시제는 영어나 한글로 옮기기 어려울 때가 많다. 동사 어간의 기본 의미뿐 아니라(예를 들면, 목적어를 취하든지) 행동의 시간도 행동 유형과 미묘하게 뒤섞여 하나의 개념을 만들어 낸다.

(2) 법(Mood). 헬라어의 법은 한 동사의 행위를 어떻게 이해해야 하는지 보여준다. 어떤 행동이 실제인가?(직설법을 사용하라.) 어떤 행동이 누군가 요구한 것인가?(명령법을 사용하라.) 어떤 행동이 다른 조건에 달려 있는가?(가정법이나 기원법을 사용하라.) 어떤 행동이 기본적으로 다른 명사 또는 명사 상당어구를 설명하는가?(분사를 사용하라.) 어떤 행동이 기본적으로 명사적인가?(부정사를 사용하라. 헬라어의 부정사는 현재, 미래, 부정과거, 완료 시제에 따라, 그리고 능동태, 수동태, 중간태에 따라 각각 형태가 다르며 -ai나 -ein으로 끝나는데 명사의 성질을 함께 가지며 주로 주어, 목적어, 보어로 사용된다 — 역자 주). 문법에서, 명사 상당어구(substantive)란 명사(noun) 역할을 하는 단어나 단어들을 말한다. 마지막 두 예는 엄격한 법(mood)이 아니며, 문법학자들이 이런 방식으로 사용하는 것이다. 헬라어의 법 덕분에,

헬라어로 글을 쓰는 사람들은 동사를 다양한 형태로 표현할 수 있다.

(3) 태(Voice). 동사의 태는 어떤 행동이 외부를 향하느냐(능동태), 내부를 향하느냐(중간태), 아니면 문장의 주어를 향하느냐(수동태)를 묘사한다.

(4) 인칭(Person). 동사의 인칭은 어떤 행위를 하는 사람이 나(1인칭), 너(2인칭), 그 외에 다른 사람이나 사물인지(3인칭)를 말해준다.

(5) 수(Number). 동사의 수는 어떤 행위가 한 사람에 의해 이루어졌는지(단수) 아니면 두 사람 이상에 의해 이루어졌는지(복수)를 보여준다.

문체 신약에는 다양한 헬라어 문체가 나타난다. 복음서에는 특히 셈어적 특징이 나타난다. 마태복음은 마가복음보다 덜 생생한(그림 같은) 문체를 사용하며, 어떤 부분에서는 누가복음, 사도행전, 히브리서, 야고보서, 베드로전서의 문체와 가깝다. 누가복음의 문체는 우아함의 면에서 마가복음, 마태복음과 다르다. 요한복음의 다소 간결한 문체는 셈어의 어투를 많이 담고 있다.

바울 서신 사이에도 문체의 차이가 나타난다. 바울 서신 가운데 표현이 가장 덜 문학적이고 가장 직접적인 서신은 데살로니가서이다. 목회서신(디모데전후서, 디도서)의 문체는 많은 신약 저작과 비교할 때 코이네 헬라어에 더 가깝고, 별로 유대적이지 않으며, 다른 서신들에 비해 셉투아젠트의 영향을 그다지 많이 받지 않았다.

히브리서는 우아한 문체와 유대-헬라어를 결합한다. 야고보서는 문화적 질은 높지만 문체는 히브리서만큼 섬세하지 않다. 베드로전서는 덜 우아하며 셉투아젠트의 영향을 강하게 받았기에, 셈어 문체가 나타난다.

유다서는 고상하고, 다소 무거운 어투를 쓰며, 유대 문체의 영향을 보여준다. 베드로후서는 최신 문체를 사용한다는 점에서 유다서를 닮았으며, 셉투아젠트의 영향을 훨씬 더 많이 받았다.

계시록은 일반적으로 문체가 단순하지만 대구법과 반복법의 용례로 볼 때 셈어의 영향을 상당히 받은 것 같다. 언어학자들은 계시록에서 헬라어 문법상의 명확한 오류를 몇 가지 찾아냈다.

결론

그리스도인들에게, 성경이 전하는 메시지는 간단하고 직접적이지만 가장 복잡한 문화 환경에서 사는 사람들과도 통할 수 있는 것이다. 인간의 모든 언어는 한계가 있지만 성경 언어는 하나님의 메시지를 가장 힘 있고 풍성하게 전하는 데 놀랄 만큼 적합하다는 게 역사를 통해 증명되었다.

더 깊게 공부하려면

Matthew S. DeMoss, *Pocket Dictionary for the Study of New Testament Greek*
John H. Dobson, *Learn New Testament Greek*
James Found, *Basic Greek in Thirty Minutes a Day*
Menahem Mansoor, *Biblical Hebrew Step by Step*
William D. Mounce, *Basics of Biblical Greek: Grammar*
Todd J. Murphy, *Pocket Dictionary for the Study of Biblical Hebrew*
Gary D. Pratico and Miles V. Van Pelt, *Basics of Biblical Hebrew: Grammar*
www.Teknia.com

버클리 미켈슨
해석학

03 성/경/해/석

어느 본문에 대해서든 세 가지 기본적 질문을 할 수 있다. 본문은 무엇을 말하는가? 본문은 무엇을 의미하는가? 본문은 내게 어떤 영향을 미치는가?

에드워드 헤이스 Edward L. Hayes

해석학

Hermeneutics

+ 버클리 미켈슨

대부분의 사람들은 평범한 인간적인 수준에서조차 '의미 있는' 커뮤니케이션을 나누는 게 어렵다는 것을 안다. 같은 언어를 사용하고 심지어 같은 집에 사는 두 사람 사이에서도 말의 의미가 쉽게 유실되거나 왜곡될 수 있다. 언어는 매우 유동적이다. 예를 들면, '이른'(early)과 같은 간단한 단어가 문맥에 따라 갖가지 의미를 가질 수 있다. 이른 저녁 식사(early supper)는 6시 30분이 아니라 5시 30분을 의미한다. 그러나 '조기 은퇴'(early retirement)는 65세가 아니라 60세를 의미한다. '미국 초기 양식'(Early American)이라는 말은 가구의 스타일을 말하며(미국이 영국의 식민지였던 시대의 가구나 의상 등을 말한다 — 역자 주), 초기 청동기(Early Bronze)는 고고학적인 한 시대를 말하는데, 둘 사이에는 4,000년이 넘는 간격이 있다. 언어는 계속 변한다. 셰익스피어 시대의 영어에서, 'physics'란 '하제(설사를 하게 하는 약)나 그 밖의 약'을 의미했다. 지금 'physics'(물리학)라고 부르는 것은 당시라면 'natural philosophy'(자연철학)라 불렸을 것이다.

INTERPRETATION

해석

'해석하다'라는 말은 기록이나 말의 진정한 의미를, 특히 그것을 다른 말로 재진술함으로써 끌어낸다는 뜻이다. 동의어로는 '설명하다'(explain)와 '번역하다'(translate)가 있다. 두 언어를 말할 줄 알며 화자 옆에서 그 사람의 말을 다른 언어로 옮기는 사람을 가리켜 번역자 또는 통역자(interpreter)라고 한다. 복음주의 그리스도인들에게, 성경 해석은 근본적으로 중요한 작업이다. 왜냐하면 성경은 기록된 하나님의 말씀이기 때문이다. 창조자께서 자신의 피조물을 위해 자신과 자신의 목적을 계시하시는데, 이것은 인간이 누릴 수 있는 가장 의미 있는 커뮤니케이션이다.

버클리 미켈슨 A. Berkeley Mickelsen

THE PORTABLE SEMINARY

우리는 성경을 해석할 때 이러한 언어적인 문제들에 부딪히는데, 이러한 문제들이 결코 만만찮을 때가 많다. 성경은 본질상 다른 모든 문학보다 뛰어나며, 따라서 성경 해석에는 한 언어를 다른 언어로, 고대의 문화적 상황을 급속히 변하는 현대의 문화적 상황으로 옮기는 것 이상의 큰 도전이 따른다. 성경은 한 권의 책이 아니다. 성경은 다양한 저자들이 다양한 문체와 눈앞의 서로 다른 목적을 가지고 1500년이 넘는 시간 동안 쓴, 여러 권으로 구성된 하나의 전체적인 문학이다. 그러나 성경 자체의 주장과 성경의 놀라운 통일성은 그리스도인들에게 성경이 "인간의 언어로 된 하나님의 말씀"이라는 것을 증명한다. 언제나 유한하며 오류를 범할 수 있는 피조물인 인간 해석자는 설령 성경이 다른 인간의 시각에서 표현되었다 하더라도 성경을 하나님의 관점에서 보려고 노력해야 한다.

지난 여러 해 동안, 해석학 분야에서 훈련 받은 헌신적인 학자들이 성경을 번역하고 해석하는 표준이나 규범을 만들어냈다. 성경을 공부하는 사람들은 주석(exegesis, '설명'이라는 뜻의 헬라어에서 온 말로 해석을 의미하는 또 다른 단어이다)을 통해 이들의 연구를 접한다. 해석 작업은 결코 완결되지 않는다. 부분적으로는 고고학의 새로운 정보가 어려운 구절을 새롭게 비추어주기 때문이며, 인간의 이해가 변하면서 새로운 질문이 제기되기 때문이다. 따라서 성경을 읽으면서 실제로 성경에 없는 의미를 성경에 끼워 넣는 해석(자의적 해석/eisegesis이라 부르는 과정)의 오류를 찾아내어 수정한다.

EXEGESIS

주석

주석이란 본문에서 본문이 의도하는 의미를 끌어내는 과정을 말한다. 이 단어는 엑세게오마이(exegeomai)라는 헬라어에서 파생했으며, 하나의 문서나 진술, 사건의 발표나 묘사를 가리키는 데 사용된다. 신약에서 이 단어는 해석학이라는 용어와 바꿔 쓸 수 있는 것으로 보인다. 요한복음 1장 18절에서, 이 단어는 하나님이 아들의 주석 또는 '선언'(declaration)을 통해 인간에게 자신을 어떻게 알리셨는지 설명한다. 누가복음 24장 35절에서, 두 제자가 엠마오로 가는 길에 자신들에게 일어난 일을 '주석'하거나 말했다.

주석과 해석학의 관계는 종류와 정도의 관계이다. 해석학은 주석을 덮는 우산이라고 보는 게 가장 좋다. 해석학은 폭넓은 성경 주석을 지배하는 해석의 원리나 규범을 다룬다. 다양한 문화적 상황에서 적절히 이해된 하나님의 말씀은 가르치는 사람과 배우는 사람 양쪽 모두 역사적, 비평적, 언어적, 문화적 이해를 동원하여 적절한 의미를 찾게 한다. 해석학과 주석 모두에서, 복음주의자들은 문자적-문법적-역사적 방법에 의존했다. 주석은 이러한 의미를 풀어내는 보다 정확한 학문이다.

주석은 자의적 해석(eisegesis, 지나친 의미부여)과는 대조적으로 해석학 이론의 중심을 형성한다. 주석은 본문에 대한 세 가지 접근법을 사용한다. (1) 본문의 문법에 대한 이해, (2) 문장의 개별 단어의 의미에 대한 이해, (3) 단락이나 장, 책 한 권이나 성경 전체의 메시지에 대한 이해. 이러한 것들은 상호 의존적이다.

주석은 성경 번역, 풀어쓰기(paraphrase, 부연), 주해(commentary)를 포함할 수 있으며, 주석의 전체적인 규범은 해석학과 성경신학의 지배를 받는다. 바꾸어 말하자면, 하나의 본문(text)은 단독적으로 의미를 가질 수 없으며, 계시된 진리의 전체적인 구조 안에서 자기 역할을 한다.

주석은 하나의 과정이다. (1) 본문 자체와 본문의 기원 및 어법에 대한 검토, (2) 정밀한 해석, (3) 역사적 정황 – 저자, 배경, 연대 – 파악하기, (4) 문학적 문맥 분석하기, (5) 장르나 문학 형식 결정하기, (6) 전체적인 구조 파악하고 그리기, (7) 문법과 구문 분류하기, (8) 계시된 모든 진리를 토대로 주어진 진리를 체계적으로 연구하기, (9) 본문 적용하기.

간단히 말해, 어느 본문에 대해서든 세 가지 기본 질문을 할 수 있다. 본문은 무엇을 말하는가? 본문은 무엇을 의미하는가? 본문은 내게 어떤 영향을 미치는가? 그러나 성경이 전혀 허용하지 않는데도 성경을 개인의 생각에 따라 급하게 적용하는 오류를 피하려면, 주석의 한 단계도 무시하지 않도록 주의해야 한다.

우리는 본문에 대한 두 가지 잘못된 적용을 피해야 한다. 하나는 말씀의 도덕화이며, 다른 하나는 말씀의 개인화이다. 말씀의 도덕화란 특정한 도덕적 틀을 또 다른 특정한 시대의 관점에서 본 진리에 적용하는 것이다. 말씀의 개인화는 개인적인 세계관과 인생관이 본문의 의미와 적용을 지배하게 하는 것이다. 두 가지 모두 건전한 해석학과 주석 이론의 적용을 통해 피해야 하는 것이다.

첫째, 성경의 어느 부분을 읽든지 현재의 독자가 원독자(original reader)는 아니라는 사실을 잊지 말아야 한다. 둘째, 신자들로 이루어진 해석 공동체(에클레시아)가 본문을 읽는 정황을 구성한다. 셋째, 원저자들과 원청중(原聽衆)이 더 이상 이 과정에 참여하지 않기 때문에, 해석의 상호작용은 본문과 독자 사이에서 일어난다. 본문은 역사 속에서 기록되고 제시되었기 때문에, 본문을 성급하게 적용하기 전에 본문의 의미를 역사 속에서 이해하기 위해 모든 방법을 동원해야 한다.

마지막으로, 성령의 증거는 성경 주석에 대한 복음주의적 이해의 두드러진 특징이다. 칼빈을 비롯한 종교개혁자들은 진리 이해를 위한 기초로 외부의 권위를 받아들이기를 거부했으며 성령의 증거로 이를 대신했다(요 14:26; 16:13-15). 그리스도인은 하나님의 말씀을 이해하고 가르치는 데 전혀 도움을 못 받는 게 아니다. 궁극적으로 성령께서 하나님의 진리에 빛을 비추신다. 불신자들이 마음에 빛을 비추시는 성령의 역사 없이 본문을 이해할 때, 이들은 '영적으로 인식되거나' 고찰된 진리에는 결코 이르지 못할 것이다(14절). 고린도전서 2장 6-16절은 하나님에게서 나오는 이러한 본질적인 지혜와 관련된 중요한 본문이다.

에드워드 헤이스 Edward L. Hayes

성경이 의미하는 바에 대한 상당한 의견 일치에도 불구하고, 훈련된 성경학자들은 특정한 구절을 서로 다르게 해석할 때가 있다. 오랜 교회 역사에서, 학자들은 해석의 기본 원칙에 관해서조차 의견 일치를 이루지 못했다. 헬라 철학의 영향을 받은 알렉산드리아(이집트)의 초대교회 교부들은 하나의 성경해석 학파를 형성했는데, 이들은 본문을 대체로 알레고리화했다. 다시 말해, 본문의 의미를 단어의 분명하고 문자적인 의미에서 찾지 않았다. 이들은 단어가 하나님의 마음에 있는 영적 개념을 상징한다고 생각했다. 알렉산드리아 학파는 하나님이 전달하고 싶어 하시는 것이 무엇인지 상상함으로써 성경을 이해하려고 했다. 그러한 상상을 통한 해석이 지나쳐 기괴하고 터무니없기까지 했으며, 알렉산드리아 학파는 중세에 서구교회 전체에 영향을 미쳤다. 안디옥(시리아)의 교부들 사이에서 일어난 또 다른 학파는 알레고리적 해석을 완전히 거부하지는 않지만 일반적으로 성경의 실제 단어에 더 많은 관심을 쏟았다. 안디옥 학파는 알렉산드리아 학파만큼 중세 스콜라주의자들에 많은 영향을 미치지는 않았다. 스콜라주의자들은 거의 천 년 동안 신비적 해석으로 많은 문자적, 역사적 의미를 흐려놓았다.

프로테스탄트 종교개혁(16세기)은, 교회가 하나님으로부터 나온 직접적이고 분명한 메시지인 성경으로 돌아가게 했다. 종교개혁자들은 히브리어 문법과 헬라어 문법 연구와 고대 근동의 역사 연구야말로 성경을 이해하기 위한 가장 적절한 도구임을 강조했다. 그러나 이들은 성경이 '명쾌하다'(perspicuous, '투명하다'는 뜻의 라틴어에서 온 말)는 것도 강조했다. 다시 말해, 성경의 의미는 평범한 인간의 문서를 읽는 방식으로 성경을 읽는 모든 지적인 독자에게, 그 사람이 영감된 말씀을 이해하기 위해 성령의 도움을 구할 만큼 겸손하다면, 분명하다는 것도 강조했다. 오늘날 그리스도인들은 이런 방식으로 성경 해석에 접근해야 한다.

THE BIBLE

성경

인간적인 면에서 볼 때, 나는 성경이 적어도 우리만큼은 지적이고 헌신된 유능한 사람들을 통해 기록되고 보존되었다고 생각한다. 나는 이들이 자신의 경험을 정확히 해석하고 자신이 듣고 경험한 바를 자신이 속한 역사적 공동체의 언어로, 다시 말해, 오늘 우리가 성실한 연구를 통해 이해할 수 있는 언어로, 객관적으로 제시할 능력이 충분했다고 생각한다.

신적인 면에서 볼 때, 나는 성경이 세계 모든 사람들 가운데서 성경에 대한 하나님의 목적을 확실히 이루는 방식으로 나타나고 보존되도록, 하나님이 예수님에 관한 기록을 포함해서 성경을 배열하려 하셨고 그럴 능력이 있으셨다고 생각한다. 하나님을 실제로 믿는 사람들은 이 부분을 어려워하지 않을 것이다. 나는 하나님이 자신의 메시지를 20세기 후반의 몇몇 전문 학자들만, 메시지가 무엇인지 결정하는 이론들에 대해서조차 일치된 의견을 내지 못하는 사람들만 이해할 수 있는 형태로 인류에게 주지 않으셨고, 그럴 의도도 없으셨다고 생각한다.

결국, 성경은 하나님이 학자들에게 주신 선물이 아니라 그분의 교회를 통해 세상에 주신 선물이다. 성경은 하나님의 백성의 삶에 들어와 그 삶을 살찌운다. 성경의 목적은 학문적이 아니라 실제적이다. 지적이고, 주의 깊고, 집중적이고, 솔직한 성경 읽기, 다시 말해, 모호하고 변덕스러운 이론이나 무심한 정통에 지배되지 않는 성경 읽기가 우리를 하나님 나라의 삶으로 인도하는 데 필요하다.

달라스 윌라드 Dallas Willard

THE PORTABLE SEMINARY

해석에는 두 개의 기본 단계가 있다. 우리는 반드시 질문해야 한다. (1) 주어진 구절은 그 구절을 처음 읽거나 듣는 사람에게, 그리고 그것을 처음으로 말했거나 쓴 사람에게 어떤 의미였는가? (2) 주어진 구절은 오늘날의 독자에게 어떤 의미인가? 첫째 과제는 주어진 구절을 처음 썼거나 들었거나 읽은 사람의 환경으로 들어가 그 구절의 의미를 성경 전체에 비추어 이해하려고 노력하는 것이다. 둘째 과제는 주어진 구절의 의미를 현재의 환경에서 분명히 밝히는 것이다. 모든 시대의 해석자들은 이 두 단계에 충실하려고 노력했다.

때로 그리스도인들은 주어진 구절이 자신의 동시대 사람들에게 의미하는 바를 선포하기를 지나치게 바라는 나머지 그 구절이 본래 상황에서 의미했던 바를 놓치는 경향이 있다. 또 어떤 그리스도인들은 구약의 상황을 파악하는 데 상당한 시간을 보내지만 정작 예수님의 삶과 죽음과 부활이 일으킨 철저한 변화를 보지 못했다. "이 뜻을 따라 예수 그리스도의 몸을 단번에 드리심으로 말미암아 우리가 거룩함을 얻었노라 … 이것들(죄, 불법 행위)을 사하셨은즉 다시 죄를 위하여 제사 드릴 것이 없느니라"(히 10:10,18).

성경 전체의 문맥은 죄를 사하기 위한 예수님의 제사가 최종적이었음을 보여준다. 예수님은 '새로운 하나님의 백성', 다시 말해 예수님을 메시아로 인정하는 유대인들과 이방인들이 생겨나게 하셨다. 따라서 이스라엘에게 주어진 구약의 많은 약속이 신약에서 하나님의 새로운 백성인 교회에 적용되는 것으로 해석된다. 성경 내에서 일어난 이러한 발전 때문에, 첫째 단계와 둘째 단계에 동일한 무게를 두는 게 중요하다. 성경 시대로부터 현재로 적절하게 넘어오기 위해서는 주의 깊은 연구와 기도가 필요하며 성령을 의지해야 한다. 그리스도인들은 하나님께서 의도하시는 의미에 무엇인가 덧붙이거나 빼서는 안 된다.

과거로 들어가기

성경이 기록된 1500년 동안 문화적, 정치적 상황이 여러 차례 크게 바뀌었다. 때로는 변화가 아주 빠르게 진행되었다. 예를 들면, 바울이 처했던 아테네 상황(행 17:15-34)은 그가 몇 년 후 예루살렘에서 처했던 상황(행 21:17-23:30)과는 매우 달랐다. 고대 근동의 역사에서 일어난 사건에도 세심한 주의를 기울여야 한다.

역사와 문화 역사는 절대로 일어난 일을 모두 기록하지 않는다. 역사 기록은 누군가가 일정한 기간에 특정한 그룹의 사람들 사이에서 일어난 모든 사건 가운데 특정한 사건을 선택했음을 보여준다. 이러한 선택은 그 기록을 읽는 사람들로 하여금 그들이 주변 사람들과 왜 다른지 알도록 도와준다. 역사는 여러 나라의 강점과 약점을 드러낼 수 있으며, 왜 그 나라들이 계속 존재했거나 사라졌는지를 보여줄 수 있다. 그러나 성경의 역사는 사람에게만 초점을 맞추지 않는다. 성경의 역사는 하나님 중심적이다. 성경 저자들은 하나님이 특별한 방법으로 함께 일하려고 이스라엘 백성을 선택하심으로써 역사 속에서 자신을 계시하시는 것을 보았다. 하나님은 이스라엘 백성 가운데 그분의 종으로 지명된 사람들에게 이스라엘에 대한 그분의 축복과 심판의 근거를 직접 알려주셨다. 마지막으로, 하나님은 예수 그리스도를 통해 땅 위에서 사람들과 함께하셨고, 인간 역사의 모든 고통을 직접 경험하셨다.

성경의 관점은 하나의 하나님, 하나님의 한 백성, 하나의 역사가 있다는 것이다. 하나님의 종은 역사 속에서 하나님의 주권적인 손을 보지 않은 채 역사를 기록한다는 것은 생각조차 할 수 없었다. 현대의 세속적인 역사가들은 인간 역사 속에서 하나님의 역할을 무시하거나 부인한다. 그러나 성경을 해석하기 위해서는 성경 저자들처럼 역사를 봐야 한다. 다시 말해, 하나님이 역사 속에서 인간에게 자신을 드러내시는 하나의 시간과 하나의 장소와 하나의 사건으로 역사를 봐야 한다.

저자가 쓴 글의 의미를 이해하기 위해서는 당시의 문화 패턴도 반드시 이해해야 한다. 문화는 특정한 사람들의 습관과 관습과 도구와 그들이 생산해낸 물질적인 것들과 제도와 미술과 음악과 문학을 포함한다. 이들이 이 모든 것을 만들어내고 사용한다. 특정한 시대의 문화는 사람들이 중요하게 생각하는 게 무엇인지를 알려주는 좋은 지표이다. 오락과 술과 무기에 쓰는 돈의 양은 사람들의 관심과 강조점이 무엇인지를 보여준다. 사람들의 말보다는 그들이 하는 일, 그들이 실제로 생산하는 것이 일반적으로 그들에 대해 더 많은 것을 말해 준다.

언어 구조 언어는 모든 사람들의 삶에서 핵심적인 부분이다. 구약은 아람어로 된 몇몇 짧은 단락(창 31:47; 스 4:8-6:18; 7:12-26; 렘 10:11; 단 2:4b-7:28)을 제외하고 본래 히브리어로 기록되었다. 신약은 본래 헬라어로 기록되었다. 각 언어는 특별한 구조와 문법이 있는데, 그 언어로 기록된 문서를 정확히 이해하고 번역하려면 그 언어의 구조와 문법을 숙지해야 한다. 성경의 세 언어 모두 어휘가 풍부하고 미묘한 의미 차이를 잘 표현하는데, 번역은 이러한 부분을 놓치기 쉽다.

성경의 많은 문장은 길고 복잡하다. 모든 번역은 원어(특히 헬라어)로 된 긴 문장을 옮길 때 읽기 쉽도록 잘게 쪼갠다. 의역을 할 때는 문장을 더 잘게 쪼개며, 그 결과 개념들 간의 연결 고리가 사라질 수 있다. 여러 개의 독립 문장들로 제시된 의역이 원문에서는 하나의 동사 형태를 중심으로 보다 긴밀하게 연결된 것일 수 있다. 오늘날 성경을 공부하는 사람들은 원어의 문자적 의미를 잘 전달하는 탁월한 번역들(예를 들면, New American Standard Bible이나 Revised Standard Version)과 세밀하고 다양한 의역들(예를 들면, The Living Bible이나 Phillip's New Testament in Modern English)을 이용할 수 있다. 이러한 종류의 비교를 뛰어넘어, 주석은 왜 두 번역이 몇몇 구절에서 다른지 이해하는 데 도움이 될 때가 많다.

문학적 문맥 한 구절의 문맥은 단순히 그 구절을 둘러싸고 있는 단락만 의미하는 게 아니다. 한 구절을 정확히 해석하려면 그 구절 바로 앞뒤에 오는 부분을 반드시 살펴야 할 뿐 아니라 그 구절의 문맥을 이루는 전체 내용도 살펴야 한다. 다니엘서와 같은 책에서, 보다 넓은 문맥에는 사건과 꿈과 환상에 관한 이야기뿐 아니라 다니엘의 삶과 셋 또는 네 왕의 삶의 다양한 순간에서 뽑아낸 자료도 포함된다. 한 부분을 이해하려면 책 전체를 잘 알아야 한다. 모호한 구절을 문맥에서 떼어내어 오늘날에 맞는 의미를 부여할 수도 있다. 그러나 그 구절을 다니엘서의 나머지 모든 부분에 비추어 세밀하게 들여다보면 이러한 '최신 해석'이 다니엘서가 의미한 게 아닐 수 있다. 문맥을 무시하면 실제로 거기에 없는 의미를 '발견할' 가능성이 있다. 다시 말해, 자의적 해석을 할 가능성이 있다. 학자들과 교사들과 목회자들은 평범한 독자들만큼이나 자의적 해석의 오류를 쉽게 범할 수 있다. 지나치게 성급하게 일을 하거나 강력한 해석학적 틀을 품고 있다면 그러하다.

문자적 언어와 비유적 언어

성경은 평범한 언어를 사용하지만 성경의 중심 주제는 결코 평범하지 않다. 성경은 하나님에 대한 인간의 적대감을 다루며, 하나님을 떠나 방황하는 사람들이 어떻게 그분과의 교제를 회복할 수 있는지를 다룬다. 하나님의 실체, 죄의 실체, 구속의 실체가 인간 언어의 능력에 도전하는 주제들이다.

> 나는 성경을 읽을 때, 다른 형태의 문학과는 다른 방식으로 접근한다. 내 마음에서 비판 장치가 꺼지는 게 아니다. 오히려 성경을 이해하려는 깊은 열정으로 성경을 읽을 때, 분석하려는 경향이 강해지고 날카로워진다.
>
> R. C. 스프로울
> R. C. Sproul

문자적(Literal), 비유적(Figurative)이라는 말은 무슨 뜻인가? 언어가 관습적이며 사회적으로 인정되는 의미를 전달할 때, 우리는 언어가 문자적이라고 말한다. "농부가 그의 밭을 팠다(plowed)"라고 할 때, '파다'(plow, 쟁기질하다)라는 동사는 문자적으로 사용된다. 이것은 농부가 농사 지을 준비를 하면서 땅을 파서 일군다는 뜻이다. 그러나 "학생이 어려운 물리학을 팠다"거나 "사장이 서류더미를 팠다"라고 말할 때, '파다'라는 동사는 비유적으로 사용된다. 농부, 학생, 사장은 모두 "어려운 일을 수고하며 헤쳐 나갔다." '파다'라는 단어가 문자적으로 사용되었느냐 비유적으로 사용되었느냐는 경험의 실체와는 전혀 무관하다. 땅을 '파는 것'이나 서류 뭉치를 '파는 것'은 둘 다 실체이다. 비유적 언어는 일반적이고 평범한 의미를 취하여 다른 영역으로 옮겨간다. 성경에서 예를 들어보자. 1세기의 평범한 언어로서 어떤 사람을 노예 신분에서 '구속하다'(redeem) 또는 '사다'(buy)라는 말은 하나님이 그분의 백성을 죄에서 '구속하다'라는 뜻으로 사용된다. 죄가 의인화된다. 죄는 인간을 노예로 잡고 있거나 결박하고 있다. 하나님은 인간을 이러한 노예 상태에서 구속하신다. 다시 말해, 하나님은 사람들이 믿음을 통해 삶을 그분께로 돌이킬 때 그들에게 자유를 주신다.

성경 해석에 대한 많은 의견 차이는 결국 한 단락이 어느 정도나 문자적 해석을 의도하느냐로 귀결된다. 요한은 예수님이 세례를 받으실 때 "성령이 비둘기 같이 하늘로부터 내려왔다"고 말한다(요 1:32). 이때 요한의 말은 단순히 비둘기가 하늘에서 내려앉는 것처럼 성령께서 '내려오셨다'는 뜻이었는가? 아니면 성령께서 새의 형태로 예수님께 내려 앉으셨다는 뜻이었는가? 아니면 전혀 다른 어떤 뜻이 있었는가? 독자가 문맥을 살피면 분명한 단서를 찾을 수 있을 때가 많다. 그러나 단서가 아예 없거나 단서 자체가 서로 다른 해석을 열어 놓을 때도 있다.

짧은 비유법 평범한 문학에서 비유법으로 인식되는 문학적 도구 대부분이 성경에도 나온다. 예를 들면, 직유법은 '~처럼'(like) 또는 '~같이'(as)와 같은 단어를 사용해 둘을 비교한다. 은유법은 직접적인 비교이다. "보라 세상 죄를 지고 가는 하나님의 어린 양이로다"(예수님에 대해. 요 1:29). 이사야서의 친숙한 한 구절은 직유법과 은유법 모두 사용한다(사 40:6,7; 약 1:10,11; 벧전 1:24,25).

모든 육체는 풀이요
　그의 모든 아름다움은
　들의 꽃과 같으니
풀은 마르고
　꽃이 시듦은….

"풀은 마르고 꽃이 시듦은…"이라는 은유적 표현은 비유법의 힘을 보여준다. '육체'는 히브리어에서 평범한 인간의 삶을 가리키는 방식이다. 인간이 아무리 활력 있고 아름답더라도(꽃처럼) 결국은 늙고 마침내 죽을 것이다. 늙어감에 대한 그 어떤 추상적 진술도 은유와 직유의 결합에서 나오는 감동적이고 기억할 만한 느낌을 줄 수 없었을 것이다.

성경은 하나님에 대해 신체를 가지고 신체적인 움직임을 보이거나(신인동형론/anthropomorphism) 인간의 감정과 느낌을 가지시며 인간의 반응을 보이시는 분으로 자주 묘사한다(신인동감설/anthropopathism). 하나님께 사용되는 은유로는 그분의 '귀'와 '입'과 '팔'과 '손가락' 등이 있다(시 8:3; 사 55:11; 59:1). 하나님은 '진노하시는'(신 1:37; 4:21) 분으로 묘사되며, 십계명에서는 '질투하시는'(출 20:5; 신

5:9) 분으로 묘사된다. 이러한 은유는 하나님의 '진노'와 '질투'가 인간의 진노나 질투처럼 느껴지거나 표현된다는 뜻이 아니다. 인간의 감정은 인간의 죄성(罪性)과 무지, 감정의 균형을 유지하지 못하는 무능력의 영향을 받는다.

하나님은 인간의 귀와 팔과 입과 손가락의 육체적 한계에서 자유로우시며, 그분께는 인간의 감정이 갖는 약점도 없다. 그러나 하나님은 '말하고 듣고 행동할' 수 있다. 성경은 하나님께서 죄인을 사랑하신다고 말하지만, 그분이 죄와 죄인에게 진노하신다고도 말한다. 하나님은 자신의 피조물이 자신에게 등을 돌리고 우상을 숭배하거나 자멸의 길로 향할 때 가슴 아파하신다. 신인동형론적 은유는 인간이 하나님을 이해하는 데 반드시 필요해 보이지만, 우리는 이것을 문자적으로 해석하지 않도록 조심해야 한다. 하나님은 말 그대로 숨을 들이쉬고 내쉬지 않으신다. 하나님은 진노하실 때 자제력을 잃지도 않으신다.

예수님은 하루살이는 걸러내고 낙타는 삼키는 '맹인된 인도자'(blind guides)를 말씀하실 때(마 23:24) 과장법, 즉 의도적이고 의식적인 과장을 사용하신 게 분명하다. 예수님은 바리새인들과 서기관들이 사소한 부분에서는 조심하면서 중요한 영적 문제들은 보지 못한다는 점을 지적하고 싶으셨다. 예수님이 "낙타가 바늘귀로 들어가는 것이 부자가 하나님의 나라에 들어가는 것보다 쉬우니라"고 말씀하실 때(마 19:24) 과장법을 사용하셨는가? 많은 부자 그리스도인들이 하나님 나라에 들어갔기를 간절히 바란다! 예수님은 하나님 나라에 들어가려면 하나님을 진정으로 의지해야 한다는 점을 강조하려고 부자들이 하나님보다는 재물을 의지한다는 점을 과장해서 보여주고 계셨는가? 아니면 부자가 하나님 나라에 들어가는 게 말 그대로(문자적으로) 불가능하다고 말씀하고 계셨는가? 문맥은 예수님의 제자들이 그분의 말씀의 문자적 의미에 크게 놀랐으며, 따라서 예수님이 "사람으로는 할 수 없으나 하나님으로서는 다 하실 수 있느니라"라고 덧붙이심으로써 그들을 진정시키셨다는 것을 보여준다(23,25,26절).

긴 비유법 비유는 실제로 확대된 직유법이다. 알레고리(allegory)는 확대된 은유법이다. 누가복음 15장 1-7절에서, 예수님은 자신이 죄인들을 반기고 그들과 함께 먹는다고 격분한 바리새인들과 서기관들에게(2절) 하나의 비유를 들려주셨다. 예수님은 회개하는 한 죄인으로 인한 천국의 기쁨이 잃은 양 한 마리를 찾은 목자의 기쁨과 같다고 말씀하셨다. 선한 목자의 비유는 알레고리로도 사용되었는데, 예수님이 친히 그 의미를 설명해주셔야 했다(요 10:1-18). 순수한 형태의 비유가 하나의 핵심만 있는 것과는 달리, 알레고리는 여러 개의 비유의 초점이 있다. 선한 목자의 알레고리에서, 예수님은 적어도 네 가지를 제시하셨다. (1) 선한 목자는 그리스도이다. (2) 문은 그리스도이다. (3) 양은 예수님이 위해서 자신의 목숨을 버린 사람들이다. (4) 양은 한 목자 아래 있는 모든 신자의 모임을 말한다.

알레고리는 특정한 요소가 구체적인 것들을 상징할 수 있도록 들려주는 이야기이다. 하나의 역사적 사실이나 내러티브를 취해 다른 의미를 띠게 하는 것은 알레고리를 부적절하게 사용하는 것이다. 구약의 성막은 알레고리적 해석자들이 가장 좋아하는 주제이다. 예를 들면, 지성소에는 순금 기둥에 일곱 가지가 붙은 형태의 촛대가 있는데(출 25:31-40) 제사장이 직무를 행할 때 여기에 불을 비춘다. 현대의 한 알레고리적 해석자는, 불이 붙은 일곱 촛대는 성경을 상징하며, 촛대의 기둥은 예수 그리스도를 상징한다고 본다. 해석자의 동기는 그리스도의 사역이 성령께서 교회에 나타나시는 기초임을 지적하려는 것이었다. 그러나 그 어떤 의미도 확대하지 않은 채, 각 기구는 성막에서 사용하기 위한 것이었다고 말한 후 그리스도께서 마무리하신 사역이 새 언약 아래서 얼마나 다르며 어떤 결과를 낳았는지 말할 수 있을 것이다. 신약은 구약의 이미지(성막을 포함해서)를 자주 사용하지만 그 이미지를 알레고리화하는 경우는 거의 없다. 구약적 의미를 무시하는 모든 알레고리화는 구약에 담긴 하나님의 메시지를 제대로 해석해 내는 게 아니다.

모형론(Typology) 신약의 모형론은 구약의 한 사람이나 사건, 사물과 신약의 한 사람이나 사건이나 사물 사이의 유사성에 주목한다. 때로 하나의 모형론에서 두 유사점을 발견할 수 있다. 하나님은 다윗왕에게 태어나지도 않은 아들(솔로몬)이 하나님의 성전을 건축하리라고 말씀하셨다(삼하 7:12,13). 하나님은 솔로몬에 대해 "나는 그에게 아버지가 되고 그는 내게 아들이 되리니"라고 말씀하셨다(삼하 7:14). 모형론을 통해, 나중에 히브리서 기자는 이 말을 예수님께 적용하면서 하나님이 천사 중 누구에게도 이런 말씀을 하지 않으셨다고 했다(히 1:5). 아들됨(sonship)은 이 모형론이 강조하는 핵심이다. 하나님은 솔로몬을 다윗의 왕위를 이을 아들이라고 부르셨다. 예수님은 특별한 의미에서 하나님의 아들이셨다. 그러나 아직 '아들'이라 불리지 않으셨다.

모형론은 비교를 위한 일종의 비유적 언어이다. 주의 깊은 해석자는, 비교의 한 가지 핵심은 과거의 역사적 사건을 미래에 적용하는 것이라고 말한다. 그러나 분명히 차이도 있다. 하나님은 솔로몬에 대해 "그가 만일 죄를 범하면 내가 사람의 매와 인생의 채찍으로 징계하려니와"라고 말씀하셨다(삼하 7:14). 이와는 대조적으로, 예수 그리스도는 "죄를 범하지 아니하시고 그 입에 거짓도 없으시다"(벧전 2:22).

상징, 상징적 행위, 묵시적 묘사 다니엘서와 계시록 같은 책 전체와 구약의 많은 구절, 특히 선지서(예언서)의 많은 구절이 상징을 아주 많이 사용한다. 상징(symbol)이란 '시각적 은유'(visual metaphor), 즉 특정한 의미를 암시하지만 그 의미를 분명하게 밝히지는 않는 사물이나 사건을 말한다. 다니엘서는 느부갓네살왕의 생생한 꿈 — 머리, 팔, 배, 허벅지, 다리, 발이 모두 다른 금속으로 만들어진 형상 — 을 소개한다. 다니엘이 각 부분의 의미를 해석할 때 상징이 이해되었다(단 2장).

계시록에서, 한 짐승이 바다에서 나오고 또 다른 짐승이 땅에서 나온다(계 13장). 음녀(창녀)는 세계 제국의 수도를 상징한다(요한 시대의 로마, 17:1-18, 특히 18절을 보라). 음녀가 타고 다니는 짐승은 세계 제국의 통치자들과 그 제국 자체를 상징한다. 상징이 의미하는 바를 (계시록 17장에서처럼) 말하기 위해 성경 자체를 사용하는 것은 마치 암호를 해독하는 것과 같다. 상징은 이상해 보일 수 있지만, 인간 정부들이 짐승처럼 될 수 있다는 것은 20세기의 경험에 비추어보면 너무나 분명한 사실이다.

계시록은 '요한의 묵시'(Apocalypse of John)로도 알려져 있다. 묵시는 BC 200년에서 AD 300년 사이에 유대교와 초기 기독교 저자들이 악의 세력과 그 악이 초래하는 어두운 혼란과 궁극적으로 악을 이기는 하나님의 능력을 상징적으로 묘사한 하나의 문학 양식이었다.

예언 예언(prophecy)은 성경에서 두 의미를 갖는다. 첫째, 사람들이 그들의 우상과 자기중심적 태도를 버리고 돌이켜 하나님께 순종하고 그분과 교제함으로써 거룩한 삶을 살 것을 요구한다는 뜻이며 둘째, 축복이나 심판, 곧 하나님께 순종하는 자들에게는 축복을, 불순종하는 자들에게는 심판을 선언한다는 뜻이다. 오늘날 많은 예언 '전문가'들이 의(義)로 돌아오라는 하나님의 요청의 전달이라는 중요한 예언의 역할을 무시한 채 예언을 단지 미래를 말하는 것으로 제한하는 것 같다.

이사야서 1장은 선지자(예언자)가 이스라엘 백성에게 죄를 버리고 하나님께로 돌아오라고 외치는 장면으로 시작한다. 이 단락은 또한 심판을 선언하고 축복을 약속한다. '예언'은 기본적으로 이러한 예언적 전파(prophetic preaching)를 가리키는데, 이러한 전파는 비유적 언어를 통해 이루어질 때가 많다. 성경 어디에서도, 예언은 미래에 대한 사람들의 자연스러운 호기심을 만족시키는 형태를 띠지 않는다. 일반적으로, 예언은 미래를 자세하게 말하지 않는다. 예수님이 승천하시기 직전에, 제자들이 그분께 한 가지를 자세하게 물었다. "주께서 이스라엘 나라를 회복하심이 이때니이까"(행 1:6). 그러자 예수님은 "때와 시기는 아버지께서 자기의 권한에 두셨으니 너희가 알 바 아니요"라고 대답하셨다(7절). 선언적 예언(predictive prophecy, 예지적 예언)은 하나님이 미래에 일어날 모든 일의 주관자이심을 보여주기에 충분한 계시였다. 하나님은 역사를 주관하시기 때문에 역사가 어디로 가고 있는지 분명히 아신다. 그러나 그 나머지는 숨겨져 있다. 미래 역사의 청사진은 하나님만의 것이다.

창조와 절정의 언어 우리가 세상 창조에 관해 아는 것은 하나님이 드러내기로 선택하신 부분뿐이다. 창세기 1-3장뿐 아니라 구약과 신약 전체가 하나님이 우주에 존재하는 모든 것을 창조하셨다는 사실을 분명히 한다. 그러나 성경은 현대의 과학적 사고에서 나오는 '어떻게'에 관한 전형적인 질문에는 답하지 않는다. 창조나 역사의 절정에 관해 성경적으로 생각한다는 것은 성경이 말하는 부분으로 자신을 제한한다는 뜻이다. 비유적 언어가(문자적 언어뿐 아니라) 역사의 시작과 끝을 묘사하는 데 사용되지만, 내러티브는 실제 사건을 묘사한다. 세밀한 부분에 대해서는 제시된 게 거의 없는데도 마치 그림 전체를 보는 척해서는 안 된다. 그것이 실제로 무엇이었거나 실제로 무엇이 될 것인가에 대해 예술가적 사고를 가지려는 노력을 게을리해서는 안 된다. 그러나 무엇보다 하나님이 성경에서 제공하신 충실한(부분적이기는 하지만) 그림에 대해 그분께 감사할 수 있어야 한다.

시(詩) 구약의 많은 부분이 일정한 패턴과 리듬을 갖춘 문학 형식인 시로 되어 있는데, 이러한 문학 양식의 특징은 언어에 초점을 맞추어, 비유적으로, 또한 일반적으로 아름답거나 힘 있게 사용한다는 것이다. 영시(英詩)는 대개 소리의 패턴으로 알 수 있다. 때로는 행마다 운율이 있다. 히브리시는 소리의 패턴보다는 균형 잡힌 사고의 패턴에 의존한다. 특히 시는 한 언어에서 다른 언어로 번역하기 어렵다. 단어의 의미뿐 아니라 패턴도 함께 옮겨야 하기 때문이다. 다음은 히브리시의 한 연(사 1:3)을 번역한 것이다.

소는/ 그 임자를/ 알고
나귀는/ 그 주인의 구유를 (알건마는)
이스라엘은/ 알지 못하고
나의 백성은/ 깨닫지 못하는도다

네 행에서 쉽게 눈에 띄는 대구법은 히브리시의 큰 특징이다. 1,2행, 3,4행이 쌍을 이루는데, 여기서 후반부(2,4행)는 전반부(1,3행)와 동일한 개념을 담고 있다. 이러한 대구법을 가리켜 유사 대구법(동의적 대구법이나 동의적 평행법이라고도 번역한다 – 역자 주)이라 한다. 하나의 개념이 제시되고, 그 개념이 다른 말로 반복해서 제시된다. 첫째 쌍(1,2행)에서 동사는 반복되지 않는다(한글개역성경에서는 '알건마는'이라고 넣어서 번역했다 – 역자 주). 1행은 세 단위를 강조하고 2행은 두 단위를 강조하기 때문에 운율은 3/2이다. 둘째 쌍(3,4행)에서는 3,4행 모두 두 단위를 강조하므로 운율은 2/2이다. 3,4행에도 유사 대구법이 사용되었다.

평범한 독자에게 이렇게 세세한 부분은 의미와 무관해 보일 수 있겠지만, 이것은 저자가 시인으로서 취하는 자세의 일부이다. 형식 자체가 의미를 전달할 뿐 아니라 독자로 하여금 그림 같은 언어, 균형 잡힌 리듬, 예술적 이미지를 기대하게 한다. 따라서 시각적으로 시라는 것을 쉽게 알 수 있는 형식으로 시를 옮겨 놓은 번역을 활용하면 유익할 것이다. 이러한 형식은 독자가 산문의 틀에서 시의 틀로 사고를 전환하는 데 도움이 된다.

개념과 강조된 단위의 균형을 느끼려고 노력하면서 시를 소리 내어 읽어 보는 게 좋다. 이렇게 함으로써, 독자는 개념을 아름다운 시적 언어로 세밀하게 틀을 갖추어 표현한 원저자의 문체에 좀 더 접근할 수 있다. 이것은 해석에서 중요한 첫 단계, 즉 단락이 원저자와 원독자에게서 의미했던 바를 찾아내는 작업의 한 부분이다.

결론

성경 해석 작업은 끝이 없다. 그리스도인들은 성경의 의미를 정확히 이해하고, 오늘날의 세상을 위해 새롭게 말하려고 끊임없이 노력해야 한다.

신학은 성경 모든 부분이 가르치는 바를 하나의 응축된 방식으로 말하려고 한다. 많은 그리스도인들이 자신의 교회가 가르치는 교리를 순진하게 받아들인다. 스스로 성경 공부를 시작하는 사람들은 건전한 해석의 두 단계를 주의 깊게 적용하면서 기독교의 기본 신앙을 더 잘 이해하게 될 것이다. 성경 공부를 하다가 자신이 성경에 관해서 들은 바에 의문이 생긴다면, 이 또한 건강한 성장의 표시이다. 양심적인 그리스도인이라면 누구라도 하나님의 말씀에 대한 연구를 멈출 수 없다. 새로운 사상을 성경의 가르침에 비추어 점검해야 한다. 오늘날 하나님께서 말씀하고 계시는 바에 대한 빈약하고 부정확한 진술이, 하나님께서 성경 시대 사람들에게 말씀하신 바에 대한 새로운 통찰을 토대로 수정된다.

그리스도인의 헌신적인 해석이 항상 발전할 수 있는 것은 개인의 필요가 끊임없이 바뀌기 때문이다. 이전에 놓쳤던, 심지어 여러 번 연구했던 가장 좋아하는 구절에서조차 놓쳤던 중요한 것이 어느 순간 갑자기 보일 수 있다. 해석의 두 가지 기본 단계는 헌신적인 성경 공부에서도 중요하다. 어떤 사람이 성경에 의심이 들었다고 생각해 보자. 그는 도마의 이야기와 경험을 살펴볼 수 있다(요 20:24-29). 첫째 단계는 도마가 그의 의심을 어떻게 극복했는지를 보는 것이다. 둘째 단계는 도마의 이야기를 자신의 상황에 창의적으로 적용하는 것이다. 성경의 사람들이 우리와 동일한 문제에 부딪혔다는 사실을 아는 것만으로도, 우리는 큰 격려와 힘을 얻을 수 있다.

해석에 대한 단계식 접근을 적용하면, 그룹별 성경 공부가 진정한 성경적 기초 없이 단순히 의견 나누기로 전락하는 것도 막을 수 있다. 이러한 접근에 능숙한 사람이 있다면, 다른 사람들로 하여금 그룹이 특별한 구절을 이해하는 데 기여하도록 도울 수 있다.

더 깊게 공부하려면

Gordon D. Fee and Douglas Stuart, 《성경을 어떻게 읽을 것인가》*(How to Read the Bible for All Its Worth)*, 오광만 옮김(성서유니온선교회, 2008)

A. Berkeley Mickelsen, 《성경 해석학》*(Interpreting the Bible)*, 김인환 옮김(크리스챤다이제스트, 1995)

Robert H. Stein, *A Basic Guide to Interpreting the Bible: Playing by he Rules*

John R. W. Stott, 《성경 연구 입문》*(Understanding the Bible)*, 최낙재 옮김(성서유니온선교회, 2006)

로버트 소시, 고든 루이스, 도날드 맥킴, 파커, 월터 허언, 하워드 보스

성경이 말하는 하나님 | 하나님의 속성 | 하나님의 일: 창조 |
하나님의 일: 섭리 | 하나님의 대리자들

04 신/론

나는 하나님이라 다른 이가 없느니라.
사 45:22

성경과 기독교 신학의 가장 근본적인 가르침은 하나님이 존재하며 그분이 궁극적으로 우주를 다스리신다는 것이다. 이것이 모든 기독교 신학의 기초이다.

성경이 말하는 하나님

The Biblical Concept of God

+ 로버트 소시

하나님의 존재 성경은 하나님의 존재에 관한 물음을 다루지 않는다. 하나님의 존재는 어디서나 전제된다. 하나님을 천지의 창조자요 주권자로 계시하는 첫 구절이 나머지 모든 부분의 패턴을 정하는데, 여기서 하나님은 삶과 세계를 보는 올바른 시각의 근본이다. 그러므로 성경의 질문은 "하나님이 존재하느냐?"가 아니라 "하나님이 누구며 어떻게 알려지느냐?"는 것이다.

성경은 공공연한 무신론(atheism)을 알고 있다. 그러나 성경은 이러한 무신론을 일차적으로 지적인 문제이기보다 도덕적인 문제로 본다. 어리석은 자가 하나님이 없다고 하는 것(시 14:1)은 철학적 이유 때문이 아니라(어떤 경우에도 절대자를 인정하지 않고는 절대자를 부정할 수 없다) 하나님을 생각하지 않고 살겠다는 실제적인 (때로는 암묵적인) 선택 때문이다(시 10:4). 성경은 하나님을 아는 지식을 자의적으로 억압하는 태도, 곧 죄 있는 태도를 알고 있다(롬 1:18).

하나님을 아는 지식 성경에 따르면, 하나님이 계시를 통해 주도적으로 자신을 계시하셔야만 인간이 하나님을 알 수 있다. 소위 신 존재 증명(proofs of God)을 비롯해 다양한 방법으로 하나님을 추론하려는 인간의 시도는 피조물의 영역으로 제한될 수밖에 없다. 이러한 시도는 신이 존재한다는 개연성에 대한 강력한 증거를 제시하지만 성경이 말하는 초월적인 하나님을 아는 지식에까지 이르지는 못한다(고전 1:21). 한 사람을 진정으로 알려면 그가 자신을 드러내야 하듯이, 자신을 아는 유일한 분이신 하나님이 자신의 성령으로 자신을 드러내셔야 한다(고전 2:10,11). 이렇게 하는 가운데, 하나님은 자신이 인간의 앎의 대상이 되게 하신다.

하나님의 존재와 능력은 그분이 우주(특히 인간)를 창조하고 보존하시는 데서 어느 정도 계시된다(행 17:29; 롬 1:20). 인간의 이성이 신의 개념을 어디까지 도출하든 간에, 이것은 일반계시나 자연계시와 관련이 있는 게 분명하다. 그러나 죄가 세상에 들어와 하나님과 인간의 관계를 소원하게 했기 때문에, 인간은 이러한 방법을 통해서는 하나님을 제대로 볼 수 없다(롬 1:18; 엡 4:18). 믿음이 없다면, 하나님에 대한 이러한 자연지식은 거짓 신을 섬기는 우상숭배를 초래할 수밖에 없다(롬 1:21-25). 더욱이, 성경은 타락 이전에도 하나님을 아는 인간의 지식이 순전히 자신을 둘러싼 피조물이 주는 자연계시가 아니라 하나님과의 직접적이고 인격적인 교통에서 나왔다고 말한다.

따라서 하나님이 창조 행위와 역사를 통해 인간에게 자신을 알리시더라도, 그분이 자신을 계시하시는 일차적 수단은 말씀이다. 인간의 지식은 근본적으로 개념적이기 때문이다. 하나님의 행위는 소리 없이 묻히는 게 아니라 그 행위를 해석하는 말씀을 통해 그 행위의 진정한 의미를 제시한다. 하나님의 계시는 예수 그리스도에게서 절정에 이르렀다. 왜냐하면 예수 그리스도는 단순히 계시의 말씀을 담은 분이 아니라 육신이 된 하나님의 말씀이기 때문이다. 그분 안에 "신성의 모든 충만이 육체로 거한다"(골 2:9; 히 1:1-3). 따라서 하나님은 창조자요 구속자로서 행하시는 능력의 행위와 계속된 말씀을 통해 성령으로 자신을 계시하시는데, 이는 그분의 자기계시에 믿음으로 마음을 여는 자들에게 그분을 아는 참 지식을 주시기 위해서이다.

하나님의 계시가 그분의 존재와 행위를 완전히 다 드러내지는 않는다. 그분은 여전히 본질과 방법에서 인간이 전혀 헤아릴 수 없는 불가해한 분이다(욥 36:26; 사 40:13,28; 신 29:29). 유한이 무한을 이해할 수 없듯이, 피조된 환경과 연결된 인간의 사고 패턴이 하나님의 초월적 영역을 완전히 파악할 수는 없다.

이러한 인간 이성의 한계를 토대로, 몇몇 부류의 신비주의 신학(mystical theology)은 하나님을 알거나 정의할 수 없다고 했다. 하나님은 경험될 수 있고, 이러한 경험은 개념적 사고를 초월하는 황홀경의 상태에서만 가능했다. 근대 합리주의(modern rationalism)도 하나님을 알 수 없다고 주장했다. 하나님에 대한 불가해성(不可解性)과 불가지성(不可知性)이 같다는 등식은, 하나님에 대한 인간의 지식이 인간의 이성을 통해 온다는 전제 하에서만 성립한다. 그러나 성경이 말하는 이해할 수 없는 하나님은 자기계시를 통해 인간에게 다가오시는 하나님이다. 따라서 하나님을 아는 지식은 비록 그분의 선하고 기쁘신 뜻에 따라 제한됨에도 불구하고 그분의 존재와 일에 관한 참된 지식이다.

하나님은 우리에게 그분을 아는 지식을 주실 때 그분의 말씀을 피조물인 인간이 감당할 수 있는 유한한 형태로 주신다. 하나님은 인간 이해의 한계에 맞추어 자신을 계시하셔야 한다. 그럼에도, 이렇게 계시된 하나님의 지식은 진정한 하나님의 지식이다. 참된 지식의 진정한 전달이 불가능하다고 주장하려고 하나님과 인간의 차이를 이용하는 이론들은, 성경이 말하는 적어도 두 가지 사실을 제대로 파악하지 못한다. 첫째, 하나님은 인간을 자신의 형상대로 창조하셨으며, 여기에는 커뮤니케이션을 하기에 충분한 모양(닮은꼴)도 분명히 포함된다. 둘째, 하나님은 전능하시다. 이것은 하나님이 자신을 진정으로 계시하실 수 있는 대상(피조물)을 원하신다면 지으실 수 있다는 뜻이다. 하나님에 대한 완전한 이해와 관련해서는 숨겨진 부분이 틀림없이 있다. 그러나 하나님은 자신을 숨기지 않으신다. 왜냐하면 그분은 인간이 이해할 수 있는 자기계시를 통해 자신에 관한 부분적이지만 참된 지식을 주셨기 때문이다. 그리고 이러한 지식은 단순히 우리의 경험에서 나온 인간적 개념이 아니라 하나님이 주신 진리이기 때문에 그분과 피조물의 관계에 관한 지식뿐 아니라 그분 자신에 관한 지식도 포함할 수 있다.

하나님에 관한 인간의 지식이 갖는 성격은 기독교 신학에서 많이 논의되었다. 어떤 사람들은 우리의 지식이 갖는 부정적 특징을 강조했다. 예를 들면, 하나님은 무한하고, 일시적이지 않으며, 비물질적이다. 또 어떤 사람들은, 특히 아퀴나스(Thomas Aquinas, 1225-1274)는 하나님의 지식과 비슷하지만 그분이 무한히 크시기 때문에 그분의 지식과는 다른 '유비적 지식'(analogical knowledge)을 옹호했다. 여기서는 (무한과 같은) 부정적 개념조차 거대함(greatness)이라는 긍정적 개념을 전달한다. 유비의 입장은 이해의 깊이와 넓이의 차이를 인정하는 데 사용되는 한편으로, 결국 하나님의 속성에 대한 인간의 지식 안에 하나님의 그것과 동일하다는 의식을 내포한다고 말하는 셈이다. 유비적 또는 은유적 언어가 적절히 유비적이라는 말을 들으려면 지시 대상과 관련해서 반드시 '일치된 지식점'(univocal point of knowledge)이 있어야 한다. 의미 있게도, 성경은 하나님에 관한 참된 지식의 문제를 지적인 문제가 아니라 도덕적인 문제로 본다.

하나님에 대한 정의

성경적 관점에서 보면 하나님을 엄밀히 정의하기란 불가능하며, 여기에 대해서는 대체로 동의한다. 정의한다는 말은 제한한다는 뜻이며, 여기에는 어떤 대상을 특정한 부류에 포함시키는 일과 그것이 동일한 부류의 다른 것들과 구별되는 특징을 지적하는 일이 포함된다. 성경의 하나님은 하나뿐이고 비교될 수 없는 존재이며(사 40:25), 따라서 하나님을 가리키는 보편적인 추상적 범주는 없다. 비교종교학은 '신'이 사실은 매우 다른 여러 방법으로 잉태되었다고 말한다. 신이란 "생각할 수 있는 가장 큰 존재" 또는 "최고의 존재"라는 안셀름의 정의처럼, 신에 관한 모든 개념을 아우르는 일반적 정의를 내리려는 시도는 성경이 말하는 하나님의 구체적 특징 가운데 많은 부분을 담을 수 없다. 그러므로 성경은 하나님에 대한 일반적 정의를 내리는 대신에 하나님이 자신을 계시하신 대로 그분을 묘사한다. 이러한 묘사는 분명한 진술뿐 아니라 하나님이 자신을 정의하시는 많은 이름을 통해서도 나타난다. 성경의 묘사에 따르면, 하나님의 본성에 근본적인 것은 그분이 인격적이고 영적이며 거룩하시다는 진리이다.

하나님은 인격체이다 모든 추상적이고 중립적이며 형이상학적인 개념을 초월하여, 성경의 하나님은 무엇보다도 인격적 존재이다. 그분은 이름, 특히 여호와(Yahweh, 야웨), '스스로 있는 자'(I AM WHO I AM)라는 위대한 인격적 이름으로 자신을 계시하시며(출 3:13-15; 6:3; 사 42:8), 인간의 육체로 오신 하나님이신 예수님이라는 인격체에서 자기계시는 절정에 이른다(요 1:14). 하나님은 우리의 인격 개념을 아시며 여기에 의식적으로 맞추려 하신다(고전 2:10,11; 엡 1:11). 하나님의 인격성의 핵심은 그분이 모든 자연의 창조자요 보존자이지만, 성경에서는 이방종교에서와는 달리 주로 자연의 하나님이 아니라 인간의 일을 주관하고 이끄시는 역사의 하나님이라는 데서 나타난다. 하나님이 인류와 언약을 맺으시고 이 언약을 통해 인류와 인격적 관계를 갖는다는 사실은, 성경이 하나님의 인격성을 강조한다는 점을 한층 더 분명하게 보여준다. 예수님은 지속적으로 하나님을 "나의 아버지", "너희 아버지", "하늘에 계신 아버지"라고 부르신다. 틀림없이 인격적 특징을 포함하는 아들과 아버지의 특별한 삼위일체적 관계를 뛰어넘어, 하나님의 부성(父性)은 하나님이 자신의 모든 피조물의 근원이자 보존자로서 그 모든 피조물을 인격적으로 돌보시는 분이며(마 5:45; 6:26-32) 사람들이 믿고 신뢰할 수 있는 분임을 의미한다. 하나님의 본성, 곧 자신을 희생하는 사랑의 하나님의 본성은 그분이 인격적일 때만 의미 있다.

성경에서는 하나님을 표현할 때, 예를 들면, '아버지, 왕, 주'와 같은 남성 용어를 사용하며 인칭대명사는 남성형만 사용하지만 하나님의 인격성을 남성적 용어뿐 아니라 여성적 용어로도 표현한다(사 66:13). 성경은 하나님의 인격성이 남성과 여성을 모두 초월한다는 점을 분명히 가르친다. 그러나 중성 인칭대명사가 없기 때문에, 남성 인칭대명사는 주로 사용되는 남성적 이름 및 이미지와 함께, 초월적 창조자이자 주권적 주이신 하나님에 관한 중요한 성경적 진리를 나타낸다.

우리가 인격체(person)라는 단어를 인간과 관련해 사용하는 용례를 토대로, 사람들은 하나님의 인격성에 의문을 제기했다. 인간의 인격성은 다른 사람이나 세상과의 관계를 허락하는 한계를 포함한다. 인간이라는 사실은 개인들 가운데 한 개인이라는 뜻이다. 이 모든 것은 우리에게 하나님을 잘못되게 신인동형화하지 말라고 경고한다. 성경적으로 보면, 하나님의 인격성이 인간의 인격성에 우선한다고 보며, 따라서 인간의 인격성을 인신동형론적으로(theomorphously), 즉 무한한 신적 인성(divine person)에 대한 유한한 복사품으로 이해하는 게 더 적절하다(창 1:26,27). 역사적으로 보면, '인격체'의 개념은 주로 인간의 의미를 삼위일체의 삼위와의 관계에서, 하나님과 인간이 연합한 인격체이신 그리스도와의 관계에서 이해하려는 신학적 시도에서 나온다. 인간은 하나님의 초인적 인성을 이해할 수 없다. 그럼에도 성경은 하나님을 우리와의 상호 관계에서 자신을 주시는 진정한 인격체로 묘사한다.

하나님의 인격성에 대한 성경적 개념은 하나님에 대한 모든 자연주의적이며 범신론적인 개념을 거부할 뿐 아니라 하나님이 단순히 제일원인(First Cause)이라거나 제일원동자(First Mover)라고 하는 모든 추상적이며 철학적인 개념도 거부한다. 성경은 하나님을 내재적인 인격적 관계(예를 들면, 사랑)와 동일시하는 현대사상도 부적절하다고 보고 거부한다.

하나님은 영이다 성경에서는 하나님은 '영'(spirit)이라고 말하는데, 이것은 기본적으로 생명과 능력을 내포한다(요 4:24). 다양한 방법으로 묘사되는 하나님의 영적 속성은 절대적 능력자이자 생명을 주는 분이신 하나님의 실체를 보여준다. 육체일 뿐인 인간과 짐승을 비롯한 세상의 힘은 연약하며, 영이신 하나님과 대조된다(사 31:3; 40:6,7).

영으로서, 하나님은 살아 계시고 무한한 생명의 소유자이다(시 36:9; 요 5:26). 물질은 영으로 움직이지만, 하나님은 순전히 영이다. 하나님은 완전한 생명으로서 모든 생명의 근원이다(욥 33:4; 시 104:30; 딤전 6:13). 하나님의 영적 본성은 물질주의적 개념이 그분께 부가하는 모든 한계도 거부한다. 이런 이유 때문에, 하나님의 형상을 만드는 게 금지된다(출 20:4; 신 4:12,15-18). 하나님은 특정한 장소에 제한되실 수 없으며, 어떤 의미로도 물리적 대상으로서 인간의 통제 아래 놓이실 수 없다. 하나님은 보이지 않는 초월적이며 살아 계신 능력이시며, 모든 존재가 그분에게서 나온다(행 17:28).

하나님은 거룩하다 하나님의 존재에 관한 근본적인 특징 가운데 하나는 '거룩하다'(holy)는 단어로 표현된다. 하나님은 비교될 수 없는 하나님, "거룩하신 이"다(사 40:25; 합 3:3). '거룩하다'라는 단어는 히브리어와 헬라어 모두에서 분리(구별)라는 기본 의미가 있으며, 성경에서는 무엇보다 죄로부터의 분리라는 의미로 사용된다. 그러나 이것은 하나님과 창조물의 분리(구별), 즉 그분의 초월에 대한 일차적 적용에서 나온 이차적 의미일 뿐이다. "여호와는 … 모든 민족보다 높으시다." 그러므로 "그는 거룩하심이로다"(시 99:2,3). 그분은 "지극히 존귀하며 … 거룩하다 이름하는 이"며, 그분의 삶은 "높고 거룩한 곳"에 있다(사 57:15). 거룩이라는 면에서, 하나님은 초월적인 신이다.

하나님의 초월성은 하나님이 모든 피조물보다 무한히 높으시다는 진리를 보여준다. 계시는 자신을 드러내어 알리기로 선택해야 하는 초월적인 하나님을 전제한다. 하나님의 초월성은 우주의 창조자요 주권적인 주이신 하나님의 위치에서 보다 잘 나타난다. 우주의 창조자로서, 하나님은 자신을 모든 피조물과 구분하신다(롬 1:25). 우주의 주권적인 주로서, 하나님은 자신의 초월적인 지고(至高)함을 증명하신다.

하나님의 초월성은 성경에서 시간적이며 공간적인 용어로 자주 표현된다. 하나님은 모든 피조물보다 먼저 존재하시며(시 90:2), 땅이나 가장 높은 하늘이라도 그분을 담을 수 없다(왕상 8:27). 하나님의 초월성에 대해, 우리의 시공간적 견지에서 마치 하나님이 우리와 같은 시공간 속에 사시며 단지 피조물의 시공간을 넘어서는 정도이신 것처럼 생각하지 않으려면, 이러한 표현들이 신인동형론적 의미를 내포한다는 점을 인식해야 한다. 다른 한편으로, 하나님의 초월성이 창조 세계 밖의 무시간적 무위치(timeless nowhereness)의 영역과 관련이 있다는 생각은 성경적으로 잘못된 것이다. 우리의 유한한 이해를 초월하는 방식으로, 하나님은 그분의 무한 영역에서, 창조 세계의 모든 시간과 공간을 초월하는 주(Lord)로 존재하신다.

하나님의 초월적 거룩은 그분의 내재(內在)에 관한 가르침과 성경적으로 균형을 이룬다. 하나님의 내재란 그분이 창조된 우주의 모든 부분에서 모든 순간에 그분의 존재와 능력으로 온전히 거하신다는 뜻이다. 하나님은 "만유 위에 계시고 만유를 통일하시고 만유 가운데 계시도다"(엡 4:6). 만물이 그분 안에 존재할 뿐 아니라(행 17:28), 그분이 계시지 않는 곳이 없다(시 139:1-10). 하나님의 내재는 특히 인간과의 관계에서 잘 나타난다. 높고 거룩한 곳에 거하시는 거룩한 분이 "통회하고 마음이 겸손한 자와 함께" 거하신다(사 57:15). 이러한 하나님의 양면은 "이스라엘의 거룩한 자"뿐 아니라 여호와라는 이름에서도 분명하게 나타난다. 여호와라는 이름은 하나님께는 초월적 능력이 있을 뿐 아니라 그분은 자신의 백성과 함께 그 백성을 위해 인격적으로 거하시는 분임을 보여준다.

하나님의 초월성과 내재성에 관한 성경의 가르침은 둘 중 하나를 강조하려는 인간의 경향과 역사 내내 충돌한다. 초월성만을 일방적으로 강조하는 모습은 궁극적인 '존재의 근거'에 관한 헬라 철학자들의 개념뿐 아니라 17-18세기 이신론자들(deists)에게서도 나타난다. 이와는 반대로 역사 내내 나타나는 다양한 형태의 범신론은 내재성을 일방적으로 강조한다. 죄악된 인간에 대한 이러한 과장이 관심을 끄는 것은 둘 중 어느 쪽에서도 인간은 실제적 의미에서 하나님 앞에 책임 있는 피조물로 서지 않기 때문이다.

삼위일체

하나님에 관한 성경적 교리의 중심은 삼위일체론이다. 삼위일체(trinity)라는 말은 성경에 나오지 않는다. 그러나 기독교 신학은 하나이신 하나님이 아버지와 아들과 성령으로 나타나시는 삼중적 현현(顯現)을 표현하는 데 이 용어를 사용해 왔다. 공식화된 삼위일체론에서는 하나님은 구분되는 동등한 세 '위'(位,

persons)로 영원히 존재하시며 존재와 본질에서 하나라는 진리를 선언한다. 삼위일체와 관련해서 위(位)라는 용어는 인간의 제한된 개성을 상징하지 않으며, 삼위일체 하나님 안에서 이루어지는 인격적 관계, 특히 사랑의 관계를 확인해 준다.

삼위일체론은 성경의 구원 역사에서 나타나는 하나님의 자기계시에서 나온다. 한 하나님이 아들과 성령 안에서 자신의 구원 행위를 통해 자신을 성공적으로 계시하실 때, 아버지와 아들과 성령은 각각 인격적 현현 가운데서 하나님 자신으로 인식된다. 따라서 삼위일체론은 신약의 완전한 계시 속에서 가장 분명하게 나타난다. 하나님은 한 분이지만(갈 3:20; 약 2:19), 아들도(요 1:1; 14:9; 골 2:9) 성령도 완전히 하나님이다(행 5:3,4; 고전 3:16). 그러나 아들과 성령은 아버지와 구분되며 서로와도 구분된다. 아버지는 아들과 성령을 보내신다(요 15:26; 갈 4:4). 하나이신 동등성과 서로 구별되는 차별성이 삼위에 대한 삼중적 언급에서 나타난다. 기독교의 세례는 아버지와 아들과 성령의 이름으로 시행된다(마 28:19). 마찬가지로, 바울의 축언(祝言)에서 아버지와 아들과 성령이 순서는 다르지만 함께 나타나는데, 이것은 삼위가 동등하다는 것을 말한다(고후 13:14; 엡 4:4-6; 벧전 1:12).

삼위일체는 신약에서 가장 분명하게 나타나지만 복수성의 완전성은 구약에 나타난 하나님의 계시에서 이미 암시된다. 하나님의 이름이 복수형(엘로힘)이라는 사실뿐 아니라 하나님을 말할 때 복수대명사가 사용된다는 사실(창 1:26; 11:7)이 이와 관련 있다. 여호와의 사자(천사)와 하나님의 동일시(출 3:2-6; 삿 13:21,22)와 말씀의 실체화(시 33:6; 107:20)와 성령도 이와 관련 있다(창 1:2; 사 63:10). 말씀은 단순히 하나님에 관한 전달에 불과하지 않으며, 성령도 단순히 하나님의 능력에 불과하지 않다. 오히려 이들은 행동하시는 하나님 자신이다.

하나님의 자기계시의 결과인 삼위일체론은 삼위일체의 불가해성을 제거하려는 게 아니다. 삼위일체론에 대한 반대는 하나의 합리주의, 곧 수학적 견지와 인간의 성격이라는 면에서 하나이면서 셋을 생각함으로써 삼위일체의 신비를 인간적인 이해의 수준으로 떨어뜨리려는 합리주의에서 나왔다. 삼위일체의 유비를 인간의 본성과 체질에서 끌어내려는 시도가 있었다. 가장 주목할 만한 것은 어거스틴이 말하는 사랑하는 사람과 사랑하는 대상, 이 둘을 연결하는 사랑 간의 삼위일체이다. 이러한 설명은 하나님 안에 있는 복수성을 강하게 뒷받침한다. 그러나 하나님이 영원히 피조물과 동떨어진 사랑의 하나님이라면, 이러한 설명은 창조 세계의 영역에서 나온 다른 모든 암시와 더불어 결국 하나님의 존재를 설명하기에 부족하다.

삼위일체론은 모든 역사를 주관하는 초월적인 주(Lord)이지만 역사 속에서 행동하려고 직접 인간이 되신 하나님에 관한 성경적 진리를 수호하려는 열망에서 나왔다. 하나님을 비역사적인 초월적 존재로 보거나 역사 과정에 함몰시키려는 것이 인간의 자연스러운 경향인데, 정통 삼위일체론은 이러한 경향을 막아준다.

전자는 삼위일체론에 대한 주된 왜곡에서 나타나는 궁극적인 오류이다. 그리스도를 하나님보다 못한 존재로 이해하는 종속설(subordinationism), 그리스도를 잠시 하나님의 성령을 받은 한 인간으로 보는 양자론(養子論, adoptionism)은 둘 다 하나님이 인간과 직접 대면하려고 실제로 역사 속으로 들어오셨다는 사실을 부인한다.

후자와 관련해서, 양태론(樣態論, modalism)이나 사벨리우스주의(Sabellianism)는 그리스도와 성령은 하나님의 역사적 역할이나 양태에 불과하다고 본다. 이러한 오류도 인간과 하나님을 분리하는 경향이 있다. 하나님은 인격체로서 인간을 직접 만나시는 게 아니라 가면 뒤에 숨어계시는 역할 모델로서 만나신다는 것이다.

따라서 삼위일체론은 성경에 기록된 구원 케리그마의 중심이며, 여기에 따르면 초월적인 하나님은 역사 속에서 자신의 피조물을 구속하고 그들과 함께하기 위해 인격적으로 일하신다. 오리겐은 "삼위일체가 완전하지 않으면 신자는 구원을 얻지 못할 것이다"라고 정확한 결론을 내렸다.

역사 속의 하나님에 대한 교리

기독교 사상사는 하나님의 본성에 관한, 그분과 세상의 관계에 관한 끈질긴 문제를 보여준다. 여기에는 초월/내재, 인격적/비인격적 전망, 하나님의 가지성

(可知性)과 관련된 문제도 포함된다. 기독교 신앙을 헬라의 철학적 범주에 비추어 해석하려 했던 최초의 기독교 신학자들은 하나님의 추상적인 초월성을 강조하는 경향이 있었다. 그분은 우주의 최종적이며 충족적인 원인이며 시간과 변화를 초월한 절대자였다. 그분에 관해서는 예측할 수 있는 게 거의 없었으며, 그분의 속성은 주로 부정적으로 정의되었다. 그분은 원인이 없이(스스로 존재했으며), 절대적으로 단순하고 무한하고 불변하고 시간의 제약을 받지 않으며(영원하며), 공간의 제약도 받지 않는(영원하며 무소부재한) 전능한 존재였다.

어거스틴의 견해는 그리스도에게서 계시된 인격적이고 내재적이며 겸손한 하나님에 대한 시각과 더 잘 어울린다. 그렇지만 하나님에 대한 이러한 철학적 이해가 종교개혁 이전까지 지배적이었으며, 토마스 아퀴나스와 중세 스콜라철학에서 절정에 이르렀다. 아퀴나스는 철학적 인간 이성은 하나님의 존재에 대한 지식을 얻을 수 있다고 주장했다. 그러나 그는 하나님의 초월성을 강조했고, 하나님에 관해 알려진 게 얼마나 적은지를 강조했다.

종교개혁자들은 철학적 범주보다는 성경적 범주를 강조함으로써 하나님이 인간의 역사 속에 내재하신다는 점을 더 많이 인식시켰으나 웨스트민스터 신앙고백에서 나타나듯이 그분의 초월성도 강하게 강조했다.

하나님의 초월성을 강조하는 전통적인 프로테스탄트와 가톨릭의 하나님 이해에 대한 반발로 18,19세기에 자유주의 신학이 일어났다. 인간의 지성이 진정한 지식을 얻는 데 가장 중요하다고 보는 새로운 철학들(예를 들면, 임마누엘 칸트와 G. W. F. 헤겔), 인간의 능력을 실증하는 것으로 보이는 과학적 발전들, 그리고 성경을 포함해 모든 전통을 상대화하는 경향이 있는 새로운 역사적 시각이 결합되어 궁극적 실체에 대한 새로운 이해를 낳았다. 칸트가 주장했듯이, 인간 이성은 더 이상 초월적인 하나님의 존재를 입증할 수 없기 때문에, 하나님이 인간 경험의 이상과 점점 더 동일시되었다. 종교적 의존성(프리드리히 슐라이어마허/Friedrich Schleiermacher, 1768-1834)이나 윤리적 가치관에 관한 이야기(칸트, 알브레히트 리츨/Albrecht Ritschl, 1822-1889)가 하나님에 관한 이야기(또는 '하나님 이야기')가 되었다. 거의 하나님의 내재성만 강조되었고, 인간과 신적 영혼(divine spirit) 사이에서 본질적인 유사성을 찾는 경향이 있었다.

두 번의 세계대전과 전체주의 국가의 등장을 비롯한 세상의 사건들로 인해 낡은 자유주의가 무너졌고 이와 함께 하나님에 대한 자유주의의 내재적 이해도 무너졌으며 하나님의 초월성이 다시 강조되었다. 칼 바르트가 주도하는 신학은 하나님에 대한 이전의 철학적 개념으로 돌아가는 게 아니라 유대-기독교 성경의 범주로 돌아가려고 했다. 영원과 시간의 철저한 분리를 토대로, 하나님의 초월성은 인간 역사에서 하나님의 직접적인 계시가 나타난다는 것을 부정할 정도로 과장되었다. 이러한 신정통주의 신학(neo-orthodox theology)에 따르면, 하나님은 성경에서 직접 말씀하지 않으셨다. 이처럼 직접적인 인식의 교통을 부정한 결과 하나님 자신에 관한 그 어떤 지식에도 회의를 품게 되었으며 초월성에 대한 강조도 점차적으로 사라졌다. 자신을 인간 역사 속에서 객관적으로 계시하지 않는 초월적인 하나님은 너무나 파악하기 힘든 존재였다. 결과적으로 인간의 종교적 경험, 대체로 실존주의(경험주의) 철학에 따라 해석되는 종교적 경험이 점차적으로 신학적 지식의 열쇠로 여겨지게 되었다. 하나님은 주로 그분이 인간의 '실존적 경험'에 대해 갖는 의미로서 이해되었다.

이러한 움직임은 하나님의 초월성을 강하게 주장하는 신학을 펼쳤던 바르트에서 시작되어, 하나님의 초월성을 부정하지는 않지만 그럼에도 불구하고 인간의 실존적 경험 속의 하나님께 거의 전적으로 초점을 맞춘 루돌프 불트만(Rudolf Bultmann, 1884-1976)을 거쳐, 마침내 '저기 밖에'(out there)에 계시는 전통적인 하나님을 완전히 거부하고 내재적인 하나님을 모든 존재의 '근거'로 삼은 폴 틸리히(Paul Tillich, 1886-1965)에게로 이어졌다. 따라서 하나님의 초월성은 실존주의 철학의 틀에서 신학을 하려는 현대 사상의 많은 부분에서 자리를 잃었다. 하나님의 초월성은 인간 실존의 숨겨진 자기 초월과 똑같이 여겨질 뿐이다.

다른 신학자들은 현대 과학의 우주에 대한 진화론적 이해를 토대로 신학을 재건하려고 했다. 화이트헤드(A. N. Whitehead, 1861-1947)의 철학에 기초한 과정신학(process theology)은 모든 실체의 근본적인 본성을 존재나 변하지 않은 본질이 아니라 과정이나 '되어감'(becoming)으로 본다. 하나님께는 이러한 과정에 힘을 공급하는 추상적이며 영원한 면이 있다. 그렇지만 그분은 또한 변화하는 모든 실체를 자신의 삶에 받아들이며 그에 따라 자신을 변화시키는 과정에 있는 분으로 이해된다. 우주가 자신의 잠재력을 실현하면서 역동적으로 변화하듯이, 하나님 이해도 그러하시다.

하나님을 보는 우리 시대의 다양한 시각은 하나님이 더 이상 인격적 창조자요 인간 역사의 주권적인 주(Lord)가 아닌 방식으로 하나님을 정의하는 경향이 있다. 이것은 성경에 나타난 하나님의 의식적인 자기계시를 통해 얻을 수 있는 하나님에 대한 지식을 부정하고, 자치(自治)를 지향하는 죄악된 인간의 성향을 부정한 직접적인 결과이다.

과정 신학 뒤에 있는 동일한 세력 가운데 몇몇의 영향, 다시 말해, 실체를 역동적이며 관계적인 것으로 보는 현대적 이해와 인간의 자유에 대한 관심에 영향을 받은 몇몇 현대 복음주의자들은 소위 하나님에 대한 '열린 시각'(open view, '개방적 신론'이라고도 한다 — 역자 주)을 제시했다. 이들은 (과정 신학에서처럼) 하나님이 창조 세계에 의존하신다는 것을 분명하게 부정하면서 하나님과 그분의 피조물 간의 관계는 인간과 함께 일하시는 사랑하는 아버지에 더 가깝다고 말한다. 이들은 (1) 하나님이 그 자체로 누구신가에 대한 지식보다는 세상과의 역동적인 관계 속에 있는 하나님에 대한 지식, (2) 인간의 자유, 즉 하나님에 대한 열린 시각이 그분의 주권적 섭리와 관련된 전통적인 신적 속성, 예를 들면 미래에 대한 그분의 지식을 포함한 전지성(全知性)과 불변성 등을 재해석하도록 한 인간의 자유를 중점적으로 강조한다. 이러한 변화는 특정한 성경 자료에서 어려움에 부딪힌다. 더욱이 이러한 시각이 악의 존재와 하나님, 주권, 인간의 자유 간의 관계와 같은 전통적인 신학적 문제를 하나님에 대한 고전적인 이해보다 더 적절하게 해결한다는 증거도 전혀 없다.

하나님의 속성

The Attributes of God

+ 고든 루이스

하나님은 보이지 않으며, 인격적이며, 살아 계신 영으로서 몇 가지 부분에서 다른 모든 영과 다르다. 형이상학적으로, 하나님은 자존(自存)하시며, 영원하시며, 변하지 않으신다. 지적으로, 하나님은 전지(全知)하시며, 성실하시며, 지혜로우시다. 윤리적으로, 하나님은 공의로우시며, 자비로우시며, 사랑이 많으시다. 정서적으로, 하나님은 악을 미워하시며, 오래 참으시며, 불쌍히 여기신다. 실존적으로, 하나님은 자유하시며, 참되시며, 전능(全能)하시다. 관계적으로, 하나님은 존재에서 초월적이시며, 섭리의 행위 가운데 우주적으로 내재하시며, 구속의 행위와 그분의 백성 가운데 내재하신다.

간단히 말해, 모든 것의 본질은 존재(실체)에 속성을 더한 것이다. 무엇이든 그 자체나 본질을 아는 데 대한 칸트의 회의주의 이후로, 많은 철학자들과 신학자들은 유대교나 기독교의 종교적 경험의 현상을 말하는 자신의 일반적인 방식을 제한했다. 이들은 본질(essence), 실체(substance), 속성(attribute) 같은 범주를 포기하고 사람 대 사람의 만남, 하나님의 능하신 행위, 하나님의 역할, 역사 속에서의 하나님의 과정이라는 견지에서만 생각했다. 성경에 기록된 계시는 하나님의 본질 자체에 관한 진리를 어느 정도 드러낸다. 개념적 진리는 하나님이 무엇을 하시느냐뿐 아니라 그분이 누구신지를 계시한다.

> 물에 대한 정의가 나이아가라 폭포의 힘을 제한하는가?

성경적 계시는 물리적 실재(physical entity)의 실체뿐 아니라 영적 존재(천사, 귀신, 사탄, 삼위일체 하나님)의 실체에 대해서도 가르친다. 성경은 또한 물질적 실체와 영적 실체의 속성과 특징에 관한 정보도 준다. 우리는 어떤 실재의 속성을 말하면서 그 실재에 속하거나 내재된 본질적인 성질을 언급한다. 존재나 본질은 다양하고 다중적 속성들을 지탱시키며 이것들을 하나의 연합된 실재 속에서 연합시키는 것이다. 속성은 하나님의 성령과 다른 모든 영을 구분하는 데 필수적이다. 하나님의 성령은 모든 속성을 하나의 존재 속에서 연합하는 데 반드시 필요하다. 그러므로 하나님의 속성은 하나님의 존재에 필수적인 특징이다. 이러한 속성이 없다면 하나님은 하나님이 아닐 것이다.

어떤 사람들은 인간 사상가들이 하나님의 본질을 정의함으로써 하나님을 인간적 개념의 틀에 가두었다고 생각했다. 그러나 이러한 추론은 개념을 전달하는 단어와 그것이 지시하는 대상을 혼동하는 것이다. 물에 대한 정의가 나이아가라 폭포의 힘을 제한하는가? 하나님이라는 단어는 너무나 다양하게 사용되었기 때문에, 그 가운데 어떤 것을 염두에 두고 사용하는지는 필자나 화자에게 달렸다.

하나님은 보이지 않으며, 인격적이며, 살아 계시며, 활동적인 영이시다

예수님은 사마리아 여인에게 왜 영과 진리로 하나님을 예배해야 하는지 설명하셨다. 하나님은 영이시다(요 4:24). '프뉴마'(pneuma)라는 명사가 강조를 위해 문장 맨 앞에 나온다. 비록 어떤 신학자들은 '영'을 하나의 속성으로 보지만, 문법적으로 예수님의 말씀에서 영은 하나의 본질이다. 칸트 이전, 1세기 성경 저자들의 세계에서, 영은 선험적이고 회의적인 가정이 아니다.

영이신 하나님은 눈에 보이지 않는다. 하나님을 본 사람은 아무도 없으며 아무도 없을 것이다(딤전 6:16). 영은 살과 뼈가 없다(눅 24:39). 더욱이, 영이신 하나님은 인격적이다. 어떤 사상가들은 '영'을 비인격적 절대자나 원리를 가리키는 데 사용하지만, 성경 문맥에서 하나님의 영은 지성과 감성과 의지라는 인격적 능력이 있다. 그러나 하나님의 인격성에서 타락한 인간과 관련된 육체적, 도덕적 악의 그 어떤 흔적이라도 인정하지 않는 게 중요하다.

하나님은 인간의 육체적인 면을 초월하시며, 따라서 남성과 여성의 육체적인 면도 초월하신다. 그러나 남성과 여성 모두 하나님의 형상으로 창조되었다. 따라서 우리는 남성과 여성 모두 육체적 특징과는 무관하고 인격적인 남성적 특징과 여성적 특징이라는 부분에서 하나님을 닮았다고 생각해도 좋겠다. 이러한 맥락에서 보면, 성경은 하나님에 대해 남성 인칭 대명사를 사용함으로써 일차적으로 하나님의 생생한 인격적 특징을 전달하고 이차적으로 남성이 해야 하는 뚜렷한 역할을 전달한다.

그리스도께서는 주기도문과 여러 곳에서 아버지이신 하나님을 강조하셨는데, 이것은 하나님이 실제로 인격적이지 않다면 아무런 의미가 없다. 이와 비슷하게, 자비, 은혜, 용서, 전가(轉嫁), 칭의와 같은 중요한 교리는 하나님이 진정으로 인격적일 때만 의미가 있다. 하나님은 구원을 원하는 죄인의 외침을 들으실 수 있고, 그 외침에 감동될 수 있으며, 잃은 자를 되찾겠다고 결심하고 행동하실 수 있어야 한다. 사실, 하나님은 초인격적이며(superpersonal), 세 인격적(tripersonal, 위격적)이시다. 고전적인 삼위일체론은 하나님에 대한 성경의 가르침을 일관되게 종합한다. 하나님의 이름으로 세례를 준다는 것은 아버지와 아들과 성령의 이름으로 세례를 준다는 뜻이다(마 28:19).

신약의 인격적 영이라는 개념은 하나님의 본질과 존재의 연합을 강조하는데, 이러한 연합은 단순성이나 개별성을 암시한다. 삼위일체의 위격적 차이나 다양한 속성이 신적 존재의 본질적 연합을 파괴하지는 않는다. 그리고 이러한 본질적, 존재론적 하나됨은 예수 그리스도의 성육신이나 죽음을 통해서도 파괴되지 않는다. 관계적으로 또는 기능적으로(그러나 본질적으로는 아니다), 십자가의 예수님은 아버지로부터 분리되셨고, 아버지는 우리 죄의 책임과 형벌을 그분께 전가하셨다.

성령이 하나의 개체라고 본다면, 속성이 어떻게 신적 존재와 연결되는가? 신적 속성은 단지 인간이 하나님의 성령과 무관하게 사용하기 위한 이름(유명론/nominalism)이 아니다(유명론은 개체만 존재할 뿐 보편은 실재하지 않으며 이름에 불과하다고 보는 학설인데, 유명론자로 가장 유명한 사람은 14세기의 윌리엄 오캄/William Ockam이다 — 역자 주). 또한 신적 존재 안에서 속성은 서로 분리되어 충돌하지도(실재론/realism) 않는다(실재론은 보편이 실재 안에 실재로 존재한다는 학설인데, 실재론자로서 가장 유명한 사람은 11,12세기 프랑스의 기욤 드 콩셰/Guillaume de Conches이다 — 역자 주). 속성은 신적 존재와 서로의 완전성을 모두 동일하게 뒷받침한다(수정 실재론/modified realism). 신적인 단순성이나 개별성을 유지하기 때문에, 하나님의 사랑은 언제나 거룩한 사랑이며, 하나님의 거룩은 언제나 사랑이 넘치는 거룩이다.

따라서 하나의 신적 속성이 다른 속성보다 우위에 있다는 주장은 무익하다. 모든 속성은 본질적이다. 단순하고 확장되지 않은 존재에서, 하나의 속성이 다른 속성보다 더 본질적일 수 없다.

더 나아가 영이신 하나님은 살아 계시며 활동하신다. 헬라철학의 수동적인 궁극자들(ultimates)과는 대조적으로, 성경의 하나님은 능동적으로 창조하시며, 유지하시며, 그분의 백성과 언약을 맺으시며, 이스라엘과 메시아의 가계를 보존하시며, 선지자들을 차례로 부르시며, 그분의 아들을 세상에 보내시며, 자신의 의를 만족시킬 대속의 희생 제물을 주시며, 그리스도를 죽은 자 가운데서 일으키시며, 교회를 세우시며, 모든 사람을 공의로 판단하신다. 온실과 같은 수동적 개체와는 전혀 다르게, 성경의 하나님은 능동적인 건축가요, 자유의 투사요, 가난한 자와 억압받는 자의 보호자요, 공의로운 재판관이요, 마음이 따뜻한 상담자요, 고난 받는 종이요, 승리의 구원자이시다.

보이지 않으며, 인격적이며, 살아 있는 영으로서, 하나님은 단순히 인간적 탐구의 수동적 대상이 아니다. 블레이즈 파스칼(Blaise Pascal), 쇠렌 키르케고르(Søren Kierkegaard), 칼 바르트(Karl Barth), 에밀 브루너(Emil Bruner)와 같은 사람들은 그리스도인들에게 하나님을 아는 것은 토양을 연구하는 것과 다름을 잘 상기시켰다. 그러나 이들은 하나님은 말로 표현할 수 없는 인격적 만남을 통해 자신을 계시하는 주체일 뿐이며, 따라서 하나님에 대해서는 그 어떤 객관적이며 명제적인 진리도 알 수 없다고 주장함으로써 너무 멀리 나아간다. 창의적인 예술가의 가족은 그를 단순히 열정적이고 인격적인 주체로 알 뿐 아니라 그의 작품을 살피고, 그의 글을 주의 깊게 읽으며, 그의 이력서를 살핌으로써 그를 객관적으로 알 수 있다. 이와 비슷하게, 우리는 열정적인 주관적 헌신을 통해 하나님을 알 수 있을 뿐 아니라 그분의 창조 작품을(일반계시) 생각하고 그분의 영감된 성경을 보며(특별계시의 한 부분) 그분의 본성과 활동에 대한 신학적 이력서를 살핌으로써 하나님을 알 수 있다. 하나님을 아는 지식은 객관적이며 개념적인 '확실성'과 주관적이며 인격적인 '교제' 모두를 포함한다.

지금까지 "하나님은 영"이라는 말의 의미를 살펴보았다. 하나님의 존재는 하나이며, 보이지 않으며, 인격적이며, 따라서 생각할 수 있고, 느낄 수 있고, 의지가 있고, 살아 있고 활동하는 존재이다. 그러나 많은 영이 있다. 하나님의 속성에 관한 뒤이은 논의는 성령과 다른 영적 존재를 구별하는 데 반드시 필요하다.

각 속성의 의미를 생각할 때, 속성과 하나님의 존재의 관계를 당연히 알아야 한다. 성경에서 신적 속성은 하나님 위에나 옆, 아래에 있지 않다. 신적 속성은 하나님의 술어이다. 하나님은 거룩하고 사랑이시다. 이러한 특징은 단순히 하나님이 하시는 일을 묘사하는 데 그치지 않고 하나님이 누구신지를 정의한다. 계시의 수혜자들이 하나님의 속성은 알 수 있지만 하나님의 존재는 알 수 없다고 주장한다면, 이것은 속성이 연합되지 않고 아무에게도 속하지 않은 채로 두는 것이다. 성경은 알려지지 않은 하나님에 대한 예배를 인정하는 게 아니라 오히려 하나님을 알린다. 속성은 하나님의 존재와 분리될 수 없으며, 성령은 본질적인 신적 성품과 무관하지 않고 무관하게 행동하지도 않는다. 그러므로 속성을 알 때, 우리는 하나님을 그분이 자신을 계시하신 대로 알게 된다.

이것은 우리가 계시를 통해 하나님을 그분이 자신을 아시는 만큼 완전하게 알 수 있다는 뜻이 아니다. 그러나 이것은 하나님에 대한 우리의 모든 지식이 모호하다는 주장을 거부하고, 우리가 성경이 계시하는 거룩한 사랑의 개념을 통해 이해하는 것과는 전혀 다른 것이라는 주장을 거부한다는 뜻이다. 하나님의 속성에 관한 우리의 지식 가운데 많은 부분은 유비적이거나 비유적이며, 이 부분에서 성경은 비유법을 사용한다. 그러나 이럴 때도, 제시된 핵심은 비유적이지 않은 언어로 나타날 수 있다. 그러므로 하나님에 대한 우리의 모든 이해는 완전히 유비적이지는 않다. 계시되고 비유적이지 않은 지식은 하나님의 생각에서, 그리고 계시를 통해 정보를 얻는 인간의 생각에서 적어도 하나의 동일한 의미를 갖는다.

그러므로 하나님에 대한 어떤 지식은 명료하다. 왜냐하면 우리는 하나님이 거룩하며 사랑이라고 말할 때 (인간의 뜻이 아니라 하나님의 뜻으로 된) 성경이 의미하는 것을 말하기 때문이다. 우리는 하나님의 거룩과 사랑을 결코 완전히 이해할 수는 없을 것이다. 하나님에 관한 우리의 단언이 개념적으로 계시된 적절한 의미를 일관되게 전달한다면, 우리의 단언은 하나님에 대해 참이며 부분적으로 하나님의 이해와 일치한다.

하나님의 속성들은 이것들을 연결하고 기억하기 위해 다양한 방법으로 분류되었다. 여기서 우리는 하나님의 성품을 형이상학적, 지적, 윤리적, 정서적, 실존적, 관계적으로 구분할 것이다.[1]

형이상학적으로, 하나님은 자존(自存)하시며, 영원하시며, 변하지 않으신다

다른 영들은 보이지 않으며, 인격적이며, 하나이며, 살아 있으며, 활동적이다. 그렇다면 하나님은 어떻게 다른가?

하나님은 자존하신다(self-existent). 다른 모든 영들은 피조되었고 따라서 시작이 있다. 이들은 자신의 존재를 다른 존재에 의존한다. 하나님은 자신의 존재를 세상이나 다른 누구에게도 의존하지 않으신다. 세상은 자신의 존재를 하나님께 의존한다. 우리가 하나님에 관해 아무것도 알 수 없다고 말하는 신학자들과는 반대로, 예수님은 하나님께는 생명이 있음을 계시하셨다(요 5:26). 하나님의 존재 근거는 다른 존재가 아니다. 왜냐하면 하나님보다 더 궁극적인 존재는 없기 때문이다. 하나님은 어떤 원인 때문에 존재하는 분이 아니며 항상 존재하는 분이다(출 3:14). "하나님을 존재하게 한 원인이 누구인가"라고 묻는 것은 하나님에 대한 예수님의 시각에서 볼 때 자기모순적인 질문이다. 하나님의 자존을 보여주는 또 다른 용어는 자존성(aseity)이다. 이 단어는 '~로부터'라는 뜻의 라틴어 a와 '자신'(oneself)이라는 뜻의 라틴어 se에서 왔다. 하나님은 어디에서 나온 존재가 아니라 필연적이며 의존적이지 않는 존재이다. 우리가 하나님이 우연적인 존재가 아니라는 것을 알면, 하나님께서 그 무엇으로도 제한되지 않으며, 무한하며, 자유로우며, 스스로 결정하며, 자신의 주권적인 목적에 반(反)하는 자신이 아닌 그 누구의 결정에도 좌우되지 않으신다는 것을 이해하는 데 도움이 된다.

하나님은 영원하며 무소부재(無所不在)하시다. 하나님의 생명은 시공간의 세계에서 시작이 있는 그 어떤 존재에서 나오는 게 아니라 바로 자신에게서 나온다. 하나님은 시작이 없으며, 성장기나 노년기나 마지막도 없다. 하나님은 영원히 왕으로 좌정해 계신다(시 29:10). 이 하나님이 영원 무궁히 우리의 하나님이다(시 48:14). 하나님은 시간과 공간의 제약이 없고 그 속에서 일어나는 사건들에 제한을 받지 않지만, 시간과 공간이 있는 세상을 창조하셨다. 하나님은 사건들이 연이어 일어나는 변화의 영역을 유지하시며 역사의 모든 움직임을 알고 계신다. 눈에 보이는, 변화하는 세상은 무소부재하신 만유의 주께 중요하지 않거나 비실제적인 게 아니다.[2] 어떤 부족도, 어떤 나라도, 어떤 도시도, 어떤 가족도, 어떤 개인의 삶이 아무리 짧거나 겉보기에는 분명히 하찮아 보여도 결코 무가치하지 않다. 하나님의 영원한 본성은 시간이 아닌 완전히 다른 것이거나 시간과 공간 속의 모든 것으로부터 완전히 동떨어진 게 아니다. 시공간의 세계는 그분께 낯설거나 그분이 모르는 게 아니다. 역사는 그분의 영원히 지혜로운 계획과 창조 목적과 섭리적 보존과 일반 은총의 산물이다. 하나님은 그분의 존재로 시공간을 채우시고 유지하시며, 시공간에 목적과 가치를 주신다. 무소부재한 분은 시간과 역사의 주님이지 그 반대가 아니다. 하나님은 시간을 부정하시는 게 아니라 채우신다. 다시 말해, 하나님은 시간 속에서 그분의 목적을 이루신다.

그러므로 기독교에서 영원은 추상적인 무시간이 아니다. 영원은 모든 시간 동안 모든 곳에 계시며 시공간의 세계를 창조하고 유지하시며, 때가 찼을 때 그분의 구속의 목적을 성취하시는 살아 계신 하나님의 성품이다.

하나님은 본성과 바람과 목적에서 변하지 않으신다. 하나님이 변하지 않으신다고 말하는 것은, 그분이 살아 계시며 활동하신다는 진리와 모순되지 않는다. 이것은 하나님의 능력과 생명력에 대한 모든 활용이 지혜와 공의와 사랑과 같은 그분의 속성과 일치한다는 뜻이다. 하나님은 때에 따라 인간의 반응 때문이 아니라 온전히 자신 속에 있는 이유 때문에 행동하시지만 결코 아무렇게나 행동하지 않으신다. 악인에 대한 하나하나의 심판과 회개하는 자에 대한 하나하나의 용서 밑에는 죄와 회심에 관한 그분의 변하지 않는 목적이 있다. 신의 불변성에 대한 스토아철학의 개념과는 달리, 하나님은 인간의 행동이나 필요에 무관심하지 않으시다. 오히려 하나님은 인간의 의에 관심이 있으시며, 우리는 항상 이 사실을 믿을 수 있다. 하나님은 그분의 바람과 거룩한 사랑의 목적에 따라 변함없이 기도에 응답하신다. 그러므로 비록 성경이 인간의 경험에 비추어 하나님이 이따금 후회하신다(repent, 회개하신다)고 말하더라도, 사실은 후회(회개)하지 않던 자들이 변화되어 후회(회개)하거나 성실했던 자들이 불성실해진 것이다.

창조 세계의 다른 모든 것은 옷처럼 낡아지지만 하나님은 언제나 동일하시다(시 102:25-27). 예수님은 변하지 않는 동일한 본성을 공유하시며(히 1:10-12), 다양한 상황에서 적극적인 사역을 통해 이러한 본성을 일관되고 생생하게 보여주셨다.

하나님이 변하지 않으신다는 것은 그분이 성실함을 잃으시거나 다른 사람들을 실망시키는 법이 결코 없으시다는 뜻이다. 그분은 "변함도 없으시고 회전하는 그림자도 없으시니라"(약 1:17). 하나님의 흔들리지 않는 본성과 말씀은 가장 견고한 믿음의 토대를 제공하며 큰 위로를 준다(히 6:17,18). 하나님은 인간이 아니시며, 거짓말을 하지 않으시고(민 23:19) 마음을 바꾸지 않으신다(삼상 15:29). 여호와의 계획은 영원히 선다(시 33:11). 하늘과 땅이 없어져도 하나님의 말씀은 없어지지 않을 것이다(마 5:18; 24:35).

지적으로, 하나님은 전지(全知)하시며, 성실하시며, 지혜로우시다

하나님은 존재에서뿐 아니라 지식에서도 다른 영들과 다르다. 하나님의 지적 능력은 무한하며, 그분은 이러한 능력을 충분히, 완벽하게 사용하신다.

하나님은 전지하시다. 하나님은 모든 것을 아신다(요일 3:20). 예수님도 이러한 신적 속성이 있었다. 그래서 베드로는 이렇게 말했다. "주님 모든 것을 아시오매 내가 주님을 사랑하는 줄을 주님께서 아시나이다"(요 21:17). 하나님은 인간 내면의 모든 생각과 외면의 모든 행위를 다 아신다(시 139편). "지으신 것이 하나도 그 앞에 나타나지 않음이 없고 우리의 결산을 받으실 이의 눈앞에 만물이 벌거벗은 것같이 드러나느니라"(히 4:13). 이사야는 만유의 하나님과 우상을 구별하면서 미래를 말하는 그분의 능력을 잣대로 제시한다(사 44:7,8,25-28). 미래를 아는 하나님의 지식이 인간의 개념과 말로 전달될 수 있었던 게 분명하다. 이 문맥에서, 이사야는 예루살렘과 유다와 고레스와 성전에 대해 예언했다. 이러한 개념은 원어로 영감되었으며 세계의 언어로 번역될 수 있다.

어떻게 하나님이 처음에 마지막을 아실 수 있는가? 어거스틴은 하나님이, 인간이 암송하는 시 한 편에 대해 인간의 지식으로는 설명할 수 없는 방식으로 아신다고 했다. 시편 23편을 인용하기 전에, 우리 모두는 전체를 마음에 둔다. 그런 후 전반부를 인용했을 때, 우리는 지나간 부분과 이제 인용할 남은 부분을 안다. 하나님은 단번에, 동시에 역사 전체를 아신다. 왜냐하면 그분은 시간과 사건의 추이에 제한을 받지 않으시기 때문이다. 그러나 하나님은 오늘 역사의 어느 부분이 과거이며 어느 부분이 미래인지 아신다. 왜냐하면 시간은 그분께 비실제적이거나 중요하지 않은 게 아니기 때문이다(《고백록》, XI.31).

그러나 하나님의 지식이 무한한 질적 차이 때문에 인간의 지식과 동떨어져 있다면, 하나님이 모든 것(과거, 현재, 미래)을 아신다는 믿음은 거의 아무런 의미가 없다. 하나님의 지식이 우리의 지식과는 전혀 다르다는 빈번한 주장은, 그분의 진리가 우리의 진리와 모순될 수 있음을 암시한다. 다시 말해, 우리에게 참인 것이 하나님께는 거짓일 수 있고 하나님께 거짓인 것이 우리에게는 참일 수 있다.

그러나 성경적 시각에서 보면, 인간의 지성은 하나님을 좇아 하나님의 뜻을 생각하거나 일반계시와 특별계시를 통해 그분에게서 진리를 받도록 하나님의 형상으로 창조되었다. 비록 타락이 인간의 지성에 영향을 미쳤더라도, 이러한 하나님의 형상이 완전히 파괴된 것은 아니다. 사람이 거듭날 때, 성령께서는 그를 창조자의 형상을 따라 지식에까지 새롭게 하신다(골 3:10). 문맥적으로, 거듭난 사람은 승귀하신 그리스도의 현재 상황과 본성을 알 수 있으며 하나님의 뜻을 알 수 있다(골 1:9,15-20). 이러한 지식이 있기에, 그리스도인들은 '교묘한 말'에 속지 않을 수 있다. 그리스도인들은 개념과 말로 배운 믿음을 견고히 해야 한다. 그리고 그리스도의 말씀의 내용은 이들의 가르침과 예배를 풍성하게 할 수 있다(골 2:4,7; 3:16).

이런 방법들을 비롯한 많은 방법들을 통해, 성경은 하나님의 진리를 받기 위해서는 하나님의 형상으로 창조되고 새롭게 된 지성에 축자적으로 영감되고, 성령께서 조명하시며, 하나님으로부터 오는 정보가 담긴 계시가 전제되어야 한다고 말한다. 우리가 성경의 원저자들이 주는 문맥적 의미를 파악하는 한, '하나님은 영이며, 거룩하며, 사랑'이라는 성경에 기초한 우리의 단언은 진리이다. 이것들은 하나님에 대해 참이다. 하나님 자신이 이런 분이시기 때문이다. 이것들은 그리스도인들과 교회의 신앙과 삶에서도 참이다.

성경이 확언하거나 부정하거나 주장하거나 추측하거나 추론하는 직설법 문장에서 전달하는 명제적 진리는 하나님과 인간에 대해 완전히 참이다. 물론 하나님의 전지(全知)는 주어와 서술어 간의 차이나 논리적 순서나 주석적인 연구나 논증적 추론에 제한되지 않는다. 그러나 하나님은 주어와 서술어의 차이를 아시며, 시간적 순서만큼이나 논리적 순서를 지키시며, 주석적 연구와 계시에 기초한 논증적 추론을 장려하신다. 하나님의 지성은 제한되지 않으며 모든 것을 알지만 그분의 형상으로 창조된 인간 지성의 모든 부분에 전혀 무관심하지는 않다. 모든 것을 아시기 때문에, 하나님의 심판은 관련된 모든 정보를 토대로 이루어진다. 하나님은 모든 사람, 사건에 관한 진리를 아신다. 우리의 판단은 관련된 증거에 충실함으로써 하나님의 판단과 일치하는 만큼만 참이다.

하나님은 신실하며 참되시다(계 19:11). 그러므로 그분의 심판과 그분이 인간의 언어로 하시는 말씀은 성실하고 참되다(계 19:2; 21:5; 22:6). 하나님의 성품이나 생각이나 약속에는 불성실함이 조금도 없다. 하나님은 위선적이지 않으시며 이랬다저랬다 하지 않으신다.

우리가 우리의 소망을 확고히 붙잡을 수 있는 이유는 약속하신 분이 성실하시기 때문이다(히 10:23). 그분은 우리의 죄를 용서하시는 데 성실하시며(요일 1:9), 그리스도께서 다시 오실 때까지 신자들을 거룩하게 하시는 데 성실하시며(살전 5:23,24), 신자들에게 힘을 주시고 신자들을 악한 자에게서 보호하시는 데 성실하시며(살후 3:3), 우리가 감당하지 못할 시험을 우리에게 허락하지 않으시는 데 성실하시다(고전 10:13). 우리가 성실하지 못할지라도, 그분은 여전히 성실하시다. 왜냐하면 그분은 자신을 부정하실 수 없기 때문이다(딤후 2:13).

하나님이 모세를 통해 주신 모든 좋은 약속 가운데 한마디도 땅에 떨어지지 않았다(왕상 8:56). 이사야는 하나님의 이름을 찬양했다. 하나님이 오래전에 계획하신 놀라운 일들을 온전히 성실하게 이루셨기 때문이었다(사 25:1). 이러한 구절은 하나님이 삶과 생각에서 기본적으로 성실하시다는 것을 보여준다. 하나님 자신의 모습과 하나님이 그분을 신뢰하는 자들과의 관계에서 취하시는 모습은 전혀 다르지 않다. 하나님은 그분이 하시는 일에서든 아니면 변증이나 역설이나 단순한 보충을 통한 다른 가르침에서든 간에 자신의 약속을 거스르지 않으신다. 그분은 모든 것을 아시며, 따라서 자신의 목적을 계시하시기 전에 모든 것을 하나도 빠짐없이 고려하셨다

하나님은 성실하며 일관되시기 때문에, 우리도 성실하며 일관되어야 한다. 예수님은 "오직 너희 말은 옳다 옳다, 아니라 아니라 하라"고 말씀하셨다(마 5:37). 바울은 이러한 논리적 진정성을 자신의 가르침에서 제시했다. "하나님은 미쁘시니라 우리가 너희에게 한 말은 예 하고 아니라 함이 없노라"(고후 1:18). 인간의 언어로 하나님에 관해 말하려면 동시에 똑같은 부분에서 똑같은 것을 긍정하고 부정해야 한다고(변증법이나 역설에서) 상상하는 사람들은 하나님의 지성과 경건한 인간의 지성 간의 관계를 바울과는 다르게 본다. 하나님은 성실하시기 때문에, 우리는 그분에 관한 우리의 메시지에서 성실해야 한다. 하나님은 자신을 부정하실 수 없기 때문에, 우리는 하나님께 말씀드릴 때 우리를 부정해서는 안 된다.

지적 정직성에 대한 보편적 요구는 창조자의 마음에 있는 궁극적인 성실함이 인간의 마음에 비친 것이다.

우리는 하나님의 인격적 성실과 개념적 성실의 관계를 알기 때문에, 성실한 사람들은 자기모순에 빠져서는 안 된다는 사상이 아리스토텔레스에게서 기원하지 않았다는 것을 안다. 하나님은 무모순성의 법칙(law of noncontradiction)을 이전에 인용된 방식으로 공식화하셨을 수 있다. 그러나 인간의 인격과 말의 오류성에 대한 도전은 궁극적으로 하나님 자신에게서 비롯된다. 지적 정직성에 대한 보편적 요구는 창조자의 마음에 있는 궁극적인 성실함이 인간의 마음에 비친 것이다.

하나님은 인격과 말씀에서 전지하고 일관되실 뿐 아니라 완벽하게 지혜로우시기도 하다. 하나님은 어느 주제에 관해서든 모든 관련 자료를 아실 뿐 아니라

분별력을 갖고 마지막을 선택하시며 자신의 거룩한 사랑의 목적과 조화를 이루며 행동하신다. 우리는 우리 삶에서 일어나는 사건들이 하나의 지혜로운 목적을 위해 합력하는 것을 항상 볼 수는 없다. 그러나 우리는 하나님이 가능한 모든 선택 가운데 그 목적을 이루기 위한 최고의 결과와 수단을 선택하신다는 것을 안다. 하나님은 바른 결과를 선택하실 뿐 아니라 바른 이유에서, 그분의 피조물의 유익을 위해, 따라서 그분의 영광을 위해 선택하신다.

우리가 하나님의 지혜를 완전히 이해할 수는 없더라도 하나님의 지혜를 신뢰할 이유는 충분하다. 바울은 하나님에게서 오는 의의 큰 선물에 관해 쓴 후 이렇게 외쳤다. "지혜로우신 하나님께 예수 그리스도로 말미암아 영광이 세세 무궁하도록 있을지어다 아멘"(롬 16:27). 그는 앞에서 하나님의 지혜와 지식의 풍성함과 깊이는 헤아릴 수 없다고 했었다(롬 11:33).

속성들 간의 관계는 이미 분명하다. 하나님의 전지(全知)는 무엇이 가장 좋을 뿐 아니라 무엇이어야 하는지도 알기 때문이다(도덕적으로). 하나님의 성실하심과 일관성은 도덕적 성실을 포함하며, 그 어떤 위선도 포함하지 않기 때문이다. 그리고 지혜는 특별한 목적과 그 목적을 이룰 수단을 가장 높은 가치관의 견지에서 결정하기 때문이다. 그러므로 우리가 여호와를 경외하는 것이 지식의 근본이라는 말씀은 절대 이상한 게 아니다(잠 1:7).

윤리적으로, 하나님은 거룩하며, 의로우며, 사랑이 많으시다

하나님은 형이상학적, 경험론적으로뿐 아니라 도덕적으로도 그분의 모든 피조물과 구분되며 모든 피조물을 초월하신다. 하나님은 성품과 행동에서 도덕적으로 흠이 없으시며, 정직하시며, 깨끗하시며, 악한 바람이나 동기나 생각이나 말이나 행동에 오염되지 않으신다. 하나님은 거룩하시며, 따라서 옳은 것의 근원이며 기준이시다. 하나님은 모든 악으로부터 자유로우시며, 모든 진리와 선을 사랑하신다. 하나님은 깨끗함을 가치 있게 여기시고 더러움과 진실하지 못함을 미워하신다. 하나님은 그 어떤 악도 인정하실 수 없으며, 악을 전혀 기뻐하지 않으시며(시 5:4), 악을 참으실 수 없다(합 1:13). 하나님은 악을 경멸하시며 어떤 방법으로든 죄를 부추기실 수 없다(약 1:13,14). 그리스도인들은 추상적인 거룩을 경외하는 게 아니라 거룩한 분(사 40:25)을, 단순히 감성적인 끌림의 대상이 아니라 지적인 청종과 의지적인 순종의 대상이신 분을 경외한다.

거룩은 단순히 하나님의 의지의 산물이 아니라 하나님의 영원한 본성의 변함없는 성품이기도 하다. 그러므로 플라톤이 던진 질문은 기독교의 하나님께 적용하기 위해 수정되어야 한다. "선(good)이 선인 것은 하나님이 그것을 뜻하시기 때문인가? 아니면 선이 선이기 때문에 하나님이 그것을 뜻하시는 것인가?" 이 질문은 하나님의 뜻(의지)이나 그분 위에 있는 어떤 선의 원리와 관련이 있는 게 아니라 그분의 본질과 관련이 있다. 선, 공의, 정결이 거룩한 것은 하나님의 임의적인 의지의 행위 때문이거나 하나님과는 무관한 원리 때문이 아니라 그것이 하나님의 본성에서 나온 것이기 때문이다. 하나님의 뜻은 언제나 그분의 본성과 일치한다. 하나님이 선을 뜻하시는 것은 그분이 선하시기 때문이다. 하나님은 거룩하시기 때문에, 일관되게 죄를 미워하시며 사람에 관계없이 모든 악을 거부하신다. 성령이 거룩하신 것은 삼위일체의 한 구성원으로서 신적 본성을 공유하기 때문이 아니라 성령의 두드러진 역할이 구속받은 하나님의 백성에게서 거룩한 사랑을 낳는 것이기 때문이다. 우리는 우리가 예배하는 하나님처럼 인격과 행위에서 도덕적으로 흠이 없고 정직하며 의롭게 되기를 구해야 한다.

하나님은 공의로우시다. 하나님의 공의나 의는 그분의 도덕적 본성을 표현하는 그분의 도덕법에서 계시되며, 공로의 문제에서 모두에게 적용되며 각자에게 정확히 합당한 대로 내리시는 그분의 판단에서 계시된다. 그분의 판단은 임의적이거나 변덕스럽지 않으며, 원칙에 따라 이루어지며 사람을 차별하지 않는다. 구약 저자들은 가난한 자들과 과부들과 고아들과 나그네들과 경건한 자들이 경험하는 불의에 자주 항의했다. 이와는 대조적으로, 하나님은 가난한 자와 궁핍한 자를 불쌍히 여기신다(시 72:12-14). 하나님은 이들을 구원하시며 회복시키시고, 이들에게 응답하시고 자유를 주시며 마땅한 공의를 베푸신다. 하나님은 의로 궁핍한 자들을 불의와 학대에서 구원하신다. 마침내 하나님은 의가 거할 새하늘과 새땅을 창조하실 것이다(사 65:17).

하나님의 진노는 죄인들이, 유대인들과 이방인들(사 2:1-30)이 그분의 진리를 억누르고 불의로 진리를 막을 때 나타난다(롬 1:18-32). 복음에서 하나님으로부터 오는 의, 처음부터 끝까지 믿음으로 얻는 의가 계시된다(롬 1:17; 3:21). 신자들은 예수 그리스도를 통해 주어진 하나님의 은혜로 값없이 의롭다 하심을 받는다. 왜냐하면 예수 그리스도께서 대속의 제사를 드리셨기 때문이다(롬 3:25). 그러므로 아브라함처럼, '하나님은 그분이 약속하신 것을 이루실 수 있다'고 온전히 확신하는 사람들은 자신의 믿음이 자신에게 의로 여겨지는 것을 발견한다(롬 4:3,21,24). 하나님은 그리스도 안에 있는 신자들에게 그분의 공의 가운데 은혜로 의로운 지위를 주신다. 하나님의 의는 자비와 은혜와 사랑과 무관하지 않다.

은혜로, 하나님은 마땅한 심판을 보류하거나 수정하신다. 또한 자신이 선택하는 자들에게 과분한 유익을 값없이 주신다. 이 모든 도덕적 성품은 하나님의 크고, 은혜롭고, 자신을 주는 아가페 사랑에서 흘러나온다. 거룩하고 높은 곳에 영원히 거하시는 분께서 또한 통회하고 마음이 겸손한 자와 함께 거하신다(사 57:15).

하나님께 뭔가 부족한 게 있는 것이 아니다(행 17:25). 오히려 하나님은 자신이 사랑하는 사람들에게, 그들이 사랑스럽지 않으며 사랑받을 자격이 없음에도 불구하고, 자신을 주기를 바라신다. 하나님은 사랑하실 뿐 아니라 하나님 자체가 사랑이시다(요일 4:8). 하나님의 사랑은 아내를 향한 남편의 사랑, 아들을 향한 아버지의 사랑, 젖먹이를 향한 어머니의 사랑과 같다. 사랑으로, 하나님은 이스라엘을 택하셨고(신 7:7) 예수 그리스도를 통해 아들로 입양될 신자들인 교회를 예정하셨다(엡 1:4,5). "하나님이 세상을 이처럼 사랑하사 독생자를 주셨으니 이는 그를 믿는 자마다 멸망하지 않고 영생을 얻게 하려 하심이라"(요 3:16).

사랑은 노인들, 억압받는 자들, 가난한 자들, 고아들, 도움이 필요한 자들을 돌본다. 성경이 말하는 사랑의 하나님은 정말로 도움이 필요한 사람들을 외면하지 않으신다(그냥 지나치실 수 없다). 아브라함과 이삭과 야곱과 예레미야와 예수님과 유다와 베드로와 바울의 하나님은 고난을 당하셨으며 오래 참으셨다. 감정이입에서, 하나님은 상상을 통해 그분의 피조물들이 느끼는 감정 속으로 들어오신다. 그뿐 아니라 성육신한 하나님은 참여를 통해 우리가 당하는 유혹과 고난 속으로 들어오신다. 로빈슨(H. W. Robinson)이 말했듯이, "도덕적 악이 도덕적으로 선한 자의 의식 속으로 들어갈 수 있는 유일한 방법은 고난(고통)을 통하는 것이다." 이스라엘이 환난을 당할 때마다 하나님도 함께 환난을 당하셨다(사 63:9). 로빈슨은 묻는다. 사랑하는 자에게 희생 없는 사랑이 무슨 의미가 있는가? 성경의 하나님은 거대한 고통에 결코 냉담한 분이 아니다. 사랑으로, 하나님은 궁극적인 고통이 제거되고 물이 바다를 덮듯이 온 세상에 의가 회복되게 하시려고 그분의 아들을 보내어 죽게 하셨다.

사랑은 다른 사람들을 위한 헌신, 책임 있는 헌신, 성실한 헌신을 포함한다. 그러므로 사랑은 일차적으로 감정적인 것으로 분류되지 않는다. 사랑은 확고한 의지의 목적이며, 다른 사람들의 행복을 구하는 전인(全人)을 포함한다.

정서적으로, 하나님은 악을 싫어하시며, 오래 참으시며, 불쌍히 여기신다

스트롱(A. H. Strong)은 하나님께는 열정과 변덕이 없다고 말한다. 실제로, 하나님께는 변덕이나 불의나 무절제한 감정이 없다. 우리는 앞에서 하나님께 합당하지 않는 모든 열정을 거부하려 했었다. 스트롱은 하나님께는 이기적인 분노가 없다고 정확하게 덧붙인다. 그러나 하나님은 인격적이고 윤리적이신데, 두 부분 모두 건강한 감정이나 열정을 요구한다. 자신의 피조물들의 행복을 위해 공의와 의와 거룩을 기뻐하시는 분이 거부하시는 것은, 이들의 몸과 마음과 영혼을 파괴하는 부정과 불의와 타락뿐이다. 따라서 성경은 악에 대한 하나님의 의로운 분노를 자주 언급한다. 의로운 분노는 이기적 감정을 이기지 못해 일어나는 분노가 아니라 불의와 타락한 '육신'의 모든 행위에 대해 일어나는 분노이다. 하나님은 악을 아주 싫어하신다.

예수님과 성경은 일반적으로 사랑과 천국보다 가난한 자들과 궁핍한 자들을 지속적으로 학대하는 데 대한 하나님의 진노를 더 많이 말한다. 하나님은 노하기를 더디 하신다. 그렇더라도 그분은 결코 벌 받을 자들을 내버려두지 않으시며 자신의 분노를 그들 위에 쏟으실 것이다(나 1:3). 누구도 그분의 진노를 견딜 수 없다. 그분의 진노는 불처럼 쏟아져 바위를 깨뜨리기 때문이다(나 1:6). 악에 대한 하나님의 진노를 이해하지 않고는 성육신에 나타난 하나님의 사랑의 크기나 그리스도의 십자가 고난의 크기나 그분의 희생의 유화적 성격(propitiatory nature)이나 하나님의 진노의 큰 날을 예언하는 성경이나 대환난이나 계시록을 이해할 수 없다.

하나님은 인내하시며 오래 참으신다. 하나님은 그분이 사랑하는 자들의 행복을 갈망하시며, 그들이 당하는 불의에 진노하시지만 낙담하지 않으시고 참으신다. 하나님은 악을 행하는 자들을 오래 참으시지만 그들의 죄를 눈감아주시는 게 아니라 은혜로 그들에게 과분한, 일시적이며 영적인 유익을 허락하신다. 하나님은 아브라함에게 땅을 약속하셨지만 아모리 족속의 죄악이 아직 가득 차지 않았다(창 15:16). 4백 년을 오래 참고 견디신 후, 하나님은 때가 찼을 때 이스라엘 군대를 통해 아모리 족속의 죄악을 공의로 심판하셨다. 후에 이스라엘은 금송아지를 섬김으로써 다른 우상 숭배자들과 마찬가지로 하나님의 심판을 받아 마땅했다. 그러나 하나님은 율법을 다시 한 번 더 주심으로써 자신을 "여호와라 여호와라 자비롭고 은혜롭고 노하기를 더디 하고 인자와 진실이 많은 하나님"(출 34:6)으로 계시하셨다. 시편 기자는 이렇게 쓸 수 있었다. "주는 긍휼히 여기시며 은혜를 베푸시며 노하기를 더디 하시며 인자와 진실이 풍성하신 하나님이시오니"(시 86:15). 그러나 하나님의 은혜의 날에는 끝이 있다. 마침내, 외모로 사람을 판단하지 않으시는 하나님의 공의로운 심판이, 악이 가득한 이스라엘 위에 임한다. 하나님의 오래 참음은 주목할 만한 덕이지만 하나님의 공의를 배제하거나 그분의 공의와 모순되지 않는다.

성경은 하나님이 불쌍히 여기시는(compassionate, '자비로우신, 인자하신' 등으로도 옮긴다 — 역자 주) 분이라고 주저 없이 말한다.[3] 하나님의 큰 사랑 때문에, 다시 말해, 하나님의 인자가 끝이 없기 때문에 우리가 진멸되지 않는 것이다(애 3:22). 이스라엘이 사로잡힌 후에도, 하나님은 또다시 이스라엘을 불쌍히 여기실 것이다(미 7:19). 성경의 하나님은 냉담한 분이 아니라 참새가 떨어질 때를 깊이 살피시는 분이다. 예수님은 주린 자들(마 15:32), 눈먼 자들(마 20:34), 슬퍼하는 자들을 향한 이러한 신인(神人)의 인자를 아름답게 보여주셨다(눅 7:13). 그리고 선한 사마리아인의 비유(눅 10:33)와 탕자의 비유에서 불쌍히 여김의 중요성을 가르치셨다(눅 15:20).

성육하신 그리스도께서는 인간이 느끼는 모든 감정을 느끼셨으나 이와 관련된 유혹에는 굴복하지 않으셨다. 예수님은 우는 자들과 함께 우셨고 기뻐하는 자들과 함께 기뻐하셨다. 예수님은 세상이 창조되기 전에 자신이 아버지와 함께 누렸던 기쁨에 찬 영광을 기억하셨다(요 17:5,13). 그러나 우리의 구원을 이루신 하나님이요 인간이신 분은 이 땅에서 고난을 통해 온전하고 완전하게 되셨다. 예수님은 친히 고난을 당하셨기 때문에 고난을 당하고 유혹(시험) 받는 자들을 도우실 수 있다(히 2:10,18). 예수 그리스도 안에 계시된 하나님은 무관심하고 비인격적인 제일 원인(first cause)이 아니다. 예수님이 계시하신 아버지는 그분의 자녀들이 겪는 모든 아픔에 깊이 마음을 쓰시는 분이다.

실존적으로, 하나님은 자유하시며, 참되시며, 전능하시다

자유와 진정함과 성취에 대한 현대의 관심이 인간에게만 제한되어서는 안 된다. 성경 기자들은 하나님을 자유하시며, 참되시며, 성취하시는 분으로 이해하는 데 관심이 훨씬 더 많은 것 같다.

하나님은 자유하시다. 영원부터, 하나님은 자신의 목적과 모순되는 그 어떤 것에도 제약을 받지 않으셨다. 우리가 보았듯이, 하나님은 선한 것을 기쁘게 목적하고 허락하신다. 반면에, 악한 것은 기뻐하지 않으시지만 허용하신다. 그러나 하나님은 어느 쪽이든 스스로 결정을 내리신다. 자기 결정은 인격적인 생각과 느낌과 의지가 자신이 아닌, 외적 요인에 의해 결정되지 않음을 강조하는 자유를 말한다.

하나님이 자유하시다는 말은 그분이 죄를 인정하시거나 사랑하지 않으시거나 지혜롭지 못하시거나 현실의 어려움을 무시하시거나 현재의 것이나 장차 되어야 할 것에 성실하지 못하시거나 불쌍히 여기지 않으시거나 자비롭지 않을 자유가 있으시다는 뜻이 아니다. 하나님은 자신을 부정하실 수 없다. 하나님은 인격적이며, 영원하며, 살아 있으며, 지적이며, 윤리적이며, 정서적이며, 의지적인 자신이실(be himself) 자유가 있다.

하나님은 참되시며, 참으로 자신이시다. 그리스도 안에서 위선을 예외 없이 철저히 반대하시는 하나님은 결코 위선자가 아니다. 우리는 앞에서 그분의 지적인 완전이나 성실을 강조했다. 여기서 우리는 그분의 완전을 윤리적, 정서적, 실존적으로 강조한다. 하나님은 자의식이 강하셔서 자신이 누구이며 자신의 목적이 무엇인지 아신다(고전 2:11). 하나님은 자신에 대한 정체성과 의미와 목적의식이 뚜렷하시다.

하나님은 자신이 궁극적 존재임을 아시며, 세상에서 자신과 비교될 존재가 없다는 것도 아신다. 그러므로 하나님은 사람들에게 우상에서 돌아서라고 요구하시면서 결코 우리에게 현실과 동떨어진 것을 요구하시는 게 아니다. 하나님은 일관되게 우상숭배를 반대하시면서 결국 환멸과 실망을 안겨줄 뿐인 궁극적인 관심사로부터 사람들을 보호하려 하신다. 하나님은 우리를 위해 우리의 예배를 받기 원하신다. 그 이유는 우리의 유한한 신들이 하나씩 우리를 실망시킬 때, 우리가 결코 절망에 빠지지 않게 하기 위해서이다.

다음으로, 하나님은 전능하시며(막 14:36; 눅 1:37), 자신이 뜻하는 것은 무엇이든 자신이 뜻하는 방식으로 이루실 수 있다. 하나님은 자신의 지혜와 거룩한 사랑의 본성에 모순되는 일을 전혀 하지 않으신다. 그리고 자신을 부정할 수 없으시며, 천사나 인간 대리자를 통해 일하시며 모든 것을 직접 하지는 않으신다. 하나님은 때로 어떤 일이 무조건적으로 일어나도록 결정하시지만(사 14:24-27), 역사의 사건들 대부분은 하나님의 가르침에 대한 사람들의 순종을 통해서나 그들의 허용된 불순종을 통해 조건적으로 계획된다(대하 7:14; 눅 7:30; 롬 1:24). 어느 경우든, 역사를 향한 하나님의 영원한 목적은 좌절되지 않으며, 그분이 이루기로 선택하신 방법으로 이루어진다(엡 1:11).

버쿠워(G.C.Berkouwer)에 따르면, 바울에게는 교회가 받아들이기를 주저했던 몇 가지 강조점이 있었다고 한다. 따라서 교회가 주저했을 때 교회는 허약해졌고 하나님의 행위를 보지 못했다. 바울이 담대하게 지적했던 주저함 때문에, 교회는 하나님의 규례와 인간의 책임을 그저 귀찮은 것으로 여길 때가 많았다. 따라서 교회는 하나님의 섭리나 인간의 책임 가운데 한쪽으로 기운다. 이 둘은 성경에서 서로 충돌하지 않는다. 이 둘은 하나님의 행위의 위대함을 계시하지만, 인간의 행위와 책임을 배제하는 게 아니라 포용하는 방법을 계시하며, 그 가운데서 하나님의 목적을 성취하는 방법으로 하나님을 나타낸다.

하나님은 자신의 모든 목적을 자신이 목적하신 방법으로 이루실 힘이 있으실 뿐 아니라 그분의 왕국 전역에서 그분의 뜻대로 행할 권세가 있으시다. 하나님은 다른 사람의 지배를 받지 않으시며, 그 자신이 모두의 왕이요 주시다. 그분의 다른 모든 속성으로 볼 때, 예를 들면 그분의 지혜와 공의와 사랑으로 볼 때, 하나님은 자신이 창조하시고 유지하시는 만물을 통치하기에 적합한 분이시다. 하나님은 지혜로우시며, 거룩하시며, 은혜롭고 주권적이시다. 공의로운 분으로서, 하나님은 죄인들이 받아 마땅한 것보다 큰 벌을 그들에게 내리실 수 없다. 하나님은 많이 주신 자에게 많이 요구하실 것이며, 적게 주신 자에게 적게 요구하실 것이다. 그러나 하나님은 과분한 은혜와 선물을 자신이 기뻐하는 대로 주실 수 있다(시 135:6). 하나님은 죄를 허용하시지만 죄의 맹렬한 열정을 제한하시고, 갈보리에서처럼 그것을 더 큰 선을 위해 사용하실 만큼 위대하시다(행 4:24-28). 하나님은 그분을 향해 분노하는 열방과 귀신의 군대를 무너뜨리실 수 있다. 그 누구도 하나님의 주권에서 벗어나서 존재할 수 없다. 하나님에게서 벗어나 자신의 길을 가려는 시도는 죄악되고 오만한 행위일 뿐이다. 왜냐하면 피조물은 그분 안에서 살고 움직이며 존재하기 때문이다. 무신론자가 자신에 대한 하나님의 통치를 부인하는 데 자신의 호흡을 사용하지만 그 호흡을 유지시키시는 분도 하나님이다. 그러므로 어리석은 자가 아니고는 절대로 하나님이 없다고 말할 수 없다.

관계적으로, 하나님은 존재에서 초월적이시며,
섭리의 행위에서 어디에나 내재하시며,
구속의 행위에서 그분의 백성과 함께하신다

초월적인 분으로서, 하나님은 창조 세계의 어떤 존재와도 다르다. 하나님이 세상의 존재와 다르다는 것은 앞에서 하나님의 속성을 은유적, 지적, 윤리적, 정서적, 실존적으로 살펴본 논의에서도 암시되었다. 하나님의 존재는 영원하지만 세상의 존재는 일시적이다. 하나님의 지식은 완전하지만 인간의 지식은 불완전하다. 하나님의 성품은 거룩하지만 인간의 성품은 타락했고 죄로 가득하다. 하나님의 바람은 일관되게 악을 거스르지만 오래 참으려 불쌍히 여긴다. 인간의 바람은 일관되지 못하게 요동치며, 악과 선을 뒤섞을 때가 많다. 하나님의 에너지는 줄어들거나 고갈되지 않는다. 세상의 에너지는 엔트로피의 법칙에 따라 고갈된다. 따라서 하나님은 이 모든 부분에서 세상의 인간들 위에 계시며 그들을 초월하신다.

비교할 수 없는 하나님의 초월성에는 단일신론(monism)과 범신론(pantheism)의 부활로 인해 흐려져서는 안 되는, 하나님과 세상 간의 급진적 이원론(radical dualism)이 포함된다. 하나님의 모양과 형상으로 창조되었더라도, 인간은 하나님에게서 났거나(begotten of God, 그리스도처럼) 하나님에게서 유출된(emanation) 동일한 신적 본질을 가진 존재가 아니다. 구원의 궁극적인 목적은 하나님의 존재에 재흡수되는 게 아니라 하나님과 단절 없는 교제를 회복하는 것이다. 그리스도인들이 추구하는 연합은 하나님과의 형이상학적 연합이 아니라 관계적 연합, 마음과 바람과 뜻이 하나 되는 연합이다. 성경적 시각에서 하나님처럼 되려는 것은 더 깊은 영성이 아니라 하나님을 배반하는 우상숭배나 신성모독이다. 그리스도인들은 자연을 하나님의 피조물로 존중할 수는 있지만 그것을 신으로 삼고 예배할 수는 없다. 그리스도인들은 세상 종교의 창시자들을 존경할 수는 있지만 그 어떤 지도자도 인간의 형태로 나타난 신으로 삼고 그에게 절할 수는 없다. 오직 예수 그리스도만이 위에서 오셨다. 다른 모든 존재는 아래에서 왔다(요 8:23). 하나님은 세상과 다르기 때문에, 그리스도인들은 경제적이든 정치적이든 종교적이든 과학적이든 교육적이든 문화적이든 간에 세상의 그 어떤 권세라도 하나님으로 여기고 거기에 절해서는 안 된다. 초월적이신 만물의 주께 절할 때 얻는 말로 다할 수 없는 유익은, 유한하고 타락한 모든 학정으로부터의 자유이다.

성경적 유신론자(biblical theist)는 범신론(汎神論, pantheism. 우주에 신이 충만하며 우주 자체가 신이라는 주장이다 — 역자 주)과 범재신론(汎在神論, panentheism. 만유재신론 또는 만유내재신론이라고도 하며, 모든 것이 신 안에 있다는 주장이다 — 역자 주)에 반대하여 살아 계신 한 하나님이 세상과 구분된다고 믿을 뿐 아니라 이신론(理神論, deism. 18세기 계몽주의 때 등장한 사상으로 하나님은 세상을 창조한 후 인간에게 양도했으며 더 이상 세상과 그 역사에 관여하지 않는다는 주장이다 — 역자 주)에 반대하여 하나님이 세상 속에서 섭리를 통해 지속적으로 일하신다고 믿는다. 하나님은 매일 경험하는 세상에서 작용하는 자연법을 알지도, 사랑하지도, 거기에 관여하지도 못할 만큼 별 볼일 없는 분이 아니다. 성경이 가르치는 하나님의 섭리를 연구해 보면, 하나님은 그분이 창조하신 모든 것을 유지하고 인도하고 다스리신다는 것을 알 수 있다. 자연 시편들은 땅과 대기와 식물과 동물의 모든 부분에 관여하시는 하나님의 활동을 묵상한다(예를 들면, 시 104편). 하나님은 또한 인간의 역사를 보존하고 다스리시며, 타락한 사회를 심판하시고 의로운 자들과 불의한 자들에게 햇빛과 비와 양식과 물과 같은 일시적 유익으로 복을 내리신다. 하나님의 우주적인 섭리 행위를 통해, 우주는 질서를 이루고 그분의 일반은총의 목적이 성취된다.

그러나 하나님은 죄를 회개하고 구속의 은혜의 목적을 이루려고 믿음으로 사는 그분의 백성의 삶에 내재하신다.

지극히 존귀하며 영원히 거하시며
거룩하다 이름하는 이가 이와 같이 말씀하시되
내가 높고 거룩한 곳에 있으며
또한 통회하고 마음이 겸손한 자와 함께 있나니
이는 겸손한 자의 영을 소생시키며
통회하는 자의 마음을 소생시키려 함이라(사 57:15).

사람들이 다양한 수준에서 서로 함께하듯이, 하나님도 어떤 의미에서 불의한 자와 함께하실 수 있지만 의로운 자와 훨씬 더 풍성한 방법으로 함께하신다. 한 여성이 그저 한 사람의 버스 승객에 지나지 않을 수도 있고, 당신의 평생에 날마다 당신을 위해 기도하는 경건한 어머니로서 훨씬 더 의미 있는 존재일 수도 있다.

하나님은 회심하는 자들, 즉 믿음을 통해 그리스도의 보혈로써 하나님의 진노에서 벗어났고 그분과 화해했으며 구속받은 자들과 용서하는 사랑으로 은혜 가운데 함께하신다. 이들은 그분의 백성이 되고, 그분은 이들의 하나님이 되신다. 하나님이 이들 속에 거하시며, 이들은 하나님의 거룩한 자리 곧 성전이 된다. 이러한 연합은 그리스도의 몸을 이루는 지체들이 경험하는, 자신이 형이상학적으로가 아니라 지적, 윤리적, 정서적, 실존적으로 섬기는 하나님을 조금씩 닮아가기까지 서로를 세워주는 은사를 받은 사람들이 경험하는 것이다.

요약

하나님은 온 영의 경배와 신뢰를 받기에 합당하시며(그분의 완벽한 속성 때문에) 세상과 구별되지만 세상 속에서 지속적으로 일하시는, 살아 계시며 인격적인 영이시다.

하나님은 공간의 제약을 받지 않으신다. 그럼에도 불구하고 하나님은 우주와 자연 법칙과 지리적, 정치적 경계를 창조하시고 정하셨으며 유지하신다.

하나님은 시간을 초월하신다. 그럼에도 불구하고 하나님은 시간, 각 사람의 삶, 가정, 도시, 국가, 인간 역사 전반에 적극적으로 관여하신다.

하나님은 추론적 지식과 개념적 진리를 초월하신다. 그럼에도 불구하고 하나님은 주관적 진정성과 실존적 완전성뿐 아니라 명제적 사고와 언어적 커뮤니케이션과 객관적 타당성과 논리적 일관성과 사실적 신뢰성과 통일성과 명료성에도 지적으로 관여하신다.

하나님은 몸의 제한을 받지 않으신다. 그럼에도 불구하고 하나님은 섭리를 통해 자연과 사회의 물리적인 힘에 산업적, 농업적, 사회적, 정치적으로 관여하신다. 하나님은 인간이 땅의 모든 자원을 활용해야 하는 청지기임을 아시고 인간의 청지기직을 판단하신다.

하나님은 세상에서 공의를 이루려는 모든 시도를 초월하신다. 그럼에도 불구하고 하나님은 그분의 피조물이 개인적, 경제적, 사회적, 학문적, 종교적, 정치적으로 하는 모든 선한 노력에 의롭게 관여하신다.

하나님은 합당하지 않고 무절제한 감정으로부터 자유로우시다. 그럼에도 불구하고 하나님은 가난한 자들과 불행한 자들과 외로운 자들과 슬퍼하는 자들과 병든 자들과 편견과 불의와 근심과 절망의 희생자들을 돌보시며 그들의 삶에 관여하신다.

하나님은 인간 실존의 분명한 모든 무의미와 무목적을 초월하신다. 그럼에도 불구하고 하나님은 가장 하찮은 삶에도 개인적으로 의미를 부여하신다.

하나님의 일: 창조

God's Work: Creation

+ 도날드 맥킴

성경의 첫 구절과 사도신경의 첫 구절은 하나님을 창조자로 고백한다. 성경에서 '하나님은 하늘과 땅의 창조자이시다'(창 1:1)라는 주제는 구약뿐 아니라(사 40:28; 42:5; 45:18) 신약에도 분명히 나타난다(막 13:19; 계 10:6). 하나님은 인간의 창조자이시며(창 1:27; 5:2; 사 45:12; 말 2:10; 막 10:6), 이스라엘의 창조자이시며(사 43:15), 참으로 만물의 창조자이시다(엡 3:9; 골 1:16; 계 4:11). 창조는 하나님의 말씀으로 이루어진다(창 1:3). 그러므로 하나님이 말씀하시자 만물이 생겨난다(시 33:9; 148:5). 이전에 존재하지 않던 것들에게 존재하라고 명하신 하나님의 말씀을 선포한 분은 하나님과 함께 계셨고 하나님이신 분이다(요 1:1-14). 요한복음 1장 3절의 "만물이 그로 말미암아 지은 바 되었으니 지은 것이 하나도 그가 없이는 된 것이 없느니라"라는 말씀은 하나님의 말씀, 곧 육신이 되신 하나님의 아들 예수 그리스도를 가리킨다(14절). 성경은 그리스도에 관해서는 "만물이 그에게서(by him) 창조되되"라고 말하며(골 1:16; 고전 8:6), 따라서 그분을 창조의 대리자(agent)로 본다. 하나님의 성령께서도 창조에 참여하신다(창 1:2; 욥 33:4; 시 104:30). 창조는 삼위일체 하나님의 일이며, 히브리서 11장 3절이 분명하게 보여주듯이 믿음의 대상이다.

창조 신학

하나님을 무로부터(ex nihilo)의 창조자로 인정하는 데서 몇 가지 신학적 핵심이 도출된다. 랭던 길키(Langdon Gilkey)는 이것이 신학적으로 의미하는 세 가지 중요한 면을 인용했다.

하나님은 존재하는 모든 것의 근원이시다 하나님은 만물의 주권적인 주(Lord)이시다. 다른 모든 정사나 권세는 하나님과 동등하거나 영원히 공존할 수 없다. 존재하는 모든 것이 하나님의 뜻에서 나오기 때문에 어떤 존재도 그 자체로는 악하지 않다. 성경은 창조의 말씀에 능력이 있고 지혜로우며(렘 10:12; 잠 3:19) 모든 것을 선하게 창조하신(창 1:31) 선하신 창조자의 모습을 보여준다. 선하신 하나님이 무로부터 창조하셨다는 것은, 그분의 능력으로 인도되고 변화될 수 있는 모든 것은 본질적으로 선하다는 것을 말한다. 홀로 창조자이신 하나님은 그 무엇이나 그 누구에 대한 예배도 허락하지 않으신다. 하나님은 모든 형태의 우상숭배를 금하신다. 하나님이 하신 무로부터의 창조는 유일무이한 행위이며, 우리에게 친숙한 그 어떤 자연이나 인간의 행위와도 다르다. 따라서 창조자와 피조물의 관계를 말할 때는 하나의 유한한 사건과 또 다른 사건의 관계를 말할 때와는 다른 방식으로 말해야 한다. 그러므로 신학적 창조론은 현대과학으로 검증될 수 없다. 왜냐하면 현대과학은 본질적으로 한계와 울타리 안에서 일어나는 유한한 사건들 간의 관계를 다룰 뿐이기 때문이다. 기독교의 창조론은 과학이 관심을 갖는 가까운 기원이 아니라 궁극적인 기원에 관심이 있기 때문이다.

피조물은 의존적이지만 실재이며 선하다 기독교 교리는 일원론적 범신론(monistic pantheism)을 반대하면서, 하나님이 세상을 창조하셨기 때문에 피조물의 존재는 실재이며 따라서 하나님과의 관계 속에 있으면 '선하다'고 단언한다. 인간 피조물은 자유와 지성을 받았으며, 이것을 존재의 근본적인 관계, 즉 하나님에 대한 의존성을 인정하거나 부정하는 데 사용할 수도 있다. 여기서부터 죄와 은혜에 대한 이해가 일어나는데, 이러한 이해에 따라 피조물은 자신의 창조자를 거역하고 거부하거나 그분에 의해 예수 그리스도를 통해 사랑과 성취의 관계로 "재창조된다"(고후 5:17). 생명이 선하다는 기독교의 기본 이해는 생명과 가치의 질서 및 관계적 측면을 강조함으로써, 그리고 인간에게 긍정적인 목적을 위해 자연을 다스리려는 바람을 북돋움으로써 과학의 가능성을 열어준다.

하나님은 자유롭게, 목적을 갖고 창조하신다 무로부터의 창조라는 기독교의 창조론은 태양에서 빛이 나오듯이, 짝짓기와 출산을 통해 한 세대가 나오듯이, 또는 목수가 기술을 발휘하여 나무로 상자를 만들듯이 그렇게 유출(emanation)을 통해 창조되었다는 이론을 거부하며, 창조가 '어떻게' 이루어졌는가에 대한 모든 설명을 포기한다. 창조는 하나님의 자유로운 행위였으며, 성경에 다양하게 묘사되지만 일차적으로 사랑(요일 4:16), 특히 예수 그리스도 안에서 나타나듯이 세상을 향한 자신의 사랑에 초점을 맞추는(요 3:16) 하나님의 성품의 한 표현이다. 창조, 그리고 창조 세계를 계속 유지하고 그 세계를 위해 공급하시는 역사에서, 하나님은 인류와 세상을 위한 자신의 궁극적 목적을 이루고 계신다. 이것은 인간의 삶이 '우리 주 그리스도 예수 안에 있는 하나님의 사랑' 안에 있기 때문에 그 어떤 악이나 '다른 어떤 피조물' 앞에서도 의미 있을 수 있고, 이해될 수 있고, 목적으로 가득할 수 있다는 뜻이다(롬 8:39). 이것은 결국 하나님이 '새하늘과 새땅'을 창조하시는 목적과 연결된다(사 65:17; 66:2; 벧후 3:13; 계 21:1).

하나님의 일: 섭리
God's Work: Providence

+ 파커

섭리는 성경에는 없지만 하나의 성경적 교리를 잘 보여주는 단어이다. 성경에는 섭리에 해당하는 단어가 없으며, 섭리로 번역된 헬라어 '프로노이아'(pronoia)는 인간적인 선견(先見)을 가리키는 데만 사용된다(행 24:2; 롬 13:14; 포르네오라는 동사의 연관은 롬 12:17; 고후 8:21; 딤전 5:8 참조). 오히려, 성경은 "모든 육체에게 먹을 것을 주신"(시 136:25)이나 "여호와께서 샘을 골짜기에서 솟아나게 하시고"(시 104:10)에서처럼, 일반적인 말로 그분의 자녀들을 향한 하나님의 능력의 행위를 구체적인 상황에서 표현한다.

우리는 섭리에 대해 일반적으로 생각한 채 그리스도와는 무관하게 생각하고 싶은 유혹을 물리쳐야 한다. 예를 들면, 특정한 시편들과 산상 설교를 토대로 예수님과는 전혀 무관하게 하나님과 그분의 피조물 간의 관계에 관한 교리를 만들어내는 게 가능할 것이다. 그러나 이러한 관계는 그리스도 안에서 세워지기 때문에, 이러한 관계를 그리스도와는 무관하게 이해하려는 시도는 처음부터 잘못된 해석이다. 그리스도 안에서, 하나님은 자신과 피조물의 관계를 세우셨으며, 피조물이 마지막에 승리하도록 창조 세계 가운데서 자신의 목적을 이루겠다고 약속하셨다. 아담과 처음으로 맺으셨고 노아에게서 갱신된 관계(창 8:21,22)는 아브라함이나 모세와의 언약과 마찬가지로 그리스도 안에서 이루어진다. 성육신한 말씀이신 중보자께서 이 관계를 세우신다. 그리스도 안에서, 하나님은 사람들의 하나님이 되시며 사람들은 그분의 백성이 된다(중보자께서는 또한 하나님과 사람이 아닌 다른 피조물 간의 관계도 세우셨다). 이들의 하나님으로서, 하나님은 이들이 이 땅에 사는 동안 이들을 책임지실 것이다.

섭리 교리를 세 가지 다른 각도에서 볼 수 있다.

(1) 창조 세계는 하나님이 인간을 대하시는 무대이다. 섭리는 하나님이 그리스도 안에서 그분의 목적을 은혜로 이루시는 행위로, 그분이 인간을 대하시는 데서 나타난다. 나는 이 시점에서 예정론으로 넘어가고 있는 게 아니라 태초부터 하나님이 예수 그리스도와 그분의 성육신을 향한 사건들의 과정을 정하셨다고 말하는 것이다. 성경적 관점에서 볼 때, 세상의 역사와 개인의 삶의 이야기들은 성육신의 빛 안에서 볼 때만 의미 있다. 유다가 며느리 다말과 동침하는 추잡하고 하찮은 이야기(창 38장)가 메시아의 족보에 포함된다(마 1:3). 가이사 아구스도(Caesar Augustus, BC 30-AD 14)는 구유에 누운 하찮은 아기를 위해 로마 황제의 자리에 있었다.

(2) 하나님의 섭리는 이방인들 가운데서 그분을 증거하는 목적에도 기여했다. 하나님이 아버지로서 행하시는 보살핌은 그분을 보여주시는 하나의 상징이었다(행 14:17; 17:22-30; 롬 1:18-23). 로마서 1장 20절에서는, 이러한 섭리를 증거

하는 목적은 "인간이 하나님을 모른다고 변명할 수 없게 하기 위해서"라고 분명히 밝힌다. 그러므로 이 부분에서도 섭리는 화해의 교리에 포함된다.

(3) 인간에게 생명을 주시는 하나님은 인간이 땅에 있을 동안 그를 지키신다. 하나님은 영혼만의 하나님이 아니라 육체의 하나님이시기도 하다. 마태복음 6장 25-34절에서, 예수님은 제자들에게 그들과 하나님의 창조적 관계(그들의 창조자가 직접 세우신 관계)를 상기시키시면서 그들이 땅에서 자신들의 미래를 전혀 걱정하지 않을 수 있게 하신다. 다른 피조물은(새와 들꽃들처럼) 하나님과 분명한 관계 속에 있으며 따라서 하나님은 그들의 필요를 돌보심으로써 그들을 성실하게 지키신다. 그러니 피조물보다 더 높은 자리에 두신 인간을 하나님께서 더 잘 보살피지 않으시겠는가(시 8:6-8)? 그러므로 본회퍼의 말처럼 인간은 "하나님의 선물을 날마다 의심 없이 받음으로써 자신의 창조자를 영화롭게 한다." 이러한 교리 뒤에는 하나님의 전능하고 사랑이 넘치는 자유가 있다.

요약하면, 섭리 교리는 세상과 우리 삶의 지배자가 우연이나 운명이 아니라 아들의 성육신을 통해 자신의 섭리의 목적을 드러내시는 하나님이라는 것을 말한다.

하나님의 대리자들

God's Agents

+ 월터 허언, 하워드 보스

하나님의 창조하신 모든 것을 말할 때 천사도 포함된다(시 148:2; 골 1:16). 천사들이 세상이 창조되는 것을 보았다는 암시가 있다(욥 38:7). 천사들은 아무리 하나님과 가깝더라도 인간과 마찬가지로 피조물이다. 그러나 완전히 영적 피조물이기 때문에 죽음을 비롯한, 많은 인간적 한계로부터 자유롭다(눅 20:36). 천사들은 결혼을 하지 않으며(마 22:30), 따라서 성별이 없다고 할 수 있다. 천사들은 성경에서 인간의 형태로 나타난 모든 경우에서 남성으로 여겨졌고 결코 여성이나 아이로 여겨지지 않았다. 천사들이 인간의 언어로 소통하는 능력이나 다른 방식으로 인간의 삶에 영향을 미치는 능력은 이들이 성경에서 하는 역할의 기초이다. 천사들의 능력과 두려움을 자아내는 모습 때문에(마 28:2-4), 사람들은 때로 천사들을 두려워하거나 숭배하고 싶은 유혹을 받는다. 그러나 신약은 천사 숭배를 허용하지 않는다(골 2:18; 계 22:8,9). 천사들은 인간보다 강하고 지혜롭다. 그러나 하나님은 천사들의 능력과 지식도 제한하신다(시 103:20; 마 24:36; 벧전 1:11,12; 벧후 2:11).

그리스도와의 관계

사도 요한은 천사들이 하나님의 보좌를 둘러 서 있는 환상을 보았다(계 5:11). 바울은 언젠가 "하나님과 그리스도 예수와 택하심을 받은 천사들 앞에서" 디모데에게 아주 엄하게 명령한 적이 있다(딤전 5:21). 그리스도께서 "천사들보다 훨씬 더 높게 되셨으니, 천사들보다 더 빼어난 이름을 물려받으신 것"이다(히 1:4). "그가 맏아들을 이끌어 세상에 다시 들어오게 하실 때에 하나님의 모든 천사들은 그에게 경배할지어다 말씀하시며"(히 1:6). "어느 때에 천사 중 누구에게 내가 네 원수로 네 발등상이 되게 하기까지 너는 내 우편에 앉아 있으라 하셨느냐 모든 천사들은 섬기는 영으로서 구원 받을 상속자들을 위하여 섬기라고 보내심이 아니냐"(히 1:13,14). 시편 8편은 "잠시 동안 천사보다 못하게" 되신 그리스도를 가리키는 말로 인용된다(히 2:7).

타락한 천사들

그리스도께서 최종적으로 승리하시기 전에, 사탄(문자적으로 '대적')이 반드시 먼저 정복되어야 한다. 땅에서 예수님은 "하나님의 성령을 힘입어"(마 12:28) 귀신을 쫓아내셨다. 제자들은 귀신이 예수님께 복종하는 것을 보았을 때, 예수님은 "사탄이 하늘로부터 번개같이 떨어지는 것을 내가 보았노라"(눅 10:18)고 말씀하셨다. 예수님은 십자가에 달리실 때가 가까웠을 때 "이 세상의 임금이 쫓겨날"(요 12:31) 시간이 되었다고 말씀하셨다. 많은 간접적인 언급을 통해, 사탄은 교만 때문에 죄를 지은 천사라는 것을 알 수 있다. 그리고 요한계시록 12장 7-9절을 보면, 하늘에서 전쟁이 있었는데 천사장 미가엘과 그의 천사들이 사탄과 그의 타락한 천사들과 싸웠다고 나온다. 그리스도인들은 지금도 "공중의 권세 잡은 자" 사탄을 경계해야 하지만(엡 2:2) 마귀나 악한 영을 지나치게 두려워하는 것은 성경적이지 않다.

이 땅에서의 역할

한편 "천사들에 관하여는 그(하나님)는 그의 천사들을 바람으로, 그의 사역자들을 불꽃으로 삼으시느니라"(히 1:7; 시 104:4). 천사들은 성경에서 많은 하나님의 백성에게 나타나 좋은 소식을 전했으며(삿 13:3), 위험을 경고했으며(창 19:15), 그들을 악으로부터 지켰으며(단 3:28; 6:22), 인도하고 보호했으며(출 14:19), 그들의 필요를 공급했으며(창 21:14-20; 왕상 19:4-7), 또는 그들을 가르쳤다(행 7:38; 갈 3:19). 그리스도께서 구원자로 세상에 오셨을 때, 천사들이 그분의 탄생을 알렸으며(눅 2:8-15), 그분의 부모를 인도하고 그들에게 경고했으며(마 2:13), 그분이 시험(유혹)받으시고(마 4:11) 마지막에 고민하실 때(눅 22:43) 그분께 힘을 주었으며, 그분의 부활에 참여했다(마 28:1-6). 예수님은 어린아이들의 수호천사들에 대해 말씀하셨다(마 18:10). 빌립은 천사의 안내를 받았다(행 8:26). 사도들은 천사의 도움으로 감옥에서 벗어났다(행 5:19; 12:7-11). 두려운 상황에서, 바울은 천사를 통해 힘을 얻었다(행 27:21-25).

심판 때의 역할과 성령

그리스도인들은 그리스도께서 영광으로 재림하실 때 천사들이 그분을 호위하리라고 기대한다(마 25:31; 행 1:10,11; 살전 4:16; 살후 1:7). 천사들은 이전에 하나님의 심판을 행했듯이 최후의 심판에 참여할 것이다. 헤롯 아그립바를 죽인 것은 천사였다(행 12:21-23). 유대인의 유월절에 애굽인들을 쳤지만 이스라엘 사람들의 경우 그냥 "넘어간"(출 12:21-27) 파괴자는 '죽음의 천사'였을 것이다.

신약 시대 이후로, 하나님이 이전에 그분의 천사들에게 맡기셨던 많은 일을, 이제는 성령께서 그리스도 안에 있는 신자들의 삶에서 행하신다. 성령께서는 직접 그리스도인들을 인도하시고 비추시고 보호하시고 그들에게 힘을 주시지만, 그럼에도 불구하고 하나님과 그분의 백성을 위해 계속 천사를 활용하실 것이다.

더 깊게 공부하려면

A. W. Tozer, 《GOD, 하나님》*(The Attributes of GOD)*, 이용복 옮김(규장, 2007)
Arthur W. Pink, 《네 하나님을 알라》*(The Attributes of GOD)*, 조계광 옮김(규장, 2009)

10장 끝부분을 보라.

로버트 스타인, 로날드 월래스, 진 그린, 레온 모리스, 월터 엘웰
나사렛 예수 | 신약의 기독론 | 대속1 | 대속2

05 기/독/론

내가 이런 말을 하는 이유는 누구라도 "나는 예수님을 위대한 도덕 선생으로 기꺼이 받아들이지만 하나님으로는 받아들이지 않는다"는 정말로 어리석기 짝이 없는 말을 못하게 하기 위해서입니다. 우리는 절대로 이렇게 말해서는 안 됩니다. 한 사람이 단순히 인간일 뿐이면서 예수님이 하신 말씀들을 했다면, 그는 위대한 도덕 선생이 아닐 것입니다. 그는 자신이 삶은 계란이라고 말하는 사람과 같은 수준에서 정신이상자이거나 지옥의 악마일 것입니다. 여러분은 선택해야 합니다. 그분은 하나님의 아들이셨고 지금도 하나님의 아들이십니다. 그게 아니면 미친 사람이거나 그 이하입니다. 여러분은 그분을 바보로 여겨 입을 막아버릴 수도 있고, 귀신으로 여겨 침 뱉고 죽여 버릴 수도 있습니다. 반대로 그분의 발 앞에 엎드려 그분을 주님이요 하나님으로 부를 수도 있습니다. 그러나 그분이 인류의 위대한 스승이라는 헛소리에 동조하지 마십시오. 그분은 우리에게 그럴 여지를 남겨두지 않으셨습니다. 그분은 그럴 의도도 없었습니다.

C. S. 루이스 C. S. Lewis

나사렛 예수

Jesus of Nazareth

+ 로버트 스타인

마태복음과 누가복음에는 예수님의 탄생기사가 있다. 두 기사 모두 예수님이 베들레헴에서 동정녀 마리아의 몸에서 나셨다고 말한다(마 1:18-2:12; 눅 1:26-2:7; 갈라디아서 4장 4절과 요한복음 8장 41절에서 동정녀 탄생에 관한 암시를 찾으려는 시도는 상당히 설득력이 있다). 이러한 두 기사를 헬라(그리스) 신화의 유사물로 설명하려는 시도는 실패한다. 왜냐하면 헬라 문학에는 두 기사와 본질적으로 비슷한 점이 전혀 없으며 무엇보다 두 기사의 유대적 성격과 비슷한 점이 없기 때문이다.

예수님은 요한에게 세례를 받으시고(막 1:1-15; 행 1:21,22; 10:37) 사탄에게 시험

(유혹)을 받으신 후 사역을 시작하셨다. 예수님의 사역에는 여러 가지가 포함되었다. 예수님은 열두 제자를 선택하셨는데(막 3:13-19), 이것은 이스라엘 열두 지파의 재결합을 상징했다. 예수님은 회개의 필요성을 외치셨으며(막 1:15), 자신의 사역 가운데 하나님 나라가 임했다고 선포하셨다(눅 11:20). 예수님은 사회에서 버림받은 자들에게 구원을 선포하셨다(막 2:15-17; 눅 15장; 19:10). 그리고 병든 자들과 귀신 들린 자들을 고치셨고(유대 탈무드에 나온다), 하나님 나라를 완성하러 영광스럽게 다시 오신다.

예수님의 사역에서 전환점은 가이사랴 빌립보에서 찾아왔다. 베드로는 예수님을 그리스도라고 고백했다. 그러자 예수님은 그의 고백이 정확하다고 인정하셨으며, 더 나아가 제자들에게 자신이 곧 죽으리라고 말씀하셨다(마 16:13-21; 막 8:27-31). 예수님은 예루살렘에 입성하셔서 성전을 정화하셨고, 그러는 가운데 이스라엘의 종교를 심판하셨다(마가복음에서 이 사건에 뒤이은 두 장의 내용뿐 아니라 마가가 이 사건을 11:12-14, 11:20,21 사이에 둔 사실에 주목하라). 배신당하신 날 밤 예수님은 성만찬을 제정하셨는데, 이것은 그분의 희생의 피로 인친 새언약과 하나님 나라에서 이루어질 승리의 재결합을 상징한다(마 26:29; 막 14:25; 눅 22:18; 고전 11:26). 이후에 예수님은 겟세마네 동산에서 체포되시고, 공회(산헤드린)와 헤롯 안디바와 마지막으로 본디오 빌라도 앞에서 재판을 받으셨는데, 빌라도는 예수님이 스스로를 메시아라고 주장했다는 정치적 고소를 토대로 사형 선고를 내렸다(막 15:26; 요 19:19). 안식일 전날, 예수님은 예루살렘 성 밖(요 19:20) 골고다라는 곳에서(막 15:22), 혁명가였을 두 강도 사이에서(마 27:38), 세상 죄를 지고(막 10:45) 십자가에 달리셨다.

그분은 안식일이 시작되기 전에 죽으셨으며, 따라서 그분의 두 다리를 꺾어 죽음을 확인할 필요가 없었다(요 19:31-34). 그분은 아리마대 요셉의 무덤에 장사되셨다(막 15:43; 요 19:38). 한 주의 첫째 날, 즉 제3일에(금요일에서 저녁 6시까지 : 첫째 날, 금요일 저녁 6시에서 토요일 저녁 6시까지 : 둘째 날, 토요일 저녁 6시에서 일요일 새벽 : 셋째 날), 예수님은 죽은 자 가운데서 다시 살아나셨으며, 무덤은 비어 있었고, 그분은 제자들에게 나타나셨다(마 28장; 막 16장; 눅 24장; 요 20-21장). 그분은 제자들과 40일을 이 땅에 머물다가 승천하셨다(행 1:1-11).

이렇게 해서 3년에 걸친 나사렛 예수의 사역이 끝났다(요 2:13; 5:1; 6:4; 13:1).

SOURCES OF INFORMATION ABOUT JESUS CHRIST

예수 그리스도에 관한 정보의 출처

비기독교 자료: 이교도 자료와 유대교 자료로 나눌 수 있다. 둘 다 가치는 제한적이다. 중요한 이교도 자료는 플리니(Pliny, Epistles, x96)와 타키투스(Tacitus, Annals, w.44)와 수에토니우스(Suetonius, Lives, xxv.4. 이 책은 로마 황제들의 전기이다 — 역자 주) 셋뿐이다. 셋 모두 AD 120년경에 기록되었다. 주요 유대 자료로는 요세푸스(Josephus, Antiquities, xviiii.3.3 and xx.9.1)와 탈무드가 있다. 비기독교 자료는 예수님에 관해 빈약한 자료를 제공하지만 예수님이 정말로 존재하셨고, 제자들을 모으셨으며, 이적을 행하셨고, 본디오 빌라도에게 사형선고를 받으셨다는 사실을 뒷받침해준다.

기독교 자료: 성경 밖의 기독교 자료들은 대부분 외경 복음서(AD 15-350)와 아그라파(agrapha, 예수님의 '기록되지 않은 말씀'), 즉 정경 복음서에는 나타나지 않지만 예수님이 실제로 하신 말씀이라고 여겨지는 것이 있다. 이들의 가치는 아주 의심스럽다. 왜냐하면 극도로 환상적이지 않거나(도마복음에 나오는 예수님의 유년기 참조) 이교도적이지 않은 내용(진리복음/Gospel of Truth 참조)이 나올 뿐이며 개연성은 없기 때문이다(도마복음 31,47장 참조).

성경 자료들은 복음서, 사도행전에서 계시록까지로 나눌 수 있다. 사도행전에서 계시록까지의 자료에서 얻을 수 있는 핵심 정보는 다음과 같다. 예수님은 유대인으로 태어나셨으며(갈 4:4) 다윗의 자손이셨다(롬 1:3). 예수님은 유순하셨고(고후 10:1), 의로우셨고(벧전 3:18), 죄가 없으셨고(고후 5:21), 겸손하셨고(빌 2:6-8), 시험을 받으셨다(히 2:18; 4:15). 또한 성만찬을 제정하셨고(고전 11:23-26), 변화되셨고(벧후 1:16-18), 배신당하셨고(고전 11:23), 십자가에 달려 죽으셨고(고전 1:23), 죽은 자 가운데서 부활하셨고(고전 15:3-8), 승천하셨다(엡 4:8). 예수님의 어떤 말씀은 알려져 있으며(행 20:35; 고전 7:10; 9:14) 그분의 말씀에 대한 가능한 암시도 발견된다(예를 들면, 롬 12:14,17; 13:7-10; 14:10).

우리가 예수님에 관한 지식을 얻는 주요 자료는 정경 복음서이다. 이러한 복음서는 일반적으로 공관복음(마태, 마가, 누가로 이루어진 '닮은' 복음서들)과 요한복음으로 나눈다. 공관복음은 일반적으로 서로 문학적 관계가 있는 것으로 이해되며, 여기에 관한 가장 일반적인 설명은 다음과 같다. 마가복음이 가장 먼저 기록되었고, 마태복음과 누가복음이 마가복음을 이용했으며, 그 외에 지금은 존재하지 않는 또 다른 자료, 즉 대부분 예수님의 가르침이 담긴 자료('Q자료'라 불린다)와 다른 자료들('M자료' : 마태복음에만 있는 자료, 'L자료' : 누가복음에만 있는 자료)도 이용했다는 것이다.

로버트 스타인 Robert H. Stein

그리스도의 자기 이해

우리는 예수님의 특별한 자기 이해를 두 방법으로 확인할 수 있다. 첫째는 그분의 행동과 말씀이 계시하는 암시적 기독론(implicit Christology)을 통하는 방법이며, 둘째는 그분이 자신을 말씀하실 때 선택하신 칭호가 계시하는 명시적 기독론(explicit Christology)을 통하는 방법이다.

암시적 기독론 예수님은 사역하실 때 특별한 권위를 가진 분으로 행동하셨다. 예수님은 자신에게 성전을 정화하고(막 11:12,13), 소외된 자들을 하나님 나라로 인도하며(눅 15장), 죄를 용서하는 신적 권세와 같은 특권이 있다고 생각하셨다(막 2:5-7; 눅 7:48,49).

예수님은 구약보다(마 5:31,32,38,39), 아브라함보다(요 8:53), 야곱보다(요 4:12), 성전보다(마 12:6) 더 큰 권세를 가진 분으로서 말씀하셨다. 또한 자신이 안식일의 주인이라고 주장하셨고(막 2:28), 모든 사람들의 운명이 자신에게 어떻게 반응하느냐에 달려 있다고 주장하셨다(마 10:32,33; 11:6; 막 8:34-38).

명시적 기독론 예수님은 행동을 통해 암시적 기독론을 표현하셨을 뿐 아니라 자신에게 사용하신 다양한 칭호를 통해서도 기독론적 주장을 하셨다. 예수님은 자신을 가리켜 메시아, 즉 그리스도라고 하셨다(막 8:27-30; 14:61,62). 그리고 정치적 근거를 토대로 한 예수님에 대한 공식적인 사형선고는(십자가의 팻말에 주목하라) 그분이 스스로 메시아임을 인정하셨다는 사실을 바탕으로 볼 때만 이해가 된다. 예수님은 또한 자신을 가리켜 하나님의 아들이라고 하셨다(마 11:25-27; 막 12:1-9). 그리고 예수님이 자신과 다른 사람들을 분명히 구분하시는 마가복음 13장 32절과 같은 구절("그러나 그날과 그때는 아무도 모르나니 하늘에 있는 천사들도, 아들도 모르고 아버지만 아시느니라")은 예수님의 입에서 직접 나온 말씀이 분명하다. 왜냐하면 초대교회의 어느 누구라도 하나님의 아들이 마지막 때를 모른다고 주장하는 말씀을 만들어내지는 않았을 것이기 때문이다.

예수님이 가장 좋아하셨던 자기 칭호는 인자(人子, Son of Man)였는데, 그 이유는 이 칭호가 그분을 드러낼 뿐 아니라 숨기기도 하기 때문이었다. 예수님은 이 칭호를 사용하실 때 다니엘서 7장 13절이 말하는 인자를 염두에 두신 게 분명하다(마 10:23; 19:28; 25:31; 막 8:38; 13:26; 14:62에 분명하게 나타나듯이). 그러므로 이 칭호는 겸손을 강조하기보다는 예수님이 인자로서 갖는 세상을 심판할 신적 권세를 나타내며, 자신이 아버지에게서 왔다는 그분의 의식을 나타내는 게 분명하다(마 5:17; 10:34; 막 2:17; 10:45). 인자에 관한 말씀 가운데 모든 혹은 몇몇의 권위를 부정하려는 시도가 많았다. 그러나 이러한 시도가 실패한 것은 인자라는 칭호가 복음서의 모든 층에서(마가, Q, M, L, 요한) 나타나며, '비유사성의 기준'(criterion of dissimilarity)을 완벽하게 만족시키기 때문이다. '비유사성의 기준'이란, 이와 같은 하나의 말씀이나 칭호가 유대교나 초대교회에서 나올 수 없는 것이었는데 나왔다면 진정성이 있는 게 틀림없음을 뜻한다. 그러므로 이 칭호의 진정성에 대한 부정은 주석을 토대로 한 것은 아니다. 오히려 나사렛 예수가 자신에 대해 이런 방식으로 말할 수 있었다는 것을 연역적으로 부정하는 합리주의적 전제를 토대로 한 것이었다.

신약의 기독론

New Testament Christology

+ 로날드 월래스, 진 그린

신약 저자들은 예수님이 하러 오신 일과 성취하러 오신 직무의 중요성을 묘사함으로써 예수님이 누구인지 말한다. 주로 구약의 용어로 이루어지는 그분의 일과 직무에 관한 다양한 묘사 속에서, 한 면과 또 다른 면이 하나로 연합하며 이전 시대의 전통을 폐기하는 게 아니라 오히려 더 풍성하게 발전시키는 모습이 나타난다.

복음서의 예수님 공관복음은 예수님의 인성(人性)을 당연하게, 마치 그 누구도 의심할 수 없는 것으로 여긴다. 예수님은 요람에 누워 계시며 자라나시며 배우시며 배고파 하시며, 걱정하시고 의심하시고 실망하시고 놀라시고(막 2:15;

14:33; 15:34; 눅 2:40; 7:9), 마침내 죽어 장사되신다. 그러나 다른 곳에서는 마치 예수님의 인성을 의심할 수 있거나(요 1:14; 갈 4:4) 그 의미를 소홀히 할 수 있기라도 하듯이, 그분의 진정한 인성을 구체적으로 증언한다(히 2:9,17; 4:15; 5:7,8; 12:2).

복음서는 예수님의 진정한 인성을 강조하지만 그럼에도 불구하고 예수님은 참으로 인간이시지만 죄는 없으시며 다른 인간들과 완전히 다르시다는 사실을 항상 강조한다. 그리고 복음서는 그분을 모든 사람들 가운데 가장 위대하거나 지혜롭거나 거룩한 분으로 봄으로써, 그분의 의미를 찾으려 해서는 안 된다는 점도 항상 강조한다. 동정녀 탄생과 부활은 예수님의 인성에 특별한 부분이 있다는 증거이다. 그분이 누구인지는 그분과 다른 사람들을 대조하는 방법을 통해서만 알 수 있으며, 이러한 대조는 다른 모든 사람들이 그분을 반대할 때 가장 분명하게 드러난다. 예수님이 인간으로서 우리 가운데서 고난당하고 승리함으로써 이루러 오신 사건은, 그분이 만나는 모든 개개인과 온 세상의 운명에 절대적으로 결정적이다(요 3:16-18; 10:27,28; 12:31; 16:11; 요일 3:8). 그분이 오심으로써 하나님의 나라가 임했다(막 1:15). 그분이 행하신 이적은 하나님의 나라가 임했다는 증거이다(눅 11:20). 그러므로 그분의 이적을 잘못 해석하는 사람들에게는 화가 있을 것이다(막 3:22-29).

예수님은 천국 왕의 권세로 행하시고 말씀하신다. 그리고 인간들에게 그분을 위해 목숨을 버리라고 요구하실 수 있다(마 10:39). 하나님 나라는 실제로 그분의 나라이다(마 16:28; 눅 22:30). 그분은 그저 자신의 마음에 있는 바를 말씀하심으로써 영원하고 결정적인 하나님의 말씀을 하시는 분이다(눅 5:22,27,28; 24:35). 예수님의 말씀은 하나님의 말씀처럼 선포된 그대로 이루어진다(눅 8:2; 막 11:21). 예수님께는 죄를 사하시는 권세와 능력까지 있다(막 2:1-12).

그리스도 우리는 예수님과 사람들의 관계, 즉 그분과 그분이 태어난 세상의 사람들과의 관계를 이해할 때만 그분의 참된 의미를 이해할 수 있다. 예수님의 지상 생애 중에 일어난 사건들 속에서 하나님의 목적과 그분이 이스라엘과 맺으신 언약이 성취된다. 예수님은 구약의 사람들이나 기름부음을 받은 그들의 대표자들인 선지자들, 제사장들, 왕들조차 할 수 없었던 일을 하러 오셨다. 이들은 자신들이 철저히 실패한 일을 이룰 분이 자신들 가운데서 일어나리라는 약속을 받았다. 이런 의미에서 나사렛 예수는 성령과 능력으로 기름부음을 받으신(행 10:38) 그분의 백성의 메시아, 즉 그리스도시다(요 1:41; 롬 9:5). 예를 들면, 예수님이 세례를 받으실 때 일어난 일과(롬 3:13-17) 그분이 이사야 61장을 자신에게 적용하신 데서 알 수 있듯이(눅 4:16-22), 예수님은 참 선지자시며(막 9:7; 눅 13:33; 요 1:21; 6:14), 제사장이시며(요 17장; 히브리서), 왕이시다(마 2:2; 21:5; 27:11). 예수님은 이처럼 기름부음을 받으시고 메시아적 목적을 성취하심으로써 동시대 사람들에게 '그리스도'(막 8:29), '다윗의 자손'이라는 칭호를 받으신다(마 9:27; 12:23; 15:22; 눅 1:32; 롬 1:3; 계 5:5).

그러나 예수님은 자신을 내어주시며 다른 많은 칭호를 받으시는데, 이것들은 그분이 성취하신 직무를 조명하고 그분이 누구인지 훨씬 더 결정적으로 알려준다. 유대교의 메시아 사상을 예수님의 가르침 및 신약의 증거와 비교해 보면 예수님이 메시아 전통의 몇몇 특징을 선택적으로 강조함으로써 자신이 누구인지 분명히 밝히셨음을 알 수 있다. 예수님이 직접 자신에게, 또는 다른 사람들이 그분에게 다른 칭호보다 더 즐겨 사용한 메시아 칭호들이 있는데, 예수님은 이러한 칭호들을 자신에게 적용하시면서 그 의미를 재해석하셨다. 그분의 '메시아 보류'(messianic reserve. '메시아 비밀/messianic secret'이라고도 하는데, 예수님께서 십자가를 지실 때가 가까워 베드로가 자신을 그리스도라고 고백하기 전까지 그 누구도 자신이 메시아라는 사실을 드러내지 못하게 하신 것을 말한다 — 역자 주)도 부분적으로 이런 이유 때문이다(마 8:4; 16:20; 요 10:24).

인자(Son of Man) 예수님은 자신에게 인자라는 칭호를 다른 어떤 칭호보다 많이 사용하셨다. 구약에는 이 용어가 단순히 '사람'을 의미하는 데 사용된 구절들이 있으며(예를 들면, 시 8:4), 예수님은 때로 이 칭호를 그런 의미로 사용하셨다(마 8:20). 그러나 다수의 문맥은 예수님이 이 칭호를 사용하시면서 다니엘서를 생각하고 계셨음을 보여주는데(단 7:13), '인자'는 천상적 인물이며, 한 개인인 동시에 하나님의 백성의 이상적 대표자이다. 유대 묵시전승은 이러한 인자를 마지막 때에 심판자로, 이방의 빛으로 올 선재(先在)한 존재로 여긴다(막

14:62). 예수님은 때로 자신의 권위와 능력을 강조하실 때 인자라는 칭호를 사용하신다(막 2:10,28; 눅 12:8-10). 또 어떤 때는 자신의 겸손과 잠행을 강조하시면서 인자라는 칭호를 사용하신다(막 10:45; 14:21; 눅 9:58). 요한복음에서, 인자라는 칭호는 그분의 선재(先在)와 자신의 영광을 숨기기도 하고 드러내기도 하는 낮아진 모습으로 세상에 오신 것과(요 3:13,14; 6:62,63), 하늘과 땅을 연결하는 그분의 역할과(요 1:51) 인간을 심판하고 메시아 잔치를 열기 위해 오신 것을 강조하는 문맥에서 사용된다(요 5:27; 6:27).

'인자'는 예수님만 사용하신 칭호지만, 이것이 의미하는 바는 다른 곳, 특히 로마서 5장과 고린도전서 15장에서 나타나는데, 여기서 그리스도는 "하늘에서 난 사람"과 "둘째 아담"으로 묘사된다. 바울은 그리스도께서 오실 때 새로운 창조가 이루어지는데(마 19:28) 여기서 그분의 역할은 첫 번째 창조 때의 아담의 역할과 연관되면서도 대조된다는 공관복음의 암시를(예를 들면, 막 1:13; 눅 3:38) 취한다. 아담과 그리스도 모두 인류의 대표자인데, '인자'라는 개념은 이 부분을 포함한다. 그러나 그리스도께서 모든 인류와 동일시되시는 것은 아담이 모든 인류와 동일시되는 것보다 훨씬 더 깊고 완전하다. 그분을 믿음으로써, 누구나 그분 안에서 이미 성취된 구원에 참여할 수 있다. 그분은 하나님의 형상이자 영광이기도 한데(고후 4:4,6; 골 1:15), 인간은 하나님의 형상과 영광을 나타내도록 창조되었으며(고전 11:7), 그리스도인들은 새로운 창조 때에 하나님의 형상과 영광에 참여한다(골 3:10).

종 예수님은 자신을 인간들과 동일시하셨는데, 이것은 이사야서의 고난 받는 종을 떠올리는 구절에서 나타난다(마 12:18; 막 10:45; 눅 24:26). 예수님은 세상의 모든 죄를 지고 자신의 모든 백성을 대신해서 고난 받으시는 분으로서(사 53장; 요 1:29) 이러한 역할을 담당하신다(사 42:1; 마 3:17). 예수님은 초대교회 설교에서 분명하게 '종'으로 불리시며(행 3:13,26; 4:27,30), 종이신 예수님에 관한 생각은 바울에게서도 나타난다(롬 4:25; 5:19; 고후 5:21).

예수님은 자신을 낮추어 인간과 같이 되심으로써(히 2:9,17; 4:15; 5:7; 12:2) 희생 제물의 역할뿐 아니라 자신을 단번에 영원히 제물로 드려(히 7:27; 9:12; 10:10) 하나님과 인간 사이에 영원하고 새로운 관계를 세우는 대제사장의 역할도 성취하신다. 예수님은 지상 사역을 통해 세례의 의미를 성취하시는데, 그 성취는 십자가에서 절정에 이른다(눅 12:50). 예수님이 세례를 받으신 것은 자신의 영원한 제사장직을 맡기 위한 그분의 자기성화(self-sanctification)이며, 자기성화 속에서, 또한 자기성화를 통해 그분의 백성은 영원히 거룩해진다(요 17:19; 히 10:14).

하나님의 아들 예수님은 자신에 대해 하나님의 아들(Son of God)이라는 칭호를 인자라는 칭호와 같은 정도로 사용하지는 않으셨다(막 12:6). 그러나 예수님이 세례를 받으실 때와 변화되실 때 하늘에서 음성이 나와 그분을 이렇게 불렀으며(막 1:11; 9:7; 눅 1:35), 베드로가 성령의 조명을 받은 순간에(마 16:16), 귀신들과(막 5:7), 백부장이 그분을 이렇게 불렀다(막 15:39).

이 칭호는 메시아적이다. 구약에서 이스라엘은 '아들'이라 불렸다(출 4:22; 호 11:1). 왕과(삼하 7:14; 시 2:7), 가능하게는 제사장도(말 1:6) 아들이라 불렸다. 따라서 예수님은 이 칭호를 사용하시고 인정하시면서 이스라엘의 진정한 운명을 성취할 인물의 이름을 생각하고 계신다.

그러나 이 칭호는 예수님이 이러한 메시아적 직무 속에서 느끼는, 자식으로서의 특별한 의식도 반영한다(시 2:7; 마 11:27; 막 13:32; 14:36). 여기에는 아주 심오한 기독론적 의미가 내포되어 있다. 그분은 단순히 아들이 아니라 그 아들(the Son)이다(요 20:17). 요한복음은 공관복음에 강하게 나타나는 이러한 의식이 예수님의 삶에서 지속적인 의식적 배경으로 작용한다고 본다. 아들과 아버지는 하나이다(요 5:9,30; 16:32). 아들과 아버지는 뜻에서 하나이며(요 4:34; 6:38; 7:28; 8:42; 13:3), 행동에서 하나이며(요 14:10), 영생을 주는 데서 하나이다(요 10:28-30). 아들이 아버지 안에 있고 아버지가 아들 안에 있다(요 10:38; 14:10). 아들도 아버지처럼 자기 속에 생명이 있으며 살리는 능력이 있다(요 5:26). 아버지는 아들을 사랑하시며(요 3:25; 10:17; 17:23,24), 모든 것을 아들의 손에 맡기시며(요 5:36), 아들에게 심판의 권세를 주신다(요 5:22). 이 칭호는 또한 아버지와 아들 간의 존재와 본성의 연합, 특별한 기원과 선재도 암시한다(요 3:16; 히 1:2).

주(Lord) 바울은 하나님의 아들이라는 칭호도 사용하지만 그가 예수님에 대해 가장 자주 사용하는 칭호는 주(Lord)이다. 이 용어는 바울에게서 나온 게 아니다. 예수님은 복음서에서 '주'라고 불리시며 언급되신다(마 7:21; 막 11:3; 눅 6:46). 여기서 이 칭호는 주로 그분의 가르침의 권위를 가리킬 수 있지만(눅 11:1; 12:41) 보다 깊은 의미를 가질 수 있다(마 8:25; 눅 5:8). 이 칭호는 예수님이 승귀하신 후에 가장 빈번하게 그분께 사용되었지만, 예수님은 시편 110편 1절을 직접 인용하셨다(막 12:35-37).

그리스도의 주권은 역사의 과정과 모든 악의 세력에까지 미치며(고전 2:6-8; 8:5; 15:24; 골 2:15) 교회의 삶에도 미치는 게 분명하다(고전 7:10,25; 엡 6:7). 주로서, 예수님은 심판하러 오실 것이다(살후 1:7).

예수님이 자신을 낮추시는 가운데 하신 일은 그분의 주권(lordship)을 나타내는 것이기도 하다. 그렇지만 주라는 칭호가 가장 자발적으로 예수님께 적용된 것은 그분의 부활과 승천 이후 초대교회를 통해서였다(행 2:32-36; 빌 2:1-11). 이들은 하나님께 기도하듯이 예수님께 기도했다(행 7:59,60; 고전 1:2; 계 3:14,21; 22:16). 주(Lord)라는 예수님의 이름(칭호)은 하나님의 이름과 가장 밀접하게 연결된다(고전 1:3; 고후 1:2; 계 17:14; 19:16; 신 10:17). 구약의 주(여호와)와 연결되었던 약속과 속성이 이제는 예수님과 연결되었다(행 2:21과 38, 롬 10:3과 욜 2:32, 살전 5:2와 암 5:18, 빌 2:10,11과 사 45:23을 비교해보라). 하나님 자신에게 사용되는 언어와 형식이 자유롭게 예수님께 적용된다. 사람들은 예수님을 '하나님'으로 고백한다(요 1:1,18; 20:28; 살후 1:12; 딤전 3:16; 딛 2:13; 벧후 1:1).

말씀(Word) "말씀이 육신이 되어"(요 1:14)라는 말은 예수님을 구약에 나오는 하나님의 지혜와 연결하며(하나님의 지혜는 인격이 있다. 잠 8장) 하나님의 율법과 연결한다(신 30:11-14; 사 2:3). 하나님은 말씀으로 창조하시고 자신을 계시하시며 역사 속에서 자신의 뜻을 이루시는데, 그 말씀이 나올 때 이러한 것들이 계시되고 선포된다(시 33:6; 사 55:10,11; 11:4; 계 1:16). 여기서 말씀과 사건은 긴밀한 관계가 있다. 신약에서는 말씀이 단지 선포된 메시지가 아니라 예수 그리스도 자신이라는 게 더 분명해진다(요 8:31과 15:17, 엡 3:17과 골 3:16, 벧전 1:3과 23절을 비교해 보라). 바울이 골로새서 1장에서 표현한 것을, 요한은 자신의 프롤로그에서 표현한다. 두 구절 모두(그리고 히 1:1-14) 태초에 하나님의 창조 행위의 대리자이신 그리스도의 위치를 단언한다. 신약은 예수님의 이러한 면을 증언하면서 그분의 선재(先在)를 증언하지 않을 수 없다. 그분은 "태초에"(요 1:1-3; 히 1:2-10) 계셨다. 그분은 세상에 오심으로써(막 1:24; 2:17; 눅 12:49) 자신을 깊이 낮추어(고후 8:9; 빌 2:5-7) 세상의 기초가 놓일 때 자신에게 정해진 목적을 이루셨다(계 13:8). 요한복음에서, 예수님은 자신의 말씀으로 이것을 증거하신다(요 8:58; 17:5,24).

그러나 예수님이 아버지에게서 오셨다고 해서 그분의 신성이 조금이라도 축소된 것은 아니다. 그럼에도 불구하고 성육하신 아들은 아버지와 아들 사이에 존재하는 사랑과 동등의 관계 속에서 아버지께 복종하신다(요 14:28). 이것은 보내시는 아버지와 보내심을 받은 아들간의 관계이며, 주시는 아버지와 받으시는 아들간의 관계이며, 정하시는 아버지와 성취하시는 아들간의 관계이다(요 5:26; 10:18,36). 그리스도는 하나님께 속하시며, 하나님은 그리스도의 머리시며, 마지막 때에 만물이 그리스도께 복종할 것이다(고전 3:23; 11:3; 15:28).

대속 1

Atonement

+ 레온 모리스

'속죄하다/대속하다'(make atonement)라는 표현은 출애굽기와 레위기와 민수기에서 자주 나타나지만 성경 다른 곳에서는 거의 나타나지 않는다. 그러나 대속의 기본 개념은 성경 전체에 널리 퍼져 있다. 대속이 필요한 이유는 인간의 죄악 때문이며, 이 진리는 성경 전체에서 분명하게 나타나지만 성경 밖에서는 잘 나타나지 않는다.

구약에서는 죄를 해결하기 위해 제물을 드려야 했다. 따라서 속죄제나 속건제처럼(레 4:20; 7:7), 특히 속죄일의 희생제사 때처럼(레 7:16) '대속을 위해서는' 번제를 드려야 한다(레 1:4). 물론 잘못된 생각으로 드리는 제물은 효과가 없다.

'고의로'(민 15:30), 다시 말해, 교만하고도 뻔뻔스럽게 죄를 짓는다면 하나님의 용서를 받지 못할 것이다. 선지자들은 외적 행위에 불과한 제사를 자주 꾸짖었다. 그러나 회개와 신뢰의 표현으로 드리는 제사는 대속을 이룰 것이다. 대속은 때로 제물과 무관하게 이루어진다. 다시 말해, 돈을 지불하거나(출 30:12-16) 생명을 내어줌으로써 이루어진다(삼하 21:3-6). 이런 경우에, 대속한다는 것은 "코페르(koper), 즉 돈일 수도 있고 생명일 수도 있는 속전(贖錢)을 지불함으로써 벌, 특히 하나님의 진노를 피한다"는 뜻이다. 구약 전체에서 죄는 심각하다. 하나님이 주신 방법으로 대속을 구하지 않는 죄에 대해서는 벌이 내려질 것이다.

이 진리는 신약에서 반복되고 확대되는데, 신약은 모두가 죄인이며(롬 3:23) 지옥이 이들을 기다리고 있음을 분명히 한다(막 9:43; 눅 12:5). 그러나 똑같이 분명한 사실은 하나님은 구원하기를 원하시며, 그분의 아들의 삶과 죽음과 부활과 승천을 통해 구원을 주셨다는 것이다. 구원의 주된 동기는 하나님의 사랑이다(요 3:16; 롬 5:8). 우리는 사랑이 많으신 아들이 공의롭지만 엄한 아버지에게서 구원을 억지로 얻어내셨다고 생각해서는 안 된다. 모두가 구원받는 게 아버지의 뜻이며, 구원은 말하자면 손가락 하나 까딱하는 것으로 이루어지는 게 아니라 하나님께서 그리스도 안에서 하신 일을 통해 이루어진다. "하나님께서 그리스도 안에 계시사 세상을 자기와 화목하게"(고후 5:19) 하셨는데, 이것은 그리스도의 죽음을 통해 이루어진 화목이었다(롬 5:10). 신약은 그리스도의 죽음을 강조하는데, 십자가가 기독교 신앙의 상징으로 받아들여지게 된 것이나 'crux'(핵심, 십자가)와 'crucial'(결정적인, 십자형의) 같은 단어들이 지금과 같은 의미를 갖는 것은 결코 우연이 아니다. 십자가는 구원의 절대적 중심이며, 이것이 기독교의 특징이다. 다른 종교에도 순교자들이 있다. 그러나 예수님의 죽음은 순교자의 죽음이 아니라 구원자의 죽음이었다. 그분의 죽음이 사람들을 그들의 죄에서 구원한다. 그리스도께서 이들을 대신하셨고 이들 대신에 죽으셨는데(막 10:45; 고후 5:21), 이것이 자신과 죄인들이 일관되게 하나 되도록 하시는 그분의 사역의 절정이었다.

희생 제물을 드릴 때 인간의 죄를 씻지 못하는 짐승의 희생이 아니라(히 10:4) 그리스도라는 완벽한 희생 제물을 드려야 한다(히 9:26; 10:5-10). 그리스도께서는 죄에 합당한 값을 지불하셨다(롬 3:25,26; 6:23; 갈 3:13). 그분은 우리를 구속하셨고(엡 1:7), 우리를 자유하게 하는 값을 지불하셨다(고전 6:20; 갈 5:1). 그분은 새 언약을 맺으셨고(히 9:15), 승리하셨다(고전 15:55-57). 그분은 하나님의 진노를 제거하는 유화(宥和, propitiation. 유화에는 죄를 덮는다는 의미와 마음을 풀어준다는 두 의미가 있다 ― 역자 주)를 이루셨고(롬 3:25,26), 원수를 친구로 바꾸는 화목을 이루셨다(엡 2:16). 그분의 사랑과 오래참음은 하나의 본이 되었다(벧전 2:21). 그러므로 우리는 우리의 십자가를 져야 한다(눅 9:23). 구원에는 여러 면이 있다. 그러나 구원을 어느 쪽으로 보더라도, 그리스도께서는 우리를 대신하셨고, 우리가 스스로 할 수 없는 것을 우리를 위해 하셨다. 우리의 몫은 그저 회개하고 믿음을 가지며 이기심을 버리는 삶으로 반응하는 것뿐이다.

신약은 하나의 대속 이론(theory of atonement)을 제시하지 않지만 그리스도의 대속 사역의 결과에 대해서는 많이 언급하며, 따라서 우리는 그리스도의 대속 사역의 많은 부분을 알고 있다. 바울은 구속, 유화(宥和), 화해와 같은 개념을 사용하면서 대속을 칭의의 한 과정으로서 크게 강조한다. 때로 우리는 십자가를 하나의 승리나 본보기로, 새로운 언약을 낳는 희생이나 단순한 희생으로 해석한다. 십자가를 보는 방식은 다양하다. 우리는 십자가의 효력과 복합성에 대해서는 전혀 의심하지 않는다. 인간의 영적 문제를 보라. 십자가의 그 필요를 충족시켜 줄 것이다. 그러나 신약은 '어떻게'에 관해서는 말하지 않는다.

대속 이론은 무수히 많다. 서로 다른 시대와 나라마다 신자들이, 성경적 가르침의 다양한 기준을 한데 모아 하나님께서 우리에게 구원을 주시려고 어떻게 일하셨는지를 다른 사람들이 이해하도록 돕는 이론을 만들어내려고 노력했기 때문이다. 이러한 모험의 길이 열린 것은 적어도 부분적으로는 교회가 공식적이며 정통적인 견해를 전혀 제시하지 않았기 때문이다. 초기에는 그리스도와 삼위일체의 본성에 관한 큰 논쟁들이 있었다. 이단들이 나타났으며, 교회는 이들에 관해 철저히 논의한 후 이들을 물리쳤다. 결국 교회는 칼케돈 신조를 정통 신앙의 표준으로 받아들였다.

그러나 대속에 관해서는 이런 과정이 없었다. 사람들은 단순히 그리스도께서 십자가를 통해 자신을 구원하셨다는 만족스러운 진리를 붙잡았으며, 이러한 구원이 어떻게 효력을 발휘하는가에 대한 논쟁은 없었다. 따라서 칼케돈 신조와 같은 표준이 없었으며, 이 때문에 신자들은 각자의 방식으로 만족스러운 이론을 추구했다. 지금까지도 사람들이 보편적으로 받아들이는 대속 이론은 없다. 그렇다고 우리가 이러한 과제를 포기해서는 안 된다. 모든 이론은 우리가 십자가의 의미를 좀 더 이해하도록 도와주며, 따라서 우리는 어떤 경우라도 우리 안에 있는 소망의 이유를 제시할 수 있어야 한다(벧전 3:15). 대속의 이론들의 역할은 바로 이것이다.

지금까지 형성된 모든 대속 이론을 다 다루기란 불가능하다. 그러나 대부분의 대속 이론은 크게 세 종류로 나눌 수 있다. 첫째는 십자가가 신자에게 미치는 영향을 문제의 본질로 보는 이론이다. 둘째는 일종의 승리를 문제의 본질로 보는 이론이다. 그리고 셋째는 하나님과 관련된 부분을 강조하는 이론이다. 어떤 사람들은 대속 이론을 크게 둘로 나누기를 더 좋아하는데, 신자에게 미치는 영향을 강조하는 주관적 이론과 대속이 개인과는 상당히 떨어진 부분에서 성취하는 것을 강조하는 객관적 이론으로 나눈다.

주관적 시각 또는 도덕 감화설

주관적 또는 도덕적 견해 가운데 어떤 형식은 오늘날 널리, 특히 자유주의 학파들 가운데 퍼져 있다. 이러한 견해의 모든 변형은 하나같이 그리스도의 십자가가 죄인에게 미치는 영향이 중요하다는 점을 강조한다. 일반적으로 이 견해는 하나님의 사랑을 강조한 피터 아벨라르(Peter Abelard)에게서 나왔다고 보는데, 때로 도덕 감화설(moral-influence theory)이나 예증주의(exemplarism)라고도 한다. 우리는 십자가를 볼 때 하나님의 사랑이 얼마나 큰지 알며, 이 때문에 우리 속에서 두려움이 사라지고 응답하는 사랑이 일어나기 시작한다. 우리는 사랑으로 사랑에 반응하며, 더 이상 이기심과 죄 가운데 살지 않는다. 이것을 표현하는 다른 방식 가운데는 죄인들을 위해 죽으시는 이타적인 그리스도의 모습이 우리를 감동시켜 회개와 믿음에 이르게 한다고 보는 견해가 있다. 하나님이 우리를 위해 이 모든 것을 하신다면, 우리는 자신이 더 이상 죄 가운데 살아서는 안 된다고 말한다. 그래서 우리는 죄를 회개하고 죄에서 돌아서며 구원받는다. 이 모든 것의 핵심은 개인적인 경험이다. 이런 방식으로 볼 때, 대속은 신자에게밖에 영향을 미치지 못한다. 대속은 개인적인 경험에서는 실재이지만 다른 곳에서는 전혀 그렇지 않다. 헤이스팅스 레쉬달(Hastings Rashdall)은 《대속의 개념》(Idea of Atonement, 1919)에서 이 견해를 변호했다.

이 이론은 기본적으로 진리를 담고 있다. 그 자체로 볼 때, 이 이론은 부족하지만 틀린 것은 아니다. 우리는 십자가에 나타난 그리스도의 사랑에 반드시 반응해야 하며, 그분이 보이신 본이 설득력이 있다는 점을 인정해야 한다. 잘 알려져 있고 많은 사람에게 사랑을 받는 '주 달려 죽은 십자가'(새찬송가 149장)라는 찬송은 도덕적 견해만을 제시한다. 모든 행은 십자가를 바라보는 자에게 미치는 영향을 강조한다. 이 찬송은 깊은 감명을 준다. 이 찬송이 말하는 것은 참이며 중요하다. 그러나 "대속이 의미하는 것은 이것이 전부"라는 주장이 있다면, 우리는 이러한 주장을 거부해야 한다. 이런 면에서 본다면, 이 찬송은 심각한 비판에 직면한다. 그리스도께서 자신의 죽음으로 실제로 무엇인가를 하고 계신게 아니었다면, 우리가 마주하는 것은 한 편의 쇼맨십에 불과하다. 당신이 물살이 센 강에 빠졌는데 누군가 당신을 구하려고 뛰어들었다가 죽었다면, 당신은 그의 사랑과 희생을 인정할 것이다. 그러나 당신이 강둑에 안전하게 앉아 있는데 누군가 사랑을 입증하려고 급류에 뛰어든다면, 당신은 거기서 아무런 핵심도 발견하지 못할 것이며 그의 무의미한 행동을 한탄할 뿐이다. 그리스도의 죽음이 실제로 무엇인가를 하지 않는다면, 그것은 사실 사랑의 증거가 아니다.

승리로서의 대속

초대교회는 대속이 작용하는 방식에 거의 주목하지 않았던 것 같다. 그러나 이 문제에 직면했을 때, 그 대답이 신약의 견지에서 제시될 때가 아주 많았다. 교부들은 이렇게 추론했다. 사람들은 자신의 죄 때문에 당연히 사탄에게 속해 있다. 그러나 하나님은 그분의 아들을 속전으로 주셨으며, 사탄은 이 거래를 열렬히 받아들였다. 그러나 사탄은 그리스도를 지옥으로 끌어내렸을 때 자신이 그분을 붙잡을 수 없음을 발견했다. 셋째 날, 그리스도께서는 승리의 부활을 하셨고 사탄은 자신의 본래 포로들뿐 아니라 자신이 그들 대신에 받았던 속전까지 잃어버렸다. 하나님이 이것을 미리 아셨음을 아는 데는 심오한 지성이 필요하지 않았다. 그러나 교부들은 하나님이 사탄을 속이셨다는 생각으로 고민하지 않았다. 교부들은 이것을 하나님이 사탄보다 지혜롭고 강하시다는 증거로 받아들였다. 교부들은 심지어 예수님의 육체는 미끼였으며, 신성을 낚시 바늘로 묘사하는 그림까지 그렸다. 사탄은 미끼와 함께 바늘을 삼켰고 꼼짝없이 걸려들었다. 이러한 견해는 마귀 속전론(devil ransom theory), 고전적 대속론, 낚시 대속론(fishhook theory of the atonement) 등으로 다양하게 불렸다.

몇몇 교부들은 이러한 종류의 은유를 기쁘게 여겼다. 그러나 안셀름의 비판을 받은 후, 이 견해는 사라졌다. 최근에 와서야 구스타프 올렌(Gustaf Aulen)은 《승리자 그리스도》(Christus Victor)에서 중요한 진리가 기괴한 은유들 뒤에 있음을 보여주었다. 결국 그리스도의 대속 사역은 승리를 의미한다. 마귀와 모든 악의 세력이 패배했다. 죄가 정복되었다. 이것은 항상 이론으로 정립되지는 않았으나 부활절 찬송에 담겨 있었다. 이것은 기독교 예배의 중요한 요소를 형성하며, 그리스도인들이 절대로 잃지 말아야 하는 하나의 진실을 가르쳐준다.

이 견해를 다룰 때 상당히 주의해야 한다. 그렇지 않으면 하나님이 구원하시는 것은 단지 그분이 강하시기 때문이라고, 그러므로 힘이 곧 정의라고 말하는 데서 끝나버린다. 이것은 성경을 진지하게 받아들이는 사람이라면 누구도 내릴 수 없는 결론이다. 우리는 이러한 견해가 그 자체로는 적절하지 않다는 경고를 받는다. 그러나 다른 견해들과 결합될 때, 이 견해는 최종적으로 만족스러운 그 어떤 이론에서든 반드시 제 자리를 찾는다. 그리스도께서 승리하셨다는 것은 중요하다.

안셀름의 만족설(Satisfaction Theory)

11세기에 캔터베리의 대주교 안셀름(Anselm)은 《왜 하나님은 인간이 되셨는가?》(Cur Deus Homo?)라는 얇은 책을 썼다. 이 책에서 그는 하나님이 사탄에게 속전을 지불하셨다는 초기 교부들의 견해를 강하게 비판했다. 그는 죄가 하나님의 위엄을 더럽힌다고 보았다. 이제 주권자께서 모욕이나 무례를 용서하시기 위해 자신의 개인적인 능력을 기꺼이 사용하실 준비가 되어 있다. 그러나 그분은 주권자시기 때문에 그렇게 하실 수 없다. 나라가 머리에서부터 더럽혀졌다. 적절한 만족이 이루어져야 한다. 하나님은 만물의 주권적 통치자시며, 그분이 자신의 나라에서 그 어떤 불법이라도 허용하시는 것은 적절하지 않다. 안셀름은 하나님께 범한 모욕죄가 너무나 크기 때문에 오직 하나님이신 분만 만족을 줄 수 있다(provide satisfaction, '배상하다'라는 뜻이다 — 역자 주)고 주장했다. 그러나 이러한 모욕죄는 인간이 범한 것이며 따라서 인간만이 만족을 줄 수 있다. 따라서 안셀름은 하나님이자 인간인 존재가 필요하다고 결론 내렸다.

안셀름이 이 주제를 다룬 방식 때문에 이 주제에 관한 논의의 수준이 훨씬 높아졌다. 그러나 대부분은 논증이 결정적이지 못하다는 데 동의한다. 결국 안셀름은 하나님을 위엄이 손상된 왕과 너무나 비슷하게 만들었다. 그는 자신의 나라에 해를 끼치지 않으면서 자비와 용서를 베풀 수 있는 주권자의 능력을 간과했다. 안셀름의 견해를 더 깊이 들여다보면, 그는 그리스도의 죽음과 죄인들의 구원 사이에서 필연적 결론을 발견하지 못했다. 그리스도께서 큰 상급을 받으신 것은 죽을 필요가 없었는데 죽으셨기 때문이다(그분께는 죄가 없었다). 그러나 그분은 상급을 받으실 수 없었다. 모든 게 그분의 것이기 때문이었다. 그렇다면 그분은 자신의 상급을 자신이 위해서 죽은 자들에게 돌리는 게 가장 적절하지 않았겠는가? 이렇게 되면 죄인의 구원이 다소간 우연의 문제가 되어버린다. 지금은 안셀름과 견해를 같이할 사람들이 그리 많지 않다. 그러나 적어도 그는 죄를 심각하게 보았으며, 그렇지 않았다면 그 어떤 만족설도 없을 것이다.

형벌 대속설(Penal Substitution)

종교개혁자들은 죄가 심각한 문제라는 안셀름의 주장에 동의했지만 죄가 하나님의 명예를 더럽히기보다는 하나님의 법을 어기는 것이라고 보았다. 이들은 도덕법을 가볍게 여겨서는 안 된다고 주장했다. "죄의 삯은 사망이요"(롬 6:23).

죄악된 인류의 문제는 바로 이것이다. 종교개혁자들은 하나님의 진노와 죄인들 위에 놓인 저주를 언급하는 성경의 가르침을 진지하게 받아들였다. 이들이 보기에 그리스도의 구원 사역의 본질은 그분이 죄인을 대신한 데 있는 게 분명했다. 그리스도께서 우리 대신에 죄의 삯인 죽음을 견디셨다. 그분은 죄인인 우리가 받아야 할 저주를 대신 받으셨다(갈 3:13). 종교개혁자들은 그리스도께서 우리의 벌을 대신 받으셨거나 우리 대신에 하나님의 진노를 가라앉히셨다고 말하기를 주저하지 않았다.

이러한 견해는 지금까지도 널리 비판을 받고 있다. 이러한 견해를 비판하는 사람들은 특히 죄가 한 사람에게서 다른 사람에게 쉽게 옮겨지는 외적인 문제가 아니라는 점과 어떤 형태의 형벌은 옮겨질 수 있지만(벌금 납부) 어떤 형태의 형벌(징역, 사형)은 그렇지 않다는 점을 지적한다. 이들은 이 이론이 그리스도의 사랑을 극대화하고 아버지의 사랑을 극소화함으로써 그리스도를 아버지와 대립시킨다고 주장한다. 이러한 비판은 이 이론이 제시되는 몇 가지 방식에서 보면 타당할지 모르지만 이 이론의 본질적 기초를 흔들지는 못하며, 이중적 일치, 다시 말해, 그리스도는 죄인들과 하나이며(구원받은 자들은 그리스도 '안에' 있다. 롬 8:1) 그리스도는 아버지와 하나라는 점(그분과 아버지는 하나이다. 요 10:30; 고후 5:18,19)을 간과한다. 이러한 비판은 또한 이 이론이 신약의 큰 지지를 받는다는 사실도 간과한다. 예를 들면, 바울이 이러한 견해를 제시하지 않는다는 주장은 말이 안 된다. 조심스럽게 말할 필요가 있지만, 이 견해는 지금도 그리스도께서 우리의 구원을 이루신 방식에 대해 중요한 것을 말한다.

희생(Sacrifice)

구약은 희생(희생제물, 제사)에 대해 많이 말하지만 신약도 적지 않게 말한다. 어떤 사람들은 이러한 사실이 대속을 이해하는 열쇠라고 주장한다. 성경이 그리스도의 구원 행위를 하나의 희생으로 보는 것은 분명한 사실이며, 만족스러운 모든 이론은 이 부분을 반드시 포함해야 한다. 그러나 보충되지 않으면, 이것은 설명 없는 설명일 뿐이다. 도덕적 견해나 형벌 대속론은 맞을 수도 있고 틀릴 수도 있지만 적어도 이해는 된다. 그러나 어떻게 희생이 구원을 이루는가? 그 대답은 분명하지 않다.

통치설(Governmental Theory)

휘호 흐로티위스(Hugo Grotius, 1583-1645. 국제법의 아버지로 불리는 네덜란드의 법학자이자 정치가)는, 그리스도는 우리의 형벌을 감당하신 게 아니라 죄인들이 용서받고 법이 존중되는 형벌의 본보기(penal example)로 고난을 당하셨다고 주장했다. 이러한 견해를 가리켜 '통치설'이라 부르는 이유는 흐로티위스가 하나님을 법(이 경우에는 "범죄한 영혼은 죽는다")을 제정한 통치자로 보았기 때문이다. 하나님은 죄인들이 죽기를 원하지 않으셨기 때문에 이 규정을 완화하셨으며, 대신에 그리스도의 죽음을 받아들이셨다. 하나님은 원하시면 간단히 인류를 용서하실 수도 있었다. 그러나 이것은 사회에 아무런 가치도 없었을 것이다. 그리스도의 죽음은 하나님이 유지하기 원하시는 우주의 도덕적 질서의 수준을 보여주는 공적인 예이다. 이 견해는 〈그리스도의 만족에 관한 가톨릭 신앙 변호-파시우스 소시누스를 반박함〉Defensio Fidei Catholicae de Satisfactione Christi adversus F. Socinum, 1636)에 자세히 나온다.

요약

이상의 모든 견해는 대속이 거대하고 깊다는 사실을 각자의 방식으로 인정한다. 대속에 비할 만한 것은 없으며, 대속은 그 자체로 이해되어야 한다. 죄악된 인간은 절망적인 곤경에 처했다. 왜냐하면 신약은 죄인을 잃은 바 되었으며, 지옥의 고통을 당하며, 멸망하며, 어둠에 던져지는 존재로 보기 때문이다. 이 모든 것을 고치는 대속은 복잡할 수밖에 없다. 그러므로 우리는 구속, 유화, 칭의 등 모든 선명한 개념이 필요하다. 우리는 이 모든 이론이 필요하다. 각 이론은 우리가 얻는 구원의 중요한 부분에 우리의 주의를 집중시키며, 따라서 우리는 하나라도 버려서는 안 된다. 그러나 우리는 마음이 좁은 죄인이며 대속은 위대하고 거대하다. 우리는 우리의 이론이 대속을 완전히 설명하리라고 기대해서는 안 된다. 우리가 이 모든 이론을 하나로 통합하더라도 하나님의 거대한 구원 행위의 지극히 작은 부분을 이해하는 첫걸음에 불과할 것이다.

대속 2

Atonement

+ 월터 엘웰

TWO DIFFERENT VIEWS OF CHRIST'S ATONEMENT

그리스도의 대속에 관한 두 견해

예수님의 죽음은 제한된 수의 사람들(택자들)만을 구원하기 위한 것이었는가, 아니면 모두를 구원하기 위한 것이었는가? 첫째 견해를 가리켜 때로 '제한 속죄'(limited atonement)라 하는데, 하나님이 그리스도의 죽음의 결과를 구체적인 수의 선택된 사람들로 제한하셨다고 보기 때문이다. 이 견해를 가리켜 '특별 구속'(particular redemption)이라고도 하는데, 구속이 특별한 사람들을 위한 것이었다고 보기 때문이다. 둘째 견해를 가리켜 때로 '무한 속죄'(unlimited atonement) 또는 '일반 구속'(general redemption)이라 하는데, 이는 하나님이 그리스도의 구속적 죽음을 택자들에게만 제한하신 게 아니라 인류 전체에게 허락하셨다고 보기 때문이다.

월터 엘웰 Walter A. Elwell

THE PORTABLE SEMINARY

특별 구속 종교개혁 직후, 선택 교리와 대속의 만족설이 내포하는 의미가 밝혀지면서, 예수님은 특별히 택한 자들을 위해 죽으셨고 이들의 구속을 보장하신 것일 뿐 세상을 위해 죽으신 게 아니라는 교리가 생겨났다. 논쟁이 벌어졌고, 마침내 도르트 회의(Synod of Dort, 1618-1619)는 그리스도의 죽음이 "모두에게 충분하지만 택자에게는 유효하다"(sufficient for all but efficient for the elect)고 선언했다. 이러한 선언은 많은 신학자들, 몇몇 칼빈주의자들조차 만족시키지 못했으며 논쟁은 지금도 계속되고 있다.

제한 속죄론을 수호하기 위해 수많은 논증이 동원되었으나 다음은 그 가운데 좀 더 빈번하게 사용된 것들이다.

첫째, 성경에는 누가 그리스도의 죽음에서 유익을 얻을 것인가에 대한 자격 요건이 있으며, 따라서 그리스도의 죽음은 제한된 사람들에게만 유효하다. 성경은 그리스도께서 그분의 양(요 10:11,15), 그분의 교회(행 20:28), 택하신 자들(롬 8:32-35), 그분의 백성(마 1:21)을 위해 죽으셨다고 말한다.

둘째, 하나님의 계획은 언제나 유효하며, 결코 인간의 손에 파기될 수 없다. 하나님이 그리스도의 죽음으로 모두 구원받도록 하셨다면 모두가 구원받을 것이다. 그러나 모두가 구원받지는 않은 게 분명하다. 왜냐하면 성경은, 그리스도를 거부하는 자들은 잃은 자들이라고 분명하게 가르치기 때문이다. 그러므로 모두 구원받지는 않기 때문에 그리스도께서 모두를 위해 죽으신 게 아니라는 것이 논리에 맞다. 그리스도께서 모두를 위해 죽으셨다는 주장은 사실상 하나님의 구원 의지가 이루어지지 않고 있거나 모두 구원받으리라는 주장이다. 그러나 이 둘의 전제는 분명히 틀렸다.

셋째, 그리스도께서 모두를 위해 죽으셨다면, 하나님이 사람들을 그들의 죄 때문에 지옥에 보내시는 것은 부당할 것이다. 어떤 법정도 동일한 범죄에 대한 이중 형벌을 허용하지 않으며, 하나님도 마찬가지일 것이다. 하나님이 모두가 구원받도록 계획하신 게 아니라면, 하나님은 그리스도께서 모두를 위해 죽도록 허락하실 수 없었을 것이다. 그런데 어떤 사람들은 구원받지 못하며, 따라서 하나님은 모두가 구원받도록 계획하지 않으신 게 분명하다. 그리스도께서는 택자들의 죄값을 지불하셨다. 잃은 자들은 자신의 죄값을 치른다.

넷째, 그리스도께서 모두를 위해 죽으셨다고 말하는 것은 논리적으로 만인구원론(universalism)으로 이어진다. 일반 구속을 믿는 사람들이 모두 만인구원론을 믿는 것은 아니다. 그러나 이들이 만인구원론을 믿지 않을 타당한 이유가 없다. 이들이 논리적으로 일관적이라면 만인구원론을 믿을 것이다. 왜냐하면 이들은 그리스도께서 모두의 죄값을 지불하셨으며 따라서 모두를 구원하신다고 주장하기 때문이다.

다섯째, 그리스도께서는 단지 구원을 가능하게 하려고 죽으신 게 아니라 실제로 구원하기 위해 죽으셨다. 그리스도께서 단지 구원의 가능성을 주려고 죽으셨다는 주장은 '누구나 구원받는가'라는 문제를 열어두는 것이다. 하나님의 계획이 실제가 아니라 가능성에 관한 것일 뿐이라면, 어느 누구도 안전하지 않으며 모든 게 의심스럽다. 성경은 예수님의 죽음이 실제로 그분의 백성의 구원을 보장한다고 분명하게 가르치며, 따라서 그들의 구원을 확실하게 하고 대속을 제한한다(롬 5:10; 고후 5:21; 갈 1:4; 3:13; 엡 1:7).

여섯째, 구원받기 위해 충족시켜야 할 조건이 없으며(구원은 행위가 아니라 은혜로 받는다) 믿음의 행위조차 구원의 조건이 아니다. 그러므로 회개와 믿음 모두 그리스도께서 위하여 죽으신 사람들에게는 안전하게 확보된다. 대속의 계획이 모두를 위한 것이라면 모두가 회개하고 믿겠지만 그렇지 않은 게 분명하다. 그러므로 그리스도의 죽음은 오직 회개하고 믿을 사람들, 즉 택자들만을 위한 것이었다.

일곱째, 그리스도께서 '세상'을 위해 죽으셨다고 말하는 구절들이 지금까지 잘못 이해되었다. 세상(world)이라는 단어는 실제로 택자들의 세상, 곧 신자들이나 교회나 모든 민족의 세상을 의미한다.

마지막으로, 그리스도께서 모두를 위해 죽으셨다고 말하는 구절들도 지금까지 잘못 이해되었다. 모두(all)라는 단어는 모든 사람(everyone)이 아니라 '모든 부류'(all classes)의 사람을 의미한다.

일반 속죄 일반 속죄론은 그리스도의 죽음은 믿음과 상관없이 모든 인류를 포함하도록 계획되었다고 주장한다. 그리스도의 죽음이 믿는 자들에게는 구속적으로 적용되며, 믿지 않는 자들에게는 일반 은총의 유익을 주며, 잃어버린 바 됨(being lost)에 대한 그 어떤 변명도 소용 없게 한다. 하나님은 이들을 사랑하셨으며 그리스도께서 이들을 위해 죽으셨다. 이들이 잃어버린 바 된 것은 자신들이 그리스도 안에서 제안 받은 구원을 진지하게 받아들이기를 거부하기 때문이다.

첫째, 일반 속죄를 주장하는 사람들은 이것이 대다수 신학자들과 종교개혁자들과 복음주의자들이 주장하며, 초기부터 지금까지 교회의 지도자들이 주장하며, 어거스틴을 제외하고 사실상 종교개혁 이전의 모든 저자들이 주장하는 교회의 역사적 견해라는 점을 지적한다. 이 교리는 종교개혁자들 가운데서 루터(Martin Luther, 1483-1546), 멜랑흐톤(Philip Melanchthon, 1497-1560), 불링거(Heinrich

Bullinger, 1504-1575), 라티머(Hugh Latimer, 1475-1555), 크렌머(Thomas Cranmer, 1489-1556, 영국의 성공회 대주교), 커버데일(Miles Coverdale, 1488-1568, 틴데일의 뒤를 이어 성경을 영어로 번역했다)에게서, 심지어 칼빈의 몇몇 주석에서도 나타난다. 예를 들면, 칼빈은 골로새서 1장 14절에 대해 이렇게 말한다. "이러한 구속은 그리스도의 피를 통해 이루어진다. 왜냐하면 그분의 희생적 죽음으로 세상의 모든 죄가 사해졌기 때문이다." 그리고 그는 마가복음 14장 24절에 나오는 "많은 사람을 위하여 흘리는"(shed for many)이라는 어구에 대해 이렇게 말한다. "그분이 많은(many)이라는 단어에서 의미하시는 것은 단지 세상의 한 부분이 아니라 온 인류이다." 칼빈주의자들 가운데서도 가상적 만인구원론(hypothetical universalism)이라는 일반 속죄론이 나타난다. 그 가운데 몇몇만 예를 들면, 모이세 아미롯(Moïse Amyraut, 1596-1664), 리차드 백스터(Richard Baxter, 1615-1691), 존 번연(John Bunyan, 1628-1688), 존 뉴튼(John Newton, 1725-1807), 존 브라운(John Brown, 1800-1859, 미국의 노예제 폐지 운동에 앞장섰다) 등이 있다. 압도적 다수의 그리스도인들이 이러한 중요한 부분에서 성령의 인도를 심하게 오해했을 수 있다.

둘째, 성경이 그리스도께서 모두(all)를 위해 죽으셨다고 말할 때, 이 말의 뜻은 글자 그대로이다. 이 단어를 달리 이해할 강력한 이유가 없는 한(그런 이유는 존재하지 않는다) 일반적 의미로 이해해야 한다. 그렇지 않다면 몇몇 구절이(예를 들면, 사 53:6; 요일 2:2; 딤전 2:1-6; 4:10) 이치에 맞지 않는다.

셋째, 성경은 그리스도께서 세상 죄를 제거하셨으며 세상의 구주라고 말한다. 세상(world)이라는 단어를, 특히 이 단어가 78회나 사용되는 요한복음에서 연구해보면, 세상은 하나님을 미워하고, 그리스도를 거부하며, 사탄의 지배를 받고 있음을 알 수 있다. 그러나 그리스도께서는 바로 이런 세상을 위해 죽으셨다. 신약 어느 곳에서도 세상은 '교회'나 '택자들'을 의미하지 않는다.

넷째, 만인구원설에 대한 비판을 축소하려는 몇몇 논증은 특히 설득력이 강하다. 그리스도께서 모두를 위해 죽으셨다는 것은 모두가 구원받는다는 뜻이 아니다. 구원받기 위해서는 반드시 그리스도를 믿어야 한다. 그러므로 그리스도께서 세상을 위해 죽으셨다고 해서 모두의 구원이 분명히 보장되는 것은 아니다. 바울은 하나님이 어떤 의미에서 모두의 구원자이실 수 있지만 또 다른 의미에서 믿는 자들의 구원자이실 수 있다고 말하는 데 전혀 어려움이 없었다(딤전 4:9,10).

다섯째, 하나님이 구원의 제의를 거부하는 자들을 심판하시는 것은 부당하지 않다. 하나님은 두 번 심판하시는 게 아니다. 불신자들이 그리스도의 죽음을 자신의 것으로 받아들이기를 거부하기 때문에, 그리스도의 죽음의 유익이 이들에게 적용되지 않는다. 이들이 잃은 자가 된 것은 그리스도께서 이들을 위해 죽지 않으셨기 때문이 아니라 이들이 하나님의 용서의 제안을 거부했기 때문이다.

여섯째, 성경은 그리스도의 죽음의 유익이 택자들, 그분의 양들과 백성의 것이라고 말하는 게 사실이다. 그러나 그리스도께서 이들만을 위해 죽으셨다고는 말하지 않는다. 그 누구도 그리스도께서 이들을 위해 죽으셨다는 사실을 부정하지 않는다. 다만 그리스도께서 오직 이들만을 위해 죽으셨다는 것을 부정할 뿐이다.

일곱째, 성경은 그리스도께서 '죄인들'을 위해 죽으셨다고 가르친다(롬 5:6-8; 딤전 1:15). 죄인(sinner)이라는 단어는 어디서도 '교회'나 '택자'를 의미하지 않는다. 죄인은 잃어버린 바 된 모든 인류를 의미한다.

마지막으로, 하나님은 단지 택자들뿐 아니라 모두에게 복음을 진지하게 주시며 믿으라고 하신다. 그리스도께서 실제로 모두를 위해 죽으신 게 아니라면 어떻게 이것이 사실일 수 있겠는가? 그리스도께서 모두를 위해 죽으신 게 아니라면, 하나님은 자신이 그리스도께서 어떤 특정한 사람들의 죄값을 지불하도록 허락하지 않으셨기 때문에 그들이 결코 구원받을 수 없으리라는 사실을 너무나 잘 아실 것이다. 제한 속죄의 철저한 수호자인 루이스 벌코프(Louis Berkhof, 1873-1957)까지도 "이 부분에서 진짜 어려움이 있다는 것을 부정할 필요가 없다"고 인정한다.

요약 두 견해 모두 신학적으로 중요한 것을 보존하려 한다. 제한 속죄를 주장하는 사람들은 하나님의 구원은 확실하며 하나님은 인간에게 구원을 제의하실 때 주도적으로 하신다는 점을 강조한다. 구원이 우리의 행위에 달렸다면, 모두가 잃은 자가 될 것이다. 일반 속죄를 주장하는 사람들은 하나님이 공정하시다는 것과 자신들에게 분명해 보이는 성경의 가르침을 보존하려 한다. 그리스도께서 모두를 위해 죽으셨기 때문에 구원이 결코 덜 확실한 게 아니다. 구원을 거부하려는 결정이 심판을 낳으며, 믿음은 우리가 살도록 죽으신 그리스도와의 구원의 관계로 이어진다. 리턴(F. A. Litton)은 두 견해를 이렇게 중재하려 한다.

"따라서 실제로 전투는 이들이 생각했던 것만큼 격렬하지 않을 것이다. 가장 극단적인 칼빈주의자라도 모두가 들어온다면 모두를 위한 여지가 있음을 인정할 것이다. 가장 극단적인 알미니안주의자라도 온전한 성경적 의미에서 보면 구속이 모두의 특권은 아니라는 점을 반드시 인정해야 한다."

더 깊게 공부하려면

10장 끝부분을 보라.

제임스 던
구약의 성령 | 신약의 성령

06 성/령/론

"성령님, 오셔서 우리 영혼을 감동시키시고
천상의 불로 밝히소서."
_ '오소서, 창조의 영이여' Veni Creator Spiritus에서

마인쯔의 대주교 라바누스 마우루스 Rabanus Maurus

성령은 삼위일체의 제3위이다. 영(靈, spirit, 히브리어 ruah 헬라어 pnuema)은 고대 시대부터 인간들 안에, 위에, 주위에 작용하며, 인간들이 하나님의 능력으로 이해하는 신적 능력에 대한 경험을 묘사하고 설명하는 데 사용되는 단어이다.

구약의 성령

The Spirit in the Old Testament

+ 제임스 던

가장 이른 시기의 히브리 저작들 때부터 영(spirit)이라는 단어가 세 가지 기본 의미로 사용된 게 분명하다.

사사시대 (1) 하나님의 바람. 영은 하나님에게서 나오는 바람으로, 홍수의 물을 줄게 했고(창 8:1), 애굽에 메뚜기 떼를 몰아넣었으며(출 10:13), 이스라엘 진을 떨게 했다. 하나님의 코에서 나온 바람이 출애굽 때 홍해를 갈랐다(출 14:21).

(2) 생명의 호흡. 하나님의 호흡은 인간을 살아 있는 존재로 만들었다(창 2:7). 인간이 살아 있는 유일한 이유는 그의 속에 있는 하나님의 호흡이나 영이 작용하기 때문이라는 게 가장 초기의 히브리 신앙의 내용 가운데 하나였다(욥 33:4; 34:14,15; 시 104:29). 후에 하나님의 영과 인간의 영, 곧 영(spirit)과 혼(soul)이 더 분명하게 구분되었다. 그러나 가장 초기 단계에서는 이것들이 신적 능력, 인간뿐 아니라 동물을 포함하는 모든 생명의 근원을 나타내는 다소간 동의어적인 표현이었다(창 7:15,22; 전 3:19,21).

(3) 무아지경의 영(spirit of ecstasy). 이러한 신적 능력이 한 사람을 완전히 압도하거나 소유함으로써 그의 말이나 행동이 일반적인 언행을 훨씬 초월해 보이는 경우가 있었다. 이러한 사람은 하나님의 목적을 수행하는 대리자로 분명하게 명시되고 존경을 받았다. 왕정시대 이전의 지도자들이 바로 이런 방식으로 인정받은 게 분명하다. 옷니엘(삿 3:10), 기드온(삿 6:34), 여호사밧(삿 11:29)뿐 아니라 이스라엘의 초대 임금 사울도(삼상 11:6), 무아지경에서 영감을 받은 가장 이른 시기의 예언자들도 마찬가지였다(삼상 19:20,23,24).

하나님의 지명에 대한 이러한 이해는 자연히 몇 가지 심각한 문제를 일으켰다. 무아지경이 유일한 하나님의 인증이며, 모든 무아지경을 똑같이 이렇게 받아들여야 하는가? 구약에는 이것이 바벨론 포로기 이전에 이스라엘의 당면 문제가 되었음을 보여주는 몇 가지 암시가 있다.

왕정시대 카리스마적 지도력을 토대로 하는 사사시대에서 왕정시대로 넘어가면서, 하나님의 능력으로 기름부음 받는 것이 왕이 되는 자격 요건인가, 아니면 대관식의 한 부분인가 하는 문제가 제기되었다.

이 문제는 왕위 세습이 오래 지속되지 못한 북쪽 이스라엘에서 더 생생하게 나타났다. 예후는 하나님의 명령으로 엘리야에게 기름부음 받았다는 사실을 근거로 자신의 왕권을 주장했다. 남쪽 유다 왕국의 통치 모델은 다윗이었는데, 다윗은 사무엘에게 카리스마적 기름부음을 받은 것을 근거로 자신의 왕권을 주장했다(삼상 16:13; 시 89:20,21).

직무를 위한 자격 요건과 하나님의 기름부음이라는 문제는 포로기 이전에 훨씬 더 날카로운 형태로 나타났다. 누구를 하나님의 권위 있는 대언자로 여겨야 하는가? 제사장과 공식적인 선지자인가, 아니면 독립적인 선지자인가? 여호와의 권위 있는 말씀이 공식 예배 제도나 성전에서 그분을 대신하여 말하는 제사장이나 선지자에게서 왔는가, 아니면 강력한 영감의 권위만으로 말하는 선지자에게서 왔는가?

되돌아 보더라도, 우리는 후자라고 분명하게 결론내릴 수 없다. 이사야와 예레미야는 그 시대의 공식적인 대언자들의 타락을 공격했지만(사 28:7; 렘 6:13; 23:11), 하박국과 스가랴를 포함한 몇몇 정경적 선지자들이 공식적인 예배 시스템에 속했을 가능성이 꽤 높다(최근에 학자들은, 적어도 몇몇 시편은 성소 예배에서 하는 예언적 선언으로 시작되었다고 결론 내렸다). 다른 한편으로, 공식 종교와 카리스마적 존재가 충돌할 때면 거의 언제나 카리스마적 선지자의 말이 권위 있는 하나님의 말씀으로 드러났다. 이와 관련된 가장 유명한 두 사건은 미가야 선지자와 아합왕의 선지자 400명의 대면(왕상 22:5-28)과 아모스와 벧엘의 제사장 아마샤의 대결(암 7:10-17)이다.

히브리 사상의 초기 몇 단계에서, 황홀한 경험은 신적인 능력이 직접 임한 것이라고 보았다. 사울이 악령에 사로잡혔을 때처럼(삼상 16:14-16), 황홀한 경험의 성격이 악하다고 여겨질 때라도 마찬가지였다. 영은 선한 목적뿐 아니라 악한 목적에도 허용되었다(삿 9:23; 왕상 22:19-23).

그러나 대선지자들은 영에 관해 말할 때 훨씬 더 신중해진다. 이사야에게, 영은 하나님의 특징이며 하나님과 그분의 행동을 인간사로부터 구분한다(사 31:3). 나중에 '거룩한'이라는 형용사가 하나님의 영을 인간의 영과 구분하며, 신적인 영을 비롯한 다른 모든 영과 구분하는 역할을 했다(시 51:11; 사 63:10,11).

거짓 예언의 문제 때문에 무아지경에서 전달되는 모든 메시지를 여호와의 말씀으로 받아들이는 게 위험하다는 점이 강조되었다. 따라서 예언을 테스트할 때 영감의 정도나 질이 아니라 전달되는 메시지의 내용이나 선지자의 삶을 평가했다(신 13:1-5; 18:22; 사 44:7,8; 렘 23:14; 미 3:5).

이처럼 참된 영감과 거짓 영감을 분별하고 하나님의 말씀을 단순한 무아지경의 신탁과 구분할 필요성을 인식하면, BC 8,7세기의 주요 선지자들이 자신의 감동을 영에게 돌리기를 주저하는 모습(미 3:8이 유일한 예외일 것이다)을 설명하는데 도움이 될 것이며, 이러한 필요성을 인식하지 못한다면 이들의 모습은 당혹스럽게 비칠 것이다. 호세아 9장 7절이 암시하듯이, 성령은 무아지경의 광기와 너무나 동일하게 여겨지게 되었고, 그래서 하나님의 말씀과 초기에 그 말씀의 가장 분명한 표현으로 여겼던 대단한 현시(manifestations)를 구분하기 위해 침묵의 시간이 꼭 필요했다.

영에 관해 가장 이른 시기에 제기되었고 위대한 선지자들이 고민했던 문제가 지금도 그대로 남아 있다. 어떻게 성령 체험을 인식하는가? 어떻게 참된 감동을 거짓 감동과 구분할 수 있는가? 어떻게 성령과 종교의 제도적 양식들 간에 적절한 균형과 건강한 긴장이 유지될 수 있는가?

포로기와 포로기 이후 이 시기의 문학에서 성령의 역할은 중요한 두 기능으로 좁혀진다.

(1) 예언의 영. 후기 선지자들은 다시 예언의 영감자(inspirer of prophecy)와 같은 분명한 말로 성령을 말했다(겔 3:1-4,22-24; 학 2:5; 슥 4:6). 이러한 선지자들은 포로기 이전을 되돌아보면서 '이전 선지자들'의 영감(감동)도 자유롭게 성령께 돌렸다(슥 7:12).

성령께서 예언의 영감자로서 하시는 역할을 높이는 이러한 경향은 신구약 중간기에 점점 더 강해졌으며 마침내 랍비 유대교에서는 성령이 거의 현재의 성경으로 인정되는 예언적 저작의 영감자로만 나타났다.

(2) 종말론적 영. 포로기와 포로기 이후의 성령의 역할에 대한 두 번째 이해는 성령을 오는 세대를 특징짓는 하나님의 능력으로 보는 것이었다. 최종적으로 창조 세계를 깨끗하게 하고 새롭게 하는 하나님의 능력에 대한 종말론적 희망이 이사야의 예언에 깊이 뿌리 박혀 있었는데(사 4:4; 32:14,15; 44:3,4), 여기서 성령의 기름부음을 받은 최종적인 구원의 대리자에 대한 희망이 가장 분명하게 표현된다(사 11:1,2; 42:1; 61:1-3). 다른 곳에서도 성령이 모든 이스라엘에게 자유롭게 임할 때에 대한(겔 39:29; 욜 2:28,29; 슥 12:10), 하나님과의 관계가 더 활기차고 더 친밀해질 새 창조와 새 언약에 대한 동일한 갈망이 표현된다(렘 31:31,34; 겔

36:26,27).

예수님 이전 시대에, 성령은 예언의 영이며 오는 시대의 영이라는 이해가 성령은 더 이상 현재에 경험되지 않는다는 정설로 발전하여 널리 퍼졌다. 성령은 과거에 예언적 저작들의 영감자였으나 학개, 스가랴 이후에는 성령이 물러가 나타나지 않았다(마카비 1서 4:44-46; 9:27; 시 74:9; 슥 13:2-6). 성령은 메시아 시대에 다시 나타나겠지만 신구약 중간기에는 이스라엘에 나타나지 않았다. 예수님과 거의 동시대 인물인 위대한 랍비 힐렐(Hillel, BC 60-AD 20)조차 성령을 받지 못했다. 힐렐과 여러 현자가 만났을 때 하늘에서 이런 음성이 들렸다는 전승이 있다. "여기 모인 사람들 가운데 그 시대에 그럴 가치가 있었다면 성령을 받을 자격이 있는 사람이 하나 있다."

모두가 인정하는 이러한 성령의 부재 때문에 사실상 성령이 율법에 종속되었다. 성령은 율법의 영감자였다. 그러나 성령이 더 이상 직접적으로 경험되지 않기 때문에 율법이 성령의 유일한 목소리가 되었다. 점점 더 강해지는 율법과 권위적인 율법 해석자들의 지배가 예수님의 사명과 기독교의 초기 전파의 배경이었다.

신약의 성령

The Spirit in the New Testament

+ 제임스 던

성령에 관한 신약의 가르침을 정확히 이해하려면 구약의 가르침과의 연속성과 불연속성을 알아야 한다. 많은 부분에서, 구약의 개념이나 단락을 배경으로 하지 않고는 신약의 용례를 정확히 이해할 수 없다. 예를 들면, 요한복음 3장 8절(바람, 성령)과 데살로니가후서 2장 8절(입의 기운/breath)과 요한계시록 11장 11절(생기/breath of life)처럼 모호한 부분을 만나면, 본장 서두에서 살펴보았던 '영'(spirit)이라는 단어가 내포하는 기본적인 히브리적 의미로 돌아가야 한다. 사도행전 8장 39절과 요한계시록 17장 3절, 21장 10절은 열왕기상 18장 12절과 열왕기하 2장 16절과 에스겔 3장 14절에 나오는 것과 동일한 성령의 개념을 보여준다.

그리고 신약 저자들은 성경의 뒤에는 성령의 권위가 있다는 랍비들의 견해를 표현한다(막 12:36; 행 28:25; 히 3:7; 벧후 1:21). 그러나 가장 중요한 연속성은 구약 저자들이 소망하며 고대한 바를 신약이 성취한다는 것이다. 그와 동시에, 기독교는 단지 성취된 유대교에 불과하지 않다. 예수님의 가장 중요한 중심, 그리고 그분의 삶과 사역에서 비롯되는 성령에 대한 새로운 정의에는, 새로운 믿음을 특별하게 하는 불연속성의 요소가 있다.

새 시대의 영 예수님의 사역과 초기 그리스도인들의 메시지에서 가장 놀라운 특징은 새 시대의 축복과 종말론적 성령이 이미 임했다는 확신과 선포였다. 쿰란의 에센 공동체를 제외하면, 유대교 내의 그 어떤 그룹이나 개인도 이처럼 대담한 주장을 하지 못했다. 선지자들과 랍비들은 다가올 메시아 시대를 고대했으며, 묵시 저자들은 그 시대가 임박했다고 경고했다. 그러나 그 누구도 그 시대가 이미 왔다고는 생각하지 않았다. 세례 요한조차 오실 분과 임박한 미래에 있을 성령의 역사를 말했을 뿐이다(막 1:8). 그러나 예수님과 1세기 그리스도인들에게, 오랜 소망은 이제 생생한 현실이었고, 이러한 주장은 '말세'를 산다는 흥분까지 낳았다. 이러한 기독교 신앙과 종말론적 삶을 어느 정도 이해하지 못하다면 성령에 대한 가르침과 경험을 이해할 수 없다.

예수님은 자신의 가르침과 치유가 예언적 소망을 성취한다고 생각하신 게 분명하다(마 12:41,42; 13:16,17; 눅 17:20,21). 특히, 예수님은 자신이 성령에 의해 종말론적 구원의 대리자로 기름부음을 받았다고 보셨다(마 5:3-6; 11:5; 눅 4:17-19). 예수님은 또한 자신이 귀신을 쫓아내시는 것을 하나님의 종말론적 능력(성령)의 결과로 이해하셨으며, 마지막 때에 하나님의 통치(나라)가 나타난 것으로 이해하셨다(마 12:27,28; 막 3:22-26). 복음서 기자들, 특히 누가는 성령께서 예수님의 탄생(마 1:18; 눅 1:35,41,67; 2:25-27), 세례(막 1:9,10; 행 10:38), 사역에서 하신 역할을 강조함으로써(마 4:1; 12:18; 막 1:12; 눅 4:1,14; 10:21; 요 3:34) 예수님의 삶과 사역의 종말론적 성격을 강조한다.

기독교는 '말세'의 오순절에 성령이 임함으로써 특별하게 시작되었고, 환상을 보고 성령에 감동되어 말하는 것과 같은 엄청난 경험은 요엘이 예언했던 새 시대가 왔다는 강력한 증거로 받아들여졌다(행 2:2-4,17,18). 이와 비슷하게 히브리서는 성령의 선물을 가리켜 '내세의 능력'이라 말한다(행 6:4,5). 이보다 더 놀라운 사실은 바울이 성령을 하나님의 완전한 구원의 보증으로(고후 1:22; 5:5; 엡 1:13,14), 하나님의 최종적인 인간 추수의 "처음 익은 열매"(롬 8:23)로, 믿는 자가 받을 하나님 나라의 유업의 첫 몫으로 이해한다는 것이다(롬 8:15-17; 고전 6:9-11; 15:42-50; 갈 4:6,7; 5:16-18,21-23; 엡 1:13,14). 여기서 또다시 성령은 내세의 능력으로 생각되는데, 마지막 때에 그리스도의 통치를 특징지을 그 능력이 이미 신자들의 삶을 빚으며 바꾸고 있다.

바울에게, 이것은 성령의 선물(성령을 선물로 받은 것)이란 신자의 전인(全人)이 성령의 인도를 받을 때까지 평생 계속되는 과정의 시작일 뿐이라는 뜻이기도 하다(롬 8:11,23; 고전 15:42-49; 고후 3:18; 5:1-5).

이것은 또한 현재의 신앙 경험이 하나님께서 신자의 삶에서 이미 이루기 시작하신 것과 아직 하나님의 은혜 아래 있지 않은 것 사이(빌 1:6), 성령과 육체 사이, 삶과 죽음 사이에서 평생 계속되는 긴장의 경험이라는 뜻이기도 하다(롬 8:10,12,13; 갈 5:16,17; 6:8). 로마서 7장 24절과 고린도후서 5장 2-4절이 예리하게 표현하는 내용이 바로 이러한 "성령 안에서" 사는 삶과 "육체 가운데" 사는 삶 사이의 종말론적 긴장이다(갈 2:20).

새 생명의 영 성령은 새 시대의 표지(mark)이다. 따라서 신약 저자들이 일반적으로 성령을 선물로 받는 것을 새 시대로 들어가는 것으로 이해했다는 사실은 놀라운 게 아니다. 세례 요한은 오실 분이 성령과 불로 세례를 주시리라고 말했다(마 3:11). 사도행전 1장 5절과 11장 16절에 따르면, 이러한 이미지는 예수님이 취하셨고 그 약속은 오순절에 성취되었다. 여기서 오순절에 성령이 임한 사건은 부활하신 그리스도께서 제자들을 '말세'로 이끌어 들이시는 가운데 새 시대로 인도하는 행위로 이해된다(행 2:17,33).

사도행전에서, 성령의 선물이 회심-입교(conversion-initiation)에서 가장 중요하며, 한 사람이 그리스도인이 되는 데 결정적인 역할을 한다는 점을 강조하는 게 누가의 목적 가운데 하나로 보인다. 사람들은 오순절 전에도 세상에서 예수님의 제자였을 수 있었다(행 2:38,39). 그러나 이들은 오순절에 성령의 선물을 받은 후에야 비로소 "주 예수 그리스도를 믿었다"(자신을 그분께 드렸다. 행 11:16,17)고 할 수 있을 것이다. 세례를 받을 때 복음의 메시지를 믿었더라도 이것만으로는 그리스도께 자신을 완전히 드리고 그분을 완전히 받아들이는 데는 부족할 수 있었다. 왜냐하면 성령이 이러한 헌신과 영접의 결정적 증거이기 때문이다(행 8:12-17).

베드로는 어떤 사람이 아직 공식적으로 신앙을 고백하지 않았거나 세례를 받지 않았더라도 그의 삶에서 나타나는 성령의 임재는 하나님이 그 사람을 받아들이셨다는 충분한 증거라고 보았다(행 10:44-48; 11:15-18; 15:7-9). 이미 성령으로 달아오른 아볼로도(행 18:25; 롬 12:11) '주의 도'에 대한 지식이 조금 부족했으나(행 18:24-26) 그가 아는 '요한의 세례'를 기독교의 세례로 보완하라는 요구를 받지 않았던 게 분명하다. 그러나 소위 에베소의 열두 제자는 성령을 알지 못했으며, 따라서 자신들이 아직 주 예수의 제자가 아님을 스스로 입증했다(행 19:1-6). 누가는 바울이 이들에게 "너희가 믿을 때에 성령을 받았느냐?"라고 물었다고 말한다(행 19:2).

이것은 바울이 그의 서신에서 강조한 내용과 완전히 일치한다. 믿음으로 행하는 것과 성령을 받는 것은 늘 함께 가며, 동전의 양면과 같다. 성령을 받는다는 것은 그리스도인의 삶을 시작한다는 뜻이다(갈 3:2,3). 믿음을 통한 의와 성령의 약속은 똑같이 "아브라함의 복"(11-14절)으로 여겨진다. 성령으로 세례를 받는다는 것은 그리스도의 몸을 이루는 지체가 된다는 뜻이다(고전 12:13).

누구든지 "그리스도의 영"(롬 8:9)이 없으면 그리스도께 속한 것이 아니며 그리스도인이 아니다. 성령을 받아야만 하나님의 자녀가 될 수 있고, 하나님을 아버지라 부를 수 있다(롬 8:14-17; 갈 4:6,7). 이제는 할례가 아니라 (또한 세례가 아니라) 성령이 하나님과 신자의 결합을 확고히 하는 하나님의 인(印)이다(고후 1:22; 엡 1:13,14). 성령은 새 시대와 새 시대의 삶의 아주 강한 특징이다. 따라서 성령의 선물을 받지 않으면 새 시대로 들어가 새 시대의 삶을 살 수 없다. 성령은 생명을 주시는 분이다. 실제로 성령은 새 시대의 생명이다(롬 8:2,6,10; 고전 15:45; 고후 3:6; 갈 5:25).

요한의 저작에서도 동일하게 기록된다. 성령은 생명을 주시는 영이며(요 6:63), 위로부터 오시는 능력이며, 새로운 탄생을 주시는 하나님의 생명의 씨앗이며(요 3:3-8; 요일 3:9), 누군가 그리스도를 믿을 때 그에게 생명을 주시는 생수의 강이다(요 7:37-39; 4:10,14). 요한복음 20장 20절은 성령을 받는 것을 창세기 2장 7절과 비슷한 새로운 창조로 묘사한다. 결과적으로, 요한일서 3장 24절과 4장 13절에서 성령을 소유하고 경험하는 것은 이 서신서에 열거된 '삶의 테스트' 가운데 하나이다.

새 언약의 영 성령으로 시작한 삶을 지속하려면 성령을 의지해야 한다(갈 3:3). 그리스도께서 성령의 능력으로 사명을 완수하셨듯이(히 9:14), '그리스도 안'에 있는 사람도 동일한 성령을 통해서만 그리스도인의 삶을 살 수 있다. 예수님은 시련의 때에 성령의 감동을 주겠다고 약속하셨으며(막 13:11), 최초의 그리스도인들은 이 약속의 성취를 직접 경험했다(행 4:8,31; 6:10; 13:9). 그러나 이들은 또한 성령을 자신들의 사명을 이끄시는 분으로(행 1:8; 8:29,39; 10:19; 11:12; 13:2,4; 15:28; 17:16,17; 19:21; 벧전 1:12; 요 16:8-11; 20:21-23도 보라), 힘을 주시는 능력으로 훨씬 더 자주 경험했다(행 9:3; 벧전 4:14; 요 14-16장).

특히 바울은 이처럼 성령의 자원과 인도를 의지하는 삶이 당시의 기독교와 유대교의 차이라는 점을 아주 분명히 한다. '육신을 따르는 삶', 즉 자신의 욕구나 이기적 욕망을 따라 사는 삶이 있듯이(롬 8:3-7,12,13; 갈 5:13) 글자, 즉 '조문'(條文)을 따르는 종교 의식이 있다(롬 2:28,29; 7:6; 고후 3:6; 갈 4:9,10; 골 2:20-23). 그러나 그리스도인은 "영을 따라 행하며", "영으로 인도함을 받으며", "성령으로 사는" 사람이다(롬 7:6; 8:3-7,14; 갈 5:5,16,18,25). 안에 계신 성령은 새 언약에 대한 예언적 소망의 성취, 곧 하나님의 뜻을 즉시 직접 깨닫게 하고 모든 규범적 종교를 멀리하는 자발적 예배의 정확한

> 성령 체험은 호흡의 체험과 같을 것이다. 호흡을 항상 의식하지는 않지만 적어도 가끔 의식하지 않는다면 뭔가 잘못된 것이다.

성취이다(롬 2:28,29; 7:6; 12:2; 고후 3:3 — 렘 31:31-34 암시; 엡 2:18; 6:18; 빌 3:3; 요일 2:27; 유 20절 참조).

성령의 현현 이미 살펴본 바를 토대로 할 때, 최초의 그리스도인들이 고대 히브리인들처럼 성령을 말할 때 신적 능력에 대한 체험을 생각했던 게 분명하다. 구약에서처럼 신약에서도, 영(Spirit)이라는 단어는 새생명과 활력에 대한 체험, 율법주의로부터의 자유에 대한 체험(예를 들면, 롬 8:2; 고후 3:17), 영적 신선함과 새로움에 대한 체험을 설명하는 데 사용된다(예를 들면, 사 32:15와 겔 39:29를 요 7:37-39, 롬 5:5, 고전 12:13, 딛 3:5,6과 비교해보라). 얼마나 폭넓은 경험이 성령에서 나왔다고 생각했는지 깨닫는 게 중요하다. 황홀경의 경험(행 2:2-4; 10:44-47; 19:6; 10:10; 22:17 — "황홀한 중에"; 고후 12:1-4; 계 1:10; 4:2), 감정적 경험(예를 들면, 사랑 — 롬 5:5; 기쁨 — 행 13:52; 살전 1:6; 갈 5:22; 빌 2:1,2), 조명의 경험(고후 3:14-17; 엡 1:17,18; 히 6:4-6; 요일 2:20), 도덕적 변화를 낳는 경험(고전 6:9-11) 등이 성령에서 비롯된다고 생각했다. 마찬가지로, 바울은 성령의 선물, 즉 카리스마타(charismata, 하나님의 은혜를 구체적으로 표현하는 언행)를 말할 때, 폭넓은 실제적 사건, 곧 성령의 감동으로 말하기(고전 12:8,10; 2:4,5; 살전 1:5), 이적과 치유(고전 12:9,10; 갈 3:5; 히 2:4), 섬김과 도움, 위로와 다스림, 구제와 자비의 행위(롬 12:7,8; 고전 12:28)를 염두에 두었던 게 분명하다.

따라서 체험이라는 견지에서 성령을 말할 때, 우리는 마치 최초의 기독교가 산봉우리 같은 체험이나 영적 고봉의 연속이었던 것처럼 특별한 경험이나 현현을 지나치게 강조해서는 안 된다. 이러한 경험이 분명히 있었고, 폭넓은 경험이 실제로 있었다. 그러나 어느 하나를 가리켜(예언을 제외하고) 모두가 추구해야 하는 경험이라고 말해서는 안 된다. 왜냐하면 신약의 성령 체험에서 두 번째(또는 세 번째)로 중요한 체험이란 없으며, 바울은 성령의 특정한 표현에 지나친 가치를 두는 것을 경고하기 때문이다(고전 14:6-19; 고후 12:1-10; 막 8:11-13). 특별한 체험을 가치 있게 여기는 경우가 있는데, 이것은 이러한 체험이 보다 지속적이며, 그 아래에 있는 관계에 대한 특별한 표현이기 때문이다(행 6:3-5; 11:24 — "성령 충만"; 엡 5:18).

우리는 여기서 초기 기독교의 경험에서 나타나는 활력을 다룬다. 성령이 그리스도 안에 있는 새로운 생명의 호흡이라면(겔 37:9,10,14; 요 20:22; 고전 15:45), 유비는 훨씬 더 확대되고 성령 체험은 호흡의 체험과 같을 것이다. 호흡을 항상 의식하지는 않지만 적어도 가끔 의식하지 않는다면 뭔가 잘못된 것이다.

성령의 교제 최초의 기독교 공동체는 이처럼 함께 성령을 체험함으로써 성장하고 발전했다. 동일한 성령에 함께 참여하는 것이 '성령의 교제'(koinonia)의 바른 의미이기 때문이다(빌 2:1,2; 행 2:42; 고전 1:4-9). 사마리아와 가이사랴와 그 외에 여러 곳에 있는 사람들을 효과적으로 성령의 공동체에 참여시킨 것이 이러한 성령의 선물 때문이듯이(행 8,10장), 바울이 전도여행 중에 세운 교회들이 하나 되게 한 것은 동일한 성령에 대한 체험이었다(고전 12:13; 엡 4:3,4; 빌 2:1). 여기서 우리는 성령의 현현이 바울에게 얼마나 중요했는지 알 수 있다. 바로 이러한 특별한 현시의 다양성에서 교회의 일치가 나타난다(롬 12:4-8; 고전 12:12-27; 엡 4:4-16). 바울은 카리스마타를 모두가 공유하는 경건한 삶의 구체적 표현으로 생각한다. 그는 성령의 은사가 공동체의 삶과 예배에 유익을 끼치고 이것들을 세워줄 때만 그 은사를 가치 있게 여긴다(고전 12:7). 그가 예언을 아주 높이 평가하는 것도 이 때문이다(행 2:17,18). 왜냐하면 방언과는 달리 예언은 전인에(영뿐 아니라 마음도) 유익을 끼치며, 더 중요하게는 공동체 전체에 유익을 끼치기 때문이다(고전 14장).

동일한 이유로, 바울은 카리스마타에 대한 모든 주장, 곧 성령에 감동되었다는 주장이 자증적(自證的)이지 못하다는 것을 받아들이는 데 신중하며, 이러한 모든 주장은 공동체의 판단을 받아야 한다고 말한다. 성령을 받은 사람들 가운데서 반향을 일으키지 못하고 성령의 공동체를 세워주지 못하는 은사는 성령의 은사가 아닐 것이다(고전 2:12-15; 14:29; 살전 5:19-22; 마 7:15-23).

이런 방식으로, 바울은 권위가 카리스마적 예언자의 개별적 발언에 있는가, 아니면 제도화된 종교의 공식적 대언자에게 있는가 하는 구약의 문제에 대한 해결책을 제시한다. 왜냐하면 공식적 대언자 대 개별적 카리스마라는 대립이 해소되었기 때문이다. 단지 특별히 기름부음을 받은 한두 사람의 개인이 아니라 모두에게 성령이 임한다. 그리고 성령께서는 단지 특별한 선지자가 아니라 모두를 은혜의 사역자로 사용하신다(롬 8:9; 고전 2:12; 12:7,11). 이것은 권위가 카리스마나 직무 둘 중 하나에 있는 게 아니라 카리스마와 공동체의 상호 관계와 작용 속에, 공동체 전체가 검증하고 인정하는 개별적 카리스마(말이나 행동) 속에 있다는 뜻이다.

그리스도의 영 초대 기독교의 성령 이해에서 가장 중요한 발전과 요소는 이제 성령을 예수의 영으로 보았다는 것이다(행 16:7; 롬 8:9; 갈 4:6; 빌 1:19; 벧전 1:11; 다음도 보라. 요 7:38; 15:26; 16:7; 19:30; 계 3:1; 5:6). 이와 같은 성령에 대한 보다 정확한 정의는 "나의 체험이 성령 체험이라는 것을 어떻게 아는가?"라는 구약의 또 한 가지 문제에 기독교적 해답을 제시한다. 그 해답은 부분적으로 성령이 예수님을 증거하는 영이어야 하지만(요 15:26; 16:13,14; 행 5:32; 고전 12:3; 요일 4:2; 5:7,8; 계 19:10) 더 심오하게는 바로 예수님을 감동시키고 그분께 힘을 주는 영이어야 한다는 것이다.

따라서 우리는 성령을 '양자의 영'(spirit of sonship)으로 인식해야 한다. 다시 말해, 우리로 하여금 예수님이 하셨던 기도를 하게 하고 예수님이 누리신 아버지 하나님과의 관계를 갖게 하는 영으로 인식해야 한다(롬 8:15-17–"공동 상속자"; 갈 4:6,7). 우리는 성령에 대해, 개인을 하나님의 형상으로 변화시키고 신자가 그리스도처럼 되게 하는 하나님의 능력으로 인식해야 한다(고후 3:18; 롬 8:29; 고전 13장; 15:42-49; 빌 3:20,21; 골 3:9,10; 요일 3:2).

특히, 이것은 예수님의 영을 경험한다는 것은 승귀하신 그리스도뿐 아니라 십자가에 달리신 예수님을 경험한다는 뜻이며, 단지 부활의 능력만이 아니라 그분의 고난과 죽음에 참여하는 것까지 경험한다는 뜻이다(롬 8:17; 고후 4:7-12,16-18; 갈 2:20; 빌 3:10,11). 그리스도의 영의 표시(mark)는 육체의 연약함을 뒤로하거나 바꾸는 하나님의 능력을 경험하는 것이기보다는 연약한 가운데 능력을, 죽음을 통해 생명을 경험하는 것이다(고후 12:9,10).

성령과 승귀하신 그리스도의 관계가 신자들에게는 훨씬 더 가깝다. 진정한 의미에서 성령은 예수님이 지금 존재하는 방식이다(롬 1:4; 고전 15:45; 딤전 3:16;

벧전 3:18). 성령을 경험하는 것은 예수님을 경험하는 것이다(요 14:16-28; 롬 8:9,10; 고전 6:17; 12:4-6; 엡 3:16-19; 계 2-3장). 성령이 없으면, 또한 성령을 통하지 않고는 예수님을 알 수 없다. 성령은 그리스도의 성품을 갖고 계시며, 그 성품에 복종하는 자에게 그 성품을 주신다. 다른 방법으로는 성령을 경험할 수 없다. 그리스도인은 다른 모든 영적 경험을 경시하고, 완전히 무시하며, 피해야 한다.

더 깊게 공부하려면

A. W. 토저, 《이것이 성령님이다》*(How To Be Filied With The Holy Spirit)*, 이용복 옮김(규장, 2005)

10장 끝부분을 보라.

월터 엘웰, 도날드 블로쉬
인간이란 무엇인가? | 성경은 죄를 어떻게 보는가?

07 인/간/론/과/죄/론

하나님은 인간을 어떤 사람(somebody)이 되도록 창조하셨다.
단지 무엇인가를 소유하도록 창조하신 게 아니다.
브라더후드 저널Brotherhood Journal

죄는 하나님에 대한 인간의 독립 선언이다.
익명

인간이란 무엇인가?

What It Means to Be Human

+ 월터 엘웰

인간에 대한 성경의 가르침은 하나님에 관한 바른 개념에서 시작한다. 성경의 인간관(인간에 대한 연구)은 주로 숭고한 신학(하나님에 대한 연구)의 문맥에서 제시된다. 하나님에 대한 숭고한 시각은 인간에 대한 고상하고 존엄한 시각으로 이어지는 반면에, 하나님에 대한 형편없는 개념은 인간에 대한 왜곡된 시각을 낳을 때가 많다. 따라서 우리는 인간을 실제보다 더 중요하게 볼 수도 있고 성경이 보는 것보다 덜 중요하게 볼 수도 있다. 둘 다 성경적이지 않다. 그러므로 인간에 대한 연구는 인간의 창조자이신 하나님에 대한 높은 시각에서 시작해야 한다.

인간의 기원

자연주의적, 물질주의적 기원 이론과는 반대로, 성경적 시각은 영원한 하나님이 인간을 창조하셨다는 선언으로 시작한다. 인간은 하나님의 창조 작품 가운데 가장 중요하다. 하나님의 인간 창조에 대한 특별한 연대기 시나리오를 꼭 선택할 필요는 없다. 어떤 그리스도인들은 성경이 창세기 1장에서 문자 그대로 24시간을 하루로 하는 6일로 구성된(5,8,13절 등) 닫힌 연대기(closed chronology)를 가르치며, 아담과 하와의 멋지고 갑작스러운 출현은 6천여 년 전에 일어난 사건이라고 믿는다(로마 가톨릭 대주교 제임스 어서/James Ussher가 1650-1658년에 쓴 〈세상의 역사〉/Annales와 관련이 있지만 여기에 제한되지 않는 연대기들을 참조하라. 제임스 어서는 창세기가 천지 창조를 시간적 틈이 없이 그대로 기록하고 있다고 가정한 후 성경에 나오는 아담 후손의 계보를 근거로 계산하여 인간이 BC 4004년에 창조되었다고 주장했다 — 역자 주). 이러한 일반적 관점(때로 창조과학이라 불린다)을 견지하는 사람들 가운데는 창세기 5장과 11장의 연대에 어느 정도 신축성이 있다는 시각을 토대로 인간 창조의 연대를 1만 년 전으로 끌어올린 사람들도 있다.

어떤 사람들은 창세기 1-2장의 본문을 훨씬 더 폭넓게 해석할 수 있으며, 따라서 인간 창조가 훨씬 더 고대에 일어난(몇 백만 년 전까지 거슬러 올라가는) 사건이라고 믿는다. 이들은 과정이(하나님의 통제와 지시 아래) 하나님의 창조 사역에서 중요한 역할을 했으리라고 주장한다. 이러한 견해는 점진적 창조론으로 가장 잘 표현될 수 있으며, 하나님이 과정을 시작하셨으나 일단 과정이 시작되자 거의 관여하지 않으셨다고 보는 유신론적 진화론(theistic evolution)과 대조된다. 전자의 접근에 따르면, 창세기 1장에 나오는 날(day. 히브리어 yom)은 광범위한 시간을 가리킬 수 있다(예를 들면, 날-시대설/day-age theory). "저녁이 되고 아침이 되니 이는 ○째 날이니라"라는 표현은 시간적 과정을 통한 하나님의 창조사역에서 연속되는 장면들을 표현하는 문학적 도구일 것이다.

많은 그리스도인들이 인간의 기원에 관한 보수적인 연대와 폭넓은 연대 사이의 한 지점에 서 있다. 그러나 개인적 선호도에도 불구하고, 인간을 성경적으로 생각하려면 인류의 출현에서 하나님의 창조사역을 인정해야 한다. 믿음의 본질은 "전능하사 천지를 창조하신 하나님 아버지를 내가 믿사오며"라는 말에서 시작된다.

인간은 하나님의 피조물일 뿐 아니라 그분의 창조행위의 꽃이다. 근대에 정밀한 해부학이 등장하기 오래전, 이미 고대인들은 인간과 동물이 해부학적으로 유사하다는 사실을 알고 있었다. 그러나 이러한 유사성에도 불구하고, 성경은 결코 인간과 동물이 같다고 보지 않는다. 인간은 하나님의 창조 작품 가운데 뚜렷이 구별되는 정점이며, 그분의 최고 걸작이다. 창세기 1장의 창조 과정은 점증적이다. 하나님의 모든 창조 행위는 인간 창조에서 절정에 이른다.

사회학적으로, 인간의 뚜렷한 행동 특징으로는 언어와 도구와 문화가 있다. 뚜렷한 경험적 특징으로는 반성적 자각, 윤리적 관심, 미적 충동, 역사 인식, 형이상학적 관심 등이 있다. 이러한 요소는 개별적, 집합적으로 인간을 다른 생명체와 구분해준다. 인간은 현대의 몇몇 진화론이 주장하는 '벌거벗은 원숭이'에 불과한 존재가 아니다. 그러나 사회학만으로는 인류의 완전한 본성을 설명할 수 없다. 하나님의 계시가 필요하다.

인간은 하나님의 창조세계와 연결된다(창 2:7에 암시되어 있듯이, 인간은 흙으로 지음 받았다). 그러나 인간은 자신보다 앞서 창조된 만물과 구별된다. 왜냐하면 인간은 하나님이 불어넣으신 생명의 호흡으로 살아 있는 존재가 된 새로운 피조물이기 때문이다. 이 본문은 인간이 조금씩 발전했다는 점진주의(gradualism) 이론에 일격을 가한다. 하나님은 발전하는 피조물 가운데 하나가 아니라 완전히 빚어졌으나 아직 생명이 없는 피조물에, 추가적 활력이나 뚜렷이 다른 본성을 불어넣으셨다. 하나님은 그에게 생명의 호흡을 불어넣으셨다. 인간의 생명은 하나님이 직접 주신 선물이다.

하나님은 인간을 남자와 여자로 창조하셨다(창 1:27). 이것은 일반적으로 인간에 관해 말하는 내용을 남자와 여자 양쪽 모두에 관해 말해야 하며, 인간이라는 사실이 갖는 가장 참된 의미를 남자와 여자의 문맥에서 함께 찾아야 한다는 뜻이다. 하나님은 번성하고 땅을 다스리라는 명령을 남자와 여자에게 공동의 책임으로 주셨다. 이와 비슷하게, 남자와 여자 양쪽 모두 하나님을 거역했으며, 이러한 원죄의 결과를 타락 후의 세상에서 함께 겪는다. 그리고 그리스도께서는 남자와 여자 양쪽 모두를 구속하러 오셨다(갈 3:28). 그와 동시에, 남자(male)와 여자(female)라는 단어는 실제적 차이를 암시한다. 많은 사람들이 성적 차이를 문화적으로 조절할 수 있다고 생각한다. 그러나 남자(히브리어 zakar, 찌르는 자

/the piercer)와 여자(히브리어 neqeba, 찔림을 받는 자/the pierced) 간의 최고의 성적 차이는 하나님이 의도하신 것이다. 칼 바르트처럼 하나님의 형상을 남자와 여자의 관계에서 찾아야 한다는 주장은 너무 지나치다. 그러나 남자와 여자의 관계는 적어도 하나님의 형상이 의미하는 바의 한 부분이다(창 1:27).

성경에서 인간에 관한 가장 놀라운 선언은 하나님이 인간을 자신의 형상으로 창조하셨다는 것이다. 성경은 다른 어떤 피조물에 대해서도, 심지어 천사들에 대해서도 이렇게 말하지 않는다. 창세기 1장 20-28절의 "하나님의 형상"이라는 말은 시편 8편 5절에서 "그를 하나님보다 조금 못하게 하시고"(문자적으로 번역하면, "천사들보다 조금 못하게 하시고/lower than angels", 70인역)라는 말의 근거이다. "하나님의 형상"(라틴어 imago Dei)이라는 말의 의미에 대해서는 많은 논쟁이 있었다. 어떤 사람들은 하나님의 형상이 하나님의 육체적 표현을 가리킨다고 생각했으나 하나님은 영이시라는 점에서 이러한 견해는 의심스럽다(요 4:24). 어떤 사람들은 하나님의 형상은 하나님의 성품에 상응하는 인성(지, 정, 의)을 가리킨다고 생각한다. 이러한 속성을 하나님의 형상에서 찾을 수 있을 것이다. 그러나 인성의 다양한 부분들은 인간에게만 있는 게 아니라 다른 동물에게도 있다.

형상(image, 히브리어 salem)이라는 단어의 기본 의미는 '그림자'(shadow), '대리자'(representation, 표현), '닮음'(likeness)이다. 하나님이 인간을 자신의 형상으로 창조하셨다는 것은, 그분이 창조세계에서 자신의 대리자나 그림자인 인간의 가치와 존엄을 어떻게 보시는지를 보여준다. 고대 앗수르 왕들은 자신의 형상을 변방에 세워 그 지역이 제국의 일부라는 사실을 그 지역민들에게 상기시켰다. 이와 마찬가지로, 하나님은 자신이 지으신 세상에 자신의 그림자와 임재를 나타내는 대리자를 우리 속에 두셨다.

창세기 1장의 문맥은 인간 속에 있는 하나님의 형상을 보는 이러한 시각을 확인해주는 것 같다. 하나님의 형상으로 창조된 인간은 다른 모든 피조물을 다스려야 한다(창 1:28; 시 8:5). 더 나아가, 창조자의 대리자인 인간은 창조자에게 반응해야 한다. 예수님은 "하나님은 영"이라고 말씀하시면서 영과 진리로 드리는 예배로 반응하라고 요구하신다(요 4:21-24).

인간의 본성

어떤 사람은 인간을 부분으로 나누어 생각하는 경향이 있다. 그러나 성경은 인간을 하나의 전체로 강조한다. 인간은 영(spirit)과 혼(soul)과 몸(body) 세 부분으로 이루어졌다는 주장(살전 5:23)과 물질적 부분과 비물질적 부분으로 이루어졌다는 주장 간에는 지금도 논쟁이 계속되고 있다. 성경은 양쪽 모두를 지지하는 것으로 보인다. 그러나 인간의 본성과 관련해 더 중요한 문제는 한 인간이 몇 부분으로 이루어졌느냐가 아니라 한 인간의 단일성이다. 따라서 성경적 인간관은 인간이 육체적 특성과 비육체적 특성으로 구성된 한 사람이라는 단언에서 출발한다. 바르트의 말을 빌리면, 인간은 "혼을 지닌 몸(besouled body)이듯이 몸을 지닌 혼(bodily soul)이다." 몸만 있는 사람은 없을 뿐 아니라(죽음) 일시적인 전환 상태를 제외하면 몸이 없는 혼이 사람이라고 쉽게 생각할 수 없다. '혼'(soul)이라고 자주 번역되는 히브리어 '네페쉬'(nephesh)는 대부분의 문맥에서 '사람'(person)으로 옮기는 게 가장 좋다(창 46:26,27에 대한 KJV와 RSV를 비교해보라). 루아흐(ruah, 호흡, 바람, 영/spirit)라는 히브리어 단어와 프뉴마(pneuma, 영/spirit)와 프쉬케(psyche, 혼/soul)라는 헬라어 단어는 인간의 비물질적 부분을 의미할 때가 많다. 이것은 육체적인 것보다 절대로 덜 실제적이지 않다. 인간을 순전히 물질적이며 육체적인 존재로 보는 것은 아주 모자라는 시각이다. 그와 동시에 영을 지나치게 강조하고 육을 무시하는 것 역시 실제적이지도, 균형 잡히지도 않은 시각이다.

우리는 이렇게 말할 수도 있다. "나는 한 사람이다. 지금 나는 내 존재를 나의 육체적인 몸에 많이 의존하고 있다. 그러나 나는 결코 몸에 불과한 존재가 아니며 육에 불과한 존재도 아니다. 내 몸이 죽더라도 나는 여전히 살아 있다. 나의 육체는 썩더라도 나는 여전히 존재한다. 그러나 어느 날 나는 다시 몸으로 살 것이다. '몸이 없는 영'(disembodied spirit)은 완전한 내가 아니기 때문이다. 나를 향한 하나님의 이상은 내가 (새로운) 몸으로 사는 것이다. 그러므로 이러한 영원한 상태를 소망하면서, 나는 몸의 부활과 영원히 사는 것을 믿는다."

인간의 본성을 성경적 관점에서 훨씬 벗어나서 본다면 타락의 문제가 가장 먼저 걸릴 것이다. 창세기 3장은 타락하지 않은 인류는 불멸이었으며, 그들의

> 그러므로 나는 여기서 두 가지 핵심을 제시하고 싶다. 첫째, 온 세상의 인간은 자신이 특정한 방식으로 행동해야 한다는 기이한 생각이 있지만 실제로 그 생각을 버릴 수 없다. 둘째, 인간은 사실상 그런 방식으로 행동한다. 인간은 자연법을 알면서 그것을 어긴다. 두 사실은 우리 자신과 우리가 살고 있는 우주에 대한 모든 분명한 사고의 기초이다.
>
> C. S. 루이스
> C. S. Lewis

성적인 재생산 능력은 본래 출산의 고통에 매여 있지 않았고, 그들의 노동은 자연의 저항으로 고통스러운 것도 아니었음을 암시한다. 그러나 타락 이후, 모든 게 변했다. 각 사람 속에서, 남자와 여자 사이에서, 이들과 자연의 상호 작용 속에서, 이들과 창조자의 관계에서 모든 게 변했다.

타락의 결과로, 인간은 심하게 타락했으며 타락이 인간의 모든 부분에 영향을 미쳤다. '전적 타락'(total depravity)이라는 용어가 한 인간이 악할 대로 악하다는 뜻일 필요는 없으며, 오히려 죄가 한 인간의 전인(全人)에 영향을 미친다는 뜻이다. 그와 동시에, 인간 속에 있는 하나님의 형상은 타락 후에도 계속 존재하며 구원을 위한 하나님의 원리를 제공한다(롬 5장). 구원의 칭의(justification of salvation)가 유지될 수 있는 근본 이유는 인간의 본질적 가치에 대한 하나님의 평가 때문이다.

인간이 본질적으로 선하냐 악하냐에 대한 긴 논쟁의 답이 창세기에 있다. 하나님은 창조자의 존엄과 숭고함을 의식적으로 나타내도록 인간을 창조하셨다. 그러나 인간은 의도적으로 거역함으로써 창조자에게 등을 돌렸으며, 따라서 하나님의 은혜가 없으면 계속 죄를 지으려 하는데, 이것이 인간 삶의 특징이다. 이처럼 타락의 결과로 짓는 죄는 타락한 인간이라는 사실이 수반하는 하나의 특징일 뿐 아니라 수없이 계속되는 교만과 이기심의 행동이기도 하다. 인간 속에 있는 하나님의 형상이 타락으로 파괴되기는 했으나 성령의 효과적인 사역을 통해 그리스도 안에서 다시 새로워질 수 있다. 이러한 하나님의 은혜로운 사역이 인간을 새롭게 하며, 다른 사람과의 관계와 그분과의 교제를 회복시킨다.

그러므로 하나님께서 선하게 창조하신 인간이 제 꾀에 넘어가 악하게 되었으나 하나님의 능력으로 다시 선을 회복할 수 있다. 우리는 인간이 하나님의 그림자로서 완전하다는 게 무슨 뜻인지 예수님의 삶에서 재발견할 수 있다. 예수님이 인간으로서 사셨던 삶은 인간을 위한 새로운 시작이었다. 따라서 예수님은 새로운 아담이다. 예수님이 보이신 본에서, 새로운 시작이 예전의 패턴을 대신한다.

인간의 운명

성경적 인간관은 인류의 신적 기원, 하나님의 은혜에 대한 인류의 배반, 인류의 심판, 구원자 예수님이 이루신 구속과 영생의 약속에 대한 인류의 시각을 반드시 포함해야 한다. 인간은 시작이 있으며 영원히 살 것이다. 이러한 단언은 인간의 기원과 운명에 대한 자연주의적 이론과 극명하게 대조된다. 현대 사상의 매우 기만적 경향 가운데 하나는 '죽음을 받아들인다'는 것이다. 하나님에 대한 생각도 없고 영원에 대한 소망도 없는 사람들은 피할 수 없는 육체적 쇠약과 죽음을 삶의 자연스러운 결말로 받아들이도록 서로를 독려한다. 성경적인 가르침은 인간에게 죽음이 결코 자연스러운 게 아니라는 것이다.

죽음은 인간의 자연스러운 운명이 아니라 획득 형질이다. 몸에 대해서는 죽음을 말할 수 있으나 영에 대해서는 죽음을 말할 수 없다. 성경에서는 비록 몸은 죽고 부패하지만 인간은 새로워질 몸을 소망하며 살아야 한다고 가르친다. 그리스도를 아는 사람들은 몸이 죽으면 그분과 함께하며(빌 1:23), 다가올 영생을 위한 몸의 부활을 고대한다(고전 15:35-49). 그리스도 없이 죽는 사람들도 더 이상 존재하지 않는 게 아니라 자신이 하나님으로부터 분리되었고 그분 앞에서 영원히 즐거워할 운명의 기회를 놓쳤음을 의식하면서 영원히 존재할 것이다. 잃은 자들에 대한 성경의 가르침은 현대인들의 구미에 아주 거슬린다. 일반적으로, 성경의 영감을 높은 시각으로 보는 그리스도인들조차 악인의 영원한 심판을 생각하면 얼굴이 창백해진다. 그러나 악인의 최후 심판이라는 성경 교리는 성경의 다른 가르침만큼이나 확실하다.

성경에서 인간 본성에 관한 매우 극적인 진리 가운데 하나는, 하나님이 영원한 아들의 성육신으로 이어진 구원 사역을 시작하신 이유는 인간을 위해서였다는 것이다. 우리 구주 예수 그리스도께서는 부활과 승천을 통해 하늘에 있는 그분의 영원한 영광과 위엄의 자리로 돌아가셨고 그곳에서 영원히 하나님이요 사람으로 계신다. 하나님으로서 그분은 아버지와 성령의 모든 속성을 공유하시며, 인간으로서 자신을 인간과 동일시하신다. 예수님은 비록 부활한 몸으로, 자신에게 속한 모든 사람들의 부활을 위한 첫 열매이기는 하지만, 육체적인 몸으로 자신을 계시하신다. 그러므로 성육신은 신성에 영원한 변화를 일으켰다. 하나님이 이처럼 스스로 근본적으로 변하실 수 있었던 이유는 인간의 가치를 지극히 높이 보셨기 때문일 것이다. 히브리서 기자가 말하듯이 "자녀들은 혈과 육에 속하였으매 그도 또한 같은 모양으로 혈과 육을 함께 지니셨다"(히 2:14).

인간에 대한 최종적 평가는 인간이 하나님을 예배하고 영원히 기뻐하도록 창조되었다는 것이다. 이러한 생각은 다른 어떤 피조물에도 적용되지 않는다. 천사들은 완벽한 상태를 유지해 왔고 지극한 기쁨 가운데 아버지를 예배하지만, 이들조차 구속받은 인간들이 하나님과 갖는 그런 관계를 갖지 못한다. "이는 확실히 천사들을 붙들어 주려 하심이 아니요 오직 아브라함의 자손을 붙들어 주려 하심이라"(히 2:16). 인간이란 무엇인가? 그리스도 안에서, 우리는 모두 하나님이 그분의 보좌 앞에서 위엄과 존귀와 기쁨을 영원히 누리게 하시는 존재이다.

성경은 죄를 어떻게 보는가?

A Biblical View of Sin

+ 도날드 블로쉬

성경적 시각으로 보면, 죄는 나쁜 짓을 하는 행위일 뿐 아니라 하나님으로부터 멀어진 상태이다. 이스라엘의 위대한 선지자들에게, 죄는 단순히 금기를 깨거나 외형적인 법을 어기는 데 불과한 게 아니다. 죄는 하나님과의 인격적 관계의 파괴를 의미하며, 그분이 우리에게 보이시는 신뢰에 대한 우리의 배신을 의미한다. 우리는 거룩하신 하나님 앞에 설 때 자신의 죄악을 가장 잘 안다(시 51:1-9; 사 6:5; 눅 5:8). 죄악된 행위는 타락한 마음에서 나온다(창 6:5; 사 29:13; 렘 17:9). 바울에게, 죄(헬라어 hamartia)란 단순히 의식적으로 율법을 어기는 것이 아니라 하나님과 원수 되는 의도적이고 지속적인 상태이다. 바울의 신학에서, 죄는 거의 인격화된다. 죄는 인간을 손아귀에 움켜쥐는 악의적이고 인격적인 힘이라고 할 수 있다.

성경은 죄가 보편적이라는 사실도 확인해준다. 바울은 "모든 사람이 죄를 범하였으매 하나님의 영광에 이르지 못하더니"라고 선언한다(롬 3:23). "선을 행하고 전혀 죄를 범하지 아니하는 의인은 세상에 없기 때문이로다"(전 7:20). "내가 내 마음을 정하게 하였다 내 죄를 깨끗하게 하였다 할 자가 누구냐"(잠 20:9). 시편 기자는 이렇게 한탄한다. "다 치우쳐 함께 더러운 자가 되고 선을 행하는 자가 없으니 하나도 없도다"(잠 14:3).

개혁신학에서, 죄의 핵심은 불신앙이다. 성경이 이러한 생각을 확고히 뒷받침한다. 창세기 3장에서, 아담과 하와는 하나님의 말보다 뱀의 말을 더 신뢰한다. 복음서에서, 예수 그리스도는 유대 지도자들에게 배척당하신다. 사도행전 7장에서, 스데반은 사나운 무리의 손에 순교한다. 요한복음 20장 24,25절에서, 도마는 거만하게도 부활을 믿으려 하지 않는다.

불신앙과 밀접한 관련이 있는 강퍅한 마음도(막 16:14; 롬 2:5) 죄의 본질에 속한다. 이것은 회개하고 하나님의 약속을 믿기를 거부한다는 뜻이다(시 95:8; 히 3:8,15; 4:7). 이것은 하나님의 사랑을 향해 자신을 열기를 완고하게 거부한 것뿐 아니라(대하 36:13; 엡 4:18) 이로 인한 당연한 결과인 이웃의 필요에 대한 무감각까지 의미한다(신 15:7; 엡 4:19).

죄의 본질은 불신앙이나 강퍅한 마음이지만 죄는 주로 교만과 방탕과 두려움으로 나타난다. 이외에도 죄의 주요 부분으로는 자기연민과 이기심과 질투와 탐욕이 있다.

죄는 개인적인 동시에 사회적이며 개별적인 동시에 집단적이다. 에스겔은 이렇게 외쳤다. "네 아우 소돔의 죄악은 이러하니 그와 그의 딸들에게 교만함과 음식물의 풍족함과 태평함이 있음이며 또 그가 가난하고 궁핍한 자를 도와주지 아니하며"(겔 16:49). 선지자들에 따르면, 단지 몇몇 개인이 아니라 나라 전체가 죄에 오염되었다(사 1:4). 죄의 집단적 형태 가운데 우리가 사는 세상에 어두운 그림자를 던진 것으로는 인종차별, 국수주의, 제국주의, 노인차별, 성차별 등이 있다.

죄의 결과는 도덕적, 영적 결박과 죄책과 죽음과 지옥이다. 야고보는 이렇게 설명했다. "오직 각 사람이 시험을 받는 것은 자기 욕심에 끌려 미혹됨이니 욕심이 잉태한즉 죄를 낳고 죄가 장성한즉 사망을 낳느니라"(약 1:14,15). 바울의 시각으로 보면, "죄의 삯은 사망이다"(롬 6:23; 고전 15:56).

바울의 신학에 따르면, 율법은 단순히 죄를 저지하는 게 아니라 실제로 죄를 선동한다. 인간의 마음이 너무나 삐뚤기 때문에 죄를 막는 데 목적이 있는 율법의 금령 자체가 오히려 죄악된 욕망을 자극한다(롬 7:7,8).

성경적 신앙은 또한 인간은 본래 죄인이라고 고백한다. 우리는 단지 죄악된 세상에 태어나는 게 아니라 죄의 성향을 타고 난다. 시편 기자는 이렇게 말한다. "악인은 모태에서부터 멀어졌음이여 나면서부터 곁길로 나아가 거짓을 말하는도다"(시 58:3; 51:5). 교회 전통은 원죄(原罪, original sin)를 말한다. 그러나 원죄는 생물학적 오염이나 육체적 결함을 말하는 게 아니라 알 수 없는 방법으로 번식을 통해 이루어지는 영적 감염을 말한다. 죄는 인간 본성에서 비롯되지 않지만 인간 본성을 오염시킨다.

죄의 기원은 실제로 신비이며 악의 문제와 연관이 있다. 아담과 하와 이야기는 죄나 악을 합리적이고 만족스럽게 설명하지 않지만(이런 설명이 아담과 하와 이야기의 의도가 아니었다.) 인간의 보편적인 곤경을 조명한다. 아담과 하와 이야기에서 우리는, 인간이 죄를 짓기 전에 악한 영의 죄(demonic sin)가 있었고 이것이 인간이 빗나갈 기회를 제공했음을 본다. 가톨릭과 개신교 모두에서, 정통 신학은 인간의 타락 이전에 천사들의 타락이 있었으며, 이것은 하나님이 주신 자유의 선물을 오용하거나 남용한 결과라고 말한다. 정통 신학자들은 도덕적 악(죄)이 물리적 악(자연의 무질서)의 무대를 세운다는 데 일반적으로 동의한다. 그러나 정확히 어떻게 전자가 후자를 일으키는가 하는 문제는 항상 숙고의 대상으로 남을 것이다.

죄와 휴브리스

성경의 죄 이해는 '휴브리스'(hubris)라는 헬라의 비극적 개념과 비슷하기는 하지만 중요한 차이도 있다. 때로(항상은 아니지만) 교만(pride)으로 번역되는 휴브리스는 부패한 마음에서 나오는 우상숭배적 교만과는 다르며, 오히려 본성의 활력에서 나오는 지혜롭지 못한 자기 숭배(self-elevation)에 가깝다. 휴브리스는 운명이 지워준 한계를 초월하려는 시도를 상징하는 반면, 죄는 믿음의 비전에 순종하여 자신의 좁은 한계를 벗어나려 하지 않는 것을 말한다. 휴브리스는 무절제를 내포하는 반면, 죄는 잘못된 대상에 대한 충성 속에 존재한다. 휴브리스는 슈퍼맨이 되려 한다. 죄는 비인간(inhuman)이 되고 있다. 휴브리스는 신과 같은 수준에 오르는 것을 의미하는 반면, 죄는 하나님을 쫓아내려 하거나 마치 하나님이 없는 듯이 사는 것을 의미한다.

헬라 비극의 주인공은 성경이 그려내는 죄인과는 전혀 다르다. 비극의 주인공은 추앙받는 반면, 죄인은 죄를 고집하는 한 공의로운 심판을 받는다. 둘 다 불쌍히 여겨야 할 대상이지만 그 이유는 다르다. 비극의 주인공은 운명의 희생양이며 실제로 자신이 처한 곤경에 대해 책임이 없다. 반대로, 죄인은 선을 알지만 행하지 않는다. 비극의 주인공은 자신을 파멸시킨 힘을 모른다는 슬픔에 고통스러워한다. 죄인은 자신 외에 비난할 대상이 없음을 알기에 죄책감에 괴로워한다. 비극의 주인공의 잘못은 피할 수 없는 것이다. 죄인의 잘못은 변명의 여지가 없다. 비극의 영웅은 운명의 손에 잡힌 포로지만 죄인은 자의적으로 악에 동참하려 한다. 헬라 비극에서, 본질적인 문제는 무지이다. 성경의 시각에서 볼 때, 비극적인 문제는 강퍅한 마음이다.

죄에 대한 역사적 논쟁

5세기에 어거스틴은 죄란 기본적으로 법을 어기는 외적 행위라고 보았으며, 인간은 죄를 짓거나 죄에서 떠날 자유가 있다고 보았던 영국 수도사 펠라기우스(Pelagius)의 주장을 반박했다. 성경적 증거를 토대로, 어거스틴은 죄는 인간이 선을 행할 수 없게 하며 인간은 죄인으로 태어났기 때문에 선을 행할 능력이 없다고 주장했다. 그러나 우리는 자의로 선 대신 악을 선택하기 때문에 자기 죄에 반드시 책임져야 한다. 어거스틴은 건강에 꼭 필요한 음식을 먹지 않아 약해질

대로 약해져 더 이상 먹을 수 없게 된 사람을 예로 든다. 그는 여전히 식사를 통해 건강을 유지하도록 창조된 인간이지만 더 이상 그렇게 할 수 없다. 이와 비슷하게, 모든 인간이 타락이라는 역사적 사건 때문에 그의 생명의 근원인 하나님께로 나아갈 수 없게 되었다.

펠라기우스는 인간이 스스로의 노력으로 하나님께 나아갈 수 있으며, 따라서 은혜는 인간의 덕(德)에 대한 보상이라고 주장했다. 어거스틴은 펠라기우스의 주장을 반박하면서 인간은 은혜가 임하기 전에는 선을 행할 능력이 없으며, 은혜가 임할 때는 하나님과 선을 향해 나아가기를 거부할 수 없다고 주장했다.

종교개혁 시대에, 루터는 인간이 구원 받으려면 은혜의 도움이 필요하지만 의를 행할 능력이 여전히 있다는 에라스무스(Desiderius Erasmus, 1469-1536, 네덜란드 출신의 인문주의자)의 주장을 반박하면서 의지의 결박에 대한 바울과 어거스틴의 노예 의지론(bondage of the will)을 재확인했다. 루터는 인간이 어둠의 세력인 죄, 죽음, 마귀에 완전히 결박되었다고 보았다. 우리에게 가장 필요한 것은 용기를 내어 영웅적 행동을 하는 게 아니라 영적 노예 상태를 벗어나는 것이다.

지난 세기에, 칼 바르트(Karl Barth, 1886-1968)와 에밀 브루너(Emil Brunner, 1889-1966)가 인간의 자유를 놓고 벌인 논쟁은 이 문제와 관련해 여러 세대에 계속된 교회 분열을 보여주는 또 하나의 예이다. 브루너는 우리가 예수 그리스도 안에서 계시되고 정해진 값없는 하나님의 은혜로만 구원받을 수 있는 죄인임을 굳게 확신했으나 그럼에도 우리가 복음을 이해하고 복음의 제의에 반응할 수 있게 해주는 인간의 '도달 가능성'(addressability), 즉 '구원에 이를 능력'(capacity for salvation)을 말했다. 바르트에 따르면, 타락한 인간 본성에는 하나님께 나아갈 능력이 조금도 남아 있지 않다. 그러므로 우리는 믿음뿐 아니라 믿음을 받을 상황까지 받아야 한다. 이 견해에는 복음과 죄악된 인간 사이의 접촉점이 없다. 브루너는 여기에 격렬하게 반대했으며, 그러하다면 설교가 필요 없을 것이라고 주장했다. 바르트는 우리가 믿고 순종할 수 있으려면 먼저 성령께서 이러한 접촉점을 만드셔야 한다고 주장했다. 브루너와는 대조적으로, 바르트는 인간의 전적 타락을 인정했다. 그러나 바르트는 인간의 본성이 더 이상 하나님의 영광을 나타내지 못할 정도로 파괴되었다고 믿지는 않았다. 후기 저작들에서 바르트는,

죄는 인간의 본성에 속하기보다는 인간의 본성에 맞지 않는다고 주장했다. 그럼에도 불구하고, 바르트는 우리 본성의 모든 부분이 죄 때문에 오염되었으며 이 때문에 우리는 스스로의 힘으로는 하나님께 전혀 나아갈 수 없다고 계속 단언했다.

죄에 대한 현대의 재평가

19세기에 계몽주의 및 낭만주의와 연결된 새로운 세계관에 빠진 신학자들이 죄를 재해석하기 시작했다. 프리드리히 슐라이어마허(Friedrich Schleiermacher, 1768-1834)에 따르면, 죄는 하나님에 대한 배반이 아니라 우리 안에 있는 하위 본성(lower nature)의 지배이다. 죄는 우리의 하위 본성이 모든 인간의 영혼이 깨닫고 발전시켜야 할 보편적 신의식(神意識)에 저항하는 것이다. 죄는 기본적으로 음수 기호(minus sign)이며, 신의식의 성장을 가로막는 본성의 그물눈이다. 슐라이어마허는 심지어 죄를 긍정적 시각으로까지 보면서 악은 전반적인 인간의 삶에서 선으로 들어가는 출입구로 지정되었다고까지 주장했다. 은혜가 죄로 인한 파괴를 복구하기 위해 나타난 게 아니라 죄가 은혜를 위한 준비로 나타났다. 슐라이어마허는 죄의 집단적 차원을 인정하지 않았다.

역시 19세기에, 알브레히트 리츨(Albrecht Ritschl, 1822-1889)은 죄를 이기심과 무지의 산물로 이해했다. 그는 인류가 죄의 권세에 결박되어 있다고 보지 않았으며, 대신에 사람들이 윤리적, 영웅적 삶을 살도록 효과적으로 도전 받을 수 있다고 믿었다. 그는 윤리적 이상을 이루기 위해서는 하나님의 은혜가 필요하다는 점을 부정하지는 않았으나 죄 없는 삶이 가능하다고까지 보았다. 리츨에 따르면, 종교는 근본적으로 도덕적 자유에 대한 경험, 곧 인간이 세상을 이기게 해주는 자유에 대한 경험이다. 그와 동시에, 리츨은 철저한 악의 존재를 인정했다. 그러나 임마누엘 칸트의 경우처럼, 이 때문에 영이 본성을 지배하는 게 특징인 새로운 사회 질서에 대한 그의 비전이 크게 바뀌지는 않았다. 그는 또한 죄의 집단적 성격을 정당히 평가하려고 노력했으나 이러한 노력은 결코 그렇게 설득력이 강하지 못했다.

죄에 대한 20세기의 재해석

라인홀드 니버(Reinhold Niebuhr, 1892-1971)는 죄를 재해석한 선두주자였다. 니버는 종교개혁의 죄 이해가 성경 문자주의(biblical literalism)이며 결정론(determinism)이라는 이유로, 종교개혁의 죄 이해를 거부했을 뿐 아니라 죄를 인간의 연약함 및 유한성과 혼동한 자유주의의 죄 이해도 논박했다. 니버에 따르면, 죄는 인간의 자유와 인간의 유한성 간의 긴장 때문에 불가피하지만 인간 본성과 필연적으로 관련이 있는 것은 아니다. 우리는 우리의 유한성을 걱정하며, 이것이 죄에 빠질 기회를 제공한다. 자신을 초월하는 우리의 능력이 죄를 유발하는 이유이다. 우리는 자기 존재의 부수적 성품(contingent character)을 부정하거나(교만해서) 자유의 책임을 회피하고 싶은 유혹을 받는다(방탕해서). 니버는 죄의 불가피성과 죄에 대한 인간의 책임이라는 역설을 보존하려 했다.

폴 틸리히(Paul Tillich, 1886-1965)는, 인간의 죄는 진정한 자아와 자아의 근거에서 멀어지는 데 있다고 보았다. 틸리히는 사실상 죄는 인간의 유한성에서 비롯되는 피할 수 없는 결과라고 보면서, 내재적 타락(immanent fall) 외에 존재론적 타락(ontological fall)을 말했다. 틸리히는 죄의 신비를 설명하려고 심리학적, 사회학적 범주(예를 들면, '소외/alienation', '소원/estrangement')를 널리 사용했다. 죄가 우리의 존재론적 근거에서 떨어지는 것이듯이, 구원은 이러한 근거와의 재결합에 있다. 틸리히에 따르면, 모든 존재의 창조적 깊이와 근거로부터의 소원이라는 보편적 경험이 그리스도인들과 비그리스도인들을 연결하는 고리이다.

자유주의 신학은 죄를 사회적 억압, 착취, 불의에 대한 묵종과 같은 견지에서 다시 정의한다. 이들은 또한 죄를 가난한 자들을 희생시켜 경제적 이익을 얻으려는 탐욕으로 본다. 죄가 인간을 억압하고 비인간화하는 것이듯이, 구원은 인간을 인간화하며, 의미 있고 창조적인 삶을 위해 인간에게 자유를 주는 것이다.

이와 밀접한 관련이 있는 여성신학은 죄의 본질을 악에 대한 수동적 태도와 협박 앞에서 겁을 먹고 두려워하는 데서 찾는다. 죄는 자기긍정에 있는 게 아니라 자기경멸에 있다. 가부장적 풍조에 억압당하는 여성들에게 필요한 것은 자기주장이며, 이들의 죄는 자신들을 열등한 위치로 끌어내린 사회 체계를 체념하고 따른 데 있다.

죄에 대한 이해는 대중적 문화 종교에서도 많이 바뀌었는데, 여기서는 심리학이 신학보다 중요하다. '신사고'(New Thought, 19세기 미국에서 시작된 정신치료 운동 – 역자 주)와 그 외의 신초월주의 운동(neotranscendentalist movements)의 영향으로, 미디어 종교는 죄를 부정적 사고나 패배주의로 재해석한다. 문화 종교의 다른 조류에서도 '신사고'의 영향이 나타나며, 죄를 질병이나 불안정과 동일시한다. 죄를 위한 희생이 아니라 자아나 집단 치료에서 그 치료법을 찾는다. 죄책을 극복하는 길은 회개가 아니라 카타르시스이다. 속죄는 자신이나 세상에 대한 속죄라는 의미로 재해석된다.

죄 이기기

기독교 신앙은 인간의 지혜나 노력으로 죄를 이길 수 없다고 가르친다. 하나님이 예수 그리스도 안에서 우리를 위해 하신 일에 문제의 해답이 있다. 죄의 형벌은 죽음과 심판과 지옥이다. 그러나 복음은 하나님이 그분의 아들 예수의 희생적 삶과 죽음을 통해 직접 죄값을 지불하기로 하셨다는 것이다(요 3:16,17; 행 20:28; 롬 3:21-26; 5:6-10; 고후 5:18,19; 골 2:13-15).

그리스도께서는 갈보리에서 치르신 대속의 희생을 통해 죄의 벌을 친히 받으심으로써 인류에게 자유를 주셨다. 그분은 우리가 우리의 죄 때문에 마땅히 당해야 할 고통과 수치를 대신 당하셨다. 그럼으로써 그분은 하나님의 율법의 공의로운 요구를 만족시키셨고, 그와 동시에 타락한 인류를 향한 하나님의 진노를 돌려놓으셨다. 그분의 희생은 우리의 죄를 씻었을 뿐 아니라 하나님의 진노를 달랬다. 그리스도의 희생은 그분의 의가 그분을 믿는 자들에게 전가되었다는 점에서, 죄인이 하나님 앞에서 의롭다 함을 받았다는 뜻이기도 하다. 마찬가지로, 그리스도의 희생은 죄인이 믿음을 통해 그리스도의 몸에 접붙여짐으로써 거룩하게 되었다는 뜻이기도 하다. 그리스도의 십자가와 부활은 죄인을 구속한다. 왜냐하면 죄인이 죄의 노예 상태에서 벗어나 자유로운 새 삶으로 들어가기 때문이다.

인류는 그리스도께서 십자가와 부활로 죄와 죽음과 마귀의 권세를 이기신 승리를 통해 해방되었다. 그러나 이러한 해방은 성령께서 믿음을 일깨우기 전까지 죄인과 연결되지 않는다. 성령이 임하실 때 그리스도의 구원 사역이 완성된다. 그분의 속죄 사역이 끝났다. 그러나 죄인이 법적으로뿐 아니라 실질적으로 구원받으려면 그분이 맺으신 구속의 열매가 성령을 통해 하나님의 백성에게 적용되어야 한다. 죄인이 죄의 결박에서 벗어나 일상에서 승리하려면 믿음과 사랑을 주시는 성령으로 거듭나야 한다.

개혁주의 신학은 그리스도께서 우리를 죄의 권세에서 구원하실 뿐 아니라 죄의 무서운 결과인 영원한 죽음에서도 구원하신다고 주장한다. 우리는 불멸과 죄 용서를 받았다. 그리스도인들은 세례받고 회심한 이후 더 이상 죄의 형벌로 고통 받지 않는다. 그리스도께서 죄의 형벌을 이미 받으셨기 때문이다. 그리스도인들은 죄책(guilt)에서 벗어났지만 은혜의 상태에 있으면서도 죄를 계속 짓는 한 여전히 죄책으로 인한 내적 고통이나 죄책감에 시달린다. 치료책은 교회가 규정하는 참회(고해성사)에 있는 게 아니라 회개에 있는데, 우리는 회개를 통해 복음에 약속된 확실한 용서를 다시 필요로 한다. 그리스도인의 죄에 동반되는 고통은, 죄에 대한 형벌이 아니라 우리가 죄로부터 해방되었음을 상기시키고 우리에게 인내와 승리를 촉구하는 자극으로 이해되어야 한다.

복음적 종교와 율법주의적 종교에서의 죄

복음에 기초한 종교와 율법에 기초한 종교는 죄의 의미를 매우 다르게 이해한다. 복음주의적 시각에서 보면, 죄는 도덕법의 위반이라기보다는 언약 관계의 파기이다. 죄는 율법에 대한 공격이라기보다는 사랑에 대한 공격이다. 율법주의에서 보면, 죄는 도덕적 금기를 깬 것이다. 복음주의에서 보면, 죄는 하나님의 마음에 상처를 준 것이다. 죄의 반대는 덕이 아니라 믿음이다.

성경적 믿음은 죄의 법정적 측면을 인정하며, 율법의 정당한 요구를 만족시켜야 한다는 점도 인정한다. 그러나 성경적 믿음은 또한 죄는 기본적으로 하나님과 인간의 인격적 관계가 끊어진 것이며 따라서 빚의 청산이 아니라 화해가 가장 절실히 필요하다고 본다.

> 죄의 반대는 덕이 아니라 믿음이다.

십자가에 담긴 가장 깊은 의미는 하나님이 비교할 수 없는 사랑으로 우리의 고통과 아픔을 친히 당하기로 하셨다는 것이다. 그리스도의 고난은 우리 대신 받는 사랑의 고난이며, 그저 인간의 빚을 청산하려는 형벌의 고난이 아니다. 구원은 그리스도의 공로가 보잘것없는 죄인에게 전가되고 하나님의 용서가 자격 없는 죄인에게 미친다는 뜻이다. 그리스도는 죄값을 지불하실 뿐 아니라 율법의 요구보다 더 많은 것을 이루셨다. 그분은 죄인을 형제나 자매로 입양하심으로써 그들을 받아들이신다. 그분은 죄인들에게 용서의 증서를 주시고, 잃은 양을 찾은 사랑의 목자로서 그들을 품에 안으신다.

죄가 율법을 범하는 것보다 더 깊듯이 사랑은 율법의 요구를 능가한다. 죄에 대한 해답은 용서이다. 그러나 이 용서는 그리스도의 희생을 조건으로 하는 용서가 아니라 그분의 희생을 설명하는 용서이다. 하나님이 용서하신 것은 그분의 율법이 만족되었기 때문이 아니라 자신이 용서하기로 선택하셨고 자신의 율법의 요구를 만족시키려 하셨기 때문이다.

더 깊게 공부하려면

10장 끝부분을 보라.

레지날드 화이트
성경적 개념 | 구원의 포괄성 | 신약의 구원

구/원/론

그리스도시여, 오직 당신의 공로만이 이 무거운 죄를 제거할 수 있으며
하나님의 어린양이여, 당신의 피만이 제게 내적 평안을 줄 수 있습니다.
레이 오트런드 2세 Ray Ortlund, Jr.

구원론(soteriology), 즉 소테리아(sôtéria, 구원)에 관한 교리는 전적으로 인간을 죄의 권세와 결과에서 구원하시는 하나님의 목적과 행위에 관한 것이다.

성경적 개념

The Biblical Idea

+ 레지날드 화이트

구원(salvation)을 뜻하는 일반적인 히브리어 단어들은 궁극적으로 너비, 광활, 구속으로부터의 자유, 곧 해방을 의미하는 어근에서 파생했으며 적용 과정에서 그 의미가 확대된 게 분명하다. 문자적으로, 이 단어들은 위험이나 비탄이나 원수로부터의 구원, 애굽의 속박으로부터의 구원(출 14:13; 15:2), 바벨론 포로생활(사 46:13; 52:10)이나 대적들(시 103:19), 패배(신 20:4), 억압으로부터의 구원을 의미한다(삿 3:31). 은유적으로, 사회적 부패로부터의 구원(호 1:7)과 결핍으로부터의 구원, 도덕적, 개인적 행복에 접근하는 의미 있는 접근들('형통/prosperity', 욥

36:11), 일반적인 종교적 축복을 의미한다(시 28:9). "여호와는 나의 구원이시라." 이것은 구약의 증언의 핵심이며 항상 과분한 은혜를 떠올리게 한다. 후대 유대교는 메시아적 구원을 고대했으며, 여기에는 정치적, 민족적, 종교적 요소가 포함되었다(솔로몬의 시편 10:9; 베냐민의 약속/Testament of Benjamin 9:10; 눅 1:69,71,77).

그러므로 70인역(Septuagint)에 내포된 소테리아(sôtéria)의 풍부한 의미가 신약에 전달되었다(70인역은 헬라어로 번역된 구약인데, 구약에 내포된 구원의 의미가 70인역을 통해 신약에 전달되었다 — 역자 주). 신약에서도, 구원은 위험으로부터의 해방이나 보존을 의미한다(행 7:25; 27:31; 히 11:7). 그러나 여기서 어근들은 온전함(wholeness), 견고함(soundness), 건강이라는 개념을 덧붙였으며, '구원'에 의학적 의미인 고통이나 질병이나 귀신들림이나 죽음으로부터의 구원(막 5:34; 약 5:15)을 더했다. 때로 이러한 의미는 문자적이다. 다시 말해, '구원받다'(saved)라는 말에 종교적 의미까지 부여할 정도로 평안과 기쁨과 찬양과 믿음이 치유와 아주 밀접하게 얽혀 있다. 예수님은 자신이 '의사'라고 하셨으며(막 2:17) 치유의 이적은 그분의 사역을 정의할 때 실증적 예가 되었는데, 이것은 구원에서 육체적 치유와 영적 치유가 얼마나 쉽게 결합되는지 보여준다(눅 4:18,19).

소테리아와 그 파생어의 매우 빈번한 용례 가운데 많은 부분은 모든 영적 위험으로부터의 해방과 보호, 모든 종교적 축복을 의미한다. 구원의 반대는 멸망(빌 1:28), 죽음(고후 7:10), 하나님의 진노이다(살전 5:9). 구원은 누구나 받을 수 있고(딛 2:11), 공유되며(유 3절, "일반으로 받은"), 영원하다(히 5:9). 구원은 오직 그리스도에게서(눅 19:10; 행 4:12), "구원의 창시자", 특히 그분의 죽음에서 비롯된다(롬 5:9,10; 히 2:10). 이런 의미에서 구원은 이방인에게도 미치지만(롬 11:11) "유대인에게서" 나온다(요 4:22). 구원은 사고와 삶의 길로 선포되며(행 13:26; 16:17; 엡 1:13-16), 오직 믿음 곧 그리스도의 부활과 주되심에 초점을 맞춘(롬 10:19) 확신과 신뢰의 고백(행 16:30,31; 엡 2:8)을 통해 하나님의 은혜로 받으며, 주의 이름을 "부르는" 자가 받는다(행 2:21; 롬 10:13). 일단 구원을 받았으면, 절대로 구원을 등한히 여기지 말고 굳게 잡아야 하며, 구원에 이르도록 자라야 하고, 두렵고 떨림으로 구원을 이루어야 한다(고전 15:2; 빌 2:12; 히 2:3; 벧전 2:2). 어떤 사람들은 마지막에 간신히 구원받을 것이다(고전 3:15; 벧전 4:18).

구원의 포괄성

The Comprehensiveness of Salvation

구원의 포괄성을 다음과 같은 방법으로 나타낼 수 있을 것이다.

(1) 우리가 무엇으로부터 구원을 받았는지 말함으로써. 여기에는 죄와 죽음, 죄책과 소원(疏遠), 진리에 대한 무지, 습관과 악에 대한 결박, 귀신과 죽음과 삶과 하나님과 지옥에 대한 두려움, 사람들로부터의 소외, 세상의 압박, 의미 없는 삶이 포함된다. 바울의 증언은 거의 완전히 긍정적이다. 구원은 그로 하나님과 화평을 누리게 했으며, 하나님의 은혜에 들어가 그분 앞에 나아가게 했으며, 인간에게 의도된 영광을 회복할 소망을 갖게 했으며, 고난 가운데 인내하게 했으며, 오래 참게 했으며, 낙천적 마음을 갖게 했으며, 하나님의 사랑과 성령의 능력이 그의 속에서 솟아나게 했으며, 그의 영혼 가운데서 부활하신 그리스도를 끊임없이 경험하게 했으며, 하나님 안에서 늘 기뻐하게 했다(롬 5:1-11). 구원은 하나님 나라의 실현을 목적으로 하면서 사회에까지 확대되며, 자연이 더 이상 허무한 데 굴복하지 않도록 자연에까지 확대되며(롬 8:19,20), 부서진 우주가 최종적 화해를 이루도록 우주에까지 확대된다(엡 1:10; 골 1:20).

(2) 구원은 과거이며(롬 8:24; 엡 2:5,8; 딛 3:5-8), 현재이며(고전 1:18; 15:2; 고후 2:15; 벧전 1:9; 3:21), 미래라고 말함으로써(롬 5:9,10; 13:11; 고전 5:5; 빌 1:5,6; 2:12; 살전 5:8; 히 1:14; 9:28; 벧전 2:2). 다시 말해, 구원은 하나님이 값없이 최종적으로 주신 것, 곧 은혜[용서(어떤 서신서에서는 '칭의'라 불린다), 우정 또는 화해, 속죄, 아들됨(sonship), 새로운 출생]를 포함하고, 지속적으로 주시는 것, 곧 성화(모든 악에서 점점 해방되는 것, 모든 선에서 자라는 것, 즉 영생을 누리며, 성령의 능력과 자유와 기쁨을 경험하며, 그리스도를 닮으면서 성숙해가는 것)를 포함하며, 앞으로 얻을 것, 곧 몸의 구속, 완전히 그리스도를 닮음, 최종적 영광을 포함한다.

(3) 구원의 다양한 면을 구분함으로써. 구원에는 종교적인 면(하나님께 받아들여짐, 용서, 화해, 아들됨, 성령 받음, 불멸), 정서적인 면(강한 확신, 평안, 용기, 소망, 기쁨), 실제적인 면(기도, 인도, 훈련, 헌신, 섬김), 윤리적인 면(새로운 도덕적 목표를 위한 새로운 도덕적 원동력, 자유, 승리), 개인적인 면(새로운 생각, 확신, 지평, 동기, 만족, 자

기 성취), 사회적인 면(그리스도인들과 함께하는 새로운 공동체 의식, 모든 사람들에 대한 동정심, 충동을 이기고 예수님처럼 사랑하기)이 있다.

신약의 구원

Salvation in the New Testament

구원은 하나님이 값없이 최종적으로 주신 것(칭의), 지속적으로 주어지는 것(성화), 앞으로 얻을 것(영화)을 포함한다.

독특한 접근들이 신약의 풍성한 구원 개념을 강하게 보여준다. 예수님은 몇 가지를 전제하셨다. 모든 인간이 죄인이고 도움이 필요하며, 이것은 거역에서 비롯되었으며(마 7:23; 13:41; 24:12, 문자적으로 '무법/lawlessness'에서; 21:28-31), 영혼의 '병'을 초래하며(막 2:17), 이러한 병은 인간의 내면 깊이 자리 잡고 안에서부터 인간을 더럽히며(마 7:15,16; 12:35; 5:21,22,27,28; 15:19,20; 23:25), 인간이 하나님께 빚진 자가 되게 한다는 것이다(마 6:12; 18:23,24). 그러므로 예수님은 모두에게 회개를 명하셨다(막 1:15; 눅 5:32; 13:3,5; 15:10). 다시 말해, 우리 삶에서 하나님을 왕으로 모시는 시각과 생활방식의 변화를 요구하셨고(눅 8:2; 19:8,9; 요 8:11; 마 9:9), 매일 용서의 기도를 하라고 촉구하셨으며, 직접 용서하셨고(막 2:5), 하나님께 나아가는 유일한 기초로 겸손한 회개를 명하셨다(눅 18:9-14).

예수님이 마음을 열고 죄인들에게 다가가 그들과 어울리시는 모습은 하나님이 죄인을 사랑으로 환영하신다는 사실을 완벽하게 보여준다. 하나님의 사랑을 되찾기 위해 필요한 것은 하나도 없었다. 하나님의 사랑은 인간이 그분께로 돌아오기를 간절히 기다리고 있었다(눅 15:11-24). 한 가지 필수적인 준비는 인간이 거역하는 마음을 버리고 어린아이처럼 신뢰와 순종으로 돌아서는 것이었다. 이런 모습을 보일 때, 삶은 하나님의 다스림을 받게 되며, 이러한 삶은 잔치, 혼인, 포도주, 보화의 발견, 기쁨, 평안, 아버지의 세상에서 하나님 가정의 아들이 되는 데서 오는 모든 자유와 특권으로 표현된다.

베드로도 주의 이름으로 모든 자에게 용서와 성령을 약속하면서 회개를 촉구했다(행 2:38). 구원은 특히 과거의 악행으로부터의 구원이고, 패역한 세대를 따르는 데로부터의 구원이며(행 2:23-40), 아직 계시될 목적과 기업과 영광이 있는 구원이었다(벧전 1:3-5).

요한에게, 구원은 죽음과 심판으로부터의 구원이다. 그는 구원의 의미를 생명의 견지에서 다시 말한다. 다시 말해, 그는 구원을 부유하고 영원한(요한복음에서 36회, 요한일서에서 13회) 삶, 그리스도 안에서 그리스도와 함께 주어지는 하나님의 선물이며 완전한 새로움(새로운 출생)에서 시작되는 삶, 진리(지식, 빛)로 비췸을 얻고 사랑으로 경험되는 삶의 견지에서 재진술한다(요 3:5-16; 12:25; 요일 3:11; 4:7-11).

바울은, 법정적 의를 획득하지 못한 것은 모든 인간의 모습이요 죄의 강력한 지배 때문이며 죄와 함께 죽음이 왔다고 보았다. 그러므로 구원은 첫째, 유죄 판결에도 불구하고 그리스도의 속죄를 근거로 석방되는 것이며(롬 3:20-22), 둘째, 성령, 즉 부활하신 그리스도의 영의 거대한 힘으로 해방되는 것이다. 그리스도께서 우리 대신 죽으신 사실을 받아들이고 여기에 동의하는 믿음은 또한 우리가 죄에 대해 죽고 새로운 삶에 대해 살도록 우리와 그분을 강하게 연합시킨다(롬 6:1-11). 그 결과는 죄의 권세로부터의 자유이며(롬 6:7,18; 8:2), 내주하시는 성령의 능력과 하나님의 자녀라는 확신 때문에 크게 기뻐하는 것이며(롬 8:8), 그리스도께 점점 더 순종하는 것이다. 동일한 과정에서, 신자들은 죽음을 이기고 영생을 위해 준비된다(롬 6:13,22,23; 8:11).

더 깊게 공부하려면

10장 끝부분을 보라.

로버트 클라우스
교회의 정의

09

교/회/론

교회에는 비판자들이 많지만 경쟁자는 없다.

익명

교회의 정의

The Definition of the Church

+ 로버트 클라우스

교회(church)라는 단어는 동일한 어원의 키르체(kirche), 케르크(kerk), 키르크(kirk)와 같은 단어들처럼 쿠리아콘(kuriakon)이라는 헬라어 형용사에서 왔는데, 이 형용사는 여호와의 전과 그분의 백성에게 사용된다. 신약에서 에클레시아(ekklésia)는 포고자(herald)가 소집한 공적 모임에 사용되지만(행 19:32,39,40) 70인역에서는 이스라엘의 회중이나 모임, 특히 종교적 목적으로 여호와 앞에 모인 것을 의미한다. 따라서 신약에서 교회는 하나님의 메시아이신 예수님을 중심으로 모이는 살아 계신 하나님의 회중을 의미한다. 그러므로 교회는 하나님의 영적 가족이며, 성령께서 그리스도 예수 안에서 나타난 하나님의 능력의 역사에 대한 증거를 통해 만드신 그리스도인의 교제이다. 성령께서 예배하는 영혼이 그리스도와 연합하고 서로 연합하게 하시는 곳마다 교회의 신비가 존재한다.

더 자세히 말하자면, 하나님의 교회는 제도적 실체가 아니라 오는 세상을 향해 성장해가는 초자연적 실체이다. 교회는 부활하고 승천하신 그리스도의 활동 영역이다. 교회의 모든 구성원은 그리스도 안에 있으며, 초자연적 친족 관계에 있다. 이들의 모든 은사와 활동은 그리스도에게서 나오는 성령의 능력을 통해 지속적으로 이루어지는 그리스도의 역사이며, 따라서 그리스도의 인도를 통해 최종 목적을 향해 간다. 그리고 교회는 내세에서 보좌 앞에서, 하나의 회중으로 연합한 하나님의 한 백성으로, 하나의 천상적 도성인 새 예루살렘으로 나타날 것이다.

교회의 표지

하나님은 자신의 영과 말씀으로 자신의 백성과 언약적 교제를 시작하시고 지속하신다(사 59:21). 하나님의 말씀이 선포될 때 그분의 음성이 들리고, 하나님의 성례가 시행될 때 그분의 행위가 나타난다. 따라서 성례는 기도와 찬양과 함께 보이는 교회(visible church, 가현적 교회)의 표지이며, 성령께서 개개인에게 믿음을 주시고 기독교 공동체의 전체 예배 때 신자들을 성장시키는 수단이다. 하나님의 백성이 그분의 약속을 받아들일 때, 하나님은 그들의 죄를 용서하시고 내세를 위한 그분의 성례로 그들을 인치신다.

성경에 기록된 역사

교회는 하나님의 은혜로운 마음을 계시한다. 아버지께서 그분의 영원한 아들이 죄인의 구원자로, 그분의 백성 이스라엘의 메시아를 삼으셨다. 그 아들 안에서, 하나님은 자기 소유로 삼을 백성을 선택하셨고 개개인을 이러한 교제로 초대하셨다. 하나님의 백성 중에는 족장들, 고대 이스라엘 회중, 예수님과 그 제자들, 그분의 부활로 생긴 원시 공동체, 교회가 포함된다.

하나님의 백성에게, 구약은 약속의 시대였고 신약은 성취의 시대였다. 예수 그리스도는 새 하나님을 계시하신 게 아니라 동일한 하나님을 예배하는 새로운 방식을 계시하셨다. 구약에서, 온 '이스라엘 총회(회중)'(신 31:30)가 율법을 들으며(신 4:10; 9:10; 18:15-19; 행 7:38), 유월절 양을 잡으며(출 12장), 하나님이 이들을 애굽에서 구속하시며(출 15:13,16; 시 74:2; 77:15; 행 20:28), 하나님이 이들과 시내산에서 언약을 맺으시며(출 33-35장), 이들의 죄를 위해 속죄제가 드려지며(레 4장, 16장), 이들은 하나님을 찬양할 거룩한 나라이다(출 18:10; 시 22:22; 히 2:12; 벧전 2:9,10). 다른 신약 구절도 구약의 하나님 백성과의 연합을 인정한다(마 8:11; 롬 11:16-28; 고전 10:1-4). 구약의 메시아 대망은 신실한 새 이스라엘의 형성을 포함한다. 그리스도 안에서, 구약의 하나님은 신약의 교회가 구약 회중의 성취가 되도록 말씀하신다.

> 지교회(local church, 지역교회)는 서로 형제자매로 대하며 사랑하는 한 가정, 전 세계적인 하나님의 가족의 지역적 표현이며 또 그러해야 한다.
>
> 존 스토트
> John R. W. Stott

하나님의 새 이스라엘이 형성되는 여러 단계에는 그리스도께서 양들을 목자 주변에 모으도록 제자들을 부르신 것과 베드로의 고백과 최후의 만찬과 십자가 죽음과 부활과 오순절 사건과 제자들을 부활의 증인으로 파송하신 것 등이 포함된다. 예수님은 제자들을 랍비의 토라나 소크라테스의 사상이 아니라 자신에게 붙들어 매셨다. 메시아에게서 나타난 구원을 위한 하나님의 자기 계시를 중심한 이러한 공동체에, 예수님은 케리그마(복음 선포)를 주셨고, 주기도문을 가르치셨으며, 찬송으로 이어지는 최후의 만찬(성례)을 제정하셨으며, 이혼, 권위 있는 선생들, 공동체가 함께 추구하는 목표와 회계하시는 분(마지막에, 우리가 어떻게 살았는지 달아보시는 하나님 — 역자 주) 같은 문제에 대한 특별한 가르침을 주셨다.

하나님이 인간을 다루실 때, 계시의 물줄기가 깊어지고 그 후에 축복이 세계에 미치도록 먼저 통로를 좁히시는 게 특징이다. 따라서 하나님은 먼저 인류를 다루셨고, 그 다음에 이스라엘 민족을 다루셨으며, 그 후에 남은 자를 다루셨고, 더 나아가 요한과 예수님과 첫 제자들의 출처인 몇몇 경건한 가정을 다루셨다. 선한 목자를 쳤을 때, 모든 제자가 그분을 버리고 도망쳤으며, 그 결과 이스라엘 백성에게는 단 한 사람, 갈보리에서 세상 죄를 지고 죽으신 구원자뿐이셨다. 그러나 하나님은 우리 주 예수 그리스도를 죽은 자 가운데서 일으키시고 그 훌륭한 목자를 보내어 다시 양떼를 모으게 하셨다. 감람산에서 5백여 명이 동시에 그분을 만났으며, 오순절에 3천 명이 회심했으며, 하나님은 구원받는 자들을 날마다 더하셨다.

구약과 복음의 준비에 기초해 보면, 그리스도께서는 회중을 하나님의 교회로 세우려고 오순절에 성령을 부으셨다. 성령께서는 모인 모든 사람에게 기름을 부으시고 세례를 주시며 인을 치셨다. 그리스도께서 다시 오실 때까지 교회를 인도하려고, 성령께서 승귀하신 그리스도로부터 오셨다. 복음이 이방 세계에 전파될 때, 하나님은 안디옥을 새로운 선교 센터로 세우셨고, 새로운 목소리, 즉 사도를 부르셨고, 그분의 백성에게 그리스도인이라는 새 이름을 주셨다.

교회의 본성

바울은 전체뿐 아니라 각 지역의 모임을 말할 때도 '그 교회'(the church)라고 하며, 큰 모임뿐 아니라 신자들의 가족에게도 교회라는 용어를 사용한다. 따라서 각 교회가 모여 전체 교회(whole church)를 이루는 게 아니며, 전체 교회가 각 회중으로 나눠지는 것도 아니다. 그러나 교회가 모일 때마다, 교회는 하나의 전체로 존재하며, 그 교회는 그곳에 있는 교회이다. 각 회중은 보편교회(universal church)를 대표하며, 그리스도의 구속에 참여함으로써 자신이 그 지역적 현현의 역할을 하는 전체를 신비스럽게 이해한다.

'하나님의 교회,' '그리스도 안에 있는 교회들'이라는 용어는 '그리스도 예수 안에 있는 하나님의 교회들'로 완전하게 표현할 수 있다(살전 2:14). 이러한 어법은 교회와 하나님, 교회와 예수 그리스도의 관계가 교회의 중요한 특징임을 암시한다.

교회와 하나님의 관계에서 보면, 교회는 하나님이 세우신 하나의 사실이다. 교회는 하나님의 초자연적 행위이다. 신약의 일관된 증언에 따르면, 교회는 인간이 만든 신화가 아니라 하나님이 주신 사실이다. 고대 이스라엘에게 약속을 주신 바로 그 하나님이 기독교 회중에게 그 약속을 성취하는 말씀을 주신다. 아버지께서 아들을 계시하실 때, 메시아께서 그분의 교회를 세우신다(마 11:25-30; 16:17,18). 오순절에 일어난 세 기적이 자신의 교회를 세우시는 하나님의 직접적 행위를 보여준다.

신약은 교회를 하나님의 집, 하나님의 밭, 하나님의 포도원, 하나님의 성전, 하나님의 가정, 하나님의 감람나무, 하나님의 성(城), 하나님의 백성 등으로 말한다.

신약은 교회의 사역을 하나님(고전 12:28)이나 승천하신 그리스도(엡 4:11,12)나 성령께서 주신 은사의 활용이라고 말한다(행 20:28). 바울은 예루살렘 교회의 우선권을 인정하는데, 그 이유는 교회를 구성하는 개개인의 중요성 때문이 아니라 그들이 그리스도 안에 있는 하나님의 모임이기 때문이다. 다시 말해, 바울은 교회가 하나님의 행위라는 사실을 인정하며 교회를 인간적 사색의 문제로 다루지 않았다.

교회가 하나님이 세우신 하나의 사실이듯이, 교회는 하나님이 우리의 구원을 위해 행동하시는 곳이다. 교회에서, 부활하신 주님은 사람들을 만나시고, 그들을 자신의 창조자에게 거역하는 자들에서 하늘 아버지의 자녀로 바꾸시며, 원수지간의 상황을 평화의 상황으로 바꾸신다. 교회는 믿는 자들을 구원하기 위해 케리그마를 선포하는 어리석은 행동으로 하나님을 기쁘시게 한다(고전 1:21). 복음은 우리를 구원하시고 믿음으로 부르신 하나님의 능력이다(롬 1:16; 15:15,16; 딤후 1:8). 우리가 말씀과 성례의 외적 기능을 육체적 감각으로 느낄 때, 하나님이 교회 안에서 하시는 활동을 믿음의 귀와 눈으로 관찰하는 것은 결코 덜 중요한 일이 아니다. 설교는 하나님을 위해 왜 더 잘하지 못하느냐고 사람들을 꾸짖을 때보다 하나님이 그들을 위해 일하시는 모습을 더 많이 보라고 요구할 때 더 큰 효과를 거둔다. 마르틴 루터는 이렇게 말했다. "하늘과 땅의 창조자 하나님은 그분의 설교자들을 통해 당신과 말씀하시며, 그분의 성례를 통해 당신에게 세례를 베푸시고, 당신을 가르치시며, 당신을 용서하신다."

성례가 시행될 때, 집례자가 떡과 잔을 참여자들에게 나눠주느라 바쁜 만큼 그리스도께서는 자신과 자신의 축복을 신자들에게 주시느라 바쁘시다. 종교개혁자들은 안식일을, 하나님이 우리 안에서 일하시도록 우리의 노동을 그치는 날이라고 말한다. 하나님이 그리스도의 말씀 선포를 통해 신자들이 생겨나게 하시고, 그분의 은혜의 성례를 통해 그들을 양육하실 때, 믿는 자들은 살아 계신 하나님의 교회 안에서 주님의 얼굴을 본다.

하나님은 교회 안에서 일하실 때 그리스도 예수 안에서 일하신다. 교회가 예수님이 메시아라는 것을 인정하고 하나님이 그리스도 안에서 하시는 능력의 행위를 인정할 때, 교회와 교회의 주(Lord) 사이에 완전한 관계가 형성된다. 목자가 양떼를 암시하듯이, 암탉이 병아리를 날개 아래 모으듯이, 포도나무에 가지가 많고 몸에 여러 지체가 있듯이, 기초가 건물을 떠받치듯이, 종(Servant)이 많은 사람을 의롭게 하듯이, 인자가 지극히 높으신 분의 성도를 대신하듯이, 왕이 나라를 암시하듯이, 메시아에게는 열둘이 있고 주님께는 그분의 교회가 있다. 예수님은 "내 교회", "내 양떼"라고 말씀하셨다. 이 둘은 사도행전 20장 28절에서 하나로 연결된다. 비슷한 사상을 표현하는 여러 구절이 예수님이 교회라는 단어를 드물게 사용하신 이유(마 16:18; 18:17)를 설명해준다. 그리스도께서 승귀하신 후, 우리 모두는 동일한 성령으로 세례를 받아 동일한 그리스도의 몸을 이루며 각자 그 속에서 특별한 역할을 부여받는다. 교회가 그리스도의 몸이라는 점에서 그리스도는 교회 자체이다. 그러나 교회는 몸이고 그리스도는 교회의 머리이며 그와 동시에 교회의 주, 교회의 심판자, 교회의 신랑이라는 점에서, 그리스도는 교회와 뚜렷이 구분된다. 교회의 삶과 교회의 거룩과 교회의 연합은 그리스도 안에 있다.

천상 교회(heavenly church)는 신랑이신 그리스도를 기다리는 신부이다(막 2:19,20; 롬 7:1-6; 고후 11:2; 특히 에베소서와 계시록 19-21장). 그리스도께서는 교회를 사랑하셨고 교회를 위해 자신을 버리셨다. 그리고 말씀의 물로 교회를 깨끗이 하셨으며, 지금은 교회가 어린양의 혼인 잔치를 위한 흠 없는 신부가 될 수 있도록 교회를 거룩하게 하신다. 따라서 그리스도의 신부는 재림하시는 그분의 발 앞에 모든 어둠이 사라질 시간을 간절히 사모해야 한다.

SACRAMENTS AND ORDINANCES

성례와 의식

교회의 특별한 의례를 성례(sacraments) 또는 의식(ordinances)이라고 한다. 로마 가톨릭과 그리스 정교회와 그 외 몇몇 교회는 일곱 가지 성례를 인정한다. 세례성사, 성체성사(성찬), 견진성사, 혼배성사(결혼), 성품성사(임직), 고해성사, 종부성사(병자성사). 대부분의 개신교는 세례와 성찬만 그리스도께서 구체적으로 제정하셨다고 주장하면서 이 둘만 인정한다. 이러한 의례를 성례라고 보는 사람들은 이것들을 '은혜의 수단'으로 본다. 다시 말해, 신자가 여기에 참여함으로써 은혜가 신자에게 전해진다고 본다. 의식이라는 용어를 사용하는 사람들은 이러한 의례를 '내적이거나 영적인' 실체의 '외적이거나 가시적' 상징으로 보는 경향이 있다.

성찬(Communion). 주의 만찬(Lord's Supper), 주의 식탁(Lord's Table), 유카리스트(Eucharist)라고도 하는 성찬은 주님이 십자가에 달리시기 전 제자들과 마지막 만찬을 나누면서 제정하신 것이다. 떡과 포도주(또는 주스)는 그리스도의 몸과 피를 상징한다. 성찬에 관해서는 각각에 변형된 견해들이 있기는 하지만 크게 네 가지 견해가 있다.

첫째, 로마 가톨릭의 교리로 알려진 화체설(化體設)에 따르면, 떡과 포도주가 바르게 성별될 때 그 물리적 모습은 변하지 않지만 그 본질(substance)이 실제로, 그리스도의 몸과 피로 변한다.

둘째, 루터교의 견해인 공재설(共在設)에 따르면, 성별된 떡과 포도주의 요소가 물리적으로는 변하지는 않지만 그리스도의 몸과 피가 떡과 포도주와 함께 본질적으로 존재한다.

셋째, 기념설(Memorial/Commemorative View)에 따르면, 떡과 포도주에 참여하는 것은 하나의 기념이다. 다시 말해, 그리스도의 대속적 희생을 '기념하는 것'이다. 떡과 포도주는 그리스도의 몸과 피를 대표적으로 상징한다. 그분은 육체적으로나 본질적으로 떡과 포도주에 임재하지 않으신다.

넷째, 칼빈주의/개혁주의 견해는 성령을 통해 신자와 그리스도 간의 신비로운 영적 교제를 강조한다. 그리스도의 몸과 피가 떡과 포도주에 실제로(그러나 영적으로) 임재한다.

세례. 세례는 그리스도와 하나 되고 그분께 헌신했으며, 영적으로 다시 태어났으며(또는 거듭났으며), 깨끗해졌음을 상징하는 입회 의식이다.

어떤 교회들은(예를 들면, 로마 가톨릭과 그리스도 정교회) 세례가 구원에 유익하며 따라서 회심한 성인뿐 아니라 어린아이에게까지 세례를 주어야 한다고 믿는다.

어떤 교회들은(예를 들면, 개혁/장로교회) 세례는 하나님과 그분의 백성간의 언약 관계를 상징하며(구약의 할례 의식처럼) 따라서 성인 회심자뿐 아니라 믿는 부모의 자녀에게까지 세례를 주어야 한다고 믿는다. 이 견해는 세례가 구원에 영향을 미친다고 보지 않는다.

침례교인들과 그 밖의 그리스도인들은 그리스도께 대한 신앙을 고백한 사람에게만 세례/침례(때로 신자의 세례/침례)를 준다.

세례의 형식은 교회마다 다른데 물에 들어가는 형태(침례)와 물을 붓는 형태, 물을 바르는 형태가 있다.

교회의 사역

그러므로 교회의 본질적 사역 가운데 하나는 교회의 주인이신 구주 예수 그리스도의 사역이다. 히브리서와 계시록은 보좌에 앉으신 어린양, 천국의 기도 제단에서 영원토록 중보하시는 대제사장을 기독교 예배의 핵심으로 제시한다. 그분이 천국에서 하시는 사역을 통해, 하나님의 모든 백성은 은혜의 보좌 앞에 나아간다. 신약의 교회에는 성직자와 평신도를 분리하는 성단소(聖壇所)가 없다. 모두 하나님의 백성(성직자)이며, 왕 같은 제사장이며, 하나님의 소유된 백성(평신도)이다(벧전 2:9; 5:2,3).

그리스도께서는 무엇보다 자신의 사역 내내 함께했고 자신의 부활을 목격한 사도들을 작은 목자(under-shepherds)로 임명하셨다. 하나님은 사도들의 선포를 통해 예수님을 보지 못한 사람들이 귀중한 믿음을 갖게 하셨다. 사도들은 그리스도를 직접 대신하고 그분이 주신 권세로 말했다. 그러므로 그분께는 사도들의 증언을 우회할 방법이 없다. 사도들은 예수 그리스도는 주이시며, 자신은 그분의 종이라고 외쳤다(고후 4:5). 교회가 그리스도께 속하며 사도들이 교회에 속한 것이지, 교회가 사도들에게 속한 게 아니다(고전 3:22). 그 누구도 사도들이 자신의 이름으로 세례를 준다고 생각하지 않도록 사도들은 동료들이 세례를 베풀도록 하는 것이 관례였다(행 10:47; 고전 1:13-17).

사도들 뒤에는 실제적인 삶의 문제와 연관된 말씀을 하나님에게서 받고 교회에 대해 책임이 있는 예언자들이 있었다. 그 다음으로는 사람들을 그리스도께로 인도하려고 그들에게 복음을 전하는 은사가 있는 전도자들과 그들에게 그리스도인의 삶을 가르치는 교사들이 있었다. 지교회에는 복수의 직원이 있었다. 교회 일을 감독하는 장로들과 성도들의 필요를 살피는 집사들이었다. 집사들이 섬길 때 여자들이 잘 도울 수 있었다.

교회의 사명

교회의 모든 사명은 우리 주 그리스도를 중심으로 이루어진다. 공예배는 부활하신 구속자와 그분의 백성이 만나는 시간이다. 전도는 사람들을 구원자에게로 부르는 것이다. 하나님의 법을 공포하는 것은 그분의 주권을 선포하는 것이다. 그리스도인을 양육하는 것은 그분의 양을 먹이고 훈련시키는 것이다. 사람들의 필요를 채워주는 것은 위대한 의사께서 하신 일을 계속하는 것이다.

교회는 자신의 일과 증언에서, 예수 그리스도를 주님으로, 시온의 유일한 왕으로 인정해야 한다. 교회의 일은 그리스도의 뜻에 순종하며, 자신의 통치가 아니라 그분의 통치를 선포하는 것이다. 하나님은 다윗이 그 모형인 보좌에 자신을 세우셨다(사 9:6,7; 눅 1:26-35; 행 2:25-36). 그분은 모든 권세의 보좌에 앉으셨고 따라서 회개와 죄사함의 기회를 주실 수 있다(마 28:18; 행 5:31). 그분의 중보 덕분에, 그분의 백성은 필요할 때면 언제든 은혜의 보좌에 나와 자비와 도움을 구할 수 있다. 그리스도에게서 받은 모든 자비, 성령의 모든 위로, 아버지의 사랑에 대한 모든 확신은 하나님의 영광스러운 은혜에 대한 증거이다. 교회는 이 모든 일의 증인이며, 주 예수 그리스도의 은혜와 하나님의 사랑과 성령의 교통에 대한 구체적 증거이다.

> 매일 내 마음을 사로잡는 지식이 있다. 변화를 일으키는 (예수 그리스도의) 철저한 사랑의 메시지가 교회에 주어졌다는 것이다.
>
> 빌 하이벨스
> Bill Hybels

더 깊게 공부하려면

10장 끝부분을 보라.

월터 엘웰
종말론의 주제

10 종/말/론

우리가 주목하는 것은 보이는 것이 아니요 보이지 않는 것이니
보이는 것은 잠깐이요 보이지 않는 것은 영원함이라.
고후 4:18

종말론(eschatology)은 '마지막 것들' 즉 앞으로 개인에게, 세상 전체에 일어날 일에 관한 연구와 관련된 신학의 한 분야이다.

종말론의 주제
Topics of Eschatology

+ 월터 엘웰

죽음 성경은, 모든 인간은 죽는다고 가르친다(히 9:27). 그리스도께서 재림하실 때에도 살아 있을 사람들만 예외이다(살전 4:17). 육체적 죽음 또는 '첫째 사망'은 영혼과 몸이 분리되는 것이다. 세상에 죄가 존재하기 때문에 죽음이 모두에게 임했다(롬 5:12).

중간 상태 사람이 죽은 후 부활할 때까지의 상태를 말한다. 전통적이며 정통적인 견해는 신자들이 주님 앞에서 지복(至福)의 상태를 의식적으로 경험하는

반면에 불신자들은 하나님의 임재로부터 분리되는 고통을 당한다. 그러나 이것은 각각의 최종적 운명에 비하면 상대적으로 불완전한 상태이다. 제칠일 안식일 예수재림교와 같은 몇몇 그룹은 인간이 죽은 후 부활할 때까지 '영적 수면' 또는 무의식의 상태에 있다고 믿는다. 로마 가톨릭과 같은 그룹은, 죽은 사람들은 연옥에서 미래의 삶을 준비한다고 믿는다.

재림 성경은 마지막 때에 그리스도께서 몸을 가진 형태로 재림하신다고 가르친다(행 1:11). 그분이 정확히 언제 오실지는 아무도 모르며, 따라서 그분이 밤에 드는 도둑처럼 오실 때 어떤 사람들은 깜짝 놀랄 것이다(눅 12:39,40). 비록 재림의 시간은 알 수 없지만 재림이 있는 것은 분명하다. 예수님의 많은 비유들(특히 마태복음 24-25장의 비유들)이 이러한 사실을 말하면서 깨어 충성하고 집중하라고 촉구한다.

부활 죽은 사람은 누구나 다시 살아날 것이다. 이것이 몸의 부활이며, 각 사람의 육체적 존재가 회복되는 것이다. 신자들에게, 이러한 부활이 그리스도의 재림과 연관되어 일어날 것이며, 현재의 몸이 새롭고 완전한 몸으로 변화될 것이다(고전 15:36-56). 성경은 불신자들의 부활, 즉 영원한 죽음으로의 부활도 말한다(요 5:28,29).

심판 심판의 때가 있을 것이며, 그때 주님께서 이 세상에 살았던 모든 사람들의 영적 상태를 그분과의 관계를 토대로 판단하실 것이다. 이러한 판단을 근거로, 어떤 사람들은 영원한 상을, 어떤 사람들은 영원한 벌을 받을 것이다. 어떤 신학자들은 신자들과 불신자들이 서로 다른 때에 심판을 받을 것이라고 주장한다. 어떤 신학자들은 많게는 일곱 가지 심판이 있다고 본다.

최후 상태 성경은 천국의 존재, 즉 신자들이 하나님 앞에서 갖는 영원한 기쁨의 자리를 가르치며, 지옥의 존재, 즉 불신자들이 하나님과 분리되어 고통 가운데 처하는 상태를 가르친다. 이것은 이생에서 내린 결정에 따라 정해진 고정된 상태이다.

천년왕국 많은 그리스도인들이 천년왕국(millennium)이라는 하나님의 지상 통치가 있은 후에 최후의 심판이 있을 것이라고 믿는다. 이러한 믿음은 요한계시록 20장 4-7절에 기초한다. 그리스도께서 직접 다시 오셔서 이 시대를 개시하실 것이라고 주장하는 사람들을 가리켜 전천년주의자들(premillennialists)이라 한다. 그 나라가 점진적이며 성공적인 복음 전파를 통해 세워질 것이라고 가르치는 사람들을 가리켜 후천년주의자들(postmillennialists)이라 한다. 그리고 무천년주의자들(amillennialists)로 불리는 사람들은 그리스도의 지상 통치가 있을 것이라고 믿지 않으며, 요한계시록 20장의 천년을 상징적으로 해석한다.

THE MILLENNIUM: THREE VIEWS

천년왕국: 세 견해

분석과 설명을 위해, 천년왕국에 대한 그리스도인들의 시각을 전천년설과 후천년설과 무천년설로 나눌 수 있다. 이러한 범주는 그리스도의 재림을 둘러싼 사건의 순서만 포함하는 게 아니다. 전천년주의자가 고대하는 천년은 후천년주의자가 고대하는 천년과는 아주 다르다. 전천년주의자는 그리스도의 나라가 대격변으로 시작될 것이며 하나님의 통치가 후천년주의자가 믿는 것보다 더 초자연적인 방법으로 이루어질 것이라고 믿는다.

전천년설(premillennialism)은 전쟁, 기근, 지진, 모든 민족에 대한 복음 전파, 큰 배교, 적그리스도의 출현, 대환난과 같은 징조가 있은 후 그리스도께서 재림하신다고 주장한다. 이러한 사건들은 재림에서 절정에 이르며, 그리스도께서 재림하시고 그리스도와 그분의 성도들이 세상을 다스릴 때 한동안 평화와 의가 있을 것이다. 이러한 통치는 오랜 기간에 걸친 개인적 회심을 통해 점차적으로 이루어지는 게 아니라 초자연적 방법으로 갑자기 이루어질 것이다. 유대인들이 미래 시대에는 중요해질 것이다. 왜냐하면 전천년주의자는 유대인들의 다수가 회심하고 하나님의 일에서 두드러진 자리를 회복하리라고 믿기 때문이다. 자연에 대한 저주가 사라질 것이며, 사막도 곡식을 풍성히 낼 것이다. 이 시대에는 그리스도께서 권세로 악을 제어하실 것이다. 이러한 황금시대의 목가적 상황에도 불구하고, 그리스도와 그분의 성도들에 대한 악인들의 마지막 반란이 있을 것이다. 그러나 하나님은 이러한 악의 폭발을 제압하시며, 비그리스도인으로서 죽은 자들이 부활할 것이며, 최후의 심판이 있을 것이며, 천국과 지옥의 영원한 상태가 결정될 것이다. 많은 전천년주의자들이 이러한 천년기에 죽은 신자들이나 순교한 신자들이 영광스러운 몸으로 부활하여 땅 위에 생존하는 다른 사람들과 함께하리라고 가르쳤다.

후천년설(postmillennialism)은 미래에 성취될 하나님 나라의 현재적 측면을 강조한다. 후천년주의자들은 천년왕국이 그리스도의 전파와 가르침을 통해 도래하리라고 믿는다. 이러한 전파와 가르침을 통해 더 경건하고 평화롭고 번영하는 세상이 올 것이다. 새 시대는 본질적으로 현재와 다르지 않을 것이며, 더 많은 사람들이 그리스도께로 돌아오면서 이루어질 것이다. 천년왕국이 계속되는 동안 악은 제거되지 않겠지만 기독교 도덕과 영적 영향력이 증가하면서 최소한으로 줄어들 것이다. 교회는 더 중요해질 것이며, 경제, 사회, 교육의 많은 문제가 해결될 것이다. 이 기간이 반드시 천년으로 제한되지는 않는다. 왜냐하면 이 숫자는 상징적일 수 있기 때문이다. 천년왕국은 그리스도의 재림과 죽은 자들의 부활과 최후의 심판이 이루어지면서 끝날 것이다.

무천년설(amillennialism)은, 성경은 최후의 심판 전에 그리스도의 지상 통치가 있으리라고 가르치지 않는다고 말한다. 무천년설에 따르면, 그리스도께서 재림하고 죽은 자들이 일어나며 심판이 있을 때까지 세상에는 선과 악이 계속적으로 발전할 것이다. 무천년주의자들은 승리하신 그리스도께서 말씀과 성령을 통해 교회를 통치하실 때, 하나님 나라는 세상에 현존한다고 믿는다. 이들은 미래의 영광스럽고 완전한 나라는 천국의 새 땅과 새 삶을 가리킨다고 주장한다. 요한계시록 20장은 천국에서 그리스도와 함께 왕노릇하는 죽은 신자들의 영혼에 대한 묘사이다.

로버트 클라우스 Robert G. Clouse

THE PORTABLE SEMINARY

대환난 성경은 이전에 결코 없던 큰 고통이나 환난이 이 땅에 임할 때에 관해 말한다. 어떤 사람들은 이 환난을 다니엘서 9장 24-27절의 70주와 동일시하면서 이 환난이 7년간 계속되리라고 믿는다. 어떤 사람들은 교회가 그때까지 남아 이 환난을 경험할 것이며, 이 환난이 끝날 때 주님이 재림하시리라고 믿는다. 이들을 가리켜 환난 후 재림주의자들(posttribulationists)이라 부른다. 환난 전 재림주의자들(pretribulationists)로 알려진 또 다른 사람들은 주님의 재림이 두 단계 또는 두 국면으로 이루어지리라고 믿는다. 다시 말해, 이들은 그리스도께서 공개적으로 재림하실 뿐 아니라 대환난 이전에 그분의 교회를 위해, 그들을 세상에서 데려가기 위해, 즉 '휴거시키기' 위해 오시리라고 믿는다(전자를 가리켜 지상재림, 후자를 가리켜 공중재림이라 한다 — 역자 주). 환난 중 재림주의자들(midtribulationists)로 알려진 또 다른 사람들은 교회가 7년 대환난의 전반기에는 존재하겠지만 더 심한 후반기가 시작되기 전에 휴거될 것이라고 믿는다.

최근의 역사

최근 몇 십 년 사이, 종말론에 관한 관심이 커졌다. 어떤 사람들은 종말론에 대해 단지 신학의 한 분야가 아니라 거의 모든 것을 포함하는 방식으로 정의했다. 그리스도 사건이 새 시대의 서막이었으므로, 신약의 많은 부분을 종말론으로 봐야 한다.

어떤 사람들은 이것을 지나치게 확대하여 미래의 사건들이 이미 성취되었다고 주장하기까지 했다. 따라서 그리스도의 재림은 오순절에 이루어졌다. 고대할 미래의 사건은 없다. 이 견해를 가리켜 '실현된 종말론'(realized eshatology)이라 한다.

희망의 신학은 이러한 종말론적 개념을 신학의 모든 분야에까지, 신론(神論)에까지 확대했다. 따라서 이전까지는 하나님의 초월이란 하나님이 우리 위에 또는 우리 너머에 계심을 말한다고 이해했던 반면에 이들은 하나님이 우리 앞에 누워 계신다고 생각한다.

그분은 그래야 하는 하나님이다. 그분의 초월은 공간과의 관계가 아니라 시간과의 관계 속에서 이해된다.

보수적인 그리스도인들은 보다 전통적인 개념의 종말론을 견지했다. 《대행성 지구의 종말》(The Late Great Planet Earth, 1973. 달라스 신학교를 졸업한 Hal Lindsey가 쓴 책으로 전 세계적으로 1800만부 이상이 팔렸다 — 역자 주), 소설인 《레프트 비하인드》(Left Behind, 1996. Tim Lahaye와 Jerry Jenkins가 요한계시록을 근거로 쓴 시리즈 소설로 지금까지 5천만부 이상이 팔렸으며 영화로도 제작되었다 — 역자 주)와 그 밖의 책이 인기를 얻은 사실이 말해주듯, 성경의 예언 구절에 대한 관심이 커졌다. 많은 사람들이 현재 중동에서 일어나는 사건들과 다니엘서 9장, 마태복음 24-25장, 데살로니가전서, 계시록의 구절과 관련이 있다고 보았다.

주의

신자들이 사소한 문제로 다툴 때처럼, 때로 종말론은 기독교 진영 내에서 결정적인 힘을 갖는다. 중요한 종말론적 교리에 대해서는 견해를 같이했으나 대환난에 대한 시각처럼 사소한 부분에서는 견해가 갈리는 교단들이 있다. 피해야 하는 또 다른 위험은 날짜를 정하는 것이다.

우리는 '시대의 표적'에는 주의를 기울여야 하지만 하나님이 주님의 정확한 재림 날짜를 인간이나 심지어 천사들에게도 계시하지 않으셨다는 사실을 반드시 기억해야 한다(마 24:36). 자신들이 주의 재림 날짜를 정확히 결정할 수 있다고 믿었던 사람들의 계산이 틀린 것으로 드러났을 때, 이들의 신앙은 위험에 빠졌다.

종말론의 실제적 가치

우리가 바르게 이해하고 적용할 때, 종말론은 그리스도인들에게 강력하고 긍정적인 의미로 작용한다. 따라서 우리는 종말론에서 위로와(살전 4:18) 격려를 얻고(고전 15:58), 깨어 있어 충성하라는 도전과 상급에 대한 확신을 얻어야 한다(마 25:14-30).

시간이 제한되어 있으므로 그리스도인들은 자신에게 주어진 기회를 성실하게 활용해야 한다. 주님의 재림이 확실하기에 우리는 소망과 용기로 충만해야 한다.

더 깊게 공부하려면

Donald G. Bloesch, *The Holy Spirit*

Ted M. Dorman, *A Faith for All Seasons*

Millard J. Erickson, 《조직신학 개론》(*Introducing Christian Doctrine*), 나용화, 황규일 공역(기독교문서선교회, 2001)

Norman L. Geisler, *Systematic Theology(4vols.)*

Wayne Grudem, 《조직신학》*(Systematic Theology, 전3권)*, 노진준 옮김(은성, 2009)

Ranald Macaulay and Jerram Barrs, 《인간: 하나님의 형상》*(Being Human)*, 홍치모 옮김(IVP, 1992)

Bruce Milne, 《복음주의 조직신학 개론》*(Know the Truth)*, 김정훈 옮김(크리스챤다이제스트, 1999)

J. I. Packer, 《하나님을 아는 지식》(*Knowing God*), 정옥배 옮김(IVP, 2008) | 《성령을 아는 지식》*(Keep in Step With the Spirit)*, 홍종락 옮김(홍성사, 2008)

Robert Stein, 《메시아 예수: 예수의 생애 연구》(*Jesus the Messiah*), 황영철 옮김(IVP, 2001)
A. W. Tozer, 《하나님을 바로 알자》(*Knowledge of the Holy*), 전의우 옮김(생명의말씀사, 2000)

폴 페리스 2세

물리적 정황 | 문화적 정황 | 문학적 정황 | 히브리 문학

11 구약의 배경

성경을 더 분명히 이해하려면 하나님이 인간에게 그분의 말씀을 주신 정황,
곧 물리적, 문화적, 문학적 정황을 알아야 한다.
폴 페리스 2세 Paul W. Ferris, Jr

\+ 폴 페리스 2세

몇 명의 라디오 토크쇼 진행자가 최근의 자연 재해를 주제로 토론하고 있었다. 이들은 하나님이 이러한 자연 재해를 통해 뭔가 말씀하고 계시며 우리는 그 말씀에 귀를 기울여야 한다는 말을 종종 들었다고 했다. 그러나 이들 중 누구도 이런 생각에 별로 귀를 기울이지 않았다. 그때 토론자 가운데 한 여성이 자신은 구약의 하나님을 믿지 않는다고 했다.

이 여성이 문제라고 생각하는 부분은 '히브리 성경의 하나님'(즉 구약의 하나님)이 곧 예수님이 영화롭게 하러 오셨다고 하신 바로 그 하나님이라는 것이었다. 예수님은 구약의 하나님이 한편으로 요구하시고 다른 한편으로 주신 궁극적인 대속을 이루는 게 자신의 사명이라고 말씀하셨다.

구약은 이들 방송인에게 실제적인 문제를 제시한다. 버나드 앤더슨(Bernhard Anderson)은 이렇게 주장한다.

이보다 더 긴급한 문제는 없다. 이것은 전문적 신학자든 목회자든 평신도든 간에

교회의 모든 그리스도인이 직면하는 문제이다. 기독교 신앙의 의미 전체가 이 문제에 달려 있다고 해도 지나친 말이 아니다.

예수님과 신약 저자들이 히브리 성경(구약)을 어떻게 다루었는지 진지하게 살펴보면, 이 문제는 분명해진다.

예수님은 공생애 기간 중 다소 초기에 갈릴리의 어느 산허리에서 설교를 하고 계셨다. 그분이 다루신 문제 가운데 하나는 이제 메시아가 왔고 따라서 히브리 성경이 폐기되었다는 것이었다. 예수님은 이러한 생각을 분명하게 거부하셨다.

> 내가 율법이나 선지자를 폐하러 온 줄로 생각하지 말라 폐하러 온 것이 아니요 완전하게 하려 함이라 진실로 너희에게 이르노니 천지가 없어지기 전에는 율법의 일점일획도 결코 없어지지 아니하고 다 이루리라(마 5:17,18)

누가복음에 극적인 예가 나온다. 누가복음 24장에는 예수님이 매우 무서운 사형 도구 가운데 하나였던 로마의 십자가형을 통해 공개처형 당하신 직후에 있었던 일이 기록되어 있다. 예수님을 따르는 몇 사람이 그분의 시신을 부자의 무덤에 안치했다. 로마 관리들은 무덤을 돌로 막고 봉인했으며 군인들을 두어 지켰다. 이러한 상황을 배경으로, 누가는 예수님이 더 이상 죽은 자 가운데 계시지 않는다는 사실을 모른 채 예루살렘에서 10킬로미터가량 떨어진 엠마오로 내려가는 두 제자의 이야기를 들려준다. 이들은 모든 게 끝났다고 생각했다. 그래서 부활하신 예수님이 길에서 나타나 자신들과 동행하시는데도 그분을 알아보지 못했다. 예수님은 이들에게 무슨 이야기를 나누고 있느냐고 물으셨다. 이들은 예수님의 실망스러운 패배를 이야기했다. 예수님은 이들의 말에 깜짝 놀랄 말씀으로 대답하셨다.

> 미련하고 선지자들이 말한 모든 것을 마음에 더디 믿는 자들이여, 그리스도가 이런 고난을 받고 자기의 영광에 들어가야 할 것이 아니냐 하시고 이에 모세와 모든 선지자의 글로 시작하여 모든 성경에 쓴바 자기에 관한 것을 자세히 설명하시니라(눅 24:25-27)

나중에 예루살렘에서, 예수님은 그분의 부활을 과연 믿어야 할지 고민하는 제자들과 그 밖의 사람들에게 나타나셨다. 누가는 예수님이 더 큰 무리에게 히브리 성경의 전통적인 세 부분을 모두 인용하면서 이렇게 말씀하셨다고 보도한다. "내가 너희와 함께 있을 때에 너희에게 말한바 곧 모세의 율법과 선지자의 글과 시편에 나를 가리켜 기록된 모든 것이 이루어져야 하리라 한 말이 이것이라." 누가는 더 나아가 이렇게 말한다. "이에 그들의 마음을 열어 성경을 깨닫게 하시고"(눅 24:44,45).

어떤 사람은 이렇게 주장할 것이다. "맞습니다. 구약이 예수님을 따랐던 유대인 제자들에게는 상당한 가치가 있었겠지요. 하지만 구약은 이방인 신자들을 위한 책이 아닌 게 분명합니다." 이방인을 위한 선교사 바울은 로마의 신자들에게 보낸 편지(로마서) 마지막 부분에서 이렇게 선언한다. "무엇이든지 전에 기록된(성경에 기록된) 바는 우리의 교훈을 위하여 기록된(성경에 기록된) 것이니 우리로 하여금 인내로 또는 성경의 위로로 소망(확실한 기대)을 가지게 함이니라"(롬 15:4). 바로 이 문맥에서, 바울은 "이방인들이 하나님의 자비로 인해 그분께 영광을 돌리도록 족장들에게 주신 약속"(롬 15:8,9, NIV 직역. 한글개역개정판은 "조상들에게 주신 약속들을 견고하게 하시고 이방인들도 그 긍휼하심으로 말미암아 하나님께 영광을 돌리게 하려 하심이라" — 역자 주)을 토대로 이렇게 격려하며, 히브리 성경의 세 부분을(삼하 22:50; 시 18:49; 신 32:43; 시 117:1; 사 11:10) 모두 인용하면서 이것을 뒷받침한다.

위대한 사도는 계속 젊은 목회자 디모데를 가르쳤다. 그리고 디모데에게, 자신이 메시아 예수를 믿는 구원의 믿음을 갖게 된 것은 성경의 가르침 때문이었음을 상기시켰고, 이 성경에 대해 이렇게 상기시켰다. "모든 성경은 하나님의 감동으로 된 것으로 교훈과 책망과 바르게 함과 의로 교육하기에 유익하니 이는 하나님의 사람으로 온전하게 하며 모든 선한 일을 행할 능력을 갖추게 하려 함이라"(딤후 3:14-17). 바울은 당시에 디모데가 볼 수 있는 유일한 성경인 히브리 성경에 대해 말하고 있었다. 바울은 또한 디모데 목사에게 "말씀을 전파하라"고 촉구했다(딤후 4:2).

히브리 성경의 하나님이 신약의 하나님과 다른가? 이 문제에 대해, 히브리서 기자는 이렇게 대답한다.

> 옛적에 선지자들을 통하여 여러 부분과 여러 모양으로 우리 조상들에게 말씀하신 하나님이 이 모든 날 마지막에는 아들을 통하여 우리에게 말씀하셨으니, 이 아들을 만유의 상속자로 세우시고 또 그로 말미암아 모든 세계를 지으셨느니라 이는 하나님의 영광의 광채시요 그 본체의 형상이시라 그의 능력의 말씀으로 만물을 붙드시며 죄를 정결하게 하는 일을 하시고 높은 곳에 계신 지극히 크신 이의 우편에 앉으셨느니라(히 1:1-3)

그의 주장은 이렇다. 히브리 성경의 하나님과 신약 성경의 하나님은 하나요 같은 분이다. 신약의 메시아는 히브리 성경에 기록된 사건들에서 역사하셨다. 하나님이 선지자들을 통해 말씀하신 메시지는 그분의 아들을 통해 말씀하신 메시지와 본질적으로 동일하다.

히브리 성경도 신약 성경도 메마른 환경에서 기록되지 않았다는 사실이 중요하다. 성경의 내러티브와 가르침은 실제 사람들이 실제로 살아가는 삶을 무대로 한다. 이 무대와 배우들과 소품은 하나님의 자기계시에서 중요한 역할을 한다. 성경을 더 분명히 이해하려면 하나님이 인간에게 그분의 말씀을 주신 정황, 곧 물리적, 문화적, 문학적 정황을 알아야 한다.

물리적 정황

Physical Setting

히브리 성경의 문학은 여기에 실린 내러티브와 시와 그 밖의 문학 양식을 제공한 물리적 정황을 통해 빚어지고 채색되었다.

첫째, 히브리 성경의 물리적 정황은 서양이 아니라 동양이며, 유럽이 아니라 아시아와 아프리카이다. 히브리 성경의 물리적 정황은 근동(Near East) 또는 흔히 중동(Middle East)이라 부르는 곳이다.

비옥한 초승달 지역 히브리 성경의 이야기가 전개되는 물리적 '무대'는 지금까지 '비옥한 초승달 지역'(fertile crescent)이라 불린다. 이곳은 두 개의 큰 강 사이에 위치한 비옥한 경작지이다. 초승달 지역의 동부는 아르메니아 산맥에서 시작되는 티그리스강과 유프라테스강이 형성한 유역(流域)으로 이루어져 있다. 지리적으로, 역사가들은 이 지역을 가리켜 메소포타미아(Mesopotamia), 즉 '강 사이(의 땅)'라 부른다. 메소포타미아는 지금의 이라크 남쪽 국경과 이란의 남서쪽부터 시리아와 터키의 남동쪽까지 뻗어 있다. 남쪽으로 약 550마일 되는 곳에서는 나일강이 북쪽으로 이집트 계곡을 따라 흐른 후 삼각주를 지나 지중해로 흘러든다.

이러한 주요 지역들을 연결하는 지역이 현재의 레바논과 이스라엘에 속하며 지중해 동쪽 해안을 따라 형성된 좁은 경작지이다. 지리적, 지형적 여건 때문에, 두 중심 지역 간의 사회적, 상업적 교류는 고대 이스라엘의 '병목' 지역을 통해 이루어질 수밖에 없었다.

히브리 성경이 말하는 이야기는 대부분 이러한 병목 지역에서 일어난다.

세 대륙의 교차점 성경은 하나님이 전략적으로 이스라엘 민족을 세 대륙, 즉 아프리카와 유럽과 아시아를 연결하는 교차점에 두셨다고 말한다. 이러한 사실은 성경의 내러티브와 시에서 나타나며, 가나안과 이스라엘 문화의 다양한 특징에서도 나타난다. 하나님은 아브라함을 그의 고향 메소포타미아에서 불러내어 이 교차점으로 인도하셨다.

바다와 사막 사이 가나안은 사막과 경작지 사이의 긴장을 고대 근동의 다른 어느 지역보다 극적으로 경험했을 것이다. 아브라함은 지중해에서 동쪽으로 30마일밖에 안 되며 해발 3,000피트(900미터)에 이르는 벧엘에 천막을 치고 여호와께 제단을 쌓았다. 벧엘에서 동쪽으로 불과 4,5마일만 가면 광야가 있으며, 여기서부터 가파른 협곡이 나타나며 1마일 정도 더 내려가면 요단강이 흐른다. 유대 산맥과 그곳에서 중앙의 능선을 동에서 서로 얇게 갈라놓는, 가파르고 깊은 브이(V)자형 협곡들 때문에, 이 지역은 통행이 아주 힘들었고 정치적 통합도 아주 어려웠다.

이집트나 메소포타미아와는 달리, 가나안에는 경작지에 물을 공급할 큰 강이 없다. 가나안에서 가장 큰 요단강은 해수면보다 낮기 때문에 중부 산악지대의 농부와 유목민에게는 도움이나 희망을 줄 수 없다. 이곳에 사는 사람들은 누구든지 산과 평지 사이의 긴장을 느낀다. 이렇게 좁고 길며 물이 귀한 경작지에서는 농부들과 유목민 간에도 뚜렷한 긴장이 있을 것이다.

큰 유목민 아브라함도 이러한 긴장을 경험했다. 성경은 그가 랜드브리지(land-bridge, 해상 교통과 육상 교통이 연결되는 지점) 지역을 휩쓴 기근을 피해 아프리카로 갔다고 말한다. 그의 손자 야곱도 오랜 기근을 피해 가족을 이끌고 아프리카로 피했다.

모세는 약속의 땅을 "젖과 꿀이 흐르는 땅"이라고 말할 뿐 아니라(출 3:8) "산과 골짜기가 있어서 하늘에서 내리는 비를 흡수하는 땅"이라고도 말한다(신 11:11). 모세는 이러한 정황에서 이스라엘 백성에게 말했다.

> 너희는 스스로 삼가라 두렵건대 마음에 미혹하여 돌이켜 다른 신들을 섬기며 그것에게 절하므로 여호와께서 너희에게 진노하사 하늘을 닫아 비를 내리지 아니하여 땅이 소산을 내지 않게 하시므로 너희가 여호와께서 주신 아름다운 땅에서 속히 멸망할까 하노라(신 11:16,17)

아브라함과 그의 후손에게 약속된 땅은 믿음을 테스트하는 시험장이었다.

문화적 정황

Cultural Setting

BC 3,000년대 말 이전의 문화적 발전을 보여주는 증거가 많지만, 이러한 자료는 유물과 연결된 기록이 없기 때문에 선사(先史) 시대의 것이다. 지금까지 발견된 가장 오래된 문헌은 남부 이라크 지역에서 꽃피었던 수메르 문화(Sumerian culture)의 유산으로 BC 3,000년대 말의 것이다. 그래서 새뮤얼 크래머(Samuel Kramer)가 자신의 책 제목으로 정했듯이 "역사는 수메르에서 시작된다"라는 말이 있다. 그 후 곧바로, 비옥한 초승달 지역의 반대쪽 끝, 즉 이집트에서 문헌들이 발견되었다.

청동기 시대: BC 3100-1200

문헌(written texts, 기록 문헌)의 출현으로 비로소 공동체나 사회의 유물을 보완하는 기록을 토대로 '역사'를 발전시킬 수 있는 시대가 시작되었다. 고고학자들은 이 시대를 청동기 시대라고 한다. 왜냐하면 이 시대에는 청동으로 산업과 전쟁을 위한 도구를 만들었기 때문이다.

인간의 도구가 석기에서 청동기로 바뀌면서 엄청난 문화적 발전이 있었다. 여전히 마을은 공동체 구조의 주류였으나 새로운 기술의 발전으로 기념 건축물이나 방어용 건축물이 특히 발전했다. 도시가 문화와 상업과 안전의 중심지가 되었다.

이러한 모든 발전은 문자의 발전과 연관이 있었다. 메소포타미아 최초의 문헌들은 경제와 관련이 있었으며, 자산 물목(이 경우에는 가축)을 정리한 것이었다.

도시의 등장은 사회 구조에도 영향을 미쳤다. 가족과 씨족이 여전히 중요했으나 이러한 혈연관계가 정치적 관계와 균형을 이루기 시작했다. 도시 국가에서는 왕이 사회의 핵심인물로서 아버지를 대신했으며, 도시 국가가 왕국으로, 왕국에서 제국으로 발전했다. 또 다른 문화적 변화를 수학, 천문, 의학, 법학, 금융과 재정, 상업과 산업을 다루는 다양한 문헌에서 확인할 수 있다.

청동기 시대, 메소포타미아 남서쪽에서는 공동체간의 연합이 있었다. 제1 왕조(First Dynasty)의 초대 파라오 메네스(Menes)는 이미 상부 이집트(Upper Egypt, 남부 이집트)의 왕으로 있으면서 하부 이집트(Lower Egypt, 북부 이집트)의 왕이 되었다. 이집트 문명의 하이라이트 가운데는 놀라운 건축술과 여기에 필요한 수학과 기하와 공학 기술이 있었다.

통일 이집트는 경제적, 군사적으로 계속 강해지면서 랜드브리지를 장악했다. 이집트의 국제적인 힘은 18왕조(Eighteenth Dynasty) 때 절정에 이르렀고, BC 15세기 중반 파라오 투트모세 3세(Paraoh Tutmose III)는 이집트를 초강대국으로 만들었고 영향력을 서아시아까지 확대하려고 가나안과 그 너머 지역을 무려 열일곱 번이나 정벌했다. 전리품과 조공의 일부는 신전에 바쳤고, 그 결과 종교 기관은 엄청난 부를 축적했다.

투트모세 3세를 이어 아멘호텝 2세(Amenhotep II)가 이집트의 파라오가 되었으며, 그의 뒤를 이은 투트모세 4세(Thutmose IV)는 왕위 계승자인 형이 갑자기 죽자 파라오가 되었다. 그 다음 파라오 아멘호텝 4세(Amenhotep IV, aka Akhenaten)는 이집트의 정치와 종교를 개혁하는 데 많은 힘을 쏟았다. 이 무렵 이집트에 예속되어 있던 가나안과 시리아의 왕들이 떠돌이 약탈 부족의 위협에 대해 불평했다. BC 12세기 중반, 이집트 제국은 사라졌다. 이집트는 더 이상 가나안과 그 너머 지역을 지배하지 못했다.

철기 시대: BC 1200-332

철기시대는 지중해 동부 해안 지역(이 지역을 레반트/Levant라 한다)의 권력 공백과 함께 시작되었다. 남서부나 북동부에 영향을 미치는 안정된 초강대국이 없었으므로, 레반트 지역의 도시국가들이 기회만 있으면 이 지역의 주요 교역로를 장악하려 했다. 도시국가나 부족이 단독으로 지배력을 가질 수 없을 때는 동맹을 형성했다. 성경은 다윗왕이 어느 시점에선가 블레셋과 동맹했지만 그 다음 순간 블레셋과 대립했다고 말한다. 솔로몬이 죽은 후, 이스라엘 왕국이 분열되었을 때, 북쪽 이스라엘 왕국은 아람과 동맹하기도 하고 싸우기도 했다. 이스라엘 문화가 이교도 문화에 미친 영향보다 이교도 문화가 아브라함의 후손에게 미친 영향이 훨씬 더 클 때가 많았던 것 같다.

이처럼 초강대국이 없는 시대가 낳은 매우 의미 있는 결과 가운데 하나는 이스라엘 왕국이 세워질 무대가 형성되었다는 점일 것이다. 이스라엘은 다윗과 솔로몬 때 제국의 형태를 갖추었으나 제국은 오래 가지 못했다.

BC 9세기, 앗시리아(앗수르)가 다시 힘을 얻기 시작했다. 아수르나시팔 2세(Ashurnasirpal II)는 거의 1년 내내 정벌에 나섰고, 그 결과 앗시리아의 위치와 세입이 늘어났다. 이러한 르네상스는 그의 뒤를 이은 살만에셀 3세(Shalmaneser III) 때까지 계속되었으며, 수십 년 사이에 앗시리아는 확실한 초강대국이 되었다. 그 결과 북쪽 이스라엘 왕국이 멸망했고(BC 722년) 남쪽 유다 왕국은 더 큰 압박을 받았다.

문학적 정황

Literary Setting

히브리 성경을 읽어보면, 원독자는 이것을 하나님의 말씀으로 굳게 믿었음을 알 수 있다. 그러나 하나님이 자신과 자신의 뜻에 관한 계시를 기록하려고 사용하신 문학 매체는 특별한 게 아니었다. 다시 말해, 좀 더 넓은 의미에서 보면, 성경 문학은 당시 주변 민족의 문학과 크게 다르지 않았다.

히브리 성경의 하나님은 그분이 창조하신 공간과 시간과 물질이 아니었다. 그럼에도 불구하고, 하나님은 그분의 피조물과 동떨어져 있지 않았으며, 자신이 자신의 형상으로 지은 존재와 교류하려고 창조 세계의 특징(문화적 특징을 포함해서)을 사용하기를 주저하지도 않으셨다. 히브리 성경 문학의 다양한 장르와 주변 민족의 문학 사이에는 비슷한 점이 많지만, 성경은 자신이 여호와의 말씀이라고 주장한다.

고대 근동의 문학

원역사 고대 근동에서 발견된 문헌에는 창조 기사들이 나온다. 아트라하시스(Atrahasis)는 노동에 지친 신들이 노동의 의무를 면하려고 인간을 창조했다고 말한다. '에누마 엘리쉬'(Enuma Elish)는 말둑(Marduk)이 바벨론 신들의 우두머리가 되었다고 말한다. 말둑은 티아마트(Tiamat) 신의 시체로 세상을 창조했으며, 신들이 노동을 면하게 하려고 킹구(Kingu)라는 또 다른 신의 피로 인간을 창조했다.

이집트에는 '멤피스의 창조신학'(Memphite Theology of Creation)이 있는데, 여기서 '정액과 자신의 손가락'으로 창조하는 아툼(Atum)과는 대조적으로 멤피스의 수호신 프타(Ptah)가 '입의 이와 입술', 즉 말로 창조한다.

초기 청동기 시대의 메소포타미아 문학은 신들의 분노로 일어난 자연 재해에 관해 이야기한다. 한 왕이 배를 한 척 건조함으로써 인류를 임박한 멸망에서 구해냈다. 홍수 기사는 수메르, 아카디아, 바벨론, 힛타이트, 후리(Hurrian) 문헌에도 나타난다. 비옥한 초승달 지역의 다른 쪽 끝에서는 이집트의 〈죽은 자들의 책〉(Book of the Dead)에 단편적인 홍수 기사들이 발견된다.

법 메소포타미아의 몇몇 법전이 지금까지 보존되어 있다. 지금까지 발견된 매우 오래된 법전 가운데 하나는 우르남무(Code of Ur-Nammu) 법전인데, 우르남무는 BC 2,000년대 말에 수메르 르네상스를 일으켰던 왕조의 창건자이다. 지금까지 남아 있는 부분은 민법과 형법으로 사회 정의를 확립하고 '비방과 폭력과 다툼'을 제거하려는 의도를 보여준다.

BC 19세기의 에쉬눈나 법전(Laws of Eshnunna)은 민법과 형법이 결합된 형태이다. 같은 BC 19세기의 리피트 이쉬타르 법전(Code of Lipit-Ishtar)은 민법에 초점을 맞추었다. 가장 유명하고 광범위한 법전은 지금까지 282개 조항이 남아 있는 함무라비 법전(Code of Hammurabi, BC 18세기)일 것이다.

히브리법과 주변 지역의 법 사이에는 많은 유사점이 있지만 중요한 차이점도 있다. 메소포타미아 문화의 큰 법전들은 왕의 권위에 기초한다. 히브리법은 이스라엘에 왕이 있기 오래전에 하나님이 주신 것이다. 그 결과 가운데 하나는 메소포타미아의 법전은 세속적인 데 반해 히브리법은 신성하다는 것이다. 히브리법은 자신의 민법과 형법의 신학적 기초를 제시한다. 예를 들면, 함무라비 법전의 판례법은 살인에 대한 형벌을 제시한다. 반면에 모세 율법은 진정한 하나님의 성품을 토대로 살인을 금하며, 살인이 하나님의 형상을 파괴하는 행위라는 사실을 토대로 살인에 대한 형벌을 설명한다. 메소포타미아의 법을 어기는 것은 하나의 위반행위로 간주된다. 반면에, 히브리법을 어기는 것은 죄로 간주되었다.

왕과 선지자들 쐐기문자로 된 '아마르나 문서'(Amarna Letters)가 있다. 거의 400개에 이르는 토판으로 된 이 문서의 대부분은 가나안과 시리아의 봉신군주들(vassal kings)이 쓴 편지로 아멘호텝 3세(Amenhotep III, BC 1402-1363)와 아크헤나텐(Akhenaten, BC 1363-1347)의 문서보관소 유적에서 발견되었다. 대학에서 메소포타미아와 이집트의 역사 문헌을 다루는 앗시리아학(Assyriology)과 이집트학(Egyptology)이라는 새로운 분야가 생겼다. 이스라엘과의 접촉에 대한 증거가 각각의 문헌에서 발견된다.

예언(prophecy)의 개념은 비옥한 초승달 지역 양쪽 끝에서 발견된다. '이푸워의 훈계'(Admonitions of Ipuwer)와 '네페르티의 예언'(Prophecies of Neferti) 같은 이집트의 문헌에는 공동체와 왕에게 도전을 주며 선언(宣言, 예언)하는 '선지자'의 역할이 나타난다. 메소포타미아 문헌에 나타나는 '선지자들'은 왕과 그의 행동과 전쟁에 초점을 맞춘다.

아브라함 마라마트(Abraham Malamat, 예루살렘 히브리대학 교수)는 이렇게 말한다. "이러한 종류의 메시지는 우주적 비전과 더불어 완전한 종교적 이데올로기와 사회윤리의 항목과 민족적 목적을 제시하는 성경의 예언과 확연히 다르다."

현자 히브리 문학과 주변 민족의 문학 간의 가장 큰 유사점은 이집트의 지혜 문학에서 나타난다. 특히 교훈적 지혜는 히브리 잠언과 비슷한 부분이 많다. 메소포타미아의 지혜 문학 중에서 대화체 문학은 욥기 및 전도서와 상당히 비슷하다.

히브리 문학
Hebrew Literature

고대문헌들 이미 말했듯이, 히브리 성경은 허공에서 나타난 게 아니다. 히브리 성경은 실제의 시간과 공간에서 전개되었으며 따라서 컨텍스트(context)가 있다. 성경 저자들은 다양한 장르로 과거의 사건을 기록했으며, 이를 뒷받침하기 위해 다른 자료를 활용하거나 독자들이 원한다면 더 자세한 부분을 확인할 수 있도록 참고 자료를 활용했다. 이런 사실은 역대기에서 가장 분명하게 나타난다. 민수기 21장에서 모세는 '여호와의 전쟁기'(Book of the Wars of the Lord)를 인용하며, 여호수아 10장에서 여호수아는 청중에게 '의인의 책'(Book of the Upright)을 언급한다.

히브리 성경의 정경과 본문 계시의 흐름에서, 토라 뒤에는 전기 선지서(Former Prophets, 여호수아, 사사기, 사무엘, 열왕기)와 후기 선지서[Latter Prophets, 이사야, 예레미야, 에스겔, 열두 권(소선지서)]가 오며, 마지막으로 시가서[Writings, 시와 지혜서: 시편, 잠언, 욥기; 메길로트(Megilloth, 연례 의식 때 읽는 두루마리): 아가, 룻기, 애가, 전도서, 에스더]와 역사서(다니엘, 에스라-느헤미야, 역대기)가 온다.

정경(政經, canon)은 공식적으로 권위가 인정된 문헌을 가리키는 용어로(1장을 보라) 교회법뿐 아니라 세속법에서도 사용된다. 정경은 또한 신적 영감과 권위를 증명한 본문을 말한다. 성경의 영감과 권위는 오랜 후에 소집된 교회회의가 부여한 게 아니다. 성경의 영감과 권위는 계시가 주어졌을 때 최초의 청중이 인정한 것이다. 그러므로 예를 들면, 여호수아는 모세가 기록한 성경이 신적 권위를 갖는다고 주장했으며, 자신의 청중에게 이것을 믿고 순종하라고 요구했다. 성경 정경이 계속 확대될 때도 동일한 반응이 나타났다. 이처럼 성경의 영감과 권위를 인정한 결과 가운데 하나는 본문을 주의 깊게 보존하고 물려준 것이다. 고대 랍비가 성경을 필사하는 서기관에게 했던 경고가 탈무드에 나온다. "내 아들아, 조심해라. 네 일은 하늘의 일이기 때문이다. 네가 한 자를 빼먹으면 온 세상이 무너질 것이다."

신약과의 관계

히브리 성경은 역사서인 에스라-느헤미야와 역대기로 끝난다. 물론 개신교의 구약도 동일한 본문으로 구성되지만 순서만 다를 뿐이며, 포로기 이후의 선지서(학개, 스가랴, 말라기)로 끝난다. 양쪽 저자들 모두 하나님이 계시나 구속에서 끝내지 않으셨다는 예리한 인식을 보여준다. 말라기 이후, 유대인들은 하나님이 더 이상 선지자들을 통해 말씀하지 않으신다고 생각했으나 하나님이 자신을 새롭게 계시하실 날을 고대했다. 사도 요한은 이 부분을 언급한다. 그리고 세례 요한이 "그가 약속된 메시아냐?"는 질문에 "아니라"고 답했을 때, 사람들은 "네가 엘리야냐?"라고 물었고 그는 다시 "나는 아니라"라고 했다(요 1:19-21).

새로운 계시에 대한 고대(anticipation)에는 추가적 가르침(기록된 하나님의 말씀)과 하나님의 살아 있는 말씀이신 메시아 둘 모두 포함되었다. 그와 동시에, 신약은 히브리 성경을 자신의 계시에 필수적이며 자신의 계시와 일치한다고 본다.

더 나아가, 히브리 성경은 예수님과 제자들이 가르친 권위 있는 본문이다.

예를 들면, 베드로는 구원, 씻음과 용서, 화해, 영적 유산이라는 주제를 개괄하면서 베드로전서를 시작한다(벧전 1:1-9). 뒤이어, 베드로는 이러한 구원의 기초를 히브리 성경에 두면서 선지자들이 하나님의 약속과 계획을 단지 히브리 신자들뿐 아니라 이방인 신자들을 위한 것으로 이해했다고 주장한다. 신약의 좋은 소식은 새로운 복음이 아니라 모세와 선지자들이 선포한 좋은 소식과 같은 것이다. 베드로는 선지자들이 적어도 세 가지 핵심 문제를 이해했다고 주장한다.

1. 하나님의 기름부음 받은 자(메시아)가 인류의 죄 때문에 대신 고난 받으셔야 한다.
2. 메시아께서 사탄과 죄를 이긴 승리자로 영광을 받으실 것이다.
3. 핵심적인 이 두 사건이 이러한 순서로 일어날 것이다.

구약의 선지자들이 이해하지 못했고 매우 알고 싶어 했던 것은 이러한 일이 언제 일어나며 그때 어떤 주목할 만한 징조가 있을까 하는 것이었다.

> 이 구원에 대하여는 너희에게 임할 은혜를 예언하던 선지자들이 연구하고 부지런히 살펴서 자기 속에 계신 그리스도의 영이 그 받으실 고난과 후에 받으실 영광을 미리 증언하여 누구를 또는 어떠한 때를 지시하시는지 상고하니라(벧전 1:10,11)

때로 신약 저자들은 히브리 성경의 핵심적인 신학적 메시지를 가리켜 '복음'이라고 말한다. 왜냐하면 예수님의 가르침을 나타내는 매우 일반적 명칭 가운데 하나인 '천국의 복음'이 여기에 확고히 기초하기 때문이다. 히브리서 저자는 예수님이 동시대 사람들에게 선포하신 복음이 모세가 동시대 사람들에게 선포한 바로 그 복음이었다고 주장한다. 문제는 모세의 계시가 불완전했다는 게 아니라 그것을 "듣는 자가 믿음과 결부시키지 않았다"는 것이다(히 4:2).

또한 신약 저자들은 하나님의 구속 계획의 좋은 소식을 가리켜 '약속'이라고 한다. 바울은 예수 그리스도를 안디옥의 청중에게 전할 때 '복음'과 '약속'을 연결했다.

우리도 조상들에게 주신 약속을 너희에게 전파하노니, 곧 하나님이 예수를 일으키사 우리 자녀들에게 이 약속을 이루게 하셨다 함이라 … 또 하나님께서 죽은 자 가운데서 그를 일으키사 다시 썩음을 당하지 않게 하실 것을 가르쳐 이르시되 내가 다윗의 거룩하고 미쁜 은사를 너희에게 주리라 하셨으며(행 13:32-34)

바울은 갈라디아 그리스도인들에게 그들이 처음에 어떻게 믿게 되었는지를 상기시킴으로써 "하나님의 은혜는 획득하는 것"이라고 주장하는 이단을 논박한다. 여기서 바울은 창세기까지 거슬러 올라가 아브라함이 하나님과 그분의 약속을 믿었고 하나님이 "그것을 그에게 의로 정하셨다"고 말한다(갈 3:6). 그때로 거슬러 올라가보면, 하나님의 계획은 "이방을 믿음으로 말미암아 의로 정하실 것"이며("이방 사람을 믿음에 근거하여 의롭다고 여겨 주신다는 것", 표준새번역 – 역자 주), 아브라함에게 약속으로 주신 '복음'은 "모든 이방인이 너로 말미암아 복을 받으리라"는 것이다(8절).

이 약속들은 아브라함과 그 자손에게 말씀하신 것인데 여럿을 가리켜 그 자손들이라 하지 아니하시고 오직 한 사람을 가리켜 네 자손이라 하셨으니 곧 그리스도라 내가 이것을 말하노니 하나님께서 미리 정하신 언약을 사백삼십 년 후에 생긴 율법이 폐기하지 못하고 그 약속을 헛되게 하지 못하리라 만일 그 유업이 율법에서 난 것이면 약속에서 난 것이 아니리라 그러나 하나님이 약속으로 말미암아 아브라함에게 주신 것이라(갈 3:16-18)

히브리서는 "하나님이 아브라함에게 약속하실 때에 가리켜 맹세할 자가 자기보다 더 큰 이가 없으므로 자기를 가리켜 맹세하여"라고 말하며(히 6:13), 청중에게 그 약속 곧 하나님이 자녀가 없는 아브라함과 사라를 선택하시고 이들을 통해 이들의 후손뿐 아니라 땅위의 모든 민족이 구원의 복을 받게 하겠다고 하신 약속을 직접 상기시키기 위해 창세기 12장을 몇 줄 인용한다.

하나님은 약속을 기업으로 받는 자들에게 그 뜻이 변하지 아니함을 충분히 나타

> 내시려고 그 일을 맹세로 보증하셨나니, 이는 하나님이 거짓말을 하실 수 없는 이 두 가지 변하지 못할 사실로 말미암아 앞에 있는 소망을 얻으려고 피난처를 찾은 우리에게 큰 안위를 받게 하려 하심이라(히 6:17,18)

사도행전 26장에서, 바울은 아그립바왕의 법정에서 자신을 변호하면서 갈등의 원인이 자신의 동시대 사람들 가운데 많은 수가 히브리 성경의 핵심 주제를 오해하고 그 성경이 오직 자신들만을 위한 것이라고 생각하는 데 있다고 주장했다.

> 이제도 여기 서서 심문 받는 것은 하나님이 우리 조상에게 약속하신 것을 바라는 까닭이니 이 약속은 우리 열두 지파가 밤낮으로 간절히 하나님을 받들어 섬김으로 얻기를 바라는 바인데 아그립바 왕이여 이 소망으로 말미암아 내가 유대인들에게 고소를 당하는 것이니이다(행 26:6,7)

히브리 성경과 신약 모두 하나님의 구속 약속/계획에 초점을 맞춘다.

오경

히브리 전통은 성경 맨 앞에 나오는 다섯 권을 독립된 낱권으로 다루지 않고 한 세트, 즉 모세의 토라(Torah of Moses)로 다룬다. 토라는 히브리어로 '교훈'(instruction)을 뜻하고, 이와 관련된 동사는 '가르치다'(teach)이고, 같은 어근에서 파생한 명사는 '교사'(teacher)이다. 핵심은 '토라'가 본래 법률적 개념이 아니라 형성적(formative), 교훈적 개념이라는 것이다. 물론 하나님이 교훈하고 계신다면, 그분과 언약 관계에 있다고 주장하는 사람은 그분의 교훈을 신뢰하고 따라야 할 의무가 있다.

서문: 창세기 1-11장 오경의 맨 앞에 나오는 열한 장은 창세기 12장에서 시작되는 내러티브와 뚜렷이 대조된다. 그와 동시에, 창세기 11장은 서문(창 1-10장)과 족장 내러티브(창 12장 이하)를 이어주는 정교한 이음쇠 역할을 한다.

오경의 서문인 창세기 1-11장에는 '기사'와 '족보'가 나온다. 가장 먼저 창조 기사가 나오며(창 2:4), 그 다음으로 아담의 족보(창 5:1), 노아의 족보(창 6:9), 셈과 함과 야벳의 족보(창 10:1), 셈의 족보(창 11:10), 데라의 족보가 차례로 나오며(창 11:27), 데라의 아들 가운데 하나인 아브라함이 소개된다.

창세기 12장에서 시작되고 오경 나머지 부분에서 전개되는 드라마와 신학에 앞서, 중요한 이슈들이 타락한 인류에 만연한 세계관에 도전한다. 이러한 이슈들을 분명히 하지 않는다면 나머지 부분의 메시지가 거의 무의미할 것이다.

창세기 1-11장은 하나님의 인격과 성품과 능력, 생명의 근원과 창조 질서, 하나님의 형상을 지닌 인간의 본성을 다루며, 유혹의 본성, 죄의 성격, 죄가 인간과 하나님의 관계를 비롯해 모든 피조물에 미치는 영향을 다룬다. 창세기는 영적 갈등을 예시하며, '여자의 씨'가 사탄의 머리를 부술 때 이루어질 궁극적 승리를 약속한다(창 3:15). 창세기는 또한 사회 질서와 문화의 기원, 우리 가운데 거하시려는 하나님의 계획도 말한다(창 9:24-27).

이 모든 것이 중요한 이유는, 성경의 핵심 메시지를 전달할 때 큰 난관 가운데 하나가 이교도의 세계관(정령숭배든 인본주의든 간에)과 성경적 세계관의 불일치이기 때문이다. 이러한 기준점이 없으면, 하나님의 의로운 기대나 구속의 은혜를 이해하는 게 불가능하다.

이러한 은혜는 하나님의 은혜로운 축언에 예시되어 있다. 첫째, 하나님은 모든 피조물에게 복을 주셨으며(창 1:22), 그런 후 특별히 인간에게 복을 주셨다(창 1:28; 5:2; 9:1). 그 후 하나님의 놀라운 은혜와 인간의 무서운 거역 간의 긴장이 나타난다.

족장들에게 주신 약속: 창세기 12-50장 하나님은 인류에게 복을 주셨으며, 이것이 아브라함이 복을 받고, 아브라함의 씨를 통해 땅의 모든 민족이 복을 받는 토대가 된다(창 12:1-3). 하나님은 가장 있을 법하지 않은 선택을 하신다. 그분은 늙었고(고대 근동의 기준으로 보더라도) 아이도 낳을 수 없는 부부를 선택하신다. 하나님은 이들을 뽑으시고 이들에게 목적지도 모른 채 그분이 인도하는 대로 따르라고 요구하심으로써 이들의 믿음을 테스트하신다. 하나님은 더 나아가 이들에게 자녀를 약속하심으로써 이들의 믿음을 테스트하신다. 하나님은 땅과 보호를 약속하시고 심지어 이들의 후손에서 왕이 나오리라고 약속하심으로써 이들에게 용기를 주신다. 그러나 이러한 약속은 목적을 위한 수단일 뿐이다. 축복의 핵심은 세상 모든 민족을 구원하시려는 하나님의 계획이다.

내러티브가 아브라함에서 이삭을 거쳐 야곱에 이를 때까지, 이들은 모두 극심한 기근으로 위협 당한다. 이 작은 가족에게 보호와 공급은 이들이 "이방의 빛"(사 51:4)이 될 수 있는 한 민족으로, 하나님의 기름부음 받은 구원자가 될 아브라함의 그 씨(the seed)가 나올 한 민족으로 발전할 수 있다는 뜻이다. 하나님의 섭리로, 야곱의 아들 요셉은 애굽(이집트)으로 내려가 아브라함의 후손이 생존할 길을 열어 놓았다. 약속은 야곱이 그의 아들들을 축복할 때 되풀이되고 확대된다. "규가 유다를 떠나지 아니하며 통치자의 지팡이가 그 발 사이에서 떠나지 아니하기를 실로가 오시기까지 이르리니 그에게 모든 백성이 복종하리로다"(창 49:10).

세우심과 구출: 출애굽기 오경은 출애굽기에서도 창세기의 '축복' 언어를 사용하면서 하나님이 약속에 얼마나 충실하셨는지 말한다. "이스라엘 자손은 생육하고 불어나 번성하고 매우 강하여 온 땅에 가득하게 되었더라"(출 1:7). "요셉을 알지 못하는" 새로운 바로가 나타나(8절) 아브라함의 후손을 억압했을 때, 하나님은 씨를 보호하시겠다는 그분의 약속에 따라 일어나셔서 악인을 벌하셨다. 하나님은 그분의 백성, 그분이 "내 아들 내 장자"라 부르시는 백성을 구원하려고 또다시 의외의 도구(모세)를 선택하셨다(출 4:22,23).

내러티브는 한편으로 하나님의 보수 신학을 전개하며 다른 한편으로 유월절 은혜 신학을 전개한다. 내러티브는 섭리 신학도 들려주는데, 하나님이 아브라함과 맺으신 언약을 토대로, "제사장 나라가 되며 거룩한 백성이 될" 언약 공동체에게 의로운 교훈을 제시한다(출 19:6).

이러한 계명(십계명)에 앞서 중요한 선언이 나온다. "나는 너를 애굽 땅, 종 되었던 집에서 인도하여 낸 네 하나님 여호와니라"(출 20:2). 첫 세 계명은 신자들이 유일하신 하나님과의 언약 관계에서 어떻게 살아야 하는지 가르친다. 이를 토대로, 나머지 일곱 계명은 공동체가 자신의 영향력을 어떻게 확대하고, 서로 간에 어떻게 살아야 하며, 하나님의 형상으로 창조된 온 인류와 어떻게 살아야 하는지 가르친다. 예배에 관해, 하나님의 백성은 그들 가운데 거하기를 원하시는 거룩한 분("우리와 함께하시는 하나님")께 합당한 예배를 드려야 한다. 그분의 분명한 임재는 지정된 거룩한 장소인 성막을 통해 가시적으로 나타난다.

토라에 대한 히브리적 개념은 토라는 하나라는 것이다. 그러나 21세기 독자는 토라의 어떤 부분은 하나님의 도덕적, 윤리적 규범을 가르친다는 데 주목하면 도움이 될 것이다. 토라의 어떤 부분은 영적 예배 속의 언약 공동체를 가르치려 하며, 그 가운데 많은 부분, 즉 어떤 사람들이 의식법(ceremonial law)이라 부르는 부분은 신학과 신앙의 생생하고 객관적인 교훈을 제시하고 하나님과 이러한 상징이 가리키는 궁극적 구속이 이루어질 날에 관한 그분의 약속을 믿는 믿음을 표현하는 수단이다. 토라의 또 다른 부분은 이들만의 특별한 것인데, 이들의 가정과 공동체에서 도덕법과 의식법이 갖는 의미를 가르치는 데 목적이 있다.

가르침과 테스트: 레위기, 민수기 레위기는 여호와께서 거룩하시기 때문에 언약 백성이 어떻게 거룩해야 하는지 가르친다. 레위기의 완전한 대속 신학은 제사 제도를 통한 객관적 교훈을 포함한다. 그 어떤 제사도 하나님의 약속/계획을 나타내기에는 부족하다. 그렇더라도 전체적으로 제사는 죄의 무서움과 죄의 결과, 대속의 값, 용서와 씻음과 함께 찾아오는 평화, 하나님과의 관계 회복에서 오는 기쁨을 가르친다.

민수기는 믿음이 어떻게 테스트되었고 부족하다고 드러난 적이 얼마나 많았는지 보여주며, 정결에 관한 교훈을 통해 하나님의 전적 타자성(wholly otherness)을 가르친다. "우리는 미쁨이 없을지라도 주는 항상 미쁘시니 자기를 부인하실 수 없으시리라"(딤후 2:13). 사실상 모든 출애굽 세대가 불신앙 때문에 광야에서 죽었다(히 3장). 그렇다고 하더라도 하나님은 약속의 땅을 위해 신자들 가운데 남은 자(여호수아와 갈렙, 그리고 이들의 가족처럼)를 보존하셨다.

언약: 신명기 모세는 다음 세대가 왕이신 여호와를 신뢰하고 그분의 약속을 붙잡도록 준비시키면서 언약을 새롭게 하려고 BC 1,000년대에 '대왕'과 봉신

사이에 사용되었던 계약 양식을 사용한다. 이러한 언약 갱신의 중심에는 하나님의 사랑과 은혜가 있으며, 모세는 가장 합당한 추론을 제시한다. 다시 말해, 그는 백성에게 마음을 다하고, 목숨을 다하고, 힘을 다해 유일하신 하나님을 사랑하며, 이러한 사랑의 언약 관계를 다음 세대에 전하라고 요구한다(신 6:4-19).

기억해야 할 구약 연대

c. 1280	출애굽
c. 1050	왕정수립(사울왕)
c. 1010	다윗이 왕위에 오름
c. 930	솔로몬 사망. 왕국의 분열 – 이스라엘은 722년, 유다는 586년에 멸망
722	사마리아 함락. 북쪽 이스라엘 왕국 멸망
701	산헤립이 예루살렘 포위
612	앗수르의 수도 니느웨 함락
597	예루살렘 함락. 바벨론 포로기 시작
586	예루살렘 파괴
539	고레스 칙령. 1년 후 첫 번째 포로 귀환
515	성전 회복
458	에스라 예루살렘 도착
445	느헤미야 예루살렘 도착
323	알렉산더 대왕 사망
167	안티오쿠스 에피파네스(Antiochus Epiphanes)가 성전을 더럽힘. 마카비 혁명 시작
63	폼페이(Pompey) 장군 예루살렘 도착. 유다가 로마의 보호령이 됨.

구약 시대의 대제국들

이스라엘에 영향을 미친 연대

845-612	앗수르(앗시리아)
612-605	애굽(이집트)
605-539	바벨론(바빌로니아)
539-331	바사(페르시아)
331-63	헬라(셀루시드 왕가와 프톨레미 왕가 포함)
63-	로마

역사서

성경은 현대 서구의 역사가 아니라 고대 히브리의 역사이다. 그러나 어느 역사도 단순한 사실의 나열일 수는 없다. 히브리 저자들은 보고 들은 것을 자신의 시각으로 증언한다. 역사가는 하나의 주제를 선택하고 그 주제를 뒷받침할 증거를 제시할 때가 많다. 훨씬 나중의 기록이지만 여기에 관한 예 가운데 하나가 요한이 쓴 유대적인 예수님의 '전기'(요한복음)인데, 요한은 자신이 그분에 관한 모든 사건을 다 기록하지는 않았다고 솔직하게 말한다.

> 예수께서 제자들 앞에서 이 책에 기록되지 아니한 다른 표적도 많이 행하셨으나 오직 이것을 기록함은 너희로 예수께서 하나님의 아들 그리스도이심을 믿게 하려 함이요 또 너희로 믿고 그 이름을 힘입어 생명을 얻게 하려 함이니라(요 20:30,31)

이것을 이해하면, 역대기 저자의 시각과 의도가 사무엘서나 열왕기 저자와는 다르다는 사실이 전혀 놀랍지 않을 것이다. 이러한 역사들은 오경에서 전개된 약속의 신학에 기초한다. 하나님이 아브라함과 언약을 맺으실 때 사용하신 언약의 언어가 신명기 31장과 여호수아 1장에서 여호수아가 이스라엘의 지도자가 되는 장면에 그대로 나타난다. 이러한 언어는 하나님이 사무엘하 7장에서 다윗과 언약을 맺으시는 장면에도 나타난다. 그리고 이것은 하나님이 시내산에서 모세와 맺으신 언약과 연결된다.

백성과 장소: 여호수아, 사사기, 에스더, 에스라-느헤미야. 모세오경이 하나의 세트지만 대강 살피더라도 여호수아서와 부드럽고 분명하게 연결된다는 것을 쉽게 알 수 있다. 이것은 하나의 분수령이다. 믿지 않는 세대는 결코 광야를 벗어나지 못했으며, 약속의 땅에 들어갈 허락을 받지 못한 모세는 여호수아에게 바통을 넘겼다. 그러나 오경의 주제들이 여호수아, 사사기, 사무엘, 열왕기까지 이어진다. 특히 여호수아와 사사기에서, 초점은 하나님이 그분의 이름을 심기로 선택하신 약속의 땅에, 자신의 백성이 살도록 선택하셨고 그들이 그분의 영광의 증인이 되고 이방의 빛이 되어야 하는 곳에 집중된다. 이 땅은 그분이 주시는 기

업이며(수 1:6 등), 안식의 장소이며(수 1:13 등), 이스라엘이 한 민족이 될 곳이다. 약속의 씨가 나올 민족의 보존이 에스더와 에스라와 느헤미야의 주요 주제이다.

왕과 왕국: 사무엘, 열왕기, 역대기. 왕정 수립은 아브라함에게 주신 약속에서 예견되었으며(창 17:6), 언약 갱신 때 왕정에 관한 교훈이 제시되었다(신 17장). 그러므로 이스라엘의 불순한 동기가 사무엘을 (그리고 의심할 여지없이 하나님을) 슬프게 했음에도 불구하고, 왕정은 하나님의 계획 가운데 있었고, 하나님은 이들이 요구하는 것을 주셨다. 창세기 49장은 구속의 왕이 사울처럼 베냐민 지파에서 나오는 게 아니라 유다 지파에서 나오리라고 예언했다. 적절한 때에, 하나님의 마음에 합한 사람 다윗이 지도자로 지명되었고, 아브라함의 언약을 계승할 통로가 되었다(삼하 7:8-16).

약속이 위협 받을 때가 많았으나 구약 역사가들은 복된 민족 이스라엘의 유감스러운 행보를 증언하면서 다윗의 아들 메시아가 오실 통로로서 의로운 남은 자를 보존하시는 하나님의 성실하심을 보여주려 했다.

시가서/지혜서

시는 본래 산문보다 더 화려하고 생생하며 감성적인 표현 수단이다. 시인과 현자는 삶의 변화를, 특히 타락한 세상에서 하나님을 두려워하고 그분의 언약이 이루어질 날을 소망하며 산다는 게 무슨 뜻인지 깊이 생각한다.

여호와 경외하기: 욥기, 잠언, 전도서, 아가서, 애가. 오경은 적어도 두 군데에서 '여호와 경외'를 강조한다. 첫째는 아브라함이 가장 가혹하게 믿음을 테스트 받는 장면이다. 아브라함이 자신의 믿음이 참되다는 것을 증명해 보이자, 하나님의 천사가 말했다. "내가 이제야 네가 하나님을 경외하는 줄을 아노라"(창 22:12). 둘째는 모세가 유능한 지도자들, 즉 "하나님을 두려워하며 진실하며 불의한 이익을 미워하는 자"(출 18:21), "지혜와 지식이 있는 인정받는 자들"을 세우는 게 중요하다고 강조하는 장면이다. 언약 공동체에게 지혜는 중요했다. 따

라서 오경에 뿌리를 둔 '여호와 경외'라는 개념이 지혜문학에서 전개된다. 지혜문학은 하나님과의 살아 있는 관계와 그분의 진리를 신중하게 적용하는 데 대한 시각에서부터 다양한 삶의 문제를 다룬다. 전도자는 이것을 이렇게 요약한다.

일의 결국을 다 들었으니
하나님을 경외하고 그의 명령들을 지킬지어다.
이것이 모든 사람의 본분이니라.
하나님은 모든 행위와
모든 은밀한 일을
선악 간에 심판하시리라(전 12:13,14)

성도의 찬양: 시편. 시편은 이스라엘의 찬송이다. 어떤 찬송은 회개를 표현한다. 어떤 찬송은 여호와 경외를 깊이 생각한다. 어떤 찬송은 오실 메시아에 대한 기대를 표현한다. 어떤 찬송은 불행과 아픔의 테스트를 심하게 불평하지만, 많은 찬송이 위엄과 은혜의 하나님을 믿는 기쁨을 아름답게 표현한다. 각 시편의 역사적 정황에 최대한 주목하라.

선지서/예언서

예언(prophecy)이 선언(prediction)과 동일시되는 것은 특별한 일이 아니다. 그러나 예언서들은 선언을 담고 있으나 예언서의 훨씬 더 많은 부분이 토라의 신학을 가르치고 하나님의 약속/계획의 의미를 일상에 적용하라고 외친다. 선언이 실제로 하나님의 구속 목적에 관한 계시를 확대하지만 본래 의도는 최초의 청중에게 즉시 영향을 미치는 것이다. 다시 말해, 청중이 여호와의 크고 두려운 날을 기다리면서 회개하고 믿으며 신뢰하고 순종하도록 독려하는 것이다.

약속/계획에 관한 계시의 과정에서, 선지자들은 특히 두 주제를 전개했다. 하나는 대신 고난 받는 종이신 메시아이며, 다른 하나는 의롭고 승리하며 다스리는 왕이신 메시아이다.

이스라엘에 예언이 그치자, 하나님은 사라진 게 아니라는 예리한 의식이 다시 일어난다. 메시아 도래에 대한 뚜렷한 기대가 있다. 예언서는 이렇게 끝난다.

> 보라 여호와의 크고 두려운 날이 이르기 전에 내가 선지자 엘리야를 너희에게 보내리니 그가 아버지의 마음을 자녀에게로 돌이키게 하고 자녀들의 마음을 그들의 아버지에게로 돌이키게 하리라 돌이키지 아니하면 두렵건대 내가 와서 저주로 그 땅을 칠까 하노라(말 4:5,6)

말라기는 가정의 화해가 아니라 영적 부흥을, 이름뿐인 제자인 데 만족하던 (입술로는 하나님을 공경하지만 마음은 그분에게서 멀리 떠난) 사람들이 회개하고 소생하며, 살아 있고 활력이 넘치며 친밀한 언약의 교제가 회복되는 때를 말하고 있다. 조상의 신앙에서 멀리 떠났던 사람들이 마음을 돌이켜 집으로 향할 때를 말하고 있다.

이렇게 해서 메시아 도래와 마태, 마가, 누가, 요한의 내러티브가 전개될 무대가 완성되었다.

더 깊게 공부하려면

R. Dillard and T. Longman III, 《최신구약 개론》*(An Introduction to the Old Testament)*, 박철현 옮김(크리스챤다이제스트, 2009)

R. K. Harrison, 《구약서론 1, 2》*(Introduction to the Old Testament)*, 류호준, 박철현, 노항규 옮김(크리스챤다이제스트, 2007).

A. J. Hoerth 외, *Bible Archaeology*와 *Peoples of the Old Testament World*

E. H. Merrill, 《제사장의 나라》*(Kingdom of Priests: A History of Old Testament Israel)*, 곽철호 옮김(기독교문서선교회, 2005)

R. de Vaux, *Ancient Israel: Its Life and Institutions*

J. H. Walton, *Ancient Near Eastern Thought and the Old Testament: Introducing the Conceptual World of the Hebrew Bible*

데이빗 호튼

오경 | 역사서 | 시가서 | 선지서/예언서

12 구약 개관

우리는 구약을 읽을 때 예수님이 읽으셨고 사용하신 성경을 읽는 것이다. 구약은 예수님이 드리신 기도요, 그분이 암송하신 시편이며, 그분이 부르셨던 노래요, 그분이 어린 시절 잠자리에 들면서 들었던 이야기요, 그분이 상고하셨던 예언이다. 예수님은 히브리 성경의 '일점 일획'을 존중하셨다. 우리는 구약을 더 이해할수록 예수님을 더 이해하게 된다.

필립 얀시 Philip Yancey

오경

Pentateuch

+ 데이빗 호튼

오경(五經)은 구약의 첫 부분을 가리키는 용어로 다섯과 책을 의미하는 헬라어 단어가 합쳐져 만들어진 합성어이다. 오경은 다섯 부분으로 된 한 권을 의미할 때가 많다. 왜냐하면 오경을 이루는 책들(창세기, 출애굽기, 레위기, 민수기, 신명기)이 서로 밀접하게 연결되기 때문이다. 유대교는 오경을 가리켜 토라(Torah)라 하는데, 토라는 주로 '율법'(law, 모세 율법의 경우처럼)으로 번역되지만 '가르침'이나 '교훈'의 의미도 내포하는데, 이것은 오경의 내용과 분명하게 일치하는 정의이다.

모세가 오경을 기록했다고 보는 게 오랜 전통이다. 많은 구약 저자들과 예수님은 모세가 오경이나 적어도 오경 대부분을 기록했다고 말한다. 실제로, 출애굽기에서 신명기에 이르는 많은 부분이 모세가 오경의 기록뿐 아니라 오경에 기록된 사건에 직접 참여했음을 보여준다. 물론, 창세기의 이야기는 모세가 태어나기 전부터 있었던 게 분명하지만, 모세의 높은 학식과 그와 저자 하나님의 관계를 감안할 때 모세가 창세기를 기록한 게 분명할 것이다.

전통적 견해를 비판하는 사람들은 모세 시대에 그 누구도 몰랐던 정보가 있는 단락을 지적하면서, 이들 단락은 훨씬 나중에 기록되었다고 주장한다. 어떤 사람들은 하나님에 대한 여러 이름(여호와, 엘 샤다이, 아도니아 등)이 사용되었다는 사실도 여러 시대의 여러 저자가 참여했다는 암시로 본다. 거의 모든 사람이 모세가 오경을 완성하지는 않았다는 데 동의한다. 오경 마지막에 모세의 죽음과 여호수아의 승계에 관한 부분이 나오기 때문이다. 보수적인 학자들도 모세가 오경의 모든 부분을 다 기록했다고는 주장하지 않으며, 몇몇 부분(예를 들면, 신명기 34장)은 모세가 죽은 후 추가되었을 가능성이 아주 높다는 점을 인정하지만, 모세가 오경의 기본 저자라는 데는 의심의 여지가 없다고 주장한다.

성경이 모세의 삶에 관한 유일한 기록이기에, 모세의 정확한 연대를 알아내기란 불가능하다. 출애굽 시대의 이집트 파라오가 누구인지 확실하지 않으며, 따라서 이집트 역사에 의존하는 것은 별 도움이 안 된다. 많은 학자들이 모세를 BC 15세기 인물로 보는데, 이런 견해가 성경에 기록된 후대 사건들의 연대와 일치하는 것 같다. 어떤 학자들은 모세가 이보다 2백여 년 후에 살았던 인물이라고 주장한다. 어느 쪽이든, 오경의 대부분은 모세가 살아 있을 때 기록되었다고 말할 수 있을 것이다. 오경의 큰 주제는 인간의 타락, 하나님의 주권과 언약과 구원과 거룩 등이다. 이것은 창조, 홍수, 바벨탑 기사, 하나님과 아브라함 및 그 후손 간의 언약 관계의 발전을 기록한 기사에서 구체적으로 나타난다.

창세기

"태초에 하나님이…"(창 1:1).

역사상 가장 놀라운 내러티브, 하나님과 그분의 백성의 이야기는 이렇게 시작된다. 창세기(Genesis는 '기원'을 뜻하는 헬라어에서 나온 말)는 하나님이 우주를 창조하시고 거기서 살 인간을 자신의 형상대로 창조하시는 장면으로 시작한다(창 1-2장). 아담과 하와는 불순종한다(창 3장). 그러나 이것은 인간의 죄와 이를 바로잡는 하나님의 방법을 강조하는 반복되는 사건들(가인과 아벨, 홍수, 바벨탑) 가운데 첫째일 뿐이다. 죄의 결과는 엄청나며, 뒤이은 세대는 여전히 하나님을 무시하고 그분께 도전한다. 이러한 프롤로그는 하나님의 성품과 인간과 피조물을 향한 그분의 뜻이 나타나는 성경의 배경이 되며, 죄가 하나님과 인간의 관계에서 근본적인 장애물이라는 것도 보여준다. 창세기 11장에서 아브라함은 하나님께 믿음으로 반응하며 하나님과 언약을 맺는데, 그 언약은 세 약속을 포함한다.

첫째, 아브라함에게 무수히 많은 후손을 주리라. 둘째, 아브라함에게 좋은 땅을 주리라. 셋째, 아브라함과 그 후손이 온 세상에 축복의 통로가 되리라.

이것은 하나님이 죄 문제를 해결하려고 세우신 장기 계획의 첫 단계이다.

창세기 나머지 부분은 아브라함과 사라와 이들의 후손이 하나님을 충실히 따르는 데 빈번하게 실패하는 모습을 기록하며, 특히 이삭과 야곱과 그의 가족에 초점을 맞춘다. 또한 하나님이 이들을 위해 기적적으로 개입하시는 모습과 이들의 실패에도 불구하고 참으시는 모습을 자세히 보여준다. 창세기는 이제 큰 씨족이 된 아브라함의 후손이 애굽에 사는 장면으로 끝난다. 이들은 하나님이 야곱에게 주신 이름을 따라 이스라엘이라는 이름을 가지며, 야곱의 아들들의 이름이 열두 지파의 이름이 된다.

출애굽기

"내 백성을 보내라"(출 5:1).

모세의 이러한 요구가 출애굽기의 핵심 주제이다(출애굽기로 번역되는 Exodus는 '탈출' 또는 '출발'이라는 뜻). 아브라함의 후손이 애굽에 정착한 지 수백 년이 흘렀다. 이들은 기하급수적으로 늘었고, 이들의 성장을 걱정한 주인이 이들을 잔인하게 학대했으며 심지어 남자가 태어나면 모두 죽이라고 명령했다.

모세는 바로의 궁전에서 자라고 교육받았으나 도망자 신세가 되었고, 마침내 그의 백성을 속박에서 끌어내라는 하나님의 명령에 마지못해 순종한다(출 1-4장).

모세는 이스라엘을 내보내라고 바로를 설득하지만(출 5-12장) 바로는 강하게 거부하며, 이 때문에 하나님이 능력을 증명하실 기회가 차례로 찾아온다. 하나님의 능력은 그분의 구체적인 명령을 거부하는 모든 자들이 장자를 잃는 유월절 사건에서 절정에 이른다. 유월절 어린양은 그리스도의 대속 사역과 우리의 궁극적인 구원에서 믿음이 하는 역할을 상징한다.

자유를 얻은 이스라엘이 처음에 겪는 일들은 그다지 유쾌하지 못하다(출 13-18장). 이스라엘이 시내산에 이르자(출 19장), 하나님은 또 다른 언약을 맺으신다. 이번에는 한 사람이 아니라 햇병아리 민족과 언약을 맺으신다.

이 언약의 모퉁이돌이 십계명이다(출 20장). 십계명의 전반부 다섯 계명은 사람과 하나님의 관계에 관한 지침이며 후반부 다섯은 사람과 사람의 관계에 관한 지침이다. 이 계명들(토라 또는 '교훈')에서 수십 장(章)의 결의법(決疑法, casuistic law), 즉 언약법의 원칙이 삶에 적용되는 구체적인 경우가 나온다(결의법은 사례법/case law이라고도 하며 범죄 사례와 그에 해당하는 형벌 유형으로 구성된다 — 역자 주).

사람들이 언약을 받아들일 때, 하나님은 낮의 구름기둥과 밤의 불기둥처럼 그분의 임재를 확인할 수 있는 정교한 이동 천막(성막)을, 그분의 구속 사역을 통해 가능한 교제를 상기시켜주는 조형물을 만들라고 명하신다.

회막(성막)

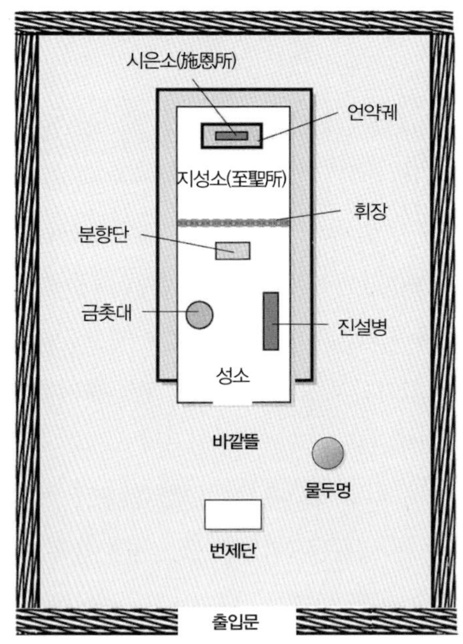

레위기

"내가 거룩하니 너희도 … 거룩하라"(레 11:44).

되풀이되는 이 명령을 레위기(Leviticus)의 모토로 봐도 좋을 것이다. 제사 규범, 제사장의 의무, 다양한 형태의 부정(不淨), 절기 등으로 가득한 레위기는 하나님의 거룩을 강조한다. 그리고 그분의 백성이 거룩하게 살아야 한다는 것을 강조한다. 일반적이며 폭넓게 적용할 수 있는 십계명과 달리, 레위기의 많은 가르침은(전부는 아니지만) 주어진 시대와 문화에만 적용된다. 이러한 가르침에서 유익을 얻으려면, 규정 뒤에 있는 원칙(원리)을 살펴야 한다.

학자마다 레위기에 접근하는 방식이 다르다. 그러나 레위기 이해에 유익한 한 가지 방법은 레위기 1-17장을 주로 이스라엘이 하나님을 어떻게 예배해야 하는지를 제시하는 부분으로 보는 것이다. 죄를 지은 사람에게 대속이 필요한 다양한 상황에 맞게 제사인 번제, 소제, 화목제, 속죄제, 속건제가 규정된다. 제사장(제사 집례자)이 죄를 지었을 경우에 관한 규정도 있다.

레위기 18-27장은 주로 하나님의 선민(選民)이 서로를 어떻게 대해야 하는가를 다룬다. 여기에 제시된 율법 중에는 성적인 관계, 일상의 문제, 큰 상해를 처리하는 문제, 가난한 자들과 외국인을 다루는 문제, 맹세를 지키고 예물을 드리는 문제와 관련된 부분이 있다.

레위기는 하나님의 거룩 외에 그분의 임재도 강조한다. 이스라엘은 하나님이 자신들 가운데 계심을 잊지 말아야 한다. 제사 제도는 인간의 죄악을 강조하며, 예수님이 단번에 이루실 대속을 상징한다(그리고 이를 위한 무대를 세운다). 율법은 하나님의 언약에는 불순종뿐 아니라 순종에 대한 기대와 결과가 따른다는 것을 끊임없이 상기시켜 주는 도구이다.

민수기

"다만 여호와를 거역하지는 말라"(민 14:9).

오경의 네 번째 책을 민수기(Numbers, 헬라어 arithmoi)라고 부르는 이유는 여기에 나오는 두 번의 중요한 인구조사 때문이다. 그러나 민수기의 히브리어 제목은 “광야에서”라는 뜻인데 거의 40년에 걸친 이스라엘의 방랑을 한마디로 잘 요약해준다. 출애굽이 있은 지 한 달 후부터, 이야기는 여정 중인 모세와 그의 백성의 뒤를 따라간다.

민수기의 구조는 그 어떤 서구문학의 전형적 양식도 따르지 않기 때문에 다소 혼란스러울 수 있다. 이를 크게 세 부분으로 나눌 수 있다. 서론 부분(민 1장-10:10)에서, 이스라엘은 시내산 아래 진을 치고 교훈을 받는다. 둘째 부분(민 10:11-21장)은 긴 광야 여정에서 일어난 사건을 들려준다. 셋째 부분(민 22-36장)에서, 이스라엘은 마침내 모압 평지에서 약속의 땅에 들어갈 준비를 한다.

하나님의 백성이 계속 언약을 못 지킨다는 것이 민수기의 중요한 주제 가운데 하나이다(민수기는 죄를 지으려는 인간의 성향을 강조한다). 하나님의 백성은 불평하고 모세의 권위에 도전하며 두려워서 항복한다. 정탐꾼들은 거짓 보고를 하고, 제사장은 반역을 조장하며, 모세는 하나님께 불순종하고, 백성은 바알을 섬긴다. 각각의 경우, 불순종은 큰 대가를 초래한다. 전염병, 죽음, 나병, 전투에서의 패배가 뒤따르고, 아론과 모세를 포함하여 한 세대 전체가 약속의 땅에 들어가지 못한다. 하나님은 죄를 가볍게 여기지 않으신다.

주목할 점은 이스라엘의 불성실에도 불구하고, 하나님은 그분의 백성을 포기하지 않으신다는 것이다. 하나님은 그분의 백성이 그분이 의도하신 목적지에 이르도록 그들을 훈계하시고 가르치시며 성실히 인도하신다. 하나님은 결코 그분의 계획을 포기하지 않으실 것이다.

신명기

“너는 마음을 다하고 뜻을 다하고 힘을 다하여 네 하나님 여호와를 사랑하라”(신 6:5).

신명기(Deuteronomy)는 “두 번째 율법”이라는 뜻이다. 그러나 신명기는 하나님과 이스라엘 간의 언약의 갱신이나 회복이라고 말하는 게 더 정확하다. 40년 후, 이스라엘은 새로운 가나안에 들어가려고 기다린다. 이들이 가나안에 들어가려면 언약을 갱신해야 한다.

세 번에 걸친 모세의 연설이 신명기의 기본 내용이다. 그러나 신명기의 구조는 동시대의 종주권 조약(군주와 봉신 간의 조약)의 형식을 따른다. 일종의 전문(前文, 신 1:1-5)과 역사적 프롤로그(신 1:6-3:29)가 있는데, 모세는 시내산에서 시작해서 이때까지 일어난 일(그리고 시내산에서 처음 맺은 언약)을 요약한다. 다시 말해, 백성에게 과거의 실패를 통해 배우라고 촉구한다. 신명기 4-26장은 언약의 항목을 제시한다. 그러나 단지 시내산 언약을 반복하는 게 아니라 십계명을 보다 넓게 전개하고 삶의 모든 부분에 대한 규정을 제시한다. 여기서 핵심은 하나님께서 그분의 백성이 모든 면에서 주변의 가나안 이교도와 완전히 다르기를 원하신다는 것이다.

신명기 27-30장에서 언약이 비준되는데, 이때 저주와 축복이 수반되고 순종과 불순종의 결과가 분명히 명시된다. 31-33장에서 지도자가 바뀌지만 언약은 여전히 유효하다. 여호수아는 이스라엘을 새 땅으로 인도할 지도자가 된다. 34장은 모세의 죽음을 다룬다.

하나님 사랑하기가 신명기의 주요 주제이다. 축복의 수단으로서, 모세는 겸손한 순종의 삶으로 표현되며 오직 하나님을 향한 헌신을 강조한다. 예수님은 후에 가장 큰 계명을 말씀하시면서 신명기 6장 5절을 인용하셨다.

이스라엘은 열광적으로 언약을 비준하며, 하나님이 약속하신 땅에 들어가 정착할 준비를 한다.

역사서

The Historical Books

구약은 세상을 있는 그대로 묘사할 뿐 조금도 가감(加減)하거나 꾸미지 않는다. 구약에는 열정적인 사랑과 증오의 이야기, 등골이 오싹한 강간과 사지를 절단하는 끔찍한 이야기, 노예(종)를 사고파는 사실적인 기사, 놀랄 만큼 정직한 사람의 이야기와 배신과 잔인한 전쟁 이야기가 있다. 어느 하나도 산뜻하거나 질서 정연하지 못하다. 솔로몬과 삼손 같은 실패자들이 초자연적 선물(은사)을 받는가 하면,

욥처럼 정말로 착한 사람이 재난을 당하기도 한다. 당신은 이처럼 혼란스러운 장면을 접할 때마다 움찔하거나 어쨌든 그 장면의 일부분이신 하나님에게서 등을 돌릴지 모른다. 놀랍게도 구약에는 이러한 반응들까지 기록되어 있다! 하나님은 우리의 반대를 예상하시고 그분의 거룩한 책에 이것을 포함시키신다.

필립 얀시 Philip Yancey

여호수아

"강하고 담대하라 … 네 하나님 여호와가 너와 함께하느니라"(수 1:9).

여호수아서(Joshua)는 신명기가 끝나는 곳에서, 모세가 죽고 여호수아가 그의 뒤를 이어 이스라엘의 지도자가 되는 시점에서 시작한다. 이스라엘이 새로운 영토를 취할 준비를 할 때, 하나님은 자신에 대한 이들의 충성을 시험하신다.

전통적으로, 여호수아가 여호수아서를, 적어도 대부분을 썼다고 본다. 여호수아의 죽음을 말하는 결론 부분은 후에 추가된 게 분명하다. 저작 연대에 관해서는 논쟁이 있지만, 많은 학자들이 여호수아서의 대부분이 여기 포함된 사건이 일어났던 시대에, 빠르게는 BC 1,400년경에 기록되었다고 믿는다. 여호수아의 리더십은 20년 정도 계속된 것 같다.

가나안 입성 준비(수 1-5장)는 여리고 정탐으로 시작된다. 정탐꾼들이 긍정적 보고를 하자, 여호수아와 그의 백성은 믿음으로 요단을 건너 적진에 들어간다.

가나안 정복(수 6-12장)은 정통적이지는 않지만 승리로 마무리된 공격으로 시작된다. 그 다음 전투(아이성 전투)는 치욕스러운 패배로 끝난다. 하나님은 가나안을 심판하려고 이스라엘을 사용하시지만 그와 동시에 이스라엘을 심판하려고 다른 민족들을 사용하시기도 한다. 이스라엘이 자기 죄를 고백하고 버릴 때 하나님의 축복이 회복된다. 세 번의 큰 정벌(중앙, 남부, 북부)이 뒤따르며, 이스라엘은 적을 하나씩 물리친다. 전투 때마다 하나님의 개입은 승리의 보증수표이다.

가나안 땅이 지파별로 분배되고(수 13-21장) 각 지파는 오래전에 약속받은 기업을 얻지만 완전한 정복을 위해서는 지엽적인 전투를 더 많이 치러야 한다.

여호수아는 백성에게 언제나 성실하셨고 약속을 지키신 여호와를 버리지 말라고 촉구한다(수 22-24장). 그는 이렇게 맹세한다. "오직 나와 내 집은 여호와를 섬기겠노라"(수 24:15). 사람들은 하나님과의 언약을 기꺼이 재확인한다.

사사기

"그때에 이스라엘에 왕이 없으므로 사람이 각기 자기의 소견에 옳은 대로 행하였더라"(삿 21:25).

여호수아와 그 세대가 역사에서 사라진다. 그러자 이스라엘은 새로운 시대에, 전체를 이끌 민족적 지도자가 없고 충성이 옛 말이 되어버린 시대에 돌입한다.

사사기(Judges)라는 제목은 사사기의 주요 등장인물로 각 시대를 이끈 지도자를 지칭하는 사사(judges)라는 말에서 왔다. 법적 의미로 보면, 사사는 '재판관'에 불과한 인물이 아니다. 하나님은 압제자들을 물리칠 용사로 이들을 세우시고 이들이 일시적으로 이스라엘을 다스리게 하셨다. 누가 사사기를 썼는지 알 수 없다. 그러나 증거에 비추어볼 때, 사사기는 늦게는 BC 1,000년 다윗왕 초기에 기록되었을 것이다.

서문(삿 1장-2:11)은 사사기 내러티브를 여호수아와 연결하며, 가나안 정복이 끝나지 않았음을 강조한다. 여호수아는 성공했으나 완전한 성공은 아니었다.

이스라엘이 하나님을 잊고 죄악에 빠질 때마다 주변 세력이 일어나 이스라엘을 친다. 이스라엘은 패배하고 속국으로 전락하여 하나님께 부르짖는다. 하나님은 '사사'를 세워 이스라엘을 구원하신다(삿 3-16장). 사사기에는 모두 열두 사사(드보라, 기드온, 삼손 등)가 나오는데, 매번 패턴이 놀랄 만큼 똑같다. 하나님은 구체적인 목적을 위해 사사를 세우셨다. 그러나 모든 사사가 모범 인물은 아니었다.

타락은 마침내 사회 붕괴를 초래한다(삿 17-21장). 그러나 이것은 외부 세력의 탓이 아니다. 이스라엘 역사에서 이처럼 혼란한 시대에는 전면적인 우상숭배와 방탕과 불법과 폭력과 내분이 있었다. 불안한 나라는 목적지를 잃고 표류했다. 이스라엘은 도덕적, 영적 타협 때문에 하나님이 약속하신 땅을 완전히 정복하지 못했다. 그러나 하나님은 이스라엘이 구원을 간절히 부르짖을 때마다 듣고 응답하셨으며, 따라서 이스라엘에게 참고 또 참으신 게 분명하다.

룻기

"어머니의 백성이 나의 백성이 되고 어머니의 하나님이 나의 하나님이 되시리니"(룻 1:16).

룻기(Ruth)의 사건은 사사 시대에 일어났으며, 따라서 기독교 정경에서 룻기는 사사기 다음에 온다. 유대교 정경에서는 룻기가 시편, 잠언, 아가서와 함께 '시가서'에 속한다. 누가 룻기를 썼는지 알 수 없으나 많은 학자들이 룻기가 다윗의 족보를 포함하고 있기 때문에 다윗 시대(BC 1,000년경)에 기록되었다고 추정한다.

이스라엘에 기근이 들었기 때문에 나오미와 그 가족은 모압으로 이주했다(룻 1:1-5). 그곳에서 나오미의 두 아들은 결혼을 했다. 그러나 나오미의 남편이 죽고 두 아들마저 죽자, 나오미와 모압 여자인 두 며느리만 남았다.

나오미는 고향 베들레헴으로 돌아가기로 결정한다(룻 1:6-22). 이때 나오미의 며느리 룻은 끝까지 시어머니와 함께하며 곁을 떠나지 않겠다고 맹세한다(룻 1:16,17). 당시 문화에서, 남편도 자식도 없는 과부는 가난하고 힘들 수밖에 없었다. 더욱이 룻은 이방인이었다.

룻은 자신과 나오미를 위해 시아버지와 가까운 친척 보아스의 밭에 나가 이삭을 줍는다(룻 2장). 보아스는 룻을 알아보고 일꾼들에게 그녀를 보호해주고 이삭을 넉넉히 주을 수 있게 하라고 지시한다. 나오미의 지시로, 룻은 위험을 무릅쓰고 보아스에게 다가간다. 룻은 보아스에게 청혼한다(룻 3장). 그런데 보아스보다 훨씬 더 가까운 친척이 있다. 관습에 따르면, 그에게 먼저 기회를 줘야 한다.

보아스와 룻이 결혼할 길이 열린다(룻 4장). 이들의 장자가 다윗왕의 할아버지이다. 메시아의 계보에 모압 여인이 포함된다. 하나님의 주권과 성실하심이 처음부터 끝까지 나타난다. 룻과 나오미의 충성이 보상을 받으며, '기업 무를 자'의 너그러운 행동을 통해 구속 계획이 한 단계 더 진행된다.

사무엘상, 사무엘하

"모든 나라와 같이 우리에게 왕을 세워 우리를 다스리게 하소서"(삼상 8:5).

사무엘서(Samuel)는 유대 정경에서 본래 한 권이었으나 70인역에서 두 권으로 나눠졌다. 사무엘서는 사무엘 선지자의 이름을 딴 것이다. 그러나 실제로 사무엘은 사무엘상의 일부만 기록했을 뿐이다. 사무엘의 죽음이 중간에 기록되어 있기 때문이다. 어떤 사람들은 나단 선지자와 갓 선지자가 사무엘서의 일부를 기록했으리라고 추측하지만 정확한 것은 아무도 모른다. 사무엘서에는 분열 왕국(솔로몬 이후)에 대한 다양한 암시가 나오며, 따라서 몇몇 학자들은 사무엘서가 솔로몬이 죽은(BC 930) 후에 완성되었다고 주장한다.

사무엘상 1-8장에서, 사무엘 자신이 초점의 대상이다. 다시 말해, 사무엘이 어떻게 태어났고, 어떻게 소명 받았으며, 어떻게 민족의 지도자가 되었는지에 초점이 집중된다. 사무엘은 선지자요 사사며, 백성을 다스리고, 군대를 이끌며, 하나님의 말씀을 전한다. 하지만 백성은 주변 국가들과 같은 왕을 원한다.

하나님은 사무엘을 측은히 여기시고, 한 사람에게 기름을 부어 왕으로 세우라고 말씀하신다. 사무엘상의 나머지 부분은 사울왕의 등장과 왕정 수립에 관한 내용이다. 사울은 불행히도 잠재력을 발휘하지 못했으며, 하나님은 거듭 불순종하는 사울을 내치신다. 그러자 사무엘은 다윗에게 기름을 부어 사울의 계승자로 세운다. 사울이 쇠퇴하자 다윗이 군인의 용맹과 사울에게 받는 학대를 통해 민족의 지도자로 등장한다. 사울이 다윗을 학대한 이유는 백성이 다윗을 영웅으로 여기기 때문이다. 사무엘상은 사울이 자살하는 데서 끝난다.

잠시 정치적 불안이 있은 후(삼하 1-4장), 다윗은 이스라엘에 대한 통치권을 확고히 하며, 그런 후 예루살렘을 정복하고 그곳에 수도를 세운다. 다윗은 예루살렘에 영구적인 성전을 세우고 싶어 하지만 하나님은 이러한 특권을 그의 계승자에게 넘기신다. 대신에 하나님은 다윗에게 그의 후손들이 지속적으로 왕위를 이을 것이라고 약속하신다.

사무엘하는 다윗의 치적을 기록하는데(삼하 5-24장), 좋은 치적뿐 아니라 나쁜 치적도 그대로 기록한다. 다윗은 큰 죄를 짓고 회개하며, 하나님은 그를 여전히 성실하게 대하신다. 다윗 왕국은 견고해진다. 이스라엘이 왕을 요구한 것은 사실상 하나님이 계획하신 신정(神政)을 거부한 것이다. 사울은 왕의 역할을 제대로 하지 못한다. 다윗은 왕의 역할을 제대로 수행하며, 주변 왕들(또는 사울)과 달리, 하늘의 왕을 항상 마음에 두고 그분의 뜻을 따라 나라를 다스린다.

다윗 시대에 이스라엘의 영토는 확장된다. 하나님의 약속대로, 다윗의 후손에서 이스라엘의 궁극적인 왕 예수 그리스도께서 태어나실 것이다.

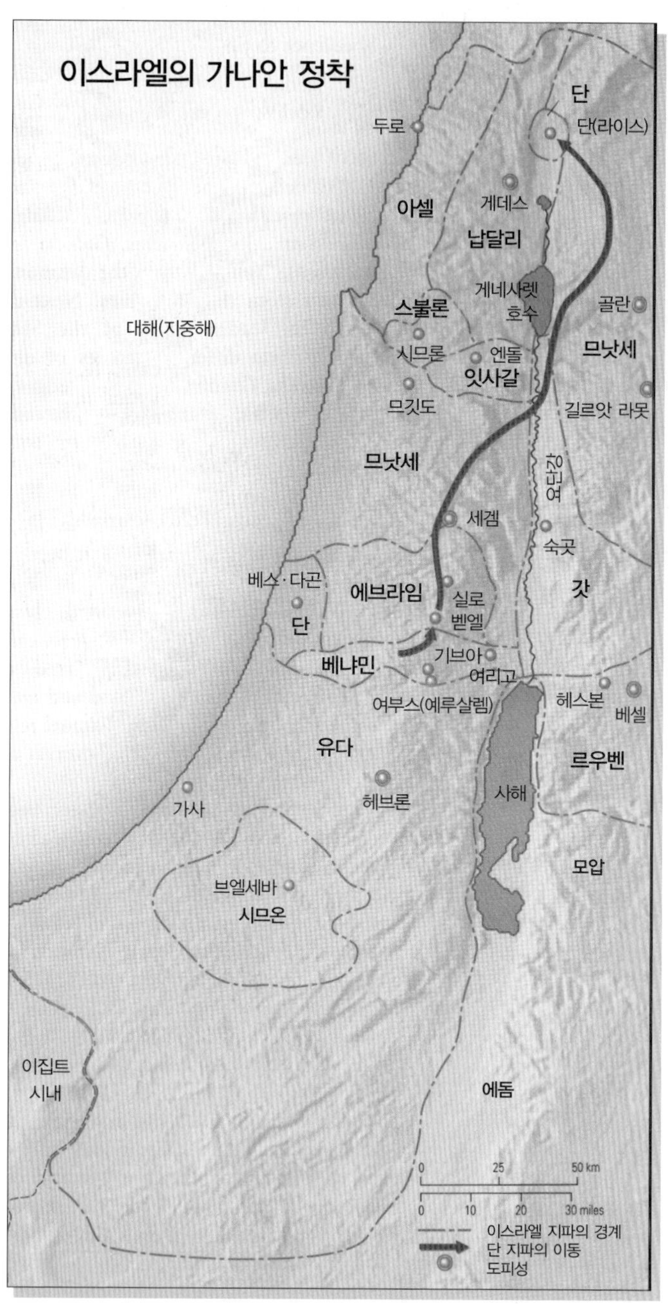

열왕기상, 열왕기하

"누가 주의 이 많은 백성을 재판할 수 있사오리이까"(왕상 3:9).

사무엘서처럼, 열왕기(Kings)도 유대 정경에서는 한 권이었다. 열왕기의 저자는 알 수 없지만, 몇몇 유대 전승(그리고 현대의 몇몇 학자들)은 예레미야가 열왕기를 기록했다고 말한다. 열왕기는 바벨론 포로기 때, 여기에 기록된 마지막 사건(왕하 25:27-30)이 일어난 BC 561년 이후 BC 539년 이전에 기록되었을 것이다. 열왕기는 포로기가 끝났다고 말하지 않기 때문이다. 열왕기는 약 400년을 다룬다.

솔로몬의 통치(왕상 1-11장)는 시작이 아주 좋았다. 그는 왕권을 강화하고 하나님께 통치를 잘하도록 지혜를 구한다. 그는 지혜와 부 때문에 통치 기간 내내 유명해진다. 그는 예루살렘에 영구적인 성전을 세운다. 건축학적으로도 놀랍고 매우 화려하고 아름다운 성전은 이스라엘 연합의 상징이 된다.

그러나 솔로몬의 신앙은 무너진다. 그는 많은 이방 여인과 혼인하고 결국 길을 잃고 타락한다. 그는 말년에 국내외 문제로 어려움을 겪는다. 그는 끝까지 충성하지 못하며, 하나님은 나라의 대부분을 그의 왕가에서 빼앗겠다고 약속하신다.

왕국은 바로 다음 세대에 분열된다(왕상 12장-왕하 17장). 솔로몬의 아들 르호보암은 유다 지파와 베냐민 지파에 대한 통치권은 유지하지만, 나머지 열 지파는 그를 버리고 여로보암을 따른다. 열왕기는 유다(다윗왕가)와 이스라엘(북쪽 열 지파) 열왕의 삶을 요약하고 평가한다.

분열 왕국의 열왕들

이스라엘		유다	
여로보암 1세	930-909	르호보암	930-913
나답	909-908	아비야	913-910
바아사	908-886	아사	910-869
엘라	886-885		
시므리	885		
오므리	885-874		
아합	874-853	여호사밧	872-848
아하시야	853-852		
요람	852-841	여호람	848-841
예후	841-814	아하시야	841
		아달랴	841-835
여호아하스	814-798	요아스	835-796
요아스	798-782	아마샤	796-767
여로보암 2세	793-753	웃시야	792-740
스가랴	753		
살룸	752		
므나헴	752-742	요담	750-732
브가히야	742-740		
베가	752-732	아하스	735-715
호세아	732-722	히스기야	729-686
		므낫세	696-642
		아몬	642-640
		요시야	640-609
		여호아하스	609
		여호야김	608-598
		여호야긴	598-597
		시드기야	597-587

열왕기에서는 하나님의 대언자, 즉 엘리야와 엘리사 같은 선지자들이 특히 두드러진다. 이 시대에, 정치적 엘리트와 제사장들이 점점 더 타락하기 때문에 하나님은 주로 이들이 아닌 다른 사람들을 통해 말씀하신다. 그분의 선지자들은 불순종과 바알 숭배를 경고하며, 자신과 여호와 사이의 관계를 증명하려고 기적을 자주 일으킨다.

마침내, 앗수르가 북쪽 이스라엘 왕국을 정복하고 많은 사람을 제국 내 다른 지역으로 강제로 이주시킨다. 유다는 독립 왕국으로 남지만(왕하 18-25장), 뒤이은 왕들의 실정 때문에 예루살렘은 바벨론에게 멸망한다.

이러한 더러운 역사 내내, 우리는 하나님이 약속을 지키시는 모습을 분명하게 볼 수 있다. 하나님은 끝까지 충성하는 자들에게 복 주시며, 그분을 버린 자들을 징계하시며, 그분께로 돌아오는 자들을 언제라도 기꺼이 도우신다. 심지어 유다가 바벨론에 멸망하는 때에도 다윗의 계보는 끊어지지 않는다.

역대상, 역대하

"그의 왕위가 영원히 견고하리라"(대상 17:14).

많은 학자들이, 에스라가 역대기(Chronicles, 본래는 한 권)를 썼다는 전승은 전적으로 신빙성이 있다고 본다. 그러나 역대기 자체에는 저자에 관한 언급이 전혀 없다. 역대기는 히브리 성경에서 마지막에 위치한다. 이것은 (다른 증거들과 함께) 역대기가 늦게는 BC 450-400년에 기록되었음을 암시한다. 역대기 저자는 사무엘서와 열왕기의 자료를 선택적으로 빌려왔으며, 다른 자료들도 활용한 게 분명하다.

역대기 기사와 이와 평행한 사무엘서와 열왕기 기사 사이의 분명한 불일치는 관심의 대상이 되었다. 몇몇 불일치에 대한 의문은 여전히 풀리지 않고 있지만, 이러한 불일치는 저자들의 관심 차이나 저자들이 서로 다른 사건을 강조하려고 하기 때문일 것이다.

역대상은 광범위한 족보로 시작한다(대상 1-9장). 저자는 이스라엘 족장들과 열두 지파와 포로기 이후의 예루살렘 거민의 가계를 자세히 기록한다.

저자는 다윗의 통치를 말하면서(대상 10-29장) 특히 그와 하나님 사이의 언약, 성전 건축을 위한 그의 폭넓은 준비를 강조한다.

솔로몬의 통치에 관한 기록(대하 1-9장)은 주로 성전 건축에 집중하며, 그의 명성과 부와 관련된 세세한 부분을 소개한다. 나머지는 유다의 왕들(대하 10-36장)에 관한 내용이다. 유다 왕국이 몇몇 왕의 통치 때는 번성했으나 몇몇 왕들의 통치 때는 쇠퇴했는데, 이것은 전적으로 왕이 하나님의 길을 따르느냐에 달려 있었다. 역대기는 유다가 사로잡히는 데서 끝난다. 그러나 이러한 비참한 상황에서도, 마지막 구절은 예루살렘과 성전의 회복을 위한 희망의 곡조를 들려준다.

역대기는 다윗 언약을 강조하며, 자신의 약속에 대한 하나님의 성실하심을 강조한다. 역대기는 불순종과 벌을 강조하는 게(열왕기처럼) 아니라 순종과 상급을 강조한다. 예를 들면, 다윗이 밧세바와 지은 죄에 대해 한마디도 하지 않으며, 다윗의 아내 가운데도 한 명만 언급한다. 역대기 저자는 또한 민족의 삶과 예배의 중심인 예루살렘과 자신의 백성과 함께하시는 하나님 임재의 상징인 성전의 중요성을 강조한다.

에스라, 느헤미야

"그들이 우리 하나님께서 이 역사를 이루신 것을 앎이니라"(느 6:16).

히브리 성경은(70인역도) 에스라서(Ezra)와 느헤미야서(Nehemiah)를 바사(페르시아)에서 예루살렘으로 돌아온 유대 포로들의 재건 노력(BC 538-445)을 보여주는 한 권으로 다루었다. 몇몇 학자들은 에스라서와 느헤미야서가 늦게는 BC 300년에 기록되었을 것이라고 믿는다. 에스라서와 느헤미야서는 다양한 자료(예를 들면, 에스라서에 인용된 아람 문헌들)를 분명히 포함하지만 에스라와 느헤미야의 기억이 본문의 대부분을 구성한다.

성전 재건을 위한 첫 번째 귀환(스 1-6장)은 BC 538년 바사왕 고레스의 승인 아래 스룹바벨을 비롯한 지도자들의 인도로 이루어진다. 여러 방해 때문에, 성전 재건은 516년에야 끝난다. 성전은 회복되지만 건축자들은 이전의 번영까지 회복할 수는 없다.

두 번째 귀환은 BC 458년 아론의 후손이자 서기관(율법 선생)인 에스라의 인도로 이루어진다. 이때 귀환자들은 이방 문화와의 혼합 때문에 유대인들이 뚜렷한 문화적, 종교적 정체성을 잃을 위기에 처했음을 발견한다(스 7-10장). 유대인들이 하나님의 백성의 모습을 지킬 수 있도록, 에스라는 회개를 촉구하고 순종과 정결의 삶을 요구한다.

13년 후, 바사왕 아닥사스다 1세의 중요한 궁중 관리인 느헤미야의 인도로, 예루살렘의 안전을 위협하는 허물어진 성벽을 재건하기 위해 또 한 번의 귀환이 이루어진다(느 1-6장). 느헤미야는 왕의 호의를 받을 뿐 아니라 군사적 보호와 필요한 물품까지 공급 받는다. 상당한 반대 가운데, 느헤미야는 하나님의 도움을 구하고 백성을 모아 성벽 재건을 시작한 지 불과 52일 만에 예루살렘 성벽 재건을 끝낸다.

성벽이 재건된 후, 느헤미야와 에스라는 사회적, 종교적 개혁을 단행한다(느 7-13장). 부흥이 일어나고, 백성은 하나님과 이스라엘의 언약을 재확인한다. 이들은 바사의 통치를 받기 때문에 더 이상 독립 왕국의 지위를 누리지는 못하지만, 신앙 공동체, '하나님의 백성'으로서의 정체성은 회복한다.

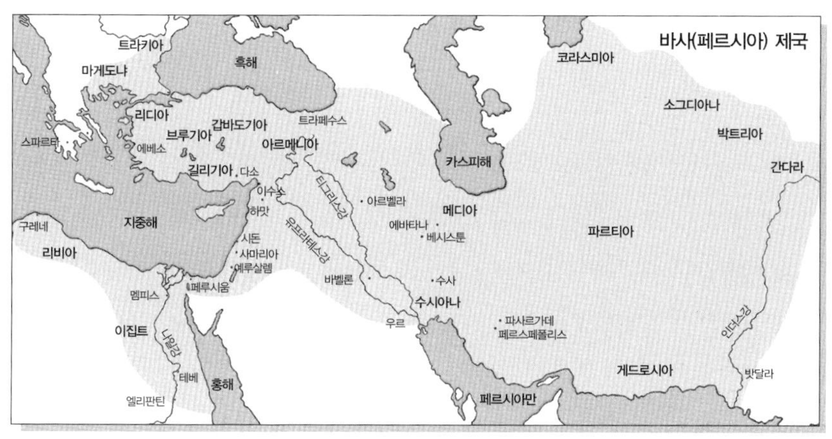

에스더

"네가 왕후의 자리를 얻은 것이 이때를 위함이 아닌지 누가 알겠느냐"(에 4:14).

널리 확인된 역사적 사건을 토대로 보면, 극적인 에스더(Esther) 이야기의 연대는 BC 483년부터 10년간이다. 에스더서가 실제로 기록된 것은 이보다 조금 후였을 것이다(아마도 465년 – 어떤 학자들은 훨씬 늦은 연대를 주장한다). 왜냐하면 10장에 나오는 크세르크스(Xerxes, 히브리어로는 '아하수에로')의 통치가 과거 시제로 기록되어 있기 때문이다. 에스더서의 저자가 누군지는 알 수 없으나 몇몇 학자들은 에스더의 외삼촌이자 궁정 관리인 모르드개가 에스더서를 기록했을 것으로 추정한다.

아름다운 젊은 유대 처녀 에스더는 길고 힘든 경쟁을 거쳐, 크세르크스의 폐위된 왕후를 대신할 왕후로 선택된다. 에스더는 자신이 유대인이라는 사실을 크세르크스에게 밝히지 않는다. 에스더의 외삼촌이자 후견인이었던 모르드개는 그녀에게 왕을 암살하려는 음모를 알리며, 에스더는 다시 이 음모를 왕에게 알리고 음모는 수포로 돌아간다.

후에, 모르드개가 하만에게 절하기를 거부하자 총리 하만은 모르드개를 죽일 뿐 아니라 그의 민족까지 몰살하려는 음모를 꾸민다. 에스더는 생명의 위험을 무릅쓰고 왕의 도움을 구한다. 크세르크스는 상황을 역전시키고 하만을 처형하며 하만의 재산을 그의 원수 모르드개에게 준다.

유대인들은 몰살당할 위기에 처했으나 화를 면하고 자유를 얻은 날을 기념하여 절기로 지킨다. 이 절기를 '부림절'이라 하며, 유대인들은 지금도 이 절기를 지킨다.

에스더서는 성경에서 가장 특별한 책이다. 왜냐하면 에스더서는 하나님을 한 번도 언급하지 않기 때문이다. 이 때문에 어떤 사람들은 과연 에스더서가 정경에 포함될 자격이 있는지 의심했으나 어떤 사람들은 어디서나 그 섭리가 분명하게 사건들을 주관하고 큰 위험 앞에서도 자신의 백성을 지키시는 하나님을 에스더서의 주인공(보이지 않지만)으로 본다.

시가서

The Poetical Books

욥기, 시편, 잠언, 전도서, 아가서를 가리켜 시가서라 하는 이유는 시를 광범위하게 사용하기 때문이다. 언어의 기본 특징을 간략하게 살펴보면(2장을 보라) 시가서 이해에 도움이 될 것이다.

욥기

욥기(Job)의 기원은 분명하지 않다. 다시 말해, 욥기의 저자와 저작 연대 모두 분명하지 않다. 증거를 토대로 보면, 욥기는 BC 700년경에 기록된 것 같다. 그러나 이러한 욥기의 연대는 보수적인 학자들 사이에서도 여전히 논쟁의 대상으로 남아 있다. 지혜문학에 속하는 욥기는 "왜 하나님은 의인에게 고난을 허락하시는가?"라는 오래된 질문을 다룬다. 이 주제는 프롤로그와 에필로그가 산문 형태인 시를 통해 표현된다.

프롤로그(욥 1-2장)에서, 하나님은 그분의 흠 없는 종인 욥에 대한 사탄의 도전을 받아들이신다. "이제 주의 손을 펴서 그의 모든 소유물을 치소서 그리하시면 틀림없이 주를 향하여 욕하지 않겠나이까"(욥 1:11). 그 결과, 욥에게 재난이 잇따른다.

이어지는 일련의 대화와 연설(욥 3장-42:6)에서, 욥의 세 친구 엘리바스와 빌닷과 소발은 하나님이 부당하다는 욥의 불평에 답하려 한다. 이들의 말은 욥에게 전혀 위로가 되지 않는다. 사실, 이들의 비난은 때로 잔인하다. 이들은 욥이 죄악된 삶의 열매를 거두고 있다고 주장한다. 욥은 자신을 변호해 보지만 전혀 소용이 없다. 네 번째 친구 엘리후가 논의에 끼어들어 욥과 그의 친구들을 꾸짖는다. 욥은 의가 부족하고, 친구들의 논증은 효과적이지 못하다는 것이다.

마지막으로 여호와께서 직접 개입하시며, 욥의 질문에 직접 답하지는 않으신 채 욥의 교만과 오해를 꾸짖으신다. 인간은 우주를 이해할 수 없다. 어떻게 인간이 창조자의 뜻을 완전히 헤아릴 수 있겠는가? 욥은 침묵하며 겸손해진다.

에필로그(욥 42:7-17)에서, 하나님은 욥을 더욱 힘들게 한 친구들을 꾸짖으시며, 욥이 잃은 모든 것을 그 이상으로 회복시켜 주심으로써 욥의 충성이 옳았음을 인정하신다.

시편

"내 영혼아 여호와를 송축하며 그의 모든 은택을 잊지 말지어다"(시 103:2).

히브리어로 '찬양'으로 알려진 150편의 노래와 찬송으로 구성된 시편

(Psalms)은 다섯 '권'으로 나눠진다. 1-41편, 42-72편, 73-89편, 90-106편, 107-150편. 이것은 주제나 시의 장르에 따라 나눈 게 아니다. 일흔 세 편은 다윗의 저작이며, 그가 쓴 많은 시편에는 개인적인 경험이 녹아 있다. 열두 편은 다윗 시대의 최고 음악가 아삽의 저작이다. 더 많은 시편이 '고라 자손'(sons of Korah)의 저작이지만 이 이름에 대해서는 확실히 알려진 게 거의 없다. 시편 90편은 모세의 저작이며, 72편과 127편은 솔로몬의 저작이다. 나머지 50여 편의 저자는 알 수 없다. 시편이 최종 완결된 것은 바벨론 포로기 후로 보인다.

시편에는 다양한 장르가 있다.

시편 유형	기본	특징(예)
찬송 시편(Hymns)	하나님이 누구시며 그분이 하신 일 때문에 그분을 찬양하고 그분께 감사한다.	(9편)
참회 시편(Penitential)	죄를 슬퍼하며 고백하고, 하나님의 은혜와 용서를 구한다.	(39, 51편)
지혜 시편(Wisdom)	삶에 대한, 특히 하나님, 우리와 그분과의 관계에 대한 일반적 관찰을 보여준다.	(1편)
제왕 시편(Royal)	다윗의 아들이며 그분의 백성을 다스리는 하나님의 특별한 도구인 왕에게 초점을 맞춘다.	(2, 45편)
메시아 시편(Messianc)	메시아의 인물과 사역을 묘사한다.	(22편)
저주 시편(Imprecatory)	하나님의 원수들 또는/그리고 그분의 백성의 원수들에 대한 심판을 구한다.	(35, 69편)
애가 시편(Lament)	자신의 상황을 비탄하며, 대개 비탄, 하나님에 대한 신뢰, 그분에 대한 찬양을 포함한다.	(3, 4, 6편)

이처럼 광범위한 감정과 주제와 경험이 시편 속에 나타나기 때문에, 시편 속에서 신자들은 자신의 기도와 예배에 대한 성령의 인도를 지속적으로 발견할 수 있다.

잠언

"여호와는 지혜를 주시며 지식과 명철을 그 입에서 내심이며"(잠 2:6).

잠언(Proverbs)은 신적 지혜를 보여주는 말과 교훈을 모아놓은 것이다. 잠언의 저자는 솔로몬, 아굴, 르무엘을 포함한 여러 명이다(아굴과 르무엘에 관해서는 알려진 게 거의 없다). 솔로몬의 잠언은 BC 970-930년에 기록되었다. '히스기야의 신하들'이 편집했다는 잠언 25-29장은 BC 700년경에 추가되었을 것이다.

하나의 잠언은 삶의 경험을 통해 증명된 삶의 원리에 관한 짧은 말이지만 약속이나 명령은 아니다. 성경의 잠언은 단순히 지혜로운 인간의 조언에 불과한 게 아니다. 이러한 지혜로운 원리에는 분명한 영적 차원이 있다.

잠언은 목적을 말한 후(잠 1:1-7), 지혜에 관한 여러 '교훈'을 제시하며(잠 1:8-9:18), 지혜롭게 살기 위해 반드시 피해야 할 것을 특히 강조한다.

이 뒤에는 솔로몬의 지혜의 말 모음이 따르는데(잠 10:1-22:16), 여기서 솔로몬은 의와 어리석음, 연설, 부와 가난, 가족 관계, 친구, 다른 사람들 등 다양한 주제를 다룬다.

'지혜로운 사람들'의 말은(잠 22:17-24:34) 애굽의 아메네모프의 잠언(proverbs of Amenemope)과 분명히 관련이 있다. 그러나 저자는 결코 기존의 지혜를 단순히 되풀이하지 않으며, 하나님에 대한 신뢰를 이끌어내려는 게 분명하다.

잠언 25-29장은 다른 부분보다 주제별로 묶여 있다.

아굴과 르무엘의 지혜(잠 30:1-31:9)는 그 자체로 중요하지만 이들이 이스라엘 사람이 아니라는 점에서 특히 흥미롭다. 이들이 하나님을 공경하고 그분의 길을 존중하는 것은 분명하다.

현숙한 여인(잠 31:10-31)은 각 행이 연속하는 히브리 알파벳으로 시작하는 이합체시(離合體詩, acrostic poem)이다.

전도서

"이것도 헛되어 바람을 잡는 것이로다"(전 6:9).

전도서(Ecclesiastes)는 70인역의 번역자들이 지혜문학에 속하는 이 책에 붙인 헬라어 제목이다. 히브리어 제목은 코헬렛(Qoheleth)이며 '전도자'(preacher)로 번역될 때가 많은데, 전도자는 지혜로운 자들 가운데 리더를 암시하는 것으로 보인다. 전도서의 저자와 저작 연대에 대해서는 학자들마다 견해가 다르다. 대부분의 학자들은 솔로몬이 전도서에 영향을 미쳤다고 인정하며, 전통적으로 솔로몬이 전도서의 저자라고 본다. 그러나 전도서에는 솔로몬이 저자라는 구체적인 언급이 없으며, 따라서 어떤 학자들은 전도서의 문학적 요소 가운데 다른 암시를 주는 것들이 있다고 믿는다. 솔로몬이 전도서의 저자라면 BC 940년경에 전도서를 썼을 것이다. 전도서의 저자가 솔로몬이 아니라고 보는 경우, 어떤 학자들은 포로기 이전에, 어떤 학자들은 포로기 이후에 전도서가 기록되었다고 주장한다.

전도서 저자는 먼저 되풀이되는 삶이 헛되며, 지혜나 즐거움이나 물질적 풍요나 인간적인 면에서 명예를 얻으려는 모든 게 헛되다고 말한다(전 1-4장). 이 과정에서 그는 사건과 운명에 대한 하나님의 주권을 인정하며, 하나님의 섭리 가운데 만족하라(자신이 하는 일과 단순한 삶의 즐거움에서)고 충고한다.

예배, 부, 지혜, 삶의 불확실성과 불의에 대한 그의 관찰과 충고는 계속된다(전 5장-12:8). 분위기는 암울하지만, 저자는 독자에게 건설적 행동과 만족과 지혜로운 삶을 권한다.

결론에서, 저자는 이렇게 끝맺는다. “하나님을 경외하고 그의 명령들을 지킬지어다 이것이 모든 사람의 본분이니라”(전 12:13). 한편, 하나님은 모든 것을 선악 간에 심판하실 것이다. 하나님의 공의를 확신하고 그분을 공경하고 순종하면 다른 모든 것을 바른 시각으로 볼 수 있다.

아가

“내 사랑하는 자는 내게 속하였고 나는 그에게 속하였도다”(아 2:16).

아가서(Song of Songs)는 히브리어 최상급을 나타내며(2장을 보라), 따라서 “가장 위대한 노래” 또는 “가장 아름다운 노래”로 번역할 수 있다. “솔로몬의 아가”(Solomon's Song of Songs) 또는 “솔로몬에게 속한 아가”(The Song of Songs, which is Solomon's) 등으로 다양하게 번역되는 첫 줄 때문에(‘왕’에 대한 언급과 함께), 전통적으로 솔로몬이 아가서를 기록했다고 본다. 어떤 학자들은 히브리어 제목이 솔로몬에 대한 헌정이나 그에 관한 글이나 그를 기념하는 글일 수 있다고 주장한다. 전도서처럼, 아가서에 대한 이론이 다양하며, 따라서 저작 연대를 정하기 어렵다. 솔로몬이 이 책을 썼다면 BC 950-930년에 썼을 것이다.

어떤 사람들은 아가서를 알레고리로 다룬다. 고대 히브리어 전통은 아가서를 이스라엘을 향한 하나님의 사랑에 대한 묘사로 보았으며, 아가서를 유월절에 읽은 게 분명하다. 많은 그리스도인들은 아가서를, 교회를 향한 그리스도의 사랑으로 해석한다. 이상하게도, 어떤 해석자들은 이와 동시에 본문에 너무나도 분명히 나타나는 부부간의 성적인 사랑의 기쁨과 아름다움을 인정하지 않는다.

아가서가 하나로 된 긴 장편시인지, 아니면 사랑시를 모아놓은 시집인지도 논쟁의 대상이다. 어느 쪽이든, 시인은 독자에게 부부간의 사랑에 담긴 갈망과 아름다움과 즐거움과 기쁨을 노래하는 자리에 초대한다. 이 선물은 하나님이 에덴에서 처음 주신 것이며, 이 선물 속에서 우리는 그분에게 속한 자를 향한 창조자요 구원자의 깊은 사랑을 어렴풋이 볼 수 있다.

선지서/예언서

The Prophets

초기 히브리 전승에 따르면, 성경은 율법서, 선지서, 시가서의 세 부분으로 나눠진다. 초기의 선지서는 8권으로 구성되었다. 여호수아, 사사기, 사무엘(상,하), 열왕기(상,하), 이사야, 예레미야, 에스겔, 소선지서(호세아-말라기, 지금의 성경과 순서는 같지만 한 권으로 취급되었다). 애가서와 다니엘서는 시가서의 한 부분으로 취급되었다.

이사야

"거룩하다 거룩하다 거룩하다 만군의 여호와여"(사 6:3).

이사야(Isaiah)라는 이름은 "여호와가 구원하신다"라는 뜻이다. 이사야는 BC

740-690년경 유다의 여러 왕에게 예언했으며, 그 가운데 가장 주목할 왕은 아하스와 히스기야이다. 어떤 학자들은 이사야서 가운데 이사야가 직접 쓴 부분은 1-39장뿐이며, 나머지 40-66장은 다른 저자가 (또는 저자들이) 썼다고 단언한다. 그러면서 이들은 문체와 주제의 차이뿐 아니라 후반부에 기록된 사건들이(고레스에 대한 구체적인 언급을 비롯해) 이사야가 죽은 지 오랜 후에 일어났다는 점도 지적한다. 또 어떤 학자들은 문체나 내용의 차이가 반드시 이사야 외에 다른 저자를 의미하지는 않는다고 주장하면서, 예언 속에서 하나님의 손을 본다. 이들은 또한 신약 저자들이 이사야를 이사야서의 저자로 받아들였다는 사실을 강조한다. 어쨌든 이사야서가 구약에서 가장 아름답고 힘 있는 글에 속한다는 데는 모두가 동의하는 것 같다.

이사야의 예언은 죄악된 백성에 대한 하나님의 고소와 심판에 뒤따를 회복을 개괄적으로 제시하는 서론(사 1장)으로 시작된다.

이사야서 2-25장은 유다와 주변 나라에 대한 심판을 선포하며, 군데군데 도래할 메시아와 그분의 나라에 대한 상징을 제시한다.

히스기야의 통치에 관한 기사들(사 36-39장)은 전반부와 후반부 사이의 전환점으로 보인다. 초점이 앗수르가 지배하는 세상에서 바벨론이 지배하는 세상으로 옮겨간다.

이사야서 40-66장은 유다의 포로 생활이 끝날 때 찾아올 위로와 회복과 해방과 구속을 강조한다. 이사야서 49-53장은 종이신 메시아(Servant-Messiah)를 극적인 언어로 묘사한다.

이사야의 메시지 전체의 틀을 형성하는 것은 그가 본 하나님의 주권과 거룩하심에 대한 환상이다(예를 들면, 사 6장을 보라). 그가 제시하는 메시아 이미지는 모든 성경에서 가장 놀랍고 많이 인용된다.

예레미야

"내가 너의 상처로부터 새 살이 돋아나게 하여 너를 고쳐 주리라"(렘 30:17).

예레미야(Jeremiah)는 선지자로서 40년(BC 627-587) 동안 활동했으며, 그의 활동 시기는 유다가 바벨론에게 정복당하기 직전에 독립 왕국으로 존재하던 마지막 시기와 일치한다. 몇몇 학자들은 마지막 장은 예레미야가 죽은 후 서기관이 첨가했을 것이라고 주장하지만, 예레미야가 예레미야서의 저자인 것은 거의 확실하다. 아마도 예레미야의 조력자인 바룩이 예레미야서의 상당 부분을 기록했을 것이다.

예레미야가 선지자로 부름 받은 시기(렘 1장)는 일종의 부흥 운동을 시작한 요시야왕 때였다. 그러나 백성은 하나님의 길에 그다지 충실하지 않았고, 요시야왕이 죽자 곧바로 우상숭배와 거역의 길로 되돌아갔다.

이러한 도덕적 타락의 분위기에서, 예레미야는 임박한 심판을 거듭 경고했다(렘 2-45장). 백성은 예레미야를 거칠게 대했고, 예레미야는 자신이 겪는 절망, 자신이 당하는 박해로 인한 하나님과의 다툼을 자주 표현한다. 예레미야가 완악한 백성에게 인내하는 모습은 예레미야서 전체의 메시지에서 중요한 역할을 한다.

마침내, 유다가 바벨론의 힘에 굴복하자 예언된 운명이 찾아온다. 많은 백성이 바벨론으로 끌려가고 예레미야는 잠시 애굽으로 가야 한다.

하나님의 심판의 그림자에는 어떤 사람들이 '위로의 책'이라 부르는 게 있다(렘 30-33장). 그렇다. 하나님은 그분의 백성을 벌하시지만 버리지는 않으실 것이다. 심판의 이면에는 그분의 축복과 밝은 미래가 있다.

마지막으로, 예레미야는 예루살렘 주변국에 대한 하나님의 보수(報讐) 계획도 선언한다(렘 46-51장). 모두가 하나님의 주권에는 정치적 경계선이 없음을 알아야 한다. 그 누구도 그분의 계획을 꺾거나 그분을 영원히 부정할 수는 없다.

애가

"우리가 스스로 우리의 행위들을 조사하고 여호와께로 돌아가자"(애 3:40).

학자들은 때로 다른 견해를 제시하지만, 유대 전통과 기독교 전통 모두 예레미야를 애가서의 저자로 본다. 애가서(Lamentations)는 BC 587년경에 기록되었을 가능성이 아주 높지만 저자의 이름을 구체적으로 언급하지는 않는다. 그러나 예레미야가 예루살렘이 멸망할 당시 그곳에 있었다는 사실과 백성에게 회개를 촉구하면서 했던 선지자 역할로 미루어볼 때, 예레미야가 애가서의 저자일 가능성이 높다. 또한 예레미야서와 애가서는 문학 양식이 다름에도 불구하고 비슷한 어구가 여럿 있다.

애가서는 선지서 가운데 하나로 여겨지지만 메시지는 하나의 시집에 담겨 있다. 1,2,4장(시 하나가 한 장)은 각 절이 22개의 히브리어 알파벳으로 시작되는 이합체시(acrostics)이다. 3장도 동일한 패턴을 따르지만, 세 절이 하나의 그룹을 이루고 동일한 알파벳으로 시작한다. 5장은 이합체시가 아니다.

이들 다섯 편의 시는 애가(哀歌, lament)로 알려져 있다(앞서 나온 시편의 유형과 특징에 관한 도표를 보라). 애가서는 고통의 절규, 개인적 아픔, 예루살렘 거민의 집단적 비극과 수치를 표현하는 노래이다. 하나님은 예루살렘이 바벨론에게 약탈당하게 하심으로써 약속하신 벌을 내리셨다. 애가서 저자는 이러한 징계가 합당하다는 것을 알지만, 사랑하는 성과 성전과 미래에 대한 희망이 무너지는 것을 보면서 깊은 절망에 빠진 사람들에게 말한다. 하나님이 그들을 영원히 버리셨는가?

위로와 격려의 말은 그들이 하나님께 돌아오면 하나님이 그들과 그들의 땅을 고치시리라는 것을 보여준다.

에스겔

"나 여호와는 말하고 이루느니라"(겔 17:24).

에스겔(Ezekiel)이 에스겔서의 저자라는 데는 논쟁의 여지가 거의 없다. 청년 제사장 에스겔은 BC 597년 백성과 함께 유다에서 바벨론으로 끌려갔으며, 바벨론에서 하나님의 소명을 받았다. 에스겔서가 거기 기록된 사건들이 일어났을 때 기록되었다면, 기록 시기는 BC 592-570년경일 것이다.

에스겔은 선지자로 부름 받을 때(겔 1-3장) 인상적인 하나님의 환상을 보며 그분의 백성에게 임박한 심판을 경고하라는 명령을 받는다.

그 후 에스겔은 하나님으로부터 정기적으로 음성을 들으며 일련의 심판을 충실히 전한다(겔 4-24장). 에스겔은 극적인 행동을 포함해서 많은 상징을 사용하는데, 사람들의 관심을 집중시킬 뿐 아니라 자신의 메시지를 기억하기 쉽게 전달하기 위해서였을 것이다. 그는 또한 놀라운 환상들을 말하는데, 이 모두가 하나님의 백성 가운데서 죄와 거역의 물줄기를 차단하기 위한 노력이다. 하나님은 회개하지 않는 자들을 심판하실 것이다.

하나님은 또한 유다의 주변국에 대한 뜻을 전하는 데 에스겔을 사용하신다(겔 25-32장). 이들은 예루살렘의 멸망에 공조하고 예루살렘의 멸망에서 이익을 얻으려고 계획하는데, 하나님은 이것을 벌하지 않고 넘어가지 않으실 것이다. 심판의 예언 가운데 네 장은 애굽에 관한 것이다. 애굽의 정치적, 군사적 힘은 무너질 것이다.

그 다음으로 에스겔은 이스라엘의 희망 찬 미래를 선포한다(겔 33-48장). 이 단락(특히 겔 40-48장)은 다양하게 해석된다. 어떤 학자들은 이 부분의 예언이 이스라엘 민족이 자신의 땅을 되찾았을 때 성취되었다고 주장하며, 어떤 학자들은 이스라엘과 교회 양쪽 모두가 연관이 있으며 이러한 약속은 메시아 시대에 성취되리라고 주장한다. 하나님이 영광스러운 미래를 계획하셨으며 그분을 신뢰하는 모든 자들에게 그분의 약속을 이루시리라고(그분의 방식으로 그분의 시간에) 보는 게 가장 좋을 것이다.

다니엘

"오직 은밀한 것을 나타내실 이는 하늘에 계신 하나님이시라"(단 2:28).

많은 학자들이 익명의 저자가 다니엘(Daniel)의 화려하고 고결한 삶에 관한 기사들과(3인칭으로 기록됨) 다니엘 자신의 환상을(1인칭, 즉 "나 다니엘은"으로 기록됨) 결합시켰다고 본다. 어떤 학자들은 다니엘서가 빠르게는 BC 537년에 기록되었다고 믿으며, 어떤 학자들은 다양한 언어적, 역사적 이슈를 인용하면서 늦게는 BC 165년에 기록되었다고 본다. 그러나 후자의 견해를 취할 경우 다니엘의 예언이 더 이상 예언이 아니게 되는 등 그 자체로 여러 문제가 생긴다.

다니엘서는 두 언어로 기록되었다. 다니엘서 2장 4절은 "갈대아 술사들이 아람 말로 왕에게 말하되"라고 시작하는데, 그 다음부터 7장 28절까지는 아람어로 되어 있다. 여기에 대해서는 여러 가지 설명이 있지만, 어느 하나도 결정적이지는 않다.

다니엘서는 두 부분으로 뚜렷이 나눠진다. 전반부(단 1-6장)는 BC 605년경에 바벨론으로 강제 이송된 젊은 유대 귀족의 삶을 소개한다. 다니엘은 느부갓네살의 꿈을 해석하고(단 2장, 4장) 궁정에서 높은 자리에 오른다. 그의 세 친구는 믿음을 시험받고 마침내 풀무불에 들어간다(단 3장). 다니엘 자신도 믿음을 시험받고 사자굴에 들어간다(단 6장).

후반부(단 7-12장)는 다니엘이 받은 환상을 생생하게 전하며, 상징적 이미지(예를 들면, 이상한 모습의 짐승들)를 자주 사용한다. 이러한 환상은 역사와 관련이 있는데, 이미 지나간 역사보다는 다가올 역사에 관련된 내용이다. 정치 세력들(그리고 역사 자체)에 대한 하나님의 주권이 강조되며, 큰 절망에 짓눌린 사람들에게 희망이 선포된다.

구약의 유일한 묵시서인 다니엘서와 신약의 묵시서인 계시록이 자주 연결된다(단 3장을 보라).

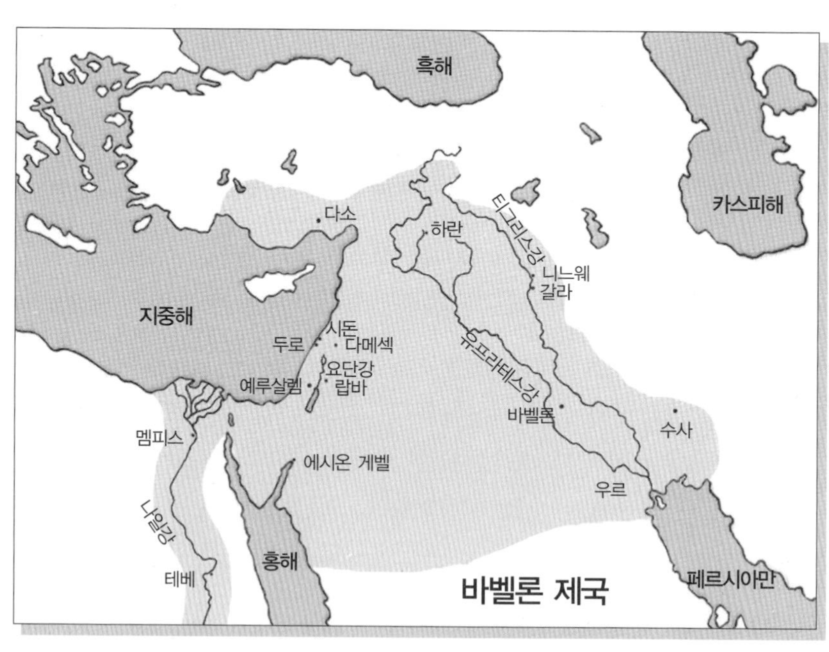

호세아

"너의 하나님께로 돌아와서"(호 12:6).

학자들 사이에서 호세아서(Hosea)의 저자와 저작 연대에 관해서는 논란이 거의 없지만 호세아 선지자에 관해서는 알려진 게 거의 없다. 그의 활동은 북쪽 이스라엘의 여로보암 2세 때 시작되었고 호세아왕 때까지 계속된 것으로 보인다. 다른 몇몇 선지자와는 달리, 호세아는 북쪽 이스라엘에서만 활동했으며, 호세아서는 BC 722년경에 기록된 것으로 보인다.

호세아가 번영과 우상숭배와 정치적 혼란의 시대에 이스라엘에게 회개를 촉구할 때 죄와 벌과 회복이라는 주제가 계속 나타난다. 이스라엘의 거역은 영적 간음과 부패와 폭력에서, 하나님과 그분의 언약을 무시한 데서, 하나님이 아니라 정치적 동맹국을 의지한 데서 분명하게 나타났다.

하나님이 호세아에게 주신 메시지(호 1-3장)는 고통스러운 교훈의 삶을 살라는 것이다. 호세아는 고멜(부도덕한 여인, 아마도 창녀)과 결혼했는데, 아내가 여러 남자들과 행음함으로써 부부의 서약을 조롱하는 것을 지역 사람들과 함께 지켜보아야 했다. 고멜은 마침내 호세아를 버리며, 자신의 부정(不貞) 때문에 노예로 전락한다. 그러나 호세아는 상당한 비용을 지불하고 그녀를 다시 사와야 했다. 호세아는 아픔과 치욕에도 불구하고 그녀를 다시 집으로 데려왔다.

이스라엘을 향한 하나님의 메시지(호 4-14장)가 이러한 교훈과 평행을 이룬다. 하나님은 완악한 그분의 백성을 고소하시고, 그들이 받아야 할 벌을 분명히 하신다. 그러나 하나님은 그분의 백성이 회개하고 구원을 위해 그분만 의지한다면 그들을 회복시키시겠다는 궁극적인 소망의 메시지를 주신다.

요엘

"내가 내 영을 만민에게 부어 주리니"(욜 2:28).

학자들은 요엘서(Joel)의 기록 연대에 대해 두 가지 견해를 제시한다. 어떤 학자들은 요엘서가 요시야왕 때(아마도 BC 835년) 기록되었다고 믿으며, 어떤 학자들은 지금까지의 증거로 볼 때 요엘서는 유다의 바벨론 포로기 이후에, 유다에 더 이상 왕이 없을 때, 우상숭배가 이전만큼 관심의 대상이 아닐 때, 헬라가 그 지역을 위협할 때 기록되었다고 주장한다. 후자의 이론대로라면, 요엘서는 BC 400년경에 기록되었다. 요엘에 대해서는 요엘서가 제시하는 얼마 안 되는 정보 외에 아무것도 알려진 게 없다.

요엘은 유다 땅에 메뚜기 재앙이 임해 온 땅이 황폐해졌다는 말로 시작한다(1장). 포도원와 과수원과 들판의 곡식과 목초지가 모두 곤충의 습격으로 황폐해졌다. 맷돌이 더 이상 돌지 않으며, 제사장조차 제사드릴 제물이 없다.

요엘은 메뚜기 재앙을 장차 닥칠 황폐화(여호와의 날)의 상징으로 사용하면서 하나님의 백성에게 회개하고 전심으로 하나님의 길로 돌아오라고 촉구한다(욜 2:1-17).

그런 후, 하나님은 요엘을 통해 자신의 구원 약속, 곧 당장의 환경뿐 아니라 미래의 멸망으로부터 그분의 백성을 구원하시겠다는 약속을 선포하신다(욜 2:18-3:21). 하나님은 유다의 압제자들을 벌하시고, 그분의 백성에게 영적, 물질적 축복을 내리실 것이다. 영적 축복 가운데는 성령 강림이 포함되는데, 오순절 때 베드로는 요엘서 2장 28-32절의 약속이 성취되었다고 선언한다(행 2:14-21).

아모스

"오직 정의를 물같이, 공의를 마르지 않는 강같이 흐르게 할지어다"(암 5:24).

아모스서(Amos)는 북쪽 이스라엘 왕국의 여로보암 2세 말기인 BC 760년경에 기록되었을 것이다. 저자는 양을 치고 뽕나무를 키우면서 살았던 게 분명하다. 아모스는 본래 유다의 작은 마을 출신으로, 나라가 상당한 번영을 누릴 때 벧엘에서 선지자의 소명을 받았다.

아모스는 유다뿐 아니라 여러 이웃나라에 대한 하나님의 진노를 선포한 후 이스라엘도 하나님의 계명을 지키지 않음으로써 그분을 진노하게 했다고 결론짓는다(암 1-2장). 아모스는 특히 가난한 자들과 궁핍한 자들과 힘없는 자들에 대한 불의와 억압을 거칠게 꾸짖는다.

그는 이스라엘의 무관심과 방탕한 생활과 종교적 위선을 고발하고, 임박한 멸망을 경고하며(암 3-6장), 가난하고 궁핍한 자들에 대한 억압을 다시 한 번 꾸짖는다.

아모스는 이어서 심판에 대한 환상을 말하는데(암 7-9장), 이때 벧엘의 제사장 아마샤가 격분하여 아모스를 반역자로 몰아붙이고 유다로 돌려보내려 한다. 아모스는 자신이 하나님의 소명을 받았다고 거듭 말하고, 제사장 아마샤와 그 가족의 파멸을 예언한다. 아모스는 심판의 환상을 두 가지 더 말한 후, 희망의 환상으로, 하나님 나라의 모든 백성을 암시적으로 포함하는 복된 미래의 환상으로 끝을 맺는다.

아모스는 모든 민족에 대한 하나님의 주권을 강조한다. 악을 행하는 자는 누구든지 반드시 벌을 받을 것이다. 하나님은 그분의 계명을 알고도 따르지 않는 자들에게(또는 겉으로만 따르는 자들에게) 더 큰 책임을 물으신다.

오바댜

"네가 행한 대로 너도 받을 것인즉"(옵 1:15).

구약에서 가장 짧은 책의 저자 오바댜(Obadiah)에 관해서는 그가 기록한 환상 외에는 아무것도 알려진 게 없다. 학자들마다 오바댜서의 저작 연대를 다르게 말하는데, 오바댜서가 말하는 예루살렘 침략이 몇 번째 침략인지 정확하지 않기 때문이다(예루살렘은 여러 차례 침략을 당했다). 가장 가능성이 높은 연대는 예루살렘이 바벨론의 느부갓네살에게 멸망한 BC 587년경이다.

에돔 족속은 이스라엘과 '사촌' 간임에도 불구하고(에돔은 야곱의 형 에서의 후손이다) 오랫동안 이스라엘과 적대 관계에 있는데, 그 기원은 이들이 출애굽 한 모세와 이스라엘이 가나안에 들어가기 위해 자신들의 땅을 통과하는 것을 허락하지 않았던 때로 거슬러 올라간다. 이제 바벨론이 예루살렘을 침략하자, 에돔 족속은 이스라엘 피난민을 약탈하고 사로잡고 죽이기까지 하면서 하나님의 백성을 오만하고 잔인하게 행했다.

오바댜의 메시지는 매우 직설적이다. 하나님이 에돔의 비난받아 마땅한 행위를 되갚아주실 것이다. 이들이 예루살렘의 멸망을 돕고 부추겼듯이, 하나님은 이들을 반드시 멸하실 것이다.

오바댜는 여호와의 날에 모든 민족이 그들의 집단적 행위에 대해 비슷한 심판을 받으리라는 것도 분명히 한다. 하나님의 통치는 이스라엘에만 국한되지 않는다. 모두가 그분 앞에 책임이 있다.

요나

"하물며 이 큰 성읍 … 내가 어찌 아끼지 아니하겠느냐"(욘 4:11).

요나(Jonah)는 여로보암 2세(BC 793-753) 때 활동한 선지자이며, 아모스와 호세아와 동시대 사람이며, 요나서를 기록한 것으로 보인다(왕하 14:25). 요나서의 기록연대와 내용의 진정성은 상당한 논쟁거리이다. 어떤 학자들은 요나서가 비유나 알레고리일 뿐이라고 주장했다. 어떤 학자들은 요나서는 요나가 죽은 지 오랜 후에 기록되었다고 주장한다. 니느웨에 관한 묘사와 관련된 역사성의 문제가 제기되었으며, 요나가 사흘 동안 물고기 뱃속에 있었다는 기록의 진실성에 대해서도 상당한 의심이 일어났다. 그러나 이러한 기록은 논박될 수 없으며, 예수님이 요나를 언급하는 모습에는(마 12:39-41; 눅 11:29,30) 이런 의심이 전혀 비치지 않는다.

하나님은 요나에게 니느웨로 가서 임박한 심판을 경고하라고 명령하신다(욘 1장). 니느웨는 이스라엘을 위협하는(실제로 BC 722년에 이스라엘을 멸망시킬) 신흥 강국 앗수르의 수도이며, 그 거민들은 이방 종교를 믿는다. 그러나 요나는 정반대 방향으로 향하며 욥바에서 다시스로 가는 배를 탄다. 강한 폭풍이 일어나자, 선원들은 요나를 바다에 던지며, 큰 물고기가 그를 삼킨다.

물고기 뱃속에서, 요나는 회개의 기도를 한다(욘 2장). 하나님은 물고기가 요나를 해변에 안전하게 토해내게 하신다.

요나는 이제 니느웨로 간다(욘 3장). 800킬로미터나 되는 거리이다. 요나는 니느웨에 도착하자 지시대로 외친다. 니느웨 사람들은 하나님을 믿고 죄에서 돌아선다. 하나님이 니느웨를 멸하지 않고 보존하신다.

화가 난 요나는 이들 이방인에게 자비가 아니라 심판이 임하기를 원한다(욘 4장). 그러나 하나님은 자신이 창조한 모든 인간이 회개하고 그분께 돌아올 때 인종에 관계없이 그분의 자비를 받을 수 있음을 분명히 하신다.

미가

"여호와께서 네게 구하시는 것은 오직 정의를 행하며 인자를 사랑하며 겸손하게 네 하나님과 함께 행하는 것이 아니냐"(미 6:8).

이사야의 동시대 사람인 미가(Micah)는 BC 740-700년에 활동한 선지자이다. 미가는 유다의 작은 국경 마을 출신이었으나 그의 예언은 유다와 이스라엘 양쪽 모두와 관련이 있다. 아모스처럼, 미가는 다른 여러 가지를 비롯해 사회 정의와 종교적 위선에 관심이 있었다.

미가서 1-2장에서, 미가는 모든 백성에게 말하면서 이들이 우상을 숭배하고 힘없고 가난한 자를 무자비하게 착취함으로써 행한 악에 대한 하나님의 고소를 제시한다. 미가는 사마리아(북쪽 이스라엘 왕국을 대표한다)와 유다 양쪽 모두에게 멸망을 예언한다. 미가는 하나님께 끝까지 충성하는 '남은 자'를 위한 희망과 회복의 메시지로 단락을 끝맺는다.

미가의 다음 메시지(미 3-5장)는 가난한 자들과 궁핍한 자들을 학대하는 민간

지도자들과 자신의 지위를 이용해 배를 불리는 종교 지도자들에 대한 심판으로 시작된다. 여기서도 메시아 예언을 포함해(미 5:2-3. 여기서 메시아의 탄생 장소가 예언된다) 회복의 희망이 제시된다.

미가는 자신의 고발장을 갱신하면서(미 6-7장), 하나님의 백성에게 하나님이 그들을 위해 하시는 큰 일을 상기시킨다. 그러나 이들의 불의와 폭력과 탐욕을 무시할 수는 없다. 그래서 하나님은 이들을 심판하실 것이다. 미가서는 다시 한 번, 하나님께 돌아오는 충성스러운 남은 자들을 위한 회복의 희망을 제시한다.

나훔

"여호와는 노하기를 더디 하시며 권능이 크시며 벌 받을 자를 결코 내버려두지 아니하시느니라"(나 1:3).

나훔(Nahum)에 관해서는 그가 아직도 확인되지 않은 엘고스 출신이라는 것 외에는 알려진 게 거의 없다(그의 이름은 '위로'라는 뜻). 나훔서는 테베(Thebes)가 멸망한(나 3:8. 한글개역개정판에서는 '노아몬'이라고 옮겼다) BC 663년 이후 니느웨가 멸망한 BC 612년 이전에 기록된 게 틀림없다. 나훔서에 나오는 앗수르의 지배에 대한 암시는 유다가 앗수르에게 조공을 바친 므낫세왕 때(BC 696-642)를 시사한다.

나훔은 하나님의 능력과 진노(나 1:2-15)를, 그분을 반대하는 자들(니느웨)에 대한 심판과 "자기에게 피하는 자들"(나 1:7, 유다)에 대한 긍휼이라는 견지에서 선포한다. 니느웨의 호된 형벌은 짧은 기간의 회개 후에(요나는 1세기 전에 이곳에서 회개를 선포했다) 다시 이방종교로 돌아간 것과 관련이 있을 것이다.

나훔은 니느웨의 멸망을 생생하게 예언하고 묘사한다(나 2-3장). 니느웨의 군사력과 거대한 부와 이방 종교들 가운데 어느 하나도 하나님이 대적하시는 니느웨를 구할 수 없을 것이다. 나훔은 군사적으로 강력한 테베(노아몬)조차 강력한 방어력과 동맹에도 불구하고 최근에 무너졌다는 것을 니느웨에 상기시킨다. 니느웨는 멸망할 것이며, 니느웨에게 잔혹한 고통을 당한 모든 자들이 니느웨의 멸망을 기뻐할 것이다.

나훔은 민족들과 모든 피조물에 대한 하나님의 통치를 강조한다. 하나님은 노하기를 더디 하시지만 자신에게 복종하기를 거부하는 자들에게 노하신다. 그분의 공의는 확실하다. 그분은 악을 심판하시고 압제당하는 자들을 지키신다.

하박국

"의인은 그의 믿음으로 말미암아 살리라"(합 2:4).

하박국(Habakkuk)에 관해서는 그의 예언 외에는 사실상 알려진 게 아무것도 없다. 묵시 전승에 따르면, 하박국은 제사장 집안 출신이다. 3장은 하박국이 음악 훈련을 받았음을 암시한다. 하박국은 요시야왕이 죽은 후, 유다의 도덕이 쇠퇴하고 바벨론의 영향력이 커질 때 하박국서를 쓴 것으로 보인다. 어떤 학자들은 하박국서가 BC 605년에 기록되었다고 말한다.

하박국은 하나님이 사회적 불의와 도덕적 부패에 확연히 무관심한 데 불평한다(합 1:2-4).

하나님은 자신이 상황을 알고 있으며(합 1:5-11) 완악한 자신의 백성을 심판하기 위해 바벨론을 도구로 쓸 계획이라고 대답하신다.

하박국은 또 한 번 불평한다. 어떻게 하나님이 잔인하고 무자비한 바벨론을 이용하여 그분의 백성을 벌할 생각을 하실 수 있는가(합 1:12-2:1)?

하나님의 대답(합 2:2-20)은 바벨론도 그분이 택하신 시간과 장소에서 심판받을 것임을 암시한다. 이어서 하나님은 마침내 자신들의 죄악 때문에 바벨론에게 임한 일련의 재난 곧 심판을 선포하신다.

하박국의 마지막 반응(합 3장)은 하나님의 길이 아무리 신비하더라도 그것을 의지하는 믿음(확고한 신뢰)의 시로 나타난다. 무슨 일이 일어나든, 얼마나 오래 걸리든, "나는 여호와로 말미암아 즐거워하며 나의 구원의 하나님으로 말미암아 기뻐하리로다"(합 3:18).

공의는 하나님의 영토이다. 하나님은 나라와 민족들이 일어나고 사라지게 하신다. 그분은 선에게 상을 주시고 악을 벌하신다. 그분의 방법으로, 그분의 시간에 하신다.

스바냐

"너의 하나님 여호와가 너의 가운데에 계시니 그는 구원을 베푸실 전능자이시라"(습 3:17).

스바냐(Zephaniah)의 선조 중에는 히스기야가 있다. 그러나 이 히스기야가 유다왕 히스기야인지는 상당한 논쟁거리이다. 스바냐라는 이름은 "여호와께서 숨기셨다"라는 뜻이다. 스바냐는 예레미야와 동시대 인물이며, 요시야왕 때 활동했다. 학자들은 스바냐서가 BC 630-625년경에 기록되었다고 본다.

하나님은 그분의 길을 따르기를 거부했기 때문에 유다뿐 아니라 주변 나라까지 심판하려는 자신의 계획을 알리려고 스바냐를 사용하신다(습 1:1-3:8). 먼 지역의 강대국들까지 암시된다. 특히 오만이 심판 받을 것이며, 타락과 우상숭배와 속임수와 폭력과 불의도 심판 받을 것이다.

그러나 스스로를 낮추고 회개하는 남은 자들에게는 관용을 베푸신다(습 2장). 여호와께서는 그분이 의로운 분노를 맹렬히 발하시는 중에도 그분께로 돌이킬 자들을 위해 모두 멸하지는 않으실 것이다.

여호와의 날은 단지 형벌을 의미하는 게 아니라 충성스러운 남은 자들(유대인들과 이방인들)이 하나님의 임재와 보호와 축복을 경험하는 희망과 회복의 시간이기도 할 것이다(습 3장).

학개

"너희는 너희의 행위를 살필지니라"(학 1:5).

학개(Haggai)에 관해 알려진 것이라고는(학개는 에스라서에도 나온다) 그가 성전을 재건하려고 바벨론에서 예루살렘으로 돌아온 포로들에게(그리고 이들의 지도자인 총독 스룹바벨과 대제사장 여호수아에게) 예언했다는 것뿐이다. 학개서의 기록을 토대로 보면, 그의 예언은 BC 520년에 나온 것이다.

학개는 몇 달 동안 하나님으로부터 네 개의 메시지를 받는다. 첫째는 백성과 그 지도자들을 안일한 생활에서 끌어내기 위한 것이다(학 1:1-15). 포로들은 예루살렘에서 16년 동안 편안한 집에서 살고 있지만 성전은 아직 완공되지 않았다.

하나님이 기뻐하지 않으신다. 학개는 이들이 현재 겪는 불행은 이들의 영적 무관심 때문에 하나님의 축복이 그친 결과라고 말한다. 이들은 성전 건축을 재개함으로써 학개의 메시지에 열렬히 반응한다.

그 다음으로 학개는 격려의 메시지를 전한다(학 2:1-9). 재건된 성전이 이전 성전의 화려함에 비교될 수는 없지만, 하나님이 그분의 성령을 통해 백성과 함께하신다. 어느 날, 새 성전의 영광이 옛 성전의 영광보다 더 빛날 것이며, 그 영광에 평화가 함께할 것이다.

세 번째 메시지는 타락을 불러오는 죄의 본성을 상기시킨다(학 2:10-19). 더러운 것이 깨끗한 것과 접촉하면, 더러운 것이 깨끗해지는 게 아니라 오히려 깨끗한 것이 더러워진다. 학개는 제사장들에게 그들의 영적 더러움 때문에 그들이 드리는 제사가 하나님께 열납될 수 없다고 말한다. 순종이 있어야 하나님의 축복이 있다.

마지막으로, 바벨론 포로기가 끝난 후 예루살렘에 다윗의 계보가 다시 서리라는 약속이 주어지며(학 2:20-23), 이로써 메시아가 오실 왕가의 계보가 확실해진다.

스가랴

"그날에는 여호와께서 홀로 한 분이실 것이요 그의 이름이 홀로 하나이실 것이라"(슥 14:9).

BC 520년, 학개가 사역을 시작하기 두 달 전, 스가랴(Zechariah)도 돌아온 유다 포로들에게 예언하기 시작했다. 스가랴는 BC 538년에 바벨론에서 돌아온 제사장 집안 출신이었다(느헤미야 12:16을 보라). 스가랴는 스가랴서 1-8장을 BC 520-518년에 썼으며, 9-14장을 그 후에 썼을 것이다. 그의 예언 가운데는 이해하기 어려운 부분이 많지만, 몇몇은 예수님이 신약에서 인용하셨고 부분적으로 성취되었다.

스가랴서 1장 1-6절은 유다 백성에게 그들의 조상이 불순종에 대한 대가를 치렀다는 사실을 상기시키면서 하나님께로 돌아오라고 촉구한다.

이어지는 단락(슥 1:7-6:8)에서, 스가랴는 여덟 가지 환상을 이야기하는데, 그는 환상에서 다양한 미래의 현실을 상징하는 장면을 본다. 그 가운데 몇몇은 그의 시대에 이루어질 것이며, 몇몇은 먼 미래에 이루어질 것이다.

스가랴는 대제사장 여호수아를 위해 면류관을 만드는데(슥 6:9-15), 이것은 어느 날 그분의 거룩한 성전에서 제사장과 왕으로 다스리실 예수 그리스도를 가리키는 상징적 행동이다.

성전이 파괴된 날을 기억하면서 매년 하는 금식에 대해 한 가지 의문이 생긴다(슥 7:1-8:23). 이제 성전이 재건되고 있는데, 백성이 계속 금식해야 하는가? 하나님은 자신은 의식적인 금식보다 순종과 충성과 공의를 더 원하신다고 분명하게 대답하신다. 그런 후, 하나님은 백성을 격려하기 위해 열 가지 약속을 하신다.

스가랴서 9-14장에는 많은 메시아적 언급을 포함해 미래에 관한 여러 '신탁'(신적 계시)이 나온다. "보라 네 왕이 네게 임하시나니 … 겸손하여서 나귀를 타시나니"(슥 9:9). "그들이 그 찌른바 그를 바라보고"(슥 12:10). "목자를 치면 양이 흩어지려니와"(슥 13:7). 스가랴의 예언에는 메시아의 초림과 재림에 관한 언급을 구별하기 어려운 부분이 있다.

말라기

"공의로운 해가 떠올라서 치료하는 광선을 비추리니"(말 4:2).

말라기(Malachi)는 "나의 사자"(my messenger)라는 뜻이다. 말라기서가 실제로 익명의 저자의 작품이라는 주장이 있다. 말라기에 대해서는 알려진 게 전혀 없지만, 대부분의 학자들은 이 주장이 맞을 가능성이 희박하다고 본다. 말라기서는 대략 BC 470-433년경, 유다 백성이 바벨론에서 돌아온 후 기록되었을 것이다. 말라기는 에스라, 느헤미야와 동시대 인물일 것이다.

말라기는 백성과 종교 지도자들이 회의주의에 빠져 있으며 하나님을 멸시한다고 고발한다(말 1장). 이들은 자신을 향한 하나님의 사랑을 의심하며, 그분을 달래기 위해 흠이 있고 적합하지 못한 것을 제물로 드린다. 이들은 감히 총독에게는 이런 것을 바칠 생각조차 하지 못할 것이다. 그런데 왜 왕이신 하나님을 이렇게 대하는가?

말라기는 영적 리더십을 발휘하지 못하는 제사장들을 질책하며, 이혼을 일삼고 이방인들과 혼인하는 백성을 꾸짖는다(말 2:1-16). 이들은 하나님께 "거짓을 행하였고"(broken faith, "야훼를 배신하고", 공동번역), 하나님은 이를 가볍게 여기지 않으신다.

백성은 악인을 벌하시는 하나님의 공의를 의심하지만(말 2:17-3:5), 하나님은 자신의 사자(세례요한)가 자신의 길을 예비할 것이며, 그 후에 자신을 경외하지 않는 모든 자를 친히 심판하리라고 대답하신다.

그 다음으로 하나님은 백성이 십일조를 드리지 않음으로써 하나님의 것을 도둑질했다고 말씀하신다(말 3:6-12). 백성이 십일조를 드리면, 하나님이 그들에게 복을 주실 것이다.

다시 한 번, 백성은 하나님의 공의에 의문을 품는다(말 3:15-4:5). 하나님은 실제로 경건한 삶에 보답하시는가? 그분은 단호히 그렇다고 답하신다. 하나님이 "여호와의 크고 두려운 날"에 악인을 벌하실 때 그분의 길을 따르는 모든 자들, 그분의 이름을 높이는 모든 자들은 보존될 것이다.

더 깊게 공부하려면

Bill T. Arnold and Bryan E. Beyer, 《구약의 역사적, 신학적 개론》*(Encountering the Old Testament)*, 류근상, 강대훈 옮김(크리스챤출판사, 2009)

Andrew E. Hill and John H. Walton, 《구약개론》*(A Survey of the Old Testament)*, 엄성옥, 유선명, 정종성 공역(은성, 2001)

Alec Motyer, *The Story of the Old Testament*

Charles F. Pfeiffer, *Baker's Bible Atlas*

존 스토트, 월터 엘웰
신구약 중간기 서론 | 외경 서론

13 신/구/약/중/간/기

… 진정한 예언자가 나타날 때까지
마카비상 14:41

신구약 중간기 서론

Introduction to the Intertestamental Period

+ 존 스토트

구약과 신약 사이의 400년을 신구약 중간기라 부르는데, 그 이유는 이 기간 중에는 구약이나 신약의 책 가운데 단 한 권도 기록되지 않았기 때문이다. 외경(外經)에 속하며(다음에 나오는 '외경 서론'을 보라) BC 175-134년의 사건을 기술하는 마카비상의 저자도 이것을 여러 번 언급한다. 그는 이스라엘이 "예언자들이 자취를 감춘 후, 처음 맛보는 무서운 압박을 받게 된" 큰 고통의 시대를 말하며(마카비상 9:27, 공동번역), "진정한 예언자가 나타날 때까지" 시몬이 지도자요 대제사장으로 세움을 받았다고 말한다(마카비상 14:41).

그럼에도 불구하고, 성경에서 매우 어려운 책 가운데 하나임이 분명한 다니엘서는 이 시기에 대해 언급한다. 다니엘서의 저자와 저작과 해석에 관한 문제가 학자들을 끊임없이 괴롭힌다. 다니엘서에는 주목할 만한 여러 꿈과 환상이 나오는데, 그 가운데 몇몇은 설명되었지만 어떤 것은 지금까지도 전혀 또는 부분적으로 설명되지 않았다.

일반적으로, 다니엘서의 꿈과 환상은 대제국의 흥망성쇠를—특히 이러한 제국들이 하나님의 백성에게 영향을 미칠 때—예언한다. 가장 잘 알려진 꿈은 느부갓네살이 꾸었던 거대한 신상에 관한 꿈이다. 그가 꿈에 본 신상은 머리는 금, 가슴과 팔은 은, 배와 넓적다리는 동, 다리는 철, 발은 철과 진흙의 혼합물로 되어 있었다. 그런데 (꿈에서) 돌 하나가 날아와 신상의 발을 치자 신상 전체가 산산조각 났다. 다니엘은 이 꿈이 연이어 등장할 제국들을 가리킨다고 해석했다. 전통적으로, 이 제국들은 바벨론("왕은 곧 그 금 머리니이다", 단 2:38), 메대 바사(가슴과 팔), "온 세계를 다스릴"(단 2:39) 헬라, "나누이고"(단 2:41) 서지 못할 로마를 가리킨다고 이해되었다. 이것이 옳다면, "손대지 아니한 돌", 즉 "신상의 쇠와 진흙의 발을 쳐서 부서뜨린" 돌(단 2:34)은 메시아 왕국이며, 다니엘은 이에 관해 이렇게 말한다.

"하늘의 하나님이 한 나라를 세우시리니 이것은 영원히 망하지도 아니할 것이요 … 영원히 설 것이라"(단 2:44).

대제국이 연이어 일어났다. 이들은 하나님의 구속 드라마가 전개될 무대를 세웠다. 바벨론 왕국은 BC 605년부터 539년까지 계속되었고, 메대 바사는 BC 539년부터 331년까지 계속되었으며, 헬라는 BC 331년부터 63년까지 계속되었고, 로마는 BC 63년부터 그리스도 시대까지 계속되었다.

다니엘서 후반부는 더 분명하다. 8장에 기록된 다니엘의 환상은 강력한 숫양에 관한 것이다. 이 숫양이 서쪽과 북쪽과 남쪽을 향하여 뿔로 받지만 그 어떤 짐승도 그를 당할 수 없다. 두 뿔을 가진 이 숫양은 메대-바사 제국을 상징한다(단 8:20). 그 후 "한 숫염소가 서쪽에서부터 와서 온 지면에 두루 다닌다"(단 8:5). 이 숫염소는 "헬라 왕"이다(단 8:21). 다시 말해, 이것은 마케도니아의 필립이 헬라 제국을 건설하는 것을 말한다. 서쪽에서 온 염소는 두 눈 사이에 큰 뿔이 있는데, 이것으로 숫양을 받아 두 뿔을 꺾어버렸다. 이 큰 뿔은 필립의 아들 알렉산더 대왕일 것이다. 알렉산더 대왕은 소아시아와 두로와 가드와 이집트를 상대로 연승을 거둔 후 마침내 BC 331년에 바사(페르시아) 군대에게 승리했다.

"숫염소가 스스로 심히 강대하여 가더니"라는 말(단 8:8)은 알렉산더가 아프가니스탄을 지나 인도까지 정벌한 것을 가리킬 것이다. "강성할 때에 그 큰 뿔이 꺾이고"(단 8:8). 알렉산더는 BC 322년 바벨론에서 죽었다. "그 대신에 현저한 뿔 넷이 하늘 사방을 향하여 났더라"(단 8:8). 알렉산더가 죽은 후 제국이 그의 장군들에 의해 마게도니아와 헬라(Greece), 트라키아(Thrace) 또는 서아시아, 수리아와 바벨론(셀루시드 왕조가 지배), 애굽(프톨레미가 왕조가 지배)의 네 지역으로 분할되었다.

이 가운데 이후 300년 동안 이스라엘의 운명을 지배한 것은 셀루시드 왕조가 다스리는 수리아와 바벨론, 프톨레미 왕조가 다스리는 애굽이었다. "그들이 집권하는 동안 온 세상은 그들의 학정에 몹시 시달렸다"(마카비상 1:9, 공동번역). 이전에 팔레스타인이 북동쪽으로는 앗수르-바벨론-바사(페르시아) 제국들과 남서쪽으로는 애굽 사이의 완충지대였듯이, 이제 유대는 셀루시드 왕조가 다스리는 수리아와 프톨레미 왕조가 다스리는 애굽 사이에 끼였다. 다니엘서 11장에서 수리아는 '북방 왕'으로, 애굽은 '남방 왕'으로 나온다. 두 왕조 모두 BC 1세기 중반까지 지속되며, 둘 사이의 관계는 불편한 공존에서 심한 적대감과 전쟁에 이르기까지 다양했다. 유대는 한때는 이쪽의 지배를 받고 한때는 저쪽의 지배를 받았다.

고대의 요새 도시 페트라의 유적. 지금은 요르단에 속한다.

다니엘의 숫염소 환상으로 돌아가 보자. 이 숫염소의 두 눈 사이에 난 현저한 뿔 하나가 "현저한 뿔 넷"으로 대체되고 환상은 다음과 같이 전개된다.

> 그중 한 뿔에서 또 작은 뿔 하나가 나서 남쪽과 동쪽과 또 영화로운 땅을 향하여 심히 커지더니 그것이 하늘 군대에 미칠 만큼 커져서 그 군대와 별들 중의 몇을 땅에 떨어뜨리고 그것들을 짓밟고 또 스스로 높아져서 군대의 주재를 대적하며 그에게 매일 드리는 제사를 없애 버렸고 그의 성소를 헐었으며 … 그것이 또 진리를 땅에 던지며(단 8:9-12)

이 '작은 뿔'은 "놀랍게 파괴 행위를 하고 … 강한 자들과 거룩한 백성을 멸할" 왕, 즉 "얼굴이 뻔뻔한" 왕으로 해석된다(단 8:21-24). 그는 의심할 여지없이 안티오쿠스 에피파네스(Antiochus Epiphanes, 재위 BC 175-163)로 보이는데, 다니엘서 11장 21절은 그를 가리켜 "비천한 사람"("비열한 사람", 표준새번역 — 역자 주)이라고 말한다.

BC 167년, 안티오쿠스 에피파네스는 성전 제사와 할례와 안식일 준수와 음식법을 금지했고 성경을 불태웠다. 안티오쿠스의 박해가 절정에 이른 것은 12월에 하늘의 주 제우스를 위해 새로운 제단을 쌓고(안티오쿠스는 자신이 성육한 제우스라고 주장했다) 부정한 짐승으로 제사를 지냈을 때였다. 따라서 지속적인 번제는 사라지고 성소는 "멸망하게 하는 가증한 것"에 의해 더럽혀졌다(단 11:31).

왕의 칙령은 예루살렘뿐 아니라 각 지방에도 적용되었고 죽음의 고통을 낳았다. 많은 사람들이 신앙을 더럽히기보다 죽음을 선택했다. 가장 무서운 고문과 학살이 일어났으며, 그 가운데 몇몇은 마카비서에 기록되어 있다. 순교자들은 "칼날과 불꽃과 사로잡힘과 약탈"로 인해 죽었다(단 11:33). 히브리서 기자는 다음과 같이 쓰면서 아마도 이들을 생각했을 것이다.

> 또 어떤 이들은 더 좋은 부활을 얻고자 하여 심한 고문을 받되 구차히 풀려나기를 원하지 아니하였으며 또 어떤 이들은 조롱과 채찍질뿐 아니라 결박과 옥에 갇히는 시련도 받았으며 돌로 치는 것과 톱으로 켜는 것과 시험과 칼로 죽임을 당하고 … 이런 사람은 세상이 감당하지 못하느니라(단 11:35-38)

조직적 저항에 불을 당긴 사람은 대제사장 맛다디아(Mattathias)였다. 그는 유대인 반역자 하나와 이방인의 제사를 드리라고 명하는 왕의 관리를 직접 죽였다. 이 사건은 게릴라전으로 이어졌는데, 이들은 게릴라전을 펼치는 동안 이교도 신전들을 파괴했고, 유대인 아이들에게 강제로 할례를 행했으며, 타협하는 자들을 죽였다.

맛다디아가 BC 166년에 죽자 그의 세 아들이 곧 '망치' 또는 '제거자'라는 뜻의 마카비라는 별명을 가진 유다(Judas, 재위 BC 166-161), 요나단(BC 161-143), 시몬(BC 143-135)이 차례로 뒤를 이었다. 이방인의 통치에 대한 이들의 저항과 이들이 거둔 놀라운 군사적 승리가 마카비서에 자세히 나온다.

이들의 역사에서 가장 화려한 순간은 BC 164년 마카비 유다의 지휘 아래 성전 지역을 정화하고 성전 자체를 회복하며 새로운 제단을 세워 희생제사를 다시 드리기 시작했을 때였다.

> 이방인들이 그 제단을 더럽혔던 바로 그날과 그때에 그들은 노래와 비파와 퉁소와 꽹과리로 연주를 하며 그 제단을 다시 바쳤다(마카비상 4:54, 공동번역)

독립 전쟁은 오랫동안 계속되었고, 정치적 자치가 이루어진 것은 BC 128년 시몬의 아들 요한 히르카누스(John Hyrcanus) 때였다. 그는 제사장이자 지도자였으며, 어떤 사람들은 그가 선지자요 왕이라고도 했다. 그와 그의 아들들은 유대 주변의 상당한 영토를 손에 넣었다.

그러나 BC 63년 로마 장군 폼페이(Pompey)가 예루살렘에 진격했고 지성소까지 들어갔으며 제사장들을 공포로 몰아넣었다. 유대는 로마의 보호령이 되었으며, 유대인들은 또 다시 독립을 잃었다.

BC 40년, 이미 갈릴리 지역의 군대 지휘자였으며 나중에 유대 지역의 공동 분봉왕이 된 헤롯이 로마 원로원에 의해 "유대인의 왕"(King of the Jews)이 되었다(그는 헤롯 대왕으로 알려진 인물이다. 그와 다른 헤롯을 더 알고 싶다면 14장을 보라). 점차적으로 그는 자신의 왕국을 재정복했으며, BC 37년에 예루살렘을 포위하고 장악했고, 마카비 가문의 마지막 제사장-통치자 안티고누스(Antigonus)를 처형

했다. 헤롯은 이미 에돔인으로서(종교적으로는 유대인이었지만) 인기가 없었다. 그럼에도 불구하고, 그는 32년간이나 통치했다. BC 19년에는 그의 후원으로 대규모 성전 재건이 시작되었다. 성전 건축은 거의 AD 70년까지 계속되었으나 이후 곧바로 로마군의 손에 또다시 무너졌으며 그 후로 다시 건축되지 못했다.

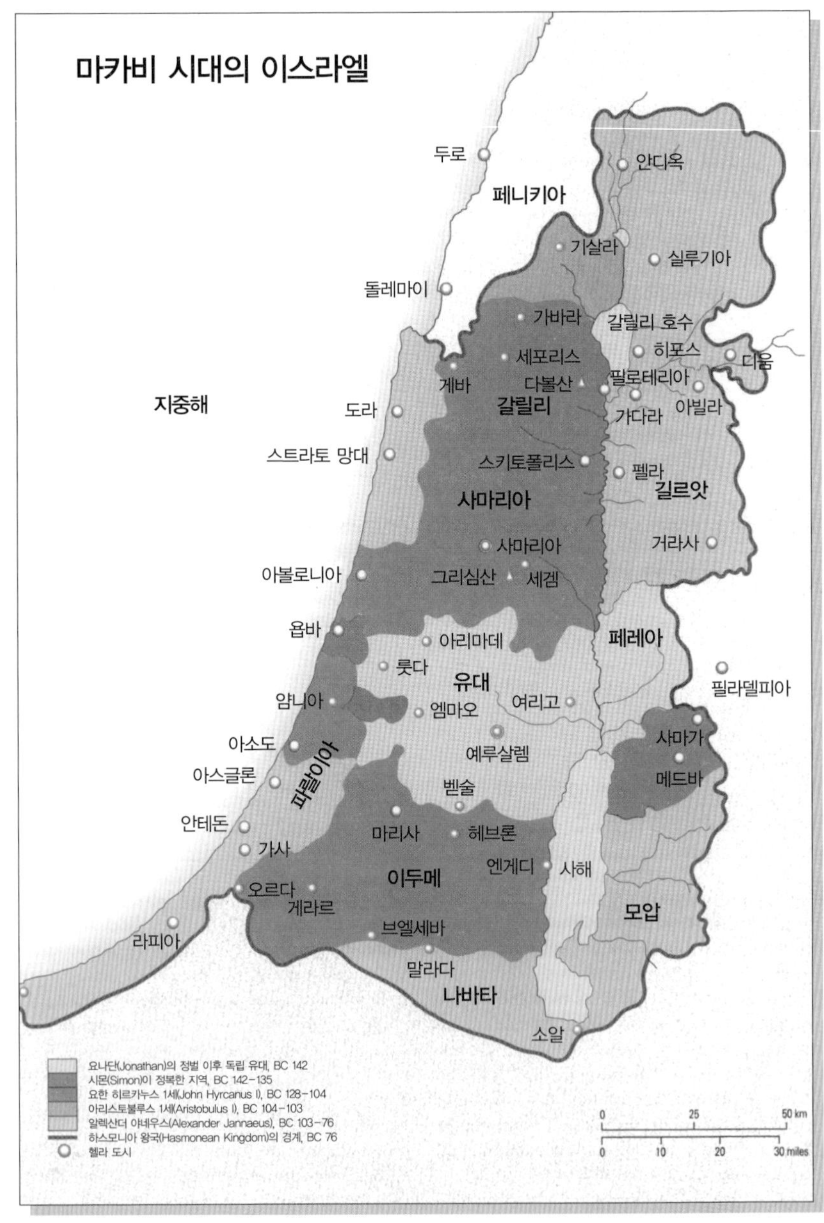

마카비 통치의 불안한 시대 내내, 유대 공동체 내에서는 중요한 운동들이 전개되고 있었으며, 후에 이러한 운동들은 우리 주님 시대의 다양한 종교 분파로 굳어졌다.

마카비 혁명은 무엇보다도 헬라의 영향과 타협하기를 단호히 거부하는 종교적 저항이었다. 마카비 단원들을 가장 분노하게 한 것은 셀루시드(수리아) 왕들의 입김으로 세워진 기회주의적인 대제사장들이었다. 이들과 그 동료들이 마카비서가 말하는 '배교한 유대인들'이다. 이들은 할례의 표시까지 제거했으며, 헬라 방식들을 흉내 내고, 헬라 옷을 입으며, 헬라식 스타디움을 짓고 그곳에서 경기를 하기까지 했다(마카비상 1:13-15에 나온다 — 역자 주).

헬라 영향에 물들기를 거부한 유대인들은 하시딤(Hasidim), 즉 경건한 자들이었다. 이들은 철저한 분리주의자였으며, 바리새인들의 조상이었고, 정치적 자유보다는 종교적 자유에 관심이 더 많았다.

하스모니안(마카비 가문의 이름)은 종교적 자유에 만족하지 않았다. 이들은 민족적 독립도 원했다. 이들은 모든 종류의 정치적 음모에 가담했으며, 사두개인들이 이들의 계승자였다.

독립을 위한 마카비식 투쟁을 계속하기를 원하는 정치적 극단주의자들은 젤롯당(Zelots)이었다. 이들은 혁명적 선동가들이었으며, 어떤 희생을 치르더라도 로마로부터 자유를 얻기 위해 싸우려 했다.

때가 차매, 예수 그리스도께서 오셨고, 한때 사람들은 그분을 "억지로 붙들어 임금으로 삼으려" 했다(요 6:15). 그러나 예수님은 이들에게서 물러나셨다. 그분은 자신이 실제로 왕이지만 자신의 나라는 "이 세상에 속한 것이 아님"을 설명하셔야 했다(요 18:33-38). 그분이 주시는 자유는 죄의 폭정으로부터의 자유였다.

> 너희가 내 말에 거하면 참으로 내 제자가 되고 진리를 알지니 진리가 너희를 자유롭게 하리라(요 8:31,32)

외경 서론

Introduction to the Apocrypha

+ 월터 엘웰

구약 외경

흔히 구약 외경이라 불리는 모음집은 BC 3세기부터 AD 100년경 사이에 기록되었다. 외경은 구약이 완성된 지 오랜 후 불안한 시기에 기록되었다. 그러므로 외경에는 혼란한 상황에 대한 히브리인들의 반응과 더 나은 미래에 대한 이들의 소망이 잘 나타난다. 외경('숨겨진 것들'이라는 뜻)이라는 용어는 오해하기 쉽다. 외경은 비밀스럽지도 않고 특별한 비밀을 담고 있지도 않기 때문이다. 신약과 관련된 외경도 있지만, 외경이라는 단어는 대체로 구약을 떠올리게 한다. 대부분의 원본이 의심할 여지없이 히브리어나 아람어로 기록되었을 뿐 아니라 외경의 주제가 결정적으로 구약의 사건들과 연관이 있기 때문이다.

외경이라는 용어는 이렇게 좁은 의미로 사용될 뿐 아니라 덜 제한적으로, 가짜 제목이 붙은 채 돌아다녔던 낮은 수준의 저작을 가리키는 데도 자주 사용된다. 따라서 이러한 저작들은 때로 위경(Pseud-epigrapha)이라 불리는데, 여기에는 다음과 같은 것들이 포함된다. 에녹서(Enoch), 솔로몬의 시편(Psalms of Solomon), 아담과 하와의 책(books of Adam and Eve), 이사야의 순교(Martyrdom of Isaiah), 열두 족장의 언약(Testaments of the Twelve Patriarchs). 외경의 책들은 70인역(Septuagint, 헬라어 구약 성경)에 포함되었으나 초기 유대인들이 이것들을 정경으로 여겼는지는 확실하지 않다. 헬라어를 사용하는 그리스도인들은 70인역에서 기원이나 내용이 의심스러운 부분을 비판적 평가 없이 받아들였으며 따라서 외경에도 정경적 지위를 부여했다. 70인역에서, 외경의 책들은(70인역에 포함되지 않은 에스드라하를 제외하고) 일반적으로 정경에 속하는 동일한 장르의 책과 나란히 놓였다. 예를 들면, 에스드라상(1 Esdras)은 에스라-느헤미야 앞에 나오며 두 권의 마카비서는 예언서 다음에 나온다. 솔로몬의 지혜(Wisdom of Solomon)와 집회서(Ecclesiasticus)는 구약의 지혜문학과 나란히 나오며, 바룩서(Baruch)는 논리적으로 예레미야 뒤에 나온다(바룩은 예레미야의 도움이었다 — 역자 주). 벌게이트역(Vulgate, 라틴어 구약성경)도 비슷한 순서를 따르지만, 커버데일 성경(Coverdale's Bible, 1535)부터 영어 번역은 외경을 정경적 권위를 가진 책 뒤에 따로 구분해 놓았다.

외경이 포함된 영어 번역 성경에서, 외경은 다음 순서로 배열된다. 에스드라상, 에스드라하, 토빗서(Tobits), 유딧서(Judith), 에스더서 부록(Additions to the Book of Esther), 솔로몬의 지혜, 집회서('시락서'라고도 한다), 바룩서(예레미야의 편지와 함께), 세 청년의 노래(Song of the Three Young Men), 수산나(Susanna), 벨과 용(Bel and the Dragon), 므낫세의 기도(Prayer of Manasseh), 마카비상, 마카비하. 이들을 모두 합한 길이는 대략 신약 성경 전체의 80퍼센트 정도이다.

분류와 내용 외경의 다양한 문학 형태와 분류를 살펴보는 게 유익할 것이다. 에스드라상과 마카비상, 마카비하는 역사서의 성격을 띤다.

에스드라상(1 Esdras). 에스드라상은 BC 150년 이후에 기록되었으며, 정경 에스라서에 있는 자료를 담고 있지만('에스드라'는 에스라의 헬라어식 표기) 에스라서보다 이른 시점에서, 요시야왕 18년에 유월절을 지키는 장면에서 시작한다. 에스드라상은 유다 왕국의 마지막 몇 년을 자세히 기술하는데, 역대하 35-36장의 내러티브와 매우 비슷하다. 마지막 부분에서 에스라가 율법을 낭독하는 장면은 느헤미야 8장과 아주 비슷하지만 뛰어난 지도자 느헤미야에 대한 언급은 없다.

저자는 에스라-느헤미야 내러티브에 나오는 몇몇 틈을 메우려 하며 역사적 순서가 다소 혼란해진다. 에스드라상에는 바사왕 다리오 1세의 근위병인 세 청년 간의 지혜 겨루기에 관한 재미있는 이야기(에스드라상 3:1-5:6)가 나온다. 지혜 겨루기에서, 세 병사는 세상에서 가장 강한 게 무엇이냐는 왕의 질문에 그 나름대로 답한다. 첫째 근위병은 "포도주가 가장 강하다"고 쓴 후 자신의 믿음을 뒷받침하면서 포도주는 신분에 상관없이 모든 사람들에게 강력한, 심지어 저항할 수 없는 영향력을 발휘한다고 말한다. 둘째 근위병은 왕의 무한한 권위에 주목한다. 왜냐하면 왕의 명령은 모든 백성이 언제나 반드시 복종해야 하기 때문이다. 그의 논증은 첫째 근위병의 논증보다 인상적인 것 같다. 그러나 스룹바벨이라는 셋째 근위병은 여자의 힘이 세상에서 가장 강하다고 말한다. 그는 모든 남자는 여자에게서 태어나며 따라서 생명을 여자에게 의존한다고 말한다. 더욱이 남자는 자신의 마음을 사로잡는 여자에게 모든 것을 기꺼이 바친다. 스룹바벨은 이렇게 말한 후, 또 다른 주제, 즉 진리에 대해 말한다. 그는 땅은 넓고 하늘은 높으며 해는 빠르지만 모든 피조물은 진리를 밝히 보여준다고 말한다. "모든 사람은 진리의 행위를 인정하며, 진리의 판단에는 불의가 없습니다. 모든 세대의 힘과 왕권과 능력이 진리의 것입니다. 진리의 하나님을 찬양합시다!"(에스드라상 4:39,40). 이 말에 사람들은 지지를 보낸다. "진리는 위대하며, 가장 강하다!"(에스드라상 4:41). 스룹바벨은 진리를 옹호함으로써 승리를 거두며, 그 상으로 왕에게 이전에 예루살렘을 건축하겠다고 했던 말을 지키라고 요구한다.

초대교회에서 에스드라상의 영향을 받은 사람들 중, 키프리안(Cyprian)과 어거스틴은 진리의 위대함에 대한 잠언적 통찰(에스드라상 4:41)을 진리의 살아 있는 체현(體現)이신 그리스도와 연결했다(요한복음 14장 6절을 보라).

마카비상(1 Maccabees). 많은 사람들이 마카비상을 외경 가운데 가장 흥미롭게 생각한다. 마르틴 루터는 마카비상을 꼭 필요하고 유용한 책이라고 보았다. 새뮤얼 콜러리지(Samuel Taylor Coleridge)는 마카비상이 실제로 영감되었을 만큼 감동적이라고 했다. 마카비서는 BC 100년경에 히브리어로 기록되었으며, 주로 BC 175-134년의 유대 역사를 다룬다. 마카비상은 수리아의 통치자 안티오쿠스 에피파네스가 유대인들 사이에 이교도 예배를 세우려 했으나 유대인들이 하나 되어 저항했으며 그 결과 주목할 승리를 거두었다고 말한다. 이러한 광범위한 군사적 충돌 외에도, 마카비상은 하스모니아 왕가의 전쟁, 그 왕가의 등장, 요한(역사적으로 '요한 히르카누스/John Hyrcanus'로 밝혀졌다)의 통치 등을 포함하는 시대를 다룬다. 마카비상은 요한의 주목할 만한 성취를 찬양하는 말로 끝난다.

저자의 주 목적, 영웅적인 마카비들을 찬양하고 이스라엘 백성의 용맹을 들려줌으로써 이스라엘을 높이려는 것이다. 저자는 하나님의 주권을 분명하게 강조하며, 그분을 인간의 얄팍한 꾀를 이기는 분으로 인정한다. 그와 동시에, 저자는 훌륭한 군사 계획의 중요성과 위기 때 먼저 나서는 경건한 사람들의 가치도 강조한다. 저자가 율법과 성전을 아주 중요시하는 것도 분명하다.

마카비의 승리와 이와 관련된 세세한 부분의 기사는 하누카(Hanukkah, 또는 차누카/Chanukah)라는 유대 명절을 설명할 때 핵심적인 역할을 한다. 빛의 축제(Feast of Lights)로 알려진 하누카는 유대인들이 시리아(수리아)인들에게 승리를 거두고 성전을 회복한 것을 기념하는 날이다. 전승에 따르면, 매우 작은 병의 기름이 성소의 등잔을 8일 동안 기적적으로 밝혔다(전쟁이 끝난 후, 양초가 없는 상황에서 누군가 하루 분량의 올리브기름을 바쳤고, 놀랍게도 기름이 8일 동안 마르지 않았다고 한다 — 역자 주). 유대인 가정에는 가지가 여덟 개인 특별한 촛대가 있는데, 하누카 기간이면 이 특별한 사건을 기념하여 하루에 하나씩 불을 밝힌다. 랍비들이 마카비상을 정경으로 받아들이지 않은 것은 하스모니안 왕가가 결국 세속화되었기 때문이었다고 한다. 하스모니안 왕가는 영향력 있는 바리새파를 심하게 공격했다.

마카비하(2 Maccabees). 마카비하는 빠르게는 BC 120년경에 기록되었을 것이며, 사실상 주로 경건한 구레네 유대인(Cyrenian Jew) 야손(Jason)이 쓴 역사 문헌의 축소판이다. 마카비하는 정통 바리새파의 시각을 취하며, 정결 의식과 성전의 정결과 충성스러운 순교자들의 부활 등을 특히 강조한다. 마카비하에서는 등장인물의 도덕화 작업이 광범위하게 나타나며, 이를 위해 역사적 정확성을 자주 훼손한다. 따라서 문헌상으로는 마카비상이 더 믿을 만하다.

마카비하는 안티오쿠스 에피파네스의 등극(BC 175) 바로 전부터 시작해서 BC 160년까지 일어난 사건을 다룬다. 셀류시드 왕가의 이교화 시도에 대한 경건한 유대인들의 저항이 주된 관심사이다. 마카비하가 다루는 많은 이슈 가운데는 다음 몇 가지가 있다. 큰 역경 가운데 믿음을 지킴(마카비하 6:18-31), 천사들의 개입(마카비하 10:29; 13:2), 죽은 자의 부활(마카비하 7:11,23), 징계하시는 하나님의 사랑(마카비하 6:10-12), 기도의 제물과 죽은 자를 위한 희생제사(마카비하 12:43-46), 하나님의 특별한 창조 능력(마카비하 7:28). 마키비하는 성전에 경의를 표하며, 천사들이 용감한 마카비들을 위해 싸우는 것과 같은 기적을 기뻐한다. 마카비하는 헬라어로 기록되었는데, 저자는 이스라엘에게 용기를 주고 그들의 특별한 신앙의 요소를 가르치려 했던 게 분명하다. 히브리서 기자는 마카비하 6-7장에 기록된 잔인한 고문을 잘 알고 있었던 것으로 보인다(히브리서 11장 35절을 보라).

랍비들이라면 외경 중에서 토빗서, 유딧서, 에스더서 부록, 다니엘서 부록(수산나, 벨과 용, 세 청년의 노래)에 '학가다'(Haggadah, 픽션을 통해 도덕을 전수하는 책)라는 이름을 붙였을 수도 있을 것이다.

토빗서(Tobit). 토빗서는 BC 200년경에 기록되었으며, 앗수르가 사마리아를 정복한 이후 포로로 끌려간 토빗이라는 이스라엘 사람의 이야기를 들려준다. 토빗이 친척에게 빚을 받으려고 메디아라는 마을로 가고 있을 때 어린 토비아스(토빗의 아들)가 여행 중에 라파엘 천사의 도움을 받는다. 라파엘은 토비아스가 아스모데우스(Asmodaeus)라는 악령을 쫓는 것을 돕는다. 페르시아 문학이 이 이야기에 영향을 미친 게 분명하다. 왜냐하면 페르시아인들은 영적 이원론을 믿으며, 아스모데우스는 페르시아의 귀신학에서 잘 알려진 이름이기 때문이다. 이야기가 전개되면서, 많은 주제와 교훈적인 주장이 나타난다. 하나님은 "거룩한 분", "크신 왕", "하늘의 왕", "만세의 왕"으로 불린다(토빗서 12:12,15; 13:6,7,10,11,15). 하나님의 큰 능력과 영광을 나타내는 이러한 칭호들을 사랑이 가득한 그분의 본성에 대한 표현들이 보충한다. 그분은 자비로우시며(토빗서 3:2), 천사들의 중보를 통해 기도를 듣는 분이시며(토빗서 12:12), 그분의 백성의 운명을 회복시키는 분이시다(토빗서 14:5). 그분의 관심은 이스라엘의 경계를 넘어, 마침내 그분의 구원을 인정할 열방에까지 확대된다(토빗서 13:11).

주요 목표는 순종을 독려하기 위해 율법을 높이는 것이다. 이러한 상황에서, 자비를 베푸는 행위가 특히 강조된다. 토빗서는 자선을 구원 얻을 만한 선행의 한 예로 본다(토빗서 12:8,9). 금식과 기도도 진정한 경건의 표현으로서 높이 평가된다. 심지어 죽은 자를 위해 장례를 잘 치러주는 것도 경건한 삶에서 중요하다.

흥미롭게도, 1549년판 공동기도서(the Book of Common Prayer)는 토빗서에서 라파엘 천사가 토비아스와 그의 아내 사라를 돕는 이야기에서 끌어낸 기도를 혼인 예식 기도문에 포함시켰다.

유딧서(Judith). 이것은 하나님이 그분의 백성을 위해 공의롭게 공급하시고 그들이 옳다고 인정하시는 방법을 보여주는 또 하나의 로맨틱한 이야기이다. 유딧서라는 제목은 홀로페르네스(Holofernes)라는 이방인 장군의 마음을 사로잡고 그의 목을 자름으로써 자신이 사는 성과 그 성의 사람들을 구해낼 기회를 찾는 젊은 유대인 과부의 이름에서 딴 것이다. 유딧서는 홀로페르네스를 느부갓네살의 장수로 잘못 인용하며, 느부갓네살을 니느웨에서 앗수르를 통치하는 왕으로 틀리게 말한다. 유딧서의 내용은 픽션인데다 부정확하다. 하지만 저자는 실제 장소를 감추기 위해 암호를 많이 사용하는데도 불구하고 팔레스타인 지리를 잘 알고 있었던 게 분명하다. 유딧서는 마카비와 안티오쿠스 에피파네스 간의 충돌이 있은 직후에 기록된 게 분명하며, 저자는 자신의 백성에게, 하나님께 충성하고 그분의 율법을 순종하라고 독려하려 한다.

유딧은 아주 경건한 여인으로 묘사된다. 그녀는 아주 열심히 금식하고 기도하며, 모든 절기를 지키고 모든 정결 의식을 행한다. 그러나 그녀는 행동이 매우 빠르고 용감한 여자이기도 하다. 저자는 그녀를 용감한 전사 유다 마카비(Judas Maccabeus)의 상대역으로 생각하는 것으로 보인다. 그녀는 장수하며 아주 유명해진다. 유딧이 105세에 죽자 이스라엘 전체가 크게 슬퍼한다(16:21-25).

에스더서 부록(Additions to the Book of Esther). 이 책은 부분적으로 에스더서에 하나님의 이름이 없는 점을 보완하기 위한 것이다. 이 책은 이방 세계에서 참 종교와 이스라엘 하나님의 특별하심을 증명하기 위해 에스더서의 이야기를 길게 늘인다(에스더서 부록 14:3,4). 이 책은 에스더서를 토막토막 나누는 것 같다. 왜냐하면 그리스도께서 태어나기 한 세기쯤 전에 예루살렘에 사는 리시마쿠스(Lysimachus)가 번역한(히브리어에서 헬라어로) 에스더서 본래 본문에 상당량의 자료가 첨가되기 때문이다. 첨가된 부분들 때문에 책의 길이는 107절이 더 늘어난다. 첨가된 부분을 확실히 알고 싶다면, 특히 내러티브에서 시간적 순서를 이해하고 싶다면, 이 책을 정경의 에스더서와 비교하면서 읽기 바란다.

주목할 점은 이 책이 하나님의 전지(에스더서 부록 13:12), 전능(에스더서 부록 13:9), 의(에스더서 부록 14:6,7)를 말하는 유대 신학의 교리를 강하게 재확인한다는 것이다. 하나님은 이스라엘의 구속자로도 나타나는데, 하나님이 이스라엘을 선택하신 것은 아브라함에게 하신 언약의 약속 때문이다(에스더서 부록 13:15-17). 기도는 경건의 진정한 잣대로 강조된다(에스더서 부록 13:8-14:19).

수산나(Susanna). 문학적 보석인 이 책은 지금까지 수많은 작가들과 미술가들과 음악가들에게 영감을 주었다. 수산나서에서, 다니엘은 정숙한 여인을 그녀에게 음욕을 품은 두 노인의 거짓 고소로부터 구해낸다. 다니엘은 세밀한 심문을 통해 두 고소자의 증언이 일치하지 않음을 드러냄으로써 수산나의 무죄를 증명한다. 이렇게 해서 여주인공의 명예가 회복되고 그녀를 고소한 두 노인의 악이 드러난다.

도덕적 관점에서, 저자는 거룩과 기도와 하나님에 대한 전적 신뢰의 중요성을 보여준다. 게다가, 하나님께서 그분의 윤리적 기준에 미치지 못하는 모든 자를 반드시 심판하시리라는 경고가 분명하게 암시된다. 어떤 학자들은 이 책에서 그 시대의 사법 제도와 법 집행 과정을 찾아내려 한다. 그럼에도 불구하고, 다니엘이 이 이야기에 등장한다는 사실은 하나님께서 그분이 세우시는 공의의 수호자들을 통해 필요한 개혁을 하시리라는 희망을 준다.

벨과 용(Bel and the Dragon). 이 짧은 이야기는 우상숭배에 대한 고발이며, 벨(아카드어로는 말뚝)이라는 바벨론 신을 섬기는 70명의 제사장의 악한 행위를 폭로한다. 다니엘이 거짓 신들을 부수고 죽여버리자 그의 대적들이 분노하여 다니엘을 사자굴에 던지라고 왕을 압박한다. 다니엘이 사자굴에 있을 때, 여호와의 천사가 하박국 선지자로 하여금 기적적으로 유대에서 옮겨와 다니엘의 모든 필요를 돌보게 한다. 일주일 후, 왕은 다윗을 사자굴에서 불러내고 그를 죽이려 했던 자들을 사자굴에 던진다. 그러자 사자들이 즉시 그들을 삼켜버린다. 이 책은 왕의 외침으로 끝난다. "다니엘의 하나님이여, 당신은 위대하십니다. 당신밖에는 다른 신이 없습니다!"

세 청년의 노래(Song of the Three Young Men). 다니엘서의 부록인 이 책은 다니엘서 3장 23,24절 사이에 일어난 사건을 자세히 들려준다. 이 책은 다니엘서에 나오는 하나의 실제 사건을 보충 설명하려는 부록일 뿐이다.

아벳느고(아사랴)는 불 가운데 기도하면서 자신의 죄와 자기 민족의 죄를 고백한다. 그는 하나님의 풍성한 자비를 구하며(세 청년의 노래 18절), 하나님은 천사를 보내어 그와 그의 경건한 친구들을 풀무불에서 구하심으로써 그의 기도에 응답하신다. 그 다음에 거룩한 세 아이들의 노래(Song of the Three Children)라는 게 나온다. 이 기도는 마카비 시대의 고통스러운 상황과 안티오쿠스 에피파네스의 박해를 드러낸다. 저자는 그의 백성에게 이러한 고난에 맞서 하나님의 얼굴을 구하고 그분이 구원해주실 것을 믿으라고 독려한다(세 청년의 노래 16-18절). 빈번하게 나타나는 "그분을 찬양하며 그분을 영원히 높이세"라는 어구에는 일종의 탄원 기도가 숨어 있는 게 분명하다(세 청년의 노래 35-68절).

구약의 외경 가운데 두 권이 지혜 문학으로 분류된다. 시락의 아들 예수의 지혜(Wisdom of Jesus the Son of Sirach, '집회서'라고도 한다)와 솔로몬의 지혜(Wisdom of Solomon)이다. 둘 모두 교훈적이다.

집회서(Ecclesiasticus). 구약 외경 중 매우 길고 가치 있는 책 가운데 하나로(집회서는 51장, 1402절로 되어 있다 — 역자 주) BC 180년경에 기록되었다. 여행을 많이 하는 저자는(집회서 34:11,12) 의심할 여지없이 구약의 지혜문학을 잘 안다. 다양한 주제를 배운 그는(집회서 51:23) 자신이 제자들에게 입으로 전하는 원리를 성경의 언어인 히브리어로 기록한다. 그가 집회서를 쓴 지 반 세기 후에, 그의 손자가 알렉산더의 유대인들을 위해 집회서를 헬라어로 번역한 게 분명하다(집회서는 외경 가운데 저자가 알려진 유일한 책으로, 유대교 율법과 관습에 정통한 율법학자로 보이는 벤 시라가 집회서의 저자이다 — 역자 주).

잠언서처럼, 집회서의 자료는 대구(對句)로 이루어져 있다. 집회서는 큰 신학적 문제뿐 아니라 음식, 식사 예절(음식을 씹는 법 포함), 부부 관계, 자녀 바로잡기와 같은 문제까지 폭넓게 다룬다. 가장 긴 주제는 유명한 사람들의 찬양에서 나타나는데 44장에서 시작해서 50장까지 계속된다. 집회서에는 사두개파의 정신이 많이 나타난다. 왜냐하면 불멸은 주로 미래 세대들이 훌륭하게 살았던 선조들을 기억하고 존경하는 것으로 생각되기 때문이다. 집회서는 율법을, 훌륭한 삶을 사는 수단으로 본다. 하나님의 계명은 모든 인간에게 있는 죄악된 성향을 제거하는 유일한 해독제이다. 사람들이 악한 길을 추구할 때, 하나님은 그럼에도 불구하고 그들의 불순종을 그분의 영원한 목적을 이루는 데 사용하실 것이다.

"에녹은 여호와를 기쁘게 했고 하늘로 불려 올라갔다"(집회서 44:16). 이 구절은 히브리서 11장 5절과 아주 비슷하다(창 5:24에 근거한 것이다).

솔로몬의 지혜(Wisdom of Solomon). 매우 정통적인 유대교 저작인 이 책의 제목에 솔로몬이 포함된 것은 더 많은 청중을 얻기 위해서일 것이다. 이 책은 지혜의 살아 있는 체현이신 하나님이 역사를 통해, 특히 이스라엘을 자유하게 하신 데서 나타내신 지혜를 높인다. 저자는 또한 바울이 로마서에서 가차 없이 고발할 때와 비슷한 방법으로 우상숭배를 공격한다(솔로몬의 지혜 1:18-23; 12:2; 13:1,5,8; 14:4,7). 이 책은 AD 40년경에 기록되었는데, 이 시기는 가이오(갈리굴라, 재위 34-71) 황제가 성전에 자신의 신상을 세우라고 명령했던 때이다. 저자는 영혼 불멸을 굳게 믿지만, 그의 가르침은 다니엘서 12장 2절의 내용이나 신약에 나오는 부활에 관한 가르침과 일치하지 않는다.

다시 한 번, 이 책이 히브리서 저자에게 영향을 미쳤다고 보고 싶은 마음이 든다(예를 들면, 히브리서 12장 10,11절과 솔로몬의 지혜 3장 5,6절을 비교해 보라).

바룩(Baruch). 저자는 기독교 시대가 시작될 무렵의 인물일 것이다. 문학적 관점에서 보면, 바룩서는 구약의 예언서를 모델로 했다. 이 책은 예레미야의 충실한 동료의 이름이 붙기는 했지만 적어도 두 명의 저자가 이 책을 기록했다. 이스라엘의 죄에 대한 고백, 율법과 연관된 지혜에 관한 글, 민족의 궁극적 구원과 뒤이은 약속의 땅에서의 재건에 대한 예언이 나온다. 산문으로 기록된 앞부분은 바벨론 포로와 그 근본 원인, 즉 죄에 관해 말한다. 이어서 이스라엘의 회복을 위한 기도, 성경의 지혜문학을 생각나게 하는 잠언 형태의 표현이 많이 나온다. 저자는 승리의 메시지를 주로 전하지만 애가(哀歌)를 통해 위로를 표현할 때도 많다.

몇몇 초기 그리스도인 저자들은 3장 37절을, 지혜의 성육(成育, incarnation)을 의미하는 본문으로 생각했다("보라, 네가 떠나보낸 아들들이 돌아온다. 그들은 거룩하신 분의 말씀을 듣고 하나님의 영광을 기뻐하면서 사방에서 함께 모여 들고 있다." 바룩 3:37,38, 공동번역 — 역자 주).

예레미야의 편지(Letter of Jeremiah). 이 편지는(바룩서와 짝을 이룬다) 예레미야가 쓴 게 아니며 엄격히 말해 편지도 아니다. 오히려 이것은 관심 있는 한 이스라엘 사람이 조상의 신앙 기준에 미치지 못하는 삶의 방식을 받아들이는 어리석은 짓을 하지 않도록 막으려는 진지한 시도이다. 이 책은 빠르게는 BC 300년에 기록되었을 것이며, 성격적으로는 설교이며 "그들의 우상은 신이 아니다"라고 외침으로써 이방인들의 우상숭배를 거듭 꾸짖는다(16,20,30,40,44,49,52,56,64,69절).

므낫세의 기도(Prayer of Manasseh). AD 3세기 무렵의 문학에서 처음으로 나타나는 기도문이다. 이것은 유다왕 므낫세가 앗수르인들의 손에 바벨론으로 잡혀갔을 때(대하 33:11-13) 했을 수 있는 죄를 고백하고 회개하는 기도이다. 역대하 33장 19절에서 말하는 기도를 찾을 수 없었던 누군가가 므낫세에게 적합한 영적 간구를 만들어낸 게 분명하다. 이 기도는 매우 짧지만, 하나님이 진정으로 회개하는 모든 자들에게 베푸시는 긍휼을 아주 잘 표현한다. 이 기도는 55년에 걸친 므낫세의 악한 통치를 "그는 여호와 보시기에 많은 악을 행했다"(므낫세의 기도 10절)는 한마디로 평가하지만 이러한 인간을 구원하시려는 하나님의 큰 사랑을 보여준다.

에스드라하(2 Esdras). 이 책은 초기 기독교 시대에 유포된 많은 묵시서 가운데 유일하게 외경으로 채택되었다. 이 책은 미래에 대한 일곱 가지 환상을 보여주는데, 에스라가 바벨론에 있을 때 본 환상일 것이다. 유대-기독교 신학(Jewish-Christian theology) 쪽으로 기운 이 책은 그리스도 교회(Christian church)를 좋아하는 유대인들이 배척 받으리라고 예언한다. 마지막 몇 장은 죄를 고발하며 몇몇 민족의 가증스러운 행위를 폭로한다. 이 책은 당혹스럽고 환상적인 상징을 자주 사용하지만, 그럼에도 이 책에서 시적인 긴장을 볼 수 있다. 저자의 낙관론과 하나님의 공의와 자비와 구원에 대한 믿음이 균형을 이룬다(에스드라하 16:67).

신약 외경

14권의 구약 외경 외에도 AD 2세기경부터 늦게는 9세기까지 영향력 있는 저작들을 내놓은 이름 모를 저자들이 있었다. 이들의 저작은 주로 신약의 복음서나 서신서를 모델로 했으며, 신약에 포함된 기존의 책을 보충 혹은 수정하거나 심지어 대체하려 했다. 4복음서가 침묵하는 부분에서, 여러 외경 복음서가 주님의 어린 시절과 청년 시절에 관한 문제를 해결하기 위해 기록되었다. 이런 동기에서 아르메니아의 유아기 복음(Armenian Gospel of the Infancy), 야고보 원시복음

(Protevangelium of James), 도마복음(Gospel of Thomas)이 기록되었다. 니고데모 복음(Gospel of Nicodemus)과 바돌로메 복음(Gospel of Bartholomew)은 예수님의 십자가 죽음과 지옥(Hades) 강하 후의 사건을 상상을 통해 기록한다. 어떤 복음서들은 거짓된 이단 사상을 제시한다. 베드로 복음(Gospel According to Peter)은 빌라도의 죄를 다소 가볍게 다루며, 애굽인 복음(Gospel of the Egyptians)은 예수님이 단지 인간으로 보였을 뿐이라는 개념(후에 '가현설/docetism'로 불린다)을 제시한다.

또 어떤 저작들은 누가가 사도행전에서 부분적으로 제시하는 선교 활동에 관한 기사를 더 자세히 다루어야 할 필요를 느꼈다. 이러한 저작으로는 요한 행전(Acts of John), 바울 행전(Acts of Paul), 베드로 행전(Acts of Peter), 안드레 행전(Acts of Andrew), 빌립 행전(Acts of Philip), 도마 행전(Acts of Thomas) 등이 있다. 저자들은 이들의 행적을 기록할 뿐 아니라 독자를 더 깊은 경건으로 이끌기 위해 내용을 광범위하게 도덕화한다. 바울 행전에는 바울이 에베소의 원형극장에서 사나운 사자와 맞서는 장면이 나온다. 원형경기장에서 바울의 친구가 되는, 말하는 '크리스천' 사자의 이야기는 AD 160년 아울루스 겔리우스(Aulus Gellius, 123?~165, 로마의 저술가, 시인)가 쓴 안드로클레스(Androcles)의 이야기와 아주 비슷하다(노예인 안드로클레스가 사자의 발바닥에 박힌 가시를 빼준 적이 있는데, 그 사자가 나중에 투기장에서 그의 목숨을 살려주었다는 로마의 전설 — 역자 주).

어떤 문헌들은 서신서를 모방했으며, 이 가운데 고린도 3서(3 Corintians)와 라오디게아서(Paul's Letter to the Laodiceans)가 있다(초기 시리아 교회와 아르메니아 교회는 이것을 정경으로 받아들였다).

그런가 하면 다니엘서와 계시록의 묵시적 성격을 띠며, 구속받지 못한 자들을 기다리는 무서운 심판뿐 아니라 성도들이 받을 복을 아주 자세히 묘사하는 저작들도 있다. 몇몇 묵시록은 놀랍게도 바울, 베드로, 도마와 초기 기독교 순교자 스데반이 저자로 되어 있다.

외경의 역사와 활용

대체로, 헬라어를 사용하는 초기 교회는 70인역에 포함된 외경을 비롯해 70

인역 전체를 받아들였다. 오리겐(Origen, c. 185-254)과 아다나시우스(Athanasius, 296-373, 알렉산드리아의 감독으로 그리스도의 신성과 정통적인 삼위일체 교리로 유명하다 — 역자 주) 같은 몇몇 헬라 교부들은 정경에 속하는 책의 수를 히브리 구약 성경에 포함된 책으로 제한하기는 했지만 가르칠 때 외경을 자유롭게 인용했다. 어거스틴(394-430, 히포의 감독)은 인정된 구약 성경의 책 외에도 토빗서와 유딧서와 마카비상하와 집회서와 솔로몬의 지혜서를 받아들였다. 그러나 서방교회의 가장 위대한 성경학자 제롬(d.420)은 정경의 책과 비정경의 책을 확실히 구분하고, 비정경의 책을 가리키는 말로 '외경의'(apocryphal)라는 단어를 사용했다. 그는 외경의 책은 교리의 견고한 기초가 되지 못한다고 생각했으나 외경에도 영감된 자료가 있음을 인정했다.

> 그러므로 교회는 유딧서, 토빗서, 마카비서를 읽기는 하지만 정경으로 받아들이지는 않듯이 교훈을 위해 두 권(솔로몬의 지혜서와 시락의 아들 예수의 지혜서)을 읽을 뿐 기독교의 교리를 제시하기 위한 권위를 확보할 목적으로 읽지는 않는다.
>
> 제롬 Jerome

종교개혁 시대에, 프로테스탄트와 가톨릭은 외경의 상대적 가치에 대해 전혀 다른 견해를 취했다. 가톨릭교회는 트렌트 종교회의(Council of Trent, 1146)에서 토빗서와 유딧서와 에스더 부록과 다니엘 부록, 바룩서, 집회서, 지혜서, 마카비상하에 정경의 위치를 부여했다. 루터교와 성공회 같은 프로테스탄트 교회는 외경의 성경적 권위를 인정하지는 않았으나 "외경을 읽으면 유익하고 좋다"고 했던 루터의 입장을 따랐다. 다른 한편으로, 개혁 교회는 외경을 다른 어느 인간 저작보다 나을 게 없는 책으로 분류했다. 이러한 확신은 웨스트민스터 신앙고백(1646)에 잘 나타난다.

> 일반적으로 외경이라고 불리는 책은 하나님의 영감으로 기록되지 않았으며 따라서 성경의 정경(正經)에 속하지 않으며, 따라서 하나님의 교회에서 아무 권위도 없을 뿐 아니라 다른 어느 인간 저작보다 나을 게 없으며 유익할 것도 없다.

지금은 대부분의 성경에서 외경을 찾아볼 수 없다(한글성경의 경우 가톨릭에서 쓰는 공동번역에만 외경이 포함되어 있다 — 역자 주). 그러나 영어 성경을 인쇄하던 초기에는 외경을 포함시키는 게 표준이었다. 외경이 포함되지 않은 최초의 영어 성경은 위클리프 성경(Wycliffe Bible, 1383)과 1599년 제네바에서 출판된 제네바 성경(Geneva Bible)의 몇몇 판이었다. 몇 년 후, 아봇(Abbot)이라는 대주교는 외경이 빠진 성경을 출판하는 자를 1년간의 징역에 처한다는 포고를 발표했다. 1644년, 의회는 교회에서 정경의 책만 봉독하도록 명령했으며, 이를 계기로 이후 성경 출판자들은 보다 자유로운 분위기에서 성경을 출판할 수 있게 되었다.

미국에서 영어로 출판된 최초의 성경에는(1782) 외경이 없었다. 1826년, 대영성서공회(British and Foreign Bible Society)는 외경이 포함된 성경의 출판을 전면 중단했다. 동시대의 프로테스탄트 교회 가운데 외경을 어느 정도 사용한 교회는 성공회뿐이었다.

평가

외경은 정경과 닮은 점이 있다. 그럼에도 외경은 저자, 역사적 정확성, 영적 온전성 등과 관련해 문제가 있다. 랍비들은 외경을 '바깥의 책'(Outside Books)이라 불렀다. 이렇게 볼 때, 히브리인들은 외경에 정경적 가치를 전혀 부여하지 않은 게 분명하다. 또한 우리 주님과 제자들도 동료 이스라엘인들이 오랫동안 인정한 정경만 받아들인 게 분명하다. 신약과 지혜문학 사이에는 비슷한 표현이 있지만(에베소서 6장 13-17절과 솔로몬의 지혜서 5장 17-20절; 히브리서 11장과 집회서 44장), 이러한 유사점이 신약 저자들이 영감을 외경에 의존했다는 뜻은 아니다.

교회는 특별 회의에서 외경을 버리기로 결정한 게 아니다. 오히려 하나님의 백성이 이미 정경으로 인정되었고 아주 높이 평가되는 책과 함께 외경을 단순히 읽는 가운데 외경이 정경의 가치를 갖지 못한다는 게 분명해졌다.

그럼에도 외경이 가치 있는 기여를 하는 것도, 특히 우리가 예수님의 동시대인뿐 아니라 그 이후 세대의 사회적, 정치적, 종교적 환경을 더 잘 이해하도록 돕는 것도 사실이다. 외경은 특히 그리스도께서 오시기 직전의 중요한 시대에 유대인들이 어떻게 살았고 무슨 생각을 했는지 알아내는 데 큰 도움이 된다. 더욱이, 자주 성도들을 교훈하고 예술가들에게 영감을 준 변함없는 영적 가치를 갖는 저작이 있다.

더 깊게 공부하려면

David A. de Silva, *Introducing the Apocrypha*
온라인 본문
http://wesley.nnu.edu/biblical_studies/noncanon/apocrypha.htm

B. 메츠거, 《외경이란 무엇인가》(컨콜디아사, 2002)
마틴 헹엘, 《신구약 중간사》, 임진수 옮김(살림, 2004)
레이몬드 설버그, 《신구약 중간사》*(Introduction to the Intertestamental Period)*, 김의원 옮김(기독교문서선교회, 1999)
요아킴 예레미야스, 《예수 시대의 예루살렘》(한국신학연구소, 1998)
한상인, 《신약 고고학과 배경사》(대한기독교서회, 2002)

리디아 노바코비치

역사 개괄 | 팔레스타인 유대교의 사회 경제적 측면
유대교의 종교적 실천과 신앙 | 헬라 세계의 종교적, 사회 경제적 측면

14 신/약/의/배/경

책임 있는 해석자로서, 우리는 본문의 세계를 더 잘 이해하고
우리 삶에 더 잘 적용하기 위해 본문 뒤에 있는 세계를 계속 연구해야 한다.
리디아 노바코비치 Lidijia Novakovic

+ 리디아 노바코비치

서론

신약은 AD 1세기에 기록된 27권의 책으로 구성된 전집이다. 신약의 책들은 다루는 사건들의 기본적인 순서를 따르지만 연대순이나 주제별로 배열되어 있지는 않다. 맨 앞에는 예수님의 삶과 죽음과 부활을 다루는 4복음서가 있다. 복음서 뒤에는 교회가 어떻게 생겨났고 팔레스타인을 넘어 그레코-로만(Greco-Roman) 세계로 어떻게 확장되었는지를 다루는 사도행전이 나온다.

사도행전 다음에는 사도들의 편지가 나온다. 그 가운데 열셋은 바울의 편지이고, 하나는 저자를 알 수 없으며(히브리서), 나머지 일곱은 다른 사도들과 그 동역자들의 편지이다. 이러한 서신서는 예수 그리스도에게서 절정에 이르는 구원사의 의미를 신학적으로 고찰할 뿐 아니라 신자들에게 윤리적 가르침도 제시한다. 계시록은 내세를 어렴풋이 보여줌으로써 전집을 적절히 마무리한다.

신약 책들의 기록 순서는 현재의 배열순서와 다르다. 바울 서신이 가장 먼저 기록되었을 가능성이 높다. 그러나 바울 서신 자체도 연대순이 아니라 길이 순

서로 배열되었다. 복음서는 예수님의 이야기가 구전으로 전해진 지 수십 년 후에 기록되었다. 마침내 복음서가 기록된 목적은 예수님의 말씀과 행적을 후세에 전하고, 구체적인 기독교 공동체의 믿음을 강화하며, 이들이 예수님께서 하신 사역의 의미를 더 잘 이해하도록 돕고, 이들이 복된 소식을 불신자에게 전하도록 돕는 것이었다. 마태, 마가, 누가는 문학적으로 상호 의존적일 가능성이 아주 높지만 그럼에도 각각의 복음서는 예수님의 삶을 서로 다른 시각에서 바라본다. 우리 시대의 성경학자들 대부분은 마가복음이 다른 복음서보다 먼저 기록되었다고 믿는다. 그런데도 마태복음이 신약에서 가장 먼저 나오는 것은 구약과 예수님의 사역 간의 관계를 강조하기 때문이다.

신약은 우리와는 전혀 다른 시대와 문화에서 생겨났다. 이 시대의 자료는 풍부하며, 그 가운데는 요세푸스의 저작, 필로의 저작, 다양한 신구약 중간기 저작(외경과 위경), 미쉬나(Mishnah, AD 200년경에 구두전승을 토대로 유대인들의 일상생활에 관한 온갖 법규와 규례 혹은 관습 등을 정리하고 정경화한 유대교 최초의 성문법전으로 그 분량은 신구약을 모두 합친 것보다 많다 — 역자 주), 토세프타(Tosefta, 유대교의 구전 율법에 관계된 구전전승 모음집으로 내용과 구성이 미쉬나와 비슷하지만 내용의 1/4은 미쉬나에 없는 것이며, 아람어로 '보충', '첨가'라는 뜻의 토세프타라는 이름도 여기서 연유했다 — 역자 주), 미드라쉼(Midrashim, 고대 팔레스타인의 랍비 학교에서 기원한 성경주석을 말하며, 현존하는 가장 오래된 미드라쉼 문헌은 AD 2세기의 것이다 — 역자 주), 탈무드 같은 랍비 저작들, 헬라와 로마의 고전들, 신약성경 자체 등이 있다. 더욱이, 수많은 고고학의 발굴 덕분에, 우리는 당시 사람들이 어떻게 살았고 어떤 관습을 가졌는지 훨씬 더 잘 알게 되었다.

신약 저자들은 자신과 같은 문화에 사는 독자를 염두에 두고 글을 썼다. 그래서 이들은 다른 지역에서 일어난 사건을 언급할 때도, 예수님의 사역과 그분의 제자들에 관해 소아시아의 이방인 청중에게 설명할 때처럼 몇 가지 용어만 분명히 하면 되었다. 그러나 이들과는 달리 우리 시대의 독자들은 그 시대와 그 지역의 문화를 거의 모른다. 그러므로 신약의 메시지(본문의 세계)를 제대로 이해하려면, 우리가 분석하려는 저작들의 배경(본문 뒤에 있는 세계)을 연구하지 않으면 안 된다. 여기에는 성경 저자들과 그 독자들과 저자들이 다루는 인물의 역사적, 사회적, 종교적 정황이 포함된다.

그와 동시에, 우리는 비록 1세기 환경에 대한 지식이 없더라도 완전히 백지 상태에서 본문에 접근하지는 않는다는 점을 알아야 한다. 예를 들면, 우리 대부분은 바리새인과 사두개인과 유대 제사 제도에 대해 목사님에게서든 성경공부 모임에서든 인기 있는 기독교 문학을 통해서든 적어도 어느 정도는 들어보았다. 불행히도, 이러한 통로가 오히려 의심스러운 틀을 강화할 때가 많다. 여기서는 신약의 문화적 배경에서 가장 중요한 부분을 살펴보면서 예수님이 사셨고 초대교회가 그분의 사역을 계승했던 세계를 그려보겠다.

역사 개괄

Historical Survey

오늘날의 성경학자들 대부분이 팔레스타인 유대교와 주변 세계가 날카롭게 구분되지 않았음을 인정한다. 1세기의 팔레스타인은 헬라 사상과 풍습에 젖어 있거나 이런 것들과 뒤섞여 있었다. 이러한 팔레스타인의 헬라화는 알렉산더 대왕(Alexander the Great, BC 356-323) 때 시작되었다. 알렉산더는 동양과 서양을 이으려 했고, 그 결과 팔레스타인이 헬라 세계와 직접적으로 접촉하게 되었다. (바사/페르시아 시대 – BC 538년에 이루어진 바벨론 포로 귀환 때부터 BC 332년 알렉산더가 유대를 정복할 때까지 계속되었으며 대제사장의 절대적 권위로 특징되는 시대 – 에도 유대교와 헬레니즘 간에 접촉이 있었던 게 분명하지만 그때는 상호간에 영향을 미치지는 않았다). 헬라의 영향, 특히 헬라어의 영향은 BC 2세기가 시작될 때까지 계속되었다. 이러한 방향 전환에 가장 큰 영향을 미친 사건은 BC 198년에 유대가 셀루시드 왕가의 지배하에 들어간 것이었다.

이 무렵, 유대사회 특정 분파들이 헬라문화에 점점 더 끌렸다. 친헬라파를 이끄는 토비아드(Tobiads) 가문은 상당한 경제력을 지닌 예루살렘 귀족이었다. 이들에게, 유대교의 신정주의와 배타주의 그리고 더 넓은 세계로부터의 고립은 헬라화 과정을 통해 벗어야 할 짐이었다. 이 목표를 이루기 위해, 이들은 먼저 대제사장 오니아스 3세(Onias III)의 형제 야손(Jason)에게 영향력을 행사하여 셀루시드 왕조의 안티오쿠스 4세(안티오쿠스 에피파네스)에게 대제사장 자리를 샀으며 예루살렘에 헬라 양식의 체육관을 짓도록 허락을 받게 했다. 그러나 야손은 극단적 헬라주의자가 아니었다. 토비아드 가문은 곧 야손에게 실망했으며, 야손의 자리에 대제사장의 자격이 없는 평신도 메네라우스(Menelaus)를 앉혔다(메네라우스는 베냐민 지파이기 때문에 제사장이 될 수 없었다 — 역자 주).

그 결과 유력한 두 가문인 오니아드(Oniads) 가문과 토비아드 가문 사이에 갈등이 심해졌다. 야손의 헬라식 개혁을 지지하던 대다수의 사람들이 메네라우스에게 등을 돌리기 시작했으며, 결국 긴장은 내전으로 이어졌다. 내전을 빌미로, 안티오쿠스는 BC 167년에 안식일 준수와 남자 아기의 할례와 같은 유대 율법의 폐기를 명하고 이교도 제사를 드리고 돼지고기를 먹는 것과 같은 관습을 강요하는 칙령을 발표했다. 칙령을 따르지 않는 자들은 박해를 받았다.

뒤이은 봉기에서, 마타디아(Mattathias)와 그의 다섯 아들이 하시딤(Hasidim, 헬라화에 강력하게 저항한, 경건한 정통 유대인들)을 이끌었으며, 이들을 설득하여 안식일에 전투를 금하는 등의 규정을 포기하게 했다(유대인들이 셀루시드 왕가의 박해에 맞서 일어나 마카비 혁명을 일으켰으나 한 무리의 유대인들이 안식일에 전투를 거부함으로써 몰살당하는 일이 있었다. 그러자 마타디아는 안식일에는 공격을 위한 전투는 금하지만 방어를 위한 전투는 허용하는 포고령을 내린다. 마카비상 2:31-41 — 역자 주). 마카베우스(Maccabaeus, '망치')라는 별명을 가진 유다(Judas)가 봉기를 이끌었다. 본래 그는 율법에 대한 열정 때문에 순전히 종교적 동기에서 혁명을 일으켰으며, 이러한 그의 목적은 BC 164년 성전이 회복되고 BC 163년 안티오쿠스 5세가 유대인들이 조상의 율법을 따라 살 권리를 회복시켰을 때 이루어졌다. 그러나 유다와 그의 형제들은 셀루시드 왕조로부터 완전한 정치적 독립을 목표로 더 야심찬 싸움에 돌입했다.

BC 152년, 유다의 동생이자 계승자인 요나단(Jonathan, 재위 BC 160-142)이 군사적 통치자이자 대제사장이 되었다(유다 마카비는 전사했다 — 역자 주). 요나단의 뒤를 이은 형 시몬(Simon)은 마침내 BC 143년에 정치적 자유를 쟁취했으며 왕이라는 칭호를 사용했다. 이때부터 폼페이(Pompey)가 BC 63년에 예루살렘을 점령할 때까지, 하스모니아 가문(Hasmoneans, 마카비 가문의 이름)이 권좌에 있으면서 왕과 대제사장의 직무를 하나로 통합했다. 영토 면에서 보면, 하스모니아 군대는 유대 지역의 북쪽과 남쪽으로 영토를 확장했으며, 유대인 국가의 영토는 BC 9세기 다윗과 솔로몬 왕국 때와 비슷할 만큼 넓어졌다.

마카비 혁명은 엄청난 결과를 낳았다. 긍정적으로 보면, 마카비 혁명은 다신론의 유입을 막고 일신론을 지켜냈다. 그 결과, 유대인들은 열방 가운데서 자신만의 특성과 정치적, 종교적 생존을 유지할 수 있었다. 부정적으로 보면, 유대인들은 점점 더 고립되었고 반유대주의(anti-Semitism)가 심해졌으며, 유대인들은 율법과 성전에 대해 극단적으로 민감해졌다. 이러한 새로운 열정은 유대교 분파주의의 발전에 한몫했다. 유대교의 다양한 분파는 자신만이 율법의 진정한 해석자라고 주장했으며, 다른 분파들은 율법을 모르는 배교자라고 비난했다.

마카비들은 유대인의 종교적, 정치적 독립의 수호자들로 기억되었다. 그렇더라도 이들의 왕조(하스모니아)는 점점 더 억압적이 되었다. 전쟁 이후 종교적 요소와 민족적 요소가 더 밀접하게 연결되었고, 그 결과 유대인들은 건설적인 신학적 비판을 할 능력을 잃어버렸다. 이 시대에는 모든 신학적 비판을 배교로 몰아붙이는 경향이 있었다. 더욱이, 마카비들은 헬라 문화에 격렬히 맞서 싸웠으나 헬라 문화를 뿌리 뽑을 수는 없었다. 헬레니즘이 언어, 팔레스타인의 헬라 도시, 하스모니아 왕조의 통치자, 그리고 특히 헤롯 대왕의 이교도 관습을 통해 뒷문으로 들어왔다. 헬라문화의 영향이 디아스포라(Diaspora, 팔레스타인 이외의 지역에서 살고 있는 유대인들) 사이에서는 더 강했을 것이다. 그렇더라도 헬라문화가 유대 본토에 직접적으로 미치는 영향도 더 이상 부인할 수 없었다.

하스모니아 왕조는 살로메 알렉산드라 여왕(Queen Salome Alexandra, 재위 BC 76-67)의 두 아들 히르카누스 2세(Hyrcanus II)와 아리스토불루스 2세(Aristobulus II)가 왕위 계승권을 놓고 싸움으로써 종말을 고했다. 이들의 요청으로, 로마 장군 폼페이가 BC 63년에 예루살렘에 들어왔다(본래 대제사장이었던 히르카누스 2세가 어머니 살로메 알렉산드라를 이어 왕위에 올랐으나 불과 3개월 후 동생 아리스토불루스 2세가 그를 몰아내고 왕위에 오른다. 서로 싸우던 아리스토불루스 2세와 히르카누스 2세는 로마의 폼페이 장군에게 지원을 요청한다. 마침내 폼페이는 히르카누스 편에 서서 BC 63년에 예루살렘에 입성하자 히르카누스의 지지자들이 성문을 열어주며, 아리스토불루스는 피신했으나 살해된다. 히르카누스는 대제사장에 복권되고 분봉왕의 칭호를 받지만 그의 통치는 팔레스타인의 일부 지역으로 제한된다. 나머지 지역은 시리아의 로마 총독이 지배하게 된다 — 역자 주). 폼페이 장군의 예루살렘 입성으로 형제의 내분은 잠시 해결되었으나 로마군은 예루살렘을 떠날 생각이 없었다. 그때부터, 로마군이 팔레스타인에 주둔하게 되며, BC 1세기 팔레스타인의 가장 강력한 정치 세력이 된다.

그러나 로마의 팔레스타인 지배가 시작될 때, 또 다른 중요한 인물이 등장했다. 헤롯대왕(Herod the Great, 재위 BC 37-4)은 유대 남쪽에 위치하며 하스모니아 왕조 때 군사 정복과 강제 개종을 통해 유대인 국가에 편입된 이두메(에돔) 사람이었다. 헤롯은 아버지 안티파테르(Antipater)처럼 항상 로마와 좋은 관계를 유지했다. 정치적 계약과 행정 수완과 극악한 잔혹성 덕분에, 헤롯은 로마가 유대인

의 왕이 되려는 자신의 야망을 지지한다면 자신이 로마의 충실한 분봉왕이 되리라는 믿음을 심어주는 데 성공했다. BC 40년, 로마 원로원은 그에게 분봉왕의 칭호를 주었고, 그는 3년 후 예루살렘을 정복했을 때 이 칭호를 공식적으로 사용한다. 그는 로마를 상대로 상당한 자치권을 행사하는 정치를 폈으며, 편집증이 심해 가장 사랑하는 아내 마리암메(Mariamme)와 두 아들까지 죽였으며(헤롯은 자신의 둘째 부인 마리암메가 자신에게서 낳은 두 아들 Aristobulus와 Alexander가 왕위를 넘본다는 생각에 이들을 잔혹하게 죽였으며 후에는 마리암메마저 죽였을 뿐 아니라 첫째 부인 Doris가 낳은 장남 Antipater까지 죽였다 — 역자 주), 성전을 재건하고 거대한 요새들을 세우는 등 대형 건축 사업을 진행했다.

BC 4년에 헤롯이 죽은 후, 아우구스투스 황제(Augustus, BC 63-AD 14, 재위 BC 27-AD 14)는 헤롯 왕국을 셋으로 나누어 헤롯의 세 아들에게 주었다. 헤롯 아르켈라오(Herod Archelaus, 재위 BC 4-AD 18)는 아버지의 왕국의 절반에 해당하는 유대와 사마리아와 이두메를 받았고, 헤롯 안티파스(Herod Antipas, 재위 BC 4-AD 39, '헤롯 안디바'라고도 한다)는 갈릴리 북부와 요단 동쪽의 베레아를 받았으며, 헤롯 빌립(Herod Philip, 재위 BC 4-AD 34)은 갈릴리 호수의 북쪽과 동쪽 지역을 받았다. 아르켈라오는 잔혹하고 무능해서 AD 6년에 폐위되었고(유대인의 봉기로 — 역자 주), 그가 다스린 지역은 아주 짧은 기간(41-44년)을 제외하고 AD 66년에 유대인의 봉기가 일어날 때까지 로마의 직접적인 통치를 받았다. 안티파스의 통치는 훨씬 더 오래, 그가 AD 39년에 폐위되어 유배될 때까지 지속되었다(헤롯 안티파스는 세례요한을 죽이고 동생 빌립의 아내를 빼앗으며, 칼리굴라 황제에게 왕의 칭호를 요구했다가 황제 분노를 사서 폐위당하고 유배되었다 — 역자 주).

아르켈라오와 안티파스의 이복형제 빌립의 통치는 AD 34년 그의 죽음과 함께 끝났다. 그에게는 아들이 없었으며, 따라서 그의 영토는 로마령 시리아에 편입되었다. 그러나 AD 37년에 황제가 된 칼리굴라(Caligula, AD 12-41)는 이 땅을 빌립의 조카이자 헤롯대왕의 손자인 헤롯 아그립바(Herod Agrippa, BC 10-AD 44, 헤롯 아그립바 1세를 말한다)에게 주었다. 아그립바는 둘째 삼촌 안티파스가 폐위된 후 갈릴리와 베레아까지 차지했다. 41년, 칼리굴라를 이어 황제가 된 글라우디오(Tiberius Claudius, BC 10-AD 54, 재위 AD 41-54)는 유대와 사마리아까지 아그립바에게 주었으며, 그 결과 아그립바는 할아버지 헤롯대왕이 다스렸던 전 지역을 다스리게 되었다. 그의 통치는 44년 그의 죽음과 함께 막을 내렸고(행 12:20-23), 그 후 그의 영토는 로마의 직접적인 통치를 받았다.

이러한 정치적 변화는 예수님의 삶에 직접 영향을 미쳤다. 예수님은 헤롯대왕의 통치가 끝나기 전에 유대 땅 베들레헴에서 태어나셨고, 헤롯 안티파스가 다스리는 갈릴리 지역에서 대부분의 사역을 하셨으며, 로마 총독 본디오 빌라도가 다스리는 예루살렘에서 십자가에 못 박혀 죽으셨기 때문이다. 또한 예루살렘에서 있었던 그리스도인들에게 대한 가장 극심한 몇몇 박해가 44년 유월절 직전에 헤롯 아그립바 통치 때 일어났다. 헤롯 아그립바는 세베대의 아들이자 요한의 형제인 야고보를 죽였다.

AD 66년, 팔레스타인의 유대인들은 로마를 상대로 광범위한 봉기를 일으켰다. 네로 황제는 베스파시안(Vespasian) 장군이 이끄는 군대를 보내 봉기를 진압하게 했다. AD 70년에 로마군은 예루살렘을 점령했으며, 이것으로 사실상 봉기를 진압했으나 진압이 완전히 끝난 것은 맛사다 요새를 함락했을 때였다(74년). 로마는 예루살렘을 점령한 후 많은 사람들을 죽였고 성전을 포함해 도시를 거의 파괴했다(베스파시안이 유대 반란을 진압하고 있을 때 로마 황제 네로가 자살했고, 이후 1년 동안 Servius Sulpicius Galba, Marcus Salvius Otho, Aulus Vitellius Germanicus가 차례로 황제에 오르지만 자결하거나 살해되었으며, AD 69년에 베스파시안이 로마 황제로 추대된다. 그러자 베스파시안은 유대 반란의 진압을 당시 29세였던 그의 아들 Titus에게 맡긴다 — 역자 주).

팔레스타인 유대교의 사회 경제적 측면

Socioeconomic Aspects of Palestinian Judaism

갈릴리 지역은 BC 2세기 하스모니아 왕가의 군사적 점령을 통해 유대 국가의 영토가 되었다. 그러나 갈릴리 지역 주민의 뿌리가 무엇인지는 전혀 분명하지 않다. 어떤 학자들은 이들이 고대 이스라엘인들, 즉 BC 722년 사마리아가 앗수르에게 멸망한 후 앗수르에 의해 이주되지 않은 북쪽 이스라엘 주민의 후손이라고 말한다. 이들은 유대 지역 사람들과는 다른 그들만의 관습을 형성했으나 그래도 자신들의 여호와 신앙을 보존했을 것이다. 어떤 학자들은 이들이 이스라엘의 후손이 아니라 거의 비유대인이라고 주장한다.

요세푸스와 고고학의 지지를 받는, 보다 설득력 있는 설명은 하스모니아 왕조가 다양한 인종의 갈릴리 사람들을 유대교로 개종시켰다는 것이다. 이러한 견해를 조금 변형시킨 견해가 있는데, 하스모니아 왕조가 갈릴리 지역을 점령한 후 유대 지역에서 이주한 유대인들이 갈릴리 지역을 거의 채웠다는 것이다. 어느 쪽이든, 예수님 시대의 갈릴리 사람들은 예루살렘을 종교적 중심지로 인정했으며 예루살렘의 관습을, 특히 정결 의식과 관련해서 따랐다. 그러나 중요한 사실은 갈릴리에는, 특히 도시 지역에는 상당한 수의 이방인들이 있었다는 것이다. 예수님이 자라나신 나사렛에서 불과 8킬로미터 거리에 있었고 갈릴리 지역의 행정 중심지였던 세포리스(Sepphoris)와 예수님이 어릴 때 헤롯 안티파스가 건축한 갈릴리의 다음 수도인 디베랴가 바로 이런 곳이었다.

올리브기름을 짜는 데 썼던 돌로 된 고대의 압착기

갈릴리는 농업이 주를 이루는 사회였으며, 계층 구분이 분명한 게 특징이었다. 맨 위에는 자신의 영토인 갈릴리와 베레아에서 매년 조세를 받는 헤롯 안티파스가 있었다. 그의 아래는 부유한 지주들로 구성된 헤롯당(Herodians)이라는 충성스러운 귀족들이 있었다(막 3:6; 12:13; 마 22:16). 마가는 헤롯 안티파스의 생일잔치에 참석한 "대신들과 천부장들과 갈릴리의 귀인들"도 언급한다(막 6:21). 이들도 헤롯의 지지자들이 분명했다. 복음서는 예수님이 명예롭지 못하게도 세리들, 즉 안티파스나 로마를 위해 세금을 거둠으로써 통치자들을 위해 일하는 하급 관리들과 어울리시는 모습을 자주 언급한다. 당시의 정치적, 종교적 정서를 감안하면, 세리들이 하층민에게 미움을 받고 바리새인 같은 종교적 청결주의자들에게 멸시 받은 것은 이상한 게 아니다.

사회 계층의 밑바닥에는 농부들이 있었는데, 이들은 적은 토지를 소유한 사람들이거나 다른 사람들의 농지에서 일하는 노동자들이었다. 늘어나는 세금 때문에 많은 토지 소유자들이 가난해졌다. 어떤 학자들은 인구 전체가 가진 자들과 못 가진 자들로 양분되었으며, 이 때문에 사회적 혼란이 촉발되었고, 빚과 강도가 늘어났으며, 대중적 저항이 커졌다고 주장하기까지 한다. 복음서 기사들은 예수님의 사역이 시골 지역에 집중되었고 대도시를 피했음을 보여준다. 예수님의 청중 가운데 많은 사람들이 상당히 가난했을 가능성이 높다. 가난한 자들이 복이 있다는 그분의 선언과 하나님이 모든 필요를 공급하실 것을 믿으라는 그분의 요청은, 빈곤했고 상황이 좋아질 수 있다는 모든 희망을 잃어버린 많은 사람들의 마음에 와 닿았다.

사마리아 사람들, 즉 갈릴리 지역과 유대 지역 사이에 거주하는 사람들은 뚜렷이 다른 종교 공동체를 형성했지만, 그럼에도 이들을 규정하는 주된 요소는 인종적, 사회적 배경이었다. 유대인들은 사마리아인들을 외국인으로 취급했으며, 이들과는 그 어떤 사회적 접촉도 하지 않았다. 열왕기하 17장과 요세푸스와 랍비 저작들에 따르면, 앗수르는 BC 722년 북쪽 이스라엘 왕국을 멸망시킨 후 많은 이스라엘 사람들을 제국 내 다른 곳으로 이주시키고 비유대인들을 이스라엘로 이주시켰다. 타인종과 혼인을 하지 않음으로써 정체성을 지킨 유대 지역 사람들과는 달리, 북쪽 지파들 가운데 이주하지 않고 남은 사람들은 인종적으로 다양한 후손을 낳았을 뿐 아니라 종교 혼합주의를 발전시켰다.

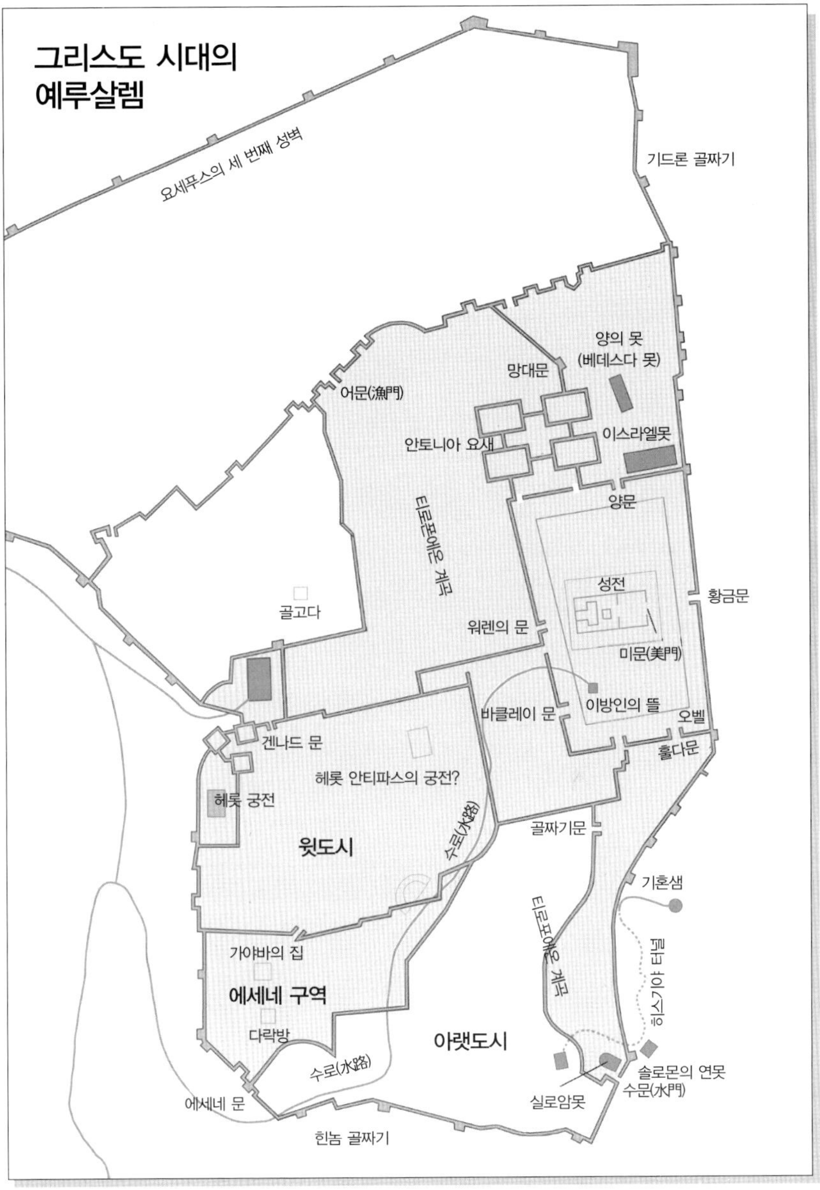

사마리아 신학의 주요 요소는 주류 유대교와 많이 다르지 않았다. 이들은 이스라엘의 하나님을 예배했으며, 선민(選民) 의식이 강했고, 모세 율법을 인정했으며, 안식일과 할례 의식과 절기를 철저히 지켰다. 그러나 이들은 예루살렘 성

전을 종교 생활의 중심으로 인정하지 않았다. 이들은 하스모니아 왕조가 무너뜨린 북쪽의 성소가 있던 세겜의 그리심산에 그들만의 성전을 세웠다. 사마리아인들은 오경만을 성경으로 인정했으며, 이들의 오경은 유대인들이 인정하는 오경과 완전히 일치하지는 않았다. 사마리아인들은 오경 외에 구약의 다른 책을 인정하지 않았으며, 따라서 이들의 종말론적 대망이 모세와 같은 선지자(신 18:15,18), 즉 타헤브(Taheb)라 불리는 메시아를 보내시겠다는 하나님의 약속에 집중된 것은 놀랄 일이 아니다. 요한은 예수님이 유대에서 갈릴리로 여행하실 때 사마리아를 둘러가지도 않으셨고 사마리아 주민들과의 접촉을 피하지도 않으셨다고 말하는데, 이것은 예수님의 제자들을 포함해서 예수님 당시의 유대인들뿐 아니라 사마리아인들 자신에게도 분명히 깜짝 놀랄 일이었다(요 4:7-42).

유대 지역과 그 수도인 예루살렘은 1세기 유대 민족의 일체감에 크게 기여했다. 예배의 중심지인 성전은 팔레스타인 유대인들뿐 아니라 디아스포라 유대인들에게도 삶의 무게중심이었다. 예루살렘에 살지 않는 유대인들 대부분은 적어도 일년에 한 번, 유월절에 예루살렘을 방문했으며, 이 무렵에는 예루살렘에 순례자들이 거주자들보다 많았으며 대략 8만에서 30만에 이르렀다. 헤롯대왕이 웅장하게 재건한 성전 자체는 성전세(모든 유대인 남자들은 의무적으로 납부해야 했다)와 그 밖의 기부금과 개인적인 기탁을 통해 축적된 상당한 부를 지닌 금융 기관의 역할도 했다. 고고학자들도 예루살렘의 귀족들이 호화롭게 살았음을 보여주는 웅장한 건물을 많이 발굴했다. 사회, 경제적 스펙트럼의 반대쪽에는 가난한 시민들과 농민들이 있었다. 이러한 불균형은 사회적 불만을 낳았으며, 다양한 형태의 혼란이, 특히 유대 시골 지역에서 일어나는 데 중요한 원인이 되었다.

유대 지역 사람들은 이방인의 통치라는 쓰라린 정치적 현실을 견뎌야 했다. AD 6년 이후, 이들은 로마 총독의 직접적인 지배를 받았다. 로마 총독은 평소에는 지중해 해변의 가이사랴에 거주하지만 절기나 그 외에 특별한 때는 예루살렘을 직접 방문할 뿐 아니라 그곳에 상시 주둔하는 군대를 통해 유대 지역을 지배했다. 로마가 유대 지역에 대한 통치를 시작할 무렵, 가말라의 유다(Judas of Gamala)가 로마의 인구 조사에 저항하여 봉기했다. 인구 조사가 세금 증가로 이어지고 지금도 무거운 경제적 부담이 더 늘어날 것을 두려워했기 때문이었다.

로마는 유다의 반란을 잔인하게 진압한 후 유다가 잠시 로마군 병기고를 장악했던 세포리스(Sepphoris)를 불태워버렸다. 요세푸스에 따르면, 가말라의 유다는 소위 '넷째 사조'(Fourth Philosophy)인 자유를 향한 특별한 열정을 중시하는 다양한 무장 단체들의 창시자이다(넷째 사조란 바리새파, 사두개파, 에세네파에 이은 유대교의 넷째 분파인 젤롯당을 말한다 — 역자 주). 그 외에 이따금 일어났으며 마침내 AD 66년에 로마에 대한 광범위한 반란으로 발전한 봉기들은 부분적으로 로마 총독들에게 원인이 있었으며, 이들 가운데 몇몇은 유대교의 종교적 정서에 무감각했고 자신의 탐욕을 채우려고 온갖 기회를 이용했다. 예수님이 사역하실 당시의 유대 총독 본디오 빌라도는 유대인들에게 큰 반감을 산 최초의 총독이었다. 모든 복음서가 로마의 유대 지배의 대표자 본디오 빌라도가 예수님의 재판에서 칼자루를 쥐고 있었고 결국 그분께 사형선고를 내렸다고 말한다.

유대교의 종교적 실천과 신앙

Jewish Religious Practices and Beliefs

이 단락의 제목에서 조금 이상한 단어의 순서는(실천이 신앙 앞에 온 것을 말하는 것으로 보인다 — 역자 주), 초기 유대교의 가장 중요한 특징이 유대교의 교리 체계가 아니라 생활 방식, 즉 정통적 교리(orthodoxy)가 아니라 정통적 실천(orthopraxy)이라는 것을 말해준다. 이것은 종교적 신념의 내용이 의미 없었다는 뜻이 아니다. 종교적 신념이 종교적 실천의 기초를 형성했다. 1세기 유대교에서 두 번째로 중요한 특징은 다양성이었다. 서로 다른 그룹들은 유대인이란 무엇이며, 하나님의 뜻대로 산다는 것은 무엇인가에 대해 시각이 서로 달랐다. 예를 들면, 요세푸스는 네 분파 또는 사조를 언급한다. 즉, 바리새파, 사두개파, 에세네파, 그리고 로마에 대한 적극적인 저항을 주장하는 젤롯당과 같은 '넷째 사조'의 혁명가들이다. 복음서는 예수님이 동시대 사람들과 논쟁하시는 장면을 자주 보여줌으로써 이러한 상황을 반영한다. 그러나 우리는 이러한 그룹들이 실천과 신앙의 모든 면에서 서로 생각이 달랐다고 결론내리거나 추론해서는 안 된다. 이들 모두는 공통된 하나의 핵심을 공유했다. 그러나 복음서는 이것을 추정하지만 겉으로 드러내지는 않으며, 대신에 예수님의 메시지가 특별하다는 것을 말하기 위해 이러한 그룹들 간의 차이에 초점을 맞춘다. 또한 1세기 팔레스타인에 서로 다른 그룹들이 있었다는 사실은 모든 사람이 이들 그룹에 따라 나눠졌다는 뜻이 아니다. 요세푸스의 저작에 근거한 몇몇 평가에 따르면, 사두개인들은 수가 적었으며, 약 4천 명의 에세네파가 있었고, 6천 명가량의 바리새인들이 있었다. 이것은 대부분의 보통 사람이 이들 분파에 속하지 않았음을 암시한다. 우리는 이들 분파가 공유한 공통된 핵심을 시작으로 유대 종교의 실천과 신학을 살펴보겠다.

일반적인 유대교(Common Judaism) 초기 유대교의 지배적 시각은, 성전은 오직 하나만 (예루살렘에) 있어야 하며 그곳에서만 희생제사를 드려야 한다는 것이었다. 성전은 거룩성의 정도에 따라 여러 구역으로 나뉘어 있었고, 각 구역에 출입할 수 있는 그룹이 정해져 있었다. 성전 구역을 이렇게 세분하는 근본 이유는 하나님이 지성소에 임재해 계신다는 이해 때문이었다. 지성소는 대제사장이 일년에 단 한 번, 속죄일에만 들어갈 수 있었다. 제사장의 뜰은 성전에서 일하는 제사장들을 위한 곳이었다. 이스라엘의 뜰은 유대인 남자들을 위한 곳이었다. 여인의 뜰은 여자들과 아이들을 위한 곳이었다. 바깥 구역은 이방인의 뜰이라 불렸다. 세습 제사장들과 레위인들은 제물을 준비하고 제사를 드렸는데, 요세푸스에 따르면 1세기에 약 2만 명의 제사장과 레위인이 있었다. 동물의 피와 지방은 태웠으며, 고기는 대개 식량으로 사용했으나 때로는 동물 전체를 제단에 올리기도 했다.

정결법은 일반 일상생활에는 거의 영향을 미치지 않았고, 주로 성전에 들어갈 수 있는 조건을 규정하는 내용으로 도덕법과는 거의 모든 부분이 달랐다. 오히려, 정결법은 삶과 죽음과 출산과 관련된 상태의 변화를 의미했다. 예를 들면, 시체를 만진 사람은 의식적(儀式的)으로 부정하며 성전 예배를 드릴 수 없었다. 시체를 옮겼을 경우, 성전 예배를 드릴 수 있으려면 의식적인 정화 과정을 거쳐야 했다. 그 밖에 의식적인 부정을 일으키는 전형적 원인으로는 출산, 생리, 부정기적 출혈, 사정(射精) 등이 있었다. 대부분의 경우, 의식적으로 정결하려면 흐르는 물에 들어가 씻어야 했다.

출애굽기(23:17; 34:23)와 신명기(16:16)에 따르면, 매년 세 절기를 지켜야 했다.

1. 유월절: 출애굽을 기념하여
2. 오순절 또는 첫 열매 거두는 날이라고도 하는 맥추절: 하나님이 토지의 주인이시며 그분의 백성을 은혜로 보살피시는 것을 기념하여
3. 장막절 또는 초막절: 추수를 마칠 때

그러나 1세기의 보통 유대인들이 매년 두 차례 이상 예루살렘에 올라갈 여유가 있었을지 의심스럽다. 절기를 지킬 의무는 남자들에게만 있었으나 여자와 아이들도 남자들과 동행하는 경우가 많았다. 누가복음 2장 41-51절에 나오듯이, 소년 예수님과 그의 어머니가 요셉을 따라 유월절을 지키러 예루살렘에 가는 모습이 이러한 경우의 한 예이다. 이러한 절기에는 참석자들이 좋은 음식과 사회적 교류와 음악과 춤을 즐겼으나, 속죄일에는 금식을 해야 했다. 대속죄일을 지키는 가장 중요한 사람은 대제사장이었다. 대제사장은 속죄일에 백성의 죄를 위해 속죄제를 드리고 희생 제물의 피를 지성소에 뿌렸다.

가정에서, 유대인들은 쉐마(신 6:4,5)를 암송하고, 매일 드리는 기도를 하고, 성경을 공부하고, 안식일을 지키고, 정결한 음식(kosher food)을 먹고, 아들에게 할례를 행함으로써 하나님을 예배했다. 이들은 또한 매주 회당이나 기도처에 모여 성경을 연구하고 기도했다. 예수님(막 1:21; 눅 4:16-30)과 바울(행 13:15)은 회당에 모인 이들을 자주 가르쳤다.

이러한 실천(관습)의 뿌리는 엄격한 일신론의 중요 요소에 관한 공통 신학이었으며, 이것은 다른 신들에 대한 예배를 절대 용납하지 않는다는 뜻이었다. 유대인들은 하나님이 세상을 창조하셨고 통치하시며, 인간의 역사 속에서 그분이 활동하시는 모습을 볼 수 있다고 믿었다. 유대인들은 또한 하나님이 이스라엘을 택하셨고, 그분의 백성에게 율법을 주심으로써 그들과 언약을 맺으셨으며, 그들에게 그분의 계명에 표현된 그분의 뜻에 순종하며 살아야 할 의무를 주셨다고 믿었다.

바리새파(Pharisees) 바리새인들은 전통적으로 율법주의적이며, 독선적이며, 위선적인 유대교의 대표자들로, 예수님을 죽음에 몰아넣은 자들로 여겨진다. 그러나 최근의 연구는 바리새인들이 율법을 일상에 적용하려고 노력하는 모습에서 잘 나타나듯이, 이들이 진정으로 율법에 헌신했다는 점을 강조한다. 그러나 아주 불행하게도, 이들에 관한 기록 가운데 예루살렘 멸망 이전의 기록은 전혀 남아 있지 않다. 남아 있는 주요 자료는 신약과 요세푸스, 미쉬나와 토세프타와 탈무드와 같은 랍비 저작들인데, 이것들을 세밀하게 연구해보면 바리새인들에 대한 보다 호의적인 묘사를 찾아낼 수 있다. 대개 바리새인들을 예수님의 행위, 예를 들면 그분이 이따금 안식일과 정결법을 무시하는 것을 비판하는 사람들로 묘사하는 신약에서도 이들에 대한 긍정적 평가의 흔적이 나타난다. 예를 들면, 누가복음은 바리새인들이 예수님의 안전을 걱정하는 장면을 언급하며(눅 13:31), 예수님이 바리새인에게 식사 초대를 받는 경우를 두 차례 소개한다(눅 7:36; 14:1). 요한복음은 예수님의 가르침에 끌렸을 뿐 아니라 신자가 된 바리새인 니고데모의 이야기를 들려준다(요 3:1-21; 7:50,51; 19:39). 요한복음은 또한 몇몇 바리새인이 예수님과 그분의 가르침에 긍정적 태도를 취했다고 말한다(요 9:16). 사도행전 5장에 기록된 가말리엘의 말이 예루살렘에 있는 적어도 몇몇 바리새인의 견해를 대표한다면, 이들은 급속히 확산되는 기독교 운동에 비교적 관대한 입장을 취했던 것 같다.

바리새인의 기원은 분명하지 않지만, 대부분의 학자들은 요한 히르카누스(John Hyrcanus, 재위 BC 134-104)와 갈등을 일으킬 때까지 하스모니아 왕조 아래서 상당한 정치적 영향력을 가졌던 하시딤(Hasidim)의 영적 후손이라고 생각한다. 하시딤은 알렉산더 야네우스(BC 103-76)의 통치 때 계속 쇠퇴했으며, 야네우스는 많은 하시딤을 십자가형에 처했다. 하시딤은 히르카누스의 미망인 살로메 알렉산드라(Salome Alexander, BC 76-67) 때 정치적 힘을 다시 얻었으나 헤롯대왕에 의해 또다시 중심에서 밀려났다. 헤롯대왕은 처음에는 이들에게 우호적이었으나 이들이 자신의 통치의 종말을 예언한 후로 이들과 대립했기 때문이다. AD 1세기에 하시딤의 영향력이 어느 정도였는지는 아직 분명하지 않으며, 특히 요세푸스는 BC 63-AD 70년 사이 이들의 정치 참여에 대해 사실상 침묵하기 때문이기도 하다. 어떤 학자들은 하시딤이 사회개혁을 위해 노력하는 이익 집단의 역할을 계속했다고 믿는다. 어떤 학자들은 하시딤이 정치 일선에서 물러나 엄격한 정결법을 충족시키는 공동 식사를 위해 만나는 사적인 식사 모임을 형성했다고 주장한다. 보다 균형 잡힌 견해는 바리새인들이 보통 사람들에게 큰 존경을 받았다는 요세푸스의 주장을 고려하지만, 이들은 지배 계층의 구성원도 아니며 사회의 유력한 세력도 아니었으므로 집단적인 정치적 힘이 없었다는 점을 강조한다. 바꾸어 말하면, 이들은 이데올로기적으로는 인기가 있었으나 정치적으로는 영향력이 없었다. 이들은 회당에서 지도층의 역할을 했으며 다양한 형태, 특히 법률적인 문제와 관련해서 서기관으로 활동했으며, 이들의 영향력은 유대 지역보다 갈릴리 지역에서 훨씬 더 컸던 것으로 보인다.

복음서 기사들도 이러한 견해를 뒷받침한다. 복음서를 주의 깊게 읽어보면, 비록 바리새인들이 갈릴리에서 예수님의 사역을 방해하는 주적(主敵) 역할을 하지만, 그분이 예루살렘에서 체포되고 재판을 받고 죽으시는 장면에서는 사실상 모습을 감춘다는 것을 알 수 있다. 이 부분에서 이들을 분명히 언급하는 것은 요한복음뿐이다(요 18:3). 마태와 마가와 누가는 사실상 이들이 이러한 사건에 직접 참여했다고 말하지 않는다.

바리새인들의 사회적, 경제적 구조는 이러한 평가와 일치한다. 바리새인들 가운데 대부분은 귀족이 아니라 평민이었으나 하나같이 율법에 헌신되어 있었다. 더욱이, 현존하는 자료는 바리새인들이 성전에서 섬기는 제사장이기도 한 경우를 불과 몇 차례만 언급한다. 어떤 바리새인들은 소규모 토지를 소유했으며, 어떤 바리새인들은 상인이거나 무역상이었다. 대체로 바리새인들은 스스로 성경을 공부하고 그에 따라 자신의 시각을 형성하는 평신도였다. 여기서는 바리새인들의 특징적인 시각만 언급할 것이다. 그러나 이들이 앞서 '일반적인 유대교'에서 살펴본 많은 신앙을 동시대 사람들과 공유했다는 사실을 명심해야 한다.

바리새인들은 특히 정결법에 관심이 많았다. 마가복음 7장 3,4절은 이렇게 설명한다.

> 바리새인들과 모든 유대인들은 장로들의 전통을 지키어 손을 잘 씻지 않고서는 음식을 먹지 아니하며, 또 시장에서 돌아와서도 물을 뿌리지 않고서는 먹지 아니하며, 그 외에도 여러 가지를 지키어 오는 것이 있으니 잔과 주발과 놋그릇을 씻음이러라.

'장로들의 전통'에 대한 마가의 언급은, 바리새인들이 이전 세대가 전해 주었으나 성문 율법에는 없는 특정한 규정을 따랐다는 요세푸스의 언급과 상응한다. 이러한 관심은 대개 이들이 성문 율법(written Law)과 구전 율법(oral Law)이 대등하다고 믿는다는 주장으로 표현되었다. 예수님 시대에 바리새파에는 양대 분파가 있었다. (1) 힐렐학파(Hillelites)는 창시자 힐렐의 이름을 땄으며, 보다 자유로웠고 변하는 환경에 보다 순응적이었다. (2) 샴마이학파(Shammaites)는 힐렐의 라이벌 샴마이의 이름을 땄으며, 보다 문자적이고 보수적이었다.

바리새인들은 내세를 믿었으며, 사도행전 23장 8절에 따르면 죽은 자의 부활도 믿었다. 요세푸스는 자신의 그레꼬-로만 청중에게 이것을 영혼의 불멸을 믿는 신앙으로 설명했다. 이들은 인간이 죽으면 영혼이 또 다른 몸에 들어가 선한 삶에 대한 영원한 상을 받거나 악한 삶에 대한 영원한 형벌을 받는다고 믿었다.

요세푸스는 또한 바리새인들이 운명과 자유의지도 믿었다고 말하지만 이 둘이 서로 어떻게 연결되는지는 설명하지 않는다. 바리새인이었던 유대인 바울은 하나님의 섭리와 동시에 인간의 책임도 인정했다. 예를 들면 로마서 8장 29,30절에서, 바울은 하나님이 그분의 목적에 따라 부르신 자들을 미리 아셨고 예정하셨다고 말한다. 그러면서도 그는 두 장 뒤에서, 예수 그리스도에 관한 이야기를 듣고 믿는 것과 같은 인간의 자발적 행위를 강조한다(롬 10:14-17).

사두개파(Sadducees) 사두개인들에 관한 정보의 주요 출처는 바리새인의 경우와 같지만(신약, 요세푸스, 랍비 저작), 이들의 실천(관습)과 신앙에 대한 재구성은 성격이 조금 다르다. 사두개인들에 관한 모든 정보는 이들의 대적들에게서 나온다. 따라서 우리의 설명은 객관적일 수도 없고 포괄적일 수도 없다. 바리새인들의 경우처럼, 여기서는 이들의 두드러진 특징만 강조하겠다.

사두개인 가운데 실제로 제사장은 불과 얼마 되지 않았더라도, 사두개인들은 성전과 관련이 있는 제사장적 귀족이었다. 사두개인들은 결혼이나 그 외의 사회적 관계를 통해 대제사장들과 연결되었고, 따라서 정치 생활에 관심을 집중했으며 귀족과 권력과 부를 대표했다. 사두개인들은 정치권력의 지지를 받았으나 일반 대중의 지지를 받지는 못했다. 성전이 무너진 후, 다른 귀족 대표들이 사라지면서 사두개인들도 더 이상 하나의 집단으로 존속하지는 못했다.

요세푸스는 사두개인들이 엄격했으며 동형복수법(law of retaliation)의 문자적 적용을 주장했다고 말한다. "눈에는 눈, 이에는 이." 그는 또한 사두개인들이 야비하게 행동하고 동료에게 무례했다고 덧붙인다. 이들의 신학은 세 가지 특징이 있다.

1. 성문 토라(written Torah)의 권위만 인정했을 뿐 구전 토라를 받아들이지 않았다.
2. 죽은 자의 부활을 믿지 않았다.
3. 자유의지를 인정했다.

우리는 대개 첫 번째 특징이 두 번째 특징을 설명한다고 생각한다. 다시 말해, 사두개인들이 부활을 믿지 않는 것은 성경적 문자주의자들(scriptural literalists)이기 때문이라고 생각한다. 그러나 문제는 훨씬 복잡하다. 사두개인들은 현재 생활에 만족했기 때문에 내세를 생각하지 않았을 가능성이 꽤 높으며, 이러한 현실 만족은 이들이 성경을 이해하는 해석의 틀이 되었다.

신약이 제공하는 정보는 요세푸스의 평가를 뒷받침한다. 마가복음 12장 18-27절(그 평행구절들)과 사도행전 23장 8절은 사두개인들이 부활을 믿지 않았음을 확인해준다. 사도행전 4장 1-6절과 5장 17,18절도 사두개인들이 최초의 예루살렘 그리스도인들에 대한 박해를 주도했다고 말한다.

에세네파와 쿰란 공동체 에세네파는 신약이 뚜렷이 언급하지 않는 유일한 분파이다. 바리새파와 사두개파와는 대조적으로, 에세네파와 쿰란 공동체에 관한 자료는, 특히 쿰란 공동체를 에세니즘(Essenism)의 한 분파로 이해한다면, 쉽게 구할 수 있다. 요세푸스, 필로, 노 플리니(Pliny the Elder, AD 23-79. 로마의 철학자이자 역사가)가 에세네파에 관해 기술했다. 헤게시푸스(Hegesippus, 180년경에 살았던 유대인으로 예루살렘 교회에서 활동했으며 그 후 로마에서 20년간 살면서 교회사를 썼으며 교회사가 유세비우스에게 격찬을 받았다), 히폴리투스(Hippolytus, 170-236년경, 이레니우스의 제자이며 교회사의 아버지라 불린다), 유세비우스(Eusebius, 260-340), 에피파니우스(Epiphanius, 310-403), 제롬(Jerome, 346-420)과 같은 기독교 저자들도 에세네파에 관해 기록했다. 더욱이 20세기에 사해 두루마리가 발견된 후, 학자들은 쿰란의 언약자들이 기록했거나 보존한 수많은 사본을 갖게 되었다. 에세네파의 분파 신학과 격리된 생활에 비추어볼 때, 에세네파는 유대교 전체에 비교적 영향을 적게 미쳤을 가능성이 아주 높지만 이러한 문헌의 발견은 매우 큰 고고학적 발견 가운데 하나이다. 왜냐하면 이러한 문헌은 초기 유대교의 종교적 다양성을 더 잘 이해하는 데 도움이 되기 때문이다. 더욱이, 쿰란 신학과 신약 저자들 간의 관계에 대한 연구는 이제 막 시작되었지만 이미 상당한 결과를 내놓았다.

쿰란의 동굴들. 이곳에서 그 유명한 사해 두루마리가 발견되었다.

요세푸스에 따르면, 에세네파는 엄격한 정결법을 따랐으며, 서로 간의 유대가 매우 강했으며, 결혼을 경멸했으며, 고아들을 입양했으며, 방어용 무기 외에는 아무것도 가지고 다니지 않았으며, 맹세하지 않았으며, 질병을 연구하고 치료법을 찾아냈으며, 내적으로는 비밀이 없었으나 외부인들에게는 비밀을 누설하지 않았으며, 입회를 원하는 자들에게는 두 단계의 시험을 시행했으며, 특정한 죄를 지은 구성원들을 내쫓았으나 때로는 굶어죽기 전에 다시 받아들였으며, 재판을 공정하고 신중하게 했으며, 계층적 조직을 갖추고 연장자에게 복종했으며, 위험을 두려워하지 않았으며, 몸은 썩지만 영혼은 불멸한다고 믿었다. 이러한 기술(記述) 가운데 많은 부분이 사해 두루마리를 기초로 재구성된 관습과 일치하는데, 이것은 쿰란 공동체가 에세네파의 한 분파를 대표했음을 강하게 암시한다.

쿰란에서 수도원 공동체를 형성한 그룹은 유대교의 다른 분파와는 전혀 달랐으며, 예루살렘의 제사장 계층으로 대표되는 공식 제의(祭儀) 및 신학과도 뚜렷이 달랐다. 쿰란 공동체가 이처럼 독특했던 것은 이들의 기원 및 이들과 성전의 관계 때문일 수 있다. 다시 말해, 쿰란 공동체는 사독(Zaddokite) 계열의 제사장 그룹이 의의 교사(Righteous Teacher)를 따라 광야로 들어갔을 때 — 하스모니아 왕조가 대제사장직을 찬탈한 데 대한 저항일 가능성이 아주 높다 — 형성되었다 (하스모니아 왕조의 왕들은 대제사장직과 왕직을 겸했다 — 역자 주). 대부분의 학자들은 이 일이 요나단의 통치 때인 BC 2세기 중반에 일어났다고 믿는다. 쿰란 공동체는 AD 68년 로마군에게 몰살당했다.

결정론(determinism), 예정론(predestination), 수정 이원론(modified dualism)이 쿰란 공동체의 주요 신앙을 대표하는 것으로 보이는데, 이것들은 하나님이 모든 것을 미리 알고 결정하시며 따라서 그 무엇도 변경될 수 없다고 단언하는 공동체의 규범(Rule of the Community)에 자세히 나온다(1QS 3.13-4.26). 창조는 하나님의 계획을 실현하며 따라서 모든 피조물이 하나님의 주권적 통치 아래 있음을 보여준다. 하나님은 두 영 곧 진리 또는 빛의 영과 거짓 또는 어둠의 영을 창조하셨으며, 이 둘을 그분의 뜻에 따라 각 인간에게 주셨다. 따라서 모든 인간을 빛의 자녀(쿰란 공동체)와 어둠의 자녀(나머지 모두) 두 그룹으로 나눌 수 있다. 하나님과 견줄 수 있는 악의 세력은 없다. 지금 빛의 권세와 어둠의 권세가 전쟁 중이지만 최종 승리는 하나님의 것이다. 왜냐하면 그분은 처음부터(창조) 끝까지(종말) 홀로 우주의 통치자시기 때문이다.

쿰란 공동체의 구성원들은 내부적으로 예언을 인정하지 않았다. 이들은, 하나님의 신비는 과거에 선지자(예언자)에게 계시되었으며 지금은 이러한 신비를 해독해야 한다고 믿었다. 이러한 신비를 푸는 은사는 의의 교사와 그 제자들에게 주어졌고, 따라서 우리는 '이중' 또는 '점진적' 계시를 말할 수 있다. 그러므로 사해 두루마리가 많은 성경 해석(소위 페샤림/Pesharim)을 포함한다는 사실은 놀랄 만한 게 아니다. 이들은 페샤림의 내용과 페세르(pesher)라는 해석 방법 양쪽 모두에 하나님에 의해 영감된 메시지의 지위를 부여했다. 쿰란의 성경 해석에서 특별한 점은 성경의 예언을 공동체의 구체적인 역사적 상황, 다시 말해 역사 속의 구체적인 인물에 적용했다는 것이다(이것이 구약의 예언을 현재의 사건에 적용하는 페세르라는 성경 해석 방법이며, 예수님도 구약의 예언을 자신에게 적용시키면서 이러한 해석법을 자주 사용하셨다 — 역자 주). 이런 의미에서, 쿰란 공동체의 해석은 신약과 비슷한 점이 많다.

유대교의 종말론적 대망 많은 신학책들은 대부분의 1세기 유대인들이 메시아를 대망했다고 단언한다. 그러나 현존하는 증거에 대한 이러한 평가는 매우 의문스럽다. 초기 유대교 문헌은 그 어떤 특별한 분파나 그룹과 연관 지어서는 안 되는 특정 집단만이 종말론적 대망을 중시했으며 이러한 대망이 아주 다양했음을 증명한다. 다양한 종말론적 대망 가운데는 기존의 세상 질서가 끝나거나 민족적 이스라엘이 회복되거나 이방인들이 들어오거나 나가는 데 대한 기대가 있었다. 이들의 공통된 특징은 현재와 미래가 다르다는 것이다. 다가오는 세대에는 악이 완전히 사라지고 하나님의 우주적이며 영원한 주권이 나타날 것이다.

과거에 학자들은 '메시아'라고 부르기에 합당한 구원자를 언급하느냐에 상관없이 모든 종말론적 본문을 메시아적으로 해석하는 경향이 있었다. 그러나 마지막 때에 관한 몇몇 시각에는 종말론적 구원자가 전혀 나타나지 않으며, 구원자가 나타나더라도 선지자이거나 제사장이거나 왕이거나 하나님 자신일 수 있다. 미래의 다윗 같은 왕(Davidic king)에 대한 언급은 예상보다 훨씬 적게 나타난다. 일반적으로, 메시아라는 용어는 원문에서 실제로 '메시아'(Messiah)라 불리며 기름부음 받은 종말론적 구속자에게만 사용되어야 한다. 이런 경우에도, 이러한 기준을 기계적으로 적용해서는 안 된다. 초기 유대교 문헌은 다양하며, 따라서 미래의 구원자를 부르는 칭호도 다양하다. 실제적인 칭호가 메시아라는 용어와 관련이 있다는 증거가 있다면 그 인물이 메시아적이라고 볼 수 있다.

예를 들면, BC 2세기부터 예수님의 탄생까지의 어느 시점에 기록된 에녹 1서(1 Enoch)의 첫 단락과 마지막 단락은(에녹 1서 1-35절, 85-105절) 다가오는 심판과 미래 시대를 말하지만 메시아적 인물은 전혀 언급하지 않는다. 그러나 에녹의 비유(Parable of Enoch)로도 알려져 있으며 AD 1세기에 기록된 중간 단락(에녹 1서 37-71절)에서, 하나님의 심판의 대리자는 다윗 같은 왕과 다니엘서에 나오는 인자의 속성과 역할을 결합하는 초월적 인물이다. 1세기에 기록된 모세의 언약(Testament of Moses, '모세 승천기/Assumption of Moses'라고도 한다)에서, 최후 심판의 집행자는 인간 메시아가 아니라 천사장과 하나님이다. AD 70년에 예루살렘이 무너졌을 때 기록된 묵시서인 에스라 4서(4 Ezra)의 메시아 대망에 따르면, 그는 다윗의 후손으로 4백년간 왕노릇한 후 땅이 원시 상태의 침묵으로 돌아갈 때 죽을 것이며 그 후에 부활과 심판이 있을 것이다. 이보다 조금 후에 기록된 묵시서인 바룩 2서(2 Baruch)는 세 단락에서 마지막 때의 사건과 메시아의 출현을 연결한다. 그러나 메시아 통치와 사람들이 기대하는 깨끗한 미래 세계의 정확한 관계는 분명하지 않다. 더욱이, 메시아는 초월적인 인물일 것이기 때문에 그가 인간이며 다윗의 후손이라는 내용은 전혀 없다.

쿰란 공동체는 두 메시아, 즉 제사장적 메시아(아론의 메시아)와 왕적 메시아(이스라엘의 메시아)가 오리라고 믿었다고 보는 게 일반적이다. 그러나 이 문제를 다루는 단락들도 서로 일치하지 않는다. 예를 들면, 공동체의 규범(Rule of the Community)에는 두 메시아(아론의 메시아와 이스라엘의 메시아) 개념에 대한 표준 구절이 있으나 본문은 이들이 무엇을 이룰 것인가에 대해 말하지 않는다. 그러나 다마스커스 문헌(Damascus Document)의 모든 메시아 단락에는 "아론과 이스라엘의/로부터의 메시아"(Messiah of/from Aron and Israel)라는 어구가 나오지만, 이것이 두 메시아를 의미하는지 아니면 제사장 계보와 왕의 계보가 한 사람에게서 통합되리라는 믿음을 반영하는 것인지 분명하지 않다.

80편의 시편으로 이루어졌으며 BC 63년에 폼페이가 예루살렘을 정복한 후에 기록된 것으로 보이는 솔로몬의 시편(Psalms of Solomon)은 현존하는 유대 저작으로는 처음으로 메시아를 기술적 용어로서, 역시 처음으로 '다윗의 아들'(Son of David)이라 불리는 다윗 가문 출신의 구원자에게 적용한다. 하스모니아 왕조가 다윗의 보좌를 찬탈했다고 비판하는 솔로몬의 시편 17편에는 사무엘하 7장 12-16절에 나오는 다윗에 대한 하나님의 약속을 근거로 다윗 같은 왕(Davidic king)을 위해 드리는 기도가 있다. 그는 예루살렘을 이방인들에게서 구해내고, 죄인들을 몰아내며, 불법을 행하는 나라들을 무너뜨리며, 거룩한 백성을 모을 것이다. 그러나 메시아는 '말이나 활'이 아니라 입의 말로 원수들을 이길 것이다. 그의 능력은 하나님에 대한 순종에서 나오며, 따라서 그는 주권적 통치자가 아니며 자신의 뜻대로 행하지 않고 하나님의 뜻대로 행할 것이다. 그가 언제 올지는 하나님만 아신다. 그는 죄가 없을 것이며, 그의 거룩과 정결은 권위의 척도가 될 것이며 능력의 도구가 될 것이다. 그의 백성 가운데는 더 이상 불의가 없을 것이며, 따라서 그의 백성도 거룩할 것이다. 이런 의미에서, 그는 완전한 왕이 될 것이다.

유대교의 종말론적 대망은 이처럼 다양하며, 따라서 예수님의 동시대인들이 그분의 메시아적 정체성을 분별하기 어려웠던 것은 놀랄 일이 아니다. 복음서 기자들은 예수님의 메시아직을 설명하기 위해 다양한 용어를 사용한다. 왜냐하면 그분의 삶 가운데 대부분이 대중적 기대와 일치하지 않았기 때문이다. 예수님이 십자가에서 죽으신 것은 유대인들에게 특히 큰 걸림돌이었다. 왜냐하면 그 누구도 메시아적 구원자가 그렇게 수치스럽게 죽으리라고는 예상하지 못했기 때문이다. 우리는, '고난받는 메시아'(suffering Messiah)라는 용어는 모순어법이며 기독교 주장의 어리석음을 표현한다는 점을 항상 기억해야 한다(고전 1:23). 그러나 하나님은 예수님을 죽은 자 가운데서 다시 살리심으로써 '유대인의 왕'으로서 십자가에 달려 죽은 자가 실제로 유대인들이 고대했고 구약 예언을 성취한 왕적 메시아였다는 점을 역설적으로 보여주셨다.

헬라 세계의 종교적, 사회 경제적 측면

Religious and Socioeconomic Aspects of the Hellenistic World

초기 기독교 운동은 팔레스타인을 넘어 헬라 세계로 확산되면서 조금 다른 종교적, 사회적 환경을 접했다. 더 넓은 세상의 청중은 메시아 사상을 이해할 수 없었으며, 따라서 설명이 필요했다. 이들은 다양한 신을 섬기는 다신론자들이었다. 많은 사람들이 마술을 믿었으며, 지하 세계의 영들을 섬겼다. 엘류시스의 비의(mysteries of Eleusis, 아테네 근처의 작은 도시 엘류시스에서 생겨난 밀교로 로마 시대까지도 엄청난 수의 신도를 끌어들였다 — 역자 주)나 이시스(Isis)와 오리시스(Orisis)의 밀교들이 특히 인기가 있었는데(Isis와 Orisis는 이집트의 농업의 신들로 둘은 부부이다 — 역자 주), 이들은 입교자들에게 심오한 신비 체험을 약속했다.

그와 동시에, 소아시아와 헬라(그리스)와 로마에 상당수의 유대인들이 있었다. 사도행전에 따르면, 바울은 새로운 지역에서 선교 활동을 시작할 때면 으레 회당에서 가르쳤다. 회당 예배에는 디아스포라 유대인들만 참석하는 게 아니라 유대교에 매료된 이방인들인 하나님을 경외하는 자들(God-fearers)과 개종자들도 참석했다. 두 그룹 모두 유대교의 율법을 공부했으며 율법의 계명을 따랐다. 하나님을 경외하는 자들은 할례를 받지 않은 반면에 개종자들은 할례를 받았다. 어쨌든, 바울은 이방인 회심자들이 예수님의 삶과 죽음과 부활의 의미를 이해할 만큼 유대 성경에 대한 기본 지식을 이미 갖고 있거나 쌓고 있을 것이라고 예상했다.

그레코-로만 사회의 특징은 계층적 구조와 분명하게 규정된 그룹 간의 관계였다. 부모와 자녀와 노예를 포함하는 가정에서, 아버지는 머리였다. 인정 많은 가장이 의롭고 공정하게 다스리는 게 이상적이었다. 아내는 남편의 종교를 따르고, 자신만의 신앙을 갖지 않는 게 일반적이었다. 노예들은 어디에나 있었으며 법적으로는 주인의 재산이었으나 자신의 재산을 가질 수 있었고 대부분은 마침내 해방될 날을 기대할 수 있었다. 노예들의 사회적 신분과 개인적인 영예와 경제적 기회는 주인의 신분에 달려 있었다.

로마 주화. 가이사 아구스도(Caesar Augustus)의 두상과 글이 찍혀 있다.

현대 독자들은 바울이 당시의 가부장적 구조에 도전하지 않은 것이나 당시의 노예 제도를 비판하지 않은 사실 때문에 고민에 빠질 때가 있다. 그러나 주의 깊은 독자라면 바울이 사회 혁명가는 아니더라도 남편과 아내, 부모와 자녀, 주인과 노예에 대한 그의 권면이 자유를 주는 기독교의 메시지, 즉 모든 신자는 그리스도의 본을 따르면서 사랑과 긍휼의 삶을 살아야 한다는 메시지(엡 5:21-6:9)를 담고 있다는 사실을 발견할 것이다.

예수님과 초대교회의 세계는 우리에게 낯설기는 하지만 흥미롭다. 여기서 살펴본 이 시대의 주요 특징을 기억하는 게 아주 중요하지만 이것만으로 개별적인 성경 구절을 자세히 분석하는 데는 부족하다. 책임 있는 해석자로서, 우리는 본문의 세계를 더 잘 이해하고 우리 삶에 더 잘 적용하기 위해 본문 뒤에 있는 세계를 계속 연구해야 한다.

더 깊게 공부하려면

Richard A. Horsley, Galilee: *History, Politics, People*
Calvin J. Roetzel, *The World That Shaped the New Testament*
E. P. Sanders, *Judaism: Practice and Belief 63 BCE-66CE*

J. Julius Scott, Jr., *Jewish Backgrounds of the New Testament*
Merrill C. Tenney, *New Testament Times*

E. P. 샌더스, 《예수와 유대교》(*Jesus and Judaism*), 황종구 옮김(크리스챤다이제스트, 1995)
메릴 C. 테니, 《신약개론》, 국제신학연구원 옮김(서울말씀사, 1996)

마이클 레딩
복음서와 사도행전 | 바울 서신 | 일반 서신 | 예언서

15 신약개관

하나님의 아들이 이르러 우리에게 지각을 주사 우리로 참된 자를 알게 하신 것과….
요일 5:20

복음서와 사도행전
The Gospels and Acts

+ 마이클 레딩

마태복음

우리에게는 중요한 사람들 곧 훌륭한 정치가, 군인, 종교인에 관한 역사 기록이 있으며, 이것은 놀랄 만한 게 아니다. 우리에게는 나사렛 예수의 삶에 관한 기록이 많으며, 그분이 갈릴리 호수 위를 걸으신 이후로 역사에서 쉬지 않고 일어나는 물결을 볼 때 이것은 당연한 것이다. 놀라운 것은 우리에게는 권위 있다고 믿으며 서로 연결된 네 개의 기사가 있다는 사실이다.

예수님의 이야기를 기록하는 것은 그분을 만나본 사람이라면 누구에게라도 엄청난 작업일 것이다. 무엇을 포함시켜야 하고 무엇을 빼야 하는가? 그렇다면 이 유대 랍비에 관한 모든 내러티브는 선택적일 수밖에 없다. 그렇다면 한쪽으로 치우치거나 신뢰성이 없지 않는가? 여느 저자처럼, 마태도 선택을 했다.

신약의 첫 번째 복음서는 저자에 대해 아무 말도 하지 않지만, 전통적으로 마태를 이 복음서의 저자로 본다. 마태의 기사는 초대교회에서 가장 널리 읽히고 인용되었으며, 다른 이론들을 뒷받침할 만한 근거가 없으므로 마태복음의 진정성은 인정된다.

역사상 가장 중요한 삶에 대해 선택적으로 기록해야 하는 어려움에도 불구하고, 마태는 자신이 복음서를 기록하는 목적을 밝히지 않는다. 그러나 예수님을 아브라함 및 다윗과 직접 연결하는 족보는 예수님과 유대인들 — 기독교로 개종한 유대인들뿐 아니라 아직 확신이 없는 유대인들 — 과의 연관성을 증명하려는 게 마태의 의도임을 보여주는 것 같다. 이 족보 때문에, 마태복음의 기사는 '제왕적'이며 '메시아적'인 것으로 받아들여진다.

요단강

천국(kingdom of heaven)이라는 용어는 마태복음에만 나오며, 마태는 구약의 장소들, 고대 예언의 성취, 예수님과 그 시대 유대교의 제도와 의식과 관습 간의 상호 작용을 많이 언급한다. 마태복음과 다른 복음서들은 사건을 배열하는 순서가 다르기 때문에, 학자들은 마태가 구체적인 주제들을 중심으로 몇몇 사건을 재배열하기는 했지만 예수님의 탄생 이야기와 고난 주간에 대해서는 엄격히 시간적인 순서를 따랐다고 믿는다. 마태의 내러티브 스타일은 간결하지만 마태는 긴 설교를 포함시킨다(산상설교:5-7장; 천국 비유:13장; 바리새인들에 대한 질타:23장; 종말에 대한 설교:24-25장). 마태는 또한 열다섯 개의 비유를 포함시키는데, 그 가운데 열 개는 마태복음에만 나온다.

마태복음 개요

메시아 왕국이 준비된다(탄생, 어린 시절, 공생애 시작, 세례, 유혹)	1:1-4:16
메시아 왕국이 선포된다(가르침과 이적)	4:17-16:20
메시아가 도래할 나라를 위해 제자들을 준비시킨다	16:21-20:34
메시아가 그의 나라를 제시한다(배척, 십자가 죽음, 궁극적 승리)	21:1-28:20

마가복음

초대교회는 마가복음을 베드로 사도의 회상록으로, 마태복음의 축소판으로 보았다. 그러나 우리 시대의 학자들은 마가복음이 마태복음과 누가복음의 핵심 자료였다고 믿는다. 바울의 동역자 바나바의 친척(생질)으로 마가 요한이라고 불리는 마가가, 베드로 사도가 그의 가르침에 포함시킨 사건들을 기록한 것으로 보인다. 전통적으로, 베드로가 죽기 얼마 전에 마가가 로마에서 마가복음을 썼다고 본다.

마가는 빠른 속도로 자신의 복음서를 처음부터 끝까지 단숨에 끝낸다. 다른 복음서 기자들처럼, 마가는 예수님의 삶과 사역에 관한 많은 자료 가운데 취사선택을 했다. 그는 예수님의 탄생과 어린 시절을 포함시키지 않고 그분이 랍비로서 공생애와 사역을 개시하는 장면에서 시작한다. 노예의 비율이 극도로 높았던 도시 로마에서, 마가는 예수님을 특히 탁월한 종으로 묘사함으로써 그분을 높인다.

예수님이 중풍병자를 고치신 예루살렘의 실로암못

마가는 하나님의 아들 예수 그리스도 안에 좋은 소식이 있다고 선포한다. 그는 유대 율법이나 언약을 전혀 언급하지 않지만 유대 관습이나 용어에 대해서는 어느 정도 설명한다. 그는 아람어 단어들을 헬라어로 번역하며, 헬라어 용어들에 해당하는 라틴어 용어들을 사용하며, 예언에 대해 거의 언급하지 않는다. 이 모든 것은 마가가 로마/라틴 청중인 그리스도인들이나 구도자들을 염두에 두고 있음을 암시한다.

마가복음 개요

위대한 종에 대한 소개	1:1-13
위대한 종의 결코 끝나지 않는 사역	1:14-13:37
위대한 종의 희생적인 죽음	14:1-15:47
위대한 종의 부활	16:1-20

누가복음

세상을 바꿔놓는 사건을 목격하거나 그런 사건에 직접 참여해본 적이 있는가? 이러한 경험이 아무리 기억할 만하더라도, 시간이 지날수록 세세한 부분을 기억하기란 점점 더 어렵다. 20-30년 후, 돌아다니는 이야기들이 기본적인 진실을 왜곡하고, 청중을 오도하며, 중요한 문제를 흐려놓기 시작한다. 당신이 기록을 바로잡고 싶지만 증인(목격자)이 아니라면 적절한 정보를 수집하고 확인하고 체계화하는 광범위한 과정을 시작할 수 있을 것이다. 누가복음 뒤에는 바로 이런 동기와 방법이 있다.

누가복음은 복음서 가운데 가장 길며, 의도가 가장 포괄적이며, 비록 다른 복음서처럼 저자에 대해 말하지 않지만 저자를 알 수 있는 단서가 있다. 전통적으로 누가가 누가복음을 썼다고 보며, 이것은 누가복음과 사도행전이 서로 연결되기 때문이다. 누가복음과 사도행전은 데오빌로에게 쓴 것인데, 사도행전은 이전 문서(누가복음이 분명하다)를 언급한다. 사도행전의 저자는 16장에서부터 자신을 이따금 언급한다. 이름이 알려진 바울의 동역자와 동료 가운데, 누가가 논리적으로 가장 적합한 후보이다(골 4:14; 몬 24절; 딤후 4:11).

겟세마네 동산. 예수님이 잡혀 십자가에 달리시기 전날 밤 이곳에서 기도하셨다.

누가의 기사는 증인들을 알고 있는 비증인의 독특한 시각을 담고 있다. 누가는 바울을 알 뿐 아니라 베드로를 비롯한 다른 사도들도 만났다. 바울이 2년간 가이사랴의 감옥에 있는 동안, 누가는 여러 곳을 다니면서 인터뷰를 할 수 있었을 것이다. 누가는 다른 복음서에는 없는 많은 자료를 포함시킨다(예를 들면, 눅 6:20-8:3; 9:51-18:14). 누가는 아람어 용어들을 헬라어로 바꾸고, 지역적인 장소들과 유대 문화를 설명한다. 그는 철저히 시간적인 순서를 따르며, 그의 문체는 그가 당시 서구의 고전들에 능통했음을 보여준다. 그가 사용하는 언어는 이방인들에게 어울리는 것이다. 누가는 십중팔구 이방인이었을 것이다.

누가복음 개요

예수님의 초기 생애(탄생, 세례, 유혹)	1-3장
예수님의 활동	4-21장
예수님의 지상 생애 마지막 며칠(예루살렘 입성, 배신, 십자가 죽음, 부활)	22-24장

요한복음

요한복음은 마태복음, 마가복음, 누가복음(공관복음)과는 아주 다르며, 교회와 일반 독자에게 강한 호소력을 갖는다. 요한복음의 강력한 시작 부분은 어떻게 단순한 것이 심오할 수 있는지 보여준다. 요한복음의 문체와 어휘는 제한적이지만 정서는 보편적이다. 요한복음의 기사는 광범위한 여러 인물을 조금씩 살펴보며, 예수님의 말씀과 대화를 길게 다루는 게 특징이다. 나사로와 마리아와 마르다 이야기, 예수님과 니고데모의 대화, 최후의 만찬에서의 가르침, 갈릴리 호숫가에서 예수님과 베드로의 만남은 요한복음에만 나온다.

누가처럼, 요한은 자신이 복음서를 쓰는 목적을 말한다(요 20:30,31). 그는 예수님이 하나님의 아들임을 증명하고 독자들이 그분을 믿고 생명을 얻도록 이용 가능한 모든 자료에서 에피소드를 의도적으로 선택했다. 제4 복음서는 다른 복음서와 마찬가지로 저자가 누구인지 말하지 않는다. 그러나 신약의 어느 책만큼이나 전통적 견해가 강한 지지를 받는다. 도날드 거스리(Donald Guthrie, New Bible Commentary, 'John,' 1021-1022)는 예수님의 최측근 가운데 하나가 저자로 보인다고 했다. 이 복음서의 저자는 팔레스타인과 유대 관습을 정확히 알고 있으며, 그의 생생하고 자세한 묘사(요 2장: 항아리의 수, 요 21장: 물고기의 수)는 그가 목격자였음을 암시한다. 교회는 전통적으로 이 복음서의 저자와 요한일서의 저자를 연결한다. 두 문헌은 '우레의 아들'이었던 사람이 극적으로 변화된 모습을 보여준다.

무덤 정원(garden tomb). 전통적으로 이곳을 나사렛 예수의 무덤으로 본다.

요한복음은 공적인 기적('표적'이라 불린다)과 강화(講話, discourses)를 포함하는데, 대부분은 공관복음에 없는 것들이다. 5천 명을 먹이신 이야기와 예수님이 물위를 걸으신 이야기만 4복음서에 모두 나온다. 요한의 연대기는 더 자세하고 선택적이다. 공관복음은 한 번의 유월절을 말하는 데 반해, 요한복음은 세 번의 유월절을 말한다. 또한 공관복음은 한 번의 예루살렘 방문을 말하는 데 반해, 요한복음은 세 번의 예루살렘 방문을 말한다. 공관복음은 예수님의 생애에서 50일에 해당하는 사건을 기술하는 반면에, 요한복음은 예수님의 공생애의 2퍼센트도 안 되는 겨우 20일에 해당하는 사건을 기술한다. 요한복음에서, 교회는 구원자의 삶과 사역의 향기를 소중히 여긴다.

요한복음 개요

프롤로그 – 말씀(Word)에 대한 설명	1:1-18
예수님의 공적 사역 – 표적, 니고데모와의 대화, 우물가의 여인, 예루살렘 입성	1:19-12:50
예수님의 사적 사역 – 죽으시기 전 제자들과 함께하신 마지막 주	13:1-17:26
예수님의 재판과 죽음	18:1-19:42
예수님의 부활	20:1-31
예수님이 부활 후 열둘에게 나타나심	21:1-25

사도행전

사도행전은 한 시리즈의 속편이며, 기록된 지 한 세기가 지나지 않아 누가의 저작으로 인정받았다. 사도행전과 누가복음은 둘 다 데오빌로에게 쓴 것이다. 저자는 사도행전에서 바울의 조력자로 등장하는 것으로 보인다(누가복음 항목을 보라).

1세기 문헌들은 파피루스에 기록되었다. 실제로 가장 큰 사이즈는 파피루스 30장 정도를 이어 붙여 두루마리 형태로 만든 것이었다. 사도행전과 누가복음을 합치면 이 정도 크기였을 것이며, 이 둘은 신약 전체 분량의 1/4을 차지한다.

자료를 사용한다고 영감이 없어지는 것은 아니다(행 1장을 보라). 누가는 복음서를 기록할 때 자료를 활용했으며, 사도행전을 기록할 때도 자료를 활용한 게 분명하다. 당시 지중해 세계는 통신과 교통이 잘 정비되어 있었으므로, 누가는 인터뷰를 하고 자신의 일지를 이용해 믿을 만한 글을 쓸 수 있었을 것이다. 바울이 2년간 가이사랴의 감옥에 있을 때, 누가는 여행을 하면서 자신이 직접 보지 못한 일을 면밀히 조사할 수 있었을 것이다.

사도행전 공부는 신약을 이해하는 데 아주 중요하다. 사도행전은 바울 서신을 보충하며 바울 서신 하나하나가 역사적으로 어느 위치에 있는지 알려준다. 다시 말해, 사도행전은 성경에서 초대교회의 삶을 아주 자세히 소개하는 유일한 책이다. 사도행전은 기독교가 유대교의 계승자이면서도 유대교와는 다르다는 사실을 보여주며, 따라서 유대인뿐 아니라 로마인을 겨냥한 변증서일 수 있었다. 사도행전의 저자는 기독교가 통치자들에게 전혀 위협이 되지 않음을 증명하려는 의도도 있었을 것이다.

사도행전은 대부분의 사도를 언급하지 않으며, 12장 이후에는 거의 바울에게만 초점을 맞춘다. 베드로나 바울의 죽음에 대한 언급이 없으며, 바울이 로마에서 투옥된 기간을 2년이라고 말한다. 이것은 투옥 기간이 끝났어야만 알 수 있었을 사실이다. 사도행전은 갑작스럽게 끝나는데, 이는 교회의 이야기가 아직 끝나지 않았다는 뜻이 분명하다!

사도행전 개요

예루살렘의 예수님의 증인들: 성령 강림, 치유와 박해, 정결과 섬김	1-7장(1:8이 핵심)
유대와 사마리아의 예수님의 증인들: 전파, 박해, 사울의 회심, 베드로의 투옥, 야고보(요한의 형제)의 죽음	8-12장
땅 끝의 예수님의 증인들	13-28장
사울과 바나바: 1차 전도여행	13-14장
예루살렘 공회	15장
바울과 실라: 2차 전도여행	16-18장
바울: 3차 전도여행	18-21장
바울의 투옥: 팔레스타인에서 2년	22-24장
바울의 투옥: 로마에서 2년 더	25-28장

바울 서신

The Epistles of Paul

로마서

AD 1세기, 로마는 서구 세계에서 가장 큰 도시였으며, 인구가 4백만에 가까웠다. 로마는 전체 인구의 거의 절반이 노예였으며, 비교적 평화롭고 번영을 누리는 도시였다. 유대인들은 BC 63년에 예루살렘을 점령한 폼페이에 의해 처음으로 로마에 노예로 끌려왔으나 대부분 해방되었으며 나중에 글라우디오 황제 때 로마에서 추방당했다(행 18:2).

로마는 일반적으로 다신교 사회였으나 대부분의 지역 종교는 경멸의 대상으로 전락했고 따라서 타 지역 종교들에게 기회가 있었다. 많은 이방인이 유대교의 의식을 따르지는 않았으나 유대교의 윤리적 일신론에 끌렸다.

바울은 로마교회에 보낸 서신에서 로마교회가 어떻게 생겨났는지 말하지 않는다. 로마교회의 설립에 관해서는 베드로가 세웠다거나 오순절에 예루살렘에 왔던 로마의 유대인들이 세웠다거나(행 2장) 이미 교회가 세워진 다른 도시의 신자들이 세웠다는 등 여러 이론이 있다. 로마교회가 어떻게 시작되었든 간에, 바울은 로마교회와 정기적으로 소식을 주고받았거나 적어도 로마교회에 관한 보고를 받았던 것 같다. 바울이 여러 해 동안 로마를 방문하고 싶어 했다는 사실은 그의 첫 마디에서 분명하게 나타난다. 그러나 바울은 로마서를 쓸 때까지도 로마를 방문하지 못했다. 그럼에도 바울은 로마교회를 구성하는 개개인을 잘 알고 있었으며, 로마교회의 모임 장소가 여럿이라는 사실도 알고 있었다. 로마교회는 건강했으며 널리 알려져 있었던 것 같다(롬 1:8).

바울은 3차 전도여행이 끝날 무렵(행 20:1-3; 롬 15:25), 가난한 자들을 위한 연보를 전달하려고 팔레스타인으로 가는 길에 고린도에서 로마교회에 편지를 썼다. 바울은 감옥에 갇혀 있었기 때문에 거의 5년 후에나 마침내 로마를 방문할 수 있었다. 그러므로 로마에서 이루어진 바울과 유대교 지도자들의 만남(행 28장)은 로마교회가 로마의 유대교 공동체로부터 독립해 자신만의 정체성을 확립했음을 암시한다.

로마서는 바울이 실제로 만난 적이 없는 신자들에게 쓴 서신이며, 이전의 서신들(갈라디아서, 데살로니가서, 고린도서)만큼 개인적이거나 일화가 많지도 않지만, 성격이 교훈적이고 범위가 보편적이며 접근이 체계적이고 어려운 장면으로 인한 흥분도 없다. 로마서는 그리스도인들이 신약 서신서 가운데 가장 많이 읽고 연구하는 책이며, 예수 그리스도 안에 있는 하나님의 구원의 은혜를 가장 잘 설명해주는 책이다.

로마서 개요

서문, 바울의 자격, 로마의 신자들을 보고 싶은 마음	1:1-17
인간의 진정한 상태와 그리스도의 십자가 사역의 필요성	1:18-3:20
그리스도의 희생적 죽음의 교리	3:21-5:21
그리스도와 함께하는 삶의 기회와 장애물	6:1-8:39
'유대인 문제': 왜 믿는 사람이 그렇게 적은가?	9:1-11:36
새로운 삶의 도전	12-16장

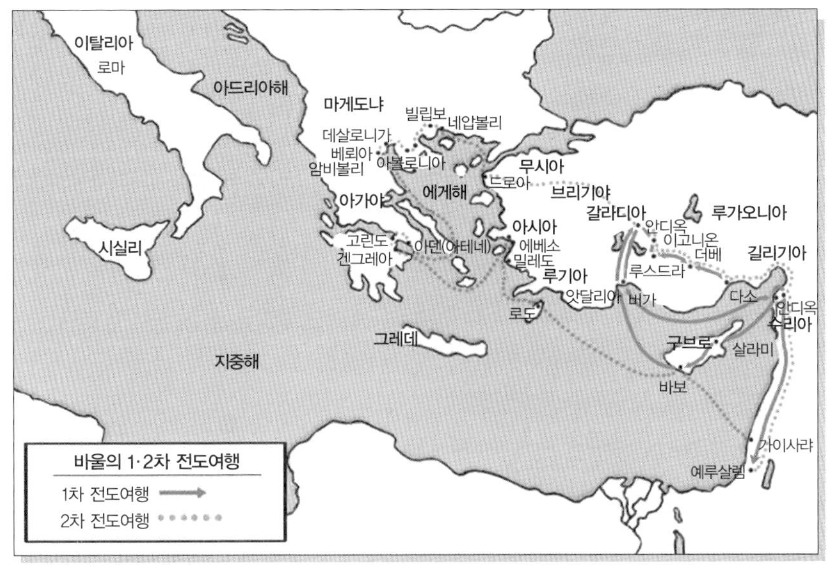

고린도전서

신약의 서신은 기독교 저작이 다른 종교의 저작과 어떻게 다른지 보여준다. 신약의 서신은 엄격히 말해 에세이가 아니며, 가르침을 포함하지만 일차적 목적은 즉시 바로잡거나 교훈하는 것이며 틀보다는 내용을 중시한다. 바울 서신(사도행전 18장의 내러티브 포함) 때문에, 오늘날의 독자들은 사도 시대의 그 어느 교회에 대해서보다 고린도 교회에 대해 많이 안다.

고린도는 중요한 교역의 중심지요 전략적 요충지였으며, 다양한 문화(로마/이탈리아 문화, 헬라 문화, 아시아 문화)가 섞이는 곳이었다. '고린도적인'(Corinthian)이라는 말은 도덕적으로 부정적인 의미를 내포했으며, 이러한 상황이 바울에게 잠재적인 새로운 도전이었고 나중에 고린도 교회에 문제를 일으켰다.

바울이 고린도에 도착한 때는 2차 전도여행이 끝날 무렵 에베소를 거쳐 예루살렘으로 돌아가기 전이었다. 유럽에서 바울은 아시아에서와는 다른 경험을 했다. 반대가 어김없이 꼬리에 꼬리를 물었고 새로운 신자들이 박해를 받았다. 바울은 고린도에 오래 머물려고 생각하지 않았을 것이다(행 18:1-11). 그러나 하나님은 환상을 통해 중요한 결과가 있을 것을 바울에게 미리 말씀하심으로써 그에게 용기를 주셨다.

바울이 빌립보에 겨우 며칠 머물렀고 데살로니가에는 몇 주 혹은 몇 달을 머문 것에 비하면, 고린도는 바울에게 고정 사역지가 되었다. 바울은 고린도에서 거의 18개월을 자신의 일반적 전략대로 사역했다. 그는 먼저 유대 회당을 찾아갔고, 유대인들의 반대에 부딪힌 후에는 개인의 집으로 물러났다. 바울은 직장을 구했으며 천막 제조업자 브리스길라와 아굴라 부부를 만나 평생토록 그들과 관계를 유지했다. 바울은 빌립보 교회의 연보 덕분에 가르치고 복음 전하는 일에 더 많은 시간과 노력을 쏟을 수 있었다. 새로운 회심자들은 주로 사회적, 경제적으로 낮은 계층이었다.

바울이 마침내 에베소를 향해 떠났을 때, 새로운 신자들에게는 해결되지 않은 문제들이 있었다. 고린도전서는 바울의 대답을 제시하며(고전 7:1; 8:1; 12:1; 16:1) 고린도 교회의 심각한 도덕적 문제를 다룬다. 고린도와 에베소는 가까웠기 때문에 서로 오가며 소식을 전하기 쉬웠다. 고린도전서는 바울이 고린도 교회에 쓴 첫 번째 서신도 아니었고(고전 5:9) 마지막 서신도 아니었다.

고린도전서 개요

인사와 감사	1:1-9
교회 내의 잘못에 대한 평가	1:10-6:20
고린도 성도들의 질문에 대한 답변	7:1-11:1
교회 내의 또 다른 잘못에 대한 평가	11:2-34
질문에 대한 추가 답변	12:1-14:40
부활에 대한 교정과 가르침	15:1-58
질문에 대한 추가 답변과 끝인사	16:1-24

고린도후서

고린도후서는 바울의 보다 개인적인(자서전적) 목회서신 가운데 하나이다. 문체와 구조에서 나타나는 깊은 감정, 자신의 사역에 대한 자세한 변호, 신자들에 대한 호소는 이들이 하나님의 진리를 일상에 적용하는 모습을 보고 싶은 바울의 바람을 보여준다. 고린도전서와 고린도후서 사이에 무슨 일이 있었는가? 분명한 연대기를 재구성하기란 어렵지만 이때 일어난 사건들이 고린도후서를 이해하는 열쇠인 것은 분명하다.

바울은 고린도 교회를 세운 후(행 18장) 에베소로 떠났고, 그곳에서 거의 3년을 머물렀다(행 19-20장). 고린도전서를 쓸 때, 바울은 봄에 에베소를 떠나 마게도냐로 가는 길과 돌아오는 길에 고린도를 방문할 계획이었으나 계획을 바꾸어 디모데를 자기 대신 고린도에 보냈다(고전 16:10). 바울은 마게도냐로 갔고(고후 2장) 디도를 고린도에 보내 팔레스타인의 가난한 자들을 위해 연보를 거두게 했다(고후 8:6-7). 디도는 바울을 다시 만났을 때 고린도 교회의 상황을 들려주었고 바울은 즉시 고린도후서를 썼다. 디도는 가난한 자들을 위한 연보를 거두는 일을 마무리하라는 지시와 함께 고린도후서를 들고 고린도로 돌아갔다.

바울은 후에 고린도에 와서 세 달을 머물다가 연보를 가지고 예루살렘으로 떠났다. 현대 학자들은 바울이 고린도후서의 저자라는 데는 이견을 달지 않지만 어떤 학자들은 고린도후서의 통일성에 의문을 제기한다. 고린도후서가 바울과 교회의 관계를 길게 묘사하지만 그의 사도적 권위에 대한 특별한 변호가 10-13장에 나온다. 고린도후서를 진지하게 연구하는 사람들에게 한 가지 어려운 문제가 있다. 고린도후서는 단번에 기록되었는가, 아니면 시간이 지난 후 각 부분이 하나로 합쳐졌는가?

고린도후서 개요

서론	1:1-11
시련과 하나님의 위로에 대한 설명	1:12-7:16
계획된 여행과 실제 여정에 대한 설명	1:12-2:17
사역의 동기와 방법에 대한 설명	3:1-5:19
서로 협력하고 용기를 갖고 미래를 맞을 것을 당부	5:20-7:16
온전한 연보에 대한 요구	8:1-9:15
사역, 사도적 권위, 신앙, 실천에 대한 변호	10:1-13:10
결론	13:11-14

갈라디아서

바울과 바나바는 구브로와 지금의 터키에 위치한 안디옥과 이고니온과 루스드라와 같은 도시를 방문하는 여정이 끝났을 때(행 13-14장) 발걸음을 되돌려 그들이 낳은 '영적 자녀들'이 믿음에 굳게 서도록 도우려고 그들을 다시 방문했다. 이제 바울은 이들을 그룹으로 조직하고 리더를 세웠다(행 14:21-25).

그러나 바울은 이 주목할 모험이 끝날 무렵 갈라디아에서 그리스도를 영접한 몇몇 사람이 다른 메시지 때문에 그분을 버리고 있다는 소식을 들었다. 서로 질투하고 대립하는 파당들이 복음을 잘 받아들인 바로 그 비옥한 땅에 자신들의 씨앗을 뿌렸다. 적들은 고대 유대교 의식에 근거한 세세한 종교적 행위의 시스템(대개 율법주의라 불린다)으로 어린 신자들을 오염시켜 하나님의 은혜의 기쁨에서 떠나게 하려 했다. 이러한 교리적 '이탈'은 바울의 방문 후 '속히' 일어났다(갈 1:6). 바울은 1차 전도여행을 끝내면서 안디옥에 오래 머물렀으며(행 14:28), 따라서 문제를 파악하고 갈라디아서를 쓸 시간이 있었다.

크게 실망한 바울은 자신이 불과 얼마 전에 세운 교회들에게 이 서신을 보냈다. 누가는 사도행전 13-14장에서 갈라디아라는 단어를 사용하지 않지만 사도행전 16장 4-6절에서는 사용하는데, 여기서 그는 바울과 실라가 '여러 성으로' 다니면서 교회들에게 힘을 주었다고 기록한다. 사도행전이 말하는 바울의 삶에서 일어난 사건에 비추어볼 때 갈라디아서는 AD 48-49년에 기록되었을 것이다.

갈라디아서 개요

인사와 신자들이 율법주의에 빠진 데 대한 놀라움	1:1-10
복음의 권위, 바울의 메시지가 옳음을 증명하기 위해 인용된 경험들	1:11-2:21
체현(體現)된 은혜의 메시지	3:1-4:31
하나님의 뜻대로 살라는 도전	5:1-6:18

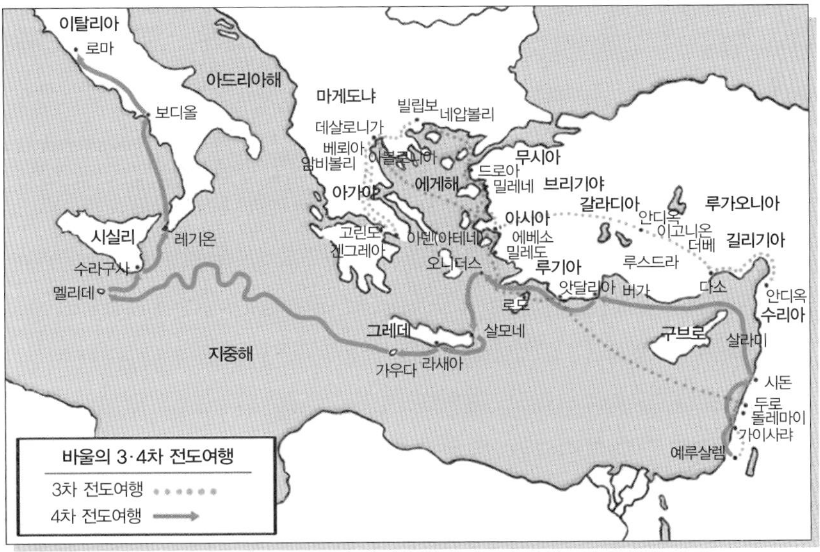

에베소서

지금의 터키에 위치한 에베소는 고린도에서 바닷길로 480킬로미터 떨어져 있었고, 서아시아에서 가장 큰 도시였으며, 지중해의 상업 중심지로서 시리아(수리아)의 안디옥과 이집트의 알렉산드리아와 어깨를 나란히 했다. 에베소는 그 지역 수도는 아니었으나 로마에 중요했다. 에베소에는 고대 세계의 7대 불가사의 가운데 하나인 아데미(Diana) 신전이 있었는데, 바울의 에베소 전도 이야기에도 나온다.

에베소 교회가 어떻게 시작되었는지는 알 수 없으나 바울은 처음에 에베소를 잠시 방문한 후 아굴라와 브리스길라를 에베소에 남겨두었다(행 18장). 그 후 아볼로가 와서 사역을 잘했으며, 아볼로가 떠난 후 바울이 에베소에 와서 오래 머물렀다. 바울은 두 번째 에베소를 방문했을 때(행 19장) 세 달 동안 회당에서 복음을 전한 후에 두란노 서원에 선교 센터를 세우고 2년 동안 말씀을 가르쳤다. 바울은 후에 사로잡혀(유대인 선동자들에 의해) 투옥되기 전에 밀레도에서 에베소 장로들을 가르쳤고, 감옥에서 나온 후 에베소를 다시 방문했으며 동역자 디모데에게 에베소 교회를 맡겼다(딤전 1:3).

바울과 에베소 교인들 간의 오랜 관계에도 불구하고, 학자들은 에베소서가 바울 서신 가운데 가장 개인적이지 않다고 본다. 골로새서와 빌레몬서처럼, 에베소서도 두기고가 전달했고, 바울이 로마 감옥에서 쓴 게 분명하다. 바울은 왜 에베소서를 썼는가? 바울은 거짓 교사들 때문에 골로새서를 썼으며, 도망친 노예 때문에 빌레몬서를 썼다. 에베소서는 방어적이거나 논쟁적이지 않으며 어조가 긍정적이고 개인적인 언급이 없기 때문에 모두를 향한 메시지이며 그리스도의 몸을 강조한다.

에베소서 개요

첫인사	1:1-2
하나님이 그리스도 안에서 믿는 자들을 위해 하신 일	1:3-3:21
하나님이 그리스도 안에 있는 믿는 자들에게 바라시는 것	4:1-6:20
끝인사	6:21-24

빌립보서

헬라 북부지역에 위치한 빌립보는 야만인들로부터 로마를 지키기 위한 요새였다. 빌립보는 주로 농경 사회였고 군사 기지였기 때문에 유대인들에게 인기가 별로 없었다. 따라서 눈에 띄게도 빌립보에는 회당이 없었다. 바울의 빌립보 사역은 조용한 강변에서 소수(대부분이 여자였고, 몇몇은 유대교로 개종한 사람들이었다)를 상대로 시작되었다. 로마 시민권자인 바울은 로마법에 어긋나게도 부당하게 맞고 하룻밤 감옥에 갇혔다.

신약에는 빌립보서의 연대를 추정할 만한 구체적 기준점이 없다. 그래서 독자들은 바울이 처음 빌립보를 방문한 후 빌립보서를 쓸 때까지 10여 년의 공백이 있다는 사실을 알기 어렵다. 이 기간에 바울은 로마제국의 대로를 따라서 또는 배로 지중해를 가로지르면서 수천 마일을 다녔다. 그러나 바울은 빌립보 교회와 지속적으로 연락을 주고받았으며 이들로부터 선교 헌금을 거듭 받았다.

바울은 빌립보에 이르기 전 누가와 만났던 게 분명하며(행 16:10, “우리가”), 빌립보에 누가를 남겨두었을 것이며(행 16:39,40) 실라와 함께 호위를 받으며 빌립보를 떠났다. 그리고 후에 마게도냐를 거쳐 빌립보에 들렀던 게 분명하다.

교회들이 로마 감옥에 있는 바울의 건강을 염려할 때, 빌립보 교회는 에바브로디도를 바울에게 보냈다. 에바브로디도는 로마에서 병이 났으며, 건강을 회복할 때까지 빌립보로 돌아갈 수 없었다. 에바브로디도는 빌립보로 돌아갈 때 바울이 쓴 빌립보서를 가져갔으며, 빌립보서는 바울의 상황에 대한 최신 정보(그는 석방을 기대했다), 빌립보 교회에 대한 바울의 애정, 에바브로디도가 지체한 이유 등을 담고 있다.

빌립보서 개요

첫인사	1:1-2
빌립보 교회와의 관계에 대한 회상, 자신의 상태에 관한 보고	1:3-26
믿음의 삶을 살라는 권고, 바울의 동료들의 방문 계획	1:27-2:30
잘못에 대한 경고, 하나 되라는 호소	3:1-4:9
경제적 후원에 대한 감사, 끝인사	4:10-23

골로새서

바울 서신 가운데 그의 여행과 연결될 수 있는 게 많지만 바울의 골로새 방문에 관해서는 한마디도 없다. 당시 골로새는 산악지대인 브루기아 지방의 정상 부근에 위치했으며, 에베소에서 내륙으로 160킬로미터 떨어져 있었다. 바울은 에베소에 오래 머물렀으며 이 때문에 주변 지역에 교회들이 세워진 게 분명하며(고전 16:19), 이때 골로새 교회를 세운 사람은 그곳 출신의 에바브라였다(골 1:7).

골로새서는 작은 단체 서신(group letter) 가운데 하나인데, 여기서 바울은 자신이 매인 상태라고 말한다. 바울은 4년간 감옥에 있으면서 친구들과 계속 소식을 주고받았다. 바울은 로마에 있을 때 방문객을 맞았으며(행 28장), 이 기간에 '옥중서신'을 썼다. 골로새서(골 4:7)와 에베소서(엡 6:21,22)와 빌레몬서는 같은 사람에 의해 전달되었으며, 거의 동시에 기록되었을 것이다(골로새서와 에베소서와 빌레몬서는 두기고와 오네시모가 한 차례 여행을 하면서 각각의 교회에 전달한 서신이며, 바울은 로마에서 가택 연금 중에 이 서신서들을 썼을 것이다 — 역자 주).

바울은 아직 골로새를 방문한 적이 없지만 바울과 골로새 교회의 관계는 깊었다. 그래서 바울은 빌레몬과의 친분을 인정하며, 골로새에서 온 에바브라를 비롯해 골로새 교인들과 서로 알며 지금 자신 곁에서(로마) 그들에게 문안하는 사람들을 일일이 소개한다. 골로새서는 그리스도의 인물(person)과 사역을 주로 다루며 신자들에게 여러 가지를 경고하기 때문에, 주석가들은 에바브라가 골로새 교회 성도들을 노리는 도덕적, 철학적 유혹을 바울에게 보고했다고 믿는다. 골로새서는 골로새 교회가 거짓 주장을 논박하고 진리를 지키며 공동체 생활을 안정시키기 위해 필요한 것을 제공한다. 골로새서는 바울의 관심을 보여주지만, 바울은 고린도나 갈라디아에서처럼 놀란 것 같지는 않다.

골로새서 개요

첫인사	1:1-2
하나님께 감사, 신자들을 위한 기도	1:3-23
권위에 대한 변호, 거짓 가르침의 정체, 믿음을 지키라는 권고	1:24-3:4
그리스도를 믿는 자들이 가져야 할 참된 습관	3:5-4:6
개인적 인사, 끝인사	4:7-18

데살로니가전서

바울의 1차 전도여행(행 13-14장)은 하나님의 뜻을 따를 때 장애물을 만날 수 있음을 보여준다. 바울은 잠시 휴식을 취한 후(행 15:36) 아시아(지금의 터키)의 새로운 신자들을 방문하려 했으나 결국 마게도냐로 갔다. 바울과 실라는 빌립보에서 거친 반대와 심한 대우를 받았으나(바울과 실라는 매를 맞고 옥에 갇힌다) 여기서 멈추지 않고 서쪽으로 140여 킬로미터 떨어진 크고 번성하는 데살로니가로 가서 유대 회당을 찾아가 그리스도의 메시지를 전하는 전략을 다시 한 번 폈다. 3주 후, 몇몇 유대인과 많은 수의 헬라인과 귀부인들이 이들과 함께했으며, 바울은 야손의 집을 새로운 거점으로 정한 게 분명하다. 바울은 스스로를 부양하기 위해 일했으며(살전 2:9), 빌립보 교회는 적어도 두 번에 걸쳐 그에게 선교 헌금을 보냈다(빌 4:16).

마침내 적대자들이 야손의 집에 몰려와 바울이 다른 왕, 즉 예수를 선포하기 때문에 로마에게 위험하다며 바울을 고소했다. 폭도들은 바울이나 그의 동료들을 찾지 못하자 야손을 읍장들에게로 끌고 갔다. 데살로니가서는 고린도에서, 갈리오가 지방 총독으로 있던(행 18:12-17) AD 51-52년경에 기록되었을 것이다.

신자들은 바울과 실라를 밤에 베뢰아로 보냈으나 반대파들도 곧 따라가 무리를 선동했다. 그러자 바울은 홀로 아덴(아테네)을 거쳐 고린도로 갔으며, 고린도에서 실라와 디모데를 만났다(살전 3:6). 바울의 염려는 안도로 바뀌었으며 그 결과 데살로니가전서를 썼는데, 데살로니가전서의 주제는 의심할 것도 없이 바울이 데살로니가에서 가르친 주제인 하나님 나라였다.

데살로니가전서 개요

서론, 칭찬과 감사	1:1-10
사역에 대한 변호, 하나님이 바울을 통해 신자들에게서 하시는 일	2:1-3:5
믿음을 지키라는 격려, 거룩한 삶에 대한 교훈	3:6-4:12
주님의 강림, 인내의 요구	4:13-5:11
끝인사, 마지막 교훈과 격려	5:12-28

데살로니가후서

왜 바울은 데살로니가에 막 세워진 교회에 연이어 서신을 썼는가? 그와 데살로니가 교회의 관계는 회당에서 이루어진 3주간의 대화로 시작되었고 그가 야손의 집에서 사역하면서 계속되었다. 데살로니가전서는 바울이 데살로니가에서 밤에 탈출하고 얼마 지나지 않아 기록되었다. 바울은 데살로니가 교회를 걱정했지만 디모데의 보고를 듣고 마음이 놓였다. 그렇다면 그 다음에 무슨 일이 일어났는가?

바울의 첫 번째 서신은 데살로니가 교회에 상당한 영향을 미쳤을 것이다. 서신을 전한 사람이 데살로니가에 남아 상황을 살핀 후 고린도로 돌아와 최근의 소식을 전했을 것이다. 바울의 기도 요청(살후 3:2)은 이 서신과 그가 맨 처음 고린도에 머물던 때를 연결하며 그가 계속되는 반대를 알고 있었음을 암시한다.

바울의 첫 인사는 실라와 디모데가 여전히 그와 함께 고린도에 있음을 보여준다(사도행전에는 바울이 데살로니가를 다시 방문했다는 증거가 전혀 없다).

바울은 데살로니가후서에서 데살로니가 교회의 문제나 소식을 직접적으로 언급하지 않으며, 그가 데살로니가후서를 쓴 이유는 최근의 예언적 메시지와 이에 대한 데살로니가 교회의 반응 때문이었다(살후 2:1,2). 바울은 데살로니가 교회를 향해 예언을 존중하라고 가르쳤다(살전 5:20). 그러나 바울의 주장에 따르면, 주의 날이 이미 임했다고 주장하는 자들이 있었다(다른 왕과 나라에 대한 바울의 초기 가르침은 데살로니가전서와 함께 큰 날이 중심 주제였음을 보여준다).

데살로니가전서는 교회의 어려움이 주로 외부적인 것임을 암시하는 반면에, 데살로니가후서는 시간이 지나면서 내부적인 문제들이 커졌음을 분명히 한다. 데살로니가후서는 이들의 신앙을 재정비하고 이들의 일상적인 행동의 방향을 수정하려 한다. "불법의 사람"에 대한 언급(살후 2:3)은 초대교회 저작에서 자주 인용되며, 데살로니가후서의 진정성을 확실히 해준다.

데살로니가후서 개요

데살로니가 교회 성도들의 믿음과 헌신에 대한 인정	1:1-11
주의 날에 대한 바른 가르침	2:1-12
굳게 서라는 격려, 실제적인 교훈	2:13-3:18

디모데전서

바울의 목회 전략 중에는 숫자가 수시로 변하는 견습생과 신뢰할 만한 동료와 더불어 복음의 영향력 확대를 위해 일하는 방법이 있었다. 디모데는 바울의 초기 동역자 가운데 하나였다. 디모데는 혼혈인으로 바울이 2차 전도여행을 시작할 때 그의 제자가 되었다(행 18장). 이들은 거의 20년간 매우 가깝게 지냈으나 이 서신은 사도행전 13-28장에 나오는 시간표에서 어느 부분에도 해당되지 않는 것으로 보인다.

바울은 일을 마무리하도록 디모데를 에베소에 남겨둔 채 마게도냐로 떠났다(딤전 1:3). 바울은 사도행전 끝에서, 감옥에서 풀려났는가? 이것이 문제의 핵심으로 보인다. 바울은 풀려나기를 고대했으며(빌 1:19,20), 그 가능성은 바울의 움직임에 대해 다양한 설명을 낳았다.

하지만 디모데는 어려움에 직면했다. 바울은 3차 전도여행 때 거의 3년을 에베소에서 사역했었지만(행 19장) 그런데도 디모데의 에베소 사역이 쉽지 않을 것이라고 예견했다(행 20장). 디모데는 중요한 리더십과 지교회 사역의 문제와 맞부딪쳐 차례로 해결해야 했으며, 그래서 따뜻하고 부드러운 이 서신을 '목회서신'이라 한다. 바울은 디모데전서를 마게도냐에서 썼을 것이며, 이 서신의 주제는 교회의 질서와 권징이며, 바울의 개인적 대리자인 디모데의 역할에 어울린다(상황이 현대 교회의 직분에 대한 기술과 정확히 일치하지는 않는다. 디모데는 목사도, 장로도, 감독도 아니었다). 이 서신은 두려워하는 디모데에게 앞날에 대한 용기를 주었다.

사도행전 이후에 바울은 다음과 같은 여정을 소화했을 것이다.

1. 바울은 로마에서 석방된다.
2. 바울은 약속대로 디모데를 빌립보로 보낸다(빌 2:19-23).
3. 바울은 배를 타고 아시아로 가 약속대로 그를 방문하고(몬 22절), 에베소로 돌아온다.
4. 바울은 에베소에서 디모데를 다시 만나지만 그를 남겨두고 마게도냐로 떠난다(딤전 1:3).
5. 바울은 그레데로 가며, 디도를 그곳에 남겨둔다(딛 1:5).
6. 바울은 고린도로 가서 아볼로와 세나를 만나며, 이들은 후에 바울의 서신을 디도에게 전한다(딛 3:13).
7. 바울은 니고볼리에서 디도와 함께 겨울을 보낸다(딛 3:12).
8. 바울은 자신의 소망대로 서바나(스페인)로 간다(롬 1장).
9. 바울은 동쪽 도시들, 즉 드로아(딤후 4:13), 밀레도, 고린도로 돌아온다(딤후 4:20).
10. 바울은 다시 로마에서 감옥에 갇히고, 그 후 순교한다.

디모데전서 개요

첫인사	1:1-2
디모데의 의무: 거짓 교사들과 싸워야 한다	1:3-20
디모데의 의무: 교회의 질서를 세워야 한다	2:1-3:16
배교와 교회 내의 각 그룹에 대한 개인적 조언	4:1-6:2
마지막 경고와 축언	6:3-21

디모데후서

바울의 인생에서 마지막 장이 끝나고 있었다. 바울은 이전의 경험에 비추어(직관과 하나님의 계시와 더불어) 자신이 당장은 아니지만 한 번 더 석방되리라고 믿었다. 바울은 마지막이 가까워지자 확신이 커졌으나 여전히 자신과 가깝고 자신이 신뢰하는 사람을 간절히 보고 싶었다. 바울은 알지만 보이지 않는 것에 충실하면서 모든 것을 내세의 삶에 대한 소망에 걸었다.

바울은 다시 한 번 친숙한 도시의 감옥에서 디모데후서를 썼다(가능한 시나리오에 대해서는 앞에 제시한 바울의 여정을 보라). 바울이 언제 이 서신을 썼는가? 이 시기에는 날짜가 분명한 사건이 많다. 그 가운데 AD 64년 7월 19일에 시작되어 엿새 밤 이레 낮이나 계속된 로마 대화재도 있다. 며칠 후, 더 많은 화재가 일어났고, 로마의 절반이 잿더미로 변했다. 공범으로 지목된 네로는 비난의 화살을 그리스도인들에게 돌렸고, 로마를 시작으로 제국 전역에서 그리스도인들을 잔혹하게 박해했다. 바울은 석방을 기대했으나 기대와는 반대로 상황은 더 악화되었고, 이번에는 공식적인 박해가 시작되었다. 많은 친구들이 바울을 떠났고 신앙을 버렸다.

디모데는 여전히 에베소에 있었을 것이다(딤후 4:19). 바울의 곁에는 누가뿐이었으나(딤후 4:9-12) 바울은 누가 외에도 이 서신을 디모데에게 전해줄 만한 사람들 정도는 알고 있었다. 바울의 고난에 비추어볼 때, 임박한 사건들은 큰 약속을 담고 있었으나 바울의 젊은 친구에게는 상실과 위험에 대한 경고였다. 교회에 미칠 영향도 엄청났다. 바울은 디모데에게 로마로 오라고 부탁하며 올 때 몇 가지 심부름도 하라고 부탁한다(딤후 4:13). 디모데후서는 목회서신이라기보다는 매우 개인적인 서신이다.

디모데후서 개요

서론	1:1-5
굳게 서서 사역과 섬김을 감당하라	1:6-2:13
굳게 서서 신앙을 지키고 실천하라	2:14-4:8
개인적인 부탁과 끝인사	4:9-22

디도서

사도행전이 디도를 전혀 언급하지 않지만, 디도와 바울의 오랜 친분은 적어도 사도행전 15장에 나오는 예루살렘 공회 때까지 거슬러 올라간다(갈라디아서 2장을 보라). 디도는 고린도를 최소한 세 차례 방문함으로써(고후 2장; 8:6; 나머지 한 번은 고린도후서를 가지고 고린도 교회에 갔다) 바울과 고린도 교회를 섬겼으며, 이로써 디도는 지중해의 그레데섬에서 사역할 준비를 갖추었다.

그레데 주민의 평판은 일반적으로 좋지 않았으며, 그레데는 사도행전에만 언급되는데(행 27장) 바울은 로마로 압송되는 중에 그레데에 잠시 들렀다. 신약은 그레데 교회의 기원을 전혀 언급하지 않지만, 그레데에 교회가 있었다는 사실은 복음이 사도들의 직접적인 참여 없이 그곳에 전파되었음을 암시한다.

디도의 고린도 사역과 이 서신 사이에는 5년의 간격이 있다. 디도서는 디모데전서보다 짧고 덜 개인적이지만, 마찬가지로 바울의 대리자 디도에게 권위를 실어주었고 디도가 교회를 가르치고 교인들의 도덕적 행위에 대해 지적할 수 있게 해주었다. 디도는 아볼로와 세나의 방문에 기뻤을 것이다. 그러나 디도는 이들이 바울의 서신을 가지고 도착하기 전까지 이들이 온다는 사실을 몰랐을 것이다.

내부 자료는 디도서가 디모데전서와 동일한 환경에서, 바울이 감옥에서 풀려났을 때 기록되었음을 암시한다. 디도서는 디모데전서보다 먼저 기록되었으나 그 간격이 얼마나 되는지는 알 수 없다.

디도서 개요

첫인사	1:1-4
장로들에 대한 가르침	1:5-16
교회 내 각 그룹에 대한 가르침	2:1-15
신자들의 행위에 대한 가르침	3:1-11
결론적인 언급과 축언	3:12-15

빌레몬서

감옥에 있는 늙은 친구의 부탁을 거절할 수 있겠는가? 신약에 포함된 바울의 저작 가운데 독특한 이 서신은 개인적인 문제를 다루며 한 개인에게 쓴 서신이다.

교회는 재산을 소유하고 특별한 건물을 짓기 전까지 가정에서 모였다. 골로새에서, 빌레몬은 노예를 소유하고 교회에 모임 장소를 제공할 만큼 상당한 부자였던 게 분명하다. 바울은 그에게 두 가지를 부탁한다. 하나는 자신이 방문할 때 숙소를 마련해달라는 것이며, 다른 하나는 좀 더 어려운 부탁이다.

로마는 바울의 여행을 금지시켰으나 그의 사역을 완전히 막을 수는 없었다. 바울은 군인들과 감옥으로 자신을 찾아오는 사람들을 대상으로 사역을 계속했다. 방문자들 가운데 하나가 골로새에서 도망친 노예 오네시모였다.

바울의 서신은 그가 빌레몬의 가족을 알고 있음을 보여준다. 압비아(그의 아내로 추측)와 아킵보(그의 아들로 추측)가 골로새 교회에서 중요한 역할을 했다. 왜 이 짧은 서신이 보존되었는가? 한 가지 설명이 있는데, 간단히 말하면 이렇다. 빌레몬서는 기독교 신앙을 특별한 상황에 적용하며, 기독교 신앙이 인간 삶의 가장 구석진 곳을 어떻게 파고드는지 보여주는 감동적인 예이다. 바쁘게 돌아가는 세상에서, 빌레몬서는 친절은 언제나 적절하며, 사람들은 우리가 자주 깨닫는 것보다 더 중요하다는 사실을 상기시켜 준다.

빌레몬서 개요

첫인사	1-3
빌레몬과 그의 교회 섬김에 대한 인정	4-7
딜레마 제시, 은혜와 이해에 대한 당부	8-21
개인적인 부탁과 골로새 방문 계획	22-25

일반 서신

The General Epistles

히브리서

하나님만 아신다! 3세기 기독교 학자 오리겐이 히브리서 저자가 누구냐는 질문에 대해 내린 결론이다. 히브리서가 기록된 지 2천 년이 지났으나 히브리서 저자에 대한 교회의 궁금증은 아직도 풀리지 않았다. 저자는 70인역(헬라어로 번역된 구약)을 잘 아는 유능한 구약학자이다. 바울, 누가, 아볼로, 바나바, 실라, 브리스길라 중 하나가 히브리서의 저자라는 다양한 주장이 있다. 이러한 미스터리에도 불구하고, 히브리서는 널리 회람되었으며 로마의 클레멘트(Clement of Rome, 30-100. 로마 감독)는 1세기가 끝나기 전 히브리서를 권위 있는 본문으로 인용했다.

신약 전체가 그렇듯이, 히브리서도 네로의 죽음과 그리스도인에 대한 그의 공식적인 박해의 종결(AD 68년)뿐 아니라 로마가 예루살렘을 함락한 사건(AD 70) — 이로써 성전 제사가 끝났다 — 도 언급하지 않는다.

이를 토대로, 학자들은 히브리서가 이러한 사건이 있기 전에 기록되었거나 일어나고 훨씬 후에, 즉 이러한 사건이 이미 잘 알려져 있을 때 기록되었을 것으로 추정한다.

히브리서를 가장 먼저 받은 사람은 누구인가? "히브리인들에게"라는 어구가 가장 오래된 사본들에는 없다. 그러나 언어와 내용은 제국 도처에 흩어져 있었고 기독교로 개종한 유대인들이 히브리서의 수신자였음을 암시한다. 원래의 독자들은 사도들에게 복음을 들었고 표적과 기사를 직접 보았다. 이들은 기독교로 개종한 지 꽤 오래되었으며, 박해를 받고 재산을 잃을 만큼 오래 믿었다. 이들은 디모데를 알고 있으며, '이달리야에서 온' 친구들과 함께 있는 저자는 이들을 방문하려 한다. 모든 정황이 신자들의 구체적인 공동체를 시사한다(장소는 알 수 없다).

히브리서는 서신서 그 이상이다. 히브리서는 종교적 가르침과 서선서의 요소를 결합하지만(경고와 격려와 교훈을 담고 있다) 쓰는 사람이 받는 사람들을 알고 있을 때 그럴 수 있듯이 첫 인사가 없다(히 13:19). 경고를 해석하고 저자와 청중과 장소와 날짜를 밝히는 게 매우 중요하지만, 이 때문에 "예수님이 지금 세상에서 무슨 일을 하고 계시는가?"라는 질문에 대한 답변, 즉 그리스도의 제사장직을 소홀히 해서는 안 된다.

히브리서 개요

그리스도는 위상뿐 아니라 모든 면에서 최고이다	1:1-2:4
그리스도는 구속 행위에서 최고이다	2:5-4:13
그리스도는 제사장직에서 최고이다	4:14-10:18
그리스도를 따르는 특권과 위험	10:19-39
믿음의 삶의 덕목들	11:1-40
시련은 언제나 어디에나 있다	12:1-29
실제적 의무와 끝인사	13:1-25

야고보서

초기 신약의 문헌 가운데 야고보서는 다른 어떤 서신서보다 구약의 지혜문학을 많이 닮았다. 야고보서는 그리스도인들을 위한 그 어떤 구체적인 교리적 시각을 다루거나 전개하지 않는다. 야고보서는 직설적인 문체를 사용하고 자연과 일상과 인간의 성품에서 도출한 생생한 예를 포함한다. 야고보서는 예수님의 가르침, 특히 산상설교와 비슷한 점이 많다.

신약에서 야고보라는 이름을 가진 사람들 가운데 두드러진 사람이 둘 있다. 하나는 세베대와 요한의 형제 야고보이며(헤롯 아그립바에게 죽었다. 행 12장), 다른 하나는 요셉과 마리아의 아들이자 예수님의 형제인 야고보이다. 이외에도 야고

보라는 이름을 가진 두 사람이 더 있지만 그냥 지나가는 인물일 뿐이다. 이 서신을 쓴 야고보는 자신을 하나님과 예수 그리스도의 종이라고 말한다. 많은 신자들이 믿듯이, 그가 예수님의 형제라면 이 사실을 밝히지 않은 것은 이 사실이 잘 알려져 있기 때문이거나 그의 목적에 중요하지 않았기 때문일 것이다. 마태복음 13장과 마가복음 6장에 나오는 예수님의 형제 야고보는 처음에 교회의 핵심 지도자였으며(행 1-2장), 기독교 초기 몇 십 년 동안 계속 중요한 역할을 했다(행 15,21장; 고전 15장; 갈 1:18,19; 2:9).

처음에 예루살렘에서 일어난 박해 때문에 교회가 흩어졌을 때 야고보는 예루살렘을 떠나지 않았다(행 8장). 야고보서의 청중은 팔레스타인 밖에 흩어져 있으며 새로운 신자들로 이루어진 유대 공동체였다(약 1:1). 유대교와 기독교의 경계가 아직 분명하지 않았기 때문에, 야고보는 하나님의 공동체가 받아들일 수 없는 관습들을 다룬다.

야고보서 개요

서론과 주제 – 믿음의 시험	1:1-18
믿음은 말씀에 어떻게 반응하는가?	1:19-27
믿음은 사회적, 경제적 현실에 어떻게 반응하는가?	2:1-13
믿음과 행위는 어떤 관계인가?	2:14-26
믿음은 어떻게 절제로 나타나는가?	3:1-18
믿음과 세상은 어떤 관계인가?	4:1-5:12
믿음에 따라 어떻게 기도하는가?	5:13-20

베드로전서

초대교회들은 많은 서신을 받았으나 모든 서신이 사도들의 저작은 아니었다. 대부분의 서신은 진정성도, 권위도 없었다. 그러나 초대교회의 증언은 사람들이 '베드로전서'가 베드로의 신상 정보를 거의 포함하지 않음에도(베드로전서에서 베드로의 이름은 1장 1절에만 나온다 – 역자 주) 이 서신을 어부 출신의 사도인 베드로의 저작으로 믿었음을 보여준다. 우리는 복음서에서 베드로의 이야기를 알 수 있지만 1세기가 진행되면서 그의 자취는 흐려진다.

베드로가 바벨론이라는 용어를 사용하기 때문에 베드로전서의 기록 연대와 장소는 분명하지 않다. 베드로는 실제로 메소포타미아의 바벨론에 있었는가? 아니면 이집트의 바벨론이라는 도시에 있었는가? 그것도 아니면 바벨론이라는 말을 암호로 사용했는가? 전통적 주장은 그가 로마에 있었다는 것이다. 베드로가 로마에 있었던 것은 바울이 석방되어 스페인으로 가기로 결정했기 때문인가? 네로의 통치 때 로마제국의 수도에 뛰어난 사도가 필요했는가? 전승에 따르면, 네로가 베드로를 죽였다. 그렇다면, 베드로전서는 네로가 죽은 AD 68년 이전에 기록된 게 분명하다.

베드로전서는 아시아(지금의 터키)에 흩어진 교회들에게 보낸 서신이다. 순교에 관한 구체적 언급이 없지만 박해가 심해지고 있었기 때문에 베드로의 권면과 박해 앞의 용기라는 주제는 초대교회에 큰 가치가 있었을 것이다. 베드로의 서신은 신약의 몇몇 서신과 비교할 때 직설적이며 솔직하다. 베드로는 문학적 문체가 아니라 강한 문체를 사용하면서 독자들에게 믿음을 잃지 말라고 독려한다.

베드로전서 개요

서론과 첫인사	1:1-2
신자의 구원을 붙잡고 인내하라	1:3-2:10
신자는 세상과 구별된 사람임을 알고 인내하라	2:11-3:12
신자에게는 고난이 있음을 알고 인내하라	3:13-5:11
결론적인 언급	5:12-14

베드로후서

베드로후서는 베드로전서와는 아주 다르지만, 초대교회는 제한된 외적 증거에도 불구하고 베드로후서도 사도가 쓴 권위 있는 저작으로 받아들였다. 초대교회는 베드로가 썼다고 주장되는 다른 많은 저작을 받아들이지 않았다. 베드로가 자신을 직접 언급하게 할 뿐 아니라 다른 사도들까지 언급하게 함으로써 위작(僞作)을 진품으로 만들려는 시도가 많았을 것이다. 저자가 정말로 베드로가 아니라면 이러한 언급은 분명히 거짓일 것이다.

베드로후서는 유다서와 비슷한 점이 있다. 하나가 다른 하나에 영향을 미쳤는가? 어느 것이 어느 것에, 왜 영향을 미쳤는가에 대해서는 학자마다 견해가 다르다. 영감과 정경성에 관한 전통적 견해는 다른 거룩한 기록들의 영향을 배제하지 않는다. 베드로는 베드로후서에서 이 점을 분명하게 말하며, 그래서 의도적으로 청중도 베드로전서와 같게 한다. 베드로후서의 청중도 제국 각지에 흩어져 있는 이방인 교회들이다. 베드로는 바울의 서신들을 인정하기 위해 그를 언급하지만 그의 죽음은 언급하지 않는다. 그러므로 바울은 이때까지 살아 있었을 것이다. 베드로는 적어도 여러 편의 바울 서신을 알고 있음을 보여주는데, 이것은 교회가 초기부터 바울 서신을 보존하고 회람했음을 암시한다.

베드로후서의 목적은 갑자기 나타난, 교회의 신앙과 모순되는 가르침을 다루는 것이었다.

베드로후서 개요

서론과 첫인사	1:1-2
그리스도 안에 있는 신자들의 새로운 삶	1:3-21
새로운 삶을 부인하는 거짓 선생들에 대한 경고	2:1-22
그리스도의 확실한 재림에 대한 설명	3:1-18

요한일서

요한일서는 신약에 포함된 익명의 저작 가운데 하나이며 서신서로 분류되지만 요한이서, 요한삼서(그리고 나머지 모든 책)와는 형식이 다르다. 요한일서는 개인이나 지역 교회에 쓴 서신이 아니다. 요한일서는 마무리 단락 없이 갑작스럽게 끝나며, 예수님 외에는 누구의 이름도 언급하지 않는다. 몇몇 사도의 저작들은 교회가 회람할 목적으로 기록되었으나 요한일서는 여기에 대해 전혀 언급하지 않는다.

요한일서의 저자는 자신의 이름을 밝히지 않지만 요한일서에 대한 외적 증거는 신약의 다른 어떤 문헌에 대한 증거보다 많다. 요한일서는 일찍이 폴리갑이 인용했고, 요한의 저작에서만 발견되는 '적그리스도'(antichrist)라는 용어를 널리 퍼트렸다. 요한일서의 저자는 독자들을 알고 있었던 게 분명하다. 그는 구체적 관계나 자격을 주장하기는커녕 언급조차 하지 않는다. 그의 문체는 간결하지만 심오하며, 히브리 저작들을 닮아 마치 구약의 한 부분 같다. 요한일서의 구조는 가장 기묘하다. 직선적(서구적)이 아니라 순환적(동양적)이다. 학자들은 요한일서와 요한복음 사이에 내용과 문체의 유사점이 있다고 말한다. 세베대의 아들 요한은 일찍이 예수님을 따랐으며, 예수님의 최측근 가운데 하나였고, 헤롯 아그립바에게 죽은 야고보의 형제였다(행 12장).

요한은 독자들이 기쁨이 충만하고 죄를 피하며 자신들에게 영생이 있음을 알기를 원한다(1:4; 2:1; 5:13). 그는 성육신을 부정하고 물질은 악하다고 주장하며 점점 더 대중화되는 영지주의(靈知主義, Gnosticism)와 싸운다. 독자들이 회심한 지 꽤 지났으며, 요한은 대적과 마주하는 성도들을 황폐하게 하는 거짓 선생들에게 문을 열어주는 친절이 얼마나 위험한지 경고한다.

요한일서 개요

서론 — 말씀을 기억하며	1:1-4
교제의 시험을 통한 믿음의 확신	1:5-2:17
신앙과 실천의 갈등을 통한 믿음의 확신	2:18-4:6
사랑을 통한 믿음의 확신	4:7-5:5
성령의 증거를 통한 믿음의 확신	5:6-12
결론적인 문제들	5:13-21

이어지는 일반서신은 짧고, 수신자에 대한 언급이 없으며, 전통적으로 하나의 그룹으로서 신약 끝부분에 포함된다. 요한이서는 "택하심을 받은 부녀"에게 쓴 것이며, 요한삼서는 "가이오"에게 쓴 것이지만, 이들에 대해서는 각 서신에 나오는 것 외에는 알려진 게 없다. 유다서는 "부르심을 받은 자들"에게 쓴 것이다.

요한이서

요한이서는 장로가 "택하심을 받은 부녀"에게 보내는 짧고 개인적인 서신이다. 주제는 진리이다. 요한이 좀 더 자세히 밝힐 수 있지 않았을까? 그는 예수님이 우리와 함께 진리 가운데 계시므로 이 부녀(숙녀)에게 진리를 사랑하고 알며 실천하라고 말한다. 왜 그럴까? 돌아다니는 선생들을 포함해서 많은 사람들이 진리를 알거나 사랑하거나 실천하지 못하기 때문이다.

이 장로는 사도 요한인가? 전승은 그렇다고 말한다. 요한이서에 대한 인용은 2세기에 나타나며 요한복음과 요한일서의 저자 요한이 이 서신을 썼다고 본다. "택하심을 받은 부녀"와 그녀의 "자녀들"이 개개인을 가리키는지 아니면 한 지역의 교회를 가리키는지는 분명하지 않다.

또한 요한이서가 언제 기록되었는지도 알 수 없다. 여기에 관한 역사적이거나 개인적인 언급이 없기 때문이다(요한삼서나 유다서의 경우도 마찬가지이다).

요한삼서

요한이서는 장로가 친구 가이오에게 쓴, 감사와 건강을 위한 기도가 담긴 짧은 서신이다. 가이오는 진리를 위해 살며, 진리 가운데 행하며, 진리에 전념하라는 격려 서신을 받고 기뻐했을 것이다. 그러나 교회에는 이런 패턴을 따르지 않는 자들이 있다(예를 들면, 디오드레베).

유다서

유다는 짧은 서신에서 자신을 예수 그리스도의 종이요 야고보의 형제라고 소개하는데, 이것은 그가 예수님의 형제일 수 있다는 뜻이다(야고보서에 대한 설명을 보라). 유다가 자신과 예수님의 연결고리를 말하지 않는다는 사실은 이 서신의 진정성을 더해주며, 유다가 예수님의 초기 사역 때는 그분을 따르지 않았음을 상기시켜 준다.

유다서는 교회를 향해 경고하며 거짓 선생들을 비판하는데, 이 때문에 빨리, 자주 인용되었다. 유다서는 베드로후서를 닮았다. 그리고 유다서는 신약 시대에 인기가 있었으나 정경에 포함되지 않은 묵시 저작들을 언급한다.

유다는 자신이 이 서신을 쓴 목적을 밝히며(3절), 진기한 삼중구조를 사용한다.

유다서 개요

서론과 첫인사	1-2
목적: 배교에 대한 경고	3-4
배교자들의 운명	5-7
배교자들에 대한 상세한 설명	8-16
믿음을 지키라	17-23
축언	24-25

예언서

Revelation

요한계시록

요한계시록은 신약에서 하나뿐인 분명한 예언서이다. 요한계시록은 '나머지 이야기'를 들려준다. 요한계시록의 상징은 일반 독자뿐 아니라 진지한 학자들에게도 똑같이 어려우며, 교회 내에서 선의의 격론이 일어날 여지를 준다. 오는 세상과 신자들이 어떻게 그곳에 이르는가에 대해서는 여러 견해가 있다. 미래, 그리고 이 책을 완전히 무시하거나 예언의 주제나 특정한 종말론적 시각에 지나치게 집착하는 것 모두 위험하다.

묵시 저작들은 마카비 시대(BC 165년경)부터 시작해 신약 시대에도 잘 알려져 있었다. 이러한 저작들은 이전에 알려지지 않았던 것을 계시한다고 주장했으며, 대체로 모세나 에녹처럼 죽은 지 오래된 사람들의 이름을 사용했다. 베드로가 썼다는 저작도 있었다. 요한계시록은 예수 그리스도의 계시인데, 당시의 교회에 잘 알려진 동시대 인물이 저자라고 주장한다. 요한계시록은 유대교 묵시 문학의 형태를 띠고 있지만, 요한계시록의 내적 증거, 특히 자신의 정체를 밝힌 것은 요한이 계시록의 저자임을 뒷받침하는 게 분명하다. 전승에 따르면, 요한은 2-3장에 나오는 교회들과 오랫동안 관계를 가졌으며, 따라서 위작이 있었다면 어떤 것이든 밝혀질 가능성이 높았다.

요한계시록은 요한이 유배 중에 기록했으며, 요한이 유배된 시기는 AD 96년에 죽은 도미타인 황제 때일 것이다. 초대교회는 요한을 저자로 인정했으며, 2세기 말에는 이미 요한계시록을 광범위하게 인용하고 있었다.

요한계시록 자체는 서신과 예언과 묵시의 놀라운 결합이다. 요한계시록은 요한일서, 요한복음과 비슷하지만 내용은 전혀 다르다. 요한계시록의 상징은 성경 전체에 근거하지만 성경을 직접 인용하지는 않는다. 사물과 행동과 색깔까지도 우주의 하나님을 대적하는 세상적 체계를 가상적으로 묘사한다. 정경의 마지막 책은 하나님의 궁극적 승리에 대한 약속으로 끝난다!

요한계시록 개요

서론과 환상	1장
요한이 현재에 관해 본 환상	2-5장
요한이 미래에 관해 본 환상	6-19장
세상 역사의 끝	20-22장

더 깊게 공부하려면

Walter A. Elwell and Robert W. Yarbrough, *Encountering the New Testament*
Robert Gromacki, *New Testament Survey*
Robert Gundry, 《신약개관》(*Survey of the New Testament*), 이홍성 옮김(크리스챤서적, 1994)

도날드 거드리, 《신약서론》(*New Testament Theology*), 정광욱 옮김(크리스챤다이제스트, 1996)
레이몬드 E. 브라운, 《신약개론》(*An Introduction to The New Testament*), 김근수, 김경식, 이은순 공역(기독교문서선교회, 2009).
정훈택, 《신약개론》(대한예수교장로회총회출판국, 1998)

게리 필립스, 알리 후버, 노만 가이슬러, 고든 루이스

서론 | 하나님의 존재 증명 | 악의 문제 | 모든 게 상대적인가?

변/증/학

하나님은 그분을 믿는 것이 가장 합리적일 만큼 세상에 주셨으며,
순전히 이성이나 관찰만으로는 살 수 없을 만큼 세상에 주지 않으셨다.
라비 재커라이어스 Ravi Zacharias

서론

An Introduction to Apologetics

+ 게리 필립스

"너희 속에 있는 소망에 관한 이유를 묻는 자에게는 대답할 것을 항상 준비하되"(벧전 3:15). "성도에게 단번에 주신 믿음의 도를 위하여 힘써 싸우라"(유 3절). 이것들과 그 밖의 성경 구절은 그리스도인들에게 자신이 믿는 바를 다른 사람들에게 설명할 수 있도록 굳게 잡고 놓지 말라고 독려한다. 본질적으로, 이것이 변증학이다. 변증학은 우리의 신앙을 변명하거나 해명하는 게 아니라(변증학이라는 단어가 이것을 암시하는 것처럼 보이지만) 기독교에 대한 논리적이며 체계적인 설명이나 변호를 포함한다.

일반적인 믿음과는 달리, 변증학은 우리 가운데 지적인 사람들만 위한 게 아니다. 어떤 면에서, 우리는 누구나 그리스도의 복음을 위한 변증가여야 한다. 우리가 자신의 신앙을 숨길 생각이 아니라면 사람들이 우리에게 물을 것이다. 많은 그리스도인들이 믿음을 전하기 어려워하는데, 이것은 부분적으로는 믿음

을 충분히 이해하지 못하기 때문이다. 우리는 자신이 은혜가 필요한 죄인임을 알며, 하나님의 독생자 예수 그리스도께서 우리의 빚을 지불하려고 죽으셨으며 우리가 그분의 값없는 용서의 선물을 받음으로써 하나님과 화해되었음을 믿는다. 그러나 상대방이 하나님의 존재를 믿지 않는다고 말하거나 "어떻게 사랑의 하나님이 세상에 그렇게 많은 악과 고통을 허락하실 수 있느냐?"고 물을 때, 우리는 어떻게 대답해야 하는가?

우리는 자신이 하나님께 이르는 길이 우리의 길만큼 타당하다고 주장하는 이웃에게 뭐라고 말할 수 있으며, 우리에게 진리인 것이 자신들에게 반드시 진리는 아니라고 말하는 이웃에게는 뭐라고 말할 수 있는가?

여기에 실린 내용은 모두 쉽지는 않을 것이다. 그러나 이러한 내용을 삶에 적용한다면, 삶에서 가장 어려운 문제의 해답을 찾기 시작하면서 믿음이 성장하는 놀라운 경험을 하게 될 것이다.

CLARIFYING TRUTH-CLAIMS

진리 주장 명료화하기

진리를 알고 진리에 이르는 길을 바로 아는 것이 기독교 신앙의 기초이다. 하나님이 실제로 계시된 그분의 말씀과 그분의 아들 예수 그리스도를 통해 완전하고 분명하게 말씀하셨는지 묻는 사람이 있는 한 이러한 앎과 기초는 끊임없이 공격 받을 것이다. 체스터턴(G. K. Chersterton)은 이렇게 말했다. "우리에게 필요한 것은 우리가 옳을 때 옳을 뿐 아니라 우리가 틀릴 때도 옳은 종교이다." 하나님의 말씀만 이럴 수 있다.

실제로 변증학의 첫째이자 가장 중요한 과제는 진리 주장을 명료화하는 것이다. 월터 마틴(Walter Martin)은 이것을 '언어 장벽 허물기'라고 정의한다. 그러나 많은 그리스도인이 진리와 같은 단어를 정의해 보라고 하면 얼어붙는다. "내가 곧 길이요 진리요 생명이니"와 같은 예수님의 말씀이 무슨 뜻인지 생각해 본 적이 거의 없기 때문이다. 이것은 범하기 쉬운 실수지만 그 대가는 크다.

몇 년 전 모스크바의 레닌 군사학교(Lenin Military Academy)에서 강연을 한 적이 있다. 강제로 참석한 많은 장교들이 나를 달가워하지 않는 게 분명했으며, 강연 내내 한 장교가 나를 향해 목을 조르는 시늉을 했다. 이렇게 위협적인 상황에서 통역을 세워 강연을 하려니 훨씬 더 무섭고 힘들었다. 그러나 강연이 끝났을 때, 내가 큰 실수를 했고 한 가지를 빠뜨렸음을 곧 깨달았다. 강연 내내 나를 위협했던 장교가 즉시 일어나 이렇게 질문했다. "선생께서는 한 시간 내내 하나님이라는 단어를 사용하셨는데, 도대체 그 단어가 무슨 뜻입니까?"

나는 너무나 당혹스러웠다. 나는 청중과 완전히 단절된 상태로 강연을 했던 것이다. 나는 무신론자들에게 강연을 하고 있었고, 내가 쓰는 기본 용어에 대한 정의를 게을리 했던 것이다. 진리란 언어 주조(verbal coinage)이며, 우리는 이 작업을 통해 가치의 개념을 교환하고 신뢰를 쌓는다. 그러나 우리는 그리스도의 주장을 전달할 때 자신이 의미하는 바를 설명하지 못할 때가 많다.

타 종교를 이해하고 그들에게 반응할 때 가장 먼저 명심해야 할 사실이 있다. 예수 그리스도의 주장은 핵심 부분에서 배타적이며 따라서 그 주장과 모순되는 모든 것을 배제한다는 것이다. 우리는 이런 사실에 놀라지 말아야 한다. 진리는 본래 배타적이다. 진리가 전포괄적이라면 그 무엇도 거짓이 아닐 것이다. 그 무엇도 거짓이 아니라면, 진리라는 게 무슨 의미가 있겠는가? 더욱이, 아무것도 거짓이 아니라면 모든 게 거짓이라는 말이 참이겠는가? 진리가 절대적이라는 것을 부정하면 진리 자체를 부정하거나 사실상 진리에 관한 그 어떤 주장도 할 수 없다는 게 금방 분명해진다. 바로 이러한 부분에서 다양한 종교를 테스트해야 한다.

속임수의 힘은 엄청나다. 여기에 대해 바울은 디모데에게 성경을 소중히 여기라고 경고한다. 성경은 "구원에 이르는 지혜"가 있게 하며, "너의 교리와 행동을 지키기" 때문이다. 성경이 의미 있고 인격적인 이유는, 성경이 참이기 때문이지 우리가 성경과 씨름하면서 성경에서 이익을 얻거나 성경을 개인적인 의미에 맞도록 조종할 수 있기 때문이 아니다. 의미와 적용은 자기만족을 위해 이용당할 수 있으나 진리는 그 어떤 저항에도 역사 속에서 살아남을 것이다. 사도 바울은 예수 그리스도와 그분의 사역을 말하면서 우리가 "그 속에서 온전하게 되었나니"라고 말한다. 예수 그리스도께서 우리에게 주신 구원에서 그분과 그분이 하신 일에 그 무엇도 더할 필요가 없으며, 그분이 우리의 교훈을 위해 우리에게 주신 말씀에 아무것도 덧붙일 필요가 없다.

라비 재커라이어스 Ravi Zacharias

THE PORTABLE SEMINARY

변증학(apologetics)은 기독교 신앙이 동시대 사람들에게 설득력을 갖게 하려 한다. 불신자들에게, 변증학은 신앙 형성(belief forming)이다. 변증학은 성경적 세계관의 가치를 지적으로 뒷받침함으로써 기독교에 대한 공격을 완화하고 기독교의 신뢰성을 세우는 데 도움이 된다. 신자들에게, 변증학은 신앙의 유지(belief sustaining)이다. 변증학은 신자들에게 뜻(mind, 지성)을 다하여 하나님을 사랑하라고 요구함으로써 기독교 신앙이 자라게 한다(마 22:37).

변증학과 관련 학문들

넓게 보면, 변증학은 신학의 한 분야지만, 어떻게 알고 확신하느냐는 주관적 문제에 초점을 맞추는, 주로 수평적인 분야이다. 메타변증학(metapologetics)은 특히 불신자와 관련해 변증학을 위한 인식론적 기초(자연신학, 미음과 이성, 공통 근거)에 초점을 맞춘다. 변신론(theodicy)은 불필요한 악을 허용하는 것 같은, 전적으로 선하고 전능한 하나님에 대한 증거를 토대로 한 반대에 답하려 한다. 증거는 변증학의 사실적 요소이며, 다음의 것들에 근거한다.

1. 기독교의 도덕적 결과
2. 구약과 신약의 일관성과 통일성
3. 성취된 성경의 예언들
4. 성경의 일반적인 기적들(행 2:22)
5. 예수님의 부활이라는 특별한 기적(고전 15:6)
6. 만약 신약교회의 신앙이 의식적인 거짓말에 근거했다면, 그 동기를 설명할 수 없고 윤리적 부조화도 피할 수 없을 것이다.
7. 교회가 박해를 이기고 살아남은 것(감각적 즐거움이 아니라 영적 유익, 그리고 더 심한 박해만 약속되었을 때)

성경의 선례

성경에서도 신앙의 형성과 유지라는 두 가지 역할을 찾아볼 수 있다.

구약에서, '태초'부터 영과 물질의 우주적 이원론은 없었다. 성경은 오직 하나님만 창조자라고 선언하며, 범신론(汎神論, pantheism)이나 물활론(物活論, animism)이나 단일신론(單一神論, henotheism)을 인정하지 않는다. 하나님은 인간과 나머지 피조물에게 의미를 부여하신다(창 1-2장; 시 33,104,136편도 보라). 하나님은 역사와 악의 문제를 주권적으로 다스리신다(창 50:20; 욥 1-2장; 38-41장). 구약 전체에 하나의 도덕적 변증론이 나타난다.

하나님의 언약을 깨는 자들은 심판을 받으나 하나님의 언약을 지키는 자들은 복을 받을 것이며, 하나님의 계획은 궁극적으로 역사에서 옳다고 입증될 것이다.

신약 내러티브에서, 복음서는 왜 유대인들이 예수님을 그들의 메시아로 받아들이지 않았으며 어떻게 예수님의 죽음이 영원 전부터 있었던 하나님의 구속 계획의 한 부분인지 설명한다. 신약의 기적은 변증적 의도가 있다(막 2:10-12; 요 5:36; 10:37,38; 행 2:22). 사도행전은 다음 몇 가지를 보여준다.

1. 예언적 변증학(prophetic apologetic): 메시아 예수를 통한 하나님의 구속이 구약에 나타난 하나님의 구속 계획을 성취한다(행 2,3,7장; 8:32-38; 9:22 "증언하여/proving").
2. 정치적 변증학(political apologetic): 기독교는(유대교와 함께) 공인된 종교(religio licita)라 불릴 권리가 있다.
3. 사도적 변증학(apostolic apologetic): 베드로(유대인의 사도)와 바울(이방인의 사도)은 동일한 복음을 선포했다. 초대교회 변증가들은 자신들이 목적하는 청중에게 맞춰야 할 필요를 인식한 선교사들이었다(행 17:22-31).

신약의 나머지도 부분적으로는 변증의 목적에서 기록되었다. 다시 말해, 하나님의 구원 계획의 일관성을 설명하고(로마서), 기독교가 유대교보다 우월함을 증명하고(히브리서), 이단을 논박하고(갈라디아서, 골로새서, 요한일서), 거짓 교사들을 논박하며(베드로후서, 요한이서, 유다서), 구속과 용서를 선포하는 도덕적 생활에 대한 동기를 부여하고(고린도전후서, 에베소서, 빌립보서, 야고보서), 현존하는 악의 문제를 다루기 위해 기록되었다(데살로니가전후서, 베드로전서). 더 나아가, 성경은 신자들에게 변증에 참여하라고 분명하게 요구한다(고후 10:4,5; 골 2:8; 벧전 3:15; 유 3절). 신약에는 구체적인 공격에 대한 반응도 있다(눅 12:11; 21:14; 행 19:33; 24:10; 25:8; 26:1,2,24; 롬 21:15; 고후 12:19에 나오는 '아폴로게오마이/apolgeomai'와 행 22:1-25:16; 고전 9:3; 고후 7:11; 빌 1:7,16; 딤후 4:16; 벧전 3:15,16에 나오는 '아폴로기아/apologia'를 보라).

역사적 전망

기독교 신앙은 많은 도전을 받았다. 성경 시대 이후, 구체적인 문제를 다룬 뛰어난 초기 변증가로는 터툴리안(Tertullian, 160-220년경)과 저스틴 마터(Justin Martyr, 100-163년경)와 오리겐(Origen, 185-254년경)이 있다. 후에 어거스틴(Augustine, 254-430)은 포괄적인 기독교 세계관을 발전시켰다. 중세에 토마스 아퀴나스(Thomas Aquinas, 1224-1274)는 아리스토텔레스의 철학을 이용해 기독교가 타 종교보다 우월하다는 논증을 폈다.

르네 데카르트(René Descartes, 1596-1650)의 방법적 회의(methodical doubt)는 수세기 동안 기독교에 도전한 회의주의의 패러다임이 되었다(방법적 회의란 의심할 수 없는 확실한 것을 찾기 위해 모든 것을 의심하는 데서 출발하는 철학의 방법을 말한다. 그러나 데카르트는 의심하는 주체인 자신을 의심할 수는 없었고 그래서 "나는 생각한다. 그러므로 나는 존재한다/cogito ergo sum"라는 유명한 말을 남겼으며, 의심하는 자신을 철학의 출발점으로 삼았다 — 역자 주). 방법적 회의는 뒷받침할 만한 강력한 증거가 없다면 그 어떤 진리 주장이라도 버려야 한다고 말한다.

그 후에는 계몽주의(Enlightenment)의 도전이 있었다. 데이비드 흄(David Hume, 1711-1776, 스코틀랜드의 철학자로 대륙의 합리론에 맞서는 경험론을 내세웠다 — 역자 주)은 기적의 개념을 공격했으며, 임마누엘 칸트(Immanuel Kant, 1724-1804)의 인식론(epistemology)은 하나님에 관한 지식(knowledge of God, 신지식)이라는 개념 자체를 파괴했다. 19세기에는 다비드 스트라우스(David F. Strauss, 1808-1874. 예수의 언행은 신화라고 주장하는 《예수의 생애/Das Leben Jesu》라는 책을 썼다 — 역자 주)와 조셉 르낭(Joseph E. Renan, 1803-1898. 프랑스의 역사가, 철학자, 종교학자로 예수의 신성을 부정한 《예수의 생애/Vie de Jesus》라는 책을 출판하여 많은 논쟁을 불러 일으켰다 — 역자 주)이 성경과 나사렛 예수의 역사적 신빙성을 새롭게 공격함으로써 반초자연주의(anti-supernaturalism)가 활발해졌다. 이러한 공격은 오늘날까지 다양한 형태로 계속된다. 이에 대한 반응으로, 어떤 기독교 사상가들은 진리 주장을 증명하기 위해 '주관주의적' 접근을 취함으로써 변증학을 더 어렵게 만들었는데(쇠렌 키르케고르, 칼 바르트, 에밀 브루너), 이러한 접근은 몇몇 문제를 해결하기는 했지만 이성과 성경의 역사적 진리를 포기했다.

현대철학의 공격은 크게 두 곳에서 비롯된다. 모더니티(modernity)는 인간 지성의 자율성을 주장하면서 확실한 것을 계속 추구하며, 포스트모더니티(postmodernity)는 '의미'란 인식 주체가 덧붙인 것일 뿐 본래적이거나 객관적인 게 아니라고 주장한다. 그러므로 경쟁적인 인식론들 가운데서 포괄적인 세계관을 찾으려는 모든 시도를 포기해야 한다.

그러므로 21세기의 변증가들이 받는 도전은 철학적이며(의미의 가능성, 모더니즘과 포스트모더니즘의 전제 등), 증거와 관련되며(성경의 신뢰성, 역사적 예수), 실존주의적이다(악의 문제, 왜 무엇인가를 믿어야 하느냐는 문제).

적어도 위대한 철학자들이 말하는 분명한 철학을 가진 사람은 거의 없다. 생각하건대, 세밀하게 형성된 신학을 가진 사람은 더더욱 없다. 그러나 세계관은 누구에게나 있다. 사실, 아무리 기본적이거나 간단하더라도, 우리는 누구나 세계관을 토대로 모든 것을 생각한다.

제임스 사이어
James Sire

변증학의 방법론

전제는 변증학에서 핵심적 역할을 한다. 비그리스도인이 자연주의(naturalism)의 전제(초월은 비실재이며, 우주는 닫힌 체계이다)를 사용하거나 초월주의(transcendentalism)의 전제(모든 것은 하나이며, 인격적 하나님은 없다)를 사용한다면, 기독교는 선험적으로(a priori) '거짓'으로 여겨질 것이다.

그러나 기독교 변증가들은 인간의 타락이 거듭남에서 지성(mind)의 역할에 어떻게 영향을 미치느냐('지성'에 대한 죄의 영향)에 대해서는 각각 견해가 다르다. 이러한 견해 차이는 비기독교의 전제를 돌파하려는 서로 다른 변증 방법론으로 나타난다.

두 가지 중요한 접근은 자증적(autopistic) 접근과 가치론적(axiopistic) 접근이다(변증학 용어 선택에서 딜레마는 관례와 정확성 가운데 어느 쪽을 선택하느냐는 것이다. 예를 들면, 우리에게 친숙한 '전제 대 증거'의 분류는 전제론자들/presuppositionalists이 증거를 사용하며 증거론자들/evidentialists이 전제를 인정한다는 사실을 무시한다. 더 나아가, 모든 증거론자들이 가치론자들/axiopists이지만 모든 가치론자들이 증거론자들은 아니다. 예를 들면 아퀴나스는 합리론자이다).

자증적 변증학 자증적 접근에서, 변증학은 기독교 세계관을 실체에 대한 유일하게 일관되고 참된 표현으로 제시하며, 비기독교 세계관의 인식론적 도덕적 부조화를 드러내는 것이다. 기독교 신앙은 자증적이며 그 자체로 믿을 만하다. 다시 말해, 기독교 신앙은 독자적이다. 하나님은 자기 지시적이시며, 오직 그분만이 자신을 정당화할 권위가 있다(히 6:13-18. 예를 들면, 예언자들의 글과 사도들의 글의 진정성과 같은 정경성에 대한 내적 테스트는 교회 회의의 그 어떤 결정보다 우선한다).

바꾸어 말하자면, 변증학의 신앙 형성적 기능은 전도와 거의 다르지 않다. 이성은 불신자들이 편견 없이 적용하는 중립적 도구가 아니다. 오히려, 인간은 지성과 성향에서 타락했다(창 3:1; 롬 1:18-32; 8:7; 고전 2:14; 고후 4:4). 그러므로 신자에게는 '증거'가 되는 것이 불신자에게는 전혀 다를 수 있다.

거듭난 후에 이해가 된다("나는 믿는다. 그러므로 나는 이해한다"). 코넬리우스 반틸(Cornelius Van Til, 1895-1987, 네덜란드 출신의 기독교 변증학자)은, 불신자들에게 진리에 대한 지식이 있는 것은 이들이 신자들과 공통된 근거에서 인식하기 때문이 아니라 빌려온 유신론적 근거(borrowed theistic ground)에서 인식하기 때문이라고 주장한다. 오직 특별계시(special revelation. 하나님의 말씀 – 1장을 보라)만이 양심과 피조 세계와 증거를 정확히 해석할 수 있는 인식론적, 존재론적 틀을 제공한다. 외적 기준(유신론적 증거들, 역사적 증거들)은 계시를 확인해줌으로써 사역적으로(권위적인 면에서는 아니더라도) 도움이 될 것이다.

그러나 자증적 변증학은 다음과 같은 문제점이 있다. (1) 상충하는 자증적 진리 주장 사이에서 어떻게 선택할 것인가? 자증론자들이 인식론적으로 막다른 골목에 이른 게 분명하다. 여기서 이성과 증거는 논증적 가치가 거의 또는 전혀 없다. (2) 성경은 경험적 증거가 불신자에게 명쾌하다고 보고 여기에 호소하는 것 같다(요 10:37,38).

가치론적 변증학 가치론적 변증학에 따르면, 하나님은 그분의 모든 피조물이 진리를 알 수 있는 방식으로 실체를 구성하셨다. 모든 진리 주장(예를 들면, 과학적 가설들과 역사적 사실들)의 신뢰성을 판단하는 데 사용되는 바로 그 기준을 사용하는 기독교의 진리 주장은 믿을 수 있는 것으로 판단되며, 이러한 기준은 성경 밖에 있다. 따라서 기독교 신앙은 이성(합리론)과 증거(경험론) 등과 같은 외적 기준에 의해 믿을 만한 것으로 여겨진다. 이성(로고스)은 모든 사람을 비추는 빛이다(요 1:9). 실제로, 우리는 뒷받침하는 충분한 증거나 이유가 없으면 그 무엇도 믿어서는 안 된다("나는 이해한다. 그러므로 나는 믿는다"). 명제의 타당성은 개연적이며 점증적이다. 여기서 변증학은 거듭나지 않은 지성(unregenerate mind)에 명쾌한 증거를 제시하는 것이다. 왜냐하면 거듭나지 않은 지성도 이러한 메시지에 긍정적으로 반응할 수 있기 때문이다.

가치론적 변증학은 다음과 같은 문제점이 있다. (1) 성경은 거듭나지 않은 인간의 지성이 중립적이라고 보는 게 아니라 영적 진리를 받아들이거나 인식할 수 없다고 본다(롬 1:18-32; 5:6,8,10; 8:7; 고전 1:18-2:14; 엡 2:1). (2) 경험적으로, 지금은 예전만큼 도덕적인 공통 근거가 많지 않은 것으로 보인다. 사람들마다 의미의 문제에 대한 견해가 아주 다양하며(모더니티, 포스트모더니티) 윤리의 문제에 대해서도 마찬가지이다. 예를 들면 누가 살고(인간의 유전자 암호에 대한 연구) 누가 죽느냐의 문제(낙태, 안락사).

주관적 변증학 주관적 변증학은 하나님의 은혜에 대한 경험을 통해서만 기독교의 진리 주장이 유효해진다고 주장한다. 이성은 사람들을 그리스도께로 이끄는 데 효과적인 도구가 아니다. 따라서 자증적 경험에(때로는 성경 사건들의 객관적 진리를 희생하면서) 초점을 맞추어야 한다(키르케고르와 바르트처럼).

약점: 경험을 통한 논증은 설득력이 있을 수는 있지만 논리적으로는 힘이 없다. 첫째, 서로 모순되는 시각들(무슬림의 시각과 몰몬교의 시각)이 종교적 경험을 가질 수 있다. 둘째, 정의상으로 경험을 통한 모든 논증을 포기하고 대신에 직접적 경험에 의존해야 한다.

관계적 변증학 관계적 변증학은 신자들의 변화된 삶과 다른 사람들(신자들과 불신자들 양쪽 모두)에게 베푸는 하나님의 사랑이 끝없이 이어지는 삶에서 기독교 진리의 타당성이 입증된다고 주장한다(요삼 1장). 개인적으로, 우리는 상처받은 사람들에게, 심지어 원수에게까지 사랑을 베풀고 그들을 불쌍히 여겨야 하며(마 5:44; 행 7:60), 도덕적 권위를 갖고 말할 수 있는 삶을 살아야 한다.

약점: 그리스도인들과 비그리스도인들의 윤리가 질적으로 다를 것으로 기대하지만, 이런 차이가 당연히 그래야 하는 만큼 항상 분명하게 나타나는 것은 아니다.

문화적 변증학 문화적 변증학은 현대 문화를 살피면서 왜 기독교 신앙이 많은 사람들에게 선험적으로 터무니없는지 질문하고, 그런 후 합리적 수단을 얻기 위해 문화적 가정을 여러 면에서 반박한다. 예를 들면, 프란시스 쉐퍼는 인간이 절대적인 것과 목적과 운명을 추구한다는 것을 보여주고 여기에 대한 비기독교적 대답이 만족스럽지 못하다는 것을 드러내기 위해 미술, 문학, 드라마, 음악을 살폈다.

약점: 이러한 접근은 창의성과 아름다운 것에 대한 사랑(미학)이 하나님의 형상으로 창조된 인간 속에 본래부터 있다는 것을 인정한다. 그러나 이러한 접근은 여기에 대한 분석이 기독교적 전제에 의존하며 따라서 거부당할 수 있다는 게 문제이다.

신중한 변증학 신중한 변증학은 불신자에게 자신의 세계관이 잘못된 것이면 어떻게 되겠느냐고 물어보라고 한다. 다시 말해, 대안을 감안할 때 믿는 것과 믿지 않는 것 가운데 어느 게 더 신중하겠는가?(예를 들면, 파스칼의 내기. 파스칼의 《팡세》에는 이런 말이 나온다. "하나님이 존재하지 않는다고 해도, 믿어서 손해 볼 것이 없다. 만일 하나님이 존재한다면, 신을 믿는 편이 낫다. 따라서 내기를 한다면, 어느 경우이든 하나님을 믿는 쪽에 거는 것이 더 안전한 내기일 것이다" — 역자 주).

약점: 인간의 지성은 중립적이며 따라서 영원한 위험을 바르게 판단하고 높은 개연성을 토대로 자신의 세계관을 바꾸리라는 가정에 기초한다.

결론적 관찰

대부분의 변증가들은 명확한 증거가 인식하는 사람과는 무관하게 기독교의 진리에 대한 객관적 표시라는 데 동의한다. 변증학에서 서로 다른 접근을 옹호하는 사람들도 거듭나지 않은 지성의 설득 가능성에 동의하지는 않지만 오직 성령만이 불신자가 지성에 대한 죄의 영향을 극복하고 증거를 바르게 판단하게 하실 수 있음을 인정한다(요 6:44; 롬 8:7).

특정한 접근의 효율성은 사람에 따라 상대적일 수 있다. 따라서 변증가는 성령과 개인에게 민감해야 한다. 예를 들면, 우주가 설계도의 존재를 보여준다는 것을 이미 받아들인 사람은 창조자에 대한 우주론적 논증에 긍정적 태도를 취할 것이다. 고통스러운 이혼을 경험한 사람은 자신의 비기독교 신앙 체계가 사랑과 존경과 성실의 기초를 주기에 부족하다는 것을 뼈저리게 인식할 것이며, 따라서 이전보다 복음에 마음을 더 넓게 열 것이다.

앞에서 살펴본 모든 접근이 반드시 서로를 배제하지는 않는다. 어떤 접근들은 서로 조화를 이루며 효과적으로 사용될 수 있다. 우리는 성령께서 불신자를 예수 그리스도께로 인도하시기 위해 지성(mind, 증거와 논증)과 삶의 경험(위기와 관계)을 기경하는 데 무엇을 사용하실지 알 수 없다. 그러므로 변증가들은 다양한 접근의 상대적 가치를 주장할 수 있으며, 우리는 일반 은총과 하나님의 형상과 일반계시와 특별계시를 개념적으로는 분명하게 구분할 수 있을 것이다. 그러나 각각의 방법은 신앙 형성에서(그리고 유지에서), 각자에게 적절한 자리가 있는 것으로 보인다.

하나님의 존재 증명

Arguments for the Existence of God

+ 알리 후버

하나님의 존재에 대한 증명은 세상에서 벗어나 존재의 감각적 또는 현상적 영역을 뛰어넘으려는 인간 지성의 매우 뛰어난 시도 가운데 하나이다.

분명히 하나님의 존재는 인간의 철학에서 매우 중요한 문제이다. 인간이 우주에서 가장 높은 존재로 보든 그렇지 않든 간에, 인간이 사랑과 복종을 받거나 아니면 도전을 받아야 하는 우월한 존재라고 믿든 그렇지 않든 간에, 하나님의 존재 문제는 인간의 삶의 모든 부분에 영향을 미친다.

하나님의 존재를 증명하는 방법은 세 가지이다. 첫째, 선험적 접근(priori approach)은 하나님의 개념이 너무나 완전하기 때문에 그분이 존재하지 않는다는 것은 생각할 수 없다는 데서 출발한다. 둘째, 후험적 접근(posteriori approach)은 세상에서, 관찰 가능한 것에서, 경험적 우주에서 얻은 증거를 제시하면서 우주의 특징을 설명하려면 하나님이 반드시 필요하다고 주장한다. 셋째, 실존적 접근(existential approach)은 인격적 계시를 통한 하나님에 대한 직접적 경험을 주장한다. 이 접근은 일반적 의미로 보면 사실상 증명이 아니다. 왜냐하면 일반적으로 사람들은 직접 경험할 수 있는 것은 증명하지 않기 때문이다.

선험적 접근

선험적 접근은 이전에 어거스틴의 시스템에서 친숙한 것이기는 하지만 켄터베리의 안셀름(Anselm of Canterbury, 1033-1109)이 고안한 유명한 '존재론적 증명'(ontological argument)의 핵심이다. 이 증명은 "하나님은 무한하고 완전하며 필연적"이라는 특별한 정의에서 시작한다.

안셀름은 "하나님은 더 큰 존재를 생각할 수 없는 존재"라는 것 외에 달리 생각할 수 없다고 말했다. 어리석은 사람이라도 "하나님이 없다"고(시 14:1) 말할 때 자신이 "하나님"이라는 말에서 무엇을 의미하는지 안다. 그러나 가장 완전한 존재가 생각 속에만 존재하고 실제로 존재하지 않는다면, 사실상 가장 완전한 존재가 아닐 것이다.

왜냐하면 실제로 존재하는 것이 더 완전할 것이기 때문이다. 그러므로 안셀름은 이렇게 결론 내린다. "하나님이 무엇인지 아는 사람은 누구라도 하나님이 존재하지 않는다고 생각할 수 없다." 간단히 말하면, "나는 존재하지 않는 완전한 존재를 생각할 수 있다"는 말은 자기모순이다. 왜냐하면 존재는 완전의 한 부분이어야 하기 때문이다. 누군가 "나는 상상할 수 없이 큰 존재보다 더 큰 무엇을 상상할 수 있다"고 말한다면, 이것은 어불성설(語不成說)이다.

존재론적 증명의 역사는 파란만장하다. 존재론적 증명은 서구 역사에서 가장 뛰어난 몇몇 지성에게, 대개 데카르트, 스피노자(Benedict Spinoza, 1632-1677. 네덜란드 출신의 철학자, 수학자), 라이프니츠(Gottfried Wilhelm Leibniz, 1646-1716. 독일출신의 철학자이자 수학자로 특히 단자론과 함수론으로 유명하다)와 같은 수학자에게 호소력이 있었다. 그러나 존재론적 증명은 칸트와 같은 의심—"무조건적으로 필연적인 것이라고 절대적으로 존재해야 하는 것은 아니다"—을 품은 것으로 보이는 대부분의 사람들을 설득하는 데 실패한다. 다시 말해, 완전은 참인 술어(true predicate)가 아닐 수 있으며, 따라서 명제는 사실은 참이 아니면서도 논리적으로 필연적일 수 있다.

후험적 접근

사람들은 일반적으로 후험적 접근을 더 잘 이해하는 것 같다. 존재론적 증명은 감각에 호소하지 않고도 가능하지만, 우주론적 증명(cosmological argument)과 목적론적 증명(teleological argument)을 위해서는 세상을 주의 깊게 살펴야 한다. 우주론적 증명은 원인을 강조하는 반면에 목적론적 증명은 우주의 설계(design, 계획)를 강조한다.

우주론적 증명 우주론적 증명에는 한 가지 형태만 있는 게 아니다. 최초의 우주론적 증명은 플라톤(《법률, Laws》 제5권)과 아리스토텔레스(《형이상학/Metaphysics》 제8권)에 나타나며 운동의 원인을 설명할 필요성을 강조한다. 이들 철학자들은 정지(rest)가 자연스럽고 운동(motion)이 부자연스럽다고 생각했으며, 모든 것의 필연적인 제1운동자(Prime Mover)인 하나님에게 이르렀다. 토마스 아퀴나스(1225-1274)는 《신학대전》(Summa Theologica, Q.2, Art.3)에서 운동을 첫 번째 증명으로 사용했다.

움직이는 모든 것은 다른 것에 의해 움직여져야 한다. 그러나 이러한 동인들

(movers)의 사슬을 무한히 거슬러 올라갈 수는 없다. 이것이 핵심적인 가정이다. 왜냐하면 이렇게 되면 최초의 동인(first mover)이 없어지고 다른 동인도 모두 없어지기 때문이다. 그러므로 우리는 최초의 동인에 이르러야 하며, 아퀴나스는 "모든 사람은 이것을 하나님으로 이해한다"고 결론 내린다.

운동에 근거한 이러한 증명은 지금처럼 과학적인 시대에는 예전만큼 설득력이 없다. 왜냐하면 우리는 관성의 법칙에서처럼 운동이 자연스럽고 정지가 부자연스럽다고 생각하기 때문이다. 많은 철학자들이 일련의 무한한 동인의 개념은 전혀 불가능하거나 모순적이지 않다고 주장한다.

가장 흥미롭고 설득력 있는 형태의 우주론적 논증은 아퀴나스의 '제3의 길', 즉 우발성으로부터의 증명(argument from contingency)이다. 이 증명의 힘은 여기서 불변과 변화가 사용되는 방식에서 나온다. 에피쿠로스(BC 341-270. 그리스 철학자)는 오래전에 형이상학적 문제를 말했다. "그 무엇이 분명히 존재하며, 그 무엇은 절대로 무에서 나오지 않았다". 그러므로 시작이 없다면 존재는 결코 없을 것이다. 영원한 그 무엇은 누구라도, 유신론자, 무신론자, 불가지론자 모두 인정해야 한다.

그러나 물리적 우주가 이러한 영원한 그 무엇일 수 없다. 왜냐하면 물리적 우주는 분명히 우발적이고 변하며 썩기 때문이다. 어떻게 부패하는 존재가 자신이 영원하다고 할 수 있는가? 현존하는 모든 우발적 사물/사건이 이전의 우발적 사물/사건에 의존하며 이런 과정이 무한히 반복되더라도, 이것이 모든 것에 대한 충분한 설명은 되지 못한다.

따라서 우주에 우발적인 것들이 있다면 우발적이지 않은 것, 곧 모든 변화 속에서도 변하지 않고 자립적인 것이 적어도 하나는 있어야 한다. 이 경우, 필연은 전제에 적용되는 게 아니라 하나의 사물에 적용되며, 이것은 "무한하고, 영원하며, 자기 원인적이며(self-caused), 자존적(self-existent)"이라는 뜻이다.

무한한 시간이 우발적 존재의 문제를 해결해줄 것이라고 말하는 것으로는 부족하다. 시간이 아무리 지나더라도, 의존적 존재는 여전히 무엇인가에 의존한다. 무한의 손 안에 있는 모든 우발적인 것은 언젠가는 더 이상 존재하지 않게 될 것이다. 그러나 아무것도 존재하지 않는 순간이 있었다면, 지금 아무것도 존재하지 않을 것이다.

선택은 간단하다. 우리는 자존적(스스로 있는) 하나님을 선택하든지 자존적 우주를 선택하든지 둘 중 하나이다. 그런데 우주는 자신이 자존적인 것처럼 행동하지 않는다. 사실 열역학 제2법칙에 따르면, 우주는 시계처럼 태엽이 풀리고 있거나 더 정확히 표현하자면 거대한 난로처럼 식어가고 있다. 에너지가 끊임없이 방출되고 소모된다. 다시 말해, 에너지가 끊임없이 우주로 퍼진다. 이러한 과정이 몇십 억 년 더 계속되면 — 과학자들에 따르면 소모된 에너지는 결코 회복되지 않는다 — 그 결과는 우주 전체에서 에너지가 임의로 감소하고 따라서 모든 물리적 행동이 정체되는 열평형 상태(thermal equilibrium), 즉 열사망(heat death) 상태일 것이다.

루크레티우스(Lucretius, BC 1세기에 활동한 고대 로마의 시인이자 철학자로 유일한 장편시 '사물의 본성에 관하여/De rerum natura'를 남겼다 — 역자 주)에서부터 칼 세이건(Carl Sagan, 1934-1996. 미국의 천문학자로 NASA의 우주 계획을 주도했으며 Cosmos라는 13부작의 TV 시리즈물로 유명하다 — 역자 주)과 같은 자연주의자들은 자연이 모든 영원에 대한 자명한 설명이라고 생각할 수 있는 한, 하나님을 가정할 필요가 없다고 느꼈다.

그러나 열역학 제2법칙이 참이고 엔트로피가 감소할 수 없다면, 이러한 주장을 계속하기 어렵다(열역학 제2법칙이란 '엔트로피 증가의 법칙'이라고도 하며, 우주 내에 있는 모든 사물은 외부로부터 에너지를 가해주지 않으면 점점 무질서하게 된다는 것이다 — 역자 주). 우주가 태엽이 풀려 멈추는 시계나 식어가는 거대한 난로와 같다면, 영원히 움직이고 있거나 영원히 식고 있을 수는 없을 것이다. 우주에는 반드시 시작이 있었을 것이다.

우주적 증명/논증을 반박하는 사람은 흔히 이렇게 묻는다. "하나님이 우주를 만들었다면, 하나님은 누가 만들었는가?" 세상에 원인이 있다고 주장한다면 하나님께도 원인이 있다고 주장해야 하지 않는가? 아니다. 왜냐하면 하나님이 필연적 존재라면(증거를 받아들인다면 이 주장은 확립된다) 자신의 기원을 물으실 필요가 없다. 이것은 마치 이렇게 묻는 것과 같을 것이다. "누가 만들어질 수 없는 존재를 만들었는가(Who made the unmakable being)?" 또는 "누가 원인이 있을 수 없는 존재의 원인인가(Who caused the uncausable being)?"

더 진지한 반박은 이러한 증거가 모든 사건/결과는 원인이 있다는 '근거율'(principle of sufficient reason, 라이프니쯔가 제창한 원리로 '충족 근거의 원리', '충족 이유율'이라고도 하며, '하나의 사물이 존재하고, 한 사건이 일어나고, 하나의 진리가 생기기 위해서는 충분한 근거가 있어야만 한다'는 뜻이다 — 역자 주)을 무비판적으로 받아들인 데 기초한다는 것이다. 근거율이 부정된다면, 설령 형이상학에서 부정되더라도, 우주론적 증명이 흔들린다. 흄(David Hume)은 인과 관계란 우리가 실제로 보는 모든 것이 근접과 연속일 때 사건들 간에 필연적 연결 고리가 있다고 생각하는 인간의 경향에서 기원한 심리학적 원리이지 형이상학적 원리는 아니라고 주장했다.

칸트는 인과율이란 우리의 경험을 정렬하는 많은 방식 가운데 하나로 우리의 지성에 만들어 넣은 하나의 범주라고 주장함으로써 흄을 지지했다. 장 폴 사르트르(Jean-Paul Sartre, 1905-1980. 프랑스 실존주의 철학자)는, 우주는 "원인이 없다"고 느꼈다. 버틀란트 러셀(Bertrand Russell, 1872-1970)은 기원의 문제가 의미 없는 무수한 말의 수렁에 빠졌으며 우리는 그저 "우주가 그냥 거기 있으며 그것뿐이다"라고 선언하는 데 만족해야 한다고 주장했다.

인과율의 원리를 증명하기란 쉽지 않다. 인과율은 세계관을 세울 때 만들어지는 기본 가정 가운데 하나이다. 그러나 근거율의 개념을 버린다면 형이상학뿐 아니라 과학까지 무너질 것이라고 말할 수 있다. 인과율을 공격하면 그 자체로 지식의 많은 부분을 공격하는 것이다. 왜냐하면 인과율이 없다면 우리의 학습 대부분에서 합리적 연결 고리가 사라지기 때문이다. 우주 전체의 원인을 묻는 것은 결코 비합리적이지 않다.

목적론적 증명 또는 설계 증명 이 증명은 하나님의 존재 증명에서 매우 오래되고 인기 있고 지적인 증명 가운데 하나이다. 이 증명은 우주의 질서와 규칙과 인간 재능의 산물 간에는 분명한 유사성이 있다고 말한다. 볼테르(Voltaire, 1694-1778. 프랑스 계몽주의 작가)는 이것을 다소 간단한 말로 표현했다. "시계는 시계를 만든 사람의 존재를 증명하지만, 우주는 위대한 건축가의 존재를 증명하지 않는다면 나를 바보라 불러도 좋다."

우주가 설계되었다고 보인다는 것은 누구도 부정할 수 없다. 모든 것이 목적에 맞게 배열되는 경우를 주변 어디서나 볼 수 있다. 우주가 기본적으로 생명과 지성과 개성과 가치에 우호적임을 보여주는 존재의 특징을 거의 어디서나 볼 수 있다. 생명 자체가 하나의 우주로서 기능한다. 다시 말해, 생명이 존재하려면 지구 내에서뿐 아니라 지구 밖에서도 매우 복잡한 정돈과 조절이 필요하다. 지구가 꼭 맞는 크기여야 하고, 지구의 자전이 꼭 맞아야 하며, 지구와 태양의 거리가 적절한 범위 안에 있어야 하고, 계절이 있으려면 자전축의 기울기가 정확해야 하며, 육지와 물의 비율이 섬세한 균형을 이루어야 한다. 인간의 생물학적 구조는 매우 약하다. 조금만 더 덥거나 추워도 인간은 죽는다. 인간은 빛이 필요하지만 지나친 자외선은 안 된다. 인간은 열이 필요하지만 지나친 적외선은 안 된다. 인간은 매일 수백만 개의 미사일을 막아주는 공중 차단막(air-screen) 아래 살고 있다. 인간은 발밑의 엄청난 열기로부터 자신을 보호해주는 암석 차단막(rock screen)에서 16킬로미터 위에 살고 있다. 인간이 지구상에 존재할 수 있게 하는 이 차단막을 누가 만들었는가?

우리는 다시 한 번 선택에 직면한다. 우주는 설계되었는가, 아니면 이 모든 특징이 우연히 생겨났는가? 우주는 계획의 산물인가, 아니면 우연의 산물인가?

대부분의 사람들은 우연의 개념에 본능적으로 반감을 갖는다. 왜냐하면 우연은 통상적으로 사물을 설명하는 방식과 모순되기 때문이다. 우연은 설명이 아니라 설명의 포기이다. 과학자는 방금 일어난 사건을 설명할 때 이곳이 모든 게 원인과 결과라는 질서 정연한 순서의 결과로 일어나는 조화로운 우주라는 생각을 갖고 설명한다. 그러나 자연주의자는 형이상학, 즉 온 우주의 기원을 설명할 때 근거율을 포기하며 모든 것의 원인은 생각할 수 없는 우발성이나 우연 혹은 운명이라고 생각한다.

당신이 과녁을 바라보고 있는데 뒤에서 화살 하나가 날아와 과녁 한가운데 꽂혔다고 생각해 보라. 다음 순간 아홉 개의 화살이 빠른 속도로 차례로 날아와 하나같이 과녁의 한가운데 꽂힌다. 겨냥이 너무나 정확해 각 화살은 앞 화살을 갈라놓는다. 공중으로 날아간 화살은 많은 저항과 부조화의 과정인 중력, 공기

저항, 바람에 부딪힌다. 열 개의 화살이 과녁 한가운데 꽂혔다면 단순한 우연이 아니지 않는가? 당신이라면 이것이 신궁(神宮)의 솜씨라고 말하지 않겠는가? 이것이 우리의 우주에 대한 비유가 아닌가?

설계 논증이 타당하다고 해도 창조자의 존재가 아니라 건축가의 존재를 증명할 뿐이며, 이때도 필연적으로 전지(全知)한 존재가 아니라 알려진 우주를 생산해낼 만큼 지적인 건축가의 존재를 증명할 뿐이라는 반론이 있다. 이 반론은 옳다. 우리는 증거가 허락하는 이상을 증명하려 해서는 안 된다. 우리는 자연신학의 그 어떤 증거에서도 성경이 말하는 여호와를 100퍼센트 도출해내지 못할 것이다. 그러나 우리의 우주가 너무나 거대하고 놀랍기에, 우리는 이 우주의 설계자가 우리의 예배와 헌신을 받을 자격이 있다고 결론지어도 좋을 것이다.

진화론은 설계 증명/논증의 거센 역풍을 만난다. 진화론은, 생명체 속에 있는 놀라운 설계도는 환경에 서서히 적응하는 과정의 산물이지 지적인 창조의 산물이 아니라고 말한다. 이 주장은 거짓이다. 설령 이것을 인정하더라도, 진화론은 설계의 문제에 더 긴 시간의 틀을 적용할 뿐이다. 시계가 인간의 개입 없이 완전히 자동화된 공장에서 나왔다고 증명되더라도, 우리는 설계자에 대한 관심을 포기하지 않는다. 우리가 어떤 시계가 멋지다고 생각한다면 그 시계를 생산한 공장에 대해 무엇을 생각해야 하겠는가? 이것은 설계자의 존재를 똑같이 강하게 암시하지 않는가? 지금까지 그리스도인들은 진화론에 지나치게 겁을 먹었다(대진화 곧 종을 초월하거나 종 사이의 진화 과정과 소진화 곧 종 내부의 진화 과정은 구분해야 한다). 소진화(microevolution)는 확인할 수 있고 검증이 가능하며 따라서 문제되지 않는다. 대진화(macroevolution)는 확인할 수 없고 이론일 뿐이며 따라서 논쟁의 대상이다.

자연신학을 비판하는 흄과 칸트 같은 대가들까지도 목적론적 증명에 찬사를 표했다. 흄은 목적론적 증명에 제한적인 타당성을 부여했다. 칸트는 한 발 더 나아갔다.

> 이 증명은 항상 존중 받을 만하다. 이것은 가장 오래되고, 분명하며, 인간의 이성에 가장 부합한다. … 우리는 이 증명의 합리성과 유용성을 논박할 말이 전혀 없으

며, 반대로 이것을 권하고 독려해야 한다.

도덕적 증명 도덕적 증명은 하나님의 존재 증명 가운데 가장 최근에 나왔다. 이 증명을 가장 먼저 사용한 주요 철학자는 칸트였다. 칸트는 전통적인 증명이 불완전하다고 느꼈다. 칸트는 하나님의 존재와 영혼의 불멸은 믿음의 문제이지 감각에만 국한되는 일반적인 사변적 이성(speculative reason)의 문제가 아니라고 주장했다.

칸트는 도덕법은 우리에게 최고선(summum bonum)을 추구하라고 명령하며 완전한 행복이 그 논리적 결과라고 추론했다. 그러나 우리가 유쾌하지 못한 사실, 즉 "이 세상에 속한 존재에게 도덕성과 여기에 비례하는 행복 사이의 필연적 관계를 입증할 만한 근거가 도덕법에는 전혀 없다"는 사실을 생각할 때 문제가 생긴다. 그러므로 인간의 도덕적 경험을 납득시킬 유일한 방법은 "모든 자연에는 자연 그 자체와 분명하게 구별되는 원인이 있다"고 가정하는 것이다. 다시 말해, 다른 세상에서 도덕적 노력을 적절히 보상하실 하나님이 있다고 가정하는 것이다. 하나님이 없는 우주에서는 인간의 가장 깊은 경험이 잔인한 수수께끼가 될 것이다.

피터 버거(Peter Berger, 미국의 종교사회학자)는 《천사들의 소문》(Rumor of Angels)에서 도덕적 증명의 흥미로운 부정판(negative version)을 제시하는데, 그는 이것을 '파멸로부터의 증명'(the argument from damnation)이라 부른다. 우리가 나치의 아돌프 아히만(Adolf Eichmann, 1906-1962, 독일전범으로 유대인 학살의 주역)과 같은 부도덕한 인간들을 절대적 확신을 갖고 정죄하는데, 이것은 기호나 관습을 초월하는 것으로 보인다. 또한 초자연적 영역의 정죄를 요구하는 것으로 보인다. 어떤 행위들은 단지 악한 게 아니라 엄청나게 악하다. 이런 행위들은 어떤 종류의 도덕적 상대화에서도 용납될 수 없는 것 같다. 우리는 이러한 격렬한 도덕적 판단을 내릴 때, 노예제와 대량학살을 정죄할 때처럼 절대 도덕(moral absolute)의 초월적 영역을 생각한다. 그렇지 않다면 우리의 모든 도덕화는 무의미하고 근거 없다. '설교하는 상대주의자'(preaching relativist)는 매우 우스꽝스러운 자기모순 가운데 하나이다.

도덕적 증명을 사용하는 대부분의 현대 사상가들은 도덕적 경험을 설명하기 위해서는 하나님이 필수 조건이라는 칸트의 테제를 계속 이용한다. 칸트는 도덕법은 이성으로 세워질 수 있다고 생각했으나 덕에 대한 상을 보장하기 위해 하나님을 불러들였다. 현대 사상가들은 상을 위해서가 아니라 애초에 도덕법의 근거를 제시하기 위해 하나님을 이용한다.

도덕적 증명은 윤리적 경험이라는 단순한 사실에서 시작한다. 의무를 이행하라는 압박은 경험적인 대상의 압박만큼 강하게 느껴질 수 있다. 누가 또는 무엇이 이런 압박을 주는가? 사회가 우리로 하여금 이런 압박을 느끼게 만든다고 말하는 것으로는 부족하다. 역사상 매우 위대한 도덕가들 가운데는 자신이 속한 집단인 종족, 계층, 인종, 국가 등의 도덕적 타락을 비판함으로써 명성을 얻은 사람들이 있다. 사회적 주관주의(social subjectivism)가 도덕적 동기에 대한 설명이라면, 우리는 노예제나 대량학살이나 그 무엇도 비판할 권리가 없다.

진화론자들은, 모든 도덕성은 동물적 본능이 오랜 세월에 걸쳐 발전한 것일 뿐이라고 주장함으로써 도덕적 증명을 공격한다. 인간은 사회적 공동체 생활을 함께함으로써 자신의 윤리 체계를 점차적으로 형성한다. 그러나 이러한 반론은 양날의 검이다. 이것이 도덕성을 죽인다면 이성과 과학적 방법도 죽인다. 진화론자는 인간의 지성이 영장류의 물리적인 뇌에서 발전했지만 믿을 만하다고 생각한다. 저급한 형태에서 진화한 지성이 믿을 만한데 왜 도덕적 본성은 그렇지 않은가?

많은 사람들이 어느 정도 나아가 도덕적 객관주의(moral objectivism)를 받아들일 것이다. 그러나 이들은 비인격적 절대 윤리(impersonal moral absolutes)의 초월적 영역에서 멈추고 싶어 한다. 이들은 하나의 인격체(person)나 지성(mind)이나 입법자(lawgiver)를 반드시 믿어야 한다는 것을 부정한다. 이것은 환원적으로 보인다. '비인격적 지성'을 상상하기란 어렵다. 어떻게 하나의 사물이 우리로 하여금 친절하고, 도와주고, 진실하고, 사랑하는 사람이 되어야 하는 의무를 느끼게 할 수 있겠는가? 우리는 하나의 인격체, 하나님, 입법자에게까지 나아가야 한다. 그때에야 비로소 도덕적 경험이 적절히 설명된다.

타당성의 문제

이 모든 하나님의 존재 증명이 타당한가? 이 질문은 여러 분야 — 논리학, 형이상학, 물리학, 인식론 — 에서 문제를 일으킨다. 아퀴나스와 같은 사람들은 증명이 논증의 수준에 이른다고 느낀다. 흄과 같은 사람들은, 우리가 판단을 유보하고 회의주의자로 남아야 한다고 말한다. 파스칼과 팡세와 같은 사람들은 전통적인 증명을 거부하지만 대신에 하나님의 존재를 받아들이기 위한 실제적 근거나 이유를 제시한다. 파스칼의 유명한 내기는 실용주의에 대한 호소이다. 영원한 결과라는 면에서 보면, 하나님이 존재한다는 데 거는 것이 이치에 맞다.

바울은 불신자들이 "핑계하지 못할지니라"고 말할 때 하나님의 존재 증명에 대한 높은 시각을 요구하는 것 같다.

> 이는 하나님을 알 만한 것이 그들 속에 보임이라 하나님께서 이를 그들에게 보이셨느니라 창세로부터 그의 보이지 아니하는 것들 곧 그의 영원하신 능력과 신성이 그가 만드신 만물에 분명히 보여 알려졌나니 그러므로 그들이 핑계하지 못할지니라(롬 1:19,20)

이러한 증명들은 최고의 효과를 발휘할 때 하나님의 존재를 매우 강하게 뒷받침하지만 논리적으로 완벽하거나 이성적으로 필연적이지는 않다. 우리가 증명을 경험에 근거하며 이성적 판단의 테스트를 받은 개연적 발생(probable occurrence)으로 정의한다면, 이러한 증명들이 하나님의 존재를 증명한다고 말할 수 있다.

하나님이 실제로 존재한다면, 우리는 사실적 명제를 다루고 있으며, 우리가 사실적 명제의 증명을 요구할 때 실제로 원하는 것은 그 명제의 논리적 가능성이 아니라 합리적 의심을 제거시켜 줄 정도의 증거이다. 어떤 것은 매우 개연적이어서 연역적이거나 논리적이거나 논증적이거나 논리적으로 필연적이지 않고도 합리적 의심을 제거한다. 우리는 하나님의 존재 증명들이(존재론적 증명을 제외하고) 이러한 범주에 속한다고 느낀다.

그러나 자연신학은 성경이 말하는 하나님의 존재를 결코 확립할 수 없다. 이러한 증명들은 사람들을 이신론자(理神論者, deist)로 만들 수는 있겠지만, 우리를 그리스도인으로 만들 수 있는 것은 오직 계시뿐이다. 계시 없는 이성은 항상 여호와, 우리 주 예수 그리스도의 아버지와는 다른 신으로 끝난다. 여호와를 아리스토텔레스나 스피노자나 볼테르나 토마스 페인(Thomas Paine, 1737-1809. 영국에서 태어나 미국에서 활동한 작가)의 신들과 비교해 보면 이것을 확인할 수 있다.

악의 문제

The Problem of Evil

+ 노만 가이슬러

하나님이 절대적으로 선하시다면 왜 악이 존재하는가? 악의 문제는 기독교의 변증을 가로막는 매우 심각한 장애물이다. 실제로, 악과 관련된 문제가 많다. 예를 들면, 악의 기원, 본성, 목적, 악을 피할 수 있는가와 같은 문제가 있다. 악의 문제는 도덕적, 형이상학적, 육체적인 것으로 나눌 수 있다.

세계관과 악

모든 세계관은 악의 문제를 다루어야 하지만, 악의 문제가 유신론(theism)에서는 특히 예민한 주제이다. 세 개의 주요 세계관 가운데 무신론(atheism)은 악의 실재를 인정하지만 하나님의 실재를 부정한다. 범신론(pantheism)은 하나님의 실재를 인정하지만 악의 실재를 부정한다. 유신론은 하나님과 악의 실재를 모두 인정한다. 여기에 문제가 있다. 어떻게 절대적으로 선한 존재(하나님)가 선과는 반대되는 악과 양립할 수 있는가?

하나님과 악의 실재를 모두 인정하는 다른 세계관과 비교할 때, 유신론은 보다 불리한 입장에 있는 것으로 보일 것이다. 예를 들면, 제한적 유신론(finite godism)은 하나님이 악을 멸하기를 원하지만 능력의 한계가 있어서 멸하지 못한다고 주장할 수 있다. 마찬가지로, 이신론(理神論, deism)은 하나님이 세상에 적어도 초자연적으로는 내재하지 않는다(우리는 우리 자신의 세계 속에 있다)는 것을 강조함으로써 하나님과 악을 분리할 수 있다. 그리고 범신론(汎神論)의 경우에, 악은 하나님과 세상(그분의 몸) 간의 지속적인 상호작용 과정에 반드시 필요한 부분이다.

유신론의 문제는, 유신론이 하나님께서 전능하며 악을 멸할 수 있다고 믿을 뿐 아니라 그분은 모든 사랑의 하나님이며 악을 멸하셔야 한다고 믿는다는 것이다. 더 나아가, 유신론의 하나님은 모든 것을 아시며 따라서 무슨 일이 일어날지 완전히 아시고서 세상을 창조하셨다. 더욱이, 하나님은 세상을 자유롭게 창조하셨는데, 다르게 창조하실 수도 있었다.

우리는 이러한 유신론적 신관을 토대로 악의 문제에 접근할 것이다.

악의 기원

악은 어디서 왔는가? 절대적으로 선하신 하나님은 악을 창조하실 수 없다. 그뿐 아니라 완전한 피조물이 불완전한 것을 만들어낼 수 있는 것 같지도 않다. 그렇다면 악은 어디서 왔는가? 이 문제를 다음과 같이 요약할 수 있다.

1. 하나님은 절대적으로 완전하시다.
2. 하나님은 그 어떤 불완전한 것도 창조하실 수 없다.
3. 그러나 완전한 피조물이 악을 행할 수는 없다.
4. 그러므로 하나님도, 그분의 완전한 피조물도 악을 낳을 수 없다.

그러나 유신론적 우주에서, 도덕적 악의 근원은 하나님과 피조물뿐이다. 따라서 유신론적 우주에서는 악의 기원을 해결할 방법이 없어 보인다.

이 문제에 대한 유신론적 답변의 기본 요소를 어거스틴과 토마스 아퀴나스에게서 찾아볼 수 있다. 유신론자들이 이들의 사상을 대략적으로 따랐기 때문이다. 둘 모두 다음과 같이 요약할 수 있는 반응에 동의했다.

1. 하나님은 절대적으로 완전하시다.
2. 하나님은 완전한 피조물만 창조하셨다.
3. 하나님이 그분의 몇몇 피조물에게 주신 완전 가운데 하나는 자유로운 선택을 할 수 있는 힘이었다.
4. 이들 피조물 가운데 몇몇이 악을 행하기로 자유롭게 선택했다.
5. 그러므로 완전한 피조물이 악을 낳았다.

하나님은 선하시며, 자유의지라는 선한 능력을 가진 선한 피조물을 창조하셨다. 불행히도, 이들은 자신의 창조자를 배반함으로써 이러한 선한 능력을, 우주에 악을 초래하는 데 사용했다. 그러므로 자유의지라는 선한 능력을 잘못 사용함으로써, 악이 선에서, 직접적으로가 아니라 간접적으로 나왔다. 자유는 선하다. 그러나 자유와 함께 악의 가능성도 온다. 그러므로 악을 가능하게 하신 것은 하나님이지만, 악을 실재로 만든 것은 자유로운 피조물이다.

물론, 악의 문제를 이러한 자유로운 선택을 토대로 해결하는 데는 이외에도 여러 문제가 따른다. 그 가운데 하나는 이것이다. 첫 번째 피조물이 악을 선택하게 만든 것은 무엇인가?

유신론자들은 자유로운 행위의 제1원인(하나님)과 제2원인(인간)을 구분한다. 하나님은 선택의 능력을 주셨다. 그러나 피조물이 자유로운 선택권을 악을 행하는 데 사용한 것은 하나님의 책임이 아니다. 하나님은 우리를 대신해서 자유로운 선택권을 행사하지 않으신다. 인간의 자유로운 선택은 단순히 하나님이 일하시는 도구적 원인(instrumental cause)에 불과한 게 아니다. 인간은 자신의 자유로운 행위의 제2 원인임에도 불구하고 능률적이다. 하나님은 자유로운 선택이라는 사실을 낳으시지만 각각의 인간은 자유로운 선택의 행위를 한다. 그러므로 하나님이 악의 가능성에 대해서는 책임이 있으시지만 우리는 악의 실재에 대해 책임을 져야 한다. 하나님은 악이 행해지도록 강제하지 않으시며 악이 행해지지 않도록 강제하지도 않으신다. 그분은 악이 행해지도록 허용하실 뿐이며, 이것은 선하다.

하나님이 악을 일으키실 수 없다면 악의 원인은 무엇인가? 원인 없는 행위란 없다. 왜냐하면 이것은, 모든 사건은 원인이 있다는 인과율의 첫 번째 원리에 어긋나기 때문이다.

이 질문에 답하기 위해서는 자유로운 선택의 본성(nature)을 살펴보아야 한다. 자유로운 선택의 본성에 대해서는 기본적으로 세 가지 견해가 있다. 결정론(determinism)에서는 자유로운 행위는 또 다른 자유로운 행위가 원인이 되어 일어난다. 비결정론(indeterminism)에서는 자유로운 행위의 원인이 없다. 자기 결정론에서는 자유로운 행위의 원인은 자기 자신이다. 결정론은 인간의 책임을 제거할 것이다. 왜냐하면 자유로운 행위의 원인이 우리가 아니라 다른 것에 있기 때문이다. 비결정론은 비합리적이다. 왜냐하면 근본적인 이성의 법칙은 모든 행위는 원인이 있다고 보기 때문이다. 그렇다면 모든 자유로운 선택은 스스로에게 기인해야 한다.

물론, 인간은 자유로운 선택의 능력을 자유로운 선택을 하는 데 사용한다. 그러나 그 사람이 자유로운 선택 자체는 아니다. 그는 자유로운 선택을 할 뿐이다. 자신이 자유로운 선택이라고 말하는 것은 잘못이다. 나는 단지 자유로운 선택을 할 뿐이다. 나는 나의 자유로운 행위의 동인(動因)이지만, 자유로운 선택의 능력은 내가 자유롭게 행동하기 위한 수단이다.

악의 본성

악의 문제와 관련된 어려움에는 또 다른 면이 있다. 악의 본성(nature)은 무엇인가? 다시 말해, 악의 본질이나 정체는 무엇인가? 이것 또한 고전적인 유신론자에게는 특히 성가신 문제이다. 왜냐하면 하나님만이 영원하시며, 그분이 창조하신 모든 것이 선하기 때문이다. 그렇다면 악은 무엇인가?

유신론자들은 이원론(二元論, dualism)을 거부한다. 악은 하나님 밖에서 영원히 공존하는 원리가 아니다. 선과 악처럼, 서로 반대되는 모든 것이 제1 원리는 아니다. 다시 말해, 그 무엇(하나님)이 본질적으로 선할 수 있다는 것이, 그 무엇이 본질적으로 악할 수 있다는 뜻은 아니다. 그럼에도 불구하고, 일단 이원론을 거부하면, 악의 실재를 설명하기가 아주 어렵다. 악이 하나님 밖에 존재하는 그 무엇이 아니며 하나님 안에 존재하는 그 무엇일 수도 없다면 도대체 무엇인가? 이 문제를 이렇게 요약할 수 있다.

1. 하나님은 모든 것의 창조자이다.
2. 악은 그 무엇이다.
3. 그러므로 하나님은 악의 창조자이다.

첫 번째 전제를 부정하면 이원론에 빠진다. 마찬가지로, 두 번째 전제를 부정하면 환영주의(幻影主義, illusionism)에 빠지는데, 환영주의는 악의 실재를 부정한다. 유신론자는 둘 중 어느 것도 받아들일 수 없다. 그렇다면 해결책은 무엇인가?

하나님이 모든 것을 창조하지는 않으셨다는 데 동의한다면, 그분의 주권을 부정하는 것이다. 악이 아무것도 아니라고 말한다면, 실재를 부정하는 것이다. 그러나 하나님이 모든 것의 원인이며 악이 그 무엇(something)임을 인정한다면, 하나님이 악의 원인임을 인정하는 것이다. 이것은 논리적으로 보이지만 실상 토마스 아퀴나스가 거부한 결론이다. 이러한 전제 가운데 하나의 진리를 거부하지 않으면 결론의 진리를 반드시 받아들여야 한다.

하지만 유신론자는 악이 사물(thing)이나 실체(substance)가 아니라고 대답한다. 오히려 악은 하나님이 지으신 선한 것의 결핍이나 결여이다. 악은 특별한 선의 상실이다. 이러한 입장의 본질은 다음과 같이 요약된다.

1. 하나님이 모든 실체를 창조하셨다.
2. 악은 실체가 아니다(실체의 결여이다).
3. 그러므로 하나님이 악을 창조하신 게 아니다.

악은 실체가 아니라 하나님이 지으신 선한 실체의 부패이다. 악은 자동차의 녹슨 곳이나 나무의 썩은 곳과 같다. 악은 선한 사물의 결핍일 뿐 그 자체가 사물은 아니다. 악은 팔에 난 상처나 옷에 난 좀 구멍과 같다. 악은 다른 것에 존재할 뿐 그 자체로 존재하지는 않는다.

결여와 부재는 같은 의미가 아니라는 데 주목하는 게 중요하다. 시각장애인뿐 아니라 돌도 시력이 없다. 그러나 돌이 시력이 없는 것은 결여가 아니다. 돌은 본래 보지 못하며, 시각장애인처럼 시력을 잃은 게 아니다. 그렇다면 악은 있어야 하는 선이 결여된 것이다(단순히 없는 게 아니다).

악이 사물이 아니라 사물 속에 있는 결핍이라는 말은, 죄가 실재(real)가 아니라는 주장이 아니다. 시각장애인이 너무나 잘 알듯이, 악은 선한 사물 속에 있는 실재적인 결핍(real lack)이다. 악은 실재적인 실체(real substance)가 아니라 선한 실체 속에 있는 실재적인 결여(real privation)이다. 악은 현실적 존재(actual entity)가 아니라 현실적 존재 속에 있는 실재적인 부패(real corruption)이다.

결여로서의 악은 여러 종류로 나타난다. 절단 장애와 같은 육체적 결핍이 있고, 성도착증과 같은 도덕적 결여가 있다. 결여는 실체(그 무엇의 어떤 것/what something is) 속에 있을 수도 있고 관계(그 무엇이 다른 것들과 연결되는 방법/how it relates to others) 속에 있을 수도 있다. 나쁜 사물이 있을 뿐 아니라 사물 사이의 나쁜 관계도 있다. 사랑의 관계는 선한 관계이다. 증오는 악한 관계이다. 마찬가지로 피조물이 자신의 창조자를 예배할 때, 이것은 좋은 관계이다. 창조자를 모독한다면, 이것은 악한 관계이다.

이러한 시각에서 볼 때, 전적으로 악한 것이란 없다. 어떤 것이 모든 선을 완전히 빼앗긴다면 그것은 무(無)일 것이다(아무것도 아닐 것이다). 완전히 녹슨 자동차는 전혀 자동차가 아니며, 완전히 좀먹은 옷은 옷장에 걸려 있는 그 무엇일 뿐이다. 상처처럼, 악은 다른 어떤 것에서만 존재할 수 있다. 팔이 완전히 상처를 입었다는 것은 그 사람이 장애인이라는 뜻이다.

이런 시각으로 보면, 그 무엇도 전적으로 결여될 수는 없으며, 적어도 형이상학적 의미에서 그렇다. 완전히 부패한 존재는 전혀 존재하지 않을 것이다. 완전히 무능해진 의지는 그 어떤 도덕적 행위도 할 수 없을 것이다. 우리는 죄를 지을 능력을 파괴할 정도로 인간의 부패를 극단으로 몰아가지 않도록 주의해야 한다. 최고악(supreme evil)이란 있을 수 없다.

왜냐하면 비록 악이 선을 줄일 수는 있지만 결코 완전히 파괴할 수는 없기 때문이다. 그 무엇도 완전히, 전적으로 악할 수는 없다. 왜냐하면 모든 선이 완전히 파괴된다면—악이 완전하기 위해서는 이렇게 되어야 할 것이다—악 자체가 사라질 것이기 때문이다. 왜냐하면 악의 주체, 즉 선이 더 이상 존재하지 않을 것이기 때문이다.

악이 형이상학적 의미에서 전적일 수 없다는 사실은, 결코 악이 도덕적인 면에서 전적일 수 없다는 뜻이 아니다. 하나의 존재는 악이 그 존재의 모든 부분에 침입했다는 의미에서 도덕적으로, 전적으로(철저히) 타락할 수는 없다. 전적인 도덕적 타락은 내포적이 아니라 외연적일 수 있을 뿐이다. 다시 말해, 전적인 도덕적 타락은 한 인간의 모든 부분에까지 확대될 수 있으나 인격적 존재 자체를 파괴할 수는 없다. 도덕적 타락이 한 인간의 인성(人性)을 파괴한다면 더 이상 악을 행할 인성이 없을 것이다. 이런 의미에서, 전적인 악이 있다면 악을 행할 한 인간의 능력을 파괴할 것이다.

고전적 유신론자들은 네 가지 원인의 견지에서 사물을 묘사한다. 효율적이고 목적적이고 형상적이고 질료적이다. 인간 존재에게는 효율적 원인(efficient cause, '작용인' 또는 '동인/動因'이라고도 한다)이신 하나님, 목적론적 원인(final cause)인 하나님의 영광과 그분의 선, 형상적 원인(formal cause)인 영혼, 질료적 원인(material cause)인 몸이 있다. 악의 원인은 다음과 같다.

1. 효율적 원인: 자유로운 선택
2. 목적론적 원인: 없다(악은 질서의 결핍).
3. 형상적 원인: 없다(악은 형상의 결여).
4. 질료적 원인: 선한 실체

도덕적 악의 효율적 원인은 자유로운 선택이지만, 직접적이 아니라 간접적으로 그렇다는 것이다. 악에는 목적(목적론적 원인)이 없다. 왜냐하면 악은 선한 목적을 위한 적절한 질서의 결핍이기 때문이다. 악은 그 자체의 형상적 원인이 없으며 다른 것 속에서 이루어지는 형상의 파괴이다. 악의 질료적 원인은 선이며, 악 자체는 아니다. 악은 선한 것 속에서 나오고 선한 것의 부패로 존재할 뿐이다.

악의 지속성

악의 문제에는 또 다른 면이 있다. 왜 하나님은 악을 허락하시는가? 하나님은 악을 창조하지는 않으셨지만 허용하신다. 그러나 그분은 전능하시며 악을 멸하실 수 있다. 그런데 왜 멸하지 않으시는가?

악의 지속성에 관한 문제를 말하는 고전적인 방식은 다음과 같다.

1. 하나님이 전적으로 선하시다면 악을 멸하실 것이다.
2. 하나님이 전능하시다면 악을 멸하실 수 있을 것이다.
3. 그러나 악은 멸하지 않은 채 그대로 있다.
4. 그러므로 이러한 하나님은 없다.

이런 식의 논증은 유한한 신의 가능성을 열어두지만, 유신론자들은 이러한 개념을 거부한다. 유한하거나 제한적인 모든 존재는 원인이 있으며, 따라서 유한한 신은 무한한 창조자가 필요한 피조물일 뿐이다. 하나님은 능력이 있으시며, 따라서 그분은 능력이 무한하셔야 한다. 마찬가지로, 하나님은 선하시며, 따라서 그분은 무한히 선하셔야 한다. 유한한 신은 유신론자를 위한 하나의 선택이 아니다. 하나님은 모든 것을 가능하게 하는 바람과 능력을 모두 갖고 계신다.

악을 멸하는 게 가능한가? 유신론자는 다음과 같이 대답한다.

1. 하나님은 실제로 불가능한 것을 하실 수 없다.
2. 자유로운 선택을 멸하지 않고는 악을 멸하는 게 실제로 불가능하다.
3. 그러나 자유로운 선택은 도덕적 우주에 필수적이다.
4. 그러므로 하나님은 선한 도덕적 우주를 멸하지 않고는 악을 멸하실 수 없다.

하나님이 모순적인 것을 하시기란 불가능하다. 하나님은 참과 거짓을 동시에 주장하실 수 없다. 그분은 불가능을 내포하는 것을 하실 수 없다. 예를 들면, 그분은 네모난 원이나 자신이 들 수 없을 만큼 무거운 돌을 만드실 수 없다.

전능한 존재라 하더라도 무엇이든 할 수 있는 것은 아니다. 가능한 것만 할 수 있다. 사람들에게 선을 자유롭게 선택하도록 강요하는 것은 불가능하다. 강요된 자유는 모순이다. 그러므로 하나님은 문자적으로 자유로운 선택을 파괴하지 않고는 모든 악을 멸하실 수 없다. 악을 멸하는 유일한 방법은 자유로운 선택의 선을 멸하는 것이다.

그러나 도덕과 관련해서 자유로운 선택이 없다면 도덕적인 선의 가능성도 없다. 미움이 가능하지 않다면 사랑도 가능하지 않다. 피조물이 신성모독을 할 수 없다면, 그 어떤 피조물도 예배할 수 없다. 그러므로 하나님이 모든 악을 멸하시려면 모든 선도 멸하셔야 할 것이다.

유신론은 하나님이 모든 선을 멸하지 않고는 모든 악을 멸하실 수 없지만 그럼에도 불구하고 그분은 자유로운 선택을 멸하지 않은 채 모든 악을 물리치실 수 있으며 그렇게 하실 것이라고 주장한다. 유신론의 주장을 다음과 같이 요약할 수 있다.

1. 하나님은 전적으로 선하시며 악을 물리치기를 원하신다.
2. 하나님은 전능하시며 악을 물리치실 수 있다.
3. 악은 아직 패배하지 않았다.
4. 그러므로 악은 언젠가 패배할 것이다.

하나님의 무한한 능력과 완전은 악의 최종적 패배를 보장한다. 이 일이 아직 성취되지 않았다는 사실 때문에 이러한 패배의 확실성이 줄어드는 것은 결코 아니다. 자유로운 선택을 멸하지 않고는 악이 제거될(eliminated) 수 없음에도 불구하고 악은 극복될(overcome) 수 있다.

전능하신 하나님은, 예를 들면 각 사람의 자유로운 선택을 기준으로 선한 사람과 악한 사람을 구분하실 수 있다. 하나님을 사랑하는 사람들은 그렇지 않은 사람들과 구분될 것이다. 선을 원하지만 악에게 방해를 받는 사람들은 더 이상 자신들의 선한 목적이 좌절되는 모습을 보지 않을 것이다. 그리고 악을 행하며 선한 영향력에게 방해를 받는 사람들은 더 이상 선의 자극을 받지 않을 것이다.

각자 자신의 자유로운 선택에 따라 천국이나 지옥 중 한곳에 가게 될 것이다. 이러한 방식으로, 악에 대한 하나님의 승리는 자유로운 선택을 침범하지 않을 것이다.

유신론의 하나님은 악을 물리치실 수 있을(can) 뿐 아니라 그렇게 하실(will) 것이다. 우리가 이것을 아는 것은 그분이 전적으로 선하시며 악을 물리치기를 원하시기 때문이며, 그분이 전능하시며 악을 물리치실 수 있기 때문이다. 악은 극복될 것이며, 유신론의 하나님의 본성이 이것을 보장한다.

악의 목적

그 어떤 악도 선하지 않다. 그러나 어떤 악은 선한 목적이 있다. 예를 들면, 경고의 통증은 고통스럽지만 선한 목적이 있다. 물론, 모든 악이 이런 형태로 보이지는 않는다. 그렇다면 선한 목적이라고는 없어 보이는 악은 어떻게 된 것인가? 이 문제를 다음과 같이 요약할 수 있다.

1. 전적으로 선한(all-good) 하나님은 모든 것에 대해 선한 목적을 갖고 있어야 한다.
2. 어떤 고통에는 선한 목적이 없다.
3. 그러므로 전적으로 선한 하나님은 없다.

세상에는 쓸모없는 고통도 있는 게 분명해 보인다. 어떤 사람들은 고통을 통해 더 나아지지만 어떤 사람들은 더 나빠진다. 부러진 뼈는 치료를 통해 더 강해지지만 어떤 경우에는 전혀 치료가 되지 않는다. 많은 사람이 죽는다. 목적 없는 모든 악은 어떻게 된 것인가?

유신론은 분명히 목적 없는 악에 대해 네 가지로 대답한다. 첫째, 하나님은 모든 것에 대해 선한 목적을 갖고 계신다. 둘째, 우리는 많은 악에 대해 선한 목적을 알고 있다. 셋째, 어떤 악은 선한 목적의 부산물이다. 넷째, 하나님은 악에서 선을 이끌어내실 수 있다.

하나님은 모든 것에 대해 선한 목적을 갖고 계신다. 반유신론자(antitheist)는 중요한 차이를 간과한다. 하나님은 모든 악에 대해, 비록 우리가 알지 못하더라도, 선한 목적을 알고 계신다. 유한한 지성이 어떤 악에 대해서는 선한 목적을 생각할 수 없다는 사실이, 거기에는 선한 목적이 전혀 없다는 뜻은 아니다. 하나님은 전지(全知)하시며, 따라서 모든 것을 아신다. 그리고 그분은 전적으로 자비로우시며 모든 것에 대해 선한 목적을 갖고 계신다. 따라서 하나님은 모든 악에 대해 선한 목적을 알고 계신다.

1. 전적으로 자비로운 하나님은 모든 것에 대해 선한 목적을 갖고 계신다.
2. 우리는 어떤 악에 대해서는 선한 목적을 보지 못한다.
3. 그러므로 모든 악에는, 비록 우리가 보지 못하더라도, 선한 목적이 있다.

유한한 존재가 어떤 악에 대해서는 목적을 보지 못한다는 사실이 하나님의 자비를 반증하는 것은 아니다. 이것은 단순히 우리의 무지를 드러낼 뿐이다.

우리는 많은 악에 대해 선한 목적을 알고 있다. 우리는 모든 것을 다 알지는 못하지만, 그럼에도 불구하고 어떤 것은 안다. 우리가 아는 것은 많은 악에는 선한 목적이 있다는 사실이다. 경고의 통증에는 선한 목적이 있다. 사실, 통증을 느낄 수 있는 능력에는 선한 목적이 있다.

왜냐하면 우리에게 신경 조직이 없다면 우리는 통증을 느끼지도 못한 채 자신을 무너뜨릴 수 있기 때문이다. 육체적 통증(고통, 아픔)도 우리를 도덕적 재난으로부터 구해내기 위한 경고일 수 있다. C. S. 루이스가 말했듯이, 고통은 도덕적으로 귀가 먹은 세상을 향해 경고하시는 하나님의 메가폰이다. 유한한 존재인 우리가 많은 악에 대해 선한 목적을 안다면, 무한한 지성은 나머지에 대해 선한 목적을 알 수 있다.

어떤 악은 선한 목적의 부산물이다. 구체적인 모든 악이 선한 목적을 필요로 하는 것은 아니다. 어떤 악은 단순히 선한 목적의 부산물에 불과할 수 있다. 일찍 일어나는 새가 벌레를 잡지만 일찍 일어나는 벌레는 잡아먹힌다. 고등 생물에게는 생명인 것이 하등 생물에게는 죽음이다. 식물과 동물은 인간이 먹고 살 양식을 구해야 하기 때문에 죽는다. 따라서 악은 선의 간접적 결과이다. 왜냐하면 악은 선한 목적의 결과이기 때문이다. 이러한 반응을 다음과 같이 요약할 수 있다.

1. 하나님은 그분이 하시는 모든 것에 대해 선한 목적을 갖고 계신다.
2. 어떤 선한 목적에는 악한 부산물이 따른다.
3. 그러므로 어떤 악은 선한 목적의 부산물이다.

세상에서 일어나는 구체적인 모든 사건이 선한 목적을 필요로 하는 것은 아니다. 선해야 할 필요가 있는 것은 일반적인 목적이다. 대장장이가 불에 단 쇠에 망치질하는 것은 말발굽을 만드는 선한 목적이 있기 때문이다. 그러나 모든 불꽃이 선한 목적에 부합하지는 않는다. 어떤 불꽃은 뜻하지 않은 화재를 일으킨다. 마찬가지로, 하나님은 창조적인 물에 대해 선한 목적(생명 유지)을 갖고 계시지만 익사는 악한 부산물 가운데 하나이다. 하나님이 악의 존재를 허용하지 않으신다면 너무나 많은 선한 것들 또한 존재하지 않을 것이다. 공기가 없으면 불이 붙지 않는다. 고통이라는 악이 없다면 의로운 형벌이 시행되지 않으며 인내도 이루어지지 않을 것이다.

하나님은 악에서 선을 이끌어내실 수 있다. 물론 하나님은 전능하시며, 악에서조차 선을 끌어내실 수 있다. 물에 빠져 허우적거리는 사람의 모습은 구해내려는 용기 있는 행동을 유발할 수 있다. 톱밥은 목재를 만드는 과정에서 나오는 의도되지 않은 부산물이지만 종이를 만드는 데 사용될 수 있다. 하나님은 그분의 섭리로 세상의 악한 부산물에서 많은(전부는 아니더라도) 선을 이끌어내실 수 있다. 하나님이 악에서 선을 이끌어내실 만큼 전능하시고 선하지 않으시다면, 결코 그분의 일에서 악이 존재하도록 허용하지 않으실 것이다.

이것은 현재 세계가 가능한 최선의 세계라는 뜻이 아니다. 이것은 하나님이 더 큰 선이라는 그분의 궁극적 목적을 이루는 가능한 최선의 방식으로 현재 세계를 만드셨다는 뜻이다. 하나님은 타락한 세상에서 모든 악한 부산물로부터 항상 선을 이끌어내지는 않으실 것이다. 이것은 물리적 영역과 도덕적 영역 양쪽 모두에 해당한다. 방사능 폐기물처럼, 어떤 악한 부산물은 재생을 거부한다.

실제로 열역학 제2 법칙에서 보면, 물리적 세계는 썩어가고 있다. 그러나 하나님께는 이런 세계를 재창조하실 능력이 있다(벧후 3:13). 인간의 죽음은 부활로 극복될 수 있다(롬 8장; 고전 15장). 이 가운데 어느 하나도 전능하신 하나님께는 아무런 문제도 아니다.

물리적인 악의 문제

앞에서 살펴본 악의 문제에 대한 해결책이 자연 재해의 문제는 해결하지 못하는 것 같다. 토네이도나 허리케인이나 지진이 왜 일어나는가? 피조물의 자유의지가 이 모든 것을 일으킨다고 말하는 것으로는 부족하다. 더욱이, 무죄한 많은 사람들이 자연 재해로 죽는다. 그렇다면, 자연의 악을 어떻게 설명할 수 있는가? 논리적 형태로 보면,

1. 도덕적 악은 자유로운 선택으로 설명된다.
2. 그러나 어떤 자연의 악은 자유로운 선택의 결과가 아니다.
3. 자연의 악은 피조물의 자유로운 선택으로 설명될 수 없다.
4. 따라서 하나님이 자연의 악에 책임이 있는 게 분명하다.
5. 그러나 자연의 악은 무죄한 고통과 죽음을 낳는다.
6. 그러므로 하나님은 무죄한 고통과 죽음에 책임이 있다.

유신론자들은 이러한 논증의 몇 가지 전제에 의문을 제기한다. 예를 들면, '전제 5'에 대한 반응은 타락한 이 세상에는 무죄한 사람이 없다는 것이다. 우리는 아담 안에서 죄를 지었으며(롬 5:12), 그 결과 죽어 마땅하다(롬 6:23). 자연 재해는 인류의 타락 때문에 피조 세계에 내려진 저주의 결과이다(창 3장; 롬 8장). 자연 재해는 그리스도께서 재림하실 때까지 사라지지 않을 것이다(계 21-22장).

마찬가지로, '전제 6'에도 오류가 있다. 왜냐하면 이것은 하나님이 피조물의 생명을 취했으며 따라서 도덕적으로 비난 받을 만하다는 것을 암시하기 때문이다. 이러한 범주의 오류는 피조물이 무죄한 생명을 취하는 것이 잘못이기 때문

에 창조자가 그렇게 하는 것도 잘못이라고 추정한다. 하나님이 생명을 주셨고 따라서 하나님만이 생명을 취할 권리가 있으시다(신 32:39; 욥 1:21). 우리가 생명을 준 게 아니며, 따라서 우리는 생명을 취할 권리가 없다.

'전제 3'은 분명히 참이 아니다. 왜냐하면 유신론은 자연적인 모든 악을 자유로운 선택과 연결 지어 설명할 수 있기 때문이다. 성경의 언어로 말한다면, 아담과 하와의 자유로운 선택이 이 세상에 자연 재해를 가져왔다. 게다가, 악한 천사들의 자유로운 선택이 인간이 겪는 나머지 고통을 설명해준다. 이것은 그 자체로 모든 자연적인 악을 설명할 수 있지만, 이것이 아니더라도 물리적인 고통을, 인간의 자유로운 선택과 연결해서 설명할 수 있다.

1. 어떤 고통은 우리 자신의 자유로운 선택의 직접적인 결과이다. 내 몸을 학대하기로 선택하면 그 결과로 병이 날 수 있다.
2. 어떤 고통은 자유로운 선택의 간접적인 결과이다. 게으르기로 선택하면 그 결과로 가난해질 수 있다.
3. 다른 사람들에게 미치는 어떤 물리적인 악은 우리의 자유로운 선택의 결과일 수 있으며, 배우자 학대나 아동 학대가 이 경우에 속한다.
4. 다른 사람들이 우리의 자유로운 선택 때문에 간접적으로 고통을 당할 수 있다. 부모의 알코올 중독은 자녀의 가난으로 이어질 수 있다.
5. 어떤 물리적 악은 선한 과정의 필연적 부산물일 수 있다. 비, 뜨거운 공기, 차가운 공기는 모두 양식과 생명에 필수적이지만 토네이도는 이러한 것들의 부산물 가운데 하나이다.
6. 어떤 물리적 악은 더 큰 도덕적 선을 이루는 필수 조건일 수 있다. 하나님은 우리의 주의를 집중시키기 위해 고통을 사용하신다. 많은 사람들이 고통을 통해 하나님께 나왔다.
7. 어떤 물리적 고통은 더 큰 도덕적 선을 이루는 필수 조건일 수 있다. 다이아몬드가 압력을 통해 형성되듯이 인격도 그러하다.
8. 어떤 물리적 악은 도덕적으로 선한 물리적 세상의 필연적인 부수물이다. 예를 들면, 물에서 수영을 하고 배를 타는 것은 좋은 일이지만 여기에 동반되는 한 가

지 필연적인 부산물은 물에 빠져 죽을 수도 있다는 것이다. 출산과 즐거움을 위해 섹스를 하는 것은 좋은 일이지만, 섹스 때문에 강간이 일어날 수도 있다. 음식을 먹는 것은 좋은 일이지만, 이 때문에 식중독에 걸릴 수도 있다.

이 시점에서 비판자들은 언제나 이렇게 물을 수 있다. 왜 물리적 세계가 반드시 필요한가? 왜 하나님은 자신들의 몸에 상처를 주거나 자신들을 죽일 수 없는 영들을 만들지 않으셨는가? 그 대답은, 하나님은 이러한 영들을 지으셨다는 것이다. 이들을 가리켜 천사라 한다.

문제는 천사들이 식중독으로 죽을 수는 없지만 소갈비를 먹을 수도 없다는 것이다. 물에 빠져 죽은 천사들도 없지만 수영을 하거나 스키를 타 본 천사들도 없다. 강간을 당한 천사들도 없지만 섹스를 즐기거나 자녀의 축복을 누린 천사들도 없다(마 22:30). 이러한 종류의 물리적 세계에서, 우리는 선과 함께 여기에 동반되는 악을 단순히 받아들여야 한다.

물론, 기독교 유신론자들은 마침내 하나님이 우리를 모든 물리적인 악에서도 구속하시며, 우리에게 불멸하고 썩지 않을 몸을 주시리라고 믿는다. 그러나 우리가 도덕적으로 준비되기 전에 이러한 몸을 갖는다면, 그 몸에 적합하게 되는 데 필수적인 도덕적 과정을 밟지 못할 것이다.

악을 피할 수 있는가?

하나님께서 악이 일어나리라는 것을 아셨다면, 왜 세상을 창조하셨는가? 하나님은 세상을 창조하실 자유도 있었고 창조하지 않을 자유도 있었다. 유신론자들은 하나님이 모든 것을 아시며, 전적으로 선하시며, 자유로우시다고 믿는다. 모든 것을 아시기 때문에, 하나님은 악을 예견하셨다. 자유로우시기 때문에, 하나님은 세상을 창조하지 않으실 수도 있었다. 그러나 이것은 전적으로 선하신 하나님과 충돌하는 것으로 보인다.

왜냐하면 전적으로 선하신 하나님이라면 세상이 악을 택하리라는 것을 알면서 세상을 창조하신 데는 선한 목적이 반드시 있었을 것이기 때문이다. 하나님은 왜 세상을 창조하셨는가? 하나님은 죄가 일어날 수 없는 '무도덕의 세상'(nonmoral world)을 창조하실 수도 있었다. 하나님은 누구도 죄를 선택하지 않는 자유로운 세상을 창조하실 수도 있었다. 하나님은 죄가 일어나지만 마침내 모두가 구원받는 세상을 창조하실 수도 있었다. 아마도 이러한 세상 가운데 하나가 정통적인 기독교 유신론자가 생각하는 세상, 악이 일어나며 마지막에 모두가 구원받지는 못하는 세상보다 더 나을 것이다. 이 문제는 다음과 같은 형태를 띤다.

1. 하나님은 다음과 같이 하심으로써 더 나은 대안을 선택하실 수 있었다.
   (a) 전혀 창조를 하지 않음으로써
   (b) 자유로운 세상을 창조하지 않음으로써
   (c) 죄를 짓지 않을 자유로운 세상을 창조함으로써
   (d) 죄를 짓지만 모두가 구원받을 세상을 창조함으로써
2. 그러나 하나님은 이러한 더 나은 대안 가운데 하나를 선택하지 않으셨다.
3. 그러므로 하나님은 최선을 다하지 않으셨다.
4. 그러나 하나님이 최선을 다하지 않으신 것은 악이다.
5. 그러므로 전적으로 완전한 하나님은 존재하지 않는다.

어떤 유신론자들은 '전제 4'를 반박하면서, 하나님은 최선을 다하실 필요가 없으며 단지 선을 행하시기만 하면 되며, 그분이 창조 가운데 행하신 일은 선했고 설령 더 나은 것이 가능했더라도 그러했다고 주장한다. 그러나 하나님이 최선을 다하셨다면 실제로 이 세상보다 더 나은 세상을 창조하셨겠는가? 유신론자들은 아니라고 말한다.

무존재 세계(nonworld, 존재하지 않는 세계)는 존재 세계(some world)보다 나은 게 아니다. 무(nothing)가 유(something)보다 나은 게 아니다. 이것이 고전적 범주의 오류이다. 유와 무는 공통점이 없으며, 따라서 비교될 수 없다. 이것은 사과와 오렌지를 비교하는 것과 다르다. 왜냐하면 사과와 오렌지는 둘 다 과일이기 때문이다. 이것은 사과와 존재하지 않는 사과(non-apple)를 비교하면서 존재하

지 않는 사과가 더 맛있다고 주장하는 것과 같다.

무자유 세계(nonfree world, 자유 없는 세계)가 자유 세계(free world)보다 도덕적으로 더 나은 게 아니다. 무자유 세계는 무도덕 세계(nonmoral world)이다. 자유의지는 도덕에 필수적이기 때문이다. 무도덕 세계는 도덕 세계보다 도덕적으로 나을 수 없다. 무자유 세계는 도덕 세계가 아니기 때문에 비교할 도덕적 근거가 없다.

누구라도 죄를 짓지 않는 자유 세계나 모두가 죄를 짓지만 구원을 받는 자유 세계는 생각해 볼 수는 있으나 그 실현이 불가능할 것이다. 모두가 실제로 자유롭다면, 누군가 선을 행하기를 거부할 가능성이 항상 있다. 물론, 하나님은 모두에게 선을 행하도록 강요하실 수도 있다. 그러나 이 경우 사람들은 자유로운 게 아니다. 강요된 자유는 결코 자유가 아니다. 하나님은 사랑이시기 때문에 그 누구에게도 그들의 의지를 거슬러 자신을 강요하실 수 없다. 강요된 사랑은 사랑이 아니다. 이것은 공격이다. 사랑은 강요하는 게 아니라 감동시킨다. 생각할 수 있는 모든 자유 세계에서 누군가 악을 행하기로 선택한다면, 그렇게도 완전하고 악이 없는 세계는 가능하지 않을 것이다.

죄가 전혀 실체화되지 않는 세계도 생각해 볼 수 있다. 그러나 이런 세계는 도덕적으로 가장 바람직한 세계는 아닐 것이다. 악이 허용되지 않는다면, 악을 패배시킬 수 없다. 자동차처럼, 검증된 세계는 검증되지 않은 세계보다 낫다. 달리 표현하자면, 권투 선수는 링에 오르지 않고는 그 누구도 쓰러뜨릴 수 없다. 하나님은 악을 물리치기 위해 악을 허용하셨을 것이다. 악이 허용되지 않는다면 더 높은 덕을 이룰 수 없다.

수고가 없으면 열매도 없다. 고난은 인내를 낳는다. 죄에 빠지는 것을 허용하지 않고는 용서의 기쁨을 경험할 방법이 없다. 따라서 악이 패배하지 않고 더 높은 선을 얻는 세계는 성취 가능한 최선의 세계가 아닐 것이다. 그러므로 죄가 일어나지 않는 세계는 이론적으로는 가능하지만 도덕적으로는 열등한 세계일 것이다.

결론

그 누구도 어떤 대안 세계가 지금 우리가 살고 있는 세계보다 도덕적으로 더 낫다는 것을 증명하지 못했다. 따라서 어떤 반유신론자도, 설령 선의 결여를 감안하더라도, 하나님이 최선의 세계를 창조하지 않으셨다는 것을 입증할 수 없다. 물론, 이것은 유신론자가 지금의 세계가 성취 가능한 최선의 세계라고 믿는다는 뜻이 아니다. 하나님은 아직 일을 끝내지 않으셨으며, 성경은 더 나은 게 성취되리라고 약속한다. 유신론자의 믿음은 이 세계가 성취 가능한 최선의 세계(천국)에 이르는 최선의 길이라는 것이다.

모든 게 상대적인가?

It's All Relative - Or Is It?

+ 고든 루이스

포스트모던 철학자들과 탈자유주의 신학들(postliberal theologies)은 계몽주의 사상을 대체하려 하지만 계몽주의 사상과 공통된 면이 있다. 그것은 상대주의이다. 당신은 당신의 진리를 알고 나는 내 진리를 안다. 그러나 우리 두 사람 가운데 누구도 그 진리(the truth)를 알지는 못한다. 필립 케니슨(Philip Kenneson)은 이렇게 주장했다. "객관적 진리란 없으며, 그것도 좋은 것이다." 여기서 "그것도 좋은 것이다"라는 말이 자신과는 다른 공동체에 속한 사람들에게 호소력이 있을 것이라 기대한다면, '선'(good)에 대한 객관적이며 타당한 개념을 전제하는 게 아닌가? 객관적 진리란 없다고 '객관적으로' 주장하는 것은 자기모순이다.

포스트모던 시대의 종파주의(postmodern communalism)는 리차드 니버(H. Richard Niebuhr, 1894-1962. 신정통주의자인 라인홀드 니버의 동생)와 같은 현대 고백주의자(modern confessionalist, '고백주의/confessionalism'는 2차 세계대전 이후 미국 문학의 한 유파를 형성했다 — 역자 주)의 가르침과 비슷한 문제에 직면한다. 니버는 계시된 진리와 덕의 객관적 타당성을 거부했기 때문에, 그에게는 서로 충돌하는 주장이 포함된 고백을 하는 공동체 간의 대화를 위한 근거가 없었다. 필립 존슨

(Philip Johnson)이 말했듯이 "진리에 대한 상대주의는 관용으로 이어지지 않는다. 오히려 여기에는 근본적인 문제에서 서로 다른 그룹을 하나로 묶을 수 있는 공통된 논거가 없기 때문에 사회적 갈등은 이성이나 심지어 타협으로도 해결될 수 없다는 결론에 이른다."

하나님의 존재가 참이며 도덕적 규범이 의무적인 이유는(롬 1:20; 2:14) 단지 그리스도인들이 유신론적 세계관과 인생관을 믿기 때문이 아니라 이러한 사실이 모두가 모든 시대와 정황에서 마주쳐야 하는 실재와 일치하기 때문이다. 예를 들면, 모두가 하나님을 믿어야 하고 살인을 피해야 한다. 하나님의 일반계시(general revelation)의 객관적 타당성을 약화시킴으로써, 포스트모던 시대의 상황화(postmodern contextualization, 포스트모더니즘은 절대적 진리란 없다고 주장하며 모든 것을 상황에 맞게 상대화한다 — 역자 주)는 인간의 권리를 존중하기를 게을리 한다. 포스트모던 시대의 상대주의자들은 월요일에 보편적이며 의무적인 도덕적 원리에 대한 모든 존중을 폐기하며, 따라서 화요일에 다른 사람들이 그들의 권리를 존중하리라고 상상할 필요가 없다. 이들은 모든 아이들을 도덕적으로 교육하고 학계에서 지적으로 정직하게 토론할 기초를 제거하며, 전도 이전 사역(preevangelism)과 전도 사역(evangelism)과 선교의 목적을 이야기할 공통된 근거를 제거해 버린다. 하나님은 모더니즘이나 포스트모더니즘이 계몽주의의 전제를 제거한다는 명분으로 하나님의 일반계시의 진리를 거부하는 것을 금하신다.

포스트모더니즘의 사고는 근대 계몽주의와 마찬가지로 예수 그리스도와 영감된 성경에 나타난 객관적이며 타당한 정보가 담긴 특별계시를 부정한다. 포스트모더니스트는 예수님이 그분의 교훈에 대해 하신 분명한 가르침의 객관적 타당성을 완전히 부정하는데, 이것을 '좋은 것'이라고 보기 어렵다. 비록 오늘날에는 인간의 견해가 상대적이라는 사상이 널리 퍼져 있지만, 이런 사상도 내일은 사라질 것이다. 성자 하나님과 영감된 예언자들과 사도들을 통해 주신 성부 하나님의 말씀은 영원하다. 성육한 로고스의 객관적인 역사성을 부정하는 것은 결코 '좋은 것'이 아니다.

힌두교 신화나 헬라의 신화와는 대조적으로, 기독교의 좋은 소식은 메시아가 '육신으로' 태어나셨고, 사셨고, 고난당하셨고, 죽으셨고, 살아나셨다는 것이다. 로고스가 육신으로 온 것을 부정한다면, 이것은 적그리스도의 가르침이다. 복음의 메시지는 실제 세계의 객관적 사실이며, 따라서 모든 상황에서 모든 사람들에게 전파되어야 한다. 복음의 메시지는 객관적 사실이기 때문에, 그리스도의 영의 인도를 받는 사람들은 "모든 이에게 착한 일을 하되 더욱 믿음의 가정들에게" 한다(갈 6:10).

모더니즘과 포스트모더니즘의 상대주의는 총체적이다. 총체인 상대주의는 (1) 객관적이고 보편적으로 타당한 그 어떤 인간적 지식도 부정하고, 의미와 진리는 사람마다, 문화마다, 시대마다 다르다고 주장하는 하나의 인식이론이며, (2) 에너지, 공간, 시간, 자연법, 사람, 하나님 같은 변하지 않는 그 어떤 실재도 부정하고, 생각할 수 있는 모든 의미는 관찰자들이 끊임없이 변하면서 참여하는 행동이나 사건이나 과정이나 관계에 달려 있다고 주장하는 하나의 형이상학 이론이며, (3) 모든 상황에서 모든 사람에게 적용할 수 있는 변하지 않는 그 어떤 도덕적 원리도 부정하는 하나의 윤리 이론이다. 이러한 세 분야에서, 상대주의는 의미 있는 인간의 경험과 지식의 모든 부분에 퍼진다.

제한적 상대주의는 총체적 상대주의가 그 어떤 절대적 진리도 절대적으로 부정하지만 다음과 같은 수많은 변수가 인간의 많은 지식을 조건지우고 기울어지게 한다고 주장한다는 점에서 자기모순적이라고 본다. 주관적으로(키르케고르), 심리적으로(프로이드), 도덕적으로(플레처), 경제적으로(마르크스), 정치적으로(라인홀드 니버), 역사적으로[리차드 니버, 딜타이. 딜타이(1833-1911)는 독일의 역사학자, 심리학자, 철학자로 해석학의 대가이다], 교육적으로(듀이), 종교적으로(콥, 스타크, 왓츠), 인류학적으로(크라프), 스타일적으로(리쾨르). 이것들과 그 외의 영향력 있는 변수의 변화무쌍한 영향력의 한 결과로, 총체적 상대주의자들은 사물 자체에 관한 변할 수 없고 절대적인 그 어떤 진리도 부정했다.

이러한 문화적 변수들에 대해 커진 의식이 해석과 커뮤니케이션 분야에서 일반적으로 중요한 가치를 갖게 되었다. 해석자들은 다른 문화에 속한 사람들의 의미를 파악하려면 그들의 전제와 역사적 뿌리라는 차원에서 그들과 심정적으로 하나 되려는 노력이 얼마나 중요한지 깨닫는다. 이러한 통문화적 이해는 다른 문화에 속한 사람들의 사고와 언어적 표현에 맞추어 그들과 대화하려 할 때도 반드시 필요하다. 그러나 의미를 파악하고 전달하는 방식들이 발달한다고 객관적 타당성의 문제가 해결되지는 않는다.

문화적 변수들이 인간 인지자들(human knowers)에게 어느 정도의 영향을 미치느냐에 대해서는 의견이 제각각이다. 결정론자들에 따르면, 한 인간의 뇌에 일련의 구체적 조건이 충족되면 다른 그 무엇도 일어날 수 없다. 모든 지식은 이러한 상황과 관련이 있고 이러한 상황에 의해 결정된다. 크래프트(Kraft)에 따르면, 어떤 사람들에게는 비록 인간의 모든 지식과 행동이 일련의 자극에 대한 습관적 반응일 수 있지만, 이러한 조건 지우기는 "총체적 결정론에 다소 미치지 못한다." 그럼에도 불구하고 모든 전제적 단언은 시간과 문화에 매인다고 주장한다.

또 다른 사람들은 사람을 육체적 유기체로 볼 뿐 아니라 스스로 결정하고 초월할 능력이 있는 지성(mind)이나 혼(soul)이나 영(spirit)으로 본다. 따라서 인간의 지식은 전혀 시간에 매이지 않으며, 인간은 자신의 행동에 책임이 있다(토마스 리드/Thomas Reid, J., 올리브 버스웰 2세/Olive Buswell, Jr.).

실존주의자들은, 인류는 일정하며 불변하는 본성을 가진 자아가 있기 때문에 외적 결정과 내적 자기 결정 둘 다로부터 자유롭다고 주장한다. 진정으로 자유하기 위해, 실존주의자는 사실상 문화적 전제와 과거의 습관적 선택으로부터 독립된 전횡적 자유(arbitrary freedom)를 행사해야 한다. 어떤 지식은 개인의 상황에 좌우되는 개인의 문화적 영향과 창의적 지식에 더 기인하는 것 같다. 지식은 컨텍스트에 의해 결정되지 않으면서도 컨텍스트와 관련이 있을 수 있다.

총체적 상대주의

문화적, 심리적 변수가 특정한 형이상학적 믿음을 결정하든, 일으키거나 조건 지우든 간에, 총체적 상대주의자들은 인간이나 사물의 본성을 실재 그 자체로는 거의 알지 못하며, 관계와 기능과 과정에 대해서도 많이 알지 못한다. 사물과 사람은 그들이 행하는 그 무엇이다. 특이하고 독특한 사람들이 영향이나 관계나 사건으로 축소된다. 관계신학(relational theology)은 또한 사람들을 절대적인 것의 폭정에서 해방시키려 하지만 인간 자체의 가치를 떨어뜨릴 수 있다.

동양의 일원론적 상대주의(monistic relativism)에서, 인간은 실재가 아니라 그(the One)와 구분될 수 있는 한, 환영(幻影, maya. 마음과 질료를 이어주는 힘)일 뿐이다. 서로 관계를 갖지만 뚜렷이 다른 사람들을 구분할 때는 그들의 본성이 아니라 주어와 술어를 구분하는 인간의 개념적 단언을 통해 해야 한다. 따라서 모든 전제는 허상이며 그것을 말하는 사람들의 관점과 관련이 있다. '실재'(reality)에서, 인간은 이슬방울처럼 반짝이는 바다로 미끄러져 들어가며, 부분은 결코 다시 전체와 구분되지 않는다.

생각할 수 있는 모든 것이 상대적이기 때문에 추구해야 할 영원히 객관적인 것이라고는 없으며, 그 결과는 허무주의이다. 그 어떤 자기 본성(self-nature)도 스스로 설 수 없으며, 옳고 그름 사이에는 그 어떤 지속적인 구분도 있을 수 없다. 도덕적 갈등은 기분 좋게 무관심하면서 넘겨야 했을 마음의 병이다. 결정을 내릴 때는 어떻게 결정해야 하는가에 대한 가장 어렴풋한 이해도 없이 내려야 한다(알란 왓츠/Alan Watts, 1915-1973. 영국의 종교철학자로 미국에 선불교를 유행시켰으며 동서양의 철학을 융합했다 — 역자 주).

총체적 상대주의, 상대주의 또는 상황화는 무도덕(amorality), '아시아적 숙명론'(Asiatic fatalism), 무의미, 허무주의로 끝난다. 더욱이, 급진적 상대주의(radical relativism)는 자기모순이다. 인간의 모든 단언은 시간과 문화에 매이지만 "모든 게 상대적이다"라는 단언은 보편적이며 필연적이라고 보기 때문이다. 총체적 상대주의는 그 어떤 절대적인 것도 절대적으로 부정한다. 그리고 상대적인 것을 절대화한다.

제한적 상대주의

의미 있는 인간 존재에 대해 덜 비판적이고 더 열려 있는 접근들은 문화들 간의 차이점뿐 아니라 유사점도 인정한다. 찰스 크래프트(Charles Kraft, 풀러신학교 교수)는 인간의 공통성에 관한 장(章)에서 인간 사회에는 73개의 불변하는 것이 있다고 말한다. 그러나 그는 문화 체계를 평가하는 기준은 하나뿐이라는 말로 이 장을 마무리한다. 그 기준이란 사람들의 개인적, 사회적, 영적 필요를 충족시키기에 효율적이거나 적절한가 하는 것이다. 한 문화의 양식은 순전히 실용적인 유용성에 따라 판단된다. 무엇에 유용한가? "인간을 하나님과 적절히 연결하는 데 유용하다"라는 대답이 좋게 들린다.

그러나 크래프트는 인간의 개념적 사고가 100퍼센트 시간에 매인다고 주장함으로써 그리스도께 대한 진정한 회심과 가짜 종교 체험을 구별할 변하지 않는 기준을 제시하지 않는다. 겉으로 보기에 똑같이 역동적인 체험이 사탄에게서 온 것일 수 있다. 왜냐하면 사탄은 자신을 광명의 천사로 가장하기 때문이다. 성경에 따르면, 진정한 기독교 체험에 대한 테스트는 그리스도의 본성과 육신이 되신 영원한 말씀에 관한 개념적으로 동등한 단언들을 포함한다(요 1:1-18; 20:31; 요일 4:1-3; 요이 7-9절). 관계적, 기능적 신학자들은 상대주의에 굴복하면서 자연에 나타난 하나님의 보편계시와 성육하신 그리스도의 가르침과 영감된 대언자인 예언자들과 사도들의 가르침에 나타난 그분의 특별계시의 변하지 않는 개념적 타당성을 훼손한다.

그렇다면 일반계시를 통해 알려지는 초문화적 진리들(transcultural truths)은 무엇인가? 첫째, 사람들은 인간이다. 모든 문화의 사람들은 인간이었고, 인간이며, 인간일 것이다. 비인간화와 비인격화의 경향에서와는 반대로, 인간은 단순한 대상이 아니라 주체이며, 공통의 객관적 목표를 추구하기 위해 책임 있는 존재로 공동체에 참여한다.

둘째, 사람들은 양도할 수 없는 인간적 권리와 책임을 갖는다. 육체적, 경제적, 교육적, 정치적, 종교적으로 아무리 다르더라도, 사람들에게는 동일한 관심과 존경의 대상이 될 권리가 있다.

셋째, 사람들은 정당하게 대우받을 자격이 있다. 어떤 상황에서든, 사람들은 부당한 대우를 받을 때는 언제든지 불의에 저항하며 소리를 높인다.

넷째, 불의한 사람들은 의로운 사면과 용서와 거룩한 사랑이 필요하다.

다섯째, 사람들은 주어진 실재의 자료에 대해 지적으로 정직하고 충실해야 한다. 사람들은 거짓 증언을 해서는 안 된다.

여섯째, 인간 사회와 상호 신뢰와 대화가 의미 있으려면, 사람들의 생각과 말과 글이 논리적으로 모순되지 않아야 한다. 인간의 지식과 경험은 문화적 변수뿐 아니라 도덕성과 사실과 논리와 같은 상수(常數)와도 관련이 있다.

조셉 플레처(Joseph Fletcher)처럼 오직 하나의 절대, 즉 사랑만을 주장한다면, 이것은 창조자의 지성과 지혜의 넓이를 무시하는 것이다. 사실적 자료만 절대적이라고 주장한다면, 이것은 다양한 형태의 과학주의와 실증주의처럼 도덕과 죄와 구원에 대한 로고스의 충실한 말씀과 자신을 부정하거나 자신과 모순되게 행할 수 없는 그분의 성실성을 간과하는 것이다. 그러나 합리론자들처럼 논리적으로 절대적인 것만을 주장한다면, 이것은 경험이 주는 자료를 보지 못하며 자폐증과 불의와 무책임의 위험을 보지 못하게 하는 것이다.

절대적인 것들이 필요하다

단순하며 근거 없는 의견과는 뚜렷이 구분되는 진리 주장의 정당성을 평가할 때는 반드시 확실성에 대한 주관적 감정이나 공동체적 감정을 초월하는 것을 기초로 해야 한다. 고든 카우프만(Gordon Kaufman)이 주장했듯이, 모든 진리 주장은 객관적 타당성에 대한 주장을 포함한다. 카우프만은 비록 절대적인 것을 믿는다고 말하기를 주저하지만, 객관적으로 타당한 지식은 세 가지 방향 곧 수여성(givenness), 보편성(universality), 논리적 상호 연관성(logical interconnectedness)에서 실제적 사고나 느낌을 초월한다는 점을 인정한다. 그는 이것들을 '기능적으로 절대적인 것'(functioning absolutes)이라 부른다. 이것들은 정의와 사랑, 지적인 정직, 인간의 가치와 함께 삶을 가능하고 의미 있게 하는 절대적인 것으로 기능한다. 따라서 이것들을 절대적인 것이라 부르지 못할 이유가 어디 있겠는가?

어거스틴이 깨달았듯이, 변하는 인간의 경험 가운데 변하지 않는 진리를 인정하는 것은 이러한 진리의 변하지 않는 근원과 대상을 존재론적으로 인정하는 것이다. 폴 틸리히도 이러한 모든 절대적인 것이 그 자체를 초월하여 전포괄적인 절대자(all-inclusive Absolute)를 향하는 것을 보았다. 불행히도, 틸리히의 존재 자체(Being itself) 개념은 성경의 살아 있고 역동적인 로고스를 비인격화했다.

그리스도인들은 의미 있는 인간 경험 속의 변수와 상수에 대한 가장 일관된 설명이란 세상과 역사와 인간 본성뿐 아니라 역사 속의 예수님과 성경의 가르침이 훨씬 더 분명하게 계시된 인격적이며, 살아 계시며, 도덕적이며, 공의로우시며, 성실하시며, 참되신 하나님이라고 주장할 것이다. 비록 유한하고 타락한 인간은 객관적으로 타당하고 규범적인 진리를 스스로의 힘으로 찾아낼 수 없지만, 하나님의 형상을 지닌 자로서 일반은총과 특별은총을 통해 이러한 진리를 받을 수는 있을 것이다. 인간은 절대적인 하나님이 주시는 일반계시를 통해 사회 정의를 위한 하나님의 도덕적 원리를 발견하며, 특별계시를 통해 불의한 사람들을 위한 하나님의 사랑의 계획과 목적을 발견한다. 살아 계신 하나님은 시간과 공간과 에너지와 인간이라는 상대적 과정에 좌우되지 않으신다. 인간과 자연은 하나님과 관련이 있고, 하나님께 의존하며, 하나님에 의해 좌우된다.

급진적 종교적 상대주의자들(radical religious relativists)은 하나님에 관한 개념적이거나 명제적 진리가 전혀 가능하지 않더라도 인간이 하나님을 경험할 수 있다고 단언한다. 이들은 예수님과 성경의 말씀까지도 시간과 문화에 매인다고 주장한다. 이러한 말씀은 단지 비인지적으로(noncognitively), 지시자로(pointers) 받아들여질 수 있다. 이러한 종교적 상대주의는 아무리 경건하더라도 과녁을 빗나간다. 왜냐하면 종교적 상대주의는 인간이 하나님의 형상으로 창조되었으며 하나님을 개념적으로 알도록 그분의 형상에서 새로워졌다는 것(골 3:10)을 적절하게 설명하지 못하기 때문이다. 인간은 본질과 속성에서, 시간과 공간에 대한 계획에서 변함이 없으신 창조자요 구속자를 알고 그분과 교제하도록 창조되었으며 따라서 상대주의의 바다 속에서 하나님의 계시와 조명으로 표현할 수 있는 몇 가지 절대적인 것을 받을 수 있다.

명제적 계시에 대한 부정은 변하거나 변하지 않은 경험에서 모든 것이 하나님의 로고스와 관련이 있음을 파악하지 못한 결과일 수도 있다(요 1:1-3). 하나님의 로고스는 영원하며 우주와 뚜렷이 구분되지만, 동양의 신비주의에서처럼 지적으로 다른 영원(intellectually other eternity)으로 제한되지는 않는다. 그것은 내재하며, 자연과 인간을 다스리지만 자유주의에서처럼 자연 과정으로 제한되지 않는다. 진정한 인간으로 성육했으나 신정통주의에서처럼 비인지적인 개인적 만남(noncognitive personal encounters)으로 제한되지 않는다. 또한 성문화되었지만(inscripturated) 어떤 극단적 근본주의에서처럼 단순한 성경주의(Biblicism)로 제한되지 않는다. 요약하면, 고전적인 정통 신학에서처럼 하나님의 로고스는 초월적인 동시에 내재적이며 성육하며 성문화된다.

하나님의 로고스와 일반계시, 성육신 계시, 성문계시의 절대적인 것을 검증하는 변증은 그 자체로 또 하나의 절대적인 것이 아니다. 세상 속에 나타나는 하나님의 지혜와 능력과 도덕성, 그리스도 안에 나타나는 하나님의 무죄성, 성경에서 나타나는 하나님의 계시를 검증하기 위해 하나님의 무죄한 대언자가 될 필요는 없다. 이스라엘 백성은 참 선지자와 거짓 선지자를 구분함으로써 스스로 자율적이 된 게 아니다. 한 의사의 자격증을 검사한다는 것은 자신이 전문가보다 더 지혜롭고 수술을 더 잘한다고 생각한다는 게 아니다. 모든 인간 인지자가 직면하는 수없는 변수를 알기에, 우리는 기독교 변증가들이 합리적인 의심을 초월하는 놀라운 개연성 정도만을 솔직하게 주장하는 데 전혀 놀라지 않는다.

이와 비슷하게, 그리스도인들은 하나님이 계시하신 명제적 진리에 대한 그 나름의 해석과 적용이 어느 정도의 개연성을 갖는다고 주장할 뿐이다. 영원 속에서 하나님을 절대적으로 알 수 있다는 말이 모든 신자가 지식과 은혜가 자라고 있는 어느 순간에나 계시를 절대적으로 이해할 수 있다는 뜻은 아니다. 결과는 오히려 정반대이다. 하나님의 계시가 의도된 목적과 정확한 기준이라는 견지에서 절대적이라는(이런 목적으로 기록되었을 때) 단언은 정부와 공립학교와 유엔과 종교 기관의 선언의 절대성을 부정하는 것이다. 영감과 분명하게 구분되는 하나님의 조명은 무오(無誤)를 낳는 게 아니다.

비록 그 어떤 성경 해석도 절대적일 수 없지만, 몇몇 해석은 관련 자료와 타당한 해석학적 원리와 견고한 진리의 기준을 적용하기 때문에 다른 해석보다 확실하다. 다양한 해석의 가설을 견제하고 균형을 유지하는 데 가장 신뢰할 만한 방법은 일반계시에서 발견되는, 변하지 않는 것에서 도출한 기준을 적용하는 것이다. 참된 해석은 문법, 문학적 문맥, 저자의 목적, 역사적-문화적 상황, 보다 넓은 신학적 문맥과 같은 관련 자료를 일관되게 설명한다. 더욱이, 사람들을 사물이 아니라 인간으로 대하고, 그들의 권리를 존중하며, 그들을 정당하게 대하고, 그들의 불의를 용서하면서 이러한 해석을 온전히 삶에 적용할 수 있어야 한다.

삶과 성경에 대한 자신들의 상대적 해석을 절대화함으로써 기독교의 이름으로 보이지 않는 해를 끼친 사람들이 있다. 구약에서 하나님이 보내지도 않았는데 스스로 하나님의 말씀을 전한다고 주장했던 뻔뻔스러운 선지자들은 가장 엄한 벌을 받았다. 우리 시대에는 하나님으로부터 정당하게 계시를 받지 않은 채 선지자 노릇을 하는 사람들이 없기를 바란다. 계시된 절대적인 것에 대한 이러한 변호가, 아무리 선하더라도 단순한 인간적 생각의 절대화를 정당화하는 데 사용되어서는 안 된다.

이와 비슷하게, 하나님이 계시하신 절대적인 것, 모든 문화의 모든 사람들에게 객관적으로 타당한 것을 상대화하는 사람들이 그리스도 운동과 성경 운동에 엄청난 해를 끼쳤다. 기독교는 모든 사람에게 진리이거나 누구에게도 진리가 아니거나 둘 중 하나이다. 우리의 해석이 광범위한 관련 성경 구절에 근거하며 교회사에서 수많은 해석자의 지지를 받으며 말씀의 가르침에 대한 성령의 내적 증거를 통해 우리에게 개인적으로 입증될 때, 우리는 기독교의 주요 교리들과 이것들이 말하는 실재에 대한 우리의 견해를 확신할 수 있다. 이때 우리는 진실을 자신 있게 말하고 신앙의 큰 교리를 기쁨으로 전할 수 있다.

급진적 상대주의가 지배할 때, 어제나 오늘이나 영원히 동일하신 주님의 제자들은 성도들에게 단번에 주신 믿음(유 3절)에 대한 공격을 온유와 두려움과 선한 양심으로 막는다(벧전 3:15,16).

더 깊게 공부하려면

Francis Beckwith et al, *To Everyone an Answer*

Kenneth Boa and Robert Bowman, *Faith Has Its Reasons*

William Lane Craig, *Apologetics: An Introduction*

C. S. Lewis, 《천국과 지옥의 이혼》*(The Great Divorce)*, 김선형 옮김(홍성사, 2003) | 《순전한 기독교》*(Mere Christianity)*, 장경철, 이종태 옮김(홍성사, 2005) | 《고통의 문제》*(The Problem of Pain)*, 이종태 옮김(홍성사, 2002)

Dennis McCallum, ed., *The Death of Truth*

T. R. Phillips and D. L. Okholm, eds., *Christian Apologetics in the Postmodern World, Francis Schaeffer, The God Who Is There*

James Sire, 《기독교 세계관과 현대사상》*(The Universe Next Door)*, 김헌수 옮김(IVP, 2007)
Gene Edward Veith, Jr., *Postmodern Times*

조쉬 맥도웰, 《기독교 변증 총서》(전4권), 오진탁 옮김(순출판사, 2006)
코넬리우스 반틸, 《변증학》, 신국원 옮김(기독교문서선교회, 1998)
안환균, 《변증의 달인-젊은 세대를 깨우는 이야기식 기독교 변증》(생명의말씀사, 2005)

노만 가이슬러, 윌슨, 타이트 티에누, 로버트 야브로, 폴 페인버그
어빙 헥삼, 폴 채펠, 노만 가이슬러

선불교(禪佛敎) | 베단타 힌두교 | 이슬람교 | 유대교
아프리카 전통 종교 | 뉴에이지 운동 | 무신론 | 신흥 종교
그리스도의 교회 | 사이언티스트 | 기독교의 종교적 위치

17 세계의 종교

우리가 알든 모르든 간에 우리 모두에게는 철학이나 삶을 보는 시각, 즉 '세계관'이 있다.
이것은 우리가 자기 삶의 경험을 해석하는 줄거리요 지도이며 렌즈이다.
이것이 우리가 실재와 자기 운명을 어떻게 보고
도덕의 문제를 어떻게 푸느냐를 결정짓는다.
오스 기니스 Os Guiness

기독교는 종교적으로 서구 세계의 많은 부분을 지배한다. 그러나 그리스도인을 얼마나 넓게 또는 좁게 정의하든 간에, 지구상에는 그리스도인이 전체 인구에서 소수에 불과한 지역이 많다. 현대는 이동이 편리한 시대이기 때문에, 많은 종교가 과거에는 발을 들여놓지 못했던 지역으로 확산된다. '기독교화된' 나라의 신자들이 주로 불가지론적이거나 무관심하거나 단순히 정보가 없는 이웃들과 '신앙을 위해 싸웠으나' 이제는 이들 나라의 많은 사람들이 적극적으로 다른 종교에 귀의한다. 당신이 사는 나라도 예외가 아닐 것이다.

세계 몇몇 지역에서는 불교가 다수의 세계관을 대표하며, 또 어떤 지역에서는 불교의 영향이 주로 대중매체(유명한 불자들, 영화, 달라이 라마에 대한 환상적인 묘사)를 통해 확인된다. 이슬람의 경우도 마찬가지일 것이다. 이슬람은 특정 문화에서 전체의 삶을 지배하지만 대중매체는 광신과 테러라는 시각으로 이슬람을 묘사한다.

타종교에 대한 그리스도인들의 지식은 비교적 제한적일 때가 많다. 다시 말해, 그리스도인들은 한 종교가 실제로 가르치는 바를 정확히 파악하지 못한 채 그 종교의 문화적 의미를 이해한다. 물론, 이런 경우 왜 기독교가 특별하거나 참이냐는 질문을 받을 때 기독교와 타종교의 차이를 설명하기도 어렵다.

세상의 모든 종교를 자세히 논하기에는 그 이름을 열거하기에도 지면이 부족하다. 그래서 여기서는 세상의 주요 종교인 유대교, 이슬람교, 힌두교, 불교를 간략하게 살펴볼 것이다. 아프리카 전통 종교들도(하나의 그룹으로) 살펴볼 것이며, 그 외에 무신론과 뉴에이지 운동, 몇몇 새로운 기독 종교들, 세계 도처에서 일어나는 전통적이며 정통적인 기독교의 지류들도 살펴볼 것이다.

마지막으로, 기독교를 타종교와 구분하는 몇 가지 핵심적인 주장을 살펴볼 것이다.

선불교(禪佛敎)

Zen Buddhism

+ 노만 가이슬러

불교는 그 근원인 힌두교처럼 단일화된 종교가 아니다. 불교도 많은 신앙과 서로 다른 세계관까지 담고 있다. 물론, 모두가 석가모니(Gautama Buddha, BC 563-483)를 따른다. 인도에서 자란 석가는 깨달음을 찾아 가족을 떠났으며, 보리수 아래에서 명상하는 중에 깨달음을 얻었다. 불자들은 석가를 자신의 깨달음의 근원으로 본다.

불교는 크게 대승불교(Mahayana, '큰 수레'라는 뜻)와 소승불교(Hinayana, '작은 수레'라는 뜻)로 나뉜다. 대승불교는 누구나 깨달음을 얻을 수 있다고 주장하며, 소승불교는 헌신된 소수만이 깨달음을 얻을 수 있다고 주장한다. 소승불교의 신자들은 소승불교라는 말에 담긴 부정적 의미를 알기 때문에 자신들을 '테라바다'(Theravada, 연장자의 도. '상좌부/上座部'라고도 한다)라 부르기 시작했다.

불교 신앙의 기본

대승불교와 소승불교 모두 깨달음에 이르는 '사성제'(四聖諦, '사진제/四眞諦'

라고도 한다)와 '팔정도'(八正道)를 받아들인다.

사성제 가운데 첫째는 고성제(苦聖諦), 즉 삶은 고통으로 이루어져 있다는 것이다. 이것은 아픔과 비극과 슬픔과 채워지지 못함을 설명한다.

둘째는 집성제(集聖諦), 즉 세상에서 영원하거나 변하지 않는 것은 없다는 것이다(무상/無常의 교리). 우리가 고통당하는 것은 영원하지 않는 것을 바라기 때문이다.

셋째는 멸성제(滅聖諦), 즉 자신을 자유롭게 하기 위해서는 덧없는 것에 대한 모든 욕망이나 갈망을 제거해야 한다는 것이다.

넷째는 도성제(道聖諦), 즉 다음과 같은 팔정도를 따름으로써 욕망을 제거할 수 있다는 것이다.

지혜

(1) 정견(正見)-바른 시각

(2) 정사유(正思惟)-바른 생각

윤리적 행위

(3) 정언(正語)-바른 말

(4) 정업(正業)-바른 행위

(5) 정명(正命)-바른 생활

정신 수련

(6) 정정진(正精進)-바른 노력

(7) 정념(正念)-바른 마음가짐

(8) 정정(正定)-바른 명상

이것들은 차례대로 밟아야 하는 단계가 아니라 동시에 길러야 하는 태도와 행동이다.

이러한 가르침 외에, 불자들은 윤회(輪廻)와 열반(불교의 '천국')을 믿는데, 이것은 욕망이나 좌절이 없는 '무'(無)의 최종 상태이다.

그러나 지금까지 가장 영향력이 큰 형태의 불교는 선불교이다. 선불교는 대승불교의 승려 도생(道生, AD 364-434)과 중국에서 일본으로 건너가 자신의 불교와 자연과의 합일을 강조하는 도교(道敎, Taoism)를 결합시킨 보리달마(菩提達摩, AD 534, 흔히 '달마'라고 한다)에게서 기원했다. 이러한 절충적 융합을 가리켜 선(禪, '명상')이라 한다. 선('선불교'를 설명하는 17장에서 '선'은 '善'이 아니라 '禪'을 의미한다 — 역자 주)이 기독교에 깊숙이 파고들었기 때문에 기독교 변증가들에게는 가장 큰 관심의 대상이다.

서양에서 범신론의 강력한 옹호자 가운데 한 사람은 다이세츠 테이타로 스즈키(Daisetz Teitaro Suzuki, 1870-1966)였다. 그는 오랫동안 콜럼비아 대학과 그 외 미국의 여러 대학에서 교수로 활동하고 서방 세계 도처에서 강연을 하면서 선을 서구적으로 해석하고 선불교를 서구에 확산시켰다. 스즈키는 크리스마스 험퍼리스(Christmas Humphreys, 1901-1983. 영국 시인으로 15권의 불교 서적을 영어로 출판했다 — 역자 주)와 알란 와츠(Alan Watts) 같은 서양인들에게 영향을 미쳤다.

선불교란 무엇인가?

스즈키의 범신론을 이해하기 위해서는 선이 무엇인지 알아야 한다. 첫째, 우리는 스즈키가 선이 무엇이 아니라고 믿었는지 살펴보고, 그런 후에 선이 무엇이라고 믿었는지 살펴볼 것이다.

선은 이런 것이 아니다 스즈키에 따르면, 선은 '논리와 분석에 근거한' 하나의 체계나 철학이 아니다. 어떤 형태의 이원론적 사고도, 다시 말해, 주체와 객체간의 그 어떤 구별도 반대한다. 스즈키는 우리에게 이렇게 요구한다. "주체와 객체의 이원론을 말하지 말며, 둘 다 잊어버리고, 지성을 초월하며, 자신을 이해로부터 단절하며, 직접 부처의 마음으로 깊이 들어가 그 마음과 하나 되라. 이 바깥에는 아무런 실재(realities)도 없다."

선은 일련의 가르침이 아니다. 선은 지적인 분석의 방식으로 우리에게 가르칠 게 전혀 없다. 그뿐 아니라 선은 자신을 따르는 자들에게 받아들이라고 할 만한 그 어떤 일련의 교리도 없다. 이러한 선은 성전(聖典)이나 교의(敎義)가 없다.

실제로, 선은 아무것도 가르치지 않는다. 각자 자신을 가르친다. 선은 단지 길을 제시할 뿐이다.

선은 대중적으로 이해되는 것처럼 하나의 종교가 아니다. 선에는 예배의 대상이 되는 신이 없으며, 의식도 없으며, 내세도 없고, 영혼도 없다. 스즈키가 선에는 신(god)이 없다고 말할 때, 그는 신성(deity)의 존재를 부정하지도, 긍정하지도 않는다. 선에서, 하나님은 부정되지도, 주장되지도 않는다. 선에는 유대교나 기독교가 생각하는 그런 하나님이 없을 뿐이다.

선은 자신이 유신론적이거나 범신론적이라고 주장하지 않으며, 이러한 형이상학적 명칭을 거부한다. 기독교 유신론이나 베단타 힌두교(Vedanta Hinduism)의 하나님과는 달리, 선에는 제자의 생각을 고정할 대상이 없다. 선은 불을 따뜻하게 느끼고 얼음을 차갑게 느낄 뿐이다. 추울 때 떨며 불을 가까이하기 때문이다. 느낌이 모든 것 가운데 있는 모든 것이다. 모든 이론화는 실재에 이르지 못한다.

선은 이런 것이다 그렇다면 선을 무엇이라 할 수 있는가? 스즈키에 따르면, "선은 바다이며, 공기이며, 산이며, 천둥과 번개이며, 선은 피는 꽃이요, 여름의 열기요, 겨울의 눈이다. 더 나아가 선은 인간이다." 그는 어떤 승려가 선을 "당신이 매일 하는 생각"으로 정의한 이야기를 들려준다. 그는 선을 이렇게도 표현한다. "배고픈 수도승이 일을 하다가 공양 시간을 알리는 종소리를 듣고 공양실로 갔다. 큰 스님이 그를 보고 껄껄 웃었다. 수도승이 선을 가장 완전히 행하고 있기 때문이었다." 달리 말하자면, 선은 삶이다. "나는 손을 든다. 책을 책상에서 집어든다. 나는 아이들이 밖에서 공 차는 소리를 듣는다. 나는 구름이 숲을 넘어가는 것을 본다. 이 모든 것에서 나는 선을 행하고 있으며, 선을 살고 있다. 토론은 필요 없으며, 그 어떤 설명도 필요 없다." 선은 그 어떤 장애물이나 개념화의 방해도 받지 않는 개인적인 삶의 경험이다.

하나님과 세상

선불교에서, 하나님은 인간이며 인간은 하나님이다. 스즈키는 서양의 신비주의자 마이스터 에크하르트(Meister Eckhart, 1260-1327)를 긍정적으로 인용하면서 이렇게 말한다. "'단순한 사람들은 마치 하나님이 저쪽에 서 있고 우리는 이쪽에 서 있는 것처럼 하나님을 봐야 한다고 생각한다. 그렇지 않다. 하나님과 나는 내가 그분을 지각하는 행위 속에서 하나이다.' 이러한 사물들의 절대적인 하나됨에서, 선은 그 철학적 기초를 세운다." 인간이 하나님일 뿐 아니라 만물이 하나님이며 하나님이 만물이다. 모든 것과 모든 인간이 사실상 하나이다. "부처들(깨달은 자들)과 중생(여전히 무지한 자들)은 둘 다 일심(一心)에서 나오며, 이 마음 외에 다른 실재는 없다."

모든 것을 포함하는 이러한 마음은 무심(無心)이며, 이것이 인간의 영적 본성(性)이다. 스즈키는 이렇게 말한다. "이러한 본성(인간의 영적 본성)이 마음이며, 마음은 부처이며, 부처는 도(道)이며, 도는 선이다." 마음은 시작이 없는 과거부터 존재했다. 마음은 태어나거나 죽지 않는다. 마음은 시대와 존재의 범주를 초월한다. 마음이 만물이며 만물이 마음이다.

스즈키는 이러한 형태의 일원론(monism)이 우리가 지각하고 느끼는 세계에 대한 부정은 아니라고 말한다. 그러나 우리가 느끼는 세상, 우리의 밖(Outside)인 세상은 최종적 실재(final reality)가 없는 '상대적 세상'이다. 개개인이 존재하지만 이들은 진여(眞如, 그러함, '여/如'라고도 한다)의 부분적 실현으로 여겨지는 한에서만 실재한다. 실제로, 진여는 이들 속에 내재한다. 사물이 특정한 것이며 진여와 실재인 만물과 관련해서 생각되지 않는 한 공허하며 허상이다.

그런데 일반적 경험은 그 자체로 존재하는 그 무엇을 위한 세상을 취하며, 이것은 허상이 아니다. 실제로 존재하는 것은 마음이다.

불자들은 진여나 마음을 하나님(God)이라는 단어로 부르기를 좋아하지 않는다. 대부분의 불자들은 하나님이라는 말을 좋아하지 않으며, "특히 이 용어가 통속적인 마음에서, 무에서 세상을 만들었으며, 인류의 타락을 초래했고, 후회의 고통에 감동하며, 타락한 자들을 구원하기 위해 하나뿐인 아들을 내려 보낸 창조자의 개념과 친밀하게 연결될 때" 이 용어를 좋아하지 않는다. 불자들이 이러한 궁극적 실재를 묘사하는 다양한 방법은 부분적으로 신(神)을 말하려 하지 않으려는 노력이다.

더 나아가, 진여나 실재는 '있는 그대로' 파악될 수 없다. 이것은 범주를 초월하며, 존재의 범주까지도 초월한다. 스즈키는 이렇게 말한다. "우리는 이것이 존재한다고 말할 수 없다. 왜냐하면 존재하는 모든 것은 그것이 존재하지 않는다는 것을 전제하기 때문이다. 존재(existence)와 무존재(nonexistence)는 주체와 객체, 마음(정신)과 물질, 이것과 저것, 하나와 다른 하나만큼이나 상대적인 용어이다. 하나가 없이는 다른 하나를 생각할 수 없다. 그러므로 '그러하지 않다'가 불완전한 인간의 혀가 이것을 표현할 수 있는 유일한 방법일 것이다. 그러기에 대승불자들(Mayahanists)은 대개 진여를 쿤야타(Cunyata), 즉 공(空)이라고 말한다."

정의할 수도, 생각할 수도 없는 '공'(空)을 이렇게 해석하는 게 좀 더 정확할 것이다. 진여는 존재도 아니고 무존재도 아니다. 단수도 아니고 복수도 아니다. 진여는 하나님이며, 하나님은 만물이며, 만물은 마음이며, 마음은 부처이며, 부처는 도(道)이며, 도는 선이다.

선불교의 인간관

인간 개개인은 이러한 전부(All)나 마음(Mind)이나 하나님(God)의 표현일 뿐이다. 개개인은 우리의 상상과는 달리 고립된 존재가 아니다. 사람들은 그 자체로는 비눗방울만큼이나 의미 없는 존재이다. 개별적인 존재는 전체적인 하나(일여/一如)의 견지에서 생각될 때만 의미가 있다. 이것은 결코 물질성(materiality)에 대한 부정이 아니다. 인간은 물질과 비물질로 되어 있으나 그 이상인 존재이다. 이것은 그 어떤 궁극적 의미에서든 개별성에 대한 부정이다. 사람들은 개별적 존재로 보일 뿐이며, 사실은 하나(One) 안에서 모두 하나이다. 선의 목적은 사람들이 이기주의를 극복하고 하나님 안에서 자신들의 하나됨을 깨닫고 그럼으로써 불멸하도록 돕는 것이다.

윤리 근본적으로, 선은 일차적으로 '삶의 실제적 수련'이다. 윤리적 시각에서 보면, 선은 '성품의 개조'를 목표로 하는 하나의 수련이다. 이러한 성품의 개조는 모든 악과 고통의 근원인 이기주의와 싸우기 위해 꼭 필요하다. 불교는 모든 윤리적 힘을 이기주의적 생각과 욕망을 무너뜨리는 데 집중한다.

기본적으로, 이기주의에 대한 선의 해답은 배움이다. 이러한 무지한 이기주의는 "인간은 무명(無明, 잘못된 의견이나 집착 때문에 진리를 깨닫지 못하는 마음의 상태로 모든 번뇌의 근원이 된다 — 역자 주)으로부터 벗어나야 한다"는 집착(즉, 이원론)이며, 따라서 모든 이원성을 초월해야 한다. 이것이 이루어질 때, 인간은 진여와 조화를 이루며 '하나'라고까지 말한다. 이 목표는 이타적 노동과 다른 사람들에 대한 헌신을 통해서만 이루어질 수 있으며, 이를 위해서는 먼저 모든 이기적 욕망을 버려야 한다. 이러한 목표의 실현을 가리켜 열반(涅槃)이라 한다. 이기심을 버리면 깨달음을 얻으며, 다른 사람들을 자신처럼 사랑할 수 있게 된다.

선불교의 수도승이 깨달음에 이르는 과정에 참여하고 깨달음 속에 머물기 위해서는 "청소, 요리, 나무하기, 밭갈이, 원근 마을을 다니며 동냥하기와 같은 많은 육체노동이 필요하다." 선불교의 수도승의 생활 원리 가운데 중심은 자신에게 주어진 것을 낭비하지 않고 가능한 최대로 이용하는 것이다. 선의 윤리적 가르침은 '칠불(七佛)의 가르침'으로 요약된다(이러한 가르침을 가리켜 '칠불통계/七佛通戒'라 한다 — 역자 주).

제악막작(諸惡莫作): 모든 악을 짓지 말라.
중선봉행(衆善奉行): 선행을 받들어 하라.
자정기의(自淨其意): 스스로 그 뜻을 맑게 하라.
시제불교(是諸佛敎): 이것이 모든 부처의 가르침이다.

선불교의 역사관

선불교는 세상을 허상으로 보기 때문에, 역사도 허상이라고 생각한다. 과거와 현재와 미래는 태어나지 않는다. 이것들은 마음의 표현을 초월하는 실재를 갖지 않는다.

이처럼 역사가 허상의 존재임을 인정한다고 해서 마야(maya), 즉 무명(無明)의 한 부분인 역사의 역할을 배제하는 것은 결코 아니다. 스즈키는, "역사는 숙명적 불멸이라는 부처의 가르침을 가시화하는 웅장한 드라마"라고 말한다. 많은 형태의 힌두교 범신론처럼, 선불교도 카르마(karma, 업/業)를 믿는다. 불교의 카르마는 선하든 악하든 간에 일단 행하고 품은 모든 행동으로, 결코 물방울처럼 사라지지 않으며, 경우에 따라 잠재적으로나 실제적으로, 마음과 행위의 세계에 산다. 스즈키는 카르마 교리를 "우리의 도덕이라는 밭에서 작용하는 진화와 유전의 이론"에 비유한다.

이원성의 세상에 존재하는 다른 모든 것처럼, 역사도 초월되어야 한다. 스즈키는 이것이 다음과 같은 방법으로 이루어진다고 말한다.

> 과거의 사건들은 이미 지나갔다. 그러니 이것들을 생각하지 말라. 그러면 당신의 마음이 과거와 단절된다. 이렇게 해서 과거의 사건들이 제거된다. 현재의 사건들은 이미 당신의 앞에 있다. 그러니 이것들에 집착하지 말라. 집착하지 않는다는 것은 미움이나 사랑의 그 어떤 감정도 일으키지 않는다는 뜻이다. 그러면 당신의 마음이 현재와 단절되며, 당신 눈앞의 사건들이 제거된다. 이렇게 해서 과거와 현재와 미래가 전혀 머물지 않을 때, 과거와 현재와 미래는 완전히 제거된다. 당신이 그 어디에도 머물지 않는 마음에 대해 아주 분명한 인식을 가질 때, 자신의 존재에 대해 아주 분명한 인식을 가진 것이다. 바로 이 마음이 부처의 마음이다. 이것을 가리켜 해탈의 마음, 깨달음의 마음, 불생(不生)의 마음(Unborn Mind), 물질성과 이상성의 비움이라 한다.

인간의 운명

인간의 운명은 열반(Nirvana)에 이르는 것이다. 다시 말해, 자아실체(ego-substance)의 개념과 이러한 잘못된 개념에서 일어나는 모든 욕망에서 벗어나는 것이며, 모든 존재에 대한 보편적 사랑이나 자비(karuna)를 실제적으로 표현하는 것이다. 열반은 때로 네 속성을 소유하는 것을 말한다(이러한 네 속성을 가리켜 사법인/四法印이라 한다 — 역자 주). 열반은 영원하다. 왜냐하면 비물질적이기 때문이다. 열반은 지복(至福)이다. 왜냐하면 모든 고통을 초월하기 때문이다. 열반은 스스로 행동한다. 왜냐하면 강요를 알지 못하기 때문이다. 열반은 깨끗하다. 왜냐하면 욕정이나 오류로 더럽혀지지 않기 때문이다." 열반은 또한 하나님이며, 열반에 이르기 위해서는 자신이 절대적인 하나와 본질적으로 하나임을 깨달아야 한다.

열반에 이르기란 쉽지 않다. 그러나 열반은 금욕주의, 특정한 책이나 교리에 대한 지식, 더 나아가 삶과 동떨어진 명상을 포함하지 않는다. 대신에 삶 그 자체에서 시작되고 끝난다. 구원(열반에 이르는 것)은 유한 그 자체에서 찾아야 하며, 유한한 것과 상관없는 무한한 것이란 없다. 초월적인 것을 찾는다면, 그것이 당신을 상대적인 이 세상과 단절시킬 것이며, 이것은 자신을 소멸시키는 것과 같다. 당신은 자신의 존재를 희생하여 구원을 얻기를 원하지 않는다.

열반은 윤회(輪回, 삶과 죽음) 속에서 구해야 하는 것이다. 그 누구도 윤회에서 벗어날 수 없다. 윤회는 삶에 대한 주관적 인식이다. 인간이 내적 인식을 바꾼다면, 실재가 '절대적으로 하나'라는 것을 깨달을 것이다. 내적인 삶에 대한 이러한 인식이 열반이다.

열반에 이르는 길에는 많은 것이 포함된다. 그러나 가장 근본적인 면은 모든 이원론적 사고를 버리는 것이다. 이러한 모든 사고의 뿌리는 논리이다. 스즈키는 "우리는 일반적으로 'A는 A다'라는 게 절대적이라고 생각하며, 'A는 A가 아니다' 또는 'A는 B다'라는 명제는 생각할 수 없다고 본다." 그러나 이러한 사고는 우리를 지속적으로 결박하여 우리가 진리를 깨달을 수 없게 할 뿐이다. 그러므로 우리는 논리의 족쇄를 끊고 새로운 관점에서 삶에 접근해야 한다. 이러한 새로운 경험에는 논리도 없고, 철학도 없다. 여기에는 우리의 인위적 척도에 맞추기 위해 사실을 왜곡하는 일이 없고, 인간의 본성을 지적 해부에 복종시키려고 인간의 본성을 죽이는 일도 없다. 마치 두 거울이 서로 마주하듯이 한 영혼이 다른 영혼과 얼굴을 맞대고 서며, 이들이 서로를 비추는 것을 방해하는 그 어떤 장애물도 없다.

선불교의 제자가 실재에 대한 논리적 해석을 초월하도록 돕기 위해, 선불교의 대사(大師)들은 비논리적인 말과 질문뿐 아니라 질문에 대한 대답을 포함하는 실재에 대한 온전한 접근을 만들어냈다. 이것을 가리켜 공안(公案, koan)이라

한다. 예를 들면, 매우 친숙한 질문이 있다. "당신이 한 손이 내는 소리(손뼉소리)를 들었다면 나도 그 소리를 듣게 할 수 있는가?" 부대사(傅大士, 493-564)의 유명한 말이 선의 비합리성을 생생하게 보여준다.

빈손으로 호미를 잡고(空手把鋤斗)

걸어가며 물소를 타노라(步行騎水牛)

사람이 다리 위를 지날 때(人在橋上過)

다리는 흐르는데 물은 흐르지 않는구나(橋流水不流)

열반에 이르기 위해서는 삶을 완전하게 보지 못하게 하는 모든 것을 초월해야 한다. 이러한 단계를 가리켜 사토리(satori/깨달음)라고 하는데, 공안(公案)을 통해 깨달음을 얻을 수 있다. 영적 행복에 이르는 길은 공안에서 사토리에 이르며 그 후에 열반에 이르는 과정이다.

스즈키의 절대적 범신론의 본질은 개별적인 것의 세상은 유한한 동시에 무한하며, 상대적인 동시에 절대적이며, 허상인 동시에 실재라는 것이다. 실재를 완전히 보기 위해서는 논리와 말과 개념과 추상으로부터, 존재도 아니며 비존재도 아닌 것을 직접 경험하지 못하게 하는 모든 것으로부터 자유로워야 한다. 이렇게 될 때 열반에 이른다. 그 하나와 하나가 된다.

베단타 힌두교

Vedanta Hinduism

+ 노만 가이슬러

힌두교는 폭넓은 범주의 종교적 신앙으로 구성되며, 그 가운데 대부분은 범신론적이거나 만유재신론적(萬有在神論的)이다. 매우 오래된 형태의 범신론 가운데 하나가 힌두교의 경전 베다(Vedas)의 마지막 단락에 나오는데, 이 단락을 가리켜 우파니샤드(Upanishads)라 한다. 우파니샤드가 네 개의 베다의 마지막 부분마다 있기 때문에 우파니샤드를 가리켜 베단타(Vedanta)라 부르는데, 이것은 베다의 마지막 또는 목표라는 뜻이다. 따라서 현대의 힌두교도가 베단타를 말할 때, 다소간 두 가지를 염두에 둘 것이다. 그는 베다의 마지막 부분에 해당하는 경전들을 생각하는 동시에 이것들이 존재하는 궁극적 이유, 완전한 절정인 가장 높은 지혜를 생각한다.

우파니샤드를 누가 언제 기록했는지는 알 수 없다. 우파니샤드는 힌두 교사들의 경험으로 이루어져 있다. 그것은 바가바드-기타(Bhagavad-Gita)와 함께 베단타 힌두교의 기초를 형성한다.

베단타 힌두교의 신관

모든 형태의 힌두교가 비인격적 하나님(impersonal God, 힌두교의 최고신은 브라만이지만 저자는 'God'라고 썼기에 여기서는 하나님으로 옮기겠다 — 역자 주)을 믿는 것은 아니다. 바크티 힌두교(Bhakti Hinduism)는 비인격적 하나님을 믿지 않는다. 그러나 베단타 범신론(Vedanta pantheism)은 오직 하나의 하나님(브라만)이 존재한다고 가르친다. 이 하나님은 무한하며, 불멸하며, 비인격적이며, 모든 것에 스며 있으며, 지극히 높으며, 변하지 않으며, 절대적이며, 나눠질 수 없는 분인 동시에 이 가운데 어느 하나도 아니다. 하나님은 모든 생각과 말을 초월하기 때문이다.

베단타 범신론에 따르면, "그분(브라만)을, 눈이 볼 수 없으며, 혀가 말할 수 없으며, 마음이 잡을 수 없다. 그분을, 우리는 알 수 없으며 가르칠 수도 없다. 그분은 알려진 것과 다르며 알려지지 않은 것과도 다르다. 브라만을 지식을 초월한 분으로 아는 사람은 진정으로 브라만을 아는 사람이다. 그분을 안다고 생각하는 사람은 아는 게 아니다. 무지한 자들은 브라만이 알려진다고 생각하지만, 지혜로운 자들은 그분이 지식을 초월하신다는 것을 안다."

우리는 브라만을 표현할 수도, 정의할 수도 없다. 브라만에 대해서는 그 어떤 말도, 그 어떤 생각도 할 수 없다. 힌두교 철학자 산카라(Sankara)가 우파니샤드에 대한 주석에서 이것을 쉽게 설명했다. "'스승님, 제게 브라만의 본성을 가르쳐주십시오.' 한 제자가 스승에게 말했다. 스승은 아무 말도 하지 않았다. 제자가 스승에게 두 번, 세 번 요구하자 스승이 대답했다. '나는 네게 진정으로 가르쳐주었으나 너는 깨닫지 못하는구나. 그분의 이름은 침묵이다.'"

베단타 힌두교의 세계관

베단타 범신론은 '만물이 하나님이며 하나님이 만물'이라고 가르친다. 오직 하나의 실재만 있다. 우리가 보고, 듣고, 만지고, 맛보고, 냄새 맡는 세상은 실제로 존재하지 않는다. 이것은 존재하는 것처럼 보이지만 사실은 허상이다. 우리가 지각하는 우주는 밤에 울창한 숲을 걷다가 뱀으로 보이는 것을 보는 것과 같다. 그러나 한낮에 다시 그곳으로 돌아가서 확인해 보면 밤에 본 뱀은 실제로 새끼줄이었다. 새끼줄이 뱀처럼 보였으나 실제로 뱀은 아니었다. 뱀이 존재하는 것처럼 보였듯이, 우주도 존재하는 것처럼 보이지만 실제로는 존재하지 않는다. 대신에, 우주는 오직 하나의 참된 실재인 브라만 위에 겹쳐놓은 허상일 뿐이다.

우파니샤드에 따르면 "오직 브라만이 존재할 뿐이다. 그 외에는 아무것도 존재하지 않는다. 다양한 우주를 보는 사람은 하나의 실재를 보는 게 아니며, 항상 죽음에서 죽음에 이른다. 명상하라. 그러면 마음과 물질과 마야(마음과 물질을 연합시키는 힘)가 하나의 실재인 브라만의 세 면일 뿐임을 깨달을 것이다."

베단타 힌두교의 인간관

베단타 범신론은 인류가 브라만이라고 말한다. 허상의 우주가 우리를 속여 각 사람이 우주에서 개별적 존재라고 생각하게 했다. 그러나 허상의 감각과 마음을 제거하고 진정한 자아(아트만/Atman)로 명상하면, 아트만이 브라만, 즉 진정한 실재라는 깨달음을 얻을 것이다. 한 인간의 영혼의 깊이는 우주의 깊이와 같다. 어느 현자(賢者)는 브라만에 이른 후 이렇게 말했다. "나는 생명이다. 브라만의 순수함 속에 자리를 잡았다. 자아의 자유를 얻었다. 나는 브라만이며, 스스로 빛을 내며, 가장 빛나는 보화이다. 나는 지혜를 얻었다. 불멸하며, 사라지지 않는다."

베단타 힌두교의 윤리

베단타 범신론에 따르면, 인간이 진정한 자아를 발견하기 위해서는 허상의 세계를 초월해야 한다. 이것은 선과 악을 초월함으로써 이루어진다. 보는 자가 빛나는 분, 주님, 최고의 존재를 보고 선과 악을 초월하고 더러운 것들로부터 자유할 때, 그는 그분과 하나가 된다. 한 인간이 브라만과 연합할 때, 그는 더 이상 '내가 악한 일을 했다'라거나 '내가 선한 일을 했다'라는 생각에 시달리지 않을 것이다. 왜냐하면 선과 악을 초월한다는 것은 이미 일어난 일에 더 이상 시달리지 않는다는 뜻이기 때문이다. 이것은 개인적인(또는 다른 누군가의) 과거나 현재나 미래의 행동에 매이지 않게 되는 것이다. 그 어떤 행동의 결과에도 무심해질 것이다. "당신의 지성이 지성의 환상을 제거할 때, 당신은 현재나 미래의 모든 행위의 결과에 무심해질 것이다."

모든 행동에 대한 무심(無心)을 향한 질주는 바가바드-기타(Bhagavad-Gita)에서 가장 분명하게 설명된다. 거기에는 브라만의 한 현현(manifestation)인 끄리슈나(Krishna)와 그의 친구이자 제자인 아르주나(Arjuna) 사이의 긴 대화가 나온다. 아르주나는 어느 한 민족과 싸우고 싶지 않다고 말한다. 그중에는 자신의 친구들이 많기 때문이다. 그는 또한 어떻게 친구들을 죽이는 게 정당화될 수 있느냐고 묻는다. 끄리슈나는 아르주나에게, 그의 행동의 열매가 무엇이든 간에 그가 그 열매로부터 자신을 분리시켜야 한다고 말한다. 끄리슈나는 이렇게 말한다.

> 그 마음이 집착을 초월하며
> 자아에 매이지 않는 자라면
> 그 어떤 행동도
> 그 어떤 끈으로도
> 그를 결박하지 못하리라.
> 그가 수천을 죽일지라도
> 그는 살인자가 아니다.

끄리슈나는 다음과 같은 길을 하나 또는 둘 이상이 결합된 형태를 따름으로써, 브라만과의 이러한 합일에 이를 수 있다고 설명한다.

1. 라자 요가(Raga yoga) — 명상과 마인드 컨트롤을 통해 합일에 이르는 길
2. 카르마 요가(Karma yoga) — 일을 통해 합일에 이르는 길
3. 즈나나 요가(Jnana yoga) — 지식을 통해 합일에 이르는 길
4. 바크티 요가(Bhakti yoga) — 사랑과 헌신을 통해 합일에 이르는 길

그러나 어느 길을 따르든 모든 행동에 대한 무집착과 무심(無心)이 동반되어야 한다. 그래야 선과 악을 초월하고 브라만과의 합일을 이룰 수 있다.

베단타 힌두교가 말하는 인간의 운명

자신과 브라만이 하나임을 깨닫는 게 베단타 범신론의 본질이다. 왜냐하면 이러한 깨달음이 없이는 삼사라(samsara, 生, 윤회)의 수레바퀴, 즉 시간과 욕망 또는 출생과 죽음과 재출생의 수레바퀴에서 영원히 벗어나지 못하기 때문이다. 허상인 세상의 모든 것이 이 수레바퀴의 사슬에 매여 있다. 그리고 삼사라 그 자체는 끝없는 원인, 즉 우주의 법(dharma)에 종속되며, 이 법에 의해 좌우된다.

한 인간의 삶은 또한 카르마의 법칙(law of karma) 또는 행위의 법칙에 의해 결정된다. 이것이 우주의 도덕법이다. 휴스턴 스미스(Huston Smith)에 따르면, 카르마(karma, 업/業)는 '인과의 도덕법'이다. 이것은 절대적으로 결박하며 그 어떤 예외도 허용하지 않는다. 카르마에서는, 개인이 지금 내리는 모든 결정은 과거의 삶에서 내렸던 모든 결정에 기인(起因)하며, 미래에 내릴 모든 결정에 영향을 미친다고 말한다.

선한 카르마를 쌓은 사람은 가능한 두 길 가운데 하나를 갈 것이다. 삼사라(samsara, 출생과 재출생의 수레바퀴)에서 벗어난 사람은 더 높은 수준의 존재나 의식에 이를 것이며 마침내 신적 존재와 그의 비인격적인 면에서 하나 되어 여정의 종착지에 이를 것이다.

선하지만 삼사라에서 벗어날 만큼 선하지 못한 사람은 '다른 천국'에 가서

자신이 몸으로 행한 선행의 열매를 누리며 열매가 다 떨어지면 새롭고 더 높은 존재의 영역에 적합한 새로운 몸으로 이 땅에 다시 태어난다. 즉, 윤회한다. 한 사람의 카르마가 크게 악하면, 그는 악인의 영역으로 들어가 거기서 자신이 했던 행동의 쓴 열매를 먹는다. 이 열매가 다하면, 윤회하여 땅으로 돌아간다.

카르마의 법과 삼사라의 수레바퀴에 관해, 한 인간이 자신의 영적 운명을 결정하고 최종적 깨달음을 얻는 것은 이 땅에서이다. 구원은 순전히 개인의 노력에 달렸다. 존재의 더 높은 상태는 각 사람이 획득한 행복을 상으로 받으며 더 낮은 상태는 각 사람이 쌓은 벌을 받는다. 개개인의 역사나 자신이 경험한 재출생 또는 환생의 횟수는 순전히 그의 의지의 질에, 그가 기울이는 도덕적 노력에 달렸다.

궁극적으로 모든 인간은 삼사라에서 해방되어 브라만과 하나 될 것이다. 어떤 사람들은 여러 차례 땅으로 돌아가겠지만 마침내 구원을 획득할 것이다. 프라바바난다(Prabhavananda)가 말하듯이 "우파니샤드는 영원한 형벌을 알지 못한다." 힌두교의 다른 경전들도 마찬가지이다.

베단타 범신론은 동양의 절대적 범신론이다. 힌두교는 종교 집단과 초월적 명상(Transcendental Meditation)과 국제 끄리슈나 의식 운동(International Society for Krishna Consciousness)을 통해 서양에서 더욱 대중적으로 표현되고 더 인기를 끌고 있다. 베단타 범신론은 절대적 일원론(absolute monism)이며, 하나님이 만물이며 만물이 하나(One)라고 선언한다.

이슬람교

Islam

+ 노만 가이슬러

이슬람은 '복종'이라는 뜻이다. 이슬람교 신자를 무슬림(Muslim), '복종하는 자'라고 한다. 이슬람교의 창시자 무함마드는 570년경에 메카에서 태어나 632년에 죽은 아라비아 상인이었다. 그리스도인들이 그리스도의 탄생을 기준으로 연대를 계산하듯이, 무슬림들은 무함마드가 메카에서 메디나로 도망한(무슬림들은 이 사건을 '헤지라'라고 부른다 — 역자 주) 622년을 역사의 기준점으로 삼는다. 이러한 헤지라(Hijra. hijj는 아랍어로 '피신'이라는 뜻이다)는 무함마드가 하나님(알라)에게 복종하고 그분에게 받은 새로운 계시를 선포한 전환점이었다. 무슬림들은 무함마드가 하나님의 마지막 선지자이며, 그보다 먼저 왔던 그리스도를 능가한다고 믿는다.

무슬림들은 하나이며 유일한 하나님 알라(Allah)께 복종해야 한다고 믿는다. 이들은 기독교의 삼위일체론에 절대적으로 반대한다. 하나님께 하나 이상의 위(位, person)가 있다고 믿는 것은 우상숭배이며 쉬르크(shirk, 아랍어로 '상대를 만듦'이라는 뜻으로 다신숭배를 말한다 — 역자 주)라는 신성모독이다.

이슬람 신앙

하나님의 말씀. 무슬림들은 하나님이 유대 율법(tawrat)과 시편(zabur)과 복음서(injil)에서 자신을 계시하셨지만 오늘날의 기독교 성경은 오염되었다고 주장한다. 이들은 꾸란이 하나님의 최종적 말씀이라고 단언한다. 꾸란은 144장(suras)으로 나누어지며 분량은 신약성경과 비슷하다.

이슬람교에는 다섯 가지의 기본 교리가 있다.

1. 오직 하나이신 하나님(알라)이 있다.
2. 노아, 아브라함, 모세, 예수, 무함마드 등 많은 선지자가 있었다.
3. 하나님이 천사들(jinn)을 창조하셨는데, 어떤 천사들은 선하고 어떤 천사들은 악하다.
4. 꾸란은 하나님의 완전하고 최종적인 계시이다.
5. 최후의 심판이 다가오고 있으며, 그 후에 믿는 자들은 천국에, 믿지 않는 자들은 지옥에 갈 것이다.

이러한 다섯 가지 핵심 신앙 외에, 이슬람교의 실천을 구성하는 다섯 기둥이 있다.

1. 무슬림이 되려는 사람은 누구든지 샤하다(shahadah) — 하나님 외에는 다른 신이 없으며 무함마드는 그분의 사자이다 — 를 고백해야 한다.
2. 쌀라트(salat, 하나님에게 드리는 기도)를 반드시, 대개 하루에 다섯 차례 해야 한다.
3. 매년 음력 9월, 즉 라마단(Ramadan)월 내내 금식(sawn)을 해야 한다.
4. 수입의 1/40로 가난한 자들에게 자선(sakat)을 베풀어야 한다.
5. 능력이 되는 모든 무슬림은 평생에 한 차례 메카를 순례해야 한다.

무슬림들은 지하드(jihad) 또는 성전(聖戰)을 믿으며, 몇몇 급진파는 이것을 기둥의 수준에까지 올려놓았다. 지하드에서는 자신의 신앙을 위해 이교도를 죽일 수 있지만, 보다 온건한 무슬림들은 지하드를 세상과의 거룩한 싸움, 반드시 칼로 하는 게 아닌 싸움이라고 생각한다.

이슬람교에는 창조, 천사, 천국, 지옥, 만인의 부활처럼 기독교와 공통된 교리가 많다. 그리스도에 대해 무슬림들은, 그리스도는 선지자였고, 동정녀에게서 태어났으며, 육체로 승천했고, 재림할 것이며, 죄가 없고, 기적을 행했으며, 메시아라는 것을 인정한다. 무슬림들은 기독교 메시지의 핵심, 즉 그리스도께서 우리의 죄를 위해 십자가에서 죽으셨고 무덤에서 사흘 만에 육체적으로 부활하셨다는 것을 인정하지 않는다.

하나님: 절대자 무슬림들은 하나님을 여러 가지 기본 속성으로 묘사한다. 이 모든 묘사에 근본적인 것은 절대적 단일성의 속성이다. 하나님의 모든 속성 가운데 하나님은 절대적이며 나눠질 수 없는 단일체라는 것이 가장 중요하다. 이것을 부정하는 것은 신성모독이다. 꾸란 112장에서, 무함마드는 하나님을 이렇게 정의한다. "일러 가로되, 그분은 오직 한 분이신 하나님이시며, 영원하고 절대적이시며, 낳지 않으시고 태어나지도 않으셨다. 하나님과 같은 이가 없다." 꾸란의 112장을 읽는 것은 꾸란 전체의 1/3을 읽는 것과 다름없다고 한다. 일곱 하늘과 일곱 땅이 이것을 기초로 세워진다. 이슬람 전통은 이 구절을 고백하는 사람은 인간이 가을에 나무에서 잎을 하나 떼어낼 수 있듯이 자신의 죄를 떼어낸다고 말한다.

꾸란은 하나님의 유일성을 묘사하기 위해 아하드(ahad)와 와히드(wahid)라는 두 단어를 사용한다. 아하드는 하나님에게는 그 어떤 파트너나 동료가 있다는 것을 부정하기 위해 사용된다. 아랍어로, 아하드는 다른 모든 수의 부정을 의미한다. 와히드도 아하드와 같은 뜻이거나 '하나이며 모두에게 동일한 하나님'이라는 뜻일 수도 있을 것이다. 다시 말해, 무슬림에게는 오직 하나의 하나님만 있으며, 그는 모든 민족에게 동일한 하나님이다. 하나님은 단일체이며 하나이다.

하나님의 유일성은 이슬람에게 아주 근본적인 부분이다. 그래서 어느 무슬림 저자는 이것을 이렇게 표현했다. "이전의 다른 종교들이 분명하고 명확하게 밝혔듯이, 이슬람도 다름 아닌 하나님의 단일성에 대한 선언이며, 이슬람의 메시지는 이러한 단일성을 증언하라는 요구이다." 또 다른 저자는 이렇게 덧붙인다. "알라의 단일성은 이슬람의 뚜렷한 특징이다. 이것은 가장 순수한 형태의 일신론(一神論)이다. 다시 말해, 태어나지도 않았고 낳지도 않으며 신성(神性)에서 그 누구와도 연합하지 않는 알라를 예배하는 것이다. 이슬람은 이것을 가장 분명한 말로 가르친다."

이슬람은 이처럼 하나님의 절대적 단일성을 조금의 타협도 없이 강조한다. 따라서 이슬람에서 가장 큰 죄는 쉬르크(shirk), 즉 하나님의 파트너를 두는 것이다. 꾸란은 단호하게 선언한다. "하나님께서는 다른 신들을 그분과 연합시키는 죄를 용서하지 않으신다. 그러나 하나님께서는 그분이 기뻐하시는 자들이 이외에 다른 죄를 지으면 용서하신다. 다른 신들을 하나님과 연합시키는 자는 멀어지고 멀어진다(의로운 분에게서)"(꾸란 4:116).

하나님: 절대적 통치자 꾸란은 하나님에 대해 이렇게 말한다.

> 하나님(그분 외에는 신이 없다)은 살아 계시며, 자존하시며, 영원하시다. 졸음도, 잠도 그분을 엄습할 수 없도다. 하늘과 땅의 만물이 그분의 것이로다. 그분의 허락 없이 누가 그분 앞에서 중재할 수 있으리요? 그분은 그것들(그분의 피조물들에게 나타나는 것)의 전이나 후나 뒤에 있는 것을 아신다. 그분의 보좌는 하늘과 땅 위에 펼쳐지며, 그분의 발은 이것들을 지키고 보존하는 데 피곤하지 않다. 그분은 지

존자이시며 (영광이) 가장 크신 분이기 때문이다(꾸란 2:255).

꾸란에 의하면, 하나님은 자존적이며 그 무엇도 필요하지 않지만, 모든 것은 그가 필요하다. 이러한 속성을 자존성(自存性)이라 한다. 하나님은 강하고 전능하다. 하나님은 존재하는 사물과 존재할 사물의 의지자(Willer)이다. 그 무엇도 그의 의지 없이는 일어나지 않는다. 하나님은 알 수 있는 모든 것의 인지자(Knower)이다. 하나님의 지식은 그가 창조했으며 홀로 유지하는 온 우주를 포함한다. 하나님은 그의 모든 피조물을 완전히 주관한다. 꾸란에서 언급한 하나님의 99가지 이름은 그의 주권을 말한다. 다음과 같은 이름이 있다.

- 알-아들(Al-Adl): 정의로운 자(the Just). 그의 말은 완전히 진실하며 정의롭다 (6:115).
- 알-알리(Al-Ali): 높은 자(the High One). 그는 높고 강하다(2:225-226).
- 알-아지즈(Al-Aziz): 권능자(the Sublime). 그는 숭고한 주권을 가진 권능자이다 (59:23).
- 알-바디(Al-Badi): 계획자(the Contriver). 그는 모든 창조를 계획했다(2:117).
- 알-하킴(Al-Hakim): 재판자(the Judge). 그는 종들 가운데서 심판한다(40:48-51).
- 알-하씨브(Al-Hasib): 계산자(the Accounter). 그는 완전한 계산자이다(4:6-7).
- 알-잡바르(Al-Jabbar): 강한 자(the Mighty One). 그의 힘과 능력은 절대적이다 (59:23).
- 알-잘릴(Al-Jalil): 존엄한 자(the Majestic). 그는 강하고 존엄하다.
- 알-자미(Al-Jami): 모으는 자(the Gather). 그는 정한 날에 모든 인간을 모은다(3:9).
- 알-말리크(Al-Malik): 왕(the King). 그는 왕 중의 왕이다(59:23).
- 알-무이즈(Al-Muizz): 높이는 자(the Honorer). 그는 자신이 원하는 자들을 높이거나 낮춘다(3:26).
- 알-문타킴(Al-Muntaqim): 갚는 자(the Avenger). 그는 죄인들을 벌하고 믿는 자들은 돕는다(30:47).
- 알-무크시뜨(Al-Muqsit): 정의를 지키는 자(the Observer of Justice). 그는 공정

한 저울을 준비할 것이다(21:47-48).

- **알-무타알리**(Al-Mutaali): 스스로 높이는 자(the Self-Exalted). 그는 자신을 모든 것 위에 둔다(13:9-10).
- **알-카디르**(Al-Qadir): 유능한 자(the Able). 그는 자신이 원하는 것을 할 능력이 있다(17:99-101).
- **알-쿠두스**(Al-Quddus): 가장 거룩한 자(the Most Holy One). 하늘과 땅의 모든 것들이 그의 거룩을 노래한다(62:1).
- **알-와히드**(Al-Wahid): 유일한 자(the One). 그의 신적 주권은 특별하다(13:16). 특별한 자(the Unique). 그만 홀로 창조했다(74:11).
- **알-와킬**(Al-Wakil): 관리자(the Administrator). 그는 모든 것을 주관한다(6:102).
- **말리크 알-물크**(Malik al-Mulk): 왕국의 소유자(the Possessor of the Kingdom). 그는 자신이 원하는 자에게 통치권을 준다(3:26).

하나님: 절대 정의 하나님의 몇몇 이름은 그의 절대 정의를 말한다. 존엄한 자, 모으는 자, 계산자, 심판자, 정의로운 자, 하늘과 땅의 모든 것들이 그의 거룩을 노래하는 가장 거룩한 자, 정의를 지키는 자, 갚는 자.

하나님: 절대 사랑 대중적 이해와는 달리, 알라는 사랑의 하나님이다. 실제로, 하나님의 몇몇 이름은 이러한 특징을 보여준다. 예를 들면, 하나님은 아르라흐만(Ar-Rahman), 즉 자비를 베푸는 자(the Merciful)로 자비를 보이는 자들 가운데 가장 자비로우며(꾸란 1:3; 12:64), 알-와두드(Al-Wadud), 즉 사랑하는 자(the Loving)로 그의 종들을 불쌍히 여기고 사랑한다(꾸란 11:90,92). 그는 자신에게 자비의 법을 지웠다(꾸란 6:12). 그는 "나의 자비는 모든 곳에 미친다"고 말한다(꾸란 7:156). 무함마드는 이렇게 말했다. "너희가 하나님을 사랑한다면 나를 따르라. 그러면 하나님이 너희를 사랑하시고 너희 죄를 용서하시리라. 하나님은 자주 용서하시고 지극히 자비로우시기 때문이다"(꾸란 3:31).

하나님: 절대 의지 하나님의 이름에는 신비가 숨어 있다. 역사가 케네스 크래

그(Kenneth Cragg)는 이렇게 단언한다. "이러한 것들은 신의 본성의 법이 아니라 신의 의지의 특징으로 이해되어야 한다. 이러한 묘사에서 나오는 행동은 예상할 수는 있지만 필연적인 것은 아니다." 하나님의 모든 행위에 단일성을 부여하는 것은 그 모든 행위가 그의 의지에서 나온다는 사실이다. 의지자로서, 그는 그에 대한 묘사를 통해 인식될 수 있으나 그 어떤 묘사와도 일치하지 않는다. 그의 의지의 행위는 그 결과를 통해 알 수 있지만 의지 자체는 측정할 수 없다. 이것은 하나님의 몇몇 이름에 나오는 안티테제(antithesis)를 설명해준다. 예를 들면, 하나님은 '인도하는 자'(the One Who Guides)일 뿐 아니라 '미혹하는 자'(the One Who leads astray)이기도 하다.

하나님: 절대적으로 알 수 없는 자 모든 것이 하나님의 의지에 기초하며 그의 결과들은 때로 모순되고 그 어떤 절대적 본질도 반영하지 않기 때문에, 하나님의 본성은 전혀 알 수 없다. 실제로, 신의 의지는 이성이나 계시를 초월하는 궁극적인 것이다. 그러나 단일한 의지(single will)의 통합에서, 이러한 묘사는 자비와 연민과 영광에 대한 묘사와 공존한다. 하나님의 이름은 그의 영향에서 나오지만 그는 그 어떤 이름과도 일치하지 않는다. 궁극적 원인(하나님)과 그의 피조물의 관계는 내재적인 게 아니라 외재적이다. 다시 말해, 하나님이 선하다고 불리는 것은 그가 선의 원인이기 때문이지만 선은 그의 본질의 일부가 아니다.

하나님은 그의 피조물의 모든 부분을 절대적으로 다스리는데, 이러한 하나님의 속성은 이슬람의 신학과 문화에 깊은 영향을 미친다. 페르시아 시인 오마르 카얌(Omar Khayyam, 1040경~1123경. 이슬람 수학자·천문학자·시인)은 무슬림의 숙명론적 긴장을 잘 표현했다.

그것은 밤과 낮의 장기판이다.
거기서 인간의 운명 조각들이 움직인다.
여기저기로 움직이며 짝을 맺고 죽인다.
그리고 하나씩 상자 속에 들어간다.

유대교

Judaism

+ 윌슨

유대교는 유대인들의 종교와 문화이다. 유대 문명은 종교적 차원뿐 아니라 역사적, 사회적, 정치적 차원도 포함한다. 유대교라는 단어는 유다이스모스(Ioudaismos)라는 헬라어에서 파생했는데, 신구약 중간기 때 헬라어를 말하는 유대인들이 자신의 종교를 헬레니즘과 구분하기 위해 이 단어를 처음 사용했다(마카비하 2:21; 8:1; 14:38). 신약에서 이 단어는 바울이 회심 전에 유대교의 신앙과 삶에 뜨겁게 헌신했던 모습을 묘사하는 장면에서 두 번 나타난다(갈 1:13,14).

유대교의 발전

히브리 종교에서 유대교가 일어나기 시작한 것은 BC 586년 성전이 파괴되고 유다의 바벨론 포로기가 시작된 후였다. 성경에서 유대인(Jew)이라는 단어는 거의 전적으로 포로기 이후에 사용된다. 성경 시대의 유대 종교는 신구약 중간기, 랍비 시대, 중세와 같은 역사적 단계를 거쳐 19세기에 이르러 정통파 유대교, 보수파 유대교, 개혁파 유대교로 발전했다.

그 과정에서 유대 종교는 새로운 가르침과 실천(practices, 의식)을 추가했다. 그러나 유대교는 오랜 시간에 걸쳐 발전하고 많이 변했기 때문에, 유대 역사에서 언제 두 종교(구약의 이스라엘 종교와 포로기 이후의 유대교)가 갈라졌는지는 정확하지 않다. 유대교의 역사가 변화를 많이 겪었음에도 불구하고, 유대교의 본질적인 가르침은 히브리 성경(구약)에 굳게 뿌리내린 채 놀라울 정도로 변하지 않고 그대로 남아 있다. 유대교는 윤리적 일신론(ethical monotheism)의 종교이다. 수 세기 동안 많은 유대인들이 유대교의 본질적 특징을, 이스라엘에게 "오직 정의를 행하며 인자를 사랑하며 겸손하게 네 하나님과 함께 행하라"(미 6:8)고 요구하는 구절에서 찾아내려 했다.

바벨론 포로기는 유대인의 종교 생활에 변화를 일으켰다. 영토와 성전과 제사 의식을 빼앗긴 유대교는 제사 제도가 없는 종교를 채택하기 시작했다. 유대인들은 가정에 모여 성경을 읽고 기도하며 가르치기 시작했다. 이것이 회당의 뿌리일 것이다. 이제 '피의 제사'가 아니라 '입술의 제사'(기도와 참회)가 경건 생활의 중심이 되었다.

이스라엘이 바벨론에 가져가 소중하게 간직한 것이 있었다. 그것은 율법, 즉 토라였다. 이스라엘은 토라를 통해 자신들에 대한 하나님의 부르심과 사명을 확신했다. BC 5세기, '유대교의 아버지' 서기관 에스라가 토라를 중심으로 종교 개혁을 단행했다. 제사장직을 정화하고 이방인과의 결혼을 무효화했으며 율법의 원칙을 생활의 세세한 부분에까지 적용했다. 점차적으로 많은 유대인이 진정한 유대인을 나타내는 유일하고 진정한 증거란 토라의 가르침에 대한 분명하고 단호한 순종이라고 믿게 되었다.

서기관들은 토라의 해석자가 되었고, 이들의 가르침은 권위를 갖게 되었다. BC 2세기 무렵, 바리새인들은 구전 율법이 모세 율법과 동일한 권위를 갖는다고 가르쳤다. 후에 예수님은 인간의 전통이 성문 율법과 동일한 권위를 갖는다는 것을 부정하셨으며(막 7:1-23), 더 나아가 바울은 인간이 율법을 지킴으로써 하나님 앞에서 의롭게 될 수 있다는 것을 부정했다(갈 3장).

AD 70년 예루살렘 성전이 파괴되고(티투스 장군이 이끄는 로마군에 의해) 수많은 유대인들이 흩어짐으로써 제사장직이 갑작스럽게 끝나버렸다. 바리새인 요하난 벤 자카이(Johanan ben Zakkai)는 곧 로마로부터 야브네(Jabneh)에 아카데미를 열어도 좋다는 허락을 받았다. 그는 랍비들을 토라의 수호자요 제정자로 세웠다. 랍비들의 가르침은 한 세대에서 다음 세대로 전해졌으며, 이렇게 전해진 구전 율법(Mishnah)은 마침내 AD 200년경에 기록되었으며, 이때 랍비 유다 하나시(Judah ha-Nasi)가 책임 편집자 역할을 했다. 500년경에, 랍비들의 미쉬나 주석인 게마라(Gemara)가 나옴으로써 탈무드가 완성되었다. 탈무드는 6천 페이지가 넘으며 2천 명이 넘는 학자와 교사들을 언급한다. 또한 랍비 유대교의 기본 문서가 되었으며, 지금도 유대 사상의 형성에 중요한 역할을 한다.

유대교의 기본 교리와 신앙

유대교에 따르면, 유대인이 구원을 받기 위해 받아들여야 할 일련의 신앙이란 없다. 마이모니데스(Maimonides, 1135-1204. 스페인 태생의 유대인으로 중세 최고의 유대 철학자 — 역자 주)가 쓴 신앙에 관한 열세 편의 글 — 교리문답서(catechism)에 가장 가까운 유대교 문헌 — 조차 유대인의 양심을 매지 않는다. 유대교는 역사적으로 신조('ani ma'amin, 나는 믿는다)보다 행위(miswa)를 더 강조한다. 그럼에도 불구하고, 탈무드 시대부터 유대교는 특정한 신앙과 윤리적 가치관을 특별히 강조함으로써 삶의 한 방식으로 두드러졌다.

미쉬나에는(Abot 1:2) 초기 랍비들의 마음을 지배한 광범위한 철학이 있다. "세 가지가 세상을 지탱한다. 율법과 (성전) 예배와 자애의 행위이다." 이러한 기본적인 가르침은 '연구의 집'(토라를 배우기 위한)과 '기도의 집'(하나님을 예배하기 위한)과 '모임의 집'(공동체의 필요를 살피기 위한)이라는 회당의 세 기능을 통해 한층 더 강조된다.

현대 유대교는 유대교 신앙의 네 근본 기둥을 자주 말하는데, 각각은 언약의 한 부분으로서 중요한 역할을 한다. (1) 토라는 항상 살아 있는 법이며, 성문 토라는 구전 토라의 빛에서 이해된다. (2) 하나님은 하나이며, 영이며(몸이 아니라), 영원하다. (3) 백성(이스라엘/유대인)은 하나님에 의해 한 가족의 구성원으로, 집단적 인격체(corporate personality)로, 신앙 공동체로 부름 받았다. (4) 땅(지금은 아레츠 이스라엘로 알려져 있다)은 '히브리 민족의 조상' 아브라함에게로 거슬러 올라가는 끈이다(창 17:7,8).

현대적 표현으로 하면, 유대교는 다음의 전통적 신앙을 통해 형성되었다.

1. 인간은 우주의 중심이다. 인간은 자신을, 끝없는 창조 과정을 함께하는 하나님의 파트너로 본다. 랍비 사상에서, 인간에게 하나님이 필요한 만큼이나 하나님에게도 인간이 필요하다.
2. 인간은 책임 있는 도덕적 행위자이며, 자신의 행동에 대해 전적으로 책임이 있다. 인간은 자신의 운명을 빚을 자유가 있다.
3. 인간은 자신 속에 있는 큰 잠재력을 실현할 때 발전이 가능하다. 인간의 본성은

기본적으로 선하거나 중립적이거나 원죄의 방해로부터 자유롭다. 따라서 인간은 자신의 미래에 대해 낙관적이며 희망적일 수 있다.

4. '현세성'(this-worldliness)은 유대교의 특징적인 표시이다. 히브리 성경은 하늘과 하나님보다 이 땅에 더 초점을 맞춘다. 따라서 내세와 다른 세계의 실재에 관한 긴 사색은 유대 사상에서 결코 큰 부분을 차지하지 않는다.
5. 모든 삶을 거룩하게 여겨야 한다. 인간은 자신의 모든 행위를 거룩하게 함으로써 하나님을 닮으려 노력해야 한다. 시간은 반드시 영원의 근원으로 스며들어야 한다.
6. 인간은 평화와 정의와 의를 추구해야 한다. 구원은 선한 행위를 통해 사회를 더 낫게 하는 데 달려 있다. 역사적으로, 유대인들은 메시아를 하나님에게 기름부음 받은 인간 대표자로(신인/神人이 아니라), 사회적, 영적 구속의 황금시대를 도래시킬 인물로 보았다. 그러나 오늘날 개혁파 유대교는 인류가 자신의 행위를 통해 집단적으로 진정한 깨달음과 평화와 정의의 수준에 이를 때 메시아 시대가 올 것이라고 가르친다.

아프리카 전통 종교

African Traditional Religions

+ 타이트 티에누

학자들은 아프리카 전통 종교(African Traditional Religions), 아프리카 원시 종교(African Primal Religion), 아프리카 종교(African Religion)와 같은 표현을 사용함으로써 아프리카 토속 종교를 기독교나 이슬람교나 힌두교나 불교와 같은 외래 종교와 구분하려 한다. 아프리카 전통 종교라는 말은 하나의 구체적 종교를 가리키는 게 아니다. 이것은 특정한 집단의 종교 체계를 가리키는 말이 아니다.

아프리카 종교 학자들은 아프리카 민족들의 토속적 종교 신앙을 분류하고 기술하는 용어로 복수형을 써야 하느냐에 대해 서로 견해가 다르다. 이들은 또한 '전통적'(traditional), '원시적'(primal)과 같은 형용사를 사용할 필요가 있느냐에 대해서도 서로 견해가 다르다. 그러나 과거에 사용된 몇몇 용어가 더 이상 충분하거나 적절하지 못하다는 데는 거의 동의한다. 예를 들면, 아프리카 종교는 원시적이거나 야만적이거나 토착적이거나 부족적이거나 이교적이거나 정령숭배적이거나 미개하다는 말을 들었다. 아프리카 종교를 묘사하는 이러한 방식이 이제는 거의 오래된 연구에서만 나타난다. 이따금 논쟁적인 글에서, 아프리카 종교의 주요 특징은 우상숭배와 물신숭배(fetishism, 어떠한 물건에 초자연적인 힘이 깃들어 있다고 믿어 이를 숭배하는 일 — 역자 주)라는 말을 아직도 찾아볼 수 있다. 아프리카 전통 종교와 아프리카 종교 또는 여기에 상응하는 용어는 중요한 전환을 보여준다. 아프리카 종교에 대한 이해와 묘사에서 일어난 전환은 이러한 종교를 그 자체로 연구해야 한다는 인식의 변화이다. 아프리카 종교는 다양한 원시 종교가 아니다. 우리는 아프리카 종교를 살아 있는 주요 종교로 보아야 한다. 이런 의미에서, 아프리카 종교는 세계 종교들의 범주에 속한다. 그러므로 아프리카 전통 종교라는 말에서 '전통'(traditional)이라는 말이 아프리카 종교가 죽었다거나 죽어가고 있다는 뜻이라고 생각해서는 안 된다. 아프리카 종교는 우리 시대 아프리카 사람들의 신앙이며 실천(practices, 의식)이다. 아프리카 종교라는 용어가 사용된다는 사실이 아프리카 종교가 지금도 살아 있음을 가장 강하게 암시한다. 왜냐하면 전통적이라는 형용사는 이러한 종교가 과거의 종교, 옛날 아프리카 사람들이 믿었던 종교라는 암시를 줄 수 있기 때문이다.

아프리카 종교를 연구할 때 단일성(unity)과 다양성(multiplicity) 가운데 어느 개념으로 접근해야 하는가? 우리는 많은 인종적 종교들을 보고 있는 것인가, 아니면 이러한 종교들은 하나의 일관된 아프리카 종교의 서로 다른 표현인가? 하나의 일관된 아프리카 종교가 존재하지 않는다면, 아프리카의 모든 토속 종교를 연결하는 게 얼마나 유익한가? 이러한 질문은 아프리카 종교를 연구하는 사람들 사이에 많은 논쟁을 불러 일으켰다. 단일성이 아프리카인들의 종교적 신앙과 실천을 개념화하는 더 나은 방식이라는 데 점점 더 많은 동의가 이루어지는 것 같다. 그러나 일반화할 때는 주의를 기울여야 한다. 지나치게 빨리 비교해서도 안 되며 유사점을 말하기를 꺼려서도 안 된다.

종교적 전제와 세계관과 구조를 다룰 때는 아프리카 종교에 대한 일반적 연구와의 비교 연구가 바람직하다. 이러한 종류의 연구는 광범위하고 일반적인 특징을 서술하는 데 유익하다. 왜냐하면 이러한 특징은 다수의 아프리카 종교에서 일반적일 것이기 때문이다. 하지만 모든 종교적 삶과 실천은 가능한 한 구체적이어야 한다. 예를 들면, 우리는 요루바족(Yoruba)이나 아캄바족(Akamba)의 종교의 교리와 실천을 연구할 수 있다. 인류학자들과 그 밖의 학자들이 아프리카 종교에 관해 쓴 수많은 논문이 이러한 접근을 대표한다. 이것들과 그 밖의 구체적 연구는 아프리카 종교에 대한 일반적인 비교 서술을 보충하는 중요한 역할을 한다. 이것들은 이들 종교의 인종적 근거를 밝히며, 그럼으로써 아프리카인들의 개별적인 특성을 기술한다.

한 사람이 특정한 인종의 종교를 연구하든 아프리카 종교들의 특징을 이해하려 하든 간에, 그는 중요한 도전에 직면한다. 아프리카 종교에는 알려진 창시자들이나 그들의 가르침과 교리를 보존하는 거룩한 책이 없다. 그러므로 구전 내러티브와 의식은 학자들이 아프리카 민족들의 신앙을 찾아낼 수 있는 주요 자료이다.

아프리카 종교의 의식과 내러티브를 살펴보면 이것들이 삶에 대한 긍정의 중요성에 초점을 맞춘다는 것을 알 수 있다. 삶이란 본질적으로 선하며, 사람들이 건강하고 번영하며, 세상에서 성취와 존귀와 후손의 복을 누리는 게 이상적이라는 것이 이들의 기본 생각인 것 같다. 그러나 사람들은 이 세상에서 이러한 이상적이며 선한 삶을 거의 누리지 못한다. 악한 세력이 사람들의 운명을 좌절시키거나 충만한 삶을 누리지 못하도록 막는다. 눈에 보이거나 보이지 않는 악한 세력이 삶을 파괴하기 때문에, 사람들은 자신을 보호하고 삶을 최대화할 방법을 찾아야 한다. 이것이 아프리카 종교 의식을 떠받치는 근본 원리 가운데 하나인 것 같다. 또한 이것은 불행을 막고 행운을 최대화하는 것이 종교의 목적임을 이해하는 토대이다.

아프리카 종교는 불행을 막고 행운을 최대화하는 데 초점을 맞춘다는 점에서 인간 중심적이다. 다시 말해, 아프리카 종교의 주요 목적은 인간과 그 공동체가 누리는 현재의 행복을 지키는 것이다. 영적·육적 세력과 환경과 인간 사이의 조화가 개인과 공동체의 행복을 위한 전제 조건이다. 만물의 전능한 창조자 하나님은 자비로운 분이라고 믿는다. 이런 의미에서, 조화와 성공과 풍성한 삶이 그에게서 온다. 그러나 하나님은 인간의 일상에 별로 관여하지 않는다. 그는 인간의 삶을 조율하는 책임을 '하급 신들'(minor deities)이라 할 수 있는 영적 존재들에게 맡겼다. 이 부분에 대해, 조셉 오세이-본수(Joseph Osei-Bonsu)는 이렇게 말한다. "하급 신들의 개념이 우리 민족에게서 나타난다. 우리는 최고의 존재(Supreme Being)가 이들을 자신의 아들로 창조했고, 이들에게 이 세상의 일을 감독하게 했다고 믿는다."

아프리카 종교의 목적은 불행을 막고 행운을 최대화하는 것이다.

하나님과 인간 사이의 매개는 하급 신들의 주된 종교적 역할이다. 이들은 조상들과 장로들, 그리고 아프리카 사회의 다양한 종교적 역할자와 함께 이러한 역할을 한다. 세상의 조화와 건강과 번영과 풍성한 삶을 위한 모든 조건은 이러한 다원적 매개자의 매개를 통해 충족된다. 매개의 개념은 아프리카 종교의 본질을 이해하는 데 필수적이다. 매개는 아프리카 종교와 기독교 사이의 근본적인 차이점 가운데 하나이다. 왜냐하면 기독교에서는 매개 신들을 위한 자리가 없기 때문이다.

하나님과 매개자의 관계는 '하급 신들'에 대한 강조와 더불어, 왜 아프리카 종교에서 유신론의 본성을 해결하는 게 거의 불가능한지 설명해준다. 아프리카 종교가 일신론인지 다신론인지 명확히 말할 수 없다. 하나님, 즉 하나이며 최고의 존재에 대한 믿음이 널리 퍼져 있다. 그러나 매개자의 도움 없이는 이러한 최고의 존재에게 다가갈 수 없다. 이것은 아프리카 종교의 유신론은 의식적 다신론(liturgical polytheism)을 가진 존재론적 일신론(ontological monotheism)이라 할 수 있다는 뜻이다. 이것은 아프리카 종교를 실용주의적이며, 인간 중심적이며, 탄력적이 되도록 하는 의식적 다신론이다.

아프리카 종교는 공리주의적 특징과 인간 중심적 영성 때문에 현대의 많은 아프리카인들, 특히 현대성을 수용하면서도 여전히 아프리카의 토속적 문화와 종교 가운데서 살고 싶어 하는 아프리카인들에게 호소력이 있다. 아프리카 종교는 변화에 적응하는 놀랄 만한 능력을 보여주었다. 아프리카 종교는 아프리카 민족들이 현대 문명과 세속화와 기독교나 이슬람교와 같은 외래 종교와 만나는 가운데서도 사라지지 않았다. 아프리카 종교는 이러한 뛰어난 적응력 때문에 세월이 흘러도 살아남을 수 있었다. 최근에는 이러한 생존이 부활로 이어졌다. 아프리카 종교의 부활은 이들 종교가 예측 가능한 미래에 기독교의 아프리카 선교라는 정황에서 계속적으로 중요한 부분을 차지하리라는 뜻이다. 그러므로 아프리카에 관심이 있는 기독교 선교사와 전도자와 신학자는 아프리카 종교에 대한 연구를 소홀히 해서는 안 된다.

뉴에이지 운동

The New Age Movement

+ 로버트 야브로

뉴에이지 운동은 많은 근원에서 직간접적으로 빌려온, 크게 빗나간 비기독교 신앙 체계이다. 뉴에이지 운동은 인간이 영적 통찰과 명상 기술과 그 외의 심리적이고 때로는 기술적인 수단을 통해 접근할 수 있는 보이지 않는 힘의 도움으로 모든 인간적, 사회적 문제를 해결할 수 있다고 주장한다.

뉴에이지 운동은 제도적으로 통합된 게 아니다. 동양 종교들, 위카(Wiccan, 마법을 내세우는 신흥 종교), 점성술, 영매술(channeling, 영들을 통해 메시지를 받는 것), 초심리학(parapsychology), 동종요법(同種療法, Homeopathic healing), 동물권(animal rights), 심층 생태학(deep ecology), UFO 등이 뉴에이지 운동과 관련이 있다고 볼 수 있다.

이러한 이질적 관심사를 하나로 묶어 주는 게 있다. 점성학의 용어를 빌리자면, 2천 년간의 물고기자리 시대(Piscine Age)가 끝나고 있으며 유토피아가 실현되는 물병자리 시대(Aquarian Age) 또는 '뉴'에이지가 뒤따를 것이라는 확신이다. 서양에서 뉴에이지 운동은 역사적으로 힌두교, 불교, 19세기 심령술(spiritism), 뉴잉글랜드 초월주의(New England Transcendentalism, 휘트만, 소로, 에머슨)로 거슬러 올라갈 수 있다. 마음의 치유 능력에 대한 뉴에이지의 확신은 피니하스 큄비(Phinehas Quimby, 19세기 말의 치료술사)와 메리 베이커 에디(Mary Baker

Eddy, 1866년 크리스천 사이언스를 창설했다) 같은 인물과 기독교 일치학교(Unity School of Christianity, 1889년 찰스 필모어와 마틀 필모어 부부가 시작한 종교 운동으로 크리스천 사이언스의 영향을 받았으며 유니티 스쿨이라고도 한다 — 역자 주)와 같은 기관으로 거슬러 올라갈 수 있을 것이다.

뉴에이지의 시각은 의학(전인건강/holistic health), 정치(세계화/globalism), 교육(가치명료화/values clarification), 종교(명상), 생태학(녹색 운동/Green movement), 과학(Carpa의 《물리학의 도/Tao of Physics》), 음악(야니/Yanni), 심리학('제4세력'의 심리학/'fourth force' psychology. 초월심리학을 가리키는 말이다. 제1세력은 정신분석학, 제2세력은 행동주의 심리학, 제3세력은 인본주의 심리학이다 — 역자 주), 비즈니스(전환기술/transformation technology) 등의 분야에서도 인기를 얻었다. 뉴에이지 시각에 기여한 뛰어난 인물로는 조셉 캠벨(Joseph Campbell, 1904-1987. 미국의 신화학자, 소설가), 디팩 초프라(Deepack Chopra, 인도의 초월명상, 요가 등을 미국에 알리면서 동양의 신비주의와 현대의학을 결합시켰다), 마릴린 퍼거슨(Marilyn Ferguson, 뉴에이지 운동을 미국에 본격적으로 소개했으며 《두뇌혁명》이라는 책으로 유명하다), 매튜 폭스(Matthew Fox, 가톨릭의 진보신학자), 셜리 맥클레인(Shirley MacLaine, 영화배우), 데이비드 스펭글러(David Spangler, 미국 비처방 의약품 협회/CHPA 부회장) 등이 있다.

뉴에이지의 신념은 다음과 같은 것들을 포함한다.

(1) 인간의 문제는 지각(知覺)이다. 인간과 자연에 대한 기독교의 시각이나 세속적 자연주의의 시각은 인간을 피조물과 구분하는데, 이러한 시각은 인간을 모든 존재 전체와 하나라고 보는 동양의 영성으로 대체되어야 한다.

(2) 하나님은 성경이 말하는 인격적이며, 거룩하며, 초월적인 존재가 아니다. 오히려 하나님은 비인격적인 우주적 실재의 전체, 개성이나 도덕적 구분이 없는 하나이다. 따라서 하나님은 화해하고 예배해야 할 존재가 아니라 접속해야 할 에너지장(energy field)이다. 더욱이 하나님은 범신론적으로 이해된다. 왜냐하면 그는 궁극적으로 마음이든 물질이든 간에 존재하는 모든 것의 총합이기 때문이다.

(3) 인간은 하나님과의 타고난 유기적 하나됨을 잃게 되었다. 마음의 확대와 변화된 의식을 통해 이러한 하나됨을 회복할 수 있다.

(4) 현세의 경험과 이어지는 생애의 윤회를 통해, 인간은 계몽되며 그럼으로

써 자신의 운명인 하나됨에 더 가까워진다. 본질적으로, 적어도 잠정적으로 인간은 신이다. 죽은 후 인간은 어떤 형태로 영적으로 발전하지만, 이것이 기독교가 말하는 천당이나 지옥은 아니다.

(5) 영적 자기 성취를 위해 영적 안내자들을 활용할 수 있고 활용해야 한다.

(6) 뉴에이지가 추구하는 목적은 개체적 자아를 버리고 하나님인 우주적/보편적 자아와 하나 되는 것이다. 이러한 방향의 운동은 영원한 질서를 예시하기 때문에 현세를 더 낫게 만들 것이다. 왜 영원한 질서가 현세의 질서를 개선하는지는 분명하지 않다.

"뉴에이지 운동은 한때의 유행이 아니라 쉽게 바람에 날려가지 않을 본질적인 문화적 경향이다"라는 말을 부정하기 어렵다. 아더 베이서(Arthur Beisser)의 《날개 없이 날다》(Flying Without Wings)는 아직 뉴에이지에 발을 들여놓지 않은 사람들에게 이 운동의 시각을 이 운동의 선생들과 국제적인 보급자들보다 더 미묘하면서도 덜 이상하게 제시하는 한 예이다. 세속주의자라 할 수 있는 베이서는 의과대학을 졸업했고, 장교로 복무했으며, 테니스 챔피언이었으나 1950년대 초에 소아마비에 걸렸다. 그럼에도 그는 치료 심리학 박사과정을 마쳤다. 그의 이야기는 활력과 용기와 결단의 이야기이다. 그러나 뉴에이지의 신념과 시각이 그의 세속적 인본주의적 시각을 파고들었다. 그는 아인슈타인의 뉴에이지 활용과 카르마(karma, 업/業) 사상과 자기중심적 사고(egocentrism)와 일원론, 즉 모든 것이 하나라고 보는 '고상한 차원'(elevated plane), 진화론에 대한 무비판적 믿음을 받아들였다. 베이서는 전환기의 서구 세속주의 종교를 대표한다. 세속주의는 신이교주의(neopaganism)에게 자리를 내주고 있으며, 인간이 그 어떤 특별계시나 그리스도의 십자가 없이 본래적으로 알고 있는 신인식(divine awareness)에 관한 '고대의 지혜'(ancient wisdom. 그는 이 용어를 여러 번 사용한다)가 되살아난다. 21세기에 가장 크게 유행하는 서구의 영성은 본질적으로 뉴에이지이다.

뉴에이지 신봉자들의 칭찬할 만한 영적 관심을 연민과 대화와 기도와 효과적 커뮤니케이션을 통해 복음적인 방향으로 바꿀 수 있을 때가 많다. 뉴에이지 운동의 사회적 역할과 관련된 음모론은 부풀려진 것이다. 그러나 뉴에이지의 시각이 교회나 회당 출석이 일반화된 미국에 널리 퍼져 있으며(서유럽에는 훨씬 더 넓게 퍼져 있다), 이것은 가정과 교회의 신학 교육이 문제가 있음을 말한다. 세계 복음화가 서구교회의 최우선 과제인 것은 확실하지만, 뉴에이지 운동은 서구교회가 뒤뜰에서 회개하고 스스로를 새롭게 하라는 무언의 요구이다.

무신론

Atheism

+ 폴 페인버그

헬라어 아데오스(atheos, 하나님 없는/without God)는 신약에서 단 한 번 나온다(엡 2:12). 여기서 이 단어는 진정한 하나님이 없는 상태를 나타내기 위해 복수형으로 사용된다. 이것은 경건하지 못한 비극의 가장 깊은 상태를 가리킨다(롬 1:28). 이 단어는 70인역이나 외경에는 나타나지 않는다. 구약과 신약 모두 하나님의 실재에서 시작하는데, 사변적 전제로서의 하나님이 아니라 자연과 인간의 이상과 양심과 신적 계시 속에 보편적으로 나타나는 분으로서의 하나님에게서 시작한다. 정상적인 인간은 하나님을 안다. 그러므로 무신론은 비정상적인 것으로 여겨진다. 히브리어에는 무신론에 해당하는 단어가 없다. 우리가 구약에서 찾을 수 있는 무신론의 형태는 실천적 무신론(practical atheism)이다. 이것은 하나님을 생각하지 않은 채 이루어지는 인간의 행동을 말한다(시 10:4; 14:1; 53:1; 사 31:1; 렘 2:13,17,18; 5:12; 18:13-15).

헬라인들은 무신론자(atheist)라는 단어를 세 가지 의미로 사용한다. (1) 신앙심이 없거나 경건하지 못하다. (2) 초자연적인 도움이 없다. (3) 그 어떤 신이나 헬라의 신 개념을 믿지 않는다. 그리스도인들은 당시의 대중적인 신들을 부정했기 때문에 이교도들로부터 무신론자라는 비난을 자주 받았다. 사변적 진영에서, 이 용어는 점점 더 하나님에 대한 부인이나 영적 사상에 대한 부정을 의미하게 되었다.

1세기에 유신론이 넓고 깊게 뿌리를 내렸듯이 20세기에는 무신론이 비슷하게 뿌리를 내렸다. 20세기에는 무신론을 표방하는 공산주의가 발전했을 뿐 아니라 1925년에는 전미 무신론 진흥협회(American Association for the Advancement of

Atheism)가 설립되었다. 무신론 진흥협회가 설립된 것은 무신론 문학을 퍼트려 모든 종교를 공격하기 위해서였다. 1929년 이 단체를 계승한 군사적 무신론자 동맹(League of Militant Atheists)이 서구 사회의 종교적 기초를 무너뜨리고 무신론 센터를 건립하여 무신론 교수들을 배치하며 강의를 지원할 목적으로 설립되었다. 1932년 무렵, 이 단체의 회원은 550만 명에 이르렀다.

20세기 무신론은 이전의 무신론과는 두 가지 면에서 대조적이다. (1) 오늘날의 무신론은 무신론이 하나님께 호소할 필요 없이 인간의 모든 경험을 설명하는 합리적 체계의 논리적 결과라고 주장한다. 공산주의는 이를 보여주는 조직화된 완전한 체계이다. 공산주의의 중심에는 유물론적 역사관과 삶에 대한 완전한 세속화가 있다. (2) 이전의 무신론자들은 저속하거나 타락했다고 생각되었다. 오늘날에는 많은 무신론자들이 가장 유명한 대학의 교수로 있으며, 유신론자가 비지성적으로 보일 때가 종종 있다.

> 무신론자에게 최악의 순간은 그가 진정으로 감사할 때 감사할 대상이 없다는 것이다.
>
> 단테 가브리엘 로세티
> Dante Gabriel Rossetti

따라서 현대의 무신론을 네 가지로 나눠볼 수 있다.

(1) 고전적 무신론(classical atheism)은 하나님의 존재를 전반적으로 부정하지는 않지만 특정 민족의 신을 배척한다. 그리스도인들은 이런 의미에서 거듭 무신론자라 불렸다. 왜냐하면 그리스도인들은 이방신들을 인정하지 않았기 때문이다. 키케로(Cicero, BC 106-43. 로마의 정치가이자 철학자)가 아테네의 소크라테스와 디아고라스(Diagoras)를 무신론자라고 부른 것은 이런 의미에서였다.

(2) 철학적 무신론(philosophical atheism)은 인격적이며 자의식이 있는 신(원리나 제1원인이나 힘이 아닌)을 인정하는 유신론과 대조된다.

(3) 교의적 무신론(dogmatic atheism)은 하나님의 존재를 절대적으로 부정한다. 이런 태도는 생각보다 드물며, 사람들은 자신이 불가지론자이거나 세속주의자라고 말할 때가 더 많다. 그러나 이러한 견해를 지지한다고 주장한 사람들이 있다(예를 들면, 19세기 프랑스 무신론자들).

(4) 실천적 무신론(practical atheism)은 하나님을 부정하지 않지만 마치 하나님이 없는 것처럼 산다. 하나님의 주장에 완전히 무관심하며, 노골적이거나 대담

하게 악할 때가 많다(시 14:1). 앞에서 인용된 성경 구절에서 볼 수 있듯이, 이러한 형태의 무신론은 널리 퍼져 있다.

무신론에 대한 수많은 논증이 있었다. (1) 증거의 추가 무신론으로 기운다. 왜냐하면 무신론은 분명히 더 이성적인 견해이기 때문이다. (2) 유신론의 증거가 적절하지 못하다. (3) 유신론은 편협함과 박해를 초래하기 때문에 사회에 해를 끼친다. (4) 현대 과학의 발달로, 설명을 위한 전제로서 하나님이 필요 없게 되었다. (5) 하나님에 대한 믿음을 심리학적으로 설명할 수 있다. (6) 논리 실증주의자들은 유신론이 검증될 수 없기 때문에 참도 아니고 거짓도 아니라고 주장한다. (7) 고전적 유신론은 논리적으로 모순이거나 일관성이 없다. 예를 들면, 필연적 존재의 개념은 일관성이 없으며, 전능하고 완전히 선한 하나님의 존재는 세상에 악이 존재한다는 사실과 모순된다.

마지막으로, 무신론에 대한 이론적 형태의 반박이 있었다. (1) 무신론은 이성에 맞지 않는다. 무(nothing)가 아니라 유(something)의 존재가 하나님을 필요로 한다. (2) 무신론은 인간의 경험과 모순된다. 인간의 경험에는 아무리 짓눌리고 뒤틀렸더라도 하나님에 대한 어느 정도의 지식이 있다. (3) 무신론은 우주의 설계, 질서, 규칙성을 설명할 수 없다. (4) 무신론은 인간과 마음의 존재를 설명할 수 없다.

신흥 종교

New Religious Movements

+ 어빙 헥삼

최근에 많은 종교 집단이 생겨났다. 이것은 최소한 부분적으로는 설립자들이 전통적이며 정통적인 기독교에 환멸을 느꼈기 때문이다. 새로운 종교 집단의 설립자들은 새로운 '계시'를 받았거나 깨달음을 얻었다고 주장할 때가 많다. 이러한 종교 집단들은 전통적 기독교와 외적으로 비슷한 부분이 있을 때가 많다. 예를 들면, 신학적 용어(비록 의미는 전혀 다르지만), 예수 그리스도를 중심에 둔다는 점(구체적인 신앙은 전혀 다르다), 성경을 영감된 본문으로 보고 믿는다는 점이 비슷하다(성경 외에 다른 경전들도 있다). 그러나 이러한 비슷한 점과는 상관없이, 이러한 종교 집단들이 기독교라고 말하는 것은(기독교라는 말의 역사적 의미에서) 옳지 않다.

다음은 새로운 종교 운동 가운데 대표적인 세 가지이다.

몰몬교

일반적으로 알려져 있듯이, 몰몬교는 19세기에 일어난 매우 성공적인 종교 운동 가운데 하나이다. 현재 몰몬교는 크게 두 그룹으로 나눠져 있다. 하나는 유타주 솔트레이크시티에서 조직된 예수 그리스도 후기 성도교회(Church of Jesus Christ of Latter-day Saints)이며 다른 하나는 미저리주 인디펜던스를 중심으로 하는 예수 그리스도 후기 성도 복원교회(Reorganized Church of Jesus Christ of Latter-day Saints)이다. 현재 유타 교회는 신도가 1,200만 명이 넘는다고 주장하며, 복원교회(그리스도의 공동체/Community of Christ를 공식 명칭으로 사용한다)는 신도가 25만 명 정도라고 주장한다. 예수 그리스도 후기 성도교회는 1830년 4월 6일 뉴욕의 파예트(Fayette)에서 조셉 스미스(Joseph Smith)에 의해 조직되었다. 이 교회는 조직된 후 강력한 반대에 부딪혀 곧 오하이오주의 커트랜드(Kirtland)로 이동했으며, 그 후 다시 미저리주 잭슨 카운티로 옮겼다. 이들은 마침내 일리노이즈주 미시시피 강변의 나우부(Nauvoo)에 정착했다. 여기서 이들은 번영했으며, 번성하는 도시를 세웠다.

1843년 7월 12일, 조셉 스미스는 일부다처제를 허용하는 계시를 받았다고 주장했으며, 이 때문에 환멸을 느낀 네 명의 신도들이 반(反)몰몬교 신문을 창간했다. 1844년 6월 7일, 〈익스포지터/Expositor〉라는 이 신문은 조셉 스미스를 맹렬히 비난했으나 1호를 발행하는 데 그쳤다. 스미스의 형제들이 신문사 사무실을 불태웠기 때문이었다. 그 결과 조셉 스미스와 그의 동생 하이럼(Hyrum)은 카르타지(Carthage) 감옥에 갇혔으며, 이곳에서 이들은 1844년 6월 27일에 감옥을 습격한 폭도에게 잔인하게 살해되었다.

조셉 스미스가 죽은 후, 다수의 몰몬교도는 브리검 영(Brigham Young)을 지도자로 받아들였다. 소수의 몰몬교도는 조셉 스미스의 법적인 아내와 가족을 중심으로 복원교회(Reorganized Church)를 조직했다. 브리검 영의 인도 아래, 몰몬교도들은 1847년에 나우부를 떠나 서쪽으로 향했으며 마침내 유타에 정착했다. 유타에서 브리검 영은 30년 넘게 몰몬교회를 다스렸으며, 현재의 몰몬교 교세의 기초를 놓았다. 그는 유타주 초대 주지사(1850-1857)를 지내기도 했다.

몰몬교에는 두 개의 기초가 있다. 첫째 기초는 자신이 고대의 경전이 기록된 금속판을 받았다는 조셉 스미스의 주장이다. 스미스는 이 판을 번역해서 1830년에 《몰몬경》(Book of Mormon)으로 출판했다. 둘째 기초는 자신이 살아 있는 예수님을 만났으며 뒤이어 지속적으로 하나님의 계시를 받았다는 조셉 스미스의 주장이다. 이러한 지속적인 계시의 내용은 《교리와 성약》(Doctrine and Covenants)으로 출판되며, 조셉 스미스와 예수님의 만남과 몰몬경의 발견에 관한 이야기는 《값진 진주》(Pearl of Great Price)에 실려 있다.

《값진 진주》에는 조셉 스미스가 번역했다고 주장하는 두 개의 이집트 파피루스와 성경의 특정 부분에 대한 번역도 실려 있다. 《몰몬경》과 《교리와 성약》과 《값진 진주》는 몰몬교의 지속적인 계시의 기초이다. 조셉 스미스가 죽은 후, 교회는 지도자들이 받았다고 주장하는 추가적인 계시로 이러한 계시를 보충했다.

몰몬경은 성경 역사의 문체로 기록된 모험 이야기이다. 이야기는 미국 대륙에서 일어난 두 개의 고대 문명을 들려준다. 첫 번째 문명은 바벨탑 사건으로 흩어진 사람들이 세운 것이다. 이들은 유럽을 건너 중앙아메리카 동부 해안으로 이주했다. 두 번째 문명의 주인공들은 BC 600년경에 예루살렘에서 건너왔다. 이들은 방주 형태의 배를 타고 태평양을 건너왔다.

아메리카에 도착한 이들의 두 그룹이 큰 문명을 일으켰다. 첫째 문명은 야렛인들(Jaredites)의 문명인데, 이들의 타락으로 완전히 파괴되었다. 둘째는 니파이(Nephi)라는 지도자가 이끌고 온 의로운 유대인들이 세운 문명이다. 니파이가 이끄는 유대인들은 번성했고 큰 도시들을 세웠다. 그러나 팔레스타인에서 조상들이 그랬듯이, 이들 가운데서도 많은 수가 신앙을 버리고 더 이상 참 하나님을 예배하지 않았다. 그 결과 이들은 내전에 휩싸였고 마침내 이들의 문명도 무너졌다. 배교자들의 후손이 북아메리카에 남았는데, 이들이 바로 아메리카 인디언이다. 몰몬경에서, 인디언들은 레머나이트족(Lamanites)으로 나오는데, 이들이 피부가 검은 것은 배교로 인해 저주를 받았기 때문이다.

몰몬경은 그리스도께서 부활하신 후 아메리카에 오셔서 니파이족에게 나타나셨고, 이들에게 복음을 전하셨으며, 이들을 위해 교회를 세우셨다고 주장한다. AD 428년경, 마침내 니파이족은 뉴욕의 팔미라(Palmyra) 근처에서 레머나이트족에게 멸망을 당한다. 몰몬경에 따르면, 거의 1400년 후, 이들 두 문명의 기록이 금판에 새겨진 '개선된 이집트 상형문자'의 형태로 조셉 스미스에게 나타났다. 우림과 둠밈이라는 초자연적 안경의 도움으로, 조셉 스미스는 미지의 언어를 영어로 번역했는데 이것이 몰몬경이다.

몰몬교회의 신앙개조(Article of Faith)와 몰몬경의 신학에 따르면, 몰몬교는 본질적으로 기독교적이다. 이러한 자료는 다른 많은 기독교회와 비슷한 시각을 제시하지만, 이러한 유사성이 우리를 현혹한다. 몰몬교의 신학은 신앙개조나 몰몬교의 가르침을 기초로 하지 않는다. 오히려 몰몬교 신학의 본질은 조셉 스미스와 이후의 몰몬교 지도자들이 받았다는 지속적인 계시에서 나온 것이다.

몰몬교는, 성부 하나님은 몸이 있으며 인간의 운명은 하나님의 신성(Godhood)에 이를 때까지 발전한다고 가르친다. 이러한 가르침은 잘 알려진 몰몬교의 표현으로 요약된다. "지금의 인간처럼 하나님도 한때는 그러하셨고, 지금의 하나님처럼 인간도 그렇게 될 것이다." 이 신앙은 선재(先在)하던 영들이 이 땅에서 몸을 입고 인간이 되었는데, 이 땅에서의 시험적 경험(probationary experience)이 내세의 삶을 결정한다는 사상도 포함한다. 성경의 가르침과는 달리, 몰몬교는 기독교 신학이 타락이라고 말하는 하나님에 대한 인간의 거역이 반드시 필요했다고 본다. 물몬교의 신학은 아담이 금단의 열매를 먹지 않았다면 결코 자녀를 낳지 않았을 것이라고 가르친다. 그러므로 아담은 종족을 번성시키고 천국에서 살아야 할 자신의 운명을 실현하기 위해 하나님께 불순종해야 했다. 따라서 매우 실제적인 의미에서 보면, 인간의 타락이 인간을 구원했다고 한다.

이러한 교리는 조셉 스미스 시대의 대중적 사고와 과학적 사색을 반영하는 영원한 진보라는 진화론적 시각을 형성했다. 시험적 상태(probationary state)라는 개념에 맞게, 몰몬교의 신학은 이신칭의 교리를 거부하고 행위를 통한 구원을 미래의 존재 형태를 결정하는 기초로 삼는다. 따라서 몰몬교는 그리스도의 대속은 인간의 부활을 보증하는 데 목적이 있다고 말한다. 그러나 부활 때, 인간은 세상에서 어떻게 살았느냐에 따라 세 종류의 천국(해의 왕국, 달의 왕국, 별의 왕국이 있는데 해의 왕국은 지상에 이루어지며 가장 높은 단계의 천국이다 — 역자 주) 가운데 한 곳에 가게 될 것이라고 한다.

몰몬교회는 지도자들이 하나님의 계시를 지속적으로 받기 때문에 자신들만이 유일한 참된 교회라고 주장한다. 그뿐 아니라, 자신들이 아론과 멜기세덱의 제사장 권한을 가지며, 남성 신도들이 이러한 제사장직을 수행할 수 있다고 주장한다.

하나의 사회 조직체로서, 몰몬교회는 훌륭한 면을 많이 보여주기도 한다. 몰몬교회는 신도들을 위해 복지 프로그램들을 폭넓게 시행하며, 대규모 선교 기관과 교육 기관을 운영하며, 가정생활을 증진한다. 몰몬교도들은 '성전의 일'(temple work)을 해야 한다. 여기에는 죽은 조상들을 위한 대리 침례(proxy baptism)와 '해의 왕국의 결혼'(celestial marriage)이 포함된다. 세상에서의 결혼 외에도, 몰몬교도들은 해의 왕국의 결혼을 통해 자신의 가족들과 '지금뿐 아니라 영원히' 맺어질 것이라고 본다.

1960년대, 몰몬교는 흑인의 성직을 거부함으로써 어려움을 겪었다(실제로 몰몬교에는 전문적인 성직자가 없으며 모든 남성 교인은 12세가 지나면 안수를 받고 성직자가 된다 — 역자 주). 그러나 1978년 교회의 수장은 자신이 흑인에게도 성직을 허용하라는 새로운 계시를 받았다고 선언했다. 현재 몰몬교회 내의 어려운 문제 가운데 하나는 여성들의 위치이다. 여성들은 지금도 성직에서 제외되어 있기 때문이다. 게다가, 몇몇 역사적 도전이 과거 수십 년 동안 계속된 몰몬교의 지적인 삶을 흔들어 놓았다. 여기에는 《아브라함의 책》(Book of Abraham)과 《값진 진주》와 요셉 스미스와 환상과 역사적 주장에 대한 번역과 해석 문제가 포함된다.

교회의 지도자들이 심각한 질문을 회피하는 데 환멸을 느끼고 몰몬교에서 나온 사람들이 몰몬교를 많이 비판했다. 예전에 몰몬교도였으나 이제는 몰몬교를 강력히 비판하는 사람들 가운데 중요한 인물로는 포운 브로디(Fawn Brodie)와 제랄드·산다르 타너(Gerald and Sandra Tanner) 부부가 있다. 브로디가 쓴《내 과거는 아무도 모른다》(No Man Knows My History)라는 조셉 스미스의 전기는 몰몬교의 공식적인 역사를 무너뜨리며, 타너 부부의 모던 마이크로필름 컴퍼니(Modern Microfilm Company)는 공식적인 초기 몰몬교 역사와 몰몬교 교리의 발전에 이의를 제기하는 수많은 자료를 내놓았다. 몰몬교회 내에서는 〈다이알로그/Dialog〉와 〈선스톤/Sunstone〉 같은 잡지를 통해 활발한 논쟁이 벌어졌다. 몰몬교의 소장파 학자들이 이러한 잡지에서 몰몬교의 역사에 대한 연구를 냉혹하게 다루었다는 것은 몰몬교가 지속적인 비판에도 살아남을 힘이 있음을 보여주는 게 분명하다.

비록 젊은 몰몬교 선교사들이 몰몬교를 조금 수정된 미국판 기독교로 제시할 때가 많지만 이러한 접근이 몰몬교의 신학을 정당화해 주거나 몰몬교가 기독교 전통에 속한다는 것을 보여주는 것은 결코 아니다. 하나의 새로운 종교 운동으로서, 몰몬교는 개척자의 부흥주의와 강렬한 종교적 경험과 대중적인 진화론 철학의 역동적인 종합을 대표한다. 이러한 신념의 결합은 기독교 역사와 신학에 관심이 없거나 이것들을 배우지 못한 많은 사람들을 강하게 끌어당겼다.

여호와의 증인

여호와의 증인(Jehovah's Witnesses)이란 1870년대에 찰스 타즈 러셀(Charles Taze Russell, 1852-1916)이 시작한 운동이 1931년에 갖게 된 이름이다. 러셀은 피츠버그에서 태어났다. 그의 가족은 회중교회 교인이었으나 러셀은 자신이 받는 종교 교육에 강하게 반발했다. 그는 18세에 피츠버그에서 성경 공부반을 시작했으며, 이 그룹이 지금의 여호와의 증인으로 성장했다. 1876년, 러셀은 이 그룹의 목사가 되며, 1879년에는 지금의 〈파수대/Watchtower〉의 전신인 〈시온의 파수대/Zion's Watchtower〉라는 잡지를 발행했다. 1874년 이 조직이 시온의 파수대 책자 협회(Zion's Watchtower Tract Society)가 되었다. 1908년, 러셀은 본부를 뉴욕의 브루클린으로 옮겼고, 그 이후로 지금까지 브루클린은 여호와의 증인의 본거지로 남아 있다.

1886년, 러셀은 일곱 권으로 된《성경 연구》(Studies in the Scriptures) 시리즈의

첫 권을 출판했다. 제6권은 1904년에 출판되었고, 제7권은 러셀이 죽은 지 1년이 지난 1917년에 출판되었다. 제7권의 출판은 조직의 분열로 이어졌다. 다수의 신자들은 조셉 프랭클린 루더포드(Joseph Franklin Rutherford, 1869-1942)를 따랐으나 소수의 신자들은 새벽 성경 연구회(Dawn Bible Students Association)를 만들었다. 이 조직은 지금도 있으며 〈새벽/Dawn〉이라는 잡지를 3만부가량 발행한다. 루더포드를 따르는 그룹은 지금의 여호와의 증인이 되었다. 〈파수대〉라는 잡지는 전 세계적으로 2,700만부가량 발행된다(《깨어라!/Awake!》라는 잡지는 3,200만부가량 발행된다]. 여호와의 증인은 전문 성직자가 없기 때문에, 〈파수대〉가 브루클린 본부의 주된 대변인 역할도 하며, 신자들에게 교리와 실천에 관한 문제를 가르친다.

유능한 관리자 루더포드가 여호와의 증인을 현재의 조직으로 발전시켰다. 그는 100여 권의 책을 썼으며 사실상 여호와의 증인의 신학을 만들어냈다. 그는 기존 종교에 대한 적대감을 키웠으며 매우 성공적이고 다양한 선교 방법을 발전시켰다. 루더포드가 죽은 후에도, 여호와의 증인은 지금까지 놀라운 속도로 성장하고 있다.

1981년, 여호와의 증인은 일련의 분열로 흔들렸으며, 이 때문에 많은 신자들이 떠났다. 브루클린 본부에 반대하는 그룹을 이끈 사람은 러셀 초기에 가족이 모두 개종한 제임스 펜턴(James Penton)이라는 캐나다인이었다. 펜턴과 그의 지지자들은 이신칭의의 교리를 재강조하고 성경 연구에 대한 본래의 관심을 회복하려 했다. 펜턴을 비롯해 그와 생각을 같이하는 증인들의 의도는 내부로부터의 개혁이었던 것 같다. 브루클린의 지도층은 이들의 주장을 강하게 거부했고 이들을 지지하는 사람들은 누구라도 출교시켰다. 이러한 분열은 심각한 것이었으나, 다수의 증인들은 조직의 모든 재산에 대한 관리권을 쥐고 있는 공식적인 조직에 그대로 남아 있었던 것으로 보인다.

하나의 종교 단체로서, 여호와의 증인은 19세기 많은 종교 집단의 전형이다. 이들의 신학이 초대교회사에 등장하는 아리우스파의 신학을 어느 정도 닮았으나 이들은 본질적으로 합리주의의 영향을 강하게 받은 근대적 집단이었다. 19세기에 등장한 여러 새로운 종교처럼, 여호와의 증인은 과학적 세계관에 대한 강한 반발을 대표한다. 여호와의 증인이 삼위일체를 거부하고 예수 그리스도와 그분이 하신 일에 대한 전통적 가르침을 받아들이지 않는 데서 이들의 합리주의를 확인할 수 있다. 성경에 대한 이들의 합리주의적 태도는 이들이 예언을 문자적으로 해석하고 성경 언어의 상징적 특징을 인정하지 않는 데서 비롯된다. 여호와의 증인은 수혈을 거부하는데, 이것은 이들이 현대 과학을 거부할 뿐 아니라 성경을 지극히 문자적으로 해석한다는 것을 보여준다.

여호와의 증인은 기독교에 대한 자신들의 해석과 정통에 대한 배척을 정당화하기 위해 자신들만의 번역 성경을 출판했다. 1950년에 신세계역 신약(New World Translation of the Christian Greek Scripture)과 신세계역 구약(New World Translation of the Hebrew Scripture)을 출판했다. 여호와의 증인들은 신세계역이 번역 성경이라고 주장하지만, 번역자들의 이름을 밝히거나 이들이 유능한 학자라는 것을 보여주어야 한다. 사실, 신세계역은 여호와의 증인의 신학을 토대로 수정한 성경이다.

여호와의 증인의 신학을 가장 잘 보여주는 책은 《참 하나님》(Let God Be True)일 것이다. 여호와의 증인은 기독교의 삼위일체론을 부정할 뿐 아니라 몇 가지 특징적 교리를 가르친다. 예를 들면, 여호와의 증인은 그리스도가 성부 하나님과 영원히 공존하신다고 가르치지 않으며, '그리스도는 가장 먼저 창조된 가장 위대한 피조물이고 천사장 미가엘의 성육신'이라고 가르친다. 성령은 인격체가 아니라 하나님의 비인격적인 힘이며, 구원은 그리스도의 은혜에서 시작하지만 각자의 행위에 달려 있다고 본다. 대속(代贖)은 예수 그리스도께서 여호와 하나님께 드린 속전(贖錢)으로 아담의 죄를 제거하며, 새롭고 의로우며 유능한 인간이 자신의 선행으로 자신을 구원할 기초를 놓는 것이라고 한다. 그러나 그리스도는 이러한 속전을 십자가에서 지불한 게 아니라 '고통의 기둥'(torture stake, 여호와의 증인은 십자가를 이렇게 고쳐 부른다 — 역자 주)에서 찔림으로써 지불했으며, 예수님이 이러한 속전을 하나님께 드린 후 신적인 영(divine spirit)으로 부활했다는 것이다.

인간은 죽으면 부활할 때까지 수면 상태에 있거나 악한 인간의 경우에는 멸절(滅絶)한다고 말한다. 이들에 따르면, 예수 그리스도는 1914년에 영적으로 이 땅에 재림했고 1918년, 영적 성전을 정화하기 시작했다. 선택된 144,000명 가운데 그때 이전에 죽은 자들이 부활했으며, 1918년에 열방에 대한 심판이 시작되었다고 한다. 이 심판은 지금도 계속되고 있으며, 열방을 지배하는 사탄의 세력을 무너뜨리고 신정주의적 천년왕국을 세우고 있다는 것이다. 이 왕국은 가까운 미래에 아마겟돈 전쟁과 함께 도래할 것이라고 한다. 아마겟돈 전쟁이 끝나면, 진정한 신자들은 이 땅에서 복된 생명으로 부활할 것이며, 선택된 144,000명은 그리스도와 함께 천국에서 다스릴 것이라고 한다. 여호와의 증인은 이러한 교리를 내세우는 것 외에도, 전문 사역을 거부하며, 최근까지만 해도 지금은 왕국 회관(Kingdom Hall)으로 알려진 교회 건물의 개념도 거부했다. 이들은 평화주의자들이며 신자들에게 세상 정치에 참여하지 말라고 요구한다.

현재 세계적으로 여호와의 증인은 650여만 명 정도이다. 이들은 폭넓은 선교 네트워크를 갖추고 대부분의 나라에서 활동하고 있으며, 매년 거의 25만 명씩 신도를 늘려가고 있다. 어떤 지역들, 특히 아프리카에서는 여호와의 증인이 심한 박해를 받았다. 다른 지역들, 특히 북아메리카에서는 여호와의 증인이 상당한 크기의 교단과 맞먹을 정도로 급속히 늘어나고 있다.

그리스도의 교회, 사이언티스트

Church of Christ, Scientist

+ 폴 채펠

그리스도의 교회 사이언티스트(흔히 크리스천 사이언스라 한다)는 매리 베이커 에디(Marry Baker Eddy)가 원시 기독교와 그 잃어버린 치유의 요소를 회복하려는 노력에서 시작되었다. 1876년, 에디는 크리스천 사이언스(Christian Scientist Association)를 설립했고, 3년 후에는 그리스도의 교회 사이언티스트를 시작했다. 이 교회는 1892년에 현재의 형태로 재조직되었다. 보스턴의 제일 그리스도의 교회, 사이언티스트(First Church of Christ, Scientist)가 모교회로 알려져 있으며, 그 밖의 크리스천 사이언스 교회들은 독립적으로 운영되기는 하지만 지부로 간주된다. 1985년 에디는 교회의 교리와 규칙을 만들어 교회 운영 지침에 포함시켰다. 교회의 근본적인 신학은 에디가 쓴《성경을 중심한 과학과 건강》(Science and Health With Key to the Scriptures)에 나와 있다.

신학적으로, 그리스도의 교회 사이언티스트의 교리는 역사적인 정통 기독교의 교리와 일치하지 않는다. 크리스천 사이언스는 전통적 기독교의 신학 어휘를 사용하지만 여기에 형이상학적 의미를 부여한다. 교회의 권위는 성경과 에디의 저작에서 나온다. 신자들은 에디의 저작을 하나님의 계시로 받아들이며, 그녀의 글을 통해 성경을 알레고리적으로 해석한다. 교회의 가장 중요한 권위는 1875년에 출판되었으며 1910년 에디가 죽을 때까지 정기적으로 개정된《과학과 건강》에서 나온다. 에디는 이 책이 하나님의 완전한 말씀을 담고 있으며 따라서 오류가 없는 하나님의 가르침이라고 했다.

크리스천 사이언스의 신관(神觀)은 일원론적이다. 하나님은 최고의 존재가 아니라 신적 원리이고, 하나님은 마음이며, 마음은 만물이라고 한다. 그 무엇도 실재하지 않으며, 마음 외에는 그 무엇도 존재하지 않는다는 것이다. 따라서 하나님의 성품과 속성이 하나님이 되며, 삼위일체는 신적 원리(하나님)의 삼중적 본성인 생명, 진리, 사랑으로 구성된다고 본다. 이들에게 하나님, 그리스도, 성령은 인격체가 아니다.

크리스천 사이언스의 기독론은 그리스도의 성육신을 부정하며, 마리아가 그리스도를 단지 영적 개념으로 잉태했을 뿐이라고 주장한다. 하나님은 마음이며 영이기 때문에, 영이 아닌 것은 아무것도 존재하지 않으며 물질이나 육은 있을 수 없다. 이것들은 허상일 뿐이다. 따라서 그리스도는 몸을 소유하지 않았으며 십자가에서 죽지 않았다. 대속의 필요성이 없어진다. 죄와 악과 질병과 죽음은 실재가 아니라 환영(幻影)이기 때문이다. 하나님은 선하며, 선하지 않는 것은 아무것도 존재할 수 없다. 크리스천 사이언스는 인간이 하나님의 형상으로 창조된 것은 영혼과 마음과 선으로 창조된 것이라고 가르친다. 따라서 인간은 죄를 지을 수 없고, 아플 수 없고, 죽을 수 없다. 인간은 그의 기원과 성품과 영원성이라는 면에서 하나님과 동등하다. 크리스천 사이언스의 형이상학적 전제들은 천국과 지옥은 인간 사고의 현재 상태일 뿐 실재하는 미래의 거처가 아니라고 주장한다.

크리스천 사이언스 교회의 예배는 전 세계적으로 간단하고 똑같다. 이들은 회중 가운데 선택된 사람이 성경과 《과학과 건강》을 소리 내어 읽는 동일한 형태의 교훈과 설교에 초점을 맞춘다. 성직자는 없다. 성례는 특별한 의식이 아니다. 세례는 일상생활의 영적 정화를 의미할 뿐이며, 성찬은 하나님과의 조용한 영적 교제이다. 가시적 요소가 전혀 사용되지 않는다. 크리스천 사이언스의 신자들에게 구원이란 인간의 삶이 전적으로 성령 하나님에게서 나오며 유한하지 않고 불멸한다는 깨달음을 얻는 것이다.

기독교의 종교적 위치

How Does Christianity Fare at the Religious Roundtable?

+ 노만 가이슬러

정통 기독교는 자신이 참 종교라고 주장한다. 이슬람도, 다른 종교들도 그렇게 주장한다. 절충주의적 성격에도 불구하고 힌두교와 불교까지도 자신이 참 종교라고 주장한다. 이러한 종교들 사이에는 상호 배타적인 진리 주장이 있다. 따라서 이들이 모두 옳을 수는 없는 게 분명하다. 예를 들면, 전통 유대교와 기독교와 이슬람교와 같은 종교들은 일신론적이다. 힌두교와 선불교와 크리스천 사이언스와 같은 종교들은 범신론적이다. 이교주의와 신이교주의와 몰몬교는 다신론적이다. 이들의 신관은 양립할 수 없다. 최종적으로, 하나만 참일 수 있고 나머지는 모두 거짓일 수밖에 없다.

기독교만의 특별한 점은 무엇인가?

기독교의 특별한 점은 하나님과 성경과 구원의 길에 대한 기독교만의 주장에서 나타난다. 기독교 외에도 일신론을 주장하는 종교들이 있지만, 기독교는 자신의 신관(삼위일체론)이 참이라고 주장한다.

기독교만의 신관 인간의 역사에서 기독교 외에 삼위일체를 분명하게 말하는 종교는 없다. 플라톤에게는 선(Good)과 데미우르고스(Demiurgos)와 세계혼(World Soul)의 궁극적 실재에 3화음(triad)이 있었다. 그러나 플라톤의 선은 인격적이지도 않았고 하나님도 아니었다. 세계혼도 인격적이지 않았다. 셋은 하나의 본성을 공유하지 않았다. 신플라톤주의(Neoplatonism)에게는 하나의 일자(一者, a One)와 하나의 정신(a Nous)과 하나의 세계혼(a World Soul)이 있었다. 그러나 이러한 일련의 유출물은 한 본질의 뚜렷한 세 인격체가 아니다. 일자도 세계혼도 인격적이지 않다. 일자에게는 본질이나 존재가 없다. 오직 기독교의 삼위일체에서만 뚜렷한 세 인격체인 아버지와 아들과 성령으로 영원히 표현되시는 본질이 하나인 하나님이 있다(마 28:18,19).

그리스도인들은 이러한 신관이 진정한 신관이며 다른 하나님은 없다고 주장한다(고전 8:4,6). 다른 신관은 참 하나님에 대한 거짓 신관이거나(유대교에서처럼) 거짓 신들에 대한 거짓 신관이다(힌두교에서처럼). 이슬람교의 신관은 거짓이다. 이슬람교는 하나님에게는 오직 하나의 인격체만 있다고 주장하기 때문이다.

유대교(구약)의 신관은 참 하나님에 대한 것이지만 불완전하다. 유대교가 하나님은 오직 한 분이라고 주장하는 것은 옳다(출 20:2,3; 신 6:4). 구약은 하나님의 단일성 안에서 복수성을 허용하며(시 110:1) 때로는 하나님의 아들을 말한다(잠 30:4). 삼위일체의 세 구성원 모두를 한 구절에서 말하기도 한다(사 63:7-10). 그러나 구약은 삼위일체의 구성원을 '한 하나님 안에 있는 세 위'(three persons in one God)라고 결코 분명하게 말하지 않는다. 구약 유대교의 하나님은 그분의 단일성으로 분명하게 계신 참 하나님이다. 이것은 점진적 계시이다. 다른 모든 종교에서 말하는 하나님은 거짓이다. 이러한 신들은 성경이 말하는 하나님과 양립할 수 없다. 기독교는 오직 기독교의 신관만 참이라고 말한다.

기독교만의 그리스도관 세상의 다른 어떤 종교도 그리스도가 하나님의 하나뿐인 아들, 인간의 몸으로 나타난 하나님이라고 믿지 않는다. 정통 기독교만이 예수님은 한 위(位, 인격체)에 두 본성을 지니신, 완전히 하나님이시며 완전히 인간이라고 고백한다. 다른 종교들은 그리스도를 존경한다. 그러나 다른 어느 종교도 예수님을 성육하신 하나님으로 생각하지 않는다. 불교와 힌두교에서, 예수님은 궁극적 실재(브라만)에 이르는 길을 보여준 선생이다. 이슬람교는 예수님을 여러 선지자 가운데 하나로 인정한다. 힌두교에서, 성육신은 실제로 끄리슈나의 환생이다. 그러나 끄리슈나와 그리스도 사이에는 중요한 차이가 있다. 끄리슈나는 일시적 성육신일 뿐이다. 그는 일신론의 하나님이 아니라 범신론의 하나님의 성육신이다. 기독교의 그리스도 개념은 다른 어느 종교의 그리스도 개념과도 실제로 비교할 수 없다. 몇몇 종교 운동과 종파들이 그리스도의 신성을 받아들였다. 그러나 각자가 성경의 진리 주장을 무너뜨리기 위해 자신만의 비정통적 신앙을 덧붙였다. 어떤 불교에는 우리의 죄를 위해 죽는 부처까지 있다. 그러나 이것은 기독교와 거리가 멀며, 불교 본래의 본성에도 맞지 않는다.

영국의 노만 앤더슨(Norman Anderson)은 신비종교를 말하면서 이렇게 설명한다.

> 기독교와 신비종교의 기본적인 차이는, 기독교는 역사에 기초하지만 신비종교는 신화적이라는 것이다. 신비종교의 신들은 '상상 속의 과거에 나타나는 희미한 인물들'만큼 신비하지만 사도적 케리그마(kerygma)가 선포하는 그리스도는 최초의 신약 문헌들이 기록되기 불과 몇 년 전에 살았고 죽었다. 사도 바울이 고린도전서를 쓸 무렵에도 부활을 목격한 500여 명 가운데 다수가 살아 있었다.

기독교만의 성경관 세계의 모든 주요 종교를 포함한 대부분의 종교에는 거룩한 책이나 지혜의 책이 있다. 유대교에는 토라가 있고, 이슬람교에는 꾸란이 있으며, 힌두교에는 바가바드-기타(Bhagavad-Gita)가 있다. 이것들 및 그 밖의 저작들과 비교할 때, 성경은 몇 가지 면에서 특별하다.

- 오직 성경만이 신적 계시의 특별한 과정을 통해 주어졌다고 주장한다. 꾸란은 천사장 가브리엘이 불러준 것을 무함마드가 받아썼다고 주장한다.
- 오직 성경만이 초자연적인 선언적 예언을 담고 있다. 다른 종교들은 선언적 예언을 주장하지만 성경과는 달리 수백 년 전의 예언이 문자적으로 성취되었음을 보여주는 분명한 예를 제시하지 못한다. 예를 들면, 무슬림들은 무함마드가 꾸

란에서 예언을 했다고 주장한다. 그러나 좀 더 자세히 살펴보면, 이들은 자신들의 주장을 증명하지 못한다.

- 오직 성경만이 초자연적으로 확증되었다. 오직 성경만이 하나님에 관한 진리를 말하기 위해 하나님의 특별한 행위로 세워진 하나님의 사람들을 통해 기록되었기 때문이다(출 4:1; 히 2:3,4).

기독교만의 구원론 다른 종교들도(예를 들면, 바크티 힌두교의 '고양이' 학파) 은혜를 말하지만, 기독교의 구원론은 특별하다(힌두교에서는 두 가지 은혜를 말한다. 원숭이 은혜와 고양이 은혜이다. 전자는 은혜를 받기 위해서는 새끼 원숭이가 어미에게 매달리듯 해야 한다는 것이며, 후자는 새끼 고양이의 의지와는 무관하게 어미가 새끼를 물어 옮긴다는 것 곧 은혜를 베푼다는 의미이다 — 역자 주).

- 기독교에서는 인류는 죄로 가득하고 거룩한 하나님으로부터 분리되었다고 선언한다(창 6:5; 시 14편; 전 7:28; 눅 13:2,3; 롬 3:23).
- 기독교에서는 인간은 아무리 많은 선을 행해도 이것으로는 천국에 갈 수 없다고 주장한다(사 64:6; 롬 4:5; 엡 2:8-9; 딛 3:5-7).
- 기독교에서는 하나님에 이르는 길은 오직 하나뿐이라고 선언한다. 그것은 우리의 죄를 위해 죽으시고 부활하신 예수 그리스도를 통하는 것이다(요 10:1,9; 14:6; 고전 15:1-6). 구원을 얻기 위해서는 마음으로 믿고 입으로 고백해야 한다(롬 10:9). 다른 길은 없다. 예수님은 이렇게 말씀하셨다. "내가 곧 길이요 진리요 생명이니 나로 말미암지 않고는 아버지께로 올 자가 없느니라"(요 14:6; 10:1; 행 4:12).

구원과 타종교 그러므로 기독교는 다른 어느 종파나 종교에도 구원이 없다고 말한다. 기독교 외에 어느 종교도 그리스도가 우리의 죄를 위해 죽으시고 부활하신 하나님의 아들이라고 보지 않기 때문이다.

이러한 배타성에서 잘못된 의미를 끌어내지 않는 게 중요하다.

이것은 하나님이 세상의 불신자들을 사랑하지 않으신다는 뜻이 아니다. "하나님이 세상을 이처럼 사랑하사 독생자를 주셨으니 이는 그를 믿는 자마다 멸망하지 않고 영생을 얻게 하려 하심이라"(요 3:16). 바울은 하나님께서 모두가 진리를 알기를 원하신다고 했다(딤전 2:4).

이것은 하나님께서 모두에게 구원을 제의하지 않으셨다는 뜻이 아니다. 요한은, 그리스도는 우리의 죄뿐 아니라 "온 세상의 죄를"(요일 2:2) 위한 화목 제물이라고 말한다. 그리스도께서는 택한 자들만 위해 죽으신 게 아니라 모든 "경건하지 않은 자"(롬 5:6)를 위해 죽으셨다. 그리스도께서는 또한 그분을 "부인하는"(벧후 2:1) 자들을 위해 죽으셨다.

이것은 단지 소수의 택한 민족만 복음화되리라는 뜻이 아니다. 요한은 이렇게 선언했다. "이 일 후에 내가 보니 각 나라와 족속과 백성과 방언에서 아무도 능히 셀 수 없는 큰 무리가 나와 흰 옷을 입고 손에 종려 가지를 들고 보좌 앞과 어린 양 앞에 서서"(계 7:9).

이것은, 그리스도를 전혀 들은 적이 없는 사람들은 구원받을 수 없다는 뜻이 아니다. 어디서든 하나님을 찾는 자들은 누구든지 그분을 만날 것이다. 베드로는 하나님이 "각 나라 중 하나님을 경외하며 의를 행하는 사람은 다 받으신다"고 했다(행 10:35). 히브리서 기자는 하나님께서 "자기를 찾는 자들에게 상 주시는 이"라고 말한다(행 11:6).

모두에게 창조의 빛이 있고(롬 1:18-20) 양심이 있지만(롬 2:12-15), 이것이 심판에는 충분하지만 구원에는 그렇지 않다. 하나님이 구원받을 자들에게 복음이 전파되게 하실 수 있는 방법은 많다. 일반적인 방법은 선교사를 통하는 것이다(롬 10:14,15). 그러나 하나님은 그분의 말씀을 통해 구원하실 수 있으며(히 4:12), 그분은 환상이나 꿈이나 하늘의 음성이나 천사를 통해 그분의 말씀을 주실 수 있다(계 14:6). 하나님이 그분을 찾는 자들에게 구원의 메시지를 주실 수 있는 방법에는 제한이 없다(히 1:1). 그러나 인간이 자신에게 있는 빛에서 등을 돌리면, 하나님은 더 많은 빛을 주실 책임이 없다(요 3:19).

진리와 타종교

많은 그리스도인들은 타종교에도 진리나 가치가 있다는 점을 기꺼이 받아들일 것이다. 모든 인간은 일반계시를 받는다(시 19편; 행 17장; 롬 1:19-21; 2:12-15). 하나님은 이들에게 진리를 계시하셨으며, 따라서 이들의 신앙이 선과 진리를 표현한다는 것은 전혀 놀랍지 않다.

그러나 그리스도인들이 붙잡는 진리와 비그리스도인들이 받아들이는 진리에는 중요한 차이가 있다. 기독교 시스템은 약간의 오류가 있는 진리 시스템이다. 기독교 외의 모든 종교는 약간의 진리가 있는 오류 시스템이다. 유일한 진리 시스템은 기독교 시스템이다. 그리스도인들은 유한하며, 따라서 이러한 진리 시스템에 대한 우리의 이해에도 어느 정도 오류가 있을 것이다. 우리의 이해가 불완전하다는 것을 알고(고전 13:9,12) 우리가 진리 안에서 지속적으로 자라야 하는 것도 이 때문이다(벧후 3:18). 이와는 대조적으로, 그 어떤 비기독교 시스템도 진리 시스템이 아니며, 비록 그 시스템이 진리를 담고 있더라도 그 시스템 자체가 이러한 진리를 흐리게 하고 더럽히며 심지어 왜곡하기까지 한다. 그러므로 그 어떤 비기독교 시스템도 구원의 빛을 주지 못한다.

기독교만의 특별한 주장이 불신자들에게는 불쾌할 것이다. "십자가의 도가 멸망하는 자들에게는 미련한 것이요 구원을 받는 우리에게는 하나님의 능력이라"(고전 1:18). 그럼에도 불구하고, 불쾌하게 느끼는 사람들도 대답을 들을 자격이 있다(골 4:5,6; 벧전 3:15).

기독교는 편협하고, 배타적이며, 불공평하다?

현대인들의 마음에 편협하다는 말보다 안 좋게 들리는 것은 없지만 여기에 수반되는 주장은 이성적이기보다는 감성적이다.

하나의 세계관만이 참일 수 있다 다양한 세계관이 서로 배타적인 진리 주장을 한다면, 그 가운데 하나의 세계관만 참일 수 있다. 참된 사고 체계는 생각과 삶을 포괄해야 하며, 모든 주장이 일관되고 모순이 없어야 한다. 그러나 가장 중요한 것은 이러한 사고 체계는 실재와 상응해야 한다. 다시 말해, 과거와 현재와 미래의 실재 및 자연적, 초자연적 실재와 상응해야 한다. 모든 주요 사상 체계에는 다른 모든 체계의 진리 주장과 모순되는 핵심적인 진리 주장이 있다. 삼위일체와 그리스도의 신성과 구원의 방식에 대한 기독교의 가르침이 참이든지, 다른 체계가 참이고 기독교가 거짓이든지 둘 중 하나이다.

진리는 본질적으로 편협하다 3+3=6이 유일한 해답이며 다른 모든 답은 틀렸다고 주장하는 것은 편협하다. 불신자의 관점도 편협하다. 모든 것을 포괄하는 진리 주장은 없다.

이것은 상반되는 사고 체계 속에 있는 작은 진리 주장들이 모두 참일 수 없다는 뜻이 아니다. 비그리스도인들은, 살인은 잘못이며 지구는 둥글다고 주장한다. 그러나 그들은 기독교(그리고 기독교의 뿌리인 유대교)처럼 삼위일체 하나님이 무에서(ex nihilo) 세상을 창조하셨다고 믿지는 않는다. 그리스도인들과 비그리스도인들은 예수님이 선한 사람이었다고 믿을 수 있다. 그러나 그리스도인들만이 그분이 신인(神人, God-man)이셨다고 믿는다. 그러므로 진리 사이에는 의견 일치가 있을 수 있지만, 기독교에만 있는 주요한 진리에 대해서는 의견 일치가 없다.

모든 종교는 자신이 진리를 가졌다고 주장한다 앞에서 말했듯이, 진리 주장을 하는 종교는 예외 없이 자신이 특별한 진리를 가졌다고 주장한다. '관대하고 절충적인' 종교들도 마찬가지이다. 힌두교는 "하나님에게 이르는 길이 많다"고 주장한다. 이것은 마음이 열린 주장처럼 보이지만 기독교의 주장만큼이나 편협하다. 이것은 반대되는 모든 시각을 배제한다.

하나님은 공정하시다 하나님은 모두에게 구원을 제의하셨다(요 3:16; 요일 2:2). 진정으로 구원을 원하는 자는 누구든지 구원을 얻을 것이다(행 10:34,35; 히 11:6).

결론

모든 진리 주장은 배타적이다. 전포괄적 체계는 그 어떤 진리 주장도 하지 않는다. 무엇인가를 인정하는 모든 명제는 논리적으로 볼 때 다른 무엇인가를 부정한다. "하나님은 모든 것이다"와 같은 진술은 "하나님은 모든 것이 아니다"와 같은 진술과 대립한다. 둘 다 참일 수 없다. 모든 진리 주장은 자신과 모순되는 것을 배제한다. 실제로, 모든 종교는 자신에게 그 진리(the truth)가 있다고 주장한다. 설령 그 진리가 자신과 모순되지 않는 다른 종교 체계도 참이라고 믿는 것이더라도. 그러나 둘 또는 그 이상의 종교들이 동일한 진리를 받아들인다면, 이들은 실제로 하나이며, 이들 뒤에 있는 하나의 기본적인 종교 체계가 자신과 반대되는 모든 종교 체계를 배제하면서 자신만이 참 종교라고 주장하는 셈이다.

더 깊게 공부하려면

Norman Anderson, *Christianity and World Religion*
Colin Chapman, *Cross and Crescent*
Hayim Donin, *To Be a Jew: A Guide to Jewish Observance in Contemporary Life*
Norman L. Geisler and Abdul Saleeb, *Answering Islam: The Crescent in the Light of the Cross*
Norman L. Geisler and William Watkins, *Worlds Apart: A Handbook on World Views*
Douglas R. Groothuis, *Unmasking the New Age*
Dean Halverson, ed., *Compact Guide to World Religions*
C. S. Lewis, 〈피고석의 하나님〉*(God in the Dock)*, 홍종락 옮김(홍성사, 2011)
Walter R. Martin, *Kingdom of the Cults*
John S. Mbiti, *Concepts of God in Africa*
J. Isamu Yamamoto, *Beyond Buddhism: A Basic Introduction to the Buddhist Tradition*
Ravi Zacharias, *The Real Face of Atheism*

콜린 채프만, 《삶의 문제에 대한 기독교적 답변》, 한상식 옮김(나침반, 2001)
래비 재커라이어스, 노만 가이슬러, 《하나님을 누가 만들었을까?》*(Who Made God?)*, 박세혁 옮김(사랑플러스, 2005)
송홍국, 《세계종교와 기독교》(한국문서선교회, 2005)

월터 마틴, 《뉴에이지 이단 운동》*(New Age Cult)*, 박영호 옮김(기독교문서선교회, 1992)
빌럼 뢰이뻰, 헨리 코렌, 《현대 무신론 비판》*(Religion and Atheism)*, 류의근 옮김(기독교문서선교회, 2005)

브루스 셀리, 티모시 예이츠

서론과 개괄 | 로마 시대의 기독교

18

교회사: 초기 500년

오늘날의 기독교에서 더 주목할 부분 가운데 하나는
그리스도인이라고 말하는 사람들 가운데
기독교의 역사를 진지하게 연구해 본 사람이 너무나 적다는 것이다.
브루스 셸리 Bruce L. Shelley

서론과 개괄

Introduction and Overview

+ 브루스 셸리

2천 년이 지난 지금, 기독교는 최소한 겉으로는 세계 인구의 1/3이 믿는 종교이다. 팔레스타인의 몇몇 어부와 세리와 젊은 말썽꾼에게서 시작된 기독교가 이제 전 세계로 퍼졌으며 신자가 거의 20억 명에 이른다. 오늘날의 기독교에서 더 주목할 부분은 그리스도인이라고 말하는 사람들 가운데 기독교의 역사를 진지하게 연구해 본 사람을 찾아보기 어렵다는 것이다. 초기에는 서로 다른 종교를 믿는 사람들이 만나는 경우가 거의 없었다. 자신의 종교에 대한 비판에 스스로를 변호할 필요도 거의 없었다. 그러나 우리 시대의 세계는 대중 매체를 통해 한 동네처럼 되었고, 그리스도인들의 무지는 정당화되기 어렵다.

교회와 국가의 분리를 위한 운동으로 인해 공립학교에서 종교 교육이 사라졌다. 이것은 사실이다. 그러나 많은 교단의 기독교 교육이 구성원들로 하여금 자신이 고백하는 신앙을 깊이 이해하도록 돕지 못한 것도 사실이다. 그렇다면 오늘날의 그리스도인들이 정통 신앙고백과 큰 오류를 뒤섞거나 몇몇 이교도 의식을 기독교적 행위인양 변호하는 게 놀랄 일인가?

박식한 그리스도인들은 이렇게 묻고 싶을 것이다. "의인이 겨우 구원을 받으면 경건하지 아니한 자와 죄인은 어디에 서리요"(벧전 4:18). 그러나 이들은 인간의 실패는 언제나 이야기의 절반일 뿐이라는 것을 안다. 이들은 교회가 교회의 가장 큰 적이었던 때가 얼마나 많았으며 전혀 예상하지 못한 곳에서 갱신이 시작되었던 때가 얼마나 많았는지 안다. 교회는 보이지 않는 존재의 위협을 물리치거나 위기를 성장의 기회로 바꾼 경우가 수없이 많았다. 심한 박해는 신앙의 집을 깨끗하게 했다. 이단의 확산은 교회의 기본 신앙을 확고히 하는 계기가 되었다. 갑자기 들이닥친 야만인들은 기독교가 더 넓게 확산되는 기회였다. 새로운 도전을 이겨내고 갱신의 근원을 찾아내는 이러한 능력이 기독교 성장의 비결이다.

앞으로 나아갔다는 것은 대개 과거를 세밀히 살핀다는 뜻이었다. 다시 말해, 예수님의 이야기에 계시된 하나님의 형상을 되돌아본다는 뜻이었다. 그리스도인들은 언제나 예수님과 제자들의 시대를 다른 모든 시대의 모델로 생각했다. 이 시대는 부활하신 메시아이신 예수님을 믿는 믿음을 교회에 주었고, 그분을 통한 죄 용서의 소망도 주었다. 이 시대는, 바울의 삶에서, 은혜의 복음은 민족이나 인종이나 남녀나 문화의 경계를 초월한다는 것을 증명했다.

초기 기독교의 상징을 보여주는 비문

이 진리를 받아들인 보편적 기독교(catholic Christianity)는 지중해 세계 전역에 급속히 확산되었다. 기독교는 영지주의(靈知主義, Gnosticism)와 마르시온주의(Marcionism)와 몬타니즘(Montanism) 같은 이질적 사상과 대면했으며, 사도들의 저작과 이것들을 지킨 정통 감독들을 토대로 거짓을 거짓이라 했다. 그와 동시에, 그리스도인들은 로마의 박해에 부딪혔으며, 다른 신자들이 따를 본이 되는 증인과 순교자로서 용감하게 죽었다.

터툴리안이 말했듯이, 제국이 회심했을 때 이러한 순교자의 피가 마침내 풍성한 열매를 맺었다. 기독교 제국 시대(Imperial Age)는 콘스탄틴이 그리스도의 환상을 본 312년에 시작되었다. 4세기가 끝나기 전, 기독교는 뻗어가는 로마제국의 공식 종교(국교)가 되었다. 카타콤 교회는 과거가 되었다. 그렇다면 기독교는 왕궁과 무슨 상관이 있는가?

황제의 보호 아래, 교회는 대중을 위한 신앙을 형성함으로써 권력을 섬기는 법을 배웠다. 궁전에 마음이 없는 그리스도인들은 은혜의 다른 방편을 찾아 광야로 향했다. 이것이 미래의 물결을 주도한 수도원 운동이다.

그러나 대부분의 그리스도인들은 교회와 국가(로마)의 행복한 혼인에서 하나님의 손길을 보았다. 동방에서, 결혼 생활은 천 년간 계속되었다. 1453년 비잔틴 제국이 무슬림인 터키족의 침입으로 최종적으로 무너지기 전까지, 신비적 경건주의가 정통주의적 황제들의 보호 아래 번성했다. 그러나 콘스탄티노플의 몰락은 동방 정교회(Eastern Orthodox)의 수도인 모스크바의 융성을 의미했다.

서방에서는 이야기가 달랐다. 5세기에 야만적인 게르만족(Germans)과 훈족(Huns)이 로마제국의 방어망을 뚫고 제국의 영원한 수도로 밀려들었을 때, 사람들은 어거스틴의 《신의 도성》(City of God)에 눈을 돌려 이 상황을 설명했다. 이들은 새로운 시대를 위한 비전을 발견했다. 우리는 이 시대를 가리켜 '중세'라 부른다. 중세에 살았던 사람들은 이 시대를 '기독교' 시대로 생각했다.

이들이 이렇게 생각한 이유는 교황의 역할 때문이었다. 교황은 멸망한 서방제국(로마)의 폐허를 딛고 일어나 지나간 로마의 영광 위에 중세교회를 세워나갔다. 과거의 로마와 연결된 유일한 고리인 로마교회는 베네딕트 수도사들을 게르만 민족에게 선교 대사로 보냈다. 수 세기가 걸렸으나, 교황은 기독교 왕의 지원을 받으면서 한 대륙에 천천히 평화를 정착시켰고, 그 대륙에 세례를 주었으며, 그 대륙을 기독교 세계(Christendom), 기독교 유럽이라 불렀다.

그러나 세례 받은 대중은 세례 받은 이교도를 의미했다. 10세기가 시작될 무렵, 영적 갱신이 절실히 필요했다. 영적 갱신은 프랑스 중부의 클루니 수도원에서 시작되었으며 마침내 교황청에까지 확산되었다. 가장 강력한 개혁을 실행한 교황은 그레고리 7세(Gregory VII, 1020경-1085)였으며, 그의 열정적인 계승자들은 교황을 지상 권력의 정점에 올려놓았다. 교회는 더 이상 옛 로마제국을 하나로 이어주는 보정물이 아니었다. 12세기의 교회는 그 자체로 하나의 제국이었으며, 아일랜드에서 팔레스타인까지, 또한 지상에서 천국까지 뻗은 지상의 영적 왕국이었다. 십자군 원정과 스콜라 철학은 이러한 교황의 권위에 대한 증인들이었다.

그러나 권력은 부패한다. 교회는 세상을 얻었으나 자신의 영혼을 잃었다. 어쨌든, 이것이 왈도파(Waldenses, 12세기 프랑스 리용의 페테르 왈도에게서 시작된 개혁파), 프란시스 수도회(Franciscans), 알비파(Albigenses, 프랑스 남부 알비 지방에서 12-13세기에 일어난 개혁 세력) 개혁자들이 끈질기게 외친 것이었다. 14세기와 15세기에 지상 권력을 향한 다툼과 메마른 종교의 모습을 목격한 많은 사람들이 새로운 비전과 갱신을 찾아 성경으로 눈을 돌렸다.

종교개혁은 불같이 일어났다. 마르틴 루터가 나팔을 불자 많은 사람들이 따랐다. 우리가 종교개혁이라 부르는 시대의 특징은 프로테스탄티즘(Protestantism)—루터교, 개혁주의, 성공회(Anglican), 재세례파(Anabaptist)—의 물결이다. 16세기 중반, 종교개혁은 서유럽의 전통적 일치를 흔들어 놓았고, 이제 서유럽의 종교는 더 이상 하나가 아니었다.

로마교회는 전통에 대한 공격에 저항했다. 로마교회는 새로운 군대, 특히 예수회를 동원했고 새로운 선교사들을 아시아와 아프리카와 남미에 보냈으며 프랑스와 네덜란드와 독일에서 전쟁을 했다. 그러나 결국 기독교 세계는 지나간 역사가 되었다. 기독교 세계 대신에 교회의 교단 개념이 들어섰으며, 이 때문에 근대 국가는 교회를 국가와 분리된 자발적 사회로 다루었다.

고상한 사상의 학파들이 17세기를 채웠다. 이성 자체보다 더 강력한 것은 없었다. 이성은 이렇게 물었다. 누가 하나님이 필요한가? 인간은 스스로 할 수 있다. 그리스도인들은 반대의 목소리를 높였으나, 이러한 사상은 확산되었고 마침내 세속주의가 서구 사회의 공적 생활을 채우기에 이르렀다. '하나님' 자체를 내몰지는 않았으나 그 의미가 개인적 선택의 문제가 되었다.

그리스도인들은 더 이상 힘으로 이러한 이론(異論)을 누를 수 없었다. 그래서 많은 그리스도인들이 사도들과 기도와 전파 방식에 눈을 돌렸다. 그 결과 일련의 복음주의적 부흥 운동—경건주의, 감리교 운동, 대각성 운동—이 일어났다. 복음주의자들은 전파와 개인적 회심을 통해 공적인 삶에서 하나님을 회복하려고 노력했다.

진보의 시대(Age of Progress)에 온갖 종류의 그리스도인들이 세속주의의 확산을 막기 위해 용감히 싸웠다. 산업화된 유럽과 북미의 복음주의 각성 운동에서, 그리스도의 복음을 먼 땅에 전하려는 새로운 노력과 사회봉사 운동이 일어났다. 로마의 성벽 안에서는 방어적인 교황이 가톨릭 신앙의 근대적인 적을 향해 집중 포격을 시작했다. 그리스도인들이 최선의 노력을 기울였으나 기독교는 서유럽의 공적인 삶에서 서서히 밀려났다. 신자들은 지금 우리가 인식하는 문제에 부딪혔다. 어떻게 하면 그리스도인들이 기독교 세계관이 더 이상 유력하지 않은 다원적이며 전체주의적인 사회에서 도덕적 영향력을 발휘할 수 있는가?

문제의 심각성은 이데올로기 시대(Age of Ideologies)에 뚜렷하게 드러났다. 이 시대에 새로운 신들이 일어나 세속적인 사람들에게 충성을 요구했다. 나치즘(Nazism)은 국가를 높였다. 공산주의는 정당을 숭배했다. 미국의 민주주의는 개인과 개인의 권리를 존중했다. 계몽된 현대 국가들이 이러한 새로운 신들을 최고의 위치에 세우려고 두 번에 걸쳐 세계대전을 치렀다. 그 어떤 이데올로기도 우세하지 못할 때, 공존의 냉전(冷戰)이 기독교 국가들을 지배했다. 이처럼 어려운 시대들을 거치면서, 교단은 정통 신학과 자유주의 신학을 놓고 싸웠고, 잃어버린 일치를 회복할 새로운 길을 모색했으며, 사도 시대의 경험을 새롭게 갈망했다.

제2차 세계대전이 끝난 후, 제3 세계에서 강력하고 새로운 크리스천 리더십이 나타나 낡은 신앙에 새 시대를 향한 새로운 소망을 주었다. 유럽과 북미의 신이교도 국가들(new-pagan nations)의 선교사들이 복음을 아프리카와 남미에 전함으로써 기독교의 미래를 여는 데 성공했는가?

오직 시간만이 대답해 줄 것이다. 그러나 그리스도인들이 희망을 가질 수 있는 것은, 신앙은 언제나 땅의 환경을 초월하기 때문이다. 이것은 한 인물에 대한 확신이다. 역사상 예수 그리스도만큼 많은 시대, 많은 상황에서 많은 사람들에게 영향을 미친 분은 없다. 그분의 형상의 명암이 사람들의 필요와 함께 바뀌는 것 같다. 믿음의 남은 자들의 유대 메시아(Jewish Messiah), 헬라 변증가의 지혜(Wisdom), 제국 교회의 우주적 왕(Cosmic King), 정통 종교회의의 천상적 로고스(Heavenly Logos), 교황청의 세계 통치자(World Ruler), 사도적 가난의 수도원적 모델(monastic Model), 복음주의 부흥론자들의 개인적 구원자(personal Savior) 등.

참으로, 그분은 모든 시대를 위한 분이다. 많은 사람들이 예수 그리스도를 신속히 버려진 과거와 관련된, 하나의 유물이라고 생각하는 시대에, 교회사는 그분이 결코 무대에서 사라지지 않으시리라는 조용한 증거를 제시한다. 그분에 대한 칭호는 바뀔지 모르지만 그분의 진리는 시대를 초월한다.

로마 시대의 기독교

Christianity in the Roman Empire

+ 티모시 예이츠

기독교가 예수님을 직접 따른 열두 사도와 그분이 파송하신 70명의 제자들과 그분이 세상에 계실 때 그분을 지지한 사람들을 뛰어넘어 확산되기 시작한 것은, 그분이 십자가에 못 박혀 죽으시고 부활하신 후였다. 예수님이 십자가에서 죽으신 것은 본디오 빌라도가 총독으로 있을 때였는데, 성경 밖의 기록에 따르면 빌라도는 AD 26-36년에 유대 총독을 지냈다. 예수님이 십자가에서 죽으신 연대를 정확히 알 수는 없지만 AD 30년이나 33년일 가능성이 높다.

세례 요한과 같은 예수님의 선구자들과 빌라도는 요세푸스(Josephus, AD 37년경-100년경)와 타키투스(Tacitus, AD 55년경-113년경)와 같은 역사가의 기록에도 나타난다. 그러나 초대교회가 어떻게 확산되었는지 알려면 누가의 기록에 크게 의존할 수밖에 없다. 누가는 누가복음과 사도행전을 썼는데, 데오빌로(신의 사랑을 받는 자/God-beloved)라는 로마 황제를 위해서였을 것이다. 사도행전에는 AD 30년대 중반부터 60년대 중반에 이르는 기독교 발전을 다루는데, 이 시기는 기독교의 발전에서 가장 중요한 때였다.

뒤이은 세대가 무엇을 받아들이고 무엇을 거부했든 간에, 초기 그리스도인들은 십자가에 죽은 예수님이 하나님의 역사로 죽은 자 가운데서 다시 살아나셨다는 것을 믿었다. 위대한 헬라 역사가 투키디데스(Thucydides, BC 460경-400경)와 비슷한 방법으로, 누가는 기독교의 기본 메시지가 담긴 몇 편의 설교를 소개한다. 사도들의 리더 베드로는 유대인들에게 한 최초의 설교에서 하나님이 십자가에서 죽으신 그리스도를 다시 살리셨음을 강조했다. “이 예수를 하나님이 살리신지라 우리가 다 이 일에 증인이로다”(행 2:32). 예수님은 유대인들이 고대하는 메시아였다. “너희가 십자가에 못 박은 이 예수를 하나님이 주와 그리스도가 되게 하셨느니라”(행 2:36).

이 메시지가 독실한 유대인들, 특히 유대교의 오순절을 지키려고 예루살렘에 모인 유대인들의 귀에 거슬렸던 게 틀림없다. 그러나 누가의 기록에 따르면, 그 날 약 3천 명이 세례를 받고 그리스도인이 되었다. 기독교가 확산되는 동안 부활은 계속해서 중심 사건으로 강조되었다. 바울이 철학적인 아테네 청중에게 복음을 전할 때도 마찬가지였다. 초기의 복음 전파자들은 스스로 ‘증인’으로서, 하나님의 역사를 직접 목격했으며 베드로의 경우 부활하신 예수님과 함께 먹고 마신 사람으로 보았다.

AD 30년대에 기독교는 한동안 유대교의 분파(sub-sect)로 존재했다. 누가는 일련의 유대교 제사장이 기독교 운동에 참여했다고 기록한다. 그럼에도 불구하고, 누가 자신이 이해하기로 기독교 확산을 위한 프로그램이 필요했다. 부활하신 그리스도께서는 제자들에게 예루살렘과 유대와 사마리아와 땅 끝까지 이르러 그분의 증인이 되라고 말씀하셨다(행 1:8). 새로운 종교 운동(기독교)의 가장 큰 비약은 기독교의 범위가 유대인에게서 비유대인, 즉 이방인에게로 확대된 것이었다. 누가는 정통 유대인들이 이교도로 여기는 사마리아인들, 유대교 개종자들, 유대교의 초신자인 아프리카의 에티오피아 내시에게 복음이 곧바로 전파되었음을 보여준다(행 8장).

사도행전은 무엇보다도 이방선교를 강조한다. 누가 자신이 이방인이었는데, 아마도 수리아인(시리아인)이었을 것이다. 누가는 다소 출신 사울의 회심을 통해 자신의 주제를 전개했다. 사울은 기독교로 개종한 후 이방인의 사도가 되었다. 누가는 사도행전(9,22,26장)에서 이 사실을 세 번이나 강조한다. 그뿐 아니라 누가는 베드로와 로마의 백부장 고넬료의 이야기(두 번, 행 10-11장)를 통해 자신의 주제를 전개했다. 베드로와 고넬료의 이야기에서, 누가는 오순절이 유대인 선교의 시발점이었듯이 고넬료 사건은 이방인 선교의 시발점이었다고 말한다. 이방인들이 베드로에게서 예수님의 이야기를 듣고 세례를 받고 교회의 일원이 되었을 때 이들에게도 성령이 임했다.

사도행전 앞부분을 베드로 행전이라 할 수 있다면 사도행전 후반부는 바울 행전이라 할 수 있다. 바울의 극적인 회심은 빠르면 AD 34년에 일어났을 것이다. 바울의 회심 이야기 자체가 수리아와 다메섹에 이미 그리스도인들이 있었음을 보여준다.

안디옥에는 교인들이 처음으로 그리스도인이라 불릴 만큼 아주 튼튼한 교회가 있었다(이전까지 이들은 유대교의 한 분파로서 그 도의 무리라 불렸을 것이다. 행 24:14). 바울은 전에는 그리스도인들을 박해했으나 이제는 직접 기독교를 전파하면서 위험에 처한다. 바울을 교회 성장의 일꾼으로 만든 것은 바나바였다. 누가에 따르면, 바나바는 구브로(키프로스) 출신의 유대인이었다. 최초의 '해외' 선교의 출발지는 안디옥 교회였다. 안디옥 교회는 사울과 바나바를 선교사로 파송했고, 이들은 구브로(Cyprus)와 살라미(Salamis)와 바보(Paphos)를 거쳐 지중해 연안을 다니면서 복음을 전했다.

점차적으로 사울이(이제는 바울이) 선교 리더로서 바나바를 대신했다. '바나바와 사울'이 '바울과 바나바'로 바뀌었다. 바울은 보다 뚜렷한 전략을 갖고 지중해 세계를 돌았던 것으로 보인다. 누가의 기록을 보면, 에티오피아 내시와 로마 백부장 고넬료로 대표되는 많은 의로운 이방인이 유대 회당과 유대 종교의 높은 도덕 기준과 가르침에 끌렸다. 이미 구약 성경을 배운 이방인 초신자들은 바울이 기독교 복음을 전하는 자연스러운 발판이 되었다. 바울은 지금의 터키에 위치했던 비시디아 안디옥과 거기서 가까운 이고니온에서처럼 디아스포라 유대인들의 회당을 이방 선교의 입구로 활용했다. 누가는 이러한 바울의 전략이 궁극적으로 유대 공동체의 적대감을 불러 일으켰으며 이고니온에서처럼 "유대와 헬라의 허다한 무리가 믿었다"는 것을 보여준다(행 14:1).

40년대와 50년대에, 바울은 순회 기독교 설교자요 교사요 리더로서 많은 시간을 보냈다. 중요한 하나의 출발점은 결단이었다. 누가는, 바울이 터키 북부로 방향을 잡는 대신 유럽 본토로 가기로 결심한 것은 성령과 마게도냐의 헬라인에 대한 환상이나 꿈 때문이었다고 말한다. 헬라(그리스)에서, 바울은 알렉산더의 아버지 이름을 딴 빌립보에서 출발해 데살로니가를 거쳐 고린도로 갔다. 우리는 바울이 AD 49년경에 쓴 것으로 보이는 데살로니가전서에서(데살로니가서는 갈라디아서와 함께 바울이 가장 먼저 쓴 서신이다), 바울이 헬라인들에게 복음을 전하면서 이들에게 우상숭배를 그만두고 "살아 계시고 참되신 하나님"을 섬기라고 요구했다는 것을 알 수 있다(살전 1:9,10). 루스드라의 제우스(주피터)와 헤르메스(머큐리)든 에베소의 아데미(다이아나)든 간에, 기독교는 고대 세계의 다신론에 도전했다.

고린도에서, 바울은 로마 총독 갈리오 앞에 섰다. 이 사건을 토대로, 우리는 바울이 고린도를 방문한 때가 AD 51년이라는 것을 알 수 있다. 바울이 지중해 세계에서 한 사역은(그 가운데 18개월은 고린도에서, 2년은 에베소에서) 그가 가이사랴에서 감옥에 갇히고 황제에게 상소함으로써 끝났다. 바울이 황제에게 상소한 이유는, 유대인들이 그를 적대시했으며 그가 로마의 재판을 더 원했기 때문이었다.

그러나 이 무렵의 로마 황제는 네로였다. 네로는 AD 64년에 발생한 로마 대화재의 책임을 그리스도인들에게 돌렸다. 사도행전은 바울이 로마에서 2년 넘게 가택 연금 중에 방문객을 자유롭게 만나고 "주 예수 그리스도에 관한 모든 것을 담대하게 거침없이 가르치는" 장면으로 끝난다(행 28:31). 그러나 전승에 따르면, 베드로와 바울은 60년대에 순교했다. 바울이 50년대 중반에 로마의 그리스도인들에게 쓴 서신(로마서)은 당시 로마 교회의 규모가 어느 정도였는지 보여주며, 기독교에 대한 그의 가장 깊은 이해를 보여주며, 또한 지중해 선교의 정점으로 스페인에 가서 복음을 전하려는 그의 소망(아마도 실현되지 않았을 것이다)을 보여준다(행 15:23,24).

30년대에 기독교가 예루살렘에서 로마까지 확산되는 과정을 잘 보여주는 누가의 기사(사도행전)와 콘스탄틴 황제의 친구이자 황제를 칭송했던 기독교 역사가 가이사랴의 유세비우스(Eusebius of Caesarea)의 저작 사이에는 200년이 넘는 간격이 있다(AD 60-300). 비록 이 시기에 관한 공식적인 역사 기록은 거의 없지만 이 시기에 상당한 발전이 있었다. 박해와 순교가 점차적으로 기독교의 힘의 상징이 되었으며, 따라서 기독교는 황제들에게 두려움의 대상이 되기까지 했다. 초기 안디옥의 감독 이그나티우스(Ignatius, 35년경-107년경)가 순교하러 로마로 가는 길에 쓴 서신들이 지금까지 남아 있다. 이 서신들은 초기의 그리스도인들처럼 이그나티우스도 자신의 운명을 기쁘게 받아들였음을 보여준다.

어릴 때 사도 요한의 설교를 들었던 서머나(오늘날의 이즈미르)의 늙은 감독 폴리갑(Polycarp)은 그리스도를 부인하고 목숨을 구하라는 제의를 받았다. 그러나 155년경 폴리갑은 그 제의를 거부하고 화형을 당했다. 소아시아 본도(Pontus)의 총독 소플리니(Pliny the younger)와 트라얀 황제(Trajan) 사이에 오갔으며 112년경에 기록된 서신이 지금도 남아 있는데, 이 서신은 관용을 베풀려는 약간의 시도를 보여주지만 배교를 거부하는 모든 그리스도인들을 처형하려는 단호한 의지도 보여준다.

POLYCARP

폴리갑(c.69-155)

전통적으로 사도 요한의 제자로 알려진 폴리갑은 고향 서머나(지금의 터키 서부)에서 오랫동안 온화하고 사랑받는 감독으로 있었다. 폴리갑은 가르침의 깊이보다 삶의 질 때문에 존경 받았으며, 마르쿠스 아우렐리우스(Marcus Aurelius) 황제가 기독교를 심하게 박해할 때 체포되었다. 늙은 폴리갑은 광장의 많은 사람들 앞에서 그리스도에 대한 신앙을 버리라고 요구 받았으나 이를 단호하게 거부하면서 이렇게 외쳤다. "나는 86년 동안 그분을 섬겼지만 그분은 단 한 번도 나를 버리신 적이 없습니다. 그러니 내가 어떻게 나를 구원하신 나의 왕을 욕되게 할 수 있겠습니까?"

폴리갑이 빌립보 교회에 보낸 편지가 아직도 남아 있는데, 편지는 그가 온화하고 정직한 사람이었음을 보여준다. 한번은 그가 부활절 날짜 때문에 생긴 동방교회와 서방교회 간의 틈을 메우기 위해 로마로 가고 있었다. 그와 아니세투스(Anicetus) 교황은 부활절 날짜에 대한 이견을 해소할 수는 없었지만, 폴리갑은 친절함과 부드러움 때문에 모두의 존경을 받았다.

윌리엄 바아커 William P. Barker

트라얀의 뒤를 이은 데시우스(Decius, 재위 249-251)와 디오클레티안(Diocletian, 재위 284-305) 같은 황제들은 기독교를 강하게 박해했다. 카르타고에서 기억할 만한 순교 사건들이 일어날 정도로 북아프리카에 그리스도인들이 많았다. 페르페투아(Perpetua)라는 젊은 여성과 그녀의 노예 펠리시티(Felicity)는 재판을 받은 후 맹수의 먹이가 되었다. 북아프리카에서는 교회 지도자들이 박해 때 로마 당국으로부터 황제 숭배 증명서(libelli)를 받은 후 다시 교회에 들어오려는 자들 때문에 큰 어려움에 직면했다. 카르다고의 위대한 감독 키프리안(Cyprian)은 248-258년에 이 문제를 해결하려고 노력했다. 북아프리카의 터툴리안(Tertullian, 160년경-225년경)은 인상적인 문체로 "그리스도인들의 피는 씨앗이다"라고 썼는데, 이 말은 "순교자들의 피는 교회의 씨앗이다"라는 말로 자주 잘못 인용된다.

북아프리카의 카르타고뿐 아니라 이집트도 기독교의 중요한 중심지가 되었다. 고대의 대도시이자 문명의 중심지 가운데 하나인 알렉산드리아도 기독교의 중심지가 되었다. 세 명의 지도적인 신학자와 변증가가 알렉산드리아 학파와 연관이 있었다. 판타에누스(Pantaeus, 200년경 사망), 알렉산드리아의 클레멘트(Clement of Alexandria, c.150-215), 그리고 기독교 역사상 매우 사색적인 인물 가운데 하나인 오리겐(Origen, c.185-254)이 바로 그들이다. 고대 이집트(콥틱) 교회는 지금까지 존재하는데, 안토니(Antony, c.251-356)와 파코미오스(Pachomios, c.290-

346) 같은 선구자적인 금욕주의 성자들을 통해 미래 교회를 위한 크고 중요한 운동인 수도원 운동의 씨를 뿌린 것은 이집트였다. 파코미오스는 수도사들을 위한 공동체를 강조했다. 이집트는 또한 역사상 매우 영향력이 큰 그리스도인들 가운데 한 사람으로 328년부터 알렉산드리아 감독으로 일했던 아다나시우스(Athanasius, c.296-373)를 배출했다. 아다나시우스에 대해서는 뒤에서 살펴볼 것이다.

기독교의 저작들도 기독교 확산에 한몫했다. AD 45-65년에 기록된 바울 서신들은 대부분 기독교 공동체에게 쓴 것으로 그들의 신앙과 행위의 문제를 다루었다. 그러나 복음서는 불신자들이 믿게 할 목적도 있었다. 마가복음이 64년경에 가장 먼저 기록된 것으로 보이며, 100년 무렵에는 다른 복음서들도 회람되었다. 문학의 한 양식으로서, 복음서는 고대 세계의 어떤 책과도 달랐다. 복음서는 전기나 '예수의 생애'가 아니었으며 철학 서적도 아니었고 역사책도 아니었다. 복음서에 대한 가장 적절한 기술을 요한복음에서 찾을 수 있다. "오직 이것을 기록함은 너희로 예수께서 하나님의 아들 그리스도이심을 믿게 하려 함이요 또 너희로 믿고 그 이름을 힘입어 생명을 얻게 하려 함이니라"(요 20:31). 우리말로 하면, 복음서는 생명을 주시는 그리스도를 믿으라고 초대하는 두꺼운 책자라고 할 수 있다. 누가는 알지 못하는 질문자에게 자신의 목적을 이렇게 표현한다. "모든 일을 근원부터 자세히 미루어 살핀 나도 데오빌로 각하에게 차례대로 써 보내는 것이 좋은 줄 알았노니 이는 각하가 알고 있는 바를 더 확실하게 하려 함이로라"(눅 1:3,4).

350년경에 정경이 형성될 때 서신서와 복음서는 교회로부터 특별한 지위를 인정받았다(336년 라오디게아 종교회의는 요한계시록을 제외한 26권을 정경으로 인정하는 정경 목록을 작성했으며, 367년 아다나시우스는 신약의 27권 모두를 정경으로 인정했고, 397년 카르타고 종교회의는 현재와 같은 27권을 정경으로 인정했다 — 역자 주). 그러나 기독교 문학은 서신서와 복음서에서 끝나지 않았다. 초기 사도들 외에, 기독교를 옹호하고 변론하며 포교하는 사람들이 있었다. 사마리아에서 태어난 교사이자 철학자인 저스틴(Justin, c.100-c.165)은 첫 번째와 두 번째 《변증서》(Apology)를 썼으며(c.155, c.165), 유대인들을 설득할 목적으로 《트리포와의 대화》(Dialogue with Trypho)라는 책도 썼다. 그는 로마에서 순교했다.

2세기의 또 다른 변증가들 가운데 뒤이은 세대에 가장 잘 알려진 인물은 앞에서 이미 언급한 카르타고 출신의 뛰어난 논객 터툴리안이었다. 3세기 알렉산드리아는 기독교와 헬라(그리스를 기반으로 하는) 문명의 연결을 지속적으로 시도했으며, 앞에서 언급한 알렉산드리아 신학의 두 거장인 클레멘트와 오리겐은 켈수스(Celsus, BC 30-AD 45. 로마의 저술가)와 같은 이교도 철학자들의 주장에 답하려 했다. 오리겐의 답변서인 《켈수스 논박》(Contra Celsum)은 250년경의 작품이다.

4세기 초에 기독교의 물결이 로마제국에 밀려들었다. 그렇다면 어떻게 기독교가 로마제국처럼 강력한 나라를 향해 그처럼 강하게 돌진할 수 있었는가? 위대한 교회사가 아돌프 폰 하르낙(Adolf von Harnack, 1851-1930)은 이 질문에 답하면서 중요한 몇 가지 점증적 원인을 열거했다. 첫째는 그리스도인들이 병자들과 과부들을 돌본 것이다. 둘째는 죽음에 대한 그리스도인들의 태도이다. 그리스도인들은 성도들이 죽을 때나 그 지역에서 순교가 일어날 때 부활 신앙을 통해 죽음을 귀히 여기는 모습을 보여주었다. 셋째는 그리스도인들이 조직적으로 가난한 자들과 소외된 자들, 심지어 노예들까지 후원함으로 이러한 일이 드물고 이상하게 여겨지는 사회에 영향을 미친 것이다. 하르낙은 "그리스도인들이 서로 얼마나 사랑하는지 보라"는 터툴리안의 말을 인용했는데, 이 말은 그리스도인들에 대한 조소로 바뀔 때가 많았으나 그럼에도 처음에는 아주 의미가 깊었으며 신앙의 사회적 성격을 잘 보여주었다. 교회는 호의를 베풀었을 뿐 아니라 도움이 필요한 자들을 위해 일종의 비공식 기관의 역할을 했다.

교회에 대한 박해가 심했다는 사실은 교회가 사회적 연합의 강력한 대안이었다는 증거이다. 하지만 이러한 교회의 모습이 황제들에게는 제국의 일체성을 파괴하는 것으로 비쳤을 것이다. 유대교인들과는 달리, 그리스도인들은 합법적 종교(religio licita)의 지위를 얻지 못했으나 사회적 실체로 인식되었는데, 심지어 로마에서 십자가에 달린 당나귀와 이것을 "하나님으로 숭배하는 알렉사메노스"까지도 여기에 대해 증언한다(로마는 초기에 여러 면에서 그리스도인들을 오해했으며 이 때문에 그리스도인들을 조롱하고 멸시했다. 그 한 예로 로마의 원형경기장 근처 팔

라틴 언덕의 바위에는 당나귀 머리를 한 사람이 십자가에 달려 있는 그림이 새겨져 있고 그 밑에는 알렉사메노스가 그 신을 숭배한다는 글귀가 적혀 있다 — 역자 주). 터툴리안은 《변증서》에서 이러한 2세기의 풍자화를 알고 있었음을 보여준다. "당나귀의 머리가 네 하나님이라고 상상해 보라."

306년에 로마 황제가 된 콘스탄틴(Constantine, c.280-337)은 교회의 상황을 완전히 바꿔놓았다. 그를 크게 칭송한 가이사랴의 유세비우스—교회사가로 《유세비우스 교회사》(Ecclesiastical History)와 《콘스탄틴의 생애》(The Life of Constantine)를 썼으며, 이 시대의 역사에 관해 우리에게 많은 정보를 준다—는 콘스탄틴이 죽기 직전에야 세례를 받았으나 그를 하나님이 세우신 해방자요 기독교 지도자로 보았다. 기독교 저술가 락탄티우스(Lactantius, c.250-325)가 서술하듯이, 312년 밀비안 다리(Milvian Bridge)에서 결정적 전투가 벌어지기 전, 콘스탄틴은 꿈에 라바룸(labarum)이라는 특별한 형태의 십자가(헬라어 그리스도의 첫 두 글자인 X와 P를 합친 형태 — 역자 주)를 보았으며, 이 십자가 깃발을 앞세우고 전투에 임했다. 콘스탄틴은 전투에서 승리한 후 종교의 자유를 보장하는 칙령(밀란 칙령, 313)을 발표했으며, 그리스도인들이 그 혜택을 받았다. 콘스탄틴은 교회의 일치를 위해 최선을 다했으며, 교회가 분열에 직면한 북아프리카뿐 아니라 교리에 관한 오랜 분쟁들에 대해서도 일치를 위해 최선을 다했다.

기독교가 로마제국에 어느 정도나 깊이 파고들었는지를 보여주는 흥미로운 사실이 있다. 콘스탄틴이 이러한 문제들을 314년 아를 종교회의(Council of Arles)에 내놓았을 때 세 명의 영국 감독이 참석했다. 이것은 로마령 영국(Roman Britain)에서도 교회 생활이 발전했다는 사실을 보여준다.

교회를 교리적으로 하나로 만들려는 콘스탄틴의 가장 큰 시도는 325년에 열린 니케아 종교회의(Council of Nicea)였다. 이 회의는 이후로 기독교에 지속적으로 영향을 미치는 결과를 낳았다. 니케아 종교회의는 그리스도를 반신(半神, demigod)으로 만들어버린 아리우스파의 주장을 받아들이지 않았다. 예수님은 단순히 하나님과 비슷한 '본질'(substance)이 아니라 하나님과의 동일성(헬라어 homoousios, '동일 본질')이라고 결정했다. 이것은 정통을 수호하는 자들의 승리였으며, 이들 가운데는 아다나시우스도 있었다. 그러나 콘스탄틴은 더 이상의 논쟁을 피하기 위해 아다나시우스를 유배지로 보냈다. 제국의 보호와 인정에 고무된 사람들이 교회로 몰려들었으며, 유명론적 기독교(nominal Christianity)의 온갖 문제도 함께 들어왔다.

콘스탄틴이 337년에 죽은 후, 로마제국은 사방에서 점점 더 강한 압박을 받았다. 민족들의 대이동, 특히 중앙아시아 대초원 지역에서 이동해 온 훈족은 고트족(Goths)과 같은 다른 전사 그룹들을 압박했는데, 고트족은 이미 로마제국의 동쪽 국경을 지키는 수비대의 적이었다. 고트족의 일부는 370년대에 발칸으로 내려왔으며, 390년대에는 그리스도와 아드리아 해변 지역까지 내려왔다. 이들 서고트족(Visigoths)이 마침내 410년에 아리우스 기독교(Arian Christianity)의 영향을 받은 지도자 알라릭(Alaric)의 지휘 아래 로마를 약탈했다.

프랑크족(Franks), 알란족(Alans), 반달족(Vandals), 동고트족(Ostrogoths) 같은 또 다른 이교도 민족들도 로마제국을 위협했다. 훈족과 같은 대초원 지대에서 발흥한 반달족은 라인강을 건너 스페인으로 들어갔으며, 지브랄티 해협을 건너 북아프리카로 들어갔다. 여기서 이들은 터툴리안과 키프리안으로 유명해진 교회와 마주쳤다. 키프리안은 교회의 일치를 회복시키기 위해 영웅적으로 노력한 후 258년에 순교했으며, 그의 계승자는 히포의 감독 어거스틴(354-430)이었다. 터툴리안처럼 뛰어난 저술가이자 웅변가였던 어거스틴은 지금의 알제리에 있는 북아프리카의 작은 도시 타가스테(Thagaste)에서 이교도 아버지와 독실한 그리스도인 어머니 모니카 사이에서 태어났다. 그의 놀라운 자서전 《참회록》(The Confessions)에서, 어거스틴은 자신이 오랫동안 내적 혼란을 겪은 후 386년 밀란의 한 정원에서 "집어들고 읽어라"라는 아이의 음성을 거듭 듣고 성경을 무심코 들고 폈더니 바울 서신의 한 구절이 나타났으며 그 구절을 읽은 후 참회하고 자신의 삶을 그리스도께 드렸다고 말한다(이때 어거스틴이 읽은 말씀은 로마서 13장 13,14절이었다. "낮에와 같이 단정히 행하고 방탕하거나 술 취하지 말며 음란하거나 호색하지 말며 다투거나 시기하지 말고 오직 주 예수 그리스도로 옷 입고 정욕을 위하여 육신의 일을 도모하지 말라").

어거스틴은 마침내 387년에 암브로스(Ambrose)에게 세례를 받고, 그 시대뿐 아니라 기독교 역사상 매우 위대한 신학자 가운데 하나가 되었다. 그는 《참회록》과 《삼위일체에 관하여》(On the Trinity) 외에 413년과 426년 사이에 《신의 도성》(The City of God)을 썼는데, 이 책에서 로마가 410년에 알라릭(Alaric, 370경-410, 서고트족의 지도자)에게 약탈당한 것은 옛 이교도 신들 때문이라고 했다. 그는 세상 제국들의 운명을 되돌아보았으나 이것들을 '하늘의 도성', 즉 내세에 실현될 하나님의 도성과 구분했다. 그의 두 도성 이론은 이후 여러 세기 동안 유럽 사상에 큰 영향을 미쳤다. 로마가 약탈당한 후, 반달족들이 북아프리카를 휩쓸고 그의 고향 히포를 포함하는 이교도 제국을 세웠을 때(그가 죽은 후 439년에는 카르다고까지 점령했다), 어거스틴은 '야만인들이 바로 문 앞에' 와 있다는 것을 틀림없이 알았을 것이다. 이처럼 터툴리안과 키프리안과 어거스틴이라는 기독교 역사의 거장들을 배출한 북아프리카가 야만인들의 침략을 받은 사건은, 632년 무함마드가 죽은 후 무슬림 침략으로 북아프리카의 교회가 무너지는 계기가 되었다.

AMBROSE

암브로스(c.340-397)

4세기의 매우 뛰어난 교부 가운데 하나인 암브로스는 유능한 로마 관리로 밀란에서 총독으로 일하고 있었다. 이때 세례도 받지 않은 그가 사람들의 환호성으로 밀란의 감독에 뽑혔다. 암브로스는 곧 세례를 받고 재산을 교회에 기부하고 신학을 공부했으며, 교회 일을 처리하는 데 자신의 관리 능력을 사용했다. 그는 설득력 넘치는 글과 유창한 설교와 금욕적인 삶으로 깊이 존경받았다. 그는 어떤 형태의 아리우스주의도 단호히 배격했으며 로마교회에서 '박사'(권위 있는 스승)라는 칭호를 받았다.

밀란의 주교 암브로스가 데오도시우스 황제가 교회에 들어가지 못하도록 막고 있다.

그의 생애에서 가장 유명한 사건은 데오도시우스(Theodosius, 재위 379-395) 황제 앞에 서서, 황제가 로마 장관이 살해된 데 대한 복수로 390년 데살로니가 사람들을 학살하라는 명령을 내린 것을 공개 회개하라고 요구한 것이다. 그의 요구에 따라 황제는 공개적으로 회개했다.

암브로스의 설교는 당시 이교도였던 어거스틴에게 깊은 영향을 미쳤으며, 어거스틴은 세례를 받고 기독교 지도자로서의 삶을 시작했다. 지금 우리가 가장 사랑하는 찬송 가운데 암브로스의 작품이 많다.

윌리엄 바아커 William P. Barker

THE PORTABLE SEMINARY

더 깊게 공부하려면

22장의 끝부분을 보라.

프레드릭 노우드

로마 가톨릭 교회의 등장 | 동방 정교회의 등장
중세의 이상 : '기독교 제국' | 교회의 쇠퇴

19 중/세/교/회

그러므로 영의 검과 세속의 검은 둘 다 교회의 권한에 속한다.

교황 보니페이스 8세 Pope Boniface VIII

로마 가톨릭 교회의 등장

The Rise of the Roman Catholic Church

+ 프레드릭 노우드

250년과 1076년 사이에는 큰 차이가 있다. 250년, 로마 감독이 황제의 명령으로 감옥에 갇혔고 거기서 죽었다. 1076년, 로마 감독(이제는 교황)은 자신이 적절한 결정을 내리기 위해 숙고하는 동안 황제가 사흘이나 성 밖에서 죄를 뉘우치며 기다리도록 했다. 강력한 조직, 곧 많은 면에서 중세의 상징이었던 로마 가톨릭 교회의 발흥이 이 둘의 차이를 설명해준다.

로마 감독들의 이야기는 그레고리 대제(Gregory I, the Great, 재위 590-604)에게서 시작되지 않는다. 그러나 그를 '초대 교황'(first of popes)이라 부르는 것은 어느 정도 정당하다. 교황권의 초석이 놓인 것은 이전 3세기 동안 큰 교리적 논쟁들이 벌어질 때였다.

로마의 감독들이 서방 세계에서 살아남은 거의 유일한 권위로 자리 잡은 것은 로마제국이 야만인들의 침입으로 무너진 후였다. 동방의 총대주교들

(patriarchs)은 내부 경쟁자들에 의해, 그리고 콘스탄티노플을 중심한 로마제국(동로마제국)의 권위에 의해 계속 방해를 받은 반면에, '서방의 총대주교'(나중에는 교황)는 영적인 문제뿐 아니라 세속적인 문제에 대해서도 비교적 자유롭게 행동할 수 있었다(330년 콘스탄틴 황제는 자신의 이름을 따서 지금의 이스탄불에 콘스탄티노플을 세우고 로마제국의 동쪽 수도로 정한다. 395년 데오도시우스 황제가 죽은 후 로마제국은 동서로 갈라진다. 476년 로마를 중심으로 하는 서로마제국이 망한 서유럽은 로마 주교의 통치 하에 들어가고 로마 주교가 후에 교황이 됨으로써 일종의 정교일치 사회가 된다. 반면에 콘스탄티노플을 중심한 동로마제국은 정교 분리가 그대로 유지되며 1453년까지 존속한다 — 역자 주).

그레고리 1세의 위치가 이것을 설명해준다. 그레고리 1세는 로마 주교와 서방(이탈리아, 고울, 스페인, 영국)의 총대주교와 온 교회의 보편 교황(universal pope)의 책임을 수행하는 일 외에도 기근 중에는 로마 사람들을 먹여야 했고, 북부 이탈리아에서 점점 커져가는 롬바르드족(Lombards)의 위협을 해결해야 했으며, 여기저기 흩어져 있는 넓은 교황령을 관리해야 했다.

POPE GREGORY[THE GREAT]

교황 그레고리 1세(그레고리 대제)

그레고리 1세(재위 590-604)는 주목할 만한 지도자로서 교회의 조직과 규율과 교리를 완성했으며, 서방 기독교에 지워지지 않는 족적을 남겼다. 그레고리는 574년에 수도사가 되었는데, 그 이전에 정부 관리로서 화려한 이력을 쌓았으며 겨우 서른에 로마시의 도시장관 — 관리로서는 가장 높은 자리 — 에 올랐다. 그는 자신의 조직 관리 경험과 행정 능력을 교회 관리에 활용했으며, 빠른 시간 안에 수도사에서 수도원장을 거쳐 교황에 올랐다.

585년 무렵, 그레고리는 수도원장으로 있을 때 담황갈색 머리의 앵글로 색슨 노예들을 만났다. 그레고리는 이들의 외모에서 깊은 인상을 받았으며 마침내 영국에서 선교 프로그램을 시작하기로 결심했다. 그레고리는 자신이 직접 선교사로 가기 어렵게 되자 켄터베리의 어거스틴(Augustine of Canterbury)을 영국에 보냈다.

그레고리는 홍수와 전염병과 기근이 로마를 덮쳤을 때 교황이 되었으나 질서를 회복하고 가난한 자들과 난민들을 위한 프로그램을 능숙하게 시행했다. 그레고리는 또한 교회를 위한 규율서를 발행했는데, 이것이 이후 로마 가톨릭 교회의 정치와 절차의 기본이 되었다. 사제들의 방종을 참을 수 없었던 그레고리는 사제들이 독신으로 살아야 한다고 주장했다. 그는 예배 전례를 개정했고, 십자가의 길(Stations of the Cross, 그리스도의 수난을 나타내는 14개의 그림 — 역자 주)을 제정했으며, 그레고리 성가(Gregorian Chant)로 알려진 단선율 성가(plain chant)를 만들었다.

롬바드로족(Lombards, 568-774년에 이탈리아 반도의 한 왕국을 다스렸던 게르만족의 일파)의 침입 때, 황제가 없는 상황에서 그레고리는 로마시를 다스리는 역할을 맡았고 침입자들과 평화 협정을 맺었다. 이 시대에 그레고리는 바티칸을 하나의 분리된 세속 권력으로 세우는 조치를 취했으며 로마 주교가 전체 교회의 머리로 인정받도록 했다. 관대하고 공정했던 그레고리는 이교도 분파(pagan cults)를 강하게 반대했지만, 유대인들에게 세례 강요를 거부했고, 가난한 자들을 위해 막대한 돈을 썼다. 교회는 그를 성인(聖人)으로 추대했다.

윌리엄 바아커 William P. Barker

THE PORTABLE SEMINARY

'보편 교황'(universal pope)의 개념은 뜨거운 논쟁거리였다. 콘스탄티노플의 총대주교(동방교회의 수장)는 자신을 '총주교'(ecumenical patriarch)라 불렀기 때문이다. 아주 겸손했던 그레고리는 자신을 '하나님의 종들의 종'(the servant of the servants of God)이라 불렀다. 그의 관심은 영국 선교에서부터 동방교회와의 협상에 이르기까지 다양했다. 그의 영향력은 설교, 예전, 교회 음악, 사제와 수도사의 규율, 행정 조직, 교리, 특히 대중적 신앙과 성경 해석, 선교 확장 등 교회의 모든 부분에서 나타났다.

어거스틴(5세기 히포의 감독 어거스틴과 혼돈하지 말라)이 주도한 영국 선교는 하이라이트 가운데 하나였다. 어거스틴은 로마 기독교를 영국에 심었으나 영국에는 이미 아일랜드에서 건너온 비로마적 형태의 기독교가 있었다. 이처럼 빵을 물 위에 던지는 수고는 1세기가 지나지 않아 열매로 돌아왔다. 수많은 영국 선교사들이 아직도 이교도로 가득한 중부 유럽으로 향했기 때문이다.

그레고리는 또한 성자(saints), 기적, 알레고리적 성경해석, 연옥, 천사와 귀신, 반(半)어거스틴 신학과 같은 면을 발전시킴으로써 중세를 위한, 어느 정도는 우리 시대의 교회를 위한 대중적 로마 기독교의 분위기를 세우는 데도 일조했다.

중세의 수도원 운동은 서유럽에 뿌리를 두고 있었다. 안토니(Anthony)가 이집트의 사막으로 들어간 데서 볼 수 있듯이, 수도원 운동은 동방의 금욕적이고 반사회적이며 내세적인 분위기에서 기원했으나(AD 250년경 이집트에서 부농의 아들로 태어난 안토니는 모든 재산을 팔아 가난한 자들에게 주고 혼자 사막으로 들어가 금욕적인 은둔생활을 했으나 그를 찾아온 사람들과 함께 공동생활을 시작했으며 이것이 최초의 수도원인 안토니 수도원이다 — 역자 주) 서방에서는 활기차고 적극적이며 사회적 의미를 갖는 헌신된 신앙의 형태로 바뀌었다. 서방의 수도원 운동은 묵상과 세상적인 죄를 피하는 것처럼 이상(理想)은 그대로 유지한 채 공동체 생활, 학문 연구, 노동에 대한 강조를 추가했으며, 마침내 탁발 수도승의 모습으로, 죄악된 세상 가운데 경건하게 섬기며 사는 사람들의 모습으로 나타났다.

이러한 서방의 발전에서 가장 중요한 인물은 529년경에 몬테 카지노에서 베네딕트 수도회의 모체가 된 수도원을 세운 베네딕트(Benedict)였다. 그의 규범은 노동, 예배, 연구, 휴식이 균형을 이루었으며, 유럽 수도원 생활의 모델이 되었다. 이후 몇 세기를 거치는 동안 클루니의 수도원 개혁 운동, 엄격한 규율의 카르투지오 수도회(Order of Carthusians), 성 버나드(St. Bernard)와 목양으로 유명한 시토 수도회(Cistercians)와 그 외에 보다 작은 규모의 수도회가 많이 생겼다.

상황이 밀물과 썰물처럼 급격히 바뀌면서, 로마교회는 힐데브란트(Hildebrand)라는 이름의 교회 정치가로 이미 유명했던 그레고리 7세(Gregory VII, 재위 1073-1085)가 등장할 때까지 퇴보했다. 활동이 왕성했던 그레고리 7세 때, 교회는 사회에 대한 힘과 영향력을 확고히 했으며, 교회 문제뿐 아니라 세속의 문제에 관해서도 교황의 권위가 확립되었다. 이러한 성취의 상징으로는 (1) 사제 독신 제도 (2) 신성 로마 황제 하인리히 4세(Heinry IV)의 카놋사의 굴욕이 대표적이다.

사제 독신 제도는 그레고리 7세가 처음 만든 게 아니라 초기부터 몇몇 진영이 주장했던 것이다. 그러나 그레고리는 이 규정을 효과적으로 시행함으로써 자신의 규율적 권위가 커지고 있음을 보여주었다. 하인리히 4세와 관련된 사건은 서임에 관한 것이었다. 다시 말해, 교회 직책을 세우고 사람들에게 권위의 상징을 주는 문제와 관련이 있었다. 문제는 교황과 황제 중 누가 이들에 대한 임명권을 갖느냐는 것이었다.

이 문제는 봉건제도와 관련이 있었다. 봉건제도는 세 가지로 이해될 수 있으며, 중세의 근간을 이루는 제도였다. 봉건제도는 토지제도이자 정치조직의 한 형태였고 개인적인 충성의 고리였다. 경제적인 면에서, 봉건제도는 토지 소유자와 사용자의 분리를 의미했다. 토지 소유자 또는 영주는 토지를 실제로 경작하거나 관리하지 않았다. 사용자인 봉신(封臣)은 토지를 소유하지는 않았으나 토지를 관리하고 경작했다. 영주와 봉신은 상호 계약을 통해 맺어졌고, 서로에게 일정한 서비스를 할 책임이 있었다. 이러한 상황에서 전형적인 봉토(封土)가 생겨났는데, 봉신은 영주에게 봉토(또는 영지)를 받아 경작하고 그 대가로 군사적 서비스나 그 외에 서비스를 제공했다. 이러한 방식으로, 봉건제도는 가장 낮은 봉건 기사에서 가장 강력한 왕에 이르기까지 상호 관계를 포함하는 정치적인 면을 띠었다. 많은 지도자들이 영주인 동시에 봉신이었으며, 자신들이 영주에게 받은 봉토를 자신의 봉신들에게 나눠주었다. 영주와 봉신은 충성이라는 개인적인 끈으로 연결되어 있었는데, 여기서 봉신은 영주의 '사람'(man, 종이나 부하의 의미가 아니라)이 되었다.

교회도 이러한 시스템에 깊이 연관되어 있었다. 감독들과 수도원장들은 영주이자 봉신이었는데, 서로의 봉신이 아니라 세속 제후들의 봉신이었다. 이제 문제는 분명하다. 독일에서 주교를 임명할 때, 그를 후보로 지명하고 선출하고 임명할 권한이 누구에게 있는가? 참사회(參事會)는 제쳐두고라도, 주교에 대해 그의 영적 영주인 교황과 그의 세속적 영주인 황제는 어떤 권한을 갖는가? 1077년 카놋사에서 일어난 하인리히 4세와 그레고리 7세의 충돌 뒤에는 이러한 문제가 있었다.

양 진영에서 일련의 파면이 있은 후, 교황 그레고리 7세는 황제를 교회에서 파문시키고 폐위시킴으로써 그와 신하들을 연결하는 충성의 고리마저 끊어버렸다. 그러자 더 이상 견딜 수 없었던 하인리히 4세는 그레고리 7세를 만나려고 알프스를 넘었다. 그러나 그레고리 7세는 자신이 어떤 결정을 내릴지 숙고하는 동안 하인리히 4세가 추운 겨울에 회개의 옷을 입은 채 사흘이나 바깥에서 맨발로 회개하게 했다. 카놋사는 제국에 대한 교황권의 승리(일시적 승리)를 상징하게 되었다. 위대한 신앙의 시대인 13세기를 위한 무대가 세워졌다. 13세기에는 교황의 권위를 확립한 이노센트 3세(Innocent III)와 교의적 권위를 확립한 토마스 아퀴나스와 수도원의 수도원 질서를 확립한 프란시스 수도회와 도미니크 수도회가 결합하여, 모든 인간과 심지어 황제들까지도 그리스도의 대리자인 교황에게 최고의 충성을 바쳐야 하는, 교황이 하나님의 권한을 행사하는 보편적 기독교 제국(republica Christiana)이라는 웅대한 이상을 어렴풋이 보여주었다.

동방 정교회의 등장

The Rise of the Eastern Orthodox Church

그러나 이 사건이 있기 전, 하나의 기독교 문명이라는 이상에 상당한 손상을 입힌 사건이 있었다. 그것은 동방교회와 서방교회의 분열이었다. 4세기에 황제의 자리가 로마에서 콘스탄티노플로 옮겨간 이후, 문제가 오랫동안 들끓고 있었다. 여기에는 교리적이고 정치적인 면뿐 아니라 순전히 개인적인 면도 있었다. 세속 권위와 영적 권위가 동등한 관계에 있다는 이론이 유지되기는 했지만, 동방교회는 계속 비잔틴 황제의 권위 아래 있었다. 서방에서는 로마제국이 멸망하고 9세기에 다시 등장하기는 했지만(신성로마제국) 교회를 결코 완전히 지배하지 못했으며, 교황이 점점 더 절대적으로 교회를 다스렸다.

800년 이후, 이론적으로는 불가능하지만 두 개의 제국이 있었다는 단순한 사실은 두 개의 교회를 암시했다. 번영하는 동방과 야만적인 서방 간의 경제적 불균형 때문에 양쪽의 차이가 더 커졌다. 적극적이고 라틴어를 사용하며 인간과 죄에 관한 교리에 관심이 있는 서방과 수동적이고 헬라어를 사용하며 묵상과 성육신 교리에 관심이 있는 동방 간의 교리적 차이는, 현대인들이 보기에는 다소 모호하지만 당시에는 일치점을 찾을 수 없을 만큼 뚜렷했다. 동방의 황제와 서방의 황제 사이에, 동방교회의 수장과 서방교회의 수장 간에 특권과 권력을 놓고 벌이는 싸움 때문에 서로 간에 감정이 상하고 의심과 증오가 일어났다. 이러한 싸움은 1054년 교황의 대표단이 콘스탄티노플의 소피아 대성당의 제단에 총대주교의 파문장을 극적으로 올려놓았고 총대주교는 이에 대한 답변으로 며칠 후 회의를 소집해 대표단을 파문했을 때 절정에 이르렀다(이것은 서방교회의 수장 레오 9세와 동방교회의 수장 케룰라리우스 미카일 1세간의 다툼에서 비롯되었다. 1054년 문제를 해결하기 위해 교황의 사절단을 이끌고 콘스탄티노플에 온 훔베르트는 계속되는 협상이 실패로 돌아가자 1054년 7월 16일 소피아 대성당에서 교인들이 모두 보는 앞에서 미리 준비한 교황의 파문장을 제단에 올려놓았다. 그러자 총대주교는 사절단과 그들의 지지자들을 파문했다 — 역자 주). 이것이 최종적인 분열의 표시는 아니었다. 최종적인 분열은 14세기 중반에 가서야 일어났다. 그러나 이제 실제로 두 개의 교회가 존재했으며, 고대의 이단 교회들(네스토리우스파, 도나투스파, 마르시온파, 몬타누스파, 영지주의 등)이 존재했다. 그리스도의 솔기 없는 옷이 찢어졌다!

분명하고 완전한 분열과 분리가 있었다. 놀랍게도, 하나의 참 교회라는 이론은, 지상의 기관에 적용될 때라도, 우리 시대까지 유지되었다. 그러나 이때부터 기독교 세계에는 하나의 보편 교회(one Catholic Church)가 아니라 서로 보편적이라고 주장하는 두 개의 보편 교회가 존재했다. 세속적인 보편성의 꿈은 유지될 수 있었을 것이다. 그러나 분열이라는 현실은 피할 수 없었다.

11세기 말, 교회는 이미 네 형태의 다양성을 드러냈다.

- 동방과 서방의 분열.
- 교리와 규범에 관한 논쟁들에서 일어나는 고대의 소규모 종파 교회들.
- 제도화되지 않은 '이단' 운동들.
- 이중적 윤리론, 즉 완전을 추구하는 수도사들을 위한 높은 윤리와 자신들의 죄악에도 불구하고 성례와 교회의 사역을 통한 구원을 바라는 보통 사람들을 위한 낮은 윤리를 제시하는 수도원 운동.

중세 말기의 '이단' 운동에서, 탁발 수도회에서 일어난 수도원 운동의 최종 완성에서 더 많은 분파가 생겨났다. 이들은 모두 종교개혁의 깊이 있는 많은 분파보다 먼저 일어났다.

THE CRUSADES

십자군

서방 기독교가 '거룩한' 전쟁에 참여하게 된 것은 정치적 이유 때문이었다. 투르크족(터키족)이 동로마제국을 침입하고 있었다. 비잔틴 제국의 로마누스 황제(Romanus)는 1071년 만지케르트(Manzikert) 전투에서 패배했으며, 그의 뒤를 이은 알렉시우스 황제(Alexius, 재위 1081-1118)는 서방에 도움을 요청했다. 이러한 요청 자체가 상황이 얼마나 절망적이었는지 보여주는 뚜렷한 증거였다. 동방과 서방은 수 세기 동안 관계가 좋지 않았다. 비잔틴 제국의 역사가 안나 콤네나(Anna Comnena, 1083-1153)의 기록에서 분명히 나타나듯이, 동방의 헬라인들은 서방인들을 야만인이라며 경멸했다. 두 교회는 불과 얼마 전인 1054년에 공식적으로 분열했다. 그러나 알렉시우스 황제는 교황에게 도움을 요청하는 편지를 썼다.

은둔자 피터(Peter the Hermit)가 (교황 우르반 2세와 함께)
제1차 십자군 원정을 지지하는 연설을 하고 있다.

교황 우르반 2세(Urban II, 재위 1623-1644)는 이러한 요청에 답하여 1095년 클레르몽(Clemont)에서 십자군 원정을 해야 한다는 연설을 했다. 이러한 그의 행동은 몇 가지 중요한 문제를 일으켰다. 교회의 수장이 사람들에게 전쟁에 나가라고 독려하고 있었고, 전쟁에 참여하는 것은 의무는 아니지만 공적을 쌓는 일이 분명하다는 것을 강조하고 있었다. 그는 전쟁에 나가는 사람들에게, 도중에 죽든 예루살렘까지 가든 간에, 고해성사를 하지 않은 모든 죄를 완전히 용서받을 것(전대사/全大赦)이라고 약속했다.

우르반 2세는 '에큐메니칼적인' 목적이 있었을 것이다. 우리는 그가 헬라교회와의 틈을 메우고 싶어 했다는 것을 안다. 1098년에 열린 바리 종교회의(Council of Bari)에서, 헬라의 그리스도인들이 참석했을 때 이 문제가 제기되었다. 이 무렵 켄터베리의 안셀름(Anselm of Canterbury, 1033-1109)이 자신과 영국왕의 관계 해결을 위한 조언과 도움을 받으려고 우르반 2세에게 망명해 있었는데, 우르반 2세는 안셀름에게 바리 종교회의에 참석해 성령의 발현에 관한 견해 차이를 해결해 달라고 요청했다(안셀름은 1093년 영국왕 윌리엄 2세에 의해 켄터베리 대주교에 임명되었으나 교회 직무에 대한 국왕의 간섭에 반발하고 교황의 권위와 사제들의 개혁을 위해 노력하는 과정에서 국왕과 충돌했으며 마침내 1097년 로마로 망명했고, 1098년 교황 우르반 2세의 요청으로 바리 종교회의에 참석하여 동방교회와 서방교회의 성령 논쟁인 '필리오케/filioque' 논쟁을 해결하는 데 큰 역할을 했다 — 역자 주). 안셀름은 이를 위해 노력했으며, 며칠만 자신의 생각을 정리할 시간을 달라고 요청했다. 4년 후, 그는 자신의 견해를 정리하여 지금까지 남아 있는 《성령의 발현에 관하여》(On the Procession of the Holy Spirit)라는 책을 출판했다. 그러므로 비잔틴의 도움 요청에 대한 우르반 2세의 응답은, 기독교 세계의 재통일에 대한 그의 바람을 나타내는 것이었다고 볼 수 있다.

우르반 2세는 십자군 원정을 역설하면서 참회자로서 십자군 원정에 참여한 기베르(Guibert)라는 기사와 아주 비슷한 논지를 폈다. 기베르는 무기를 듦으로써 하나님을 섬기고 있었으며, 자신의 목숨을 버려야 할 것이기 때문에 희생적 사랑에서 십자군 원정에 참여하고 있었다. 십자군 원정은 단순히 어려움에 처한 이웃 나라를 돕는 데 불과한 게 아니었다. '적군'은 무슬림이었고, 위협당하고 있는 것은 성지였다. 이것은 신앙을 지키는 행위였다. 클레르몽의 '포고'는 "하나님의 교회를 되찾기 위해 예루살렘에 간다"고 했으며, 우르반 2세는 프랑크족에게 보내는 편지에서 십자군 원정을 정당화했다("오! 프랑크족의 인민들이여! 어느 지역에서는 밤은 고사하고 낮에도 안전하게 길을 갈 수가 없고 집에서도 안전하지 못하다고 들었습니다. 이제 동방에 있는 우리의 형제들을 도와야 하겠습니다. 저들은 저주받은 인종에 의해 위협을 당하고 있습니다. 우리 주님의 거룩한 무덤은 부정한 나라의 더러운 것으로 오염되고 있습니다. 가장 용감한 군인들이여, 무적의 조상들의 후예들이여! 여러분 사이의 미움을 없이 합시다. 싸움과 전쟁을 그칩시다. 거룩한 무덤을 악한 인종들로부터 되찾기 위해 성지로 가는 길을 떠납시다!" — 김명혁 목사의 《교회사 이야기》에서 인용 — 역자 주).

우르반 2세는 무슬림이 거룩한 곳을 정복한 것은 오염이며 따라서 십자군의 사명은 정화(淨化)라고 보았다.

십자군은 여행할 기회가 거의 없는 시대의 평민들에게 즉시 호응을 얻었다. 은둔자 피터(Peter the Hermit, c.1050-1115)와 같은 순회 설교자들은 농민들을 십자군에 참여시키는 데 성공했다. 주로 독일 사람들로 구성된 그의 군대는 두 번째로 떠났다. 첫 번째 군대는 월터 상스 아보이르(Walter Sans Avoir, 일명 '무일푼 월터/Walter Penniless')가 이끄는, 프랑스 농민들로 구성된 오합지졸이었다. 이들은 1096년에 떠났는데 헝가리를 지나면서 조직이 흐트러졌고 약탈을 일삼았다. 놀란 비잔틴 사람들은 재빨리 이들을 배에 태워 보스포러스(Bosphorus)를 건너 투르크족과 부딪힐 수 있는 소아시아로 보냈다.

기베르 드 노강(Guibert of Nogent)은 상황을 정확히 파악했다. 그는 "서방의 거의 모든 지역에서 셀 수 없이 많은 군대가 일어났다"고 했다. 기베르의 자서전에 따르면, 그를 알고 있었고 그에게 조언한 켄터베리의 안셀름도 그와 함께 그곳에 있었다면 그의 말에 동의했을 것이다. 안셀름과 수도원을 떠나 십자군에 참여할 구실을 찾으려는 젊은 수도사 사이에 오간 편지들이 지금까지 남아 있다.

지도층 귀족들이 이끄는 군대는 좀 더 수준이 높고 조직적이었다. 레이몽 툴루즈(Raymond of Toulouse)는 60세의 나이에 스페인에서 무슬림들과 싸웠다. 프랑스왕 앙리 1세(Henry I, 1031-1060)의 둘째 아들 휴 드 베르망드와(Hugh of Vermandois)는 국내에서는 왕위를 계승할 가능성이 없었기 때문에 외국에서 새로운 삶을 개척하기를 원했던 것 같다. 고드푸르와 드 부용(Godfrey of Bouillon)과 그의 동생 보두앵(Baldwin)도 성지(聖地)에서의 새로운 삶에 대한 계획을 품고 있었을 것이다. 기베르 드 노강의 말에 크게 감동받은 소자(小子) 중 하나는 정복왕 윌리엄(William the Conqueror, 1028-1087, 프랑스의 노르망디 공국의 왕으로 영국을 정복하고 영국왕 윌리엄 1세가 되었다. 프랑스어 이름은 길레르모 드 노르망디/Guillaume de Normandie)의 맏아들 로베르 드 노르망디(Robert of Normandy)였던 것으로 보이는데, 그는 블로이스의 스티븐(Stephen of Blois, 영국왕, 재위 1135-1145)과 로베르 드 플랑드로(Robert of Flanders, 플랑드로의 백작)와 함께 출정했다.

콘스탄티노플에서 서로에 대한 오해가 있었다. 황제는 고드푸르와에게서 충성의 맹세를 요구했다. 고드푸르와가 가능하면 서방 군대에 대한 지휘권을 유지하려 했기 때문이었다. 군대는 1097년 거의 동시에 소아시아를 지나 투르크족과 전투를 벌였다. 만만찮고 익숙하지 않은 형태의 전투였다. 투르크족은 아랍말을 타고 가벼운 칼을 사용했으며, 따라서 말을 타고 전속력으로 달리면서도 칼을 한 손으로 휘둘러 적을 벨 수 있었다. 무겁고 다루기 힘든 무기를 쓰는 서방 군대가 아주 불리했다. 이들이 경험한 전투는 양쪽이 일렬로 서서 서로를 향해 돌격하여 양손으로 칼을 잡고 휘두르는 형태였다.

그럼에도 불구하고, 부분적으로는 포위 공격 덕분에 십자군은 1차 원정에서 놀랄 만한 승리를 거두었으며, 지중해 해안에 왕국들을 건설할 수 있었다. 이들은 '십자군의 성'(crusader castles)을 세웠다.

1차 십자군 원정의 성공으로 서방은 영적 승리주의(spiritual triumphalism)에 도취되었다. 왜냐하면 하나님이 서방 사람들과 이들이 그분을 위해 한 일을 틀림없이 기뻐하시는 것으로 보였기 때문이었다. 그러나 이러한 기쁨은 오래 가지 못했다. 성지(聖地)의 상황은 본래 불안했다. 1144년 에데사(Edessa)의 함락은 2차 십자군 원정이 있어야 한다는 뜻이었다. 베르나르 클레르보(Bernard of Clairvaux, 1090-1153, '클레르보의 버나드'라고도 한다)는 처음에 이 십자군 원정을 선전하기를 주저했다. 그는 그리스도인들은 기독교 세계 자체를 더 거룩하게 하는 데 노력을 기울이는 게 낫다고 믿었기 때문이었다. 마침내 그리스도인들로 하여금 무슬림들이 실제로 무엇을 믿는지 더 잘 알 수 있도록 꾸란을 라틴어로 번역한 경건자 피터(Peter the Venerable, 클루니 수도원 원장)가 그를 설득했다. 베르나르는 사람들을 십자군에 참여시키는 데 크게 성공했으며, 지원자가 너무 많아 자신들의 옷에 꿰매 붙일 십자가의 공급이 딸려 아무 천으로나 십자가를 만들어 달아야 할 정도였다. 그러나 십자군 원정은 굴욕적인 실패로 끝났다. 십자군은 에데사를 탈환하는 대신 다마스커스를 공격했으나 실패하고 말았다. 베르나르는 무엇이, 왜 잘못되었는지 자신과 서방의 다른 사람들에게 설명해야 했다. 그의 설명은 411년 로마가 약탈당한 후 어거스틴이 했던 설명과 다소 비슷했다. 하나님께서 성전(聖戰, 기독교 제국)처럼 보이는 것이 실패하도록 허락하시는 이유는 훨씬 더 장기적인 계획이 있으시기 때문이다. 하나님은 세상의 장기적인 구원을 보고 계셨으며, 그분의 백성을 교육하고 일이 이루어지기 위해서는 얼마나 높은 선의 기준이 필요한지 깨닫게 하실 필요가 있었다.

3차와 4차 십자군 원정이 있었으나 모두 실패했다. 3차 십자군 원정(1188-1192)이 이루어진 것은, 예루살렘이 살라딘(Saladin)이 이끄는 무슬림들에게 함락되었기 때문이었다. 십자군을 이끈 이들은 군주들이었다. 독일(신성로마제국)의 황제 프레데릭 바르바로사(Frederick Barbarossa, 1123경-1190, 주로 프리드리히 1세로 불리며 1190년에 무거운 갑옷을 입은 채 강을 건너다 낙마해 익사했다), 프랑스왕 필립(Philip Augustus, 1165-1223), 영국왕 헨리 2세(Henry II, 1133-1189). 정치적 라이벌들의 십자군 원정이 실패하는 것은 거의 피할 수 없는 일이었다.

4차 십자군 원정(1204)은 특히 베네치아인들의 노골적인 상업주의를 그대로 드러냈다. 베네치아인들은 십자군들에게 뱃삯으로 먼저 콘스탄티노플을 약탈하라고 요구했다. 1204년 서방의 십자군은 동방 기독교의 수도로 진격하여 약탈과 겁탈을 자행했으며, 이것은 거룩한 전쟁이라는 십자군 전쟁의 이상을 완전히 저버리는 것이었다. 그 후 십자군 원정은 12세기까지 계속되었으나 본래의 목적에서 벗어났다.

에반스 G. R. Evans]

THE PORTABLE SEMINARY

실제적인 분열에도 불구하고, 서방교회는 솔기 없는 옷이 여전히 그대로인 것처럼 행동했다. 그리스도의 이름으로 행하는 보편적 세계지배(universal world dominion)가 이노센트 3세(1198-1216) 때에는 그 이전과 이후 어느 때보다 실현에 근접했다. 교황은, 하나이며 나뉠 수 없는 교회의 수장으로 인정받았을 뿐 아니라 세속적인 권위에서도 왕이나 제후 위에 있다고 널리 인정되었다. 몇몇 예외를 제외하고, 단순히 파문의 위협만으로도 가장 강력히 저항하는 통치자를 충분히 굴복시킬 수 있었다. 프랑스의 완고한 왕 필립 오귀스트(Philip Augustus, 1180-1223)는 이혼한 아내와 재결합하고 몰수한 교회의 땅을 되돌려주지 않을 수 없었다. 교황은 황제의 관을 원하는 두 사람 사이에서 중재자 역할을 했다. 이노센트 3세는 이탈리아의 많은 지역에 대해 교황의 직접적인 정치적 통치를 회복하고 확대했다.

그는 파문과 금지 명령을 통해 영국 왕 존(John, 재위 1199-1216)을 굴복시켰다. 존은 자신의 왕국 전체를 이노센트 3세에게 바치고 교황 특사의 지시를 받아 다스리는 봉신으로서 왕국을 되돌려 받았다(영국의 켄터베리 대주교 임명을 놓고 영국 왕 존과 교황 이노센트 3세가 대립했는데, 이노센트 3세가 그의 친구 스테판 랭톤을 임명하자 존은 이를 거부했다. 그러자 이노센트 3세는 존에게 수찬금지령을 내렸고 후에는 그를 파문하고 폐위를 선언했다. 그러자 영국 왕 존은 교황에게 영국을 바치고 굴복했으며, 교황은 그를 복권시키고 다시 영토를 돌려주었다 — 역자 주).

이노센트 3세는 아라곤, 포르투갈, 폴란드, 헝가리, 세르비아의 왕들처럼 높은 봉신들의 봉건 영주였다. 성직자들과 교회에 대한 그의 지배도 이에 못지않게 철저했다. 교황 군주제는 유능하고 강력하며 끈질기고 야심 많은 그에게서 현실이 되었다.

1215년에 열린 제4차 라테란 종교회의(the Fourth Lateran Council)는 중세의 교리적 틀을 세웠다. 수도원 운동은 이 시기에 프란시스 수도회와 도미니크 수도회라는 두 탁발 수도회가 형성되면서 절정에 이르렀다. 프란시스와 도미니크는 둘 다 시대의 아들이었으며, 완전히 중세적이었다. 그러나 프란시스는 로마 가톨릭 교회와 중세를 초월하여 보편적인 지지를 받은 반면에, 도미니크는 로마 가톨릭 교회와 중세라는 두 틀 속에 머물렀다. 프란시스 수도회는 그리스도의 겸손한 제자가 되었으며, 성경적 원시주의(biblical primitivism)를 통해 사도의 길(Apostolic Way)을 회복하려 했다. 이러한 노력 중에, 이들은 창의적 세력을 형성했으며, 이러한 세력은 1세기가 지나지 않아 프라티첼리파(Fraticelli)와 같은 교회와 충돌하는 '이단적' 운동으로 이어졌다. 이와는 반대로, 도미니크 수도회는 하나님의 개(domini canes, 도미니크 수도회 소속의 수도사들을 가리키는 'Dominicans'를 비꼬아서 부른 말이다 — 역자 주)가 되어 이단과 분열에 맞서 로마 가톨릭의 원리와 교황권을 지키는 데 집중했다. 이들은 그 시대에 전통 신앙의 유지를 목적으로 하는 종교재판소(Holy Office of Inquisition)에 적합한 행동 대원이었으나 종교재판은 곧 이단을 억압하는 무서운 도구가 되었다.

FRANCIS OF ASSISI

아시시의 프란시스(1182-1226)

형제애로 가난한 이들의 필요를 보살피는 아시시의 프란시스.

하나님이 창조하신 모든 사람과 모든 것을 사랑했던 그는, 너무나 경건하고 선한 삶을 살았기 때문에 나환자에서 지도자들에 이르기까지 모두의 존경과 사랑을 받았다.

부유한 옷감 장수의 아들로 태어난 프란시스는 방탕한 젊은 시절을 보냈으나 중병을 앓고 1년간 전쟁 포로 생활을 한 후 변화되었다. 자신의 모든 소유와 아버지의 재산 가운데 많은 부분을(아버지가 싫어하고 분노했음에도 불구하고) 아낌없이 가난한 자들에게 주고 자신은 폐허가 된 교회들을 재건하고 가난한 자들을 돕기 위해 모금을 하기 시작했다. 그는 가난한 모든 사람들, 버림받은 자들에게 사랑을 베풀었다.

프란시스는 회개의 필요성에 설교의 초점을 맞추었다. 그가 마침내 교황에게서 새로운 수도회의 설립을 허락받았을 때, 처음에 이 수도회는 '회개의 설교자들'(Preachers of Penance)이라 불렸으나 나중에는 프란시스회(Franciscans)라 불렸다. 프란시스는 이집트와 팔레스타인을 비롯해 여러 곳을 다니면서 복음을 전했으며, 팔레스타인에서는 술탄에게 복음을 전했다.

프란시스는 매우 금욕적이었으며 오랫동안 금식과 기도의 삶을 살았으나 황량한 중세 역사에서 프란시스만큼 빛나는 사람은 없었다.

윌리엄 바아커 William P. Barker

THE PORTABLE SEMINARY

중세가 거의 보편적으로 받아들인 원칙은 참 신앙은 하나뿐이며, 교회가 베드로를 통해 교황에게 부여된 능력으로 이 신앙을 알리고 규정하며, 따라서 다른 모든 신앙은 거짓이며 이단이라는 것이다. 육신을 죽인 살인자가 증오의 대상이 되고 형벌을 받는다면 영혼을 죽인 자인 이단은 얼마나 더 가증스럽겠는가! 신앙의 단일성을 보존하기 위해 고안된 도구가 종교재판이었으며, 이 도구를 사용할 최고적임자는 많이 배우고 설교를 잘하며 이단을 증오하는 도미니크 수사들이었다. 그 어떤 교회로부터도 자유로웠고 교황의 지시 외에는 권한에 제한이 없었던 종교 재판관들은 평신도와 사제, 가난한 자와 부유한 자, 비천한 자와 힘 있는 자들에게 공포의 대상이었다.

교황 직속의 종교 재판소는 이노센트 3세가 만들어낸 것이 아니었다. 그러나 불과 한 세대 후 종교재판은 교황의 신앙과 권위의 세계 속에 확실하게 자리 잡았다(이노센트 3세와 호노리우스 3세의 뒤를 이은 그레고리 9세가 1231년에 교황 직속의 종교재판소를 처음 두었다 — 역자 주). 종교재판은 유럽 전역에서 시행되지는 않았으나 교회와 교회의 도그마에 관한 모든 문제와 관련해 거의 모든 형태의 독립적인 생각이나 행동을 차단했다. 종교재판은 비밀 요원, 무기명 고발, 연좌제, 피고에게 불리한 재판관 구성, 혐의 없는 투옥, 고문, 재산 몰수, 무거운 고행의 선고, 심지어 세속의 무기를 통한 사형 등의 수단으로 정통 교리에 대한 그 어떤 변형도 용납하려 하지 않았다. 종교재판은 사상과 신앙의 단일성을 강제하는 매우 강력한 시도 가운데 하나였으나 실패작이었다.

중세의 이상: '기독교 제국'

The Medieval Idea of 'Christian Empire'

천여 년 동안 유럽은 보편적 기독교 제국의 꿈에 젖어 있었다. 중세 말, 꿈은 처참하게 깨졌다. 그 어느 순간에도 완전히 실현된 적이 없는 이상, 모든 기독교 세계가 하나 되며, 영적 통치자이자 황제, 즉 세속의 통치자인 교황의 이중적 주권 아래 연합하는 이상이 히포의 어거스틴(Augustine of Hippo, 354-430) 때부터 파두아의 마르시글리오(Marsiglio of Padua, 1270-1342. 이탈리아 출신의 신학자) 때까지 사람들의 정치적 생각을 지배했다. 그러나 이단 운동들이 있은 후, 교황의 바벨론 유수(Babylonian Captivity)와 교회의 대분열(Great Schism)이 교회를 내적으로 갈라놓은 후, 몇몇 민족의 군주들이 가장 강력한 교황들에게 반기를 드는 데 성공한 후, 끈질긴 개혁 요구가 정화를 위한 시도로 거듭 이어졌으나 이러한 시도가 대개 실패로 끝난 후, 가장 비현실적인 몽상가라도 분열되지 않는 기독교 세계의 솔기 없는 옷에 대한 환상을 결코 유지할 수 없었다. 그와 동시에 민족적 분열과 프로테스탄트의 탈중심화가 하나의 제국과 교황의 보편성이라는 이상을 대신했다. 이러한 경향들, 곧 14세기와 15세기의 결집된 힘이 낳은 결과가 바로 프로테스탄트 종교개혁이었다.

중세의 이단 분파들

서방 기독교가 완전히 무너지기 오래전부터 외벽 곳곳에 균열이 나타나기 시작했다. '이단적' 분파들이 바로 이러한 균열이었다. 이들은 로마교회의 정통적 입장에서 보면 이단적이었으나 자신들의 해석으로는 사도적이었다. 이들이 교회의 권위에서 벗어나 성경의 권위로 옮겨가고, 교회 전통의 모범에서 그리스도와 그분의 제자들의 모범으로 옮겨가는 한, 이들을 종교개혁의 선구자라 할 수 있을 것이다. 그러나 이들은 본질적으로 중세적이었다. 이들 가운데 두 그룹이 특히 두드러졌으며, 그 가운데 한 그룹은 지금도 남아 있다.

현대의 프로테스탄트들에게 가장 호소력이 큰 그룹은 피터 왈도(Peter Waldo,

1140-1217)를 따랐던 사람들이다. 피터 왈도는 아시시의 프란시스와 매우 비슷했으며, 자신이 이끄는 '리용의 가난한 자들'(Poor Men of Lyon)과 함께 가난한 생활을 했다. 그는 예수님의 가르침에 따라 검소한 신앙 생활을 하라는 성경 구절을 잘 알고 있었다. 그가 공격 받은 것은 프란시스처럼 가난을 가르쳤기 때문이 아니라 사제의 지도 없이 성경을 읽고 해석할 수 있다고 믿었기 때문이었다. 학자들은 왈도파가 본문에 걸려 넘어졌다고 비난했지만 그들 자신도 다를 게 없었다. 쿨톤(G. G. Coulton)은 소 치는 어린 목동의 이야기를 들려준다. 목동은 왈도파와 겨우 1년을 함께 살았으나 40주일에 걸쳐 배우는 복음 교육의 내용을 모두 알고 있었다. 이들에 대해서는 이런 말이 있었다. "무슨 설교든 성경 본문에 의해 증명되지 않는 것은 모두 우화일 뿐이다." 왈도파는 지금까지 남아 있는 몇 안 되는 중세의 분파 가운데 하나이다. 현재 프랑스와 이탈리아의 알프스 지역에 남아 있는 보두아파(Vaudois)가 프로테스탄트의 한 그룹으로서 명맥을 유지하고 있는데, 이들은 자기 그룹의 설립자는 루터와 칼빈보다 350년 정도 앞서 살았으리라고 본다.

카타리파(Cathari) 또는 알비파(Albigenses)는 다른 이단들과 달랐다. 이들의 종교는 강력한 기독교적 요소를 담고 있었으나 본질적으로 기독교의 전통과 정신과는 거리가 멀었다. 이들은 기독교 신앙과 거리가 먼 철저한 이원론을 주장했는데, 그 배후에는 천지의 창조자 하나님에 대한 유대적 배경과 성육신 교리에 대한 강조가 있었다. 카타리파는 구약의 전부 혹은 부분을 악의 신 사탄의 역사를 나타내는 것으로 보고 받아들이지 않았으며, 물질과 육의 모든 문제는 사탄과 관련이 있다고 보았다. 영은 선하고 육은 악하다. 그리스도는 실제로 인간이 되지 않았으며, 실제로 십자가에서 죽지도 않았다. 이들은 가능한 한 육체를 멀리하려 했으며, 이 때문에 어떤 사람들은 자살을 선택하기까지 했다. 다른 이단들이 카타리파를 가톨릭만큼 강력하게 비난한 것은 놀랄 일이 아니다. 마니교에서 기원했으며 페르시아의 이원을 반영하는 카타리파는 낯선 이단이었다.

교회의 쇠퇴

Decline of the Church

교황 보니페이스 8세(Boniface VII, 재위 1294-1303)는 이노센트 3세가 100여 년 전에 세운 고상한 전례를 따라 유럽의 통치자들을 다스리려는 강력한 계획을 실행에 옮겼다. 그러나 얼마 후, 그는 양들을 우리에 몰아넣기는 했지만 염소들에 의해 울타리 밖으로 쫓겨나는 신세가 되었다. 보니페이스 8세는 클레리키스 라이코스(Clericis laicos, '재속 사제에게 고함'으로 번역되며 교황의 동의 없이 성직자에게 과세하는 군주나 이에 응하는 성직자는 파문시킨다는 내용이다 — 역자 주)와 우남 상탐(Unam sanctam, '거룩한 하나의 교회'로 번역되며 교회의 일치를 위해 교황이 세속 제왕을 임명하고 재판할 수 있다는 내용이다 — 역자 주)이라는 유명한 두 교서(교황인이 찍힌 공식문서)로 성직자들에 대한 세속 군주의 과세를 금하고 보편적 교황권을 세우려 했다. 교서에서, 교황은 이렇게 말했다.

> 그러므로 영의 검과 세속의 검은 둘 다 교회의 권한에 속한다. 전자는 교회에 의해 사용되어야 하며, 후자는 교회를 위해 사용되어야 한다. 전자는 사제의 손에 들려야 하고, 후자는 왕들과 기사들의 손에 들려야 하지만 사제들의 명령과 허락 아래 사용되어야 한다. 더욱이, 세속의 검은 영의 검 아래 있어야 하며, 세속의 권위는 영적 권위에 복종해야 한다. 그리고 영적인 것이 세속의 것보다 위에 있기 때문에, 우리는 영적 권세가 지상의 그 어떤 권세보다 존엄하고 존귀하다는 것을 반드시 인정해야 한다.

'단려왕'(端麗王, 키가 크고 금발의 미남이어서 붙은 별명)으로 불리는 프랑스왕 필립 4세(Philip IV, 1285-1314)는 이 교서를 보자 분노가 폭발했다. 그는 자신이 신뢰하는 고문 노가레(Nogaret)를 불러 보니페이스 8세를 그에게 적합한 자리로 되돌려 놓을 계획을 세웠다. 교황을 납치하는 것이었다. 노가레가 로마 근처의 아나그니(Anagni)라는 작은 마을에서 교황을 납치해 프랑스로 압송하여 재판을 열어 폐위시키고 필립 4세가 선택한 인물을 교황으로 세울 계획이었다. 일은 계획대로 진행되었다. 그러나 마지막 순간에 아나그니 주민들이 보니페이스 8세를 구출해 로마로 보냈고, 교황은 그곳에서 고령의 나이와(이때 교황은 86세였다 — 역자 주) 사건의 충격 때문에 한 달 후에 죽었다(이 세상의 영광은 이렇게 흘러간다). 세속 권력에 대한 교황 우위권의 상징이 극적인 카놋사의 사건에서 나타났다면, 세속 군주들의 새로운 독립의 상징이 동일하게 극적인 아나그니의 사건에서 나타났다.

프랑스와 영국의 왕권이 강화되면서 교황권이 무참히 몰락한 결과는 곧바로 분명하게 나타났다. 보니페이스 8세의 죽음으로 중세교회에 대한 총공세의 길이 열렸다. 그의 계승자는 선출된 지 얼마 지나지 않아 죽었다(베네딕트 11세가 보니페이스 8세를 이어 교황이 되었으며, 처음에는 필립 4세에게 우호적이었으나 아나그니 사건에 연루된 모든 자들을 파문한 지 수주일 후에 죽었는데, 필립 4세에게 독살 당했다는 소문이 돌았다 — 역자 주). 추기경들은 페루지아(Perugia)에 모여 프랑스에서 교육을 받았고 당시에 보르도(Bordeaux) 주교였던 프랑스 사람을 교황(클레멘트 5세)으로 선출했다. 필립 4세의 영향 아래 있는 새 교황은 이탈리아인들을 깜짝 놀라게 하고 나머지 유럽의 많은 사람들을 모욕하는 결정을 내렸다. 그는 즉위식을 위해 로마로 가기를 거부하고 대신에 프랑스의 리옹을 선택했으며, 리옹에서 프랑스 국왕과 영국 국왕의 사절 앞에서 즉위식을 했다. 이때가 1305년이었는데, 그해가 '교황의 바벨론 유수'(Babylonian Captivity) 원년이었다. 이탈리아인들이 이 사건을 이렇게 부른 이유는 클레멘트 5세와 그의 계승자들이(1337년 잠시를 제외하고) 전혀 로마로 돌아오지 않았기 때문이었다. 이 시기를 가리켜 '아비뇽 시대'(Avignonese period)라고도 한다. 왜냐하면 1309년 교황이 프랑스에 인접한 론강(Rhone River)을 따라 이어지며 나폴리왕의 소유였던 아비뇽을 거처로 선택했기 때문이다(나중에 나폴리왕은 이곳을 교황에게 팔았다). 교황들에게는 슬프게도, 기독교 세계는 위대한 교황 보니페이스 8세에게 굴욕을 안겨주고 교회의 권위를 부정한 세속 군주들에게 종속되었다.

그러나 이것이 전부가 아니었다. 아비뇽에서 교황들은 다소 영적이지 않은 부분에 손을 댔으며, 특히 유능한 존 22세(John XXII, 재위 1316-1334) 때에는 교황의 재정이 크게 늘었다. 그의 연간 수입은 영국 국왕과 맞먹을 정도였다. 이 시기에 보편 교황권에 대한 오랜 주장에 반대하는 새로운 목소리가 나타났으며, 영국과 같은 새로운 국민왕정의 군주들은 후임성직자 규제법(statute of provisors, 1351년 에드워드 3세가 재정했다)을 만들어 교황이 영국 내에서 교회의 직임자를 임명하는 것을 금지시켰으며, 교황존중처벌법(statute of praemunire, 교황이 국왕보다 우월하다고 보는 죄)을 만들어 영국의 교회 법정이 교황에게 상소하는 것을 금지시켰다. 이것은, 사제가 그 어떤 세속법이나 왕에게 종속되지 않으며 일차적으로 초자연적 교황의 권한 아래 있다는 로마 가톨릭의 교리와 정면으로 충돌하는 것이었다.

교황의 바벨론 유수가 낳은 직접적인 결과 가운데 하나는 대분열(Great Schism)이었다. 그레고리 11세(Gregory XI)는 시에나의 카테리나(Catherine of Siena)를 비롯해 여러 사람들로부터 로마로 돌아가라는 요구를 강하게 받자 1377년 영원한 도성으로 돌아감으로써 바벨론 유수를 끝냈다. 그러나 그는 로마로 돌아온 후 곧바로 죽음으로써 모두를 놀라게 했다. 추기경들은 처음에 우르반 6세(Urban VI, 재위 1378-1389)를 뽑았으나 전혀 분별력이 없었던 그는 모든 추기경과 대립했다. 자신들의 선택을 후회한 추기경들은 우르반 6세의 교황 선출을 무효화하고 클레멘트 7세(Clement VII, 1373-1394)를 교황으로 선출했으며(교황청의 교황 연감에서 빠져 있는 것으로 보아 바티칸은 그를 정식 교황으로 인정하지 않는 것으로 보이며, 클레멘트 7세라는 이름을 가진 교황은 1523-1534년에 재위한 것으로 나온다 — 역자 주), 클레멘트 7세는 다시 아비뇽에 자리를 잡았다(두 교황은 나중에 서로를 가짜라고 선언하고 정식 계승자로 인정하지 않았다).

우르반 6세가 선출 무효를 받아들이지 않자 동시에 두 명의 교황이, 로마와 아비뇽에 존재하게 되었다. 두 교황 모두 동일한 추기경단에 의해 정식으로 선출되었으며, 두 교황 모두 전체 교회에 대한 보편적 권위를 주장했다. 유럽의 일부는 로마 교황을 인정했고 나머지는 아비뇽의 교황을 인정했다. 파국이었다. 누가 이처럼 큰 세속적인 혼란에서 영적 일치를 본다고 할 수 있겠는가? 수치스러운 이중주를 끝내기 위해 콘스탄스 종교회의(Council of Constance, 1414-1417)가 열릴 무렵, 이중주는 삼중주로 바뀌었고 세 명의 교황이 같은 곡을 불협화음으로 노래하고 있었다. 콘스탄스 종교회의가 1417년에 세 교황을 모두 폐위시키고 마틴 5세(Martin V)를 새 교황으로 선출했을 때, 마침내 교회의 대분열이 끝났다. 상처가 남았으나 기독교 세계 내에서 이 상처를 치유할 능력은 약화되었다.

15세기에는 교회가 더 쇠퇴했다. 15세기 중엽, 니콜라스 5세(Nicolas V, 재위 1447-1455)가 교황으로 있었는데, 그는 인문주의 교황들(humanist popes, '르네상스 교황들'이라고도 한다) 가운데 첫 번째였다. 르네상스와 인본주의적이며 세속적인 관심사에 깊은 영향을 받은 니콜라스 5세는 자신의 영적 소명을 부정하거나 잊지는 않았으나 여기에 큰 바티칸 도서관 건립에서부터 교황의 특권을 약화시키고 궁극적으로 기독교 자체의 타당성을 약화시키는 데 몰두하는 세속적인 학자들(인문주의자들)의 지원에 이르기까지 일련의 과외 활동을 추가했다. 교황권 자체가 부분적으로 세속화되었으며, 이 과정에서 삶에 대한 영적 해석을 반대하는 르네상스 세력과의 불편한 동맹이 시작되었다.

그 직접적인 결과로 영적 열정과 지적 활력과 도덕이 동반 쇠퇴했다. 15세기 후반은 역사상 기독교가 매우 급격히 쇠퇴한 시기 가운데 하나였으며, 이러한 쇠퇴를 주도한 것은 다름 아닌 교황이었다. 교회가 바닥에까지 추락한 것은 로드리고 보르지아(Rodrigo Vorgia)라는 이름의 알렉산더 6세(Alexander VI, 재위 1492-1503)였다. 세속적이고 부도덕하며 돈을 밝히고 편협했던 그는 교황령(Papal States)을 아들 체사레(Cesare)에게 물려주려 했다(알렉산더 6세는 성직자의 축첩을 허용했으며, 그 자신도 교황이 되기 전에 첩을 통해 4명의 아이를 낳았고 그 후에도 7명을 더 낳았다 — 역자 주). 그러나 그가 1503년에 죽음으로써 그의 계획은 수포로 돌아갔고, 그의 정적 율리우스 2세(Julius II)가 교황으로 선출되었는데, 율리우스 2세는 베드로의 보좌에 앉은 매우 성공한 장군 가운데 하나였다(교황 율리우스 2세는 교황권을 강화하기 위해 직접 갑옷을 입고 군대를 통솔하여 전쟁을 벌였다 — 역자 주).

교황의 뒤를 따랐으나 항상 길을 보여주려 했던 고위 성직자들과 하위 성직자들도 교회의 전반적인 쇠퇴에 한몫했다. 혈연주의를 중시한 이들은 친척을 편애했으며, 이런 현상은 성직을 수여할 때 특히 심했다. 성직매매(simony, 성령을 돈으로 사려 했던 마법사 시몬/Simon에서 나온 용어이다)로 교회의 자리나 특권을 사고팔았다. 탐욕과 부도덕이 보편적이지는 않았지만 널리 퍼진 것은 분명했다.

CATHERINE OF SIENA

시에나의 카테리나(1347-1380)

이탈리아의 신비주의자 카테리나는 가난한 자들과 병든 자들에게 자비를 베푼 삶으로, 또한 적대적인 진영들을 화해시키는 능력으로, 교회 내에서 개혁을 요구한 것으로 유명하다.

어린 나이에 도미니크 수도회 수녀가 된 카테리나는 흑사병을 이겨냈으며, 병자들과 죽어가는 사람들을 섬기는 데 짧은 생애의 많은 시간을 썼다. 그녀는 감옥을 찾아 죄수들의 영혼을 구원하기 위해 노력했으며, 부자들과 가난한 자들에게 많은 편지로 영적이며 실제적인 조언을 했다(그 가운데 몇몇 편지는 지금까지 남아 있다). 그녀는 고위 관리들과 교황에게까지 영적 조언을 했다.

교황이 로마에 있지 않은 데 실망한 카테리나는 교황의 로마 귀환을 강력히 요구했으며, 교황 그레고리 11세를 만나기 위해 프랑스 아비뇽까지 찾아갔다. 그레고리 11세는 그녀의 말대로 로마로 돌아왔지만 곧 죽었다. 카테리나는 교회의 대분열 기간에 교회의 평화와 일치를 위해 쉬지 않고 노력했다.

내적 경건과 자비의 삶으로 사랑 받은 카테리나는 여성들의 활동이 일반적으로 약했던 시대에 상당한 영향력을 미쳤다.

THE PORTABLE SEMINARY

악에 대한 고발과 개혁 요구

추악한 부패에 항의하는 목소리는 참으로 필사적이었다. 광야에서 외치는 자들 가운데 하나는 시에나의 카테리나(Catherine of Siena)였다. 그녀는 교황들이 로마의 옛 자리로 돌아오기를 갈망했으며, 주변 어디서나 보는 남용과 악에 맞서 교회의 양심으로 서 있었다. 그녀는 그레고리 11세에게 로마로 돌아오라고 촉구하면서 "양의 우리에서 갈채와 멋진 잔치와 최고의 옷만 생각하는 늑대들을, 성육한 귀신들을 쫓아내시오"라고 경고했다. 피에르 드아이(Pierre d'Alli, 1350-1420)와 장 제르송(Jean Gerson, 1363-1429) 같은 위대한 교회 정치가들 같은 깨끗한 사람들은 당시의 축적된 모든 악 — 혈연주의, 초입세(初入稅, 성직자는 첫해 수입을 교황에게 상납해야 했다), 성직매매, 방문 남용, 온갖 명목의 경비, 프랑스에 미친 해악 — 을 강하게 공격했다.

15세기에 많은 비판자들의 말은 훨씬 덜 절제되고 더 날카로웠다. 매우 초기에 《교회의 몰락》(De Ruina Ecclesia)의 저자는 그리스도께서 후대의 제자들을 심판하시는 모습을 묘사했다. 평신도의 비판 소리도 결코 약하지 않았다. 제프리 초서(Geoffrey Chaucer, 1343-1400)는 성직자들을 여러 번 질책했다. 15세기 중반부터 독일 제국의회(imperial diet)에 제출된 불만 사항들은 극단적으로 신랄했다. 이러한 분위기는 1518년 카제탄 추기경(Cardinal Cajetan, 1468-1534)이 아우구스부르그 제국의회(Diet of Augusburg)에 투르크족과 전쟁 경비를 위해 성직자와 평신도에게 세금을 부가하자고 제의할 때까지 계속되었다. 그가 받은 예리한 답변은 기독교의 진짜 적은 투르크족이 아니라 로마에 있는 '지옥의 개'(hound of hell)라는 것이었다. 이와 똑같은 태도가 1515-1517년 독일에서 출판된 《이름 모를 사람들의 편지》(Letters of Obscure Men)에서 분명하게 나타나는데, 이 책은 교회의 죄악과 무지몽매함에 대한 성공적인 풍자였다.

위클리프와 후스와 사보나롤라에서부터 히메네스(Ximenes)와 에라스무스에 이르기까지, 종교개혁 이전의 모든 종교개혁자들은 자신이 너무나 사랑하는 교회에 만연해 있는 악을 고발했다. 이러한 축적된 비판과 개혁 요구는 결코 그대로 묻힐 수 없었다. 이따금 남용을 바로잡고, 교회에서 악한 영향력을 제거하며, 성직자의 기준을 높이고, 일반적으로 삶의 영적 질을 개선하기 위한 다양한 시도가 있었다. 그러나 몇몇 예외를 제외하면, 이러한 노력은 효과가 없거나 지엽적이고 일시적인 결과를 낳았을 뿐이다.

적어도 두 사람이 뭔가를 시작했다. 한 사람은 14세기 영국인이었고 다른 한 사람은 15세기 보헤미아인이었다. 존 위클리프(John Wyclif, 1324-1384)와 존 후스(John Huss, 1369-1415)는 철저한 개혁을, 봄맞이 집안 대청소 수준이 아니라 재건축의 필요성을 부르짖은 상징적 인물이다.

옥스퍼드의 학자요, 선생이요, 사제요, 신학자인 위클리프는 중세교회가 소중히 여기는 몇몇 특권과 의식을 공격하는 데서 시작했다. 그는 세속적인 일에 대한 성직자들의 관심, 특히 시장과 관리를 주무르려는 성직자들의 시도를 비판하기 시작했다. 오히려 그는 영적인 일에 집중하는 것이 성직자의 역할이며, 성직자들이 자신의 고귀한 소명에 실패한다면 시장이 사제를 징계해야 한다고 말했다. 나중에 그는 교황권의 몇몇 부분을 공격했으며, 탁발 수도회는 성경적 근거가 전혀 없다고 주장했다. 1382-1384년, 그는 라틴 벌게이트 성경을 영어로 번역했다. 물론, 성직자들은 성경을 평민들의 손에 쥐어주는 것을 강력히 반대했으며, 평민들이 성경을 더럽힐 것이라고 생각했다.

그러나 위클리프가 앞선 가르침들 때문에 맞은 강풍은 모든 미사를 기적으로 만드는 화체설(化體設, doctrine of transubstantiation)을 비판했을 때 맞은 폭풍에 비하면 아무것도 아니었다. 성찬의 떡과 포도주를 그리스도의 몸과 피로 바꾸는 능력은 중세에 사제의 위치를 높이는 데 핵심적인 역할을 했다. 오직 사제만이 서임을 통해 받은 신령한 능력을 통해 미사의 기적을 행할 수 있었다. 보통 사람들은 사제가 제단에서 행하는 의식을 통하지 않고는 이 놀라운 기적에 참여할 꿈도 꿀 수 없었다. 위클리프가 에드워드 3세(Edward III, 1313-1377)가 다스리는 영국의 강력한 정치적 인물들, 특히 곤트의 존(John of Gaunt)의 보호를 받을 수 있었던 것은 참으로 행운이었다. 위클리프는 '자신들이 만든 신을 섬기는 바알 제사장들의 우상숭배'와 '죄인들에게 하나님을 만드는 능력'을 부여하는 뻔뻔스러운 교리를 용감하게 비판했다.

보수적인 성직자들의 증오는 콘스탄스 종교회의(Council of Constance, 1414-1417)에까지 이어졌는데, 이 회의는 위클리프의 시신을 파내 화형에 처하도록 결정했다. 이 일은 1429년에 실제로 일어났으나 한 저자가 말한 대로 예상하지 못한 결과를 초래했다. "그들은 그의 시신을 태우고 그 재를 근처 스위프트(Swift)라는 물살 센 개울에 뿌렸다. 그런데 그의 재는 개울을 타고 아본(Avon)으로, 아본에서 세버른(Severn)으로, 세버른에서 좁은 바다로, 다시 대양으로 흘러갔다. 이렇게 해서 위클리프의 재는 그의 가르침의 상징이 되었고, 이제 전 세계로 퍼져나갔다." 위클리프는 조직적인 추종자도, 기념비도 남기지 않았으나 그의 영향력은 두 방향에서 나타난다. 하나는 종교개혁이었고, 다른 하나는 그의 가르침과 저작을 소중히 여기고 활용했던 보헤미아의 후스파(Hussites)였다.

한편으로, 후스는 위클리프가 마친 곳에서 시작했다. 왜냐하면 후스와 보헤미아 당국자들 간의 첫 번째 충돌은 위클리프와 그의 가르침에 관한 것이었기 때문이다. 프라하 대학에서 공부했으며 프라하에서 아주 큰 베들레헴 채플

(Bethlehem Chapel)의 설교자인 후스는 보헤미아 역사에서 매우 영웅적이고 화려한 인물 가운데 하나이다. 후스는 1409년에 프라하 대학의 총장이 되자 곧바로 위클리프가 제기한 문제를 깊이 다루었는데, 위클리프의 사상과 저작은 이미 학생들 사이에 널리 퍼져 있었다. 프라하의 대주교는 위클리프의 책을 모두 태우라는 교황의 교서에 따랐으나 후스는 이를 거부하고 다음과 같이 설교했다.

> 이제 타마로의 야콥(Jacob of Tamaro)의 예언이 이루어졌습니다. 야콥은 1409년에 한 사람이 일어나 복음과 그리스도를 믿는 믿음을 핍박하리라고 했습니다. 왜냐하면 저로서는 죽은 교황이 지금 천국에 있는지 지옥에 있는지 알 수 없지만, 그가 가증스러운 교서를 내려 대주교에게 좋은 내용이 많은 존 위클리프의 책을 불태우라고 명령했기 때문입니다.

프라하에는 금령(禁令)이 내렸으나(교황은 성당과 수도원에서만 설교할 수 있도록 제한했으나 후스는 이 명령을 어기고 캠퍼스와 강의실에서 설교했다 — 역자 주) 이 때문에 갈등은 더 커졌으며 후스가 체포되어 1414년에 열린 콘스탄스 종교회의에서 재판을 받았을 때 절정에 이르렀다. 후스는 황제(신성로마제국의 황제로 보헤미아 왕을 겸하고 있던 지그문트 황제 — 역자 주)에게 신변 보호를 보장받고 자진해서 콘스탄스에 나타났으나 곧바로 투옥되었다. 보헤미아의 지지자들이 이단에게는 신변보호가 적용되지 않는다고 주장했기 때문이었다. 그는 화형의 극한 고통뿐 아니라 온갖 굴욕을 당했다(그의 머리는 삭발당하고 악마 그림의 종이관이 머리에 씌워졌으며 그의 책이 불살라졌다 — 역자 주). 그의 유해도 위클리프처럼 강에 뿌려졌다. 알렉산더 플릭(Alexander Flick)은 이것이 15세기의 가장 기념비적인 사건이었다고 말한다. 되돌아보면, 세 개의 큰 별이 프라하에서 맞부딪쳤다. 위클리프는 불꽃을 일으켰고, 후스는 그 불꽃으로 불을 일으켰으며, 루터는 그 불로 횃불을 밝혔다. 후스파는 계속 존재했으며 종교개혁에 크게 기여했다.

콘스탄스 종교회의는 위클리프와 후스의 방식을 반대하기는 했지만 진실했던 또 하나의 개혁 운동을 떠올리게 한다. 종교회의 운동(conciliar movement)은 교회에서 교황권보다 높은 권위를 세우려는(또는 다시 세우려는) 시도이자 위로부터의 정화를 위한 노력이었다. 그러나 둘 다 실패했다. 전체종교회의(general council)가 소집된 본래 이유는 교회의 대분열이었다. 14세기 초, 파두아의 마르시글리오(Marsiglio of Padua, 1270-1342)는 자신의 저서 《평화의 수호자》(Defensor Pacis)에서 전체종교회의가 최고의 권위를 가진다고 했으며, 이제 이러한 원리는 교황권으로 인한 분열을 치유하는 이상적인 방법으로 환영 받았다(그는 교황과 황제의 고유한 영역을 나누었다 — 역자 주). 그러나 1409년 피사에서 개최된 첫 번째 종교회의는 실망스러웠다. 왜냐하면 이 회의가 두 명의 라이벌 교황을 폐위시키고 새로운 교황을 선출하기는 했지만 결과적으로는 동시에 교황이 세 명이나 존재하게 되었기 때문이다. 콘스탄스 종교회의의 지혜로운 지도자들은 교회의 대분열을 성공적으로 종식시키고 절실히 필요한 개혁을 하려 했다. 콘스탄스 종교회의는 교황 문제를 해결하는 데는 성공했지만(1417년 콘스탄스 종교회의 세 교황을 모두 폐위시키고 마틴 5세를 새 교황으로 선출했다 — 역자 주), 마귀와의 싸움에서는 그다지 성공하지 못했다. 질투와 기존의 이권 때문에 '집안'을 제대로 청소하지 못했던 것이다. 15세기에 열린 이후의 종교회의들도 더 이상의 성과를 내지 못했다. 전반적인 환멸 속에서, 교황들은 자신의 최고 권력을 회복하고 종교회의의 모든 입법을 무효화하는 데 성공했다.

덜 분명하고 더 내면적임에도 교회를 정화하려는 의미 있는 노력이, 비현실적인 몽상가들일 뿐인 중세 말기의 신비주의자들에게서 나타났다. 이들 가운데 하나가 마이스터 에크하르트(Meister Eckhart, 1260-1327)였다. 그는 신비적 체험을 통한 하나님과의 직접적인 연합이 교회 의식보다 중요하다고 가르친 범신론자였다. 그의 가장 뛰어난 제자 존 타울러(John Tauler, 1300-1361)는 보다 실제적인 교사였으며, 그의 저작들은 루터에게 깊은 영향을 미쳤다. 이러한 시작에서 하나님의 친우회(Friends of God)라는 느슨한 그룹이 생겨났는데, 성직자와 평신도가 함께하는 이 그룹은 남부 독일과 스위스에서 활동했다. 이 그룹에서 저자가 밝혀지지 않은 《독일 신학》(German Theology)이라는 책이 나왔는데, 이 책은 하나님의 뜻에 대한 완전한 복종의 교리를 제시했다. 이러한 교리가 네덜란드까지 퍼지자 '공동생활 형제단'(Brethren of the Common Life)이라는 또 다른 그룹이 생겨났으며, 이들은 신비적인 명상 교리에 반(半)수도원적 규율을 덧붙였다. 《그리스도를 본받아》(Imitation of Christ)의 저자로 유명한 토마스 아 켐피스(Thomas à Kempis, 1380-1471)는 이들과 교류하면서 단순하고 신비적이며 따뜻한 신앙을 배웠다. 여성 신비주의자들도 놓쳐서는 안 된다. 여성 신비주의자 가운데 가장 유명한 사람은 앞에서 언급한 시에나의 카테리나(Catherine of Siena)였다. 이들은 교회의 의식이나 예전보다 개인의 종교적 체험을 강조함으로써 전체 교회에 개혁의 동기를 간접적으로 부여했다. 불행히도, 실제적인 개선을 가져온 사람들은 거의 없었으며, 신비주의자들은 귀먹고 눈먼 교회 속에서 고립된 개개인의 목소리로 남았다.

그러므로 15세기가 끝날 무렵, 긴 시행착오 과정은 개혁의 필요성과 폭넓은 개혁 요구를 보여주었을 뿐 아니라 이를 성취하려다 실패로 돌아간 수많은 시도까지 보여주었다. 교회를 구하려다 절망에 빠진 몇몇 영혼이 교회의 부정에 깊이 빠지고 교회의 악에 눈이 먼 것은 별로 놀랄 일이 아니다. 이탈리아 피렌체의 복음주의적인 수도사 질로라모 사보나롤라(Girolamo Savonarola, 1452-1498)는 이렇게 외쳤다. "나는 사제들을 생각할 때마다 눈물을 참기 어렵다. 무서운 징벌이 이들을 기다린다. 오 창녀 같은 교회여, 네 어리석음이 온 세상에 드러났고 네 악취가 하늘에 닿았구나!" 1482년 메디치(Medici)에서 설교를 시작한 불 같은 이 그리스도인은 하나의 운동을 일으켰는데, 이 운동은 메디치가를 쓰러뜨렸으며(메디치가는 두 차례의 짧은 공백기/1494-1512, 1527-1530를 제외하고 1434-1737년에 걸쳐 피렌체와 토스카나 지방을 지배했으며, 4명의 교황[레오 10세, 클레멘스 7세, 피우스 4세, 레오 11세]을 배출했고 유럽의 여러 왕가와 혼인관계를 맺었다. 사보나롤라는 피렌체에서 메디치가가 무너지자 이곳에 민주정부를 세웠다 — 역자 주), 야심에 찬 프랑스왕 샤를 8세(Charles VIII)에게 문을 열어주었고(당시 메디치가의 중심이었던 로렌초가 죽자 메디치가의 통치도 오래 가지 못하고 1494년 프랑스왕 샤를 8세의 침입으로 무너졌다), 악명 높은 알렉산더 6세(Alexander VI)에서부터 피렌체 자체에 만연한 악에 이르기까지 교회의 죄를 고발했으며, 하나님에게 모든 죄인을 징벌하시도록 요구했다. 그러나 프랑스 군대의 침입이 임박하자 피렌체 사람들은 사보나롤라를 권좌에 앉혔으나 이것이 몰락의 시작이기도 했다. 그는 결국 이단으로 몰려 화형을 당했다.

보다 실제적이면서도 부정적인 개혁 운동이 스페인에서 일어났다. 이 운동을 이끈 사람은 강력한 프란시스 수도사이자 카스티야의 뛰어난 정치가 프란시스코 히멘스 드 시스네로스(Francisco Ximenes de Cisneros, 1437-1517)였다. 그는 아라곤왕 페르디난드(King Ferdinand of Aragon)와 카스타야의 이사벨 여왕(Queen Isabella of Castile) 시대에 유명해졌는데, 독실한 로마 가톨릭 신자였으며 교황권을 존중했을 뿐 아니라 왕으로서 자신들의 이익에도 집중했던 두 사람은 중세에서 벗어난 두 왕국을 하나의 새로운 국민왕정(national monarchy)으로 만들어내고 있었다.

히메네스는 교회와 국가 양쪽 모두에서 권력의 자리에 올랐다. 1492년, 스페인에서 중요한 사건이 많이 일어났던 해에, 그는 이사벨라의 고해신부로 임명되었다. 3년 후 그는 톨레도의 대주교가 되었는데, 그 위상은 스페인의 영적 수장일 뿐 아니라 카스티야의 대법관(grand chancellorship)이기도 했다. 이러한 지위를 바탕으로, 히메네스는 먼저 자신이 속한 수도회를 개혁했으며, 그 결과 새로운 규율에 복종하기를 거부하는 천여 명의 수도사가 스페인을 떠나야 했다. 그의 개혁 열정은 스페인 교회의 모든 부분에 영향을 미쳤으며, 스페인만의 특별한 형식과 효능을 가진 종교재판소를 다시 세움으로써 그 절정에 이르렀다. 이탈리아에서는 교회와 심지어 기독교에 대해서까지 자주 호의적이었던 인문주의의 영향을 받은 그는, 새로운 원리에 입각한 학문적 성경 연구를 후원했으며, 따라서 인문주의를 교회의 적이 아니라 친구로 만들었다. 이러한 노력의 결과로 주목할 만한 콤풀루툼 대역성경(Complutensian Polyglot, 스페인의 Alcala 대학에서 출판한 다국어 대조성경)이 1517년에 완성되어 1520년에 출판되었다.

스페인에서 일어난 이러한 초기의 개혁은 황실의 이익과 교회의 이익을 모두 도모하려 했던 카스타야의 군주와 아라곤 군주의 열정에서 비롯되었다는 게 특징이며, 이들은 히메네스 추기경 아래 있는 정규 성직자(regular clergy, 수도원의 규칙을 따르며 수도원장 아래 있는 성직자 — 역자 주)와 재속 성직자(secular clergy, 교구에서 사역하는 사람들로 주교 아래 있는 성직자 — 역자 주)를 강력히 정화하고, 스페인의 가톨릭이 지금까지 보여주는 매우 좁고 보수적인 시각을 유지함으로써 두 마리의 토끼를 잡으려 했다. 어떤 사람들은 평신도가 성경을 읽는다는 것이 불쾌한 일이었던 시대에 학자들과 교황의 후원으로 새로운 성경이 출판된 사실을 지적한다. 또한 어떤 사람들은 이러한 성공적인 '개혁'의 절정이 자주 광신적인 극단으로 치달은 종교재판이었던 것을 지적한다.

때로는 아이러니컬하면서도 보다 호의적이고 평화로운 노력이 멀리 네덜란드 피레네 북부에서 일어났다. 바로 이곳에서 에라스무스(Desiderius Erasmus, 1469-1536)가 태어났다. 가장 위대한 기독교 인문주의자 에라스무스는 유럽촌의 시민이 되었으며, 교회 내에서 평화로운 개혁의 주창자로서 크게 존경 받았다. 폭넓은 교육을 받았으며 여행을 많이 한 에라스무스는 매우 경박한 시대의 메마른 지식을 들이마시고 자신만의 중후하면서도 향긋한 문학적 과즙을 쏟아냈다. 그는 모든 사람에게 다양한 면에서 명성을 얻었다. 에라스무스는 이탈리아, 바젤, 영국, 프라이브루그(Freiburg im Breisgau) 등 가는 곳마다 개혁 문제를 둘러싼 자주 격해지는 많은 싸움에 우호와 평화의 기운을 불어넣었다. 그는 고대인들에게 걸맞은 부드러운 라틴어 문체로 글을 쓰면서도 교회의 틀 내에서 평화로운 개혁의 필요성과 방법을 진지하면서도 풍자적으로 제시했다. 그가 비극적인 분열 곧 솔기 없는 그리스도의 옷이어야 한다고 생각하는 교회가 분열되는 일보다 더 싫어한 것은 없었다. 마르틴 루터가 분리와 파문에 접근했을 때, 에라스무스는 이제 영적 전쟁으로 치닫는 일에서 전면에 나서기를 주저하며 뒤로 물러났다. 에라스무스는 남자다운 용기가 부족하다는 비난에 대해 이렇게 답했다. "내가 스위스 병사라면, 이것은 정당한 비난일 것이다. 그러나 나는 배운 사람이고, 따라서 나의 일꾼들을 위해 침착해야 하는데, 이것이 나에게 해가 되지는 않는다."

에라스무스는 위험하기보다는 안전하게 살면서 개혁 세력에게 계속해서 강력한 영향을 미쳤다. 루터 자신도 에라스무스가 《천국에서 못 들어간 율리오》(Julius Excluded From Heaven)에서처럼(여기서 율리오는 1513년에 죽은 교황 율리오 2세/Julius II를 말한다 — 역자 주) 기민한 펀치를 날릴 수 있음을 인정해야 했다. 에라스무스는 기독교와 새로운 인본주의의 가장 성공적인 결합을 실현했으며, 르네상스와 종교개혁의 큰 차이가 최소한 부분적으로라도 해결될 수 있는 방법을 제시했다. 이러한 상호작용에 대한 가장 행복하고 성공적인 예는 에라스무스가 내놓은 헬라어 성경의 학문적 편집판이다(에라스무스는 신약성경의 헬라어 원문을 찾기 위해 다섯 개의 사본을 토대로 '표준 원문'을 만들어 냈다 — 역자 주). 이 책은 1516년에 출판되었는데, 이것은 성경 연구사에서 획기적인 사건이었다.

더 깊게 공부하려면

22장 끝부분을 보라.

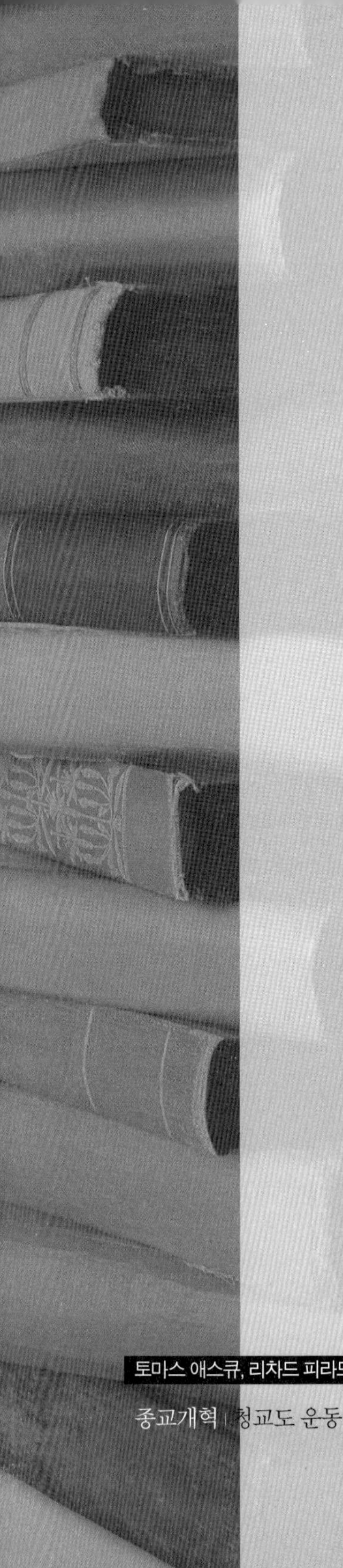

토마스 애스큐, 리차드 피라드, 마크 놀, 바이런 클라우스

종고개혁 | 청교도 운동 | 대각성 운동 | 아주사 부흥 운동

20 종교개혁과 부흥운동

내가 여기 있습니다. 나는 달리 아무것도 할 수 없습니다.
하나님 나를 도와주소서.

마르틴 루터 Martin Luther

종교개혁

The Reformation

+ 토마스 애스큐, 리차드 피라드

로마 가톨릭은 서유럽과 중유럽에서 종교적, 문화적 패권을 장악했으나 새로운 도전에 직면했다. 십자군 원정은 동방과의 교역을 확대시켰는데, 이러한 교역의 확대는 상업적 추진력과 새로운 성취욕을 자극했으며, 이러한 추진력과 성취욕이 종교적 열정을 대신하기 시작했다. 새로운 부(富)가 로마 가톨릭까지 흘러들었다. 교황들은 14세기의 많은 부분을 프랑스 아비뇽에서 사치스럽게 살았으며, 이러한 교황들과 주교들의 호화로운 생활과 단정하지 못한 행동은 하나같이 비난을 샀다. 교황은 끝없이 필요한 돈을 모으기 위해 교회 직분을 팔았으며 면죄부(영혼이 연옥에 있는 시간을 줄이기 위해)까지 파는 참으로 의심스러운 행동을 했다. 15세기, 교황은 이탈리아에서 호화롭게 살며 예술을 장려하고 군주들과 전쟁을 하면서 주로 르네상스 군주의 역할을 했다.

영국의 존 위클리프(John Wyclif, c.1320-1384)와 보헤미아의 성직자 존 후스

(John Huss, c.1373-1415)와 같은 사람들은 교황과 주교의 비도덕적 행위를 비판했을 뿐 아니라 인간과 하나님 사이의 중재자로서의 사제의 역할을 비롯해 몇몇 기본적인 가톨릭 교리에 의문을 제기했다. 이들은 모든 신자가 제사장이며, 보통 사람들도 성경을 읽고 이해할 능력을 타고 났다고 믿었다. 교회는 이를 비롯한 몇 가지 비판에 박해와 심지어 사형으로 대응했다.

동방과의 상업적 유대가 형성됨으로써 나타난 중요한 결과 가운데 하나는 서방에서는 사라진 고대의 고전 문헌들이 서방으로 들어왔다는 것이다. 이로 인해 르네상스의 중심인 지적 탐구심이 일어났고 본문 연구가 강조되었다. 학자들은 이러한 연구를 토대로, 교황이 경제와 정치 문제에서까지 최고의 권위를 가진다는 교황청의 주장을 뒷받침하는 버팀목으로 사용되는 로마교회의 문헌에 의문을 제기했다. 그 가운데 가장 유명한 것은 콘스탄틴 황제가 수도를 콘스탄티노플로 옮기면서 로마에 대한 통치권을 교황에서 넘겼다는 콘스탄틴 증여문서(Donation of Constantine)가 위조문서라는 게 밝혀진 것이다. 이러한 소식은 교회의 일치에 짙은 먹구름을 드리웠다. 히브리어와 헬라어 원문으로 된 성경의 출판으로, 교회의 교리는 더욱 의심을 받았다. 토마스 아 켐피스(Thomas à Kempis, 1380-1417)와 그 외 저자들의 신비적인 신앙 서적들과 기독교 인문주의자들의 저서들, 그 가운데 특히 로테르담의 에라스무스(Desiderius Erasmus, 1466-1536)의 저작들은 영적 흥분을 더했다.

제도권 종교개혁

1517년, 성경 연구를 통해 이신칭의(以信稱義)의 개념을 발견한 독일의 수도사 마르틴 루터(Martin Luther, 1483-1546)는 로마의 의식을 개혁하기 시작했다. 당시 독일은 몇 개의 크고 작은 정치 단위로 나뉘어 있었으며, 이들에 대한 교황과 황제의 통치는 그야말로 이름뿐이었다. 영국과 그 외의 유럽 국가들처럼, 독일은 민족적 일치를 모색하고 있었다. 중산 계층과 지방 군대의 등장은 이제 막 싹이 튼 이러한 민족주의에 자양분을 공급했다. 이러한 정황과 몇몇 독일 제후의 개인적인 후원 덕분에, 루터가 로마에서 멀어질수록 그의 영향력은 커졌다. 마침내 독일의 독립된 여러 주의 후원과 통치 아래, 연방교회들(territorial churches, 로마 가톨릭 교회로부터 독립하여 각각 제후를 최고 사제나 수장으로 하는 영방 단위의 교회 — 역자 주)이 형성되었다.

MARTIN LUTHER

마르틴 루터(1483-1546)

“동전이 땡그랑하는 순간 영혼이 연옥에서 벗어납니다.” 로마에 새로운 대성당을 지을 자금을 모금하는 권한을 받은 조한 테첼(Johann Tetzel)은 이렇게 외치고 다녔다. 그가 자금을 모으려고 사용하는 수법인 면죄부 판매는 아주 단순하게도 용서를 파는 것이었다. 돈을 내고 연옥에 있는 사랑하는 영혼을 구해내고 자신의 죄를 상쇄할 공로를 얻으라는 것이었다.

교회는 부패할 대로 부패했다. 부유한 귀족들이 교회 직책을 사서 더 많은 돈과 권력을 손에 넣는 데 이용했다. 이러한 귀족 가운데 하나가 브란덴부르그의 알베르트(Albert)였다. 그는 돈을 빌려 마인쯔의 대주교 자리를 샀으며, 이제 빌린 돈을 갚아야 했다. 교황은 알베르트에게 그 지역의 면죄부 판매권을 주었으며, 이렇게 모은 돈의 절반을 성 베드로 성당 건축비로 내놓게 했다. 나머지는 알베르트의 몫이었다. 신실한 몇몇 독일인 외에는 모두가 행복했다. 이들 가운데 한 사람이 마르틴 루터였다.

도미니크 수도사이며 인기 있는 설교자인 테첼은 면죄부 판매상이 되었다. 그는 이 동네 저 동네를 다니며 사람들의 등을 쳤다. “여러분이 사랑하는 죽은 친척들과 친구들의 음성이 들리지 않습니까? 그들이 여러분에게 간절히 호소하는 소리가 들리지 않습니까? ‘우리를 불쌍히 여겨주게, 우리를 불쌍히 여겨주게. 우리는 무서운 고통 가운데 있네. 하지만 자네들이 기부만 하면 우리를 구해낼 수 있네.’ 여러분, 어떻게 하시겠습니까?”

사제이자 비텐베르그의 교수인 루터는 면죄부 판매를 강력히 반대했다. 테첼이 주변에 왔을 때, 루터는 95개조의 반박문을 써서 교회 문에 붙였다. 교회문은 일종의 대자보판 같은 역할을 했다. 루터는, 하나님의 용서는 결코 사거나 팔 수 있는 게 아니며 하나님은 거저 용서하신다고 말했다.

그러나 면죄부는 빙산의 일각일 뿐이었다. 루터는 교회의 총체적 부패를 비판했으며, 교황의 권위와 성경의 권위에 대한 새로운 이해를 촉구했다. 테첼은 곧 무대에서 사라졌으나(1519년에 죽었다) 루터는 서구 세계를 급진적으로 바꿔놓은 종교 혁명을 계속 이끌었다.

루터는 1483년 독일의 아이스레벤에서 시골 부부의 아들로 태어났다. 광부인 아버지는 루터가 법률을 공부하기를 원했으며 그를 에르푸르트 대학에 보냈다. 그러나 벼락에서 간신히 살아남은 젊은 루터는 진로를 바꾸었다. 그는 1505년에 어거스틴 수도회에 들어가 1507년에 사제가 되었다. 루터의 학문적 능력을 발견한 윗사람들이 그를 비텐베르그 대학에 보내 신학 학위를 따게 했다.

역사 속의 위대한 그리스도인들을 괴롭혔던 영적 불안이 루터에게도 찾아왔다. 루터는 자신의 죄와 하나님의 거룩을 인식하며, 자신에게는 하나님의 사랑을 획득할 능력이 전혀 없음을 깊이 인식했다. 1510년, 그는 로마에 갔다가 기계적 신앙에 환멸을 느꼈다.

몇 년 후, 루터는 신학박사가 되어 비텐베르그로 돌아와 성경을 가르쳤다. 1515년, 루터는 바울이 쓴 로마서를 가르치기 시작했다. 바울의 한마디 한마디가 루터의 영혼을 물어뜯었다.

루터는 이렇게 썼다. "나의 상황은 그와 같았다. 나는 허물없는 수도사였지만 하나님 앞에서는 양심이 고통 받는 죄인이었다. 나의 공로가 그분을 진정시킬 것이라는 확신이 없었다. 나는 밤낮으로 생각했고, 마침내 하나님의 공의와 '의인은 믿음으로 살리라'는 말씀 간의 관계를 발견했다. 그 후 나는 하나님의 공의는 하나님이 은혜와 순전한 자비로 믿음을 통해 나를 의롭다고 하시는 의(義)라는 것을 깨달았다. 그때 내 자신이 거듭나고 열린 문을 통해 낙원으로 들어가는 것을 느꼈다. 성경 전체가 새로운 의미로 다가왔다. 바울의 이 구절이 내게 천국에 이르는 문이 되었다."

그 후 루터는 자신의 믿음에 대한 더 큰 확신과 동료들의 후원에 힘입어 부패를 더 거침없이 비판했다. 테첼이 나타나기 전에도, 루터는 면죄부 판매와 성물 숭배를 비판했었다. 테첼은 단순히 갈등이 곪아터지게 했을 뿐이었다. 루터의 95개조 반박문은 이것 때문에 야기된 격변을 감안하면 놀라울 정도로 절제되어 있었다. 이것은 실제로 토론에 대한 제안일 뿐이었다.

루터는 논쟁을 벌였다. 상대가 처음에는 테첼이었고 그 다음은 유명한 학자 조안 에크(Johann Eck)였는데, 이들은 루터를 이단으로 몰았다. 루터는 처음에 교황이 면죄부 남용에 대한 자신의 주장에 동의할 것이라고 기대했던 것 같다. 그러나 논쟁이 계속되면서, 루터는 교황권에 대한 반대 입장을 확실히 했다. 1520년, 교황은 루터의 견해를 정죄하는 교서를 발표했으나 루터는 그 교서를 태워버렸다. 1521년, 보름스 의회는 루터에게 그의 견해를 철회하라고 명령했다. 그곳에서 루터는 전설적인 말을 했다. "제가 여기 서 있습니다. 저는 달리 할 수 없습니다. 하나님, 저를 도와주세요. 아멘."

그 후 루터는 파문당했고 그의 저작은 금서(禁書)가 되었다. 루터의 후원자 프레데릭(Frederick the Wise)은 루터를 보호하기 위해 그를 납치하여 바르트부르그 성(Wartburg Castle)에 숨겼다. 이곳에서 루터는 더 많은 신학 저작을 쓰고 신약성경을 대중 독일어로 번역했다.

그러나 전투는 시작일 뿐이었다. 루터는 감히 교황을 대적함으로써 독일 귀족들과 평민들의 가슴에 독립의 불씨를 당겼다. 독일은 뒤죽박죽이 되었다. 어떤 귀족들은 루터를 지지했고 어떤 귀족들은 여전히 로마에 충성했다. 종교개혁의 조짐은 스위스에서도 나타나고 있었다. 스위스 종교개혁의 지도자는 울리히 쯔빙글리(Ulrich Zwingli, 1484-1531)였다. 교회와 신성로마제국은 1520년대 내내 정치 다툼 때문에 정신이 없었다. 이들이 종교개혁자들에게 강경한 태도를 취했을 때는 이미 너무 늦었다.

1530년 아우구스부르그 회의는 루터의 개혁 운동을 로마의 우산 아래로 돌려놓으려는 시도에 가까웠다. 루터의 동료 필립 멜랑흐톤(Philip Melanchthon, 1497-1560)은 루터의 견해에 대한 화해적 진술을 준비했으며, 자신들의 입장이 역사적 가톨릭에 충실하다는 것을 보여주었다(멜랑흐톤은 루터의 신학을 정리하여 《신학총론/Loci communes》을 썼으며, '아우구스부르그 신앙고백'을 작성했다 — 역자 주). 그러나 가톨릭 종교회의는 양보를 요구했고 루터는 이것을 받아들이지 않았으며, 결국 최종 분열이 일어났다.

되돌아보면, 종교개혁의 사건은 루터의 독특한 성격에 많은 빚을 진 것 같다. 깊은 자기 회의가 없었다면, 루터는 성경의 진리라는 광맥을 결코 그렇게 파내려가지 못했을 것이다. 의에 대한 열정이 없었다면, 루터는 결코 반박문을 내걸지 못했을 것이다. 거친 언동이 없었다면, 루터는 결코 그렇게 많은 사람들의 지지를 받지 못했을 것이다. 그는 변화의 기운이 무르익은 시대에 살았으며, 변화를 일으키기에 이상적인 인물이었다.

커티스 Curtis, 랭 Lang, 피터슨 Peterson

THE PORTABLE SEMINARY

루터가 일으킨 불꽃에 부채질을 한 사람들이 있었다. 쮜리히의 울리히 쯔빙글리(Ulrich Zwingli, 1484-1531)와 제네바의 존 칼빈(John Calvin, 1509-1564)도 개혁 운동을 폈다. 칼빈은 《기독교 강요》(Institutes of the Christian Religion)를 널리 보급하고 하나님의 주권과 대표제 교회정부(representative church government)를 강하게 강조함으로써 광범위한 영향을 미쳤는데, 특히 영국과 스코틀랜드와 궁극적으로 미국에까지 미쳤다. 제어할 수 없을 만큼 빠르게, 소책자와 설교와 대담을 통해, 루터가 불꽃을 피운 지 20년도 지나지 않아, 로마에 대한 저항은 유럽 거의 모든 곳으로 확산되었다.

JOHN CALVIN

존 칼빈(1509-1564)

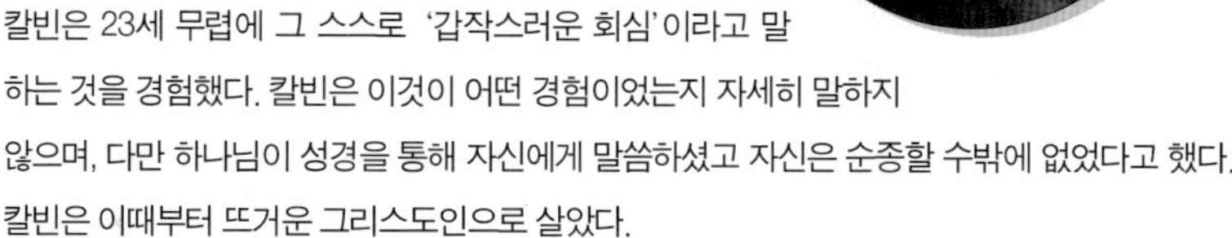

'가장 위대한 종교개혁자들의 시대에서 가장 위대한 신학자이자 규율가'이며 '유일한 국제적 개혁자'로 불리는 존 칼빈(John Calvin 또는 Jean Cauvin)은 프랑스 노용에서 태어났다. 그의 아버지는 노용의 주교의 재정비서였다. 뛰어난 학생이었던 칼빈은 먼저 파리와 오를리앙과 보루즈에서 법학을 공부했다. 그는 가장 학식이 깊은 몇몇 인문주의자에게 배웠으며, 1532년 박식한 인문주의 저서 《세네카의 관용론 주석》(Commentary on Seneca's Treatise on Clemency)을 발표했다.

칼빈은 23세 무렵에 그 스스로 '갑작스러운 회심'이라고 말하는 것을 경험했다. 칼빈은 이것이 어떤 경험이었는지 자세히 말하지 않으며, 다만 하나님이 성경을 통해 자신에게 말씀하셨고 자신은 순종할 수밖에 없었다고 했다. 칼빈은 이때부터 뜨거운 그리스도인으로 살았다.

그러나 회심 후, 칼빈은 로마 가톨릭과 당장 결별할 계획이 전혀 없었으며 오히려 개혁을 원했다. 1533년, 칼빈의 가까운 동료 니콜라스 코프(Nicholas Cop)가 파리 대학 총장이 되었다. 코프의 취임 연설은(칼빈이 대필하지는 않았으나 칼빈의 사상에 깊은 영향을 받은 연설이었다) 교회 개혁을 요구했으며 폭풍을 일으켰다. 칼빈과 코프는 파리를 떠날 수밖에 없었고, 잠시 노용의 감옥에 있은 후 프랑스를 떠나 스위스 바젤로 갔다. 이 무렵 칼빈은 로마와의 관계를 끊고 개혁자들과 뜻을 같이했다.

1535년, 칼빈이 겨우 26세였을 때, 프랑스의 프랑수아 1세(Francis I, 재위 1515-1547)는 프랑스 프로테스탄트들에게 난동을 일으켜 무정부 상태를 획책한다는 조작된 혐의를 씌워 이들에 대한 박해를 정당화하려 했다. 자신의 친구들을 직접 겨냥한 비난에 분노한 칼빈은 파리에서 피신 나올 때 시작했던 대작을 완성했다. 《기독교 강요》(Institutes of the Christian Religion)는 개혁주의 기독교 교리에 대한 포괄적이며 질서 정연한 집대성이었다. 칼빈의 《기독교 강요》는 후에 많은 수정과 증보를 거쳐 최종판이 나왔으며(1559), 예전이나 지금이나 기독교 문학과 서구 사상에 매우 큰 영향력을 미친 작품 가운데 하나이다.

1536년, 칼빈은 《기독교 강요》를 완성한 지 얼마 후 스트라스부르그로 가는 길에 전쟁 때문에 제네바로 돌아가야 했다. 그는 제네바에서 하룻밤만 머물고 스트라스부르그로 가서 조용한 도서관에서 조용히 연구하면서 살 계획이었다. 그러나 제네바의 개혁 불길을 유지하려고 열정적으로 노력하던 윌리엄 파렐(William Farel)은 칼빈에게 제네바에 남아달라고 간곡히 부탁했다.

처음부터, 칼빈의 제네바 체류는 긴장과 논쟁의 연속이었다. 칼빈은 제네바에 즉시 영향을 미쳤으며, 제네바 소의회(Little Council)는 엄격한 교회 권징을 통해 비도덕적 관습들을 제거하고 시민들에게 신앙고백의 의무를 부가하며 교리문답을 시행하라는 그의 건의를 받아들였다. 그러나 반대파는 민정기관(civil authority)이 교회의 모든 일을 구속하는 법을 통과시킴으로써 칼빈이 이룬 모든 성과를 무너뜨렸다. 칼빈은 추방되었다.

칼빈이 제네바에서 추방된 후 스트라스부르그에서 보낸 3년은 행복하고 생산적인 시간이었다. 칼빈은 이때 아내를 얻었고 성경 주석을 시작했다. 1541년 제네바에서 반대파가 물러났을 때, 칼빈은 제네바로 돌아와 달라는 요청을 받고 마지못해 스트라스부르그를 떠났다.

칼빈에 대한 반대가 또 다시 일어났다. 1553년 무렵, 제네바에서 세르베투스 사건이 일어났을 때 칼빈은 곧 몰락할 것 같았다. 답답한 매너리즘에 빠진 열렬한 회의주의자 미카엘 세르베투스(Michael Servetus)는 삼위일체, 유아 세례의 효율성, 예수 그리스도의 두 본성에 대한 정통적 견해 등을 거부하는 논문을 썼다. 세르베투스는 제네바에서 끈질기게 칼빈에 대한 반대를 조장했다. 그러나 칼빈은 세르베투스와 자신을 놓고 벌이는 최종적 재판을 요구했다. 칼빈은 이 극한 판결에 대해 기술적으로는 책임이 없더라도 세르베투스의 죽음에 한몫을 했다는 사실은 그의 이력에 얼룩을 남겼다(세르베투스는 1553년에 화형을 당했다).

그러나 세르베투스가 죽음으로써 칼빈은 제네바에서 그 누구의 도전도 받지 않는 최고 권력자가 되었다. 칼빈은 유럽 최고의 사상가들과 교류했다. 1559년, 칼빈은 제네바 대학의 전신(前身)을 설립했다. 많은 프로테스탄트 망명자들이 제네바의 종교개혁에 매료되어 제네바로 몰려들었다. 이들은 후에 칼빈주의를 스코틀랜드, 네덜란드, 헝가리, 프랑스, 영국, 폴란드에 퍼트렸다. 칼빈 밑에서, 제네바는 스코틀랜드의 존 낙스가 '지상의 가장 순수한 그리스도 학교'(the purest school of Christ on Earth)라 부른 것이 되었다.

윌리엄 바아커 William P. Barker

THE PORTABLE SEMINARY

루터와 쯔빙글리와 칼빈을 가리켜 흔히 '제도권' 개혁자들(magisterial reformers)이라 부른다. 왜냐하면 이들은 교회와 한 지역의 정치적 통치자를 연결했기 때문이다. 이러한 정치적 권위와 종교적 권위의 협력은 보호와 상호 지원을 위해 바람직했던 것으로 보인다. 이들은 현대적 의미의 종교적 자유를 생각할 수 없었다. 교회와 국가는 협력해야 했다. 교회는 의(義)를 촉진하고, 국가는 외적인 평화를 지키고 악행을 벌한다.

제도권 개혁자들은 오직 성경만이 그리스도인의 삶의 최종적 권위라고 가르쳤다. 강단이 제단보다 위에 있었고, 성경 설교가 도입되면서 설교가 미사를 대신했다. 진리는 성경과 전통과 교황의 해석이 결합되어 나타난다는 가톨릭의 교리와 완전히 반대였다. 종교개혁자들과 가톨릭교회 간의 중요한 두 번째 차이는 구원론이었다. 어떻게 그리스도인이 되는가? 가톨릭교회는 "결합을 통해서"라고 대답한다. 우리는 선한 행위로, 특히 성례 참여로 보충되는 믿음을 통해 구원받는다. 종교개혁자들은 오직 믿음으로, 그리스도께서 이루어놓으신 공로를 믿음으로써 구원받는다고 선포했다. 루터는 《갈라디아서 주석》(Commentary on Galatians)에서 이렇게 썼다. "이를 통해 우리는 죄에서 해방되고 의롭게 된다. 우리가 영생을 얻는 것은 우리의 공로와 행위 때문이 아니라 우리의 믿음, 우리가 그리스도를 붙잡는 믿음 때문이다."

제도권 개혁자들은 또한 사역자들을 위한 세밀하고 전문적인 훈련뿐 아니라 평신도를 위한 일반적인 교육을, 단지 성직자의 사역뿐 아니라 모든 일이 하나님의 소명이라는 것을, 그리고 과거 지향적 경향을 강조했다. 이 가운데 마지막 특징은 잊힐 때가 많다. 이들은 교회가 그 뿌리로 돌아가게 하려 했으며, 교회가 따라야 할 원칙과 모델을 찾기 위해 초대교회사를 연구했다. 이들은 1세기 사도적 교회만 연구하는 데 그치지 않았다. 특히 루터는 교회가 10세기까지는 본래의 깨끗함을 유지했다고 느꼈다. 따라서 루터교는 주교들이 주도하는 교회 정치 제도를 그대로 유지했으며, 성례에 참여함으로써 하나님의 은혜를 받는다는 것을 인정했다. 십자군의 유감스러운 광경들과 교황의 타락 때문에 교회는 표류하게 되었다. 따라서 교회 전통에 대한 존중이 루터를 비롯한 종교개혁 진영에서 나타났으며, 이들은 소위 종교개혁의 오른쪽 날개를 형성했다.

ULRICH ZWINGLI

울리히 쯔빙글리(1484-1531)

스위스의 독일어를 사용하는 지역에서 종교개혁을 이끈 주도적 인물은 쯔빙글리였다. 쯔빙글리는 루터가 독일에서 프로테스탄트 운동에 불을 붙이고 있을 때 스위스에서 종교개혁의 불씨를 일으켰다. 루터와는 달리, 쯔빙글리는 격한 혹은 장기간의 영적 위기를 전혀 경험하지 않았으며, 점진적인 지적 회심을 경험했다.

1506년 사제 서품을 받은 쯔빙글리는 스위스 글라루스(Glarus)의 교구 사제가 되었으며, 그곳에서 헬라어를 독학하고 성경 연구에 몰두했다. 쯔빙글리는 10년 후 아인시델른(Einsiedeln)으로 자리를 옮겼고, 면죄부 판매와 성모 숭배를 강하게 비판하는 설교를 했다. 몇몇 역사가들은 스위스 종교개혁이 이 무렵에 시작되었다고 보지만, 쯔빙글리는 이 무렵에도 로마교회와 단절할 생각이 전혀 없었다.

쯔빙글리는 1519년 36세에 쮜리히로 자리를 옮겼으며, 그곳에서 인기 있는 설교자이자 목회자가 되었다. 고통스럽게, 천천히, 주저하면서, 점차적으로 로마와 단절한 루터와는 달리, 쯔빙글리는 빠르고 쉽게 로마와 단절했다. 쮜리히에서 로마와의 단절은 1522년 사순절 기간에 일어났다. 쯔빙글리는 사순절 기간에 육식을 금하는 것이 비성경적이라고 설교했다. 쯔빙글리는 사제단의 압력과 콘스탄스 주교의 위협에도 불구하고 흔들리지 않았다. 같은 해 7월, 쯔빙글리와 10명의 사제들은 사제 독신주의에 공개적으로 이의를 제기했으며 사제의 결혼을 허락해 달라고 요구했다. 이 요구가 받아들여지지 않자, 쯔빙글리를 비롯해 열 명의 사제 대부분이 결혼했다.

쯔빙글리의 설교와 독일에서의 루터의 활동 소식으로 쮜리히가 동요를 일으키고 있을 때, 쯔빙글리는 쮜리히에서 공개적으로 토론하기 위해 67개 논제(Sixty-seven Article or Conclusion)를 준비했다. 구원자요 중보자이신 그리스도와 하나님의 말씀의 최고 권위를 강조하고 교황 제도를 거부한 이 논제는 공개적으로 발표된 최초의 개혁주의 신앙이었다.

1523-1524년에 걸친 길고 격렬한 공개 논쟁 끝에, 쯔빙글리는 쮜리히의 행정관들에게 각자의 관할 지역에서 개혁주의 의식을 공식적으로 채택하도록 설득했다. 제후들의 의지로 결정된 독일의 종교개혁과는 달리, 쮜리히의 종교개혁은 시민들의 의지로 결정되었다.

윌리엄 바아커 William P. Barker

THE PORTABLE SEMINARY

급진 종교개혁

종교개혁의 왼쪽 날개, 즉 급진 종교개혁은 제도권 종교개혁과는 아주 달랐다. 급진 종교개혁에서는 초기의 두 대표자가 두드러진다. 그 가운데 하나는 독일의 극단주의자 토마스 뮌쩌(Thomas Muntzer, c.1490-1525)인데, 이전에 루터의 추종자였던 그는 농민혁명을 일으켰으나 실패했다. 다른 하나는 스위스의 재세례파(Swiss Anabaptists)인데, 이들은 콘라드 그레벨(Conrad Grebel, 1498-1526)이 이끄는 쯔빙글리의 추종자들 가운데 견해를 달리하는 하나의 그룹으로 시작되었다. 지도자들의 느리고 타협적인 행위를 불만스럽게 여긴 이들 그룹은 신약성경의 패턴으로 돌아가고 사도적 교회를 회복하자고 주장했다. 이들이 제도권 개혁자들보다 로마 가톨릭의 전통에서 더 철저히 벗어난 것도 이 때문이다. 루터와 칼빈은 교회를 지역적이며 특정 지역의 모든 사람을 포함하는 것으로 본 반면에, 급진 개혁자들은 교회를 사회로부터 불러냄을 받은 하나의 자발적 기구로 보았다. 교회의 구성원이 되려면 성령을 통해 새롭게 태어나야 하고, 하나님의 은혜를 받아야 하며, 신자의 세례를 받아야 한다. 제도권 종교개혁자들이 세례를 기독교 사회의 구성원이 되었다는 하나의 '상징'으로 생각하여 유아를 비롯한 모든 사람이 세례를 받을 수 있다고 본 반면에, 급진 종교개혁자들은 세례를 이미 일어난 내적 거듭남의 가시적 증명서로 보았다. 이들의 적들은 경멸적인 의미로 이들을 재세례파(Anabaptists), 곧 세례를 다시 주는 사람들이라고 불렀다.

재세례파는 견해를 달리하는 프로테스탄트들 가운데 가장 크고 공격적인 분파였다. 이들은 기독교 국가의 개념을 거부했고 기독교 국가의 활동에 참여하기를 거부했기 때문에 혁명가들로 보였다. 프로테스탄트들이 이들의 무저항주의를 규범으로 삼았다면 가톨릭이나 중부 유럽을 침입하고 있던 투르크족으로부터 자신을 지킬 수 없었을 것이다. 재세례파는 무저항주의를 선택한 결과 수천 명씩 순교했다. 이들은 엄격한 도덕적, 윤리적 기준을 유지했으며, 일반적으로 이러한 이상을 버린 그 어떤 사람과도 교제하지 않았다.

박해의 압력 아래, 하위 계층에게 호소력이 있었던 재세례파는 여러 그룹으로 나뉘었고, 그 결과 기존 질서에 더욱더 위험한 존재가 되었다. 그 이유는 특히 이들에게 지리적 중심지나 통일된 신앙 형식이 없기 때문이었다.

영향력이 컸던 네덜란드의 메노 시몬스(Menno Simons, 1496-1561)의 이름을 딴 메노나이트파(Mennonites)는 이들 가운데 가장 큰 그룹이었다. 독일과 저지대 국가들(Low Countries, 지금의 베네룩스 국가들)에서 핍박을 피해 나온 많은 사람들이 마침내 펜실베이니아에서 도피처를 찾았다. 몇몇 재세례파는 폴란드와 프러시아와 모라비아에 신앙 공동체를 세웠으며, 18세기 말에는 많은 사람들이 남부 러시아로 이주했다. 또 어떤 급진주의자들은 개인적인 기독교 신비주의를 선택하고 눈에 띄지 않는 작은 그룹을 형성했다.

중산층 문화와 상업적인 삶과 정치 참여를 멀리하는 재세례파의 많은 사람들은 사회적, 종교적 일치가 덜 강했고 성도들의 공동체가 시달림 없이 살 수 있는 유럽 사회의 변방으로 이주했다. 수많은 재세례파들이 자신만의 독특한 공동체 생활, 오염된 세상으로부터 자신을 지키는 생활을 유지하는 데 성공했다. 그 가운데 가장 유명한 그룹은 스위스 메노나이트파의 한 분파인 아미쉬(Amish)였다. 야콥 암만(Jacob Ammann)이 이끈 이 분파는 1700년대 초에 펜실베이니아로 이주했으며, 현대적인 의복과 편의시설을 거부하는 전통적 생활방식을 고수했다. 메노나이트파의 또 다른 그룹은 1528년 모라비아에서 시작되었으며 공산주의 생활을 실천한 후터파(Hutterites)였다(창설자인 야콥 후터/Jacob Hutter의 이름을 따서 이렇게 부르며 '후터라이트파' 또는 '후터 형제단'이라고도 한다 — 역자 주). 유럽에서 심한 박해를 받은 이들은 우크라이나로 이주했으며, 마침내 1870년대에 북미로 건너갔다.

제도권 종교개혁자들과 급진 종교개혁자들이 심은 경향과 원칙은 영국에서 비옥한 토양을 만났다. 두 날개의 독특한 결합이 영국에서 나타났으며 세계로 확산되었다. 미국의 개신교는 영국의 종교개혁을 둘러싼 일련의 싸움의 결과일 것이다.

영국 종교개혁의 특징

1520년대 말 헨리 8세(Henry III, 재위 1491-1547)의 결혼 문제 때문에 영국과 로마교회 사이에 심각한 문제가 일어났다. 그러나 뚜렷한 불평이 들렸던 것은 150년쯤 전 옥스퍼드의 학자 존 위클리프가 신약성경에 직접적으로 호소함으로써 교황과 교회의 권위에 공개적으로 도전했을 때였다. 위클리프는 영국에 영어로 된 성경을 안겨주었고, 영국 전역에 개혁 사상을, 특히 하위 계층에게 호소력 있는 메시지를 선포할 평신도 설교자들인 롤라드파(Lollards)를 조직했다(롤라드파는 위클리프의 추종자들을 말하며, 이러한 명칭은 위클리프의 독일 이름이 롤라드인 데서 비롯되었다 — 역자 주).

왕실의 관습이 그렇듯이, 젊은 헨리 8세는 아라곤의 캐더린과 정략결혼을 했는데, 캐더린은 죽은 형의 부인이었다. 1527년, 헨리 8세는 18년간 결혼 생활을 하면서 자신의 뒤를 이을 왕자를 간절히 바랐으나 바람을 이루지 못했다(공주 하나만 낳았으나 어려서 죽었다). 그러자 헨리 8세는 교황 클레멘트 7세(Clement VII, 재위 1523-1534)에게 자신의 결혼을 취소시켜 달라고 부탁했다. 그의 결혼 자체는 교회가 레위기 20장 21절("누구든지 그의 형제의 아내를 데리고 살면 더러운 일이라 그가 그의 형제의 하체를 범함이니 그들에게 자식이 없으리라")을 근거로 금지하는 것이었다. 당시 신성로마제국의 황제이자 스페인의 국왕이며 캐더린의 조카인 찰스 5세(Charles V, 재위 1519-1556)의 영향력 아래 있던 클레멘트 7세는 헨리 8세의 요청을 거부했다. 그러자 헨리 8세는 자신의 길을 갔다. 1533년, 헨리 8세는 비밀리에 앤 볼린(Anne Boleyn, 1507경-1536)과 결혼했으며, 캔터베리의 대주교 토마스 크랜머(Thomas Cranmer, 1489-1556)로 하여금 자신과 캐더린 왕비의 결혼을 무효라고 선언하게 했다. 그러자 교황은 헨리 8세를 파문했으며, 헨리 8세는 의회로 하여금 영국 국왕이 "영국 교회의 유일한 지상의 머리"라고 선언하도록 했다. 1534년에 발표된 이러한 수장령(首長令)으로 인해 영국과 로마의 공식적인 관계가 끊어졌다.

헨리 8세가 자신의 '개혁'을 신학적이기보다는 정치적이며 교회적인 것으로 생각했다는 사실은, 그가 1539년 로마의 교의를 공식적으로 재인정했다는 사실에서 드러난다. 그러나 그는 프로테스탄트 정신에 두 가지를 양보했다. 그는 1539년에 윌리엄 틴데일(William Tyndale, 1494-1536)의 번역과 마일스 커버데일(Miles Coverdale, 1488-1568)의 번역에 기초한 그레이트 성경(Great Bible)을 발행했다. 그리고 모든 수도원을 폐쇄하고 그 재산을 몰수했다. 이러한 조치로 고갈된 왕궁의 창고는 다시 채워졌으며, 헨리 8세는 자신이 취득한 것을 귀족들에게 나눠줌으로써 그들의 충성을 끌어냈고 그들에게 경제적 이익을 안겨주었다. 그의 계승자들은 영국에 프로테스탄트 사상을 심었으나 이것은 결코 쉬운 과정이 아니었다.

1547년에 헨리 8세가 죽은 후 헨리 8세의 세 번째 왕비 제인 세이모어(Jane

Seymour)가 낳은 에드워드 6세(Edward VI, 당시 10세, 재위 1547-1553)가 왕위를 이었다(제인 세이모어는 에드워드 6세를 낳은 지 12일 만에 죽었다 — 역자 주). 에드워드 6세는 겨우 16세라는 어린 나이에 죽었다. 그러나 매우 경건하고 반(反)로마적이었으며 크랜머를 스승으로 두었던 그는 영국을 급속도로 프로테스탄티즘으로 몰고 갔다. 교회에서 성상이 제거되었으며, 연보(chantries, 명복을 빌기 위한 미사 또는 기도료)가 폐지되었고, 예배에서 라틴어 대신 영어가 사용되었으며, 사제들의 결혼이 합법화되었고, 평신도가 성찬의 포도주를 받을 수 있게 되었다. 가톨릭의 예배 순서를 대체하기 위해, 크랜머는 새로운 공동 기도서(Book of Common Prayer)를 내놓았으며, 비교적 칼빈주의적인 신조를 만들었다. 많은 사람들이 여전히 옛 방식을 고수했지만, 의회는 이러한 변화를 국가에 공식적으로 부가했다.

1553년에 에드워드 6세가 죽자, 그의 이복 누나로 아라곤의 캐더린의 딸이며 열렬한 가톨릭 신자인 매리 튜더(Mary Tudor, 재위 1553-1558)가 왕위에 올랐다. 변화는 불가피했다. 매리는 의회에게 에드워드 6세 시절에 제정한 종교 입법을 무효화하라고 강요함으로써 가톨릭으로 되돌아가는 작업을 시작했다. 매리와 그녀의 사촌 레지날드 폴(Reginald Pole) 추기경(캔터베리의 대주교)은 이단을 처벌하는 예전의 법령을 회복시켰으며, 300명의 프로테스탄트들을 처형했는데, 이 가운데는 크랜머와 니콜라스 리들리(Nicholas Ridley)와 휴 라티머(Hugh Latimer)를 포함한 다섯 명의 주교도 있었다. 다른 많은 프로테스탄트들은 안전을 찾아 영국을 떠나 대륙의 형제들에게로 갔다.

매리의 노력은 실패로 돌아갔다. 매리는 스페인의 필립 2세(Philip II, 재위 1179-1223)와 결혼했으나 왕위 계승자를 낳지 못했으며 그녀의 이복동생으로 헨리 8세와 앤 볼린 사이에서 태어난 엘리자베스가 왕위를 계승하게 되어 있었다. 병약한 매리는 겨우 5년을 통치하다가 1558년에 죽었으며, '피의 매리'(Bloody Mary)라는 불명예스러운 칭호를 얻었다.

종교적 다툼을 끝내기로 결심한 엘리자베스 1세(Elizabeth I, 1558-1603)는 모든 사람들이 의무적으로 따라야 하는 민족적인 국가 종교를 세우기로 했다. 엘리자베스의 타협정책을 통해, 영국 교회는 프로테스탄트 양식을 취했으며, 이 양식은 지금까지 유지되고 있다. 1559년 의회가 수장령을 통과시킴으로써 로마와의 모든 관계는 끊어졌고, 영국 국왕은 정치적, 교회적으로 '최고의 통치자'로 선포되었다. 통일령(Act of Uniformity, 영국교회의 예배와 기도와 의식 등을 통일하기 위해 의회가 1549-1562년까지 4차에 걸쳐 제정하고 공포한 법률)은 공동 기도서를 회복시켰으며, 크랜머의 신조를 확대한 39개 신조(Thirty-nine Articles)가 공식 교리가 되었다. 부드러워진 이 교리는 강경파 가톨릭 신자들 외에 모두를 만족시켰다. 교회는 종교개혁 이전의 주교와 교구 사제라는 성직자 구조를 그대로 유지했다.

북쪽에서는, 가톨릭 군주인 매리 스튜어트(Mary Stuart, 재위 1543-1567. 스코틀랜드 여왕)가 있었는데도 스코틀랜드 귀족들과 도시 중산층이 연합해서 스코틀랜드를 칼빈주의적 교회로 몰아갔다. 전직 사제였으며 제네바에서 존 칼빈과 함께 연구에 몰두했던 무서움을 모르는 존 낙스(John Knox, 1505-1572)의 인도 아래, 스코틀랜드 의회는 1560년에 로마 가톨릭과의 관계를 끊었다. 장로교 형태의 교회 정부를 만들었고, 의회에 '다스리는 장로들'(ruling elders)을 두었으며, 여러 교회들과 보다 큰 지역을 포함하는 대회들과 전국적인 총회를 감독할 평신도 장로들과 성직자를 선출했다. 매리는 존 낙스와의 싸움뿐 아니라 폭풍우 같은 자신의 생활 때문에 결국 폐위되어 영국으로 유배되었으며, 마침내 엘리자베스 1세에게 처형 당했다. 매리 스튜어트의 아들인 스코틀랜드의 제임스 6세(James VI, 재위 1567-1625)가 제임스 1세(James I, 재위 1603-1625)로서 영국의 왕위를 이었을 때, 영국과 스코틀랜드는 자신만의 확고한 종교적 스타일이 있기는 했으나(영국은 주교제/감독제, 스코틀랜드는 장로교) 그는 두 개의 프로테스탄트 국가를 하나의 통치자 밑에 통합했다. 미국의 장로교는 스코틀랜드 종교개혁의 후예이다. 왜냐하면 많은 스코틀랜드 사람들이 1600년대 초에 북아일랜드로 이주했으며, 한 세기 후 이들의 후손이 대서양을 건너 식민지 미국에서 새로운 보금자리를 찾았기 때문이다.

한편, 영국과 미국의 기독교 발전에 영향을 끼칠 대륙의 칼빈주의 내부에서 분열이 일어났다. 네덜란드 신학자 야코부스 알미니우스(Jacobus Arminius, 1560-1609)가 칼빈주의의 몇몇 기본 교리에 의문을 제기했으며, 그의 추종자들은 그의 새로운 사상을 독일 교회에 빠르게 확산시켰다. 간단히 말해, 알미니우스는 칼빈의 예정론과 그리스도의 대속이 '택자'에만 제한된다는 교리를 거부했다.

그에 따르면, 인간은 자유의지가 있기 때문에 성령의 설득을 거부하고 구원의 제안을 무시할 수 있다. 그리스도에게 등을 돌린 신자들은 은혜에서 떨어질 수 있다. 알미니안주의자들은 도르트 총회(Synod of Dort, 1618-1619)에서 이단으로 결정되었으며, 따라서 네덜란드와 독일의 칼빈주의자들뿐 아니라 미국에 있는 이들의 후손까지 정통적 칼빈주의를 고수할 수 있게 되었다. 그러나 영국에서, 윌리엄 로드(William Laud, 1573-1645) 대주교가 반(反)칼빈주의 운동을 폈으며, 후에 알미니안주의의 영향을 받은 존 웨슬레가 감리교 운동을 폈다.

청교도 운동

Puritanism

+마크 놀

청교도 운동으로 알려진 느슨한 조직의 개혁 운동은 16세기에 영국에서 종교개혁이 진행 중일 때 일어났다. 청교도라는 이름은 종교개혁이 완성되지 않았다고 느꼈던 사람들이 영국 교회를 정화하려고 기울인 노력에서 나왔다. 마침내 청교도는 자신뿐 아니라 사회까지 정화하려 했다.

우리는 청교도 운동의 신학적 뿌리를 대륙의 개혁신학, 곧 존 위클리프와 롤라드에게로 거슬러 올라가는 고유한 비국교도 전통에서, 특히 영국의 1세대 개혁자들의 신학적 노력에서 찾을 수 있을 것이다. 이들은 윌리엄 틴데일(William Tyndale, d.1536)에서부터 성경과 언약 개념을 강조하는 신학에 강하게 집중했으며, 존 낙스(John Knox, d.1572) 때부터 교회와 국가의 철저한 개혁에 몰두했으며, 존 후퍼(John Hooper, d.1555) 때부터 성경이 교회의 틀뿐 아니라 개인의 행동까지 다스려야 한다는 강한 확신을 가졌다.

청교도는 엘리자베스 1세 초기에 공적으로 어느 정도 인정받았다. 그 후 이들은 일련의 반대에 부딪혔으며, 이러한 반대는 엘리자베스 1세의 뒤를 이은 제임스 1세와 찰스 1세 때까지 계속되었다. 제임스 1세 때, 영국교회의 개혁 노력에 실망한 몇몇 청교도가 영국교회와의 관계를 완전히 끊어버렸다. 이러한 분리파

(Separatists)에는 후에 네덜란드에 머물다가 1620년에 지금의 매사추세츠 남동부에 플리머스 식민지(Plymouth Colony)를 건설한 미국 최초의 이주자들이 포함되었다.

찰스 1세(Charles I, 재위 1625-1649)가 의회와 의회의 다수를 차지하는 청교도 의원들 없이 영국을 다스리려 했을 때, 즉 그가 영국교회에서 청교도를 조직적으로 뿌리 뽑으려 했을 때, 더 크고 덜 분리적인 그룹이 매사추세츠만으로 이주했으며(1630), 그곳에서 청교도는 처음으로 하나님의 말씀에 대한 자신들의 믿음을 반영하는 교회와 사회를 건설할 기회를 갖게 되었다. 영국에서, 다른 청교도는 계속해서 개혁을 위해 싸웠다. 찰스 1세가 스코틀랜드와의 전쟁 때문에 1640년에 의회를 소집해야 했을 때, 마침내 내전이 일어났다. 내전은 결국 찰스 1세가 처형되고(1649), 올리버 크롬웰(Oliver Cromwell, 1599-1658)이 영국의 호국경(護國卿)에 오르며, 웨스트민스터 신앙고백과 요리문답이 만들어지고, 청교도 공화국이 건설됨으로써 끝이 난다. 그러나 크롬웰은 자신의 모든 능력에도 불구하고 청교도 국가를 세우지 못했다. 그가 죽은 후, 영국 사람들은 찰스 1세의 아들의 귀환을 요구했으며(그가 찰스 2세가 되었다), 이러한 왕정복고는 영국에서 조직화된 청교도 운동의 붕괴를 의미했다. 대서양 건너편에서는 활기찬 청교도 운동이 조금 더 길게 지속되었을 뿐이다. 코튼 매더(Cotton Mather, 1662-1728, 미국의 청교도 목사)에 이르렀을 때, 인디언 전쟁을 겪고 원래의 매사추세츠 헌장(식민지의 자치권 보장)이 취소되고 세속화가 확산됨에 따라 청교도 운동은 미국에서 하나의 생활방식으로는 그 수명을 다했다.

청교도 운동은 일반적으로 영국의 종교개혁 사상을 확대시켰으며, 네 가지 신념을 뚜렷이 강조했다.

1. 개인의 구원은 전적으로 하나님에게서 온다.
2. 성경은 삶의 필수불가결한 안내자이다.
3. 교회는 성경의 분명한 가르침을 반영해야 한다.
4. 사회는 하나의 통일된 전체이다.

청교도는 인간의 구원이 전적으로 하나님께 달렸다고 믿었다. 영국에서 살았던 선조들과 루터와 칼빈과 함께, 이들은 하나님과의 화해는 믿음으로 받는 그분의 은혜의 선물이라고 믿었다. 이들은 인간이 죄인이라고 생각하는 어거스틴주의자들이다. 다시 말해, 이들은 인간은 의로운 하나님의 요구를 충족시키려 하지 않으며 그분의 은혜가 없이는 충족시킬 수도 없거나 그분과의 교제를 누리려 하지 않으며 그분의 은혜가 없이는 누릴 수도 없다고 생각한다. 그러나 청교도는 또한 일반적인 개혁주의 구원론에 뚜렷이 기여했다. 이들은 존 도드(John Dodd, 1555-1645)와 윌리엄 퍼킨스(William Perkins, 1558-1602)의 능숙한 설교에서 나타나듯이 '분명한 형태'의 설교를 주창했으며, 이들의 설교는 멸망의 넓은 길과 천국에 이르는 좁은 문을 의식적으로 제시했다. 이들은 또한 회심의 과정을 새롭게 강조했다. 토마스 세퍼드(Thomas Shepard, 1605-1649)와 같은 지도자들의 일기에서처럼, 이들은 하나님이 인간을 거역에서 순종으로 옮기시는, 느리지만 고통스러울 때가 많은 과정을 제시했다.

이들은 또한 구원을 '언약'의 견지에서 말했다. 매리 튜더(Mary Tudor) 시대에 완성된 최초의 청교도판 번역 성경인 제네바 성경(Geneva Bible)의 난외주는 하나님께서 그리스도를 믿는 자들에게 생명을 주시며 그리스도의 희생적 죽음을 토대로 택한 자들에게 믿음을 주시는 개인적인 은혜언약을 강조했다. 나중에 청교도는 언약 개념을 확대하여 교회 조직에 적용했는데, 이것은 회중교회주의(Congregationalism, 독립주의)의 등장과 하나님을 중심한 모든 사회 구조에서 분명하게 나타났으며, 이러한 사회 구조를 보여주는 좋은 예가 매사추세츠와 코네티컷의 '거룩한 공화정'(Holy Commonwealth)이다.

영국의 초기 개혁자들과 마찬가지로, 청교도는 성경이 최고의 권위를 갖는다고 믿었다. 그러나 성경 사용은 곧 청교도와 영국교회가 서로 공격하고 청교도끼리도 서로 공격하는 큰 원인이 되었다. 청교도와 영국교회, 그리고 둘 가운데 있는 많은 사람들은 성경의 최종 권위를 믿었다. 그러나 청교도는, 그리스도인들은 성경이 명하는 것만 해야 한다고 주장하게 되었다. 영국교회는, 그리스도인들은 성경이 금하는 것을 하지 말아야 한다고 주장했다. 둘 사이의 차이는 미묘했지만 깊었다. 청교도 사이에서도 성경이 무엇을 요구하는가에 대해, 특히 교회와 관련된 문제에서 상당한 의견 차이가 있었다. 어떤 사람들은(대부분 영국에서) 장로교의 국가 교회(state-church) 조직을 요구했고, 어떤 사람들은(매사추세츠와 코네티컷에서) 국가와 동맹하는 형태의 회중적인 조직을 지지했으며, 또 어떤 사람들은(뉴잉글랜드의 로저 윌리엄스뿐 아니라 영국의 독립교회파와 침례교도들) 성경이 국가와 분리된 회중교회를 명령한다고 믿었다.

간단히 말해, 청교도는 성경 해석 방식에서 영국교회와 견해가 달랐으나 어떤 성경 해석이 최상이냐에 대해서는 내부적으로도 견해가 나뉘었다. 영국 국왕과 주교제주의자들 간의 동맹이 계속되는 한, 전자의 의견불일치도 계속되었다. 후자의 의견불일치가 나타난 것은 청교도 혁명이 성공한 후였으며, 영국의 청교도 운동이 분열되는 결과를 낳았다.

이러한 의견불일치 때문에 청교도가 성경의 권위에 전적으로 집중했다는 사실을 간과해서는 안 된다. 청교도는 영어권 세계에서 성경의 가르침에 기초한 삶을 세우기 위해 이전 어느 때보다 진지하게 노력했다. 영국을 개혁하려는 청교도의 노력이 엘리자베스 시대 마지막에 꺾였을 때, 청교도는 자신들이 여전히 제어할 수 있는 영역, 즉 개개인의 가정에 눈을 돌렸다. 청교도가 안식일을 새롭게 강조하고, 가정 예배를 부활시키며, 병자들과 죽어가는 자들에게 개인적으로 자비를 베푸는 것을 장려했던 때가 바로 이때, 즉 1600년 무렵이었다. 1640년대 청교도 정신이 빛을 발할 때(이 무렵 청교도 혁명이 있었다 — 역자 주), 이러한 '가정의 영성화'가 공개적으로 이루어졌다.

청교도는, 교회가 성경을 토대로 조직되어야 한다고 믿었다. 영국교회는 오랫동안 시도되고 테스트되었으나 성경의 그 어떤 명령도 범하지 않은 주교제(episcopacy, 감독제)가 교회를 조직하는 경건하고 적절한 방법이라고 주장했다. 청교도는 주교제를 주장하는 사람들이 청교도가 성경의 적극적인 가르침이라고 주장하는 바를 소홀히 함으로써 핵심을 놓쳤다고 답했다. 청교도는, 성경은 교회를 구성하고 다스리는 구체적인 규범과 주교제를 기초로 하지 않는 교회 직제를 제시한다고 주장했다. 청교도는 성경적 시스템이 무엇이냐에 대해 내부적으로 견해가 다를 때에도 이러한 확신을 버리지 않았다. 그러나 이러한 의견불일치조차 열매가 있었다. 왜냐하면 이것들이 현대의 장로교와 회중교회와 침례교의 정치 체제의 기초를 놓았기 때문이다.

구원과 성경과 교회에 대한 청교도의 믿음이 큰 격변을 일으킨 것은 이들의 기본적인 확신 가운데 하나님이 사회의 결속을 재가하셨다는 확신 때문이었다. 대부분의 청교도는 하나로 연합된 권위가 사회를 다스려야 한다고 믿었다. 그 결과 청교도는 영국 전체를 청교도로 만들려는 목표를 결코 버리지 않았다. 청교도 공화정 말기에야 관용과 오늘날 다원주의로 알려진 사상이 일어났으나 대부분의 청교도는 이러한 사상에 맞서 싸웠으며, 따라서 이러한 사상은 찰스 2세의 왕정복고를 통해 등장하는 그 다음 세대에 가서야 다시 일어날 수 있었다.

현대적 시각에서 보면, 단일화된 사회적 시각에 따른 불관용은 청교도의 명성에 해를 끼쳤다. 보다 객관적인 시각에서 보면, 큰 이점을 볼 수도 있다. 청교도는 하나님을 섬기려 노력하는 가운데 단순한 종교성을 타파하는 데 성공했다. 청교도 운동은 17세기 초 영국 의회를 등장시킨 추진력 가운데 하나였다. 좋든 나쁘든, 청교도 운동은 근대 최초의 큰 정치적 혁명의 기초를 제공했다. 청교도 운동은 뉴잉글랜드 이민자들에게 하나의 사회적 비전을 제공했으며, 이 비전의 포괄적인 기독교적 특징은 지금까지도 미국에서 전혀 찾아볼 수 없는 것이었다. 그리고 청교도 운동은 너무나 창의적이지 않은 운동이었음에도 불구하고 문학에도 거대한 에너지를 공급했다.

청교도에게는 힘 있는 설교자와 선생이 많았다. 박식한 청교도 저술가 윌리엄 에임스(Dr. William Ames, 1576-1633)는 하버드 컬리지가 처음 50년간 교과서로 사용한 《신학의 정수》(Marrow of Theology)에서 '하나님을 향한 삶의 교리'(the doctrine of living to God)를 설명했다. 윌리엄 퍼킨스(William Perkins, 1558-1602)의 설교와 글은 회개하는 죄인이 하나님을 찾기 위해 밟아야 하는 단계를 친절하게 제시했다. 존 프레스톤(John Preston)은, 제임스 1세와 찰스 1세의 왕궁에서 하나님의 법은 엄격하며 그의 긍휼은 넓다는 것을 두려움 없이 설교했다. 크롬웰의 조언자이자 옥스퍼드 대학의 부총장이었던 존 오웬(John Owen, 1616-1683)은 대속과 성령에 관한 신학 논문을 썼는데, 그의 논문은 지금도 영어권에서 칼빈주의 사상에 영향을 미친다. 그와 동시대 인물인 리처드 백스터(Richard Baxter, 1615-1691)는 신학적 중용(theological moderation)의 장점과 20세기에 C. S. 루이스가 '순전한 기독교'(mere Christianity)라고 부르는 진리를 설명하는 저작을 200권 가까이 출판했다. 미국의 보스턴에서는, 존 코튼(John Cotton, 1584-1652)이 회심하여 하나님의 영광을 나타내려고 노력했으며, 하트포드의 토마스 후커(Thomas Hooker, 1586경-1647)는 회심자들이 하는 일에서 하나님께 영광을 돌렸다. 청교도 신학자들이 의회의 요청으로 만든(1643-1647) 웨스트민스터 신앙고백과 요리문답은 지금도, 특히 장로교에서 개혁 신학의 안내자로 남아 있다. 개신교의 도서관을 보면, 청교도의 저작이 거룩한 실천신학 분야에서 가장 많은 부분을 차지한다.

사역자들의 기여가 중요하기는 했지만, 청교도가 기독교 역사에 가장 크게 기여한 부분은 평신도와 관련된 부분일 것이다. 영어권 세계는 호국경 올리브 크롬웰(Lord Protector Oliver Cromwell)이나 매사추세츠 총독 존 윈드롭(John Winthrop), 폴리머스의 총독 윌리엄 브래드포드(William Bradford, 1588-1657)와 같은 철저히 기독교적인 정치 지도자들을 지금까지 다시 보지 못했다. 이들은 어쩌면 자주 잘못을 범했으나 자신을 구원해주신 하나님의 은혜에 깊이 감사하여 의식적으로, 전심으로 공인으로서 섬기는 데 삶을 바쳤다.

청교도 정치인들을 넘어 청교도 작가들을 볼 때도 청교도의 진수를 얼핏 볼 수 있다. 존 밀턴(John Milton, 1608-1674)을 어찌 빼놓을 수 있겠는가? 그는《실락원》(Paradise Lost)에서 "영원한 섭리를 말하라. 인간에 대한 하나님의 길이 옳다고 외치라"고 했으며, 이전에 찰스 1세의 처형을 지지했었고 크롬웰의 라틴어(또는 서신담당) 비서로 일했었다. 존 번연(John Bunyan, 1628-1688)은 공화정 때 크롬웰의 군대와 함께 다니면서 평신도로서 설교를 했으며, 후에 청교도 신앙 때문에 베드포드 감옥에 갇혔으나 그곳에서《천로역정》(Pilgrim's Progress)을 썼다. 미국에서, 청교도 운동은 앤 브래드스트리트(Anne Bradstreet, 1616-1672)라는 저명한 시인을 낳았다. 청교도 운동은 또한 은퇴한 시골 목사 에드워드 테일러(Edward Taylor, 1645-1729)의 시를 우리에게 선사했다. 테일러가 1년에 네 차례 있는 성찬식을 위해 자신의 마음을 준비하려고 쓴 명상록은 미국인이 쓴 가장 멋진 시에 속한다.

청교도는 기독교 역사에서 하나님을 위해 모든 것을 버린 후 하나님뿐 아니라 세상의 많은 것을 받은 다른 여러 그룹을 닮았다. 청교도는 초기 프란시스 수도사들과 프로테스탄트 종교개혁자들과 예수회 회원들과 재세례파와 초기 감리교도들과 19세기 말의 네덜란드 개혁교회와 비슷하다. 왜냐하면 이들은 각자의 방법으로 구속의 영광에 사로잡혔고 주변 세상을 구속하는 데 한몫을 했기 때문이다. 이러한 그룹들처럼, 청교도도 복음의 진리를 검증했다. 이들은 먼저 하나님과 그의 의를 구했으며, 훨씬 더 많은 것을 더해서 받았다.

대각성 운동

Great Awakenings

+ 바이런 클라우스

미국의 제1차 대각성 운동은 18세기 초, 주로 1720-1750년에 일어났다. 조나단 에드워즈(Jonathan Edwards), 조지 화이트필드(George Whitefield), 윌리엄 테난트(William Tennant, 1673-1746)와 같은 이름이 두드러지지만, 대각성 운동은 소수 지도자만의 활동에 불과한 게 아니었다. 대각성 운동에 '대'(大, Great)라는 말을 붙일 수 있는 이유는 이것이 전반적이고 폭넓은 운동이었기 때문이다. 다양한 계층의 미국인들이 영향을 받았다. 대각성 운동이 영국령 미국의 여러 지역에서 국가 의식의 발전에 크게 기여했으며, 하나님이 미국을 향한 특별한 계획을 갖고 계신다는 공통된 믿음으로 사람들을 하나로 묶는 데 큰 역할을 했다는 데는 의심의 여지가 없다.

JONATHAN EDWARDS

조나단 에드워즈(1703-1758)

미국 최초의(그리고 많은 사람들의 견해로는 가장 위대한) 신학자 조나단 에드워즈는 청교도 목사였다. 그의 저작은 뉴잉글랜드 신학(New England Theology)으로 알려지게 되었으며, 여러 세대에 걸쳐 미국의 개신교 신학 사상을 지배할 복음주의적이며 선교적인 칼빈주의를 낳았다. 에드워즈는 뉴잉글랜드 명문가 출신이었으며, 1720년 예일 대학을 졸업한 후 잠시 교단에 섰다가 한동안 뉴욕에서 목회를 했으며, 1729년 유명한 그의 할아버지 솔로몬 스토다드(Solomon Stoddard)를 도와 매사추세츠주 노스필드에서 부목사로 섬겼다.

설교자로서의 능력이 탁월했던 에드워즈는 1734-1735년에 노스필드에서 큰 부흥을 일으켰는데, 이때 한번에 300명이 처음으로 신앙을 고백했다. 1737년, 에드워즈는 《하나님의 놀라운 역사에 대한 신실한 이야기》(A Faithful Narrative of the Surprising Work of God)에서 자신의 일을 기술했는데, 이 책은 미국과 영국에서 베스트셀러가 되었고(에드워즈를 유명하게 했으며) 대각성 운동으로 알려진 기독교 신앙을 다시 확산시켰다. 1740-1750년에 대각성 운동이 시작되었을 때, 에드워즈의 강력한 설교와 책이 식민지 미국을 휘저어 놓았다.

에드워즈는 개인적 회심을 강조했으나 얄팍한 부흥주의를 아주 싫어했으며, 많은 곳에서 대각성 운동을 망치는 과도한 감정을 거부했다. 에드워즈는, 진정한 회심은 책임 있고 도덕적인 삶을 사는 것이라고 주장하면서 교회 구성원의 조건을 엄격히 했다. 이 때문에 그가 목회하는 노스필드 교회에서 반대에 부딪혔다. 1749년 에드워즈가 그리스도인의 삶을 살지 않는 사람들에게는 성찬식을 행하지 않겠다고 선언했을 때 유쾌하지 못한 논쟁이 벌어졌고 결국 에드워즈는 1750년에 사임해야 했다.

그 후 여러 해 동안, 미국에서 가장 사색적인 이 사상가는 스톡브리지의 작은 교구에서 목회를 하면서 겸손하게 선교사로서 매사추세츠 인디언을 섬겼다. 한편, 그는 저술을 계속하면서 영향력 있는 논문을 내놓았는데, 1754년에는 의지의 자유에 관한 논문을, 1758년에는 원죄에 관한 논문을 내놓았다. 같은 해 에드워즈는 프린스턴 대학의 총장으로 초빙되었으나 총장이 된 지 불과 일주일 후 천연두 예방 접종 부작용으로 숨을 거두었다.

윌리엄 바아커 William P. Barker

THE PORTABLE SEMINARY

대각성 운동으로 교단마다 새로운 교회들이 생겼다. 이러한 성장은 늘어나는 사역 지원자에게 교육 기회를 제공하려는 운동으로 이어졌다. 미국 동부의 많은 대학이 이 시기에 설립되었으며, 윌리엄 테난트의 '통나무집 대학'이 교육기관의 대표적 효시이다. 아메리카 인디언들과 흑인들과 계약 노동자(indentured servants)의 자녀들을 위한 기본적인 학교도 생겨났다.

대각성 운동이 일어나기 전까지, 몇몇 예외를 제외하고 미국의 종교생활은 제네바와 칼빈주의와 비슷한 모습을 보였다. 대각성 운동 때 나타난 것은 새로운 신학 체계가 아니라 새로운 분위기였다. 뭔가 있었다면, 겉으로 드러나는 형식적인 종교생활을 개인적인 종교적 경험의 존중으로 대신하는 하나의 반란이었다. 이러한 우선순위의 변화는 논쟁을 불러 일으켰다. 대각성 운동은 회심을 요구하는 갱신 운동이었을 뿐 아니라 그리스도인의 삶의 성격 자체에 관한 기존의 종교적 이념들에 도전하는 갱신 운동이기도 했다.

미국 교회의 성장과 미국의 독립혁명(American Revolution)을 반영하는 정치적 독립은 미국의 개신교에 큰 영향을 미쳤다. 1800년이 가까워지면서, 교회는 혁명 후 평화로 인해 국가와 개인의 영적 기강이 전반적으로 문란해졌음을 알게 되었다. 종교적 갱신이 필요했고, 이제는 모델로 삼을 전례가 있었다. 19세기 전반기에 일어난 제2차 대각성 운동의 특징은 종교 지도자들이 청중으로 하여금 그리스도를 위해 결단하도록 하는 데 집중함으로써 부흥을 일으킬 수 있었다는 것이다. 예일 대학 총장인 티모시 드와이트(Timothy Dwight, 조나단 에드워즈의 손자)와 같은 지도자들이 부흥을 이끌었다. 제임스 맥그레이디(James McGready, 1762-1817)와 같은 사람들이 인도하는 야외집회가 부흥 운동의 첨병 역할을 했다. 찰스 피니(Charles Finney, 1792-1875)는 이전 세기에 일어난 제1차 대각성 운동의 산물인 이러한 부흥의 전통을 되살렸다. 그는 더 이상 부흥 자체를 목적으로 보지 않았으며 신앙 생활의 끝없는 갱신의 한 부분으로 보았다.

제2차 대각성 운동이 기독교 교육에 미친 영향을 보여주는 대표적인 예는 종교교육 운동의 아버지 호레이스 부쉬넬(Horace Bushnell, 1802-1876)이다. 코네티컷의 목사인 부쉬넬은 지역사회에 영향을 미치기 위한 부흥 전략을 사용했으며, 그 가운데 하나가 수익 축소였다. 여러 해 후, 그는 기독교 사역자에게 가장 가슴 아픈 현실은 활력 있는 기독교가 주로 부흥 운동에 달려 있다는 생각이라고 고백했다. 그 시대의 부흥의 분위기에 대한 부쉬넬의 반응은, 그가 기독교의 양육을 무엇이라고 생각했는지 보여준다. 그는 아이들은 그리스도인으로 양육되어야 하며 절대로 자신을 그와 다르게 보아서는 안 된다고 믿었으며, 양육의 본거지인 가정에 집중했다. 부쉬넬은 심리적으로 아이들에게 긍정적인 종교 체험을 옹호함으로써 시대를 훨씬 앞서 갔다. 그는 적절한 교육과 책임 있는 기독교 가정이야말로 그리스도인의 삶을 견고히 할 수 있는 가장 좋은 기회라고 보았다.

CHARLES GRANDISON FINNEY

찰스 피니(1792-1875)

미국의 매우 위대한 전도자 가운데 한 사람으로 꼽히는 찰스 G. 피니는 본래 변호사였으나 소송에서 성경이 아주 빈번히 언급되는 것을 보고 성경을 사서 읽은 후 회심했다. 그는 1824년 장로교 목사가 되었고, 2년 후 뉴욕시에서 유명한 부흥집회를 시작했으며, 몰려든 사람들을 돌보려고 브로드웨이 타버나클(Broadway Tabernacle)을 세웠다.

그의 이름을 들먹이는 뒤이은 많은 부흥사와는 달리, 피니는 종교 장사꾼이나 얄팍한 열변가도 아니었다. 그는 1857년 오하이오에 새로 설립된 오벌린 대학(Oberlin University)에 신학과를 열도록 초청받았을 때, 후에 1851-1866년에 그 대학 총장으로 섬겼을 때, 학문적 능력을 인정받았다.

피니는 그리스도인은 사회에 참여함으로써 자신의 헌신을 증명해야 한다고 설교하고 가르쳤으며, 자신도 노예제 폐지 운동에 적극적으로 참여했다.

윌리엄 바아커 William P. Barker

미래를 내다보는 제2차 대각성 운동의 특징은 19세기의 미국 기독교에서 잘 나타난다. 자유주의든 보수주의든 간에, 새로운 틀과 프로그램이 빠르게 성장했다. 주일학교 운동이 19세기 내내 미국의 개척지에서는 공격적인 전도 도구가 되었고, 미국교회 내에서는 교회를 안정시키는 힘이 되었다. 셔토쿼 운동(Chautauqua movement)이 평신도 성경 교사를 위한 훈련 프로그램으로 등장했으며, 영국에서 유행하던 폭넓은 교육 원리를 활용했다(셔토쿼 운동은 19세기 말에서 20세기 초에 미국에서 일어난 대중적 성인교육 운동으로, 남북전쟁 후 뉴욕의 셔토쿼 호수 주변의 한 마을에서 주일학교 교사와 교회 봉사자를 훈련시키기 위한 모임으로 시작되었다 — 역자 주). 셔토쿼 운동은 미국에 풀뿌리 교육을 확산시킨 다양한 성인 교육의 선구자였다.

YMCA와 이 단체의 공격적 전도와 견실한 성경공부는 D. L. 무디와 같은 기독교 지도자를 길러냈다. 무디는 성경학교 운동을 펼쳐, 평신도들도 기본적인 신학 교육을 받을 수 있게 했으며 수천 명에게 하나님을 충성스럽게 섬길 수 있는 힘을 주었다.

DWIGHT LYMAN MOODY

드와이트 무디(1837-1899)

구두 판매원에서 설교자로 성공적으로 변신한 드와이트 L. 무디는 19세기 영어권 세계에서 매우 유력한 전도자 가운데 하나였다. 1860년, 무디는 보수가 좋은 자리를 버리고 주일학교 사역과 강연과 사회봉사에 온 정열을 쏟았다. 그 후 39년 동안, 무디는 시카고에 교회를 세웠고(1863), 남북전쟁 때는 북군 군목으로 활동했으며, 미국에서 처음으로 YMCA 회관을 지었고(1866), 여자학교(Northifield Seminary, 1879)와 무디 성경학교(Moody Bible Institute, 1889)를 세웠으며, 수많은 사회봉사를 했다.

1873년, 무디는 가수이자 작곡가인 아이라 생키(Ira D. Sankey)와 함께 영국으로 건너가 놀라울 정도로 성공적인 전도 집회를 인도했다. 이제 유명인이 된 무디와 생키는 미국에서도 비슷한 부흥 집회를 인도했으며, 두 번째 순회 집회를 위해 다시 영국으로 돌아갔다.

무디는 그리스도인의 헌신을 솔직하게 호소했으나 고조된 감정주의를 거부했으며, 하나님의 진노보다 하나님의 사랑을 강조하기를 더 좋아했고, 강단에서 지나치게 강한 언행을 피했다. 몇몇 사람들과는 달리, 무디는 자신의 성공을 개인적으로 이용하기를 거부하고 집회에서 나온 헌금을 자신이 세운 학교에 기부했다. 개신교에서 오랫동안 불린 쉬운 가스펠 가운데 많은 수가 무디와 생키의 작품이었다.

윌리엄 바아커 William P. Barker

THE PORTABLE SEMINARY

제2차 대각성 운동에서 비롯된 기독교의 적극성은 여성들이 가정 밖의 사역과 훈련에 참여할 방법을 찾으면서 여성 운동을 낳았다. 여성 신학교들이 생겨났으며, 여성들이 정식 교육을 받을 기회를 얻었다. 위대한 선교의 세기에, 여성들이 선교활동에 광범위하게 참여하게 되었다.

18세기와 19세기에 연이어 일어난 대각성 운동은 미국의 정치 질서와 개신교회의 우선순위를 분명하게 반영했다. 더 좋은 방향으로든 더 나쁜 방향으로든 간에, 이 시기에 일어난 종교 패러다임의 변화는 미국의 교회 생활과, 뒤이어 일어난 교육(세속 교육과 기독교 교육) 운동의 성격에 지속적이며 중요한 영향을 미쳤다.

아주사 부흥 운동

The Azusa Street Revival

+ 마크 놀

로스앤젤레스의 산업지구 내 아주사가 312번지에 위치한 버려진 감리교회 건물이 1906년 현대 오순절 운동의 진원지가 되었다. 부드러운 매너의 성결교 목사 윌리엄 세이모어(William J. Seymour, 1870-1922)는 AFGM(Apostolic Faith Gospel Mission)을 설립했다. 이 선교회는 성령의 역사를 새롭게 강조했는데, 이것이 곧바로 그 지역에서 화제가 되었으며 마침내 세계적 현상이 되었다. 로스앤젤레스에 오기 전, 세이모어는 감리교와 성결교에서 자란 찰스 폭스 파햄(Charles Fox Parham, 1873-1929)의 영향을 받았다. 캔사스와 텍사스의 학교에서, 파햄은 회심한 사람들과 존 웨슬레와 미국 성결교 단체들이 선포한 '완전한 성화'를 향해 가는 사람이라면 '성령과 불' 세례를 받아야 한다고 가르쳤다. 파햄은, 성령 세례의 특별한 증거는 '방언'이라고 가르치기도 했다. 19세기 말 감리교와 성결교 전통에 속하는 많은 사람들과 함께, 파햄은 치유를 비롯해 성령의 은사를 강하게 강조했다.

아주사 거리에서 시작된 부흥은 곧바로 '로스앤젤리스 타임즈'와 같은 대중매체의 관심을 끌었다. 더 중요하게는 아주사 거리가 곧 전 세계에서 수많은 사람들이 방문하는 명소가 되었으며, 이들은 고국으로 돌아가 회심 후 특별한 성령 세례가 필요하다고 선포할 때가 많았다. 이들 가운데는 미국 북서부에서 사도적 신앙(Apostolic Faith) 운동을 시작한 플로렌스 크로포드(Florence Crawford), 중서부에서 초기 오순절 운동의 대변인으로 활동했던 시카고의 윌리엄 더햄(William H. Durham), 하나님의 성회(Assemblies of God)의 초대 총회장이었던 포츠워스의 유도러스 벨(Eudorus N. Bell) 등이 있었다.

3년간 매일 열린 아주사 거리의 집회는 자발적 기도와 설교, 거의 전례 없는 흑인과 백인간의 화합, 여성의 적극적 참여가 특징이었다. 당시에 현장을 목격한 사람들은 아주사 거리의 부흥이 미국 전역에 영향을 미쳤기 때문에 이 운동을 1904-1905년의 웨일스 부흥 운동(Welsh Revival) 및 '늦은비'(Latter Rain) 운동과 연결했다. 아주사 거리는 5천만이 넘는 전 세계의 오순절 교회 성도들에게 성령의 역사의 강력한 상징으로 남아 있다.

더 깊게 공부하려면

22장 끝부분을 보라.

케빈 크래그, 폴 스틱커드, 마크 쇼
라틴 아메리카의 교회와 혁명 | 아시아 | 태평양 지역 | 아프리카

세계적 현상으로서의 기독교 1750-1950년

땅끝까지 이르러
행 1:8

1750년에서 1950년에 이르는 두 세기 동안, 서유럽과 북미의 산업 자본주의 경제가 일어나 성장했다. 서유럽과 북미의 경제가 성장하자, 두 지역은 북대서양 연안 밖의 국가들에서 자신들의 상품을 판매할 시장과 천연 자원의 안정적인 공급처를 찾으려 했다. 이 과정에서 제3세계가 생겨났다. 다시 말해, 유럽과 북미(후에는 일본) 이외의 나라와 민족이 산업화된 국가의 지배를 받는 단일 세계 시장 체제의 한 부분이 되었다.

전형적으로, 하나의 서구 강대국이 한 지역에서 군사적 또는 정치적 패권을 장악했는데, 군사적 정복이나 정치적 찬탈을 통해 직접적으로 하거나 점차적인 경제적 지배를 통해 간접적으로 했다. 완전히 발전했을 때, 식민지나 반식민지 경제 체제는 제3세계 국가들이 자급농업 체제에서 광물 생산이나 수출을 위한 생산농업 체제로 전환되었다는 뜻이었다. 이것은 낮은 가격에 천연 자원을 공급하고 높은 가격에 제조 상품을 구매하는 아시아와 아프리카와 라틴 아메리카 국가들과 서구 열강들 간의 착취와 피착취라는 경제 관계를 낳았다. 결국 제3세계 국가들의 부는 식민지 지배 국가들의 창고에 고스란히 쌓였다.

많은 피식민지 국가들 내에서, 토지와 정치권력이 유럽과 북미의 식민지 지배자들과 유착된 소수 독재자들에게 집중되었다. 사회적 신분이 더 이상 신분 세습이라는 전통적 패턴에 따라 결정되지 않았다. 동일한 가문이 권력을 장악하고 있는 곳에서조차, 이들의 권력 장악에는 새로운 이유가 있었다. 새로운 엘리트 계층은 이전에 멸시나 소외를 받던 계층, 식민지 지배자들과 손을 잡더라도 잃을 게 전혀 없는 계층일 때가 많았다. 이러한 관계와 더불어 특정한 문화적 의존 현상이 나타났다. 유럽의 의식과 관습이 식민지 엘리트 계층에게 스며드는 경우가 빈번했기 때문이었다. 기독교가 제3세계 엘리트 계층이 받아들인 서구 문화의 한 부분일 때가 많았다. 그러나 식민지의 엘리트 계층이 서구 문화의 지배를 받는다는 것은 그들 자신의 문화가 몰락하기 시작했다는 뜻이었다. 20세기의 민족주의를 꽃피운 것은 이러한 엘리트 계층, 많은 경우 기독교 학교에서 교육을 받고 서구의 민주주의 사상을 습득한 사람들이었다. 궁극적으로, 이러한 민족주의는 거의 모든 피식민 민족에게 적어도 형식적인 독립을 가져다주었다. 1500-1700년대에 일어난 그리스도인들과 비서구 민족 간의 만남은 몇 가지 공통된 주제를 보여주었다.

1. 무역과 총체적인 정치적, 경제적 지배를 구하는 공격적인 서구인들의 유령
2. 비유럽 민족들을 오해하는 유럽 그리스도인들의 경향
3. 서구인들의 의도와 동기와 능력을 잘못 판단하는 제3세계의 경향
4. 제3세계 민족들에게 사역하도록 파송 받았으나 그 지역에 거주하는 유럽인들에게 집중하는 유럽 선교사들

1750년에 시작된 자본주의적 식민지 개척 시대에, 이 중에서 처음 세 경향은 계속되었으나 선교사들은 해외 거주 유럽인만을 대상으로 하는 사역에서 벗어나 많은 현지민과 접촉하기 시작했다. 이 시기에, 새로운 주제가 추가되었다.

5. 선교사들이 서구의 식민지 정책에 자주 연관되었으며 이에 따라 신뢰를 잃었다.
6. 개신교인들이 처음으로 제3세계에 힘 있게 들어왔다.
7. 크고 견고한 제3세계 교회들이 생겨났다.

라틴 아메리카의 교회와 혁명

Church and Revolution in Latin America

+ 케빈 크래그, 폴 스픽커드

라틴 아메리카는 1750년에 유럽과 북미 밖에서 현저히 기독교화된 지역 가운데 하나였다. 스페인과 포르투갈이 지배하는 지역에서는 로마 가톨릭이 공식 종교였다. 그러나 로마 가톨릭이 완전히 토착화되지는 않았다. 가톨릭 신자들이 아주 많았고 아메리카 태생의 사제들이 상당수 있었으나 주교들은 거의 모두 유럽 출신이었다. 이것은 엄청난 부(주로 토지 소유에서 나온 부)를 소유한 교회가 식민지 사회의 기둥 가운데 하나였다는 뜻이다.

정치적 독립은 19세기에 이루어졌으며, 이로 인해 교회에 대한 관심이 크게 줄어들었다. 많은 신생국가에서, 민족주의는 반성직주의(anticlericalism, 반교권주의)의 형태를 띠었다. 19세기에 라틴 아메리카의 많은 지역에서 정치가 지속적으로 불안했다. 이런 가운데 보수파와 자유파가 경쟁했다. 보수파는 성직제도(hierarchy, 성직자 정치), 토지 소유, 강력한 중앙정부, 국교(國教), 이베리아 반도(스페인, 포르투갈)와의 강력한 유대를 주장했다. 자유파는 보다 민주적이며 민족주의적인 사안을 추구했으며 분권화된 정부를 선호했다. 자유파는 미래 전략을 토지 소유와 아메리카 태생의 야심적인 백인의 관심사보다는 비즈니스에 맞추었다. 자유주의적이며 반성직주의적인 정권이 들어섰을 때, 교회는 토지와 정치적 영향력을 잃고 쇠퇴했다. 이 시대가 끝날 무렵, 가톨릭교회는 정치인들의 큰 후원을 받지 않은 채 보다 다원주의적인 시스템 가운데 기능하는 데 익숙해지면서 회복되기 시작했다.

라틴 아메리카 교회의 변화를 설명할 때 예를 드는 게 가장 좋을 것이다. 반성직주의가 가장 강하게 일어난 나라는 멕시코였다. 라틴 아메리카의 다른 국가들과 마찬가지로, 멕시코에서도 주교들(bishops)과 교구 사제들(parish clergy)이 독립을 놓고 양분되었다. 교회 성직자단은 스페인을 지지했으나 미구엘 이달고 신부(Father Miguel Hidalgo)와 같은 많은 사제들이 혁명을 주도했다. 독립이 이루어졌을 때, 1814년 헌법은 로마 가톨릭을 멕시코의 공식 종교로 지정했다. 그러나 곧 교회의 특권에 대한 공격이 시작되었다. 교회는 파트로나토(patronato, 성직 임명 시스템) 때문에 스페인과 연결되어 있었다. 새 정부는 파트로나토를 전유(專有)했으며 교회 일에 대해 권한을 행사하기 시작했다. 보수파를 대신했으며 1857년 헌법을 작성한 자유파는 교회와 국가와 분리하고 대부분의 교회 토지를 몰수했다.

보수파와 자유파의 분열은 프리메이슨(Freemasonry)이라는 조직 때문에 더욱 복잡해졌다. 이 비밀 조직은 상당수의 사제를 비롯해 멕시코 엘리트 계층 대부분의 충성을 끌어냈다. 하지만 프리메이슨은 많은 종교적 색채 — 충성의 맹세, 반(半)종교 의식 — 를 띠었다. 라틴 아메리카의 많은 지역에서, 메이슨들(Mason, 프리메이슨의 조직원들) 대부분은 자유파였으며 교회를 반대했다. 그러나 멕시코에서는 보수파든 자유파든 거의 모든 엘리트 계층이 프리메이슨 조직원이었다. 따라서 프리메이슨 분파들 간의 분열이 있었다. 보수파는 주로 스코티시 라이트(Scottish Rite)의 회원이었고 자유파는 주로 요크 라이트(York Rite)에 속했다. 이처럼 메이슨들이 멕시코 엘리트의 양 진영을 완전히 장악하고 있던 것으로 보아, 프리메이슨의 일반적인 반(反)가톨릭 성향은 멕시코인들의 극단적인 반성직주의적 태도와 연관이 있었을 것이다.

실증주의와 사회주의가 멕시코의 국가적 교리가 되었을 때, 로마 가톨릭 지도자들이 박해를 받았다. 외국인 사제들의 수가 급격히 감소했으며, 로마 가톨릭을 국교의 자리에서 끌어내리는 과정에서 교회도 아주 무질서한 방법을 통해서이기는 하지만 탈식민지화되었다. 주교와 사제 간의 분열도 심화되었다. 시간이 지나면서 교회 성직자들은 새로운 권력과 화해했으나 어떤 교구 사제들은 하위 계층과 함께 투쟁에 참여했다. 예를 들면, 사제들이 평신도 지도자들과 하나 되어 가톨릭 노동조합(Catholic Workers's Union, 1903)을 결성했다. 20세기가 시작될 무렵, 주교들은 자유파의 보루가 되었다. 이들은 중산층이고 유럽인들의 후손이었으나 멕시코에서 태어났다. 한편, 몇몇 교구 사제들은 인디언과 메스티조(Mestizo, 유럽인과 인디언의 혼혈)의 보호자가 되었다.

멕시코에서 가까운 과테말라에서도 비슷한 일이 일어났다. 1871년을 시작으로, 후스토 루피노 바리오스(Justo Rufino Barrios, 1835-1885)가 이끄는 자유파 정권은 과테말라 사회를 세속화하려 했다. 바리오스는 로마 가톨릭을 국교의 자리에서 끌어내렸고, 교회 재산의 대부분을 몰수했으며, 대주교와 그 밖의 교회 지도자들을 스페인으로 돌려보냈다. 교육은 세속화되었고, 사제들이 학교에서 가르치는 게 금지되었으며, 민법 결혼(civil marriage, 신고 결혼. 종교 의식을 통하지 않는 결혼) 제도가 생겼고, 종교 행렬이 금지되었다.

다른 지역의 자유파들처럼, 바리오스는 라틴 아메리카에서 점점 확대되는 영국과 미국의 경제적 침략에 말려들었다. 수출을 위한 플랜테이션 농업을 지원하기 위해, 바리오스 정부는 인디언들을 모아 임금을 주고 일을 시켰다. 독실한 인디언들과 이들의 사제들은 저항했으며, 양쪽의 충돌은 20세기 말까지 계속됐다. 라틴 아메리카의 다른 지역에서처럼, 과테말라에서도 성직자들이 외국의 신식민지 지배와 결탁한 독재 정부와 손을 잡는 경향이 있었던 반면에 몇몇 교구 사제들과 도시와 시골의 가톨릭 대중은 이와는 정반대 방향으로 나가기 시작했다.

멕시코와 과테말라의 민족주의적 반성직주의는 확실히 극단적이었다. 멕시코와 과테말라는 자신만의 민족적인 교회 역사를 가졌으며, 그 역사는 하나의 공통된 라틴 아메리카 교회로 특징되는 식민지 시대와는 분명한 대조를 이루었다. 스펙트럼의 다른 쪽 끝에 있는 에콰도르 교회는 이러한 계급 갈등과 인종적 갈등을 대부분 피했던 것으로 보인다.

19세기에 일어난 주목할 만한 또 다른 발전은 로마 가톨릭 환경에 개신교가 들어간 것이다. 영국과 미국의 개신교 선교사들이 1820년 아르헨티나, 1855년 브라질, 1891년 페루, 그리고 그 사이 여러 시기에 라틴 아메리카 여러 지역에 들어갔다. 모든 개신교 교단에서 선교사들이 파송되었으나 많은 나라에서 감리교 선교사들과 장로교 선교사들이 길을 열었고 침례교 선교사들과 군소 교단(나사렛 교회를 포함해서)의 선교사들이 그 뒤를 따랐다. 20세기가 시작되면서 개신교인들이 라틴 아메리카에 점점 더 많은 관심을 기울이기는 했지만, 개신교가 라틴 아메리카 기독교에서 큰 부분을 차지하기 시작한 것은 1950년대 이후 각 지역에서 오순절 운동이 일어난 후였다.

라틴 아메리카의 가톨릭은 유럽의 가톨릭과 크게 다르지 않았다. 공식적인 신학과 예전과 교회의 가르침이 모두 같았다. 그러나 예외적인 부분도 있었다.

유럽의 기독교와 아프리카나 아메리카의 토속 종교를 혼합하는 그룹들이었다. 예를 들면, 몇몇 페루 인디언들은 '거룩한 어머니 지구'(Holy Mother Earth)에 대한 숭배와 가톨릭의 성모 마리아 숭배를 혼합했다. 쿠바, 브라질, 하이티, 그 외에 아프리카 사람들의 많은 지역에서 유럽적 요소와 아프리카 토속 종교의 요소가 혼합되었다. 기독교 성인들은 서아프리카의 오리샤(orisha) 또는 영들과 동일시되었다. 트리니다드에서는 세례 요한의 그림을 천둥과 번개의 신인 '샹고'(Shango)의 그림과 함께 숭배했다. 마찬가지로, 사냥의 신 오쇼시(Oshossi)는 천사장 미가엘과 동일시되었다. 이것은 완전한 혼합주의가 아니었다. 왜냐하면 기독교 예배와 교회 생활의 주된 틀은 여전히 아프리카 종교 의식과는 분리되었기 때문이다. 그러나 많은 사람들이 한 종류보다는 두 종류 이상의 '마술'에 의지하는 게 더 힘이 있다고 느꼈다. 비슷한 현상이 기독교 역사 전체에서 나타났다.

아시아

Asia

+ 케빈 크래그, 폴 스픽커드

유럽과 북미의 산업적 팽창의 힘을 아시아만큼 강하게 느낀 곳은 없었다. 1750년에서 1950년 사이, 인도 아대륙(subcontinent)과 동남아시아 거의 모든 지역이 서구 열강에 잠식되었다. 중국과 일본도 서구의 영향에 굴복할 수밖에 없었다. 제국주의는 단지 정치, 경제적 이념에 불과한 게 아니었다. 이 기간에 개신교와 가톨릭에서 더 많은 선교사들이 세계 다른 어느 지역보다 아시아에 더 많이 들어갔다.

이러한 막대한 노력에도, 아시아의 엄청난 인구 가운데 그리스도인이 된 비율은 지극히 낮았다. 이 시대 말기에, 작고 독립된 아시아 교회들이 수적으로 늘어나기 시작했으며, 이들이 기독교를 아시아 종교로 바꿔놓았다.

인도

이 200년간 인도 사람들은 무엇보다도 대영제국을 통해 기독교를 경험했다. 1750년부터, 영국의 동인도회사(East India Company)는 인도의 주(州) 공국(公國)에 대한 지배력을 조금씩 넓혀가기 시작했다. 1857년 무렵, 동인도회사는 직접적으로든 협조적인 인도 제후들을 통해서든 간에 인도의 거의 전체를 지배했다. 영국은 지배를 조직화하고 인도의 부를 빼내기 위해 기차와 전보와 관료 제도와 교육 제도를 들여왔다. 이 모든 것이 유럽 문화의 껍데기를 옮겨놓기는 했지만 근본적인 인도 문화와 사회 체제는 바꾸지 못했다. 정교한 카스트 제도가 계속 사회를 여러 계층으로 나누었다. 힌두교라는 무형의 덩어리가 사람들의 종교적 에너지를 계속 빨아들였다.

동인도회사는 기독교 선교사를 좋아하지 않았다. 동인도회사는 자신의 경제적 지위를 훼손하는 것이라면 그 무엇도 원하지 않았기 때문이다. 윌리엄 캐리(William Carey, 1761-1834)와 같은 초기 개신교 선교사들은 자신의 일을 하려면 동인도회사와 싸우거나 그 대상을 은밀하게 피해야 했다. 1793년, 캐리는 몇몇 조력자와 함께 동인도회사의 영향력이 미치지 못하는 캘커타 근교의 덴마크령 세람포(Serampore)에 선교기지를 세웠다. 여기서 이들은 성경 번역과 교육을 기초로 하는 새로운 선교 모델을 시도했다. 이들은 남편을 화장할 때 살아 있는 아내를 함께 화장하는 사띠(sati)라는 관습을 제외하고는 인도 관습을 가능한 한 해치지 않으려고 노력했다. 캐리와 이후의 선교사들은 사띠를 근절하려고 노력했으나 실패했다(영국 정부는 19세기 초에 사띠를 금지했으나 이 관습은 미히트마 간디와 그 밖의 사람들의 사회 개혁이 있을 때까지 계속되었다. 2002년의 사띠에 관한 보고는 많은 논쟁을 불러 일으켰으며, 1980년대에 사띠 의식이 한 차례 있었다고 한다).

WILLIAM CAREY

윌리엄 캐리(1761–1834)

근대 선교 운동의 지칠 줄 모르는 선구자 윌리엄 캐리는 영국의 노스햄프턴에서 까막눈의 구두수선공으로 사회의 첫발을 내딛었다. 캐리는 21세에 침례교회에 등록했고 이후 뜨거운 그리스도인이 되었다. 그는 작업대 위에 세계지도를 걸어놓고 혼자 공부하기 시작했다. 한편, 그는 설교를 하기 시작했다.

1787년, 그는 라이체스터(Leicester)에 있는 한 침례교회의 목사가 되었으며, 마침내 침례교 이교도 복음전도협회(Baptist Society for Propagating the Gospel Among the Heathen)를 만들었다. 1792년, 그는 《이교도의 회심을 위한 그리스도인들의 재물 사용 의무에 대한 연구》(Enquiry into the Obligation of Christians to Use Means for the Conversion of the Heathens)라는 무게 있는 책을 냈고 이사야 54장 2-3절을 토대로 강력한 설교를 했으며(그는 이 설교에서 두 개의 위대한 행동원칙을 제시했는데, 그것은 "하나님이 하실 위대한 일을 기대하라"와 "하나님을 위해 위대한 일을 시도하라"는 것이었다 — 역자 주), 해외 선교에 대한 저항을 불러 일으켰다.

캐리는 막 설립된 침례교 선교회(Baptist Mission Society)를 먼저 섬겼던 사람들 가운데 하나였다. 몇몇 상인과 성직자와 정부 관리의 강력한 반대에도 불구하고, 캐리는 마침내 1793년 벵갈에 도착했으나 곧바로 허글리강(Hugli River)에서 자신의 장비를 잃어버렸다. 그는 지혜롭게도 말다(Malda)에서 한 농장의 관리자가 되어 벵갈어를 배우고 성경을 인도 방언들로 번역하기 시작했다. 1799년, 캐리는 세람포(Serampore)로 옮겨 곧 교회와 학교를 세우고, 번역 성경과 기독교 자료를 출판하기 위해 인쇄소를 세웠다. 비범한 은사에 성실함까지 갖춘 언어학자는 산스크리티어, 마라타어(Mahratta), 벵갈어, 편잡어, 텔링가어(Telinga), 보탄타어(Bhotanta)를 마스터했으며, 수많은 방언을 익혔고, 켈커타의 포츠 윌리엄 대학(Fort William College)에서 동양 언어학 교수로 일했다.

캐리는 또한 유능한 식물학자로서 과학에도 기여했다. 그러나 그의 개인적인 삶은 비극으로 가득했다. 그의 자녀와 아내는 모두 인도의 풍토병과 기후에 시달렸다. 또한 그가 수년간의 노력 끝에 만든 산스크리트 사전이 어느 날 인쇄소에 불이 나 모두 타버렸다. 그럼에도 불구하고, 캐리는 평생 4백 개 이상의 언어와 방언으로 2만 권이 넘는 성경과 쪽성경을 찍어냈다.

캐리의 인도 선교 보고는 해외 선교에 대한 교회의 관심을 크게 불러 일으켰다. 그의 놀랄 만한 사역에 자극받아, 18세기 말과 19세기 초 영국과 미국의 거의 모든 교단이 선교회를 구성했다.

윌리엄 바아커 William P. Barker

THE PORTABLE SEMINARY

1850년대, 영국 정부는 동인도회사로부터 인도에 대한 직접 지배권을 넘겨받았으며, 그 후 가장 먼저 취한 행동이 종교의 자유를 선언한 것이었다. 이전 몇십 년 동안 수많은 선교사들이 왕정을 고대하면서 인도에 왔다. 이들은 인도의 가톨릭 신자가 백만 명 정도였지만 인도에서 로마 가톨릭이 쇠퇴하는 것을 보았다. 시리아 교회(Syrian Church)는 남부의 몇몇 카스트에 퍼져 있었고 교인이 25만 명 정도였다. 개신교 인구는 10만이 채 안 되었으며, 이제 막 시작 단계였다. 1세기가 지난 후, 가톨릭교회는 세 배 성장했고, 개신교는 열 배 성장했지만, 시리아 교회는 아주 조금 성장하는 데 그쳤다. 시리아 교회가 둘로 갈라진 게 한 가지 이유였다. 개신교인들은 많은 선교사와 학교와 병원 건축과 그 외에 여러 사회봉사를 통해 성장했다. 가톨릭은 뒤늦게나마 인도 성직자들의 성장을 도움으로써 쇠퇴의 기류를 되돌렸다.

1850년 이후 반세기 동안 일어난 특별히 주목할 발전 가운데 하나는 인도에서 여성 사역자의 수가 엄청나게 늘어났다는 것이다. 비록 유럽과 북미에서는 여성들이 의사나 교회 개척자가 될 수 없었으나 인도에 온 여성 선교사들은 의사로, 교회 개척자로 일했다. 따라서 선교는 빅토리아 시대의 성역할 제한으로 직업을 통한 성취의 열망이 좌절된 여성들에게 합법적인 성취의 무대를 제공했다. 중국이나 다른 곳에서처럼, 인도에서도 다수의 선교사들이 여성이었으며, 많은 여성 선교사들이 지역 여성들에게 다가가고 그들을 후원하는 데 특별한 정열을 쏟았다.

PANDITA RAMABAI

판디타 라마바이(1858-1922)

여성을 위한 여성 사역자 가운데 가장 뛰어난 인물은 판디타 라마바이일 것이다(Pandita는 '학식 있는'이라는 뜻으로 인도의 학계에서 라마바이에서 존경의 뜻으로 붙여준 칭호이다). 라마바이는 자신의 아들뿐 아니라 딸도 반드시 교육을 받아야 한다고 믿는 특별한 브라만의 딸이었다. 1882년 과부가 된 라마바이는 영국으로 건너가 그리스도인이 되었다. 그녀는 인도로 돌아와 과부들과 고아들을 섬기기 시작했으며, 그 후 가난한 자들을 후원하기 위해 교육과 기술발전과 농업으로까지 범위를 확대했다.

THE PORTABLE SEMINARY

인도인들에게 기독교로 개종하는 것은 결코 쉬운 일이 아니었으며, 고위 카스트에 속하는 사람들에게는 특히 더 어려웠다. 대부분의 사람들은 개종을 침략자들에 대한 굴복으로 여겼으며 개종자들을 배신자 취급했다. 기독교로 개종한 사람들은 힌두교 마을에서 쫓겨났으며 새로운 선교 캠프 근처로 피했다. 17

세기 뉴잉글랜드에 있었던 존 엘리어트(John Eliot)의 기도 마을과 1960년대 베트남의 전략촌에서처럼, 이곳에서도 제국에 협조하는 사람들은 가족, 친구, 삶의 터전, 문화 울타리에서 쫓겨났다.

상황을 더욱 어렵게 한 것은 카스트의 낙인이었다. 전도자들은 낮은 카스트와 소외된 사람들, 즉 외래 신앙을 받아들이더라도 잃을 게 거의 없는 사람들에게서 가장 큰 성공을 거두었다. 수 세기 전, 이슬람도 인도에서 똑같은 성공을 거두었다. 그리고 이들을 보고 불쌍하다는 마음이 들었던 선교사들은 특히 가난한 사람들과 억압받는 사람들에게 다가갔다. 몇몇 카스트는 전체가 그리스도인이 되었다. 그러나 이것은 기독교가 가장 낮은 계층의 종교라는 꼬리표를 얻었다는 뜻이었다. 인도처럼 계층이 분명하게 나눠진 사회에서, 이것은 높은 카스트에 속한 사람들은 거의 아무도 개종하려 하지 않는다는 뜻이었다.

이러한 어려움을 줄이려는 몇몇 시도가 19세기 말과 20세기에 나타났다. 인도의 민족적 정치의식이 사회 전반에 일어난 것과 때를 같이하여, 그리스도인들은 자신들의 신앙을 해석할 보다 쉬운 방법을 모색했다. 민족주의 운동에서처럼, 이들은 기독교를 인도인의 견지에서 표현하려고 노력하면서 자주 카스트를 넘나들었다. 이렇게 해서 선다 싱(Sundar Singh, 1889-1929)은 서구의 방식을 거부했지만 그리스도를 전하는 인도식의 유랑 성자가 되었다. 크리쉬나 필라이(H. W. Krishna Pillai)는 '라크샤나냐 야트리캄'(Rakshanya Yathrikam, '구원의 순례')이라는 감동적인 서사시를 썼으며, 틸라크(N. V. Tilak)는 힌두어로 기독교의 메시지를 표현하는 수백 개의 찬송을 썼다.

어떤 사람들은 인도 신학을 정립하기 시작했으며 기독교 마을, 단순함과 예배와 섬김의 삶에 헌신된 사람들의 공동체를 만들었다. 이것은 비그리스도인들에게 기독교가 서구의 형태를 띠지 않아도 된다는 것을 보여주기 위해 힌두 마을을 모델로 했으나 그리스도인이 중심이었다. 이들 마을은 주로 명상을 위한 곳이었으며, 그리스도인이든 아니든 간에 누구라도 와서 완전히 인도적인 환경에서 기도 가운데 하나님을 만나고 그리스도인의 삶을 추구할 수 있었다.

중국

탕리앙리(Tang Liang-li)는 이렇게 말했다. "기독교의 선교 활동은 서방 제국주의를 위한 문 받침대이다. 아편 전쟁은 단지 중국 침략의 한 부분일 뿐이다. 선교 전쟁이 그 논리적 귀결이다." 이것은 탕리앙리만의 생각이 아니었다. 대부분의 중국인들은 근대사 내내 기독교를 서구 제국주의의 문화적 무기라고 생각하면서 의심의 눈으로 보았다.

개신교 선교사 로버트 모리슨(Robert Morrison, 1782-1834)이 1807년에 광저우(廣東)에 도착했을 때 기독교는 사라지지 않고 남아 있었다. 불법적인 종교의 전파에 대한 극심한 박해에도 불구하고 중국인과 외국인 가톨릭 신자들이 계속해서 신앙을 전파했다. 반(反)가톨릭 활동이 19세기 내내 계속되었다. 예를 들면, 1836년 퓨지안(福建)에서 라자리스트 수도회의 뻬르보아르(Perboyre) 신부가 교수형을 당했다. 이러한 순교로 인해 2백년간 외국인 리더에 의존했던 중국 교회가 황폐화되었다. 주로 외국인 사제가 이끄는 극소수만이 명맥을 유지했을 뿐 중국의 가톨릭교회는 쇠퇴했고, 20세기 말까지도 완전히 회복되지 않았다.

가톨릭 선배들과는 달리, 개신교 선교사들은 과감하게 중국의 심장부로 들어가 개종자들을 내지는 않았다. 수십 년 동안, 개신교 선교사들은 가장자리를 맴돌았다. 모리슨은 절대로 광저우를 넘어가지 않았으며, 그와 그의 동시대 선교사들은 주로 싱가포르와 페낭과 그 외의 지역에서 해외 중국인을 상대로 사역했다. 여기서 이들은 중국인을 교육시켜 본토에 보내 기독교를 전하게 했다. 1800년대 중반에 유럽의 군사적 개입이 있었을 때에야 개신교 선교사들이 중국 본토로 들어가기 시작했다.

중국은 자부심이 강한 제국이었으며, 중국인들이 알고 있듯이 세계의 중심이었다. 후에 드러났듯이, 중국은 영국의 새로운 군사력을 오판했다. 그러나 중국이 영국은 자신들의 관심을 끌 만한 거래 물품이 없다고 단언한 것은 옳았다(예를 들면, 중국인들은 자신들의 면이나 비단을 영국의 양모보다 더 좋아했다). 그러나 영국은 차나 그 밖의 중국 물품에 대한 대금을 지불하느라 은이 급속도로 바닥을 드러내고 있었다. 다급해진 영국의 동인도회사는 중국 남부의 밀수조직을 통해 아편(헤로인의 원료가 되는 강력하고 중독성이 강한 마약)을 중국에 밀수출했다. 중국 정부가 불법 마약 거래를 중지시키려 하자 영국은 군함을 보냈다. 1842년 1차 아편 전쟁이 끝났을 때, 영국은 중국에 다섯 개의 무역항 개방을 요구했고, 영구적인 식민지 전초기지로 홍콩을 얻었으며, 영국인은 중국에서 중국법의 지배를 받지 않는다는 치외법권을 얻어냄으로써 중국에 수치를 안겨 주었다. 영국과 프랑스와 미국과 그 외에 여러 나라의 뒤이은 군함 외교는 중국이 더 많은 무역항을 개방하고 서양인들의 약탈에 경제적으로 무너지는 결과를 낳았다.

이러한 서양인인들 가운데 개신교 선교사들이 있었다. 선두에는 칼 구츨라프(Karl Gutzlaff, 1803-1851)가 있었다. 프러시아계 미국인인 그는 여러 차례 불법 무역을 했으며, 1830년 중국 남쪽 해안을 따라 전도 여행을 했다. 많은 중국인들의 마음에 구츨라프는 영국 군함에서 총을 든 군인들의 호위 아래 아편이 하역될 때 물가에 서서 조각 성경을 나눠주는 모습으로 새겨져 있다. 구츨라프와 그 외 선교사들은 유럽군과 미군과 무역상들의 통역 역할을 자주 했다.

모든 개신교 선교사들이 식민지 수탈에 직접적으로 참여하지는 않았다. 피터 파커(Peter Parker, 1804-1888)와 같은 많은 선교사들은 오랫동안 복음 전파자뿐 아니라 의사와 교육자로 수고했다. 그러나 이들 역시 불평등 조약들 아래서 외국인의 특권을 누렸으며, 서구의 모든 것이 본래부터 우월하다는 자신들의 확신을 전했다. 많은 중국인들이 이런 이유 때문에 이들에게 분개했다. 허드슨 테일러(James Hudson Taylor)와 같은 소수의 선교사들만이 문화적 울타리를 넘어 동등한 견지에서 중국인들을 만났다. 테일러는 비록 서구의 우월성에 대한 확신을 버리지 않았으나 적어도 편안한 무역항을 떠났으며, 중국인의 옷을 입었고, 전도 스타일을 중국 문화에 맞추려 했다(물론, 자신의 메시지를 수정하지는 않았다).

20세기 말, 중국인들은 외국의 멍에를 벗기 위해 무술 사범들이 주동이 되어 의화단의 난을 일으켰다. 의화단의 특별한 표적 가운데 하나가 그리스도인들이었다. 수십 명의 선교사들과 수천 명의 중국인 그리스도인들이 죽었다. 그러나 외국 군대가 반격을 가했을 때 구한 것은 중국 그리스도인들이 아니라 유럽인들이었다.

20세기가 시작되고 처음 몇십 년 동안 서양 선교사의 숫자가 급격히 늘었다. 중국은 정치, 경제적으로 혼란스러웠다. 몇몇 선교사들이(그리고 몇몇 외국인들이) 경제 건설에 눈을 돌렸다. 도로 건설을 도왔고, 관개수로 공사를 비롯한 개발 사업에 자금을 지원했으며, 그 외에도 특별한 선교 활동들을 했다.

이처럼 혼란스러운 시기에, 가장 앞선 중국의 몇몇 지도자들이 기독교 선교에 협력했다. 중화민국의 초대 총통 쑨원(孫文, 1866-1925)은 하와이에서 의료 교육을 받은 그리스도인이었다. 그의 뒤를 이은 장제스(蔣介石, 1887-1925)는 분명한 그리스도인은 아니었으나 그의 아내 쑹메이링(宋美齡)과 그녀의 유력한 가족은 독실한 감리교 신자들이었다. 펑유시앙(Feng Yu-xiang)은 크리스천 장군으로 자신의 군대에 소방호스로 세례를 주었다고 알려져 있다. 선교사들과 그 외에 서구 그리스도인들은 1920-30년대에 이러한 사람들이 권력의 자리에 있다는 사실에 용기를 얻었으며, 세계에서 가장 큰 나라가 곧 기독교 국가가 되리라고 기대했다. 그러나 쑨원과 쑹메이링 같은 명사에도 불구하고 헌신된 그리스도인은 소수였다. 중국이 근대국가로서 스스로 하나 되고 유럽과 미국의 지배에서 벗어나려 할 때, 많은 젊은 지성인들이 가능한 모델을 찾기 위해 서구 사상을 연구했다. 예를 들면, 마오저뚱(毛澤東, 1893-1976)은 마르크스주의가 자신의 나라에 더 많은 것을 줄 수 있을 것이라고 결정하기 전, 1910년대에 기독교를 연구했었다.

선교사 숫자의 증가와 활동의 확대와 발을 맞추어 독립된 중국교회도 성장해 갔다. 중국 그리스도인들이 보여준 최초의 독립적인 발전은 다소 이단적인 태평천국 운동이었는데, 이 운동은 중국에 엄청난 고통을 안겨주었고(2천만 명 이상이 죽었다) 결과적으로 중국인들의 눈에 기독교의 평판을 높이는 데 거의 아무런 기여도 하지 못했다.

20세기의 중국 기독교에서 주목할 만한 사실 가운데 하나는 독립 교회가 대량으로 생겼다는 것이다. 이 가운데 많은 수가 서양 선교사들의 노력의 결실이었으나 태평천국 운동처럼 많은 수가 교회 밖 사람들과 거의 연결되지 못했다.

서양의 시각에서 보면, 이러한 운동들은 유사 로마 가톨릭에서 근본주의로, 장로교에서 오순절로의 이동이었다. 어떤 교회는 치유, 어떤 교회는 전도, 어떤 교회는 사회복음을 강조했다. 특유의 중국교회를 이해하는 데 적절한 이분법은 자유주의 대 근본주의가 아니다. 왜냐하면 중국은 이러한 분열의 분수령이었던 계몽주의나 산업혁명을 겪지 않았기 때문이다. 오히려 이러한 운동들은 중국식 범주에 따라 나눠졌다. 한쪽에는 성경의 원리를 따라 하나님 보시기에 완전한 인간사회를 만들려고 적극적으로 노력한 자오지첸(趙紫宸, 1888-1979)처럼 유교 정신에 물든 사람들이 있었다. 이런 사람들은, 예를 들면 YMCA와 사회 개혁 운동에 적극적으로 참여했다. 다른 쪽 끝에는 도교의 도인(道人)들처럼 세상을 멀리하고 경건한 명상에 몰두한 니두오셩(Ni Duo-sheng, 1903-1972)과 같은 신비주의자들이 있었다.

1949년 공산혁명이 일어날 때까지, 중국교회는 75만 명이 넘을 정도로 성장했으며, 이 가운데 대부분은 선교사들과는 독립된 교회 그룹에 속했다. 마오저뚱이 권력을 잡은 후 수년 동안, 이들 교회는 숫자와 다양성에서 폭발적으로 늘어났다(1966년 문화혁명이 일어나기 전까지 주로 가정교회를 중심으로).

한국

중국이 제국주의가 기독교 전파에 어떻게 영향을 미쳤는지를 보여주는 전형적인 예라면, 한국은 예외적인 경우였다. 한국에서 제국주의는 서양이 아니라 아시아였으며, 따라서 중국의 경우와는 모든 게 달랐다. 한국에서 기독교는 제국주의와 동일시된 게 아니라 오히려 제국주의에 대한 적극적인 저항으로 인식되었다. 그 결과, 지금 한국의 그리스도인은 전체 인구의 1/4이 넘는다. 제2차 세계대전 후에 일어난 한국교회의 눈부신 성장은 여기서 다룰 주제가 아니지만 한국교회의 성장은 이 시기에 뿌리를 내렸다.

기독교를 처음 한국에 심은 사람은 외국인이 아니라 한 사람의 한국인이었다. 1784년 유교학자 이승훈은 베이징에 갔다가 그리스도인이 되어 돌아와 주변 사람들에게 그리스도를 전하기 시작했다. 그 후 최초의 선교사들(중국에서 활동하던 선교사들)이 들어왔고 뒤이어 프랑스 신부들이 합세했다. 일본 정부가 150여 년 전에 그랬듯이, 한국 정부(조선 조정)도 그리스도인들을 박해했고 교회는 지하로 숨어들었다. 지하에서 교회는 반체제 계층들 — 소작인들과 그리스도인들 속에서 지지 기반을 찾는 미래의 혁명가들 — 에게 인기를 끌었다.

YI SUNG-HUN

이승훈(1756-1801)

영향력 있는 집안에서 태어난 이승훈은 개혁적인 유학자가 되었다. 그는 중국에 간 사절단을 통해 가톨릭 문서를 얻어 두 철학을 비교했다. 가톨릭에 흥미를 느낀 이승훈은 1783년 고위 관리인 아버지를 따라 베이징에 갔다. 거기서 이승훈은 그 지역의 가톨릭 사제들을 찾아가 그들의 사상을 듣고 곧바로 영세를 받았다. 그는 조선 최초의 그리스도인이 되어 조선으로 돌아왔다. (일본에는 조선인 그리스도인들이 있었다.)

이승훈의 신앙은 친구들 사이에 급속히 퍼졌으며, 이들은 곧 한데 모이기 시작했다. 당시 조선에서는 기독교가 불법이었기 때문에, 서품 받은 사제는 조선에 들어올 수 없었다. 그래서 이승훈을 비롯한 몇몇 사람이 평신도 사제직을 세웠으며, 1800년에는 이승훈을 통해 회심한 그리스도인들이 수천 명에 이르렀다. 이승훈은 유배되었고 1801년 극심한 박해 때 순교했다.

THE PORTABLE SEMINARY

한국이 공식적으로 기독교 선교에 문을 연 것은 1880년대였다. 호레이스 알렌(Horrace Allen)이 1884년에 의사로 서울에 왔다. 그는 왕실 고관을 치료했으며(알렌은 갑신정변 때 자객의 칼에 중상을 입은 명성황후의 조카 민영익을 치료했다 — 역자 주), 그 결과 어느 정도 선교 활동의 자유를 얻었다. 곧 다른 개신교 선교사들이 들어왔으며, 그 가운데 장로교 선교사들이 가장 두드러졌다. 평양을 중심으로(부분적으로는 평양의 계층 구조 때문에) 한 북서부 지방의 일부가 새로운 종교의 가장 풍성한 추수밭이었다. 경제적으로 변방이었던 이 지역은 보다 번성한 남부와는 달리 부유하고 보수적인(그리고 반기독교적인) 지주들의 지배를 받지 않았다. 선교사들은 교회 개척과 함께 주로 교육과 의료 선교를 했다.

1907년, 한 세기 전에 미국에서 일어났던 제2차 대각성 운동과 흡사한 부흥의 불길이 한국에서도 일어났다. 이 당시 많은 한국인들이 절망에 빠져 있었다. 불과 얼마 전에 나라를 잃었기 때문이다(1905년에 일본과 을사보호조약이 체결되었다). 1910년, 독립선언서에 서명한 33명 가운데 15명이 그리스도인이었으며, 그리스도인들은 전국적인 시위(3.1운동)를 펼쳤다.

기독교 지도자들은 감옥에 갇히고 고문을 당했다. 일본군이 교회의 문을 걸어 잠그고 불을 질러 교인들이 산 채로 타죽은 적도 있었다. 제2차 세계대전 중에는 독일 베네딕트 수도회 선교사들을 제외하고는 거의 모든 외국인 선교사들이 감옥에 갇히거나 해외로 추방되었다. 정복자 일본은 그리스도인들을 포함해 모든 한국인에게 신사참배를 강요했다. 어떤 그리스도인들은 이것을 국민의 의무로 생각하고 그대로 따랐다. 반면에 이것을 바알 숭배라고 보았던 또 다른 그리스도인들은 신사참배를 거부하고 박해를 받았다. 유럽에서처럼, 이러한 상황에서 여러 세대 동안 교회를 괴롭힐 분열이 일어났다.

전쟁 때문에 외국인 선교사들이 떠나자 한국인 지도자들이 교회를 이끌 수밖에 없었다. 전쟁이 끝났을 때, 한국교회는 강력한 한국인 지도자들을 갖게 되었다. 전쟁이 끝난 후 선교사들이 돌아왔으며, 많은 선교사들이 예전의 지배적 위치를 회복하려 했으나 한국교회는 지배권을 내주지 않으면서 자신들의 틀 속에서 서양의 조력자들과 아주 효과적으로 협력했다.

전쟁이 끝난 후, 한국은 소련의 영향을 받는 지역과 미국의 영향을 받는 지역으로 양분되었다. 북쪽은 기독교가 가장 강했던 지역이었으며 이 지역의 지도자 김일성(1912-1994)이 기독교 가정에서 자랐음에도 불구하고 이제는 그리스도인들이 심한 박해를 받는 지역이 되었다. 많은 그리스도인들이 남쪽으로 피했으며 그 후로 북쪽의 공산주의 정권을 반대했다.

따라서 한국의 그리스도인들은 일본의 지배에, 그 다음에는 서양 선교사들의 지배에, 마지막으로 러시아를 등에 업은 공산주의의 지배에 저항하는 만큼 한국의 민족주의와 맥락을 같이했다. 이러한 정체성 속에 한국교회의 힘과 활력이 있었다.

일본

(가톨릭 선교사 프란시스 자비에르/Francis Xavier가 일본에 온 후 거의 한 세기 동안 일본에서 기독교가 번성했다. 어떤 사람들은 이 시대에 30만 명이 넘는 일본인들이 '키리시탄'이 되었다고 평가한다. 그러나 기독교를 파괴적인 외국 이데올로기로 알고 두려워했던 뒤이은 정부들은 기독교를 억압했는데, 처음에는 선교사들을 추방했고 그 다음에는 기독교를 불법으로 규정했다. 마침내 1639년에서 1854년까지 계속된 일본의 쇄국정책이 시작되는 것과 때를 같이하여 약 40만 명의 그리스도인들이 학살되었다.)

1860년대, 일본에서 그리스도인들은 두 방향에서 다시 나타났다. 한 그룹은 바다를 건너왔고 다른 한 그룹은 지하에서 올라왔다. 도쿠가와 정부의 박해는 매우 효과적이었으나 키리시탄 운동을 완전히 뿌리 뽑지는 못했다. 몇 천 명의 뜨거운 그리스도인들이, 특히 중앙 정부가 강하게 지배한 적이 전혀 없는 나가사키를 중심으로 한 남서부 지방에서 신앙 생활을 계속했다.

1853년과 1854년에, 미국은 군함을 동원해 일본에게 문을 열고 서방과 교역하라고 강요했다. 그 후 몇십 년 동안, 정부는 혼란에 빠졌다. 정부가 완전히 재확립된 것은 1868년 나라를 튼튼히 하고 서양 오랑캐들을 쫓아내기 위해 메이지 유신(明治維新, Meiji Restoration. 막부시대가 끝나고 왕정이 회복되었기 때문에 '회복·복귀/restoration'이라 부른다 — 역자 주)이 일어난 후였다.

비록 기독교가 여전히 불법이었으나 선교사들을 포함해 몇 명의 외국인이 일본에 들어왔다. 1863년, 한 무리의 프랑스 신부들이 나가사키에 와서 일본교회의 남은 사람들과 접촉을 시도했다. 1865년에 소수의 그리스도인들이 우라카미에서 이들을 찾아와 이들과 접촉하는 데 성공했다. 조심스러운 접촉은 2년간 계속되었으나 1867년 경찰이 6백 명의 우라카미 그리스도인들을 체포하고 신앙을 버릴 것을 요구했을 때 단절되었다. 3년 후, 정부는 34,000명의 그리스도인들을 21개 지역에 흩어서 유배시켰다. 이들은 1873년이 되어서야 고향으로 돌아올 수 있었다. 비공식적인 관용정책이 시작되었으며, 이는 주로 서방 정부의 압력 때문이었다.

이때부터 유럽을 중심으로 한 로마 가톨릭의 일본 선교가 재개되었다. 신부들이 완전히 충원되고 학교와 병원이 세워졌으며 그 밖의 사회봉사 활동이 이루어졌다. 이 당시 대부분의 일본 신자들은 은신처에서 나와 국제적인 교회와 재결합했다. 그러나 소수의 신자들(the Hanare Krishitan)은 유럽인들의 권위를 인정하기를 끝까지 거부하고 자신들만의 정체성을 유지했다.

아시아의 다른 지역에서처럼, 일본에서도 무역이 열리면서 많은 개신교 선교사들이 쏟아져 들어왔다. 1857년 이후, 조약들이 발효되자마자(1857년 미국은 일본에 영사재판권을 상정했고 1858년에 미일수호통상조약이 체결되었다 — 역자 주) 의료와 교육 선교가 시작되었다. 이때부터 1930년대까지, 개신교 선교사들은 일본의 발전에, 특히 동지사(同志社) 대학과 같은 핵심적인 교육 기관을 세우는 데 중요한 역할을 했다. 처음에, 대부분의 개종자들은 메이지 정부에게 자신들의 위치를 빼앗기고 일본 재건 과정에 아무런 역할을 맡지 못한 예전의 사무라이들이었다. 그 시대 내내, 교회는 주변적인 반체제 계층과 외견적인 요소로 대변되었는데, 그 가운데는 20세기로 넘어올 무렵의 기독교 사회 운동도 포함되었다.

일본 사람들 가운데 그리스도인이 된 사람은 극소수였다. 이것은 기독교가 일본에서는 제3세계에서와 다른 쪽에 서 있었기 때문인 것 같다. 서방 제국의 모험이 아프리카나 라틴 아메리카, 심지어 중국에서와는 달리 일본에서는 결코 완전히 성공하지 못했다. 일본은 결코 어느 나라의 식민지였던 적이 없으며, 불평등 조약과 그 외 반(半)식민지적 무력 상태에서 중국보다 더 빨리 벗어났으며, 라틴 아메리카의 많은 나라와는 달리 신식민지 경제의 지배를 받은 적이 전혀 없었다.

일본은 다른 제3세계 국민에게는 없던 상당한 수준의 민족적 정체성을 항상 유지할 수 있었다. 외국 문물에 끌리던 시기도 있었으나 짧았다. 다른 나라에서와는 달리 일본의 지성인들에게는 기독교 문화든 아니든 간에 서양문화가 결코 매력적이지 못했다. 1880년대부터 일어나기 시작해 제2차 세계대전을 거치면서 강해진 일본의 경제력과 군사력의 토대는 일본 문화의 가치와 특별함에 대한 분명한 자부심이었다. 여기에는 1890년대에 나타난 신사참배를 통한 천황에 대한 존경도 포함되었다. 일본에서 기독교는 사회적으로나 지적으로 높은 위치에 있지 않았다. 비록 그리스도인들이 때로 일본 사회에 기여함으로써 인정받기는 했으나 그리스도인들은 다소간 주변인들이자 정치적 저항자들이었다. 때로는 외국 세력의 대리자이기까지 했다.

동남아시아

말레이 반도에서 나타난 종교적 성공의 패턴은 남부아시아와 동남아시아의 다른 지역과 비슷했다. 해상무역의 교차점에 위치한 말레이 반도에 외세의 파도가 끊임없이 밀려왔다. 말레이 반도의 원주민은 정령숭배자였다. 고대에, 인도에서 건너온 힌두교와 불교를 믿는 사람들이 어느 정도 있었다. 15세기에는 아랍 무역상이 이슬람교를 가져와 말레이 반도의 많은 주민을 개종시켰다. 16세기에는 포르투갈의 가톨릭이 들어왔고, 뒤이어 네덜란드인들이 들어와 말레이 반도와 인도네시아 전역에서 가톨릭을 밀어내고 개신교를 정착시켰다. 마지막으로, 19세기에 영국이 다양한 개신교 교단을 들여왔고 공식적으로 관용적인 종교 정책을 폈다. 말레이 반도에서 기독교로 개종한 사람들은 극소수였으며, 대부분 무슬림으로 남았으나 영국인들과 함께 더 많은 기회를 얻으러 들어온 인도인들과 중국인들 사이에서는 상황이 훨씬 나았다. 그러나 필리핀을 제외한 대부분의 아시아 국가에서처럼, 말레이 반도에서도 기독교는 극소수의 종교로 남았다. 그리스도인들은 주로 식민지의 지배 계층과 이들과 관련된 소수의 지역민이었다.

필리핀은 예외였다. 1565년 식민지 정복자 미구엘 로페즈 데 레가스피(Miguel Lopez de Legaspi)가 필리핀에 왔을 때, 필리핀에는 그리스도인이 전혀 없었다. 30년 후, 필리핀의 그리스도인은 30만 명(필리핀 전체 인구의 절반)에 이르렀다. 1750년 무렵에는 거의 모든 필리핀 사람들이 가톨릭 신자였다. 이러한 놀라운 변화가 가능했던 것은 수백 명의 스페인 수사들의 지칠 줄 모르는 노력 때문이었다. 이들은 필리핀 사람들을 전도했을 뿐 아니라 그들을 한곳에 이주시켜 감독하고 가르쳤다(어떤 사람들은 이런 일이 강제로 이루어졌다고 말한다). 마을 지도자들이 개종하자 마을 사람들이 단체로 세례를 받았고, 마침내 한 세대가 지나지 않아 온 나라가 개종했다.

스페인은 1890년에 필리핀에 대한 지배권을 상실했다. 필리핀 민족주의가 일어났기 때문이었던 만큼이나 1898년 미군이 개입했기 때문이었다(1521년 마젤란의 상륙 이후 스페인의 식민지가 된 필리핀은 1898년 독립했으나 스페인과의 전쟁에서 승리한 미국이 파리조약에 따라 필리핀을 할양받아 그곳을 지배하게 되었다 — 역자 주). 그 후 미국은 거의 반세기 동안 필리핀을 지배했다. 미국형 정치제도와 영어가 필리핀 문화의 한 부분이 되었으나 미국의 종교는 뿌리를 내리지 못했다. 한동안 로마 가톨릭이 힘을 잃어가는 것 같았다. 개신교 선교사들이 점령군인 미군과 함께 쏟아져 들어왔으며 어느 정도 개종자를 냈다. 훨씬 더 중요한 것은 1902년에 로마 가톨릭에서 나왔으며 스페인의 지배를 거부하는 독립교회(Independent Church)가 형성된 것이다. 독립교회는 많은 필리핀 사람들을 끌어들이고 가톨릭 신학에서 유니테리언(Unitarian) 쪽으로 옮겨가기 시작했다. 그러나 가톨릭 성직자들은 이들에게 반격을 가했으며, 교회 건물을 지켜냈고, 많은 스페인 사제들을 물러나게 했으며, 미국인들과 필리핀인들로 이들을 대신하게 했다. 필리핀 독립교회는 20세기 내내 개신교 교단을 전부 합친 것보다 컸으나 결코 가톨릭의 우위를 위협하지는 못했다.

동남아시아에서, 개신교는 버마의 카렌족과 카친족 같은 몇몇 부족에서만 약간의 성공을 거두었는데, 이들 부족은 19세기와 20세기에 거의 완전히 개신교인이 되었으나 주변의 다른 민족은 여전히 기독교를 접하지 못하고 있었다.

태평양 지역

The Pacific Basin

+ 케빈 크래그, 폴 스픽커드

기독교가, 대개 서양 사람들이, 19세기에 갑자기 태평양의 여러 섬에 들어왔다. 유럽인들과 북미인들이 태평양의 섬들을 찾아냈으며 무역과 선교와 식민지화를 위해 곧바로 들어왔다. 그러나 이 지역에서, 기독교의 역사는 서양 제국주의의 영향을 받은 다른 많은 지역과 달랐다. 상업적 관심이 덜했기 때문이었든, 지역사회가 서구 문화에 저항하기에는 너무 작았기 때문이었든, 토속 문화가 자신들의 특징을 잃지 않은 채 기독교와 빠르게 합체했기 때문이든 간에, 태평양의 많은 지역에서 기독교로의 개종은 빠르고 완전하게 이루어졌다.

신앙 운동은 동에서 서로 진행되었다. 기독교는 1791년에 타이티에 씨를 뿌렸고, 곧 타이티 문화와 깊이 융화되었다. 선교사를 마지막으로 받아들인 지역은 뉴기니였다(1871). 특히 19세기 초, 섬의 추장들이 그리스도인이 되자 주민들도 따라서 그리스도인이 되었다. 예를 들면, 통가에 처음으로 선교사가 들어간 때는 1826년이었다. 1830년에 변두리 섬의 추장 타우파아하우(Taufa'ahau)가 그리스도인이 되고 킹 조지(King George)로 이름을 바꿨다. 그는 세력을 통가 전역으로 확대했으며 1852년에 통가 전 지역을 장악했다. 이 무렵 통가 선교사들은 이미 다른 여러 섬에 진출해 있었다.

기독교와 태평양의 섬 문화는 서로 잘 어울렸으며, 기독교는 빠르게 폴리네시아 문화에 유입되었다(폴리네시아란 중앙 및 남태평양에 흩어져 있는 1000여 개의 섬으로 이루어진 지역을 가리키는 말이다 — 역자 주). 대부분의 태평양 사람들은 금기의 날(taboo days)에 친숙했기 때문에 성별된 시간(sacred time)이라는 개념이 낯설지 않았으며, 따라서 안식일을 엄격하게 지켰다. 이들은 주일을 예배와 기도와 공동 활동으로 보냈다. 동부의 섬들에서는 한 마을 전체가 매일 아침저녁으로 기도회로 모였다. 전통적인 마을 어른들이 새로운 종교의 지도자가 되었다. 기독교 축제들이 많은 지역의 사회생활을 지배했다. 단지 성탄절과 부활절과 성인들의 축일뿐 아니라 멜라네시아의 뉴얌 축제(new-yam festival)와 같은 전통적인 축제들도 기독교 월력의 한 자리를 차지했다. 정직과 관용과 같은 많은 유럽 기독교 가치관이 태평양 지역의 덕목과 잘 어울렸다. 그리고 결혼에 대한 전통적 사상도 유럽의 결혼 규범과 일치했다.

그러나 기독교의 다른 부분들은 그다지 잘 맞지 않았다. 대부분의 섬 주민은 실제적이고 현실적인 사람들로 계몽주의 이후의 유럽인들과는 달리 거룩한 것과 속된 것, 자연과 초자연을 구별하지 않았다. 유럽인들에게는 희망 없는 물질주의 — 하나님이 좋은 수확물로 축복하실 것이기 때문에 그분을 믿는 것 — 로 보인 것이 태평양의 사람들에게는 그저 실질적인 것으로 보였다. 이러한 경향이 너무 지나쳤으며, 따라서 선교사들은 유럽인들의 정확한 시간 개념과 성실한 노동 습관을 폴리네시아 사람들에게서는 찾아볼 수 없다는 사실에 실망했다. 선교사들은 태평양 사람들의 춤을 멈추는 데 결코 성공하지 못했으며, 태평양의 성적 관습을 선교회의 규범에 맞게 고칠 수도 없었다.

제3세계 지역 대부분과는 달리, 통가와 사모아와 피지를 제외하고는 태평양의 섬들에서는 제2차 세계대전 이전에 민족주의 운동이 일어나지 않았다. 그러나 전쟁이 끝난 후, 대부분의 태평양 섬들이 유럽으로부터 독립했다. 그와 동시에 교회도 외국 선교사로부터 독립했으며, 그 과정에서 대개는 다른 곳에서 일어난 다툼이 없었다. 섬의 문화와 경제가 외부 세계와 연결되면서, 섬의 기독교는 국제 에큐메니칼 운동에 녹아들었으며 섬의 풍취를 많이 잃었다.

아프리카

Africa

\+ 마크 쇼

서아프리카

1787년, 노예에서 해방된 411명의 흑인들이 지금의 시에라리온(Sierra Leone)에 프리타운(Freetown) 공동체를 건설하기 위해 런던을 떠났다. 프리타운은 해방된 노예들의 천국이었으며 복음 전파를 위한 전초기지였다. 뉴잉글랜드에 정착한 청교도처럼, 이들 초기 정착민들은 종교적 열정으로 타올랐다. 프리타운은 해안을 따라 아래쪽에 위치한 아베오쿠타(Abeokuta)와 바다그리(Badagry)와 같은 나이지리아 도시들에 있는 비슷한 기독교 공동체에게 영감을 준 기독교 사회가 되었다. '리캡티브들'(Recaptives, 영국 해군에 의해 해방된 노예들)이 프리타운으로 몰려들었다. 많은 사람들이 그리스도인이 되었으며 1827년에 설립된 프리타운의 포우라 베이 칼리지(Fourah Bay College)에서 훈련 기회를 얻었다.

이 학교의 매우 뛰어난 졸업생 가운데 하나는 새뮤얼 아자이 크로우더(Samuel Ajayi Crowther, c.1809-1891)라는 젊은 노예였다. 크로우더는 1843년에 사제가 되었으며, 1864년에 아프리카 최초의 성공회 주교가 되었다. CMS(Church Missionary Society, 영국교회선교회)는 크로우더가 아프리카에 기독교를 더욱 확산시키는 데 필요한 지도자라는 것을 인식했다. 헨리 벤(Henry Venn, 1725-1797, CMS 총무)의 주도 아래, 자립적이고(self-supporting) 자전적이며(self-propagating) 자치적인(self-governing) 지역 교회들을 즉시 세우려는 공격적인 아프리카화 프로그램이 채택되었다. 크로우더는 이러한 전략을 나이지리아 내륙 지역에서 시행해달라는 요청을 받았다. 그의 팀원들 몇몇이 실패하고 백인 선교사들이 벤의 선교정책에 반대했기 때문에, 크로우더는 사임할 수밖에 없었다. 서아프리카에서 CMS의 통솔권은 백인들의 손에 넘어갔다. 이를 계기로 몇몇 아프리카 독립교회(African-initiated church)가 세워졌다(아프리카 독립교회는 'African Independent Church'라고도 하며, 백인들이 붙인 이름이다 — 역자 주). 나이지리아뿐 아니라 가톨릭 선교의 주요 지역이었던 라이베리아, 가나, 카메룬, 가봉, 세네갈, 자이레에서도 독립교회들이 세워졌다.

SAMUEL AJAYI CROWTHER

새뮤얼 아자이 크로우더(c.1809-1891)

12-13세 때, 크로우더는 노예선에 실려 북미로 향하고 있었다. 영국 군함이 노예들을 구해냈고, 어린 크로우더는 아프리카로 돌아와 미션 스쿨에서 교육을 받았다. 아프리카 사하라 사막 남쪽 지역 최초의 대학인 포우라 베이 컬리지의 첫 졸업생 가운데 한 사람인 그는 런던에 가서 더 많은 교육을 받았다.

1843년 영국 성공회(Church of England)에서 사제 서품을 받은 그는 1864년 성공회 최초의 흑인 주교가 되었다. 노예제와 주술과 이슬람에 대한 반대로 유명한 크라우더 주교는 성경을 아프리카 언어들로 번역하기도 했다. 그의 사역을 통해, 성공회는 하나의 복음적인, 참으로 아프리카적인 표현을 찾을 수 있었다.

THE PORTABLE SEMINARY

남아프리카

서아프리카가 모국으로 돌아온 아프리카인들을 통해 복음화된 반면에, 남아프리카는 기독교 초기부터 국외로 추방된 백인들의 지배를 받았다. 백인의 지배라는 공통분모에도 불구하고, 남아프리카 기독교는 일치된 모습을 거의 보여주지 못했으며, 19세기에 뚜렷이 구분되며 서로 적대적인 기독교의 세 형태가 나타났다.

첫 번째 형태는 아프리카너 기독교(Afrikaner Christianity)와 네덜란드 개혁교회(Dutch Reformed Church)였다. 영국이 1815년에 남아프리카에서 지배권을 장악한 후, 보어(Boer) 농장주들과 영국인 관리들 사이의 갈등이 커졌으며, 이 때문에 아프리카너 가정들이 남아프리카의 북동부 지역으로 대거 이주했다(아프리카너/Afrikaner와 보어/Boer는 남아프리카로 이주한 네덜란드인들의 후손을 가리키는 말이다). '후어트레커'(voortrekkers, 19세기 중반, 남아공을 개척한 네덜란드계 백인)의 한 작은 무리가 줄루 전사들로 이루어진 군대와 싸웠다. 이들이 1833년 블러드강(Blood

River)에서 거둔 놀라운 승리는 후어트레커들이 전투 전에 하나님과 특별한 언약을 맺었다는 전통과 함께 아프리카너 그리스도인들이 하나님께 그 땅을 다스릴 권리와 선택받지 못한 자들에게 저항할 권리를 받은 선택받은 민족이라는 믿음을 더욱 강화시켰다. 이러한 종교적 전통은 정치적, 문화적 힘이 되었고 이러한 힘은 마침내 'ANP'(Afrikaner Nationalist Party)로 표현되었다.

(영국 정부가 1836년 노예제를 폐지하자 아프리카너들은 크게 분개했다. 원주민들이 그리스도인들과 동일하다는 것은 하나님의 법과 인종과 피부색의 자연적인 특성에 모순된다는 것이었다. 이 때문에 많은 아프리카너들이 영국이 지배하는 지역을 떠나 다른 지역으로 이주했는데, 이들은 스스로 이것을 성경의 출애굽에 비유한다. 이러한 분리주의적 사고방식은 마침내 아파르트헤이트로 알려진 인종분리 정책과 백인 지배를 낳았다.)

19세기 남아프리카 교회(South African Church)의 삶의 두 번째 표현은 '선교하는 기독교'였다. 이들은 코사족(Xhosa) 지역으로 들어가 회심자들을 냈으며, 회심자들 가운데서 느치카나(Ntsikana)와 같은 찬송가 작사자와 티요 소가(Tiyo Soga)와 같은 아프리카 장로교의 지도자도 나왔다. 이들 지도자들은 선교사들이 주도하는 교회들에게 로버데일 컬리지(Lovedale College)와 포트 해어 대학(Fort Hare University)을 포함해서 훈련 프로그램을 실시해 줄 것을 요구했다. 데이비드 리빙스턴(David Livingstone, 1813-1873)은 전도자로서는 실패했음에도 불구하고 (그는 겨우 한 사람의 회심자를 얻었을 뿐이었으나 그 하나마저도 결국 떨어져 나갔다) 그의 명성은 19세기의 다른 모든 선교사들을 능가했다. 역사에서 그의 자리가 확고한 것은 그가 탐험가, 노예제 폐지론자, 선교 운동가로서 거둔 성취 때문이다.

선교하는 기독교가 19세기 말의 보다 개혁된 아프리카너들과 대조되는 내적 경건과 폭넓은 복음주의 신학을 강조하는 경향이 있었지만, 그 간격을 메우려는 시도들이 있었다. 가장 성공적인 인물은 네덜란드 개혁교회(Dutch Reformed Church)의 총회장이며 복음주의적 경건과 선교의 수호자인 앤드류 머레이 2세(Andrew Murray Jr.)였다. '절대 헌신'(absolute surrender)에 대한 그의 강조와 SAGM(South Africa General Mission, 지금은 African Evangelical Fellowship)과 같은 새로운 단체의 등장은 아프리카너 기독교를 바로잡는 역할을 했다.

남아프리카 기독교의 세 번째 표현은 영국 성공회 대주교인 존 콜렌소(John

Colenso, 1814-1883)와 존 자바부(John Jabavu, 1885-1959. 정치지도자, 흑인 교육가)와 같은 사람들이 주창하는 사회복음이었다. 이러한 형태의 기독교가 강조하는 것은 경제적, 정치적 정의이다. 콜렌소는 아프리카너와 영국의 메시아 민족주의(messianic nationalism)를 반대했는데, 이것이 남아프리카의 불의의 뿌리라고 보았기 때문이다. 그와 케이프타운의 로버트 그레이(Robert Gray) 주교 간의 충돌은 결국 남아프리카에 독립된 성공회 연합이 만들어지는 것으로 끝났다. 콜렌소처럼, 존 자바부도 정치를 기독교가 참여해야 할 부분으로 보았다. 아프리카의 권리를 지칠 줄 모르게 추구했던 그는 독립 신문사를 세웠다. 이러한 세 번째 표현은 1960년 남아프리카에서 일어난 샤프빌 대학살(Sharpville Massacre)의 주 원인이 되었다(백인들의 아파르트헤이트를 실시하는 과정에서 1958년 흑인들이 자유로운 이동을 제한하는 '통행법/the Pass law'를 만들었으며, 1960년 3월 21일 샤프빌에서 이에 반대하는 시위자 69명을 사살했다 — 역자 주).

남아프리카 기독교가 하나님 나라를 단편적으로 증거했음에도 불구하고, 남아프리카는 아프리카 전역에서 기독교화된 지역 가운데 하나로 20세기를 맞았다. 그러나 백인의 교회 지배는 마침내 '에디오피아주의'(Ethiopianism)라는 활기찬 운동을 낳았다(이 운동을 주창한 분리파 교회들은 서구인들에게 자신들을 존중하고 자신들에게 교회 지도층의 자리를 더 많이 분배할 것을 요구했다).

동아프리카

19세기에 기독교가 이전의 누비아(Nubia, 수단), 몸바사(Mombasa, 케냐)에 들어갔다. 에디오피아 기독교도 활력을 되찾았다. 탄자니아와 우간다에도 오래된 아프리카 기독교가 전파되기 시작했다.

에디오피아와 수단 1830년, CMS 선교사들이 에디오피아에 도착했다. 루드빅 크라프(J. Ludwig Kraft)와 같은 개신교 선교사들은 처음에는 콥틱 교회(Coptic Church)와 함께 일했으나 콥틱 교회 지도자들과 충돌했으며, 결국 1843년 추방당했다. 황제 메네릭 2세(Menelik II, 재위 1889-1910) 때, 에디오피아 기독교는 새로운 생명의 물결을 경험하고 비싸게 얻은 정치적, 종교적 독립을 조심스럽게 지켜내면서 20세기를 맞았다. 수단에서는 베로나에서 온 사제들이 주도한 가톨릭 사역이 이슬람 마디스트(Islamic Mahdist) 운동의 물결에 쓸려가 버렸다.

케냐 크래프는 에디오피아에서 추방된 후 1884년 케냐에서 사역을 시작했다. 그와 그의 동료 조한 레브만(Johann Rebmann)은 대륙을 가로질러 서아프리카 프리타운까지 연결되는 선교 기지망을 구축할 구상을 했다. 크래프의 비전은 다음 세기를 위해 무수한 선교 거점을 세우는 것이었다. 그는 기지망의 동쪽 거점을 라바이 음피아(Rabai Mpyia)에 세우려 했다. 그러나 영국령 동아프리카(British East Africa)에서 가장 굳건한 기독교의 발판이 된 것은 1874년 프리타운(Freetown, 케냐)에 도망친 노예들을 위한 피난처로 조성된 거점이었다.

해안 지역을 중심으로 한 이러한 선교 노력은 곧 내륙 선교에 대한 갈증을 낳았다. 1891년, 리빙스턴은 로브데일 컬리지의 장로교 선교사 제임스 스튜어트(James Stewart)에게 케냐 내륙에 산업 선교를 시작해 줄 것을 부탁했다. 1901년 CMS는 케냐 중부 고원지대의 키쿠유(Kikuyu)에서 선교를 시작했다. 피터 카메론 스코트(Peter Cameron Scott)와 그가 설립한 아프리카 오지선교회(AIM, Africa Inland Mission)는 1895년 캄바족(Kamba)에서 몇 개의 교회를 시작했다. 성령께서 1899년에 나이로비에서 일하기 시작하셨다.

탄자니아 가톨릭의 선교 노력은 바가모요(Bagamoyo)에 '기독교 마을'을 만드는 데(1868) 집중되었는데, 여기서 해방된 3백 명의 노예들이 피난처를 얻었다. 개신교 선교는 UMCA(Universities Mission to Central Africa, 중앙아프리카 대학선교회)가 담당했는데, 이들은 LMS(the London Mission Society, 런던선교회)가 거점을 세웠던 아프리카의 그레이트 레이크(Great Lake) 지역의 오지 부족들을 끌어가는 아랍의 노예무역을 강하게 반대했다. 독일의 개입으로, 아랍의 노예무역은 중단되고 소수의 독일 선교단체들이 루터교를 전했다.

우간다 우간다에서 복음에 대한 반응은 동아프리카의 어느 지역보다 극적이었다. 1877년 CMS가 기독교를 처음 전한 후, 우간다의 기독교는 알렉산더 맥케이(Alexander Mackay, 1849-1890)의 열정적인 주도 아래 번성했다. (유럽의 사제들이) 1879년에 에디오피아에 가톨릭을 전했다. 무테사 1세(Mutesa I)의 무관심과 그의 아들 음왕가(Mwanga)의 심한 적대감에도 불구하고, 개신교와 가톨릭은 마침내 우간다에서 종교 혁명을 일으켰으며, 이 혁명은 부간다(Buganda) 왕국의 경계를 현재의 우간다를 이루고 있는 작은 왕국들에까지 미쳤다.

독립 교회 운동

선교에 대한 한 가지 반응은 아프리카 독립/자생교회 운동(African Initiated Church Movement)이었다. 독립교회는 몇 개의 뚜렷한 그룹으로 나뉘는 경향이 있었다. 어떤 교회는 일차적으로 아프리카 지도층과 연계했으며, 선교신학과 예배를 바꾸는 데는 이차적인 관심만 보였다. 두 번째 그룹은 치유와 초자연을 강조했다. 이들은 자신의 언어로 된 성경으로 무장하고 독자 노선을 걸었다. 서아프리카 라이베리아의 윌리엄 헤리스(William Wade Harris)를 따르는 사람이 수만 명이 넘었다. 자이레의 사이먼 킴방구(Simon Kimbangu, 1889-1951)와 같은 또 다른 사람들은 선교사 교회에서 나와 새로운 교단 형성 과정을 촉진시켰다. 몇몇의 경우, 이들 '선지자 교회'(prophet churches)는 정통의 경계를 분명하게 넘어섰다. 아이자야 셈베(Isaiah Shembe)와 그가 이끄는 남아프리카의 나사렛 교회가 이런 경우였다. 그가 1935년에 죽은 후, 그의 추종자들은 그가 부활했으며 아프리카의 진정한 그리스도라고 주장했다. 세 번째 그룹은 기존 교단 내에서 일어난 부흥 운동이다. 이들의 열정으로 활력 있는 기독교가 답답한 교단주의를 대신했다. 여기에 관한 두드러진 예는 1930년부터 시작해서 동아프리카의 많은 지역을 휩쓴 동아프리카 부흥 운동(East Africa Revival)이다.

더 깊게 공부하려면

22장 끝부분을 보라.

리차드 피라드, 월터 엘웰, 빈슨 사이던, 티모시 웨버

복음주의 | 오순절 운동 | 현대 에큐메니칼 운동

22 1950년 이후의 교회

오직 우리가 어디까지 이르렀든지 그대로 행할 것이라.
빌 3:16

Evangelicalism

+ 리차드 피라드, 월터 엘웰

미국의 부흥 운동은 복음주의 기독교의 이정표이다. 찰스 피니와 드와이트 무디가 이끈 도시지역의 부흥, 침례교와 감리교와 그리스도의 제자회(Disciples of Christ)와 장로교를 중심으로 시골과 개척지에서 일어난 부흥 운동, 성결교의 완전주의(Holiness perfectionism)의 성장이 미국의 종교적 풍경을 바꿔 놓는 데 일조했다.

복음주의는 백색 미국의 뿌리 깊이까지 미친 반면에 노예든 자유인이든 간에 흑인 사회를 지탱하고 하나로 만드는 것은 깊고 인격적이며 복음적인 신앙을 표현하는 그 사회의 교회였다. 복음주의는 국가의 가치관과 시민 종교(civil religion)를 형성했고 미국이 하나님의 선택받은 나라라는 비전을 주었다. 정치 지도자들은 복음주의적 확신을 공개적으로 표현했으며, 국가적 합의에 맞지 않는 비개신교적이며 '이국적인' 요소를 억압했다. 불신앙뿐 아니라 사회악이 제거될 것이다. 그리고 부흥 운동은 의로운 국가 건설이라는 개혁적 비전을 제시했다. 노예제 반대와 금주 운동과 무수한 도시의 사회봉사 단체와 걸음마 단계의 여성 운동까지 부흥 운동의 단면이었다.

북대서양의 개신교 국가들은 해외 선교를 크게 발전시킴으로써 복음을 세상의 구석구석에 전했으며 얼마 지나지 않아 서구 세계를 거듭 휩쓸었던 복음주의 부흥 운동이 아프리카와 아시아와 라틴 아메리카에서도 일어나기 시작했다. 종교적 자유와 선교와 그 밖의 공통 관심사를 촉진하는 일에 그리스도인을 (교회와 교단이 아니라) 하나로 묶기 위해 1846년에 EA(Evangelical Alliance, 복음주의연맹)가 결성되었다. 독일과 미국과 다른 많은 나라에서 국가적 연맹이 형성되었다. 1951년 이 국제적 조직은 WEF(World Evangelical Fellowship, 세계 복음주의 협의회, 지금은 WEA/World Evangelical Alliance, 세계복음주의 연맹)로 대체되었다.

20세기

그러나 20세기 초, 복음주의는 일시적으로 쇠퇴했다. 물질적 번영, 국가에 대한 충성, 사회 다윈주의에서 영감을 받은 견고한 개인주의의 강조가 특징인 깔끔한 세속성이 주된 사회적 관심사였다. 정통 그리스도인들은 새로운 사상의 홍수에 대처하지 못하는 것 같았다. 다시 말해, 독일의 고등비평(higher criticism), 다윈의 진화론, 프로이드의 심리학, 마르크스의 사회주의, 니체의 허무주의, 신과학의 자연주의 등이 성경 무오(無誤)와 초자연적 존재에 대한 확신을 흔들어 놓았다. 제1차 세계대전의 대학살은, 내부적으로 사회악이 힘을 잃고 외부적으로 땅 끝까지 복음을 전하라는 대위임이 실현되면 곧바로 하나님 나라가 도래하리라는 천년왕국에 대한 낙관적 시각을 흔들어 놓았다. 영국과 북미에서 일어난 자유주의 신학 및 사회복음과 싸우면서 기독교의 메시지를 내면화하고 사회참여를 멀리하는 편협한 근본주의가 나타났다. 게다가, 소련의 공산주의와 독일의 나치주의와 전 세계적 세속주의로 인해 교인 수가 줄어들고 기독교에 대한 전반적인 관심도 줄어들었다.

제2차 세계대전 후, 상황이 극적으로 반전되었다. 한편으로, 해외 선교, 성경학교와 대학, 캠퍼스 사역, 라디오와 문서 사역이 꽃을 피웠으며, 다른 한편으로, 젊은 빌리 그래함(Billy Graham)의 전도 집회가 세계적으로 영향을 미쳤다. 영국에서는 '보수 복음주의자'로 구성된 정당이, 독일에서는 이반젤리칼러(Evangelikaler)가 생겼는데, 이들의 힘은 NEC(National Evangelical Congress)와 독일에 기반을 둔 CCF(Conference of Confessing Fellowship)와 같은 기구의 발전에서 나타났다. 미국의 NAE(National Association of Evangelicals, 미국복음주의협의회, 1472), 풀러신학교(Fuller Theological Seminary, 1947), 크리스차니티 투데이(Christianity Today, 1956)와 같은 기관의 설립은 '신복음주의'(new evangelicalism. 해롤드 오켕가/Herold J. Okenga가 1947년에 만든 용어)의 중요한 표현이었다.

'신'(new 또는 neo) 복음주의는 이전의 근본주의(fundamentalism)와 동일한 이슈를 취했다. 오켕가는 근본주의가 잘못된 태도(근본주의자들이 취하는 모든 교리와 실제를 취하지 않는 모든 사람들에 대한 의심)와 잘못된 전략(지역과 교단적 수준에서 완전히 순수한 교회를 목적으로 하는 분리주의)을 취했으며 잘못된 결과를 낳았다(근본주의는 그 어디에서도 자유주의의 물길을 돌려놓지 못했으며 오히려 자유주의의 신학이 당시의 사회 문제에 침투하게 했다)고 주장했다. 에드워드 카넬(Edward J. Carnell)은 더 나아가 근본주의의 확신은 교회의 역사적 신조와 무관하며 하나의 운동이라기보다는 심적 상태(mentality)이기 때문에 사교화된 정통(orthodoxy gone cultic)이라고 주장했다.

칼 헨리(Carl F. Henry)는, 근본주의자들은 기독교를 전체적 세계관으로 제시하지 않고 대신에 메시지의 일부에만 집중한다고 주장했다. 근본주의자들은 지나치게 내세적이고, 반(反)지성적이며, 자신의 신앙을 문화나 사회생활과 연결하려 하지 않았다.

신복음주의는 에큐메니칼적인 접촉에 열려 있었고, 과도한 율법주의와 도덕주의를 거부했으며, 복음의 사회적 차원에 대한 진지한 관심을 드러냈다. 그렇다 하더라도 신복음주의의 많은 대변인들은 정치적, 경제적 현실에 매여 있었다. 복음주의 주류 내의 보다 '급진적인' 그리스도인들, 예를 들면 1973년의 시카고 선언(Chicago Declaration, 그리스도인들은 사회적, 정치적, 경제적 정의를 실현하는 데 참여해야 한다는 선언 — 역자 주), 소저너스 커뮤니티(Sojourners Community, 1970

년대 일리노이즈주 트리니티 신학교에서 시작된 단체로 영적 갱신과 사회적 정의를 아우르는 복음의 삶을 사는 것을 목표로 한다 – 역자 주), 영국의 샤프트베리 프로젝트(British Shaftesbury Project)는 그 지역의 필요에 대한 관심을 요구하기 시작했다. 복음적(evangelical)이라는 말을 정의하기 위해 더 많은 주의를 기울이면서, 복음주의자의 숫자는 이전에 믿던 것보다 훨씬 더 많다는 게 분명해졌다. 이것은 주로 1960년대에 시작된 은사주의 시대(charismatic period) 때문이었는데, 은사주의는 세계적으로 수십 년간 계속된 현상이었다.

그러나 그룹들 – 메노나이트(Mennonites, 재세례파의 한 분파), 성결교(Holiness), 은사주의자들(charismatics), 분리주의적 근본주의자들(separatist-fundamentalists), '무교단' 단체들, 전통적 교단들 내의 복음주의 진영들 – 간의 다양성이 컸으며, 이러한 다양성은 깊은 관심의 한 원인이었다. 빌리 그래함 전도협회(Billy Graham Evangelical Association)는 중요한 촉매였는데, 특히 세계전도대회(World Congress on Evangelism, 베를린, 1966)와 세계복음화 국제대회(International Congress on World Evangelization, 로잔, 1974)를 개최하는 데 중요한 촉매 역할을 했다.

로잔 위원회가 후원하는 뒤이은 협의들은 세계 복음주의 협의회(World Evangelical Fellowship)와 아프리카, 아시아, 라틴 아메리카, 유럽의 복음주의자들이 형성한 지역 조직의 활동과 함께 전도와 원조와 신학적 발전에서 보다 가까운 관계와 공동의 노력을 촉진하는 데 큰 역할을 했다. 선교회 활동의 토착화와 제3세계의 자체적인 선교사 파송으로, 복음주의(evangelicalism)는 진정한 의미에서 세계적인 현상이 되었다.

1960년대의 카리스마 운동의 부흥이 있은 후, 복음주의는 북미와 전 세계에서 크게 성장했는데, 대부분의 성장은 은사주의 진영에서 일어났다. 어떤 사람들은 미국에서 이제 자신이 복음주의자라고 말하는 사람이 1억에 이르며 신학교 입학과 출판과 정치 참여와 같은 관련 부분이 크게 성장했다고 평가한다. 이러한 성장은 주류 교회 교인의 극적 감소와 미국 사회 전반의 세속화와 포스트모던화(postmodernization, '후현대화'라고 옮기기도 하며, 가치의 상대화가 주된 특징이다 – 역자 주)의 확대를 배경으로 이루어졌다.

내적으로, 복음주의 진영 내에서, 이러한 성장은 몇 가지 문제를 낳았으며 균열이 나타나기 시작한다. 복음주의의 본질은 결코 통일된 운동이 아니라 신앙의 공통된 핵심(그 자체가 지금 논의 중인 핵심)에 기초한 강조점으로 이루어진 하나의 집합이었다.

한 가지 주목할 만한 발전은 대부분 복음주의를 개혁하려는 젊은 사람들로 이루어졌으며 느슨하게 연결된 그룹이 나타났다는 것이다. 이들은 '탈보수주의적'(postconservative), '개혁주의적'(reformist), '진보적'(progressive), '복음주의 좌파'(the evangelical left), 심지어 '자유주의적 복음주의'(liberal evangelicalism) — 20세기 초까지 거슬러 올라가는 칭호 — 에 이르기까지 다양하게 불린다. 특별히 크지 않은 이 그룹은 로저 올슨(Roger Olson), 클라크 피녹(Clark Pinnock), 스탠리 그렌츠(Stanley Grenz, 최근 작고)와 같은 말의 무게가 상당한 학문적 대가들로 구성된다.

이들과 데이비드 웰스(David Wells), 밀라드 에릭슨(Millard Erickson), 티모시 조지(Timothy George)와 같은 보다 전통적인 복음주의의 대변자들이 서로 균형을 이룬다. 현재 거대한 복음주의의 다수는 전통적인 쪽으로 더 기울어 있는데, 이들은 신앙에서 이탈했다고 생각되는 부분에 놀란다.

현재 몇몇 교리적 문제가 복음주의 내에서 뜨겁게 논의되고 있는데, 핵심 문제는 다음과 같다.

첫째는 하나님의 본성이다. 어떤 개혁주의자들은 하나님에 대한 보다 발전된 모델을 위해 전통적 신론을 포기하고 싶어 하거나 인간이 참으로 자유하려면 하나님이 미래를 알 수 없어야 한다고 주장하면서 하나님의 다양한 속성, 특히 전지(全知)를 재정의하고 싶어 한다.

둘째는 기독론이다. 예수님의 참된 인성을 지키려고, 어떤 개혁자들은 양자론적(養子論的, adoptionist, 그리스도는 성령을 통해 하나님의 양자가 되었을 뿐 실제로 하나님은 아니다 — 역자 주)이거나 영지주의적인(kenotic) 기독론의 형태를 옹호한다. 이들은 복음주의가 그리스도의 신성을 지나치게 강조함으로써 가현설(假現設, docetism, 물질은 악하며 따라서 그리스도는 실제로 성육한 게 아니라 그렇게 보인 것일 뿐이다 — 역자 주)의 위험에 빠졌다고 주장한다.

셋째는 구원론이다. 대속이론이 다시 다루어지고 있으며, 다양한 형태의 만

인구원론(universalism)이 복음주의적 이론으로 공개적으로 변호를 받는다. 만인구원론은 복음주의 진영 내에도 제기되고 있는 멸절주의 이론들(annihilationist theory, 악인은 죽으면 그 영혼이 없어진다는 이론들 — 역자 주)처럼 지옥의 교리를 부정한다.

넷째는 성경론이다. 개혁주의자들은 전통적 무오성(無誤性, inerrancy)에 만족하지 않고, '불오성'(不誤性, infallibility, 성경은 불오하게 그리스도께로 인도한다)이나 성경이 가르치는 것에 대한 성경의 최종적 권위(그러나 그 외의 것에서는 아니다)나 신앙과 교리에 대한 최종적 권위(그러나 과학이나 역사의 문제에서는 반드시 그런 것은 아니다)로 대체하려 한다.

다섯째 직접 창조에 대한 전통적 교리(반드시 24시간을 하루로 하는 이론들은 아니다)가 유신론적 진화론(theistic evolution)으로 대체되고 있다.

여섯째, 우리가 성경을 읽을 때 원 저자의 의도를 조금이라도 제대로 알 수 있다는 것을 부정하기 위해 해석학 분야에서 포스트모던의 문학 이론들이 사용되고 있다.

말할 필요도 없이, 전통주의자들은 이러한 경향에 깊은 관심을 가지며, 과거에 그랬듯이 이 세대의 자유주의적 복음주의(liberal evangelicalism)가 다음 세대의 자유주의가 되어가고 있지 않은지 크게 염려하고 있다.

복음주의자가 더 이상 자신의 생명을 위해 싸우지 않고 자신이 실제로 무엇인지 묻는 시간을 갖지 않는다면, 이러한 차이가 생기는 것은 피할 수 없을 것이다. 이것은 반드시 다루어야 할 문제이다.

개혁주의 진영에서 일어나는 일의 전부는 아니더라도 많은 부분이 전통적으로 이해되는 복음주의의 한계를 넘어섰다. 이러한 차이가 어떻게 해결될 것이며, 복음주의가 우리 시대의 신앙의 진짜 대적 앞에서 과연 연합된 힘이 될 수 있는지 지켜볼 일이다.

오순절 운동

The Pentecostal Movement

+ 빈슨 사이넌

일반적으로, 복음주의적 은사개혁 운동(evangelical charismatic reformation movement)의 뿌리는 1901년 캔사스주 토페카(Topeka)에서 감리교 목사였던 찰스 폭스 파함(Charles Fox Parham)의 주도로 일어난 방언 운동으로 거슬러 올라간다. 베델 성경학교(Bethel Bible School)의 아그네스 오즈만(Agnes Ozman)이라는 학생이 방언을 체험한 후, 파함은 오순절의 '첫 증거'(initial evidence) 이론을 만들었다.

기본적으로, 오순절주의자들은 오순절에 120명이 했던 경험, 즉 '성령 세례'를 모든 그리스도인들이 경험해야 한다고 믿는다. 더 나아가, 대부분의 오순절주의자들은 이러한 두 번째 세례의 첫 표시 또는 '첫 증거'는 자신이 모르는 언어로 말하는 것이라고 믿는다.

방언은 19세기에 영국과 미국에서 나타나기는 했으나 후에 오순절주의자들이 생각한 것처럼 그렇게 중요하게 여겨진 적은 없었다. 예를 들면, 방언은 1830년대 런던의 장로교 목사인 에드워드 어빙(Edward Iriving, 1792-1834)의 사역에서, 영국과 미국 내 마더 앤 리(Mother Anne Lee)의 셰이커교(Shaker) 운동에서, 뉴욕과 미저리와 유타 내 조셉 스미스(Joseph Smith)의 몰몬교 추종자들 안에서도 있었다. 그러나 방언에 교리적 우위성을 부여한 것은 오순절주의자들이 처음이었다.

오순절주의자들은 이러한 방언과 그 외의 은사 현상이 기독교 역사 전체에서 종종 일어난다는 사실을 인정하지만, 로스앤젤레스의 버려진 교회에서 일어났으며 오순절 운동을 전 세계적 운동으로 만든 아주사 거리의 부흥 운동은 특별하다고 강조한다. 아주사 거리의 예배를 인도한 사람은 휴스턴 출신의 성결교 흑인 목사이자 파함의 제자인 윌리엄 세이모어(William J. Seymour)였다.

토페카와 로스앤젤레스의 사건은 19세기에서 20세기로 넘어오면서 종교적 환경이 전환되는 시기에 일어났는데, 이러한 환경의 변화는 오순절 운동을 촉진시켰다. 오순절 운동은 세계적인 성결 운동(Holiness movement)이라는 환경에서 일어났는데, 이러한 환경은 19세기 미국 감리교 운동(American Methodism)에서 비롯되었다. 이 운동의 지도자는 피비 팔머(Phoebe Palmer)와 존 인스킵(Inskip)이었는데, 이들은 '성령 세례'를 통한 성화의 '두 번째 축복'의 갈림길을 강조했다. 영국의 복음주의자들도 1874년에 시작된 케직 총회(Keswick Conventions)에서 독립된 성령 체험을 강조했다.

미국에서부터 영국으로, '더 높은 삶'(higher life)을 위한 성결 운동이 세계 많은 나라로 확산되었는데, 대개는 감리교 선교사들과 순회 전도자들의 노력 덕분이었다. 이러한 부흥 운동이 은사 현상을 강조하지는 않았으나 교회 시대의 끝을 알리는 한 상징으로써 의식적인 성령 체험과 신약 교회의 회복을 강조했다.

이 시기에 두드러진 또 다른 가르침은 기도의 응답으로 기적적인 신적 치유가 가능하다는 것과 그리스도의 전천년 재림(premillennial second coming, 그리스도께서 재림하시고 그 후에 천년왕국이 시작된다 — 역자 주)이 임박했다는 것이다. 초기 치유 운동의 뛰어난 지도자는 보스턴의 외과의사 찰스 컬리스(R. Charles Cullis)였다. 그는 1864년에 병자들을 위한 첫 '치유의 집'을 세웠는데, 여기서는 환자들을 약보다는 기도로 치료했다. 또 다른 인물로는 대속에서의 치유를 강조한 심슨(A. B. Simpson)과 고든(A. J. Gordon)이 있었다. 가장 이채로운 인물은 호주의 치유자 알렉산더 소위(Alexander Sowie)였다. 그는 민족들에게 '치유의 잎사귀'를 주기 위해 1900년에 시카고 근처에 '시온 시티'(Zion City)를 세웠다. 교회에서 '전천년 휴거'(premillennial rapture)의 가르침이 처음으로 퍼진 것은 영국과 미국 내 플리머스 형제단(Plymouth Brethren)의 설립자인 존 넬슨 다비(John Nelson Darby)를 통해서였다. 이러한 교리가 강조되는 동시에 성령의 인격과 사역이 더 크게 강조되었으며, 그 결과 구도자들에게 회심에 이은 성령 체험을 통해 '능력을 받는 법'을 가르치는 많은 책과 정기 간행물이 출판되었다.

성령 충만과 관련해서, 당시의 표현대로 '두 번째 축복'(second blessing)을 동반하는 정서적 체험에 관한 증언이 많았다. 미국 개척자 전통에서, 어떤 사람들은 기쁨의 분출이나 외침을 동반하는 체험을 했던 반면에 어떤 사람들은 울었으며 어떤 사람들은 놀라운 평안과 평온함을 체험했다.

1895년 무렵에는 성결 운동(Holiness movement)이 이미 가르친 회심과 성화의 체험에 뒤이은 '불'(the fire)이라는 '세 번째 축복'을 강조하는 운동이 아이오와에서 시작되었다. 이 운동의 지도자는 네브래스카의 링컨(Lincoln) 출신의 벤자민 하딘 어윈(Benjamin Hardin Irwin)이었다. 그는 자신이 만든 새로운 그룹의 이름을 불세례 성결교회(Fire-Baptized Holiness Church)라 불렀다. 이 시기에 형성된 또 다른 '불' 그룹으로는 알마 화이트(Alma White)가 이끄는 덴버 불기둥 교회(Pillar of Fire Church of Denver)와 미니에폴리스의 버닝 부시(Burning Bush, 불타는 떨기나무)가 있었다. 캐나다에서는 호너(R. C. Horner)가 미국과 비슷한 '세 번째 축복' 운동을 이끌었다.

이러한 성결 운동의 교사들은 의식적인 종교적 체험을 강조했을 뿐 아니라 사람들에게 기도와 신앙을 통해 즉시 받을 수 있는 '갈림길'(crisis)로 이러한 체험을 추구하도록 독려하는 경향이 있었다. 1890년 무렵, 성결 운동은 종교 체험을 점진적인 범주보다는 갈림길의 견지에서 생각하는 경향이 있었다. 따라서 불세례 성결교회는 새로운 출생을 통한 즉각적 회심, 두 번째 축복으로서의 즉각적 성화, 즉각적 성령과 불세례, 기도를 통한 즉각적 치유, 즉각적 그리스도의 전천년 재림을 가르쳤다.

이러한 영국과 미국 케직(Keswick) 교사들은 이 운동의 네 가지 핵심 교리를 말하는 경향이 있었다. 미국에서 이러한 사고방식은 A. B. 심슨이 만든 기독교 선교연맹(Christian Missionary Alliance)의 네 교리로 나타났는데, 여기서는 구원, 성령세례, 신적 치유, 그리스도의 재림을 강조했다.

따라서 1901년 토페카에서 방언 운동이 일어났을 때, 기존의 것에 추가된 중요한 부분은 방언이 성령 세례를 받았다는 성경적 증거라는 주장뿐이었다. 예배 형식, 찬송가, 기본 신학 등 오순절 운동의 다른 모든 가르침과 실제는 이 운동의 배경이었던 성결 운동에서 가져와 적합하게 수정한 것일 뿐이었다.

1906년 이후, 오순절 운동은 미국과 전 세계에 급속히 확산되었다. 오순절 운동이 성결 운동에서 기원했음에도 불구하고, 성결 운동의 지도자들 가운데 다수는 오순절 운동을 받아들이지 않았다. 알마 화이트와 같은 몇몇 사람들은 오순절주의자들이 귀신 들렸고 정서적으로 불안하다고까지 했다. 가장 오래된 성결

교단들의 지도자 대부분은 오순절 운동의 가르침을 노골적으로 거부했다. 여기에는 나사렛 교회(Church of Nazareth), 웨슬리안 감리교회(Wesleyan Methodist Church), 하나님의 교회(Church of God, 앤더슨, 인디애나), 구세군(Salvation Army) 등이 포함되었다.

그러나 보다 젊고 급진적인 성결 그룹들은 지도자들이 아주사 거리로 찾아가 그곳에서 일어나는 현상을 직접 확인하면서 급속도로 오순절화되었다. 이러한 '순례자들' 가운데는 캐쉬웰(G. B. Cashwell, 노스캐롤라이나), 메이슨(C. H. Mason, 테네시), 글렌 쿡(Glen Cook, 캘리포니아), 아규(A. G. Argue, 캐나다), 더햄(W. H. Durham, 시카고) 등이 있었다. 아주사 거리의 집회가 시작된 지 1년이 채 안 되어(1906년 4월), 이들과 그 외에 많은 사람들이 오순절 메시지를 퍼트렸다. 여러 성결 교단에서 날카로운 논쟁과 분열이 일어났다. 이러한 과정에서 1906-1908년에 최초의 오순절 교단들이 생겼다.

성결-오순절 그룹에는 오순절 성결 교회(Pentecostal Holiness Church), 그리스도 하나님의 교회(Church of God in Christ), 하나님의 교회(Church of God, 클리블랜드, 테네시), 사도적 신앙(Apostolic Faith, 포틀랜드), 연합 성결교회(United Holy Church), 오순절 자유의지 침례교회(Pentecostal Free-Will Baptist Church) 등이 포함되었다. 이들 대부분은 미국 남부에 있었으며, 각 교회는 오순절적 갱신을 이룬 후에 급격히 성장했다. 이들 가운데 두 교회, 즉 그리스도 하나님의 교회와 연합 성결교회의 구성원은 흑인들이 압도적이었다.

오순절 운동은 전 세계로 급속히 확산되었다. 선봉에 선 개척자는 토마스 볼 바렛(Thomas Ball Barratt)이었다. 노르웨이 출신의 감리교 목사인 그는 노르웨이와 스웨덴과 영국에 강력한 오순절 운동을 일으켰다. 독일의 선구자는 성결 운동의 지도자 조나단 파울(Jonathan Paul)이었다. 바렛을 통해 회심한 루이스 페트루스(Lewis Pehtrus)는 의미 있는 스웨덴 오순절 운동을 일으켰는데, 이 운동은 침례교인들 사이에서 일어났다. 강력한 오순절 운동이 이탈리아에서 미국으로 이민 온 루이기 프란체스콘(Luigi Francescon)과 지아코모 롬바르디(Giacomo Lombardi)를 통해 이탈리아와 아르헨티나와 캐나다와 브라질에서도 일어났다. 오순절 운동은 러시아에서 태어나 미국으로 이민 와서 뉴욕에서 살던 이본 보로 나에프(Ivon Voronaev)를 통해 러시아에도 소개되었는데, 그는 1919년 맨해튼에 러시아어로 예배 드리는 최초의 오순절 교회를 세웠다. 1920년, 그는 러시아(우크라이나)의 오데사(Odessa)에서 사역을 시작했다. 보로나에프는 1929년 소련 경찰에 체포될 때까지 러시아, 폴란드, 불가리아에 350개가 넘는 교회를 세웠다. 그는 감옥에서 죽었다.

1909년, 오순절 운동은 미국 감리교 선교사 윌리스 후버(Willis C. Hoover)의 주도로 칠레에 상륙했다. 감리교가 오순절 선언(Pentecostal manifestations)을 거부했을 때 분열이 일어났으며 그 결과 감리교 오순절 교회(Methodist Pentecostal Church)가 생겼다. 1909년 이후의 매우 급격한 성장으로, 오순절파는 칠레 개신교를 주도하게 되었다. 브라질의 오순절 운동은 1910년 스웨덴 출신의 미국 이민자인 다니엘 베르그(Daniel Berg)와 거너 빈그렌(Gunnar Vingren)의 주도로 시작되었다. 이들은 파라(Para)주의 벨렘(Belem)에 있는 한 침례교회에서 오순절 예배를 시작했다. 곧 분열이 일어났으며, 그 결과 하나님의 성회(Assemblies of God)라는 최초의 브라질 오순절 교회가 생겼다. 브라질에서도 오순절 교회는 놀랍게 성장하여 브라질 개신교의 주축이 되었다.

남아프리카에 오순절 메시지를 전한 것은 존 레이크(John G. Lake)였는데, 그는 시카고의 알렉산더 도위(Alexander Dowie) 아래 시온 시티에서 사역을 시작했다. 4년 후, 레이크는 사도적 신앙 선교 교회(Apostolic Faith Mission Church)와 시온 크리스천 교회(Zion Christian Church)를 세웠다. 1990년에 이르자 시온 교회는 남아프리카에서 가장 큰 교단으로 성장했다.

한국의 오순절 운동은 1906-1907년에 장로교인들과 감리교인들 사이에서 일어난 토착적인 부흥에서 비롯되었다. 한국에 오순절 운동을 공식적으로 심은 사람은 미국의 오순절주의자 매리 럼시(Mary Rumsey)였다. 그녀는 1928년에 한국에 왔다. 럼시가 세운 교회들을 중심으로 조용기 목사가 1985년 대한 하나님의 성회(Korean Assemblies of God)라는 교단을 만들었다. 20세기가 끝날 무렵, 조용기 목사가 이끄는 서울의 여의도 순복음 교회는 세계에서 가장 큰 교회가 되었으며, 교인 수가 70만 명에 이르렀다.

이처럼 큰 운동이 형성기에 논쟁과 분열을 겪는 것은 피할 수 없는 일이었다.

오순절 운동이 많은 하위 운동으로 유명하기는 하지만, 중요하게 여겨지는 분파는 둘뿐이었다. 여기에는 성화와 삼위일체에 관한 가르침이 포함되었다.

성화 논쟁은 파함과 세이모어를 비롯한 최초의 오순절주의자들 대부분이 견지한 성결 신학에서 나왔다. 성화란 자신들의 오순절적 경험에 선행하는 '은혜의 두 번째 역사'(second work of grace)라고 가르쳤던 이들은 방언을 '세 번째 축복'으로 동반하는 성령세례를 덧붙였을 뿐이다. 1910년, 윌리엄 더햄(William Durham)은 자신의 '종결 역사'(finished work) 이론을 가르치기 시작했는데, 그의 이론은 회심에 이어지는 점진적 역사로서의 성화, 성령 세례를 두 번째 축복으로 갖는 성화를 강조했다.

1914년에 세워진 하나님의 성회는 더햄의 가르침을 신학적 기초로 삼았으며 곧 세계에서 가장 큰 오순절 교단이 되었다. 1914년 이후에 시작된 대부분의 오순절 그룹들은 하나님의 성회를 모델로 했다. 여기에는 오순절 하나님의 교회(Pentecostal Church of God), 국제 4중 복음 교회(International Church of the Foursquare Gospel, 1927년, 설립자: Aimee Semple AcPherson), 오픈 바이블 스텐다드 교회(Open Bible Standard Church) 등이 포함되었다.

보다 심각한 분열은 1914년 로스앤젤레스에서 시작된 '하나됨'(oneness) 또는 '오직 예수'(only Jesus) 논쟁에서 비롯되었다. 글렌 쿡(Glen Cook)과 프랭크 에워트(Frank Ewart)가 이끈 이 운동은 삼위일체를 거부했으며, 예수 그리스도는 동시에 아버지요 아들이자 성령이며, 물세례의 유일한 성경적 형태는 예수의 이름으로 시행하는 것이며, 이 세례도 방언이 동반될 때만 타당하다고 가르쳤다. 이 운동은 1914년 이후 이제 막 시작된 하나님의 성회에 급속도로 퍼졌으며 분열을 낳았는데, 이러한 분열은 후에 세계 오순절 성회(Pentecostal Assemblies of the World)와 연합 오순절 교회(United Pentecostal Church)를 낳았다.

이외에도 그리 심하지 않은 교리적인 논쟁과 사람들 간의 충돌 때문에 일어난 분열들이 있었으며, 성서 하나님의 교회(Church of God of Prophecy)와 회중 성결교회(Congregational Holiness Church)와 같은 운동을 낳았다. 그러나 미국과 세계의 오순절 분파 가운데 절대 다수는 논쟁이나 분열에서 생겨난 게 아니었다. 대부분의 경우, 교단은 세계 각지에서 다른 단체와 거의 또는 전혀 접촉하지 않은 상태에서 생겨난 토착 교회들의 발전을 통해 형성되었다.

오순절 교회가 가장 크게 성장한 시기는 제2차 세계대전 후였다. 이동이 더 쉽고 사회가 더 번성하면서, 오순절주의자들은 중산 계층을 파고들기 시작했으며 물려받은 게 없는 계층의 구성원이라는 이미지를 벗기 시작했다. 1950년대 윌리엄 브랜함(William Branham), 오럴 로버츠(Oral Roberts), 잭 콜(Jack Cole) 같은 치유 전도자들의 등장으로, 사람들은 오순절 운동에 더 큰 관심을 가졌고 오순절 운동을 더 적극적으로 받아들이게 되었다. 로버츠의 텔레비전 사역을 통해서도 오순절 운동이 보통의 미국인 가정에 전파되었다. 1952년 로스앤젤레스의 낙농업자 데모스 쉐이커리언(Demos Shakarian)이 만든 국제 순복음 실업인 협회(Full Gospel Businessmen's Fellowship International)는 오순절 메시지를 전혀 새로운 계층, 즉 전문직 종사자들과 사업가들로 이루어진 중산층에 전함으로써 오순절 운동의 이미지를 바꾸는 데 기여했다.

제2차 세계대전 후, 오순절주의자들은 서로에 대한 고립뿐 아니라 기독교 그룹들로부터의 고립에서 탈피하기 시작했다. 1943년, 하나님의 성회, 하나님의 교회(클리블랜드, 테네시), 국제 4중 복음 교회, 오순절 성결 교회가 연합하여 미국 복음주의 협의회(National Association of Evangelicals, NAE)를 구성했으며, 그럼으로써 1928년 오순절주의자들을 제명했던 조직화된 근본주의 그룹들과의 관계를 끊었다. 이렇게 해서 이들은 온건한 복음주의 진영에 속하게 되었고, 이들 진영은 성장을 거듭하여 1970년대에 이르러 두각을 나타냈다.

오순절파 내부의 연합 또한 1940년대 말에 미국뿐 아니라 다른 곳에서도 활발히 전개되기 시작했다. 1947년, 제1차 세계 오순절 대회(World Pentecostal Conference, WPC)가 쮜리히에서 시작되었고 그 후 3년마다 열렸다. 1948년에는 데스 모이네스(Des Moines)에서 북미 오순절 연합(Pentecostal Fellowship of North America, PFNA)이 삼위일체를 믿는 주류 백인 단체들의 연합체로 결성되었다. 1994년에 이 그룹은 데스 모이네스에서 채택한 분리적 패턴을 버리고, 북미 오순절 은사교회(Pentecostal-Charismatic Churches of North America, PCCNA)로 알려진, 인종적으로 포괄적인 새로운 단체를 결성했다.

1960년에 전통적인 미국 교회들에서 '신오순절 운동'(neo-Pentecostalism)이

나타나면서, 오순절 운동은 새로운 국면에 접어들었다. 방언을 공개적으로 체험하면서도 자신의 교회에 남아 있었던 사람들 가운데 유명한 첫 번째 인물은 캘리포니아주 밴 누이스(Van Nuys)의 감독교회 목사인 데니스 베넷(Dennis Bennett)이었다. 베넷은 그의 체험을 둘러싼 논쟁 때문에 교구를 떠나라는 압력을 받았으나 시애틀의 도심 교구의 목사로 청빙을 받았다. 그 교회는 오순절 예배를 도입한 후 급속히 성장했으며, 미국 북서부 지역에서 신오순절주의의 중심이 되었다.

이러한 오순절 운동의 새 물결은 곧 미국의 다른 교단과 많은 나라로 확산되었다. 이외에 신오순절 운동의 유명한 지도자로는 브릭 브래드포드(Brick Bradford)와 제임스 브라운(James Brown, 장로교), 존 오스틴(John Osteen)과 하워드 어빈(Howard Irvin, 침례교), 제랄드 더스틴(Geral Derstine)과 넬슨 릿윌러 주교(Bishop Nelson Litwiler, 메노나이트), 레리 크리스텐슨(Larry Christenson, 루터교), 로스 휫스톤(Ross Whestone, 연합 감리교/United Methodist) 등이 있다.

1966년, 오순절 운동은 신학 교수인 랄프 카이퍼(Ralph Keifer)와 빌 스토리(Bill Story)가 두퀘슨 대학(Duquesne University)에서 이끈 주말 수련회의 결과로 로마 가톨릭 교회에도 들어갔다. 방언과 그 밖의 은사 체험이 확산되면서, 다른 가톨릭 기도 그룹들이 노틀담 대학과 미시간 대학에서 만들어졌다. 1973년 무렵, 3만 명의 가톨릭 오순절주의자들이 노틀담에 모여 전국대회를 열 정도로 가톨릭 내의 오순절 운동은 급속도로 확산되었다. 1980년 무렵, 오순절 운동은 이미 백여 개 나라의 가톨릭교회에 퍼져 있었다. 뛰어난 가톨릭 오순절 지도자들로는 케빈 란헤이건(Kevin Ranhagan), 스티브 클락(Steve Clark), 랄프 마틴(Ralph Martin) 등이 있었다. 그러나 가톨릭교인들 가운데 가장 두드러진 인물은 조셉 레온 수넨스 추기경(Joseph Leon Cardinal Suenens)으로, 그는 교황 바오르 6세와 요한 바오르 2세로부터 갱신을 위한 감독 고문(episcopal adviser)으로 임명되었다.

이러한 새로운 오순절주의자들을 좀 더 오래된 오순절주의자들로부터 구분하기 위해, 주류 교회들 내에서 은사갱신 운동이 일반적으로 허용되었다. 지나침의 가능성을 지적하기는 하지만 일반적으로 호의적인 감독교회(1963), 로마 가톨릭(1969, 1974), 장로교(1970)의 연구 보고서들은 대개 오순절 영성이 전통적인 교회들 내에서 하나의 갱신 운동으로 존재하는 것에 대해 관대하며 열려 있었다.

데이비드 바렛(David Barret)이 편집한 《세계 기독교 사전》(World Christian Encyclopedia)에 따르면, 1980년대에 이르자 고전적인 오순절주의자들은 전 세계에서 가장 큰 개신교 가족으로 성장해 있었다. 1,100만 명에 이르는 전통적 주류 교회의 은사적 오순절주의자들(charismatic Pentecostals)을 제외하고 전통적인 오순절주의자들(traditional Pentecostals)만 5,100만 명이었다. 1995년 무렵, 오순절주의자들과 은사주의자들은 4억 6,400만 명에 이르렀으며, 세계에서 기독교 인구로는 로마 가톨릭 다음 가는 규모였다. 2억 1,500만 명에 이르는 오순절 교단에 속하는 오순절주의자들은 전 세계적으로 폭발적인 성장을 계속하고 있다. 따라서 오순절 운동과 은사 운동은 가장 활발하고 빠르게 성장하는 그리스도인의 가정이 되었으며, 하버드 대학의 하비 콕스(Harvey Cox)가 예견한 '21세기의 기독교 재구성'을 실현한 운동이 되었다.

현대 에큐메니칼 운동

The Modern Ecumenical Movement

+ 티모시 웨버

현대 에큐메니칼 운동은 1910년 에든버러에서 열린 국제선교대회에서 시작되었다. 미국의 감리교 교인 존 모트(John R. Mott, 1865-1955, 국제적인 선교 운동에서 쌓은 공로를 인정받아 1946년에 노벨 평화상을 받았다 — 역자 주)의 주도로, 대회에 참석한 수천 명의 대표들이 기독교의 일치를 위한 비전에 주목했다. 그 결과 대회의 일을 계속하고 대회의 약속을 실현하기 위해 세 기구가 설치되었다. 국제선교협회(International Missionary Council, Lake Mohonk, 뉴욕, 1921)는 개신교 선교 단체 간의 협력을 이끌어 내는 데 목적이 있었다. 생명과 노동 대회(Conference of Life and Work, 스톡홀름, 1925)는 사회적, 경제적, 정치적 문제를 해결하려는 노력을 결집하는 데 목적이 있었다. 신앙과 직제 대회(Conference on Faith and Order, 로잔,

1927)는 기독교의 일치를 위한 신학적 기초를 다지는 데 목적이 있었다. 1937년까지, 생명과 노동 대회와 신앙과 직제 대회는 새롭고 보다 포괄적인 조직이 필요하다는 데 의견을 같이했으며, 세계교회협의회(World Council of Churches, WCC)의 설립을 제안했다.

제2차 세계대전 때문에 이러한 제안은 신속히 실현되지 못했으나 마침내 1948년에 44개국 147개 교단에서 351명의 대표단이 암스테르담에 모여 세계교회협의회를 창설했다. 후에 WCC 총회는 일리노이즈주 에반스톤(1954), 인도의 뉴델리(1961), 스웨덴의 웁살라(1968), 케냐의 나이로비(1975), 캐나다의 밴쿠버에서 열렸다(1983). 뉴델리 총회에서, 러시아 정교회가 WCC에 가입했으며, 국제선교협회(IMC)가 WCC 아래로 들어왔고, 신앙고백의 '기초'(Basis)가 채택되었다.

> 세계교회협의회는 성경에 따라 주 예수 그리스도를 하나님이요 구세주로 고백하며, 한 분이신 하나님, 곧 성부, 성자, 성령의 영광을 위해 다함께 공동의 소명을 완수하고자 노력하는 교회들의 교제이다.

눈에 띄게도, 이러한 교회 연합을 위한 노력들 대부분에서 로마 가톨릭교회가 빠졌다. 수십 년간 교황의 지상권(至上權), 성찬의 의미와 의식 등에 대한 의견 차이 때문에, 로마 가톨릭과 개신교 연합론자들(ecumenists)은 서로 멀어져 있었다. 제2차 바티칸 공회(Second Vatican Council)에서, 교황 요한 23세는 더 큰 연합을 위한 대화의 문을 열었다. 제2차 바티칸 공회가 발표한 에큐메니즘에 관한 교서(Decree on Ecumenism, 1964)에서, 로마는 "구원의 보편적 보조자인 그리스도의 가톨릭교회를 통해서만 구원의 방편에 온전히 이를 수 있다"는 자신의 전통적 주장을 계속했다. 그러나 처음으로 로마는 로마의 울타리 밖에도 진정한 그리스도인들(분리된 형제들/separated brethren)이 있다는 사실을 인정하려 했다.

예를 들면, 동방교회는 교리나 교회 직제나 전례가 로마와 크게 다르지 않다. 성공회도 가톨릭 전통을 많이 유지했으며, 그 밖의 교회들은 보다 심각한 결함이 있음에도 불구하고 보편적 진리의 몇몇 요소를 보존했다. 바티칸 교서는 기독교 입교 의식을 기초로 '세례를 통한 형제들'(brothers by baptism) 모두 로마 교회가 이미 소유한 완전한 일치를 이루기 위해 노력할 수 있을 것이라는 희망을 밝혔다.

이러한 새로운 정신의 반영으로, 1965년 로마 교황과 콘스탄티노플의 총대주교(그리스 정교회 수장)는 1054년 이후 로마 가톨릭과 동방 정교회를 분리시켰던 상호 파문을 철회했다. 더 나아가, 기독교 일치 증진을 위한 바티칸 사무국(Vatican's Secretariat for the Promotion of Christian Unity)의 후원으로 연합을 위한 접촉이 몇 차례 있었다.

보수적인 복음주의자들은 에큐메니칼 운동에 마지막까지 참여하지 않고 있는 그룹이다. 거의 현대 에큐메니칼 운동이 시작될 때부터, 복음주의자들은 '연방' 모델을 토대로 한 교회 연합을 위한 시도에 의문을 품었다. 예를 들면, 이들은 제3세계 좌익 운동에 대한 WCC의 정치적 지원을 뒷받침하는 다소 모호한 교리적 근거를 인용한다.

에큐메니칼 운동에 대한 적극적인 참여를 주저하는 이러한 태도가 반드시 복음주의자들이 집단적 행동에 반대한다는 의미는 아니다. 복음주의자들은 18세기에 대각성 운동을 일으킨 이후로 전도와 세계 선교를 위해 서로 협력했다. 1940년대, 미국 복음주의자들은 두 연합조직인 미국복음주의협의회(National Association of Evangelicals, NAE)와 미국교회협의회(American Council of Christian Church, ACCC)를 결성했다. 두 그룹이 '분리'에 접근하는 방법은 서로 다르지만 두 그룹 모두 교리가 정통적이다. NAE는 대체로 복음적인 모든 그룹이나 개인을 회원으로 받아들인 반면에, ACCC는 훨씬 더 좁은 교리 진술에 대한 동의를 요구했으며 WCC나 NCC(National Council of Churches, 전국교회협의회)와 조금이라도 관련된 사람은 받아들이지 않았다. 두 기관 모두 연방 모델을 토대로 한 연합보다는 전도의 확대와 상호 지원에 더 관심이 있었다.

국제적인 면에서, 복음주의자들은 몇몇 최전선에서 결집된 노력을 독려했다. 1951년, 세계복음주의협의회(World Evangelical Fellowship, WEF)가 조직되었다. 정통적인 신앙 선언문에 서명하는 복음주의 단체들이 회원이 될 수 있다. WEF(지금은 WEA, World Evangelical Alliance, 세계복음주의연맹)는 전 세계에서 신학 교육을 돕고, 인도주의적 원조를 하며, 성경 사역과 전도 사역을 촉진한다.

그러나 대체로, 복음주의주의자들은 전도 촉진에 관심이 많은 것 같다. 빌리 그래함에서 시작된 세계전도대회(World Congress on Evangelism)가 1966년 베를린에서 열렸는데, 전 세계 100여 개국 대표들이 참석했다. 1974년, 스위스 로잔에서 열린 세계복음화 국제대회(International Congress on World Evangelism)에는 2,700여 명이 참석했으며 복음주의적 연합을 위한 노력을 새롭게 성숙시켰다. 이 대회는 "교회의 진리 안에서 가시적으로 하나 되는 것이 하나님의 목적"이라는 것을 인정했다. 교회의 연합은 성령을 통해 주시는 하나님의 선물이며, 그리스도께서 십자가에서 이루신 구속 사역을 통해 이루어질 수 있다. 이 대회는 이러한 연합이 진리에 기초하며(역사적 복음에 대한 고수), 모든 민족에게 화해의 복음을 선포하라는 주님의 명령이 요구하는 바라고 선언했다. 교회 자체가 찢겨지고 화해하지 못한 상태로 있으면서 어떻게 세상에 평화의 복음을 선포할 수 있겠는가? 48명의 회원으로 구성된 세계복음화 지속위원회(Continuation Committee for World Evangelization)가 모든 곳에서 세계 복음화를 촉진하기 위해 지역이나 국가에 위원회를 만드는 데 필요한 격려와 지원을 하기 위해 설립되었다.

요약하면, 1990년대에 이르러 그리스도인들 사이에 두 개의 '에큐메니즘' 모델이 뚜렷하게 나타났다. 세계교회협의회(WCC)의 연방 모델은 교리적 일치와 전도의 필요성을 경시하는 반면에 그리스도의 이름으로 이루어지는 사회적, 정치적 행동을 강조하는 경향이 있었다. 보수적인 복음주의자들의 협력 모델은 보다 가시적인 연합이 뒤따르기를 바라면서 교회의 사명에서 전도의 최우선 순위를 회복하려 했다.

더 깊게 공부하려면

Thomas A. Askew and Richard V. Prerard, *The American Church Experience*
Gerald R. Cragg, *The Church and the Age of Reason 1648-1789*
Kevin M. Cragg and Paul R. Spickard, *A Global History of Christians*
Ivor J. Davidson, *The Birth of the Church*
Enrique Dussel, ed., *The Church in Latin America*

William R. Estep, *Renaissance and the Reformation*

Charles W. Forman, *The Island Churches of the South Pacific: The Emergences in the Twentieth Century*

Adrian Hastings, *The Church in Africa: 1450-1950*

Kenneth Scott Latourette, *A History of Christianity(Vols. I and II)*

James Hastings Nichols, *History of Christianity 1650-1950: Secularization of the West*

Bruce L. Shelley, 《현대인을 위한 교회사》*(Church History in Plain Language)*, 박희석 옮김(크리스찬다이제스트, 2011)

Scott W. Sundquist, *A Dictionary of Asian Christianity*

Timothy E. Yates, *The Expansion of Christianity*

아더 글래서, 제임스 스타물리스, 도날드 스미스, 제프 터니클리프

성경적 선교신학 | 선교의 역사 | 문화 간 커뮤니케이션
선교 트렌드와 선교 전략

23 선교학 개론

나는 영혼들을 깨우기를 좋아해야 합니다. 나는 세상을 돌아다니며 당신의 영광스러운 십자가를 이교도의 땅에 세우기를 좋아해야 합니다. 그러나 한곳만 선교지로 삼는 것으로는 부족합니다. 나는 복음을 세계 모든 곳에, 가장 외딴 섬에까지 전할 때까지 만족해서는 안 됩니다.

리지외의 테레사 Thérèse of Lisieux

예수님이 제자들에게 하신 마지막 명령 가운데 하나는 흔히 대위임(Great Commission, 지상명령)으로 알려져 있다. "너희는 가서 모든 민족을 제자로 삼아 아버지와 아들과 성령의 이름으로 세례를 베풀고 내가 너희에게 분부한 모든 것을 가르쳐 지키게 하라"(마 28:19,20). 사도 바울뿐 아니라 베드로와 빌립과 그 외 사람들이 이 명령에 순종하여 선교 여행을 떠났다(사도행전에 기록이 나온다). 그러나 성경은 선교에 대해 할 말이 훨씬 더 많으며, 이것은 모든 인류를 향한 하나님의 사랑(요 3:16), "아무도 멸망하지 아니하고 다 회개하기에 이르기를 원하시는"(벧후 3:9) 그분의 사랑을 생각할 때 전혀 놀라운 게 아니다.

선교학은 철저히 성경을 토대로 한 학문으로, 2천 년에 걸친 세계적인 확산의 이야기를 포함한다. 선교학은 사람들이 복음의 메시지를 받아들이고 믿을 수 있도록 문화 간의 대화를 위한 세밀한 접근법을 연구한다. 그리고 선교학은 변화하는 환경과 문화적 장애물과 영적 반대에 직면했을 때 필요한 효과적 전략을 연구한다.

성경적 선교신학

A Biblical Theology of Mission

+ 아더 글래서

하나님이 주신 신앙과 행위의 유일한 규범은 성경이다. 성경은 법의 힘을 갖는다. 선교는 그분이 그분의 교회를 보내 세상에서 하게 하신 과제 전체를 포함하기 때문에, 우리는 구약과 신약에서 두드러진 하나의 주제를 선택해야 한다. 그 주제가 바로 하나님 나라이다. 하나님 나라는 예수님의 사역의 핵심 주제였으며, 하나님이 앞서 선지자들을 통해 그분의 백성에게 말씀하실 때 사용하신 모든 '다양한 방법들'을 잇는 연결고리이다(히 1:1). 선교학은 점점 더 하나님 나라를 모든 선교의 축으로 보고 있다. 이 부분에 대해서는 모두가 동의할 수 있을 것이다.

우리 시대에, 전도자들은 선교의 성경적 기초가 앞선 세대들의 생각보다 훨씬 복잡하다는 사실을 깨닫는다. 이제는 '이교도'의 영적 상태에만 관심을 집중해서는 안 된다. 그뿐 아니라 대위임에 호소함으로써, 또는 파송하시는 하나님의 성품과 성령의 자비로운 강권과 사도적 교회의 모범과 선교적 순종과 그리스도의 재림 간의 관계와 같은 관련 주제를 뒷받침하는 증거 본문으로 이러한 관심을 보충하는 것으로는 신뢰를 얻을 수 없다. 이러한 주제는 중요하다. 그러나 이러한 주제 위에 포괄적인 성경적 선교 신학을 세울 수는 없다. 하나님 나라 또는 하나님의 '통치'가 지배적 동기여야 한다. 왜냐하면 하나님 나라를 통해, 하나님은 인간의 모든 부분, 과거와 현재와 미래와 접촉하시기 때문이다.

우리는 하나님 나라와 세계 선교의 관계를 탐구할 때 하나님의 왕권은 우주적인 동시에 언약적임을 상기하는 데서 시작한다. 하나님이 그분의 말씀으로 천지를 창조하시고 그분의 모양과 형상으로 최초의 부부를 창조하실 때, 자신의 피조물, 특히 인류에 대한 사랑과 보존의 통치를 행하시는 것은 필연적이었다. 이것을 가리켜 그분의 우주적 왕권이라 할 수 있다. 구약과 신약 모두 이것을 가르친다. 그러나 구약에서 우리는 또한 하나님의 왕적 통치가 그분이 언약 관계를 맺으신 한 백성 이스라엘에게서 이루어지는 것을 본다.

구약의 기여

구약의 첫 몇 장에는 앞에서 정의한 선교에 대한 최초의 언급이 나온다. 하나님은 최초의 남자와 여자에게 "생육하고 번성하여 땅에 충만하라, 땅을 정복하라"고 말씀하셨다(창 1:26-30; 2:15,18-25; 시 8:5,6). 자주 '문화명령'으로 불리는 이 명령을 통해, 하나님은 아담과 하와에게 그분의 부섭정으로서 이 세상에 대한 책임을 받아들이라고, 그분의 지시를 따라 그분의 영광을 위해 이 세상을 섬기고 다스리라고 요구하셨다. 이 명령의 상세한 부분은 이들의 사회적 존재와 관계가 있으며 이들의 의무(가정과 사회, 문화와 문명을 향한 명령)가 시작된다는 것을 알리는데, 이 의무는 성경을 따라 흘러가면서 더 넓어지고 깊어진다. 우리는 그리스도께서 나중에 개시하실 메시아 시대에 이러한 많은 의무들이 교회가 '이 천국 복음'을 모든 민족에게 선포하고 증언하라는(마 24:14) 그분의 선교 명령의 한 부분으로써 훨씬 더 또렷해지리라는 데 놀라지 말아야 한다. 실제로 그러했다. 우리는 문화 명령을 대위임의 전주곡으로 여겨야 할 것이다.

처음의 기대는 하나님은 주권자이시기 때문에 복종을 받으시리라는 것이었다. 그러나 실제는 그렇지 않았다. 처음에 하나님은 아담과 하와에게 도덕적 테스트를 하셨다("나무들" — 창 2:16,17). 하나님은 이들에게 선택의 자유를 주시면서 큰 위험을 감수하셨다. 이들은 그분의 다스림을 받기로 자유롭게 선택할 것인가, 아니면 그분과 분리되려 할 것인가? 슬프게도, 이들은 후자를 선택하고 타락했으며(3:1-7), 이 때문에 '기질'의 지배를 받게 되었고, 하나님의 원수인 영적 세력과 연합하게 되었으며, 하나님의 통치를 거부하는 길을 열었다.

그뿐만이 아니었다. 이들이 문화 명령을 계속 수행하기는 했지만, 이들의 순종을 결정짓는 것은 세상을 향한 책임을 회피하고, 세상 권세를 잡은 자("이 세상의 임금" — 요 12:31; "이 세상의 신" — 고후 4:4)에게 항복하는 데서 일어나는 이기적인 충동이었다. 뒤이은 장들(창 4-11장)은 타락의 결과를 기록하는데, 형제 살인에서 세계적 폭력에 이르기까지, 홍수를 통한 하나님의 심판에서 시작하여 여기서 구원받은 한 가족(노아의 가족)의 비극에 이르기까지, 도전적인 탑이 있는 우주적 왕국을 건설하려는 인간의 오만한 시도에서 더 큰 심판, 즉 언어의 혼란과 흩어짐에 이르기까지 타락의 결과를 기록한다.

문화명령이 더 이상 하나님의 지시 아래 이루어지고 있지 않았기 때문에, 하나님은 그분의 선택과 언약을 통해 인간의 거역과 그분과의 단절이라는 문제를 해결할 구속의 목적을 전개하기 시작하셨다. 하나님은 아브람을 우르(바벨의 도시)에서 불러내시고, 그의 씨(이스라엘)를 통해 "땅의 모든 족속이 복을 얻도록" 그가 믿음으로 살도록 훈련시키기 시작하셨다(창 12:1-3). 하나님의 은혜로운 바람은 이스라엘을 통해, 타락한 인류가 그들의 메시아의 동역자로서 회개와 믿음으로 사탄의 지배에서 벗어나게 하고(요일 5:19; 행 26:18), 세상과 그 속에서 그분의 사랑에 반응하는 자들에 대한 지배권을 회복하게 하는 것이었다.

구약 역사는 이스라엘의 거듭된 실패를 기록한다. 실제로, 이스라엘 역사에서 이스라엘의 남은 자만이 하나님을 믿고 그분께 순종했다. 그러나 그와 동시에, 이들의 선지자들은 하나님이 이스라엘에서 믿음을 지킬 남은 자들을 위해 세우신 언약의 목적을 궁극적으로 이루시리라고 예언했다. "야곱을 그에게로 돌아오게 하시며", 야곱을 "이방의 빛"으로 삼아 그분의 "구원을 베풀어서 땅끝까지 이르게" 하실 것이다(사 49:5,6). "이스라엘의 구속자 이스라엘의 거룩한 이"가 이러한 완전한 회복의 열쇠가 될 것이다(7절). 그럼에도, 이스라엘은 영적으로 더 타락했고, 공개적으로 거역했으며, 오랫동안 사로잡혔고, 그저 아주 가끔씩 민족적 회개를 통해 하나님의 축복이 그분의 백성인 자신들의 삶과 예배에 부분적으로 나타나는 것을 보았을 뿐이다. 비극은 마지막에 유대교 내에서 서로 경쟁하는 다양한 분파들이 서로 싸울 때도 많지만 다니엘의 "인자"로, 이사야의 "고난받는 종"으로, 스가랴의 "상처 입은 목자 왕"(Smitten Shepherd-King, 슥 13:6-7)으로 오신 분을 대적하는 마지막 비극에 연합해 참여했다는 것이다.

구약의 선교 원리 신약이 열방에 대한 교회의 사명과 관련해 하나님 나라를 전개할 때 다섯 가지 중요한 구약의 원리가 나타난다. 이스라엘과 하나님의 관계에 대한 비극적인 역사에서 이 원리를 찾을 수 있다.

1. 하나님은 주권적인 왕이시다. 개인과 민족에 대한 그분의 통치는 언제나 의롭고 공의롭다. 그분은 우주의 도덕적 통치자시다(시 22:27,28; 단 4:34,35).

2. 하나님은 그분의 백성에게 인격적 헌신을 요구하신다. 하나님의 거룩은 그분과 언약 관계에 들어갈 모든 이스라엘 백성에게 의(義)를 요구한다.
3. 하나님의 백성은 모범과 인격적인 봉사를 통해 열방 가운데서 섬김의 공동체를 이루어야 한다. 하나님의 백성은 자신의 품위를 떨어뜨리는 모든 말과 행동을 거부해야 한다(미 6:8).
4. 인간의 뿌리 깊은 악과 사탄과 그 군대의 무자비한 적대감이 하나님께서 그분의 백성을 통해 이루시려는 목적을 끊임없이 방해한다(욥 1-2장; 대하 36:15,16).
5. 이스라엘과 열방을 향한 하나님의 목적은 항상 현재 상황을 초월하며, 변함없이 그분의 미래와 역사에서의 궁극적 승리를 향한다(사 2:2-4; 슥 14장).

구약의 구체적 기여 이스라엘의 긴 역사 기록에서, 구약은 오늘날의 선교와 관련된 주제들을 다룬다. 노예제와 정치적 해방(출애굽기와 에스라), 하나님의 백성과 세속 권력 및 세속 사건과의 관계(창세기와 예언서), 고난과 구속의 신비(창세기, 출애굽기, 이사야서의 종의 노래들), 하나님의 백성의 생활 방식(레위기), 종교 다원주의의 위험(호세아), 인종차별주의와 반유대주의(에스더), 하나님을 섬길 때 만나는 기본적인 문제들(학개와 스가랴), 종교적 충돌과 진리의 타협 불가능성(예레미야), 개인과 민족의 영적 갱신(느헤미야와 말라기), 이스라엘 내에서 믿음을 지킨 남은 자들의 역할(아모스와 이사야), 자기중심주의 때문에 하나님께 쓰임 받지 못할 가능성(요나), 하나님을 모르는 열방들과 이어주는 다리로서의 지혜문학의 역할(욥기, 잠언, 전도서), 디아스포라(흩어진) 민족으로서 이스라엘이 갖는 선교적 의미 등.

비록 구약이 선교의 고유한 문제와 관련된 통찰력 있는 자료로 가득하지만, 한 가지 핵심 문제에는 침묵한다. 구약에서 하나님은 이방인들이 복음을 통해 그분의 백성과 동일한 상속자가 되리라는 '만세와 만대로부터 감추어졌던' 비밀을 계시하지 않으셨다. 성경을 잘 아는 유대인들은 거대한 열방의 무리가 모여 아브라함과 이삭과 야곱의 하나님을 예배할 때 자신들의 황금시대가 도래하리라는 것을 알고 있었다. 그러나 이 일이 어떻게 이루어질지는 여전히 신비였으며, 예수 그리스도께서 메시아 시대를 여셨을 때 그 신비가 마침내 풀렸다(엡 3:3-9).

신약의 기여

성경의 일치는 앞에서 언급한 구약의 하나님 나라 원리들이 신약에 이르러 확대되고 커지는 방식에서 가장 분명하게 나타난다. 예수 그리스도께서 오심으로써 이러한 원리들이 세계 선교와 직접 연결된다.

첫째, 하나님의 주권은 그리스도의 주되심(lordship)에 초점을 맞춘다. 우리는 "그리스도 예수의 주되신 것"(고후 4:5)을 전파한다. 이것이 하나님 나라의 복된 소식의 핵심이다(롬 10:9,10). 그리스도께서는 십자가를 통해 모든 원수를 멸하시고 그분의 백성을 위해 구원을 이루셨다. 그분은 지금 구속받은 자들을 다스리시는데, 그분의 다스림은 "모든 무릎"이 그분 앞에 꿇고 "모든 혀"가 그분을 주로 고백할 때 완성될 그분의 통치를 내다본다(빌 2:6-11). 그분은 우리가 다른 신들을 예배하는 것을 아주 싫어하신다.

둘째, 그리스도의 주되심은 개인적인 헌신을 요구한다. 신약은 신앙의 필요성, 거듭남, 성령의 내적 증거, 사랑과 하나님 나라를 위한 섬김을 통한 내적 증거의 외적 표현 등을 강조한다. 오직 그리스도 안에 있는 새로운 피조물만이 하나님 나라에 들어갈 수 있다(요 3:5). 그분을 주로 모시지만 그분의 가치관과 전망을 따라 살지 않는 자들은 자신이 진정으로 그분께 속했는지를 시험해 보아야 한다(고후 13:5).

셋째, 왕의 공동체는 그리스도의 몸이다. 유대인이든 이방인이든, 하나님 나라의 백성은 그 나라의 관리자이며 교회 안에서 서로 하나이다. 이들의 공동체적 삶은 전체 예배, 서로간의 나눔, 일치된 신앙고백, 외적인 섬김을 통해 표현된다. 이들은 기도하고 죄를 고백하는 삶을 산다. 그리스도의 몸인 교회는 하나님이 세우신 것이지만, 눈에 보이는 교회는 하나님의 은혜와 인간의 타락성과 마귀의 침투가 공존하는 불완전한 교회이다. 교회의 유일한 영광은 그리스도께서 그 가운데 계시다는 것이며, 이러한 그리스도의 임재는 믿음으로 실현된다.

넷째, 교회는 선교의 사명을 받았다. 그리스도께서는 구속 사역을 마치신 후에 세계 선교를 명하셨다. 말과 행동으로 하나님 나라 복음을 선포하고 증명해 보이라고 명하셨다. 이 명령의 세세한 부분은 "오직 정의를 행하며 인자를 사랑하며 겸손하게 네 하나님과 함께 행하라"는 구약의 명령(미 6:8)을 강력하게 인증할 뿐 아니라 의미 있게 보충한다. 그리스도께서 성령을 제자들에게 보내신 후, 제자들은 자신들이 모든 민족을 위한 하나의 보편적 믿음을 가졌음을 의식적으로 깨닫기 시작했으며, 이스라엘의 경계를 넘어 이방 민족들에게로 가서 복음을 선포하기 시작했다. 선교의 중심이자 그 무엇으로도 대신할 수 없는 과제는, 사람들을 그리스도의 제자로 삼고 지교회로 불러들이는 것이다.

다섯째, 선교 명령에 순종할 때 고난이 따른다. 신약은 하나님 나라의 복음이 선포될 때 나타나는 갈등과 고난의 기록으로 가득하다. 예수님 자신도 세상의 배척과 마귀의 격분을 경험하셨으며 고난을 통해 순종을 배우셨다(히 5:8). 거의 동일한 방법으로, 교회도 통치자들과 권세들에 대한 승리를 선포할 때(골 2:15) 사탄의 체질(눅 22:31)과 불 같은 시련(벧전 1:6-8)을 겪을 것이며, 그 결과 완전해지고 자신의 사명을 더 잘 감당할 수 있게 될 것이다. 이러한 과정은 계속될 것이며, 마지막 때가 가까울수록 강도가 높아질 것이다.

여섯째, 소망이 있기에 미래는 밝다. 하나님의 구속 목적이 이루어질 것이고(행 1:8). 그분이 시작하신 일이 완성될 것이다. 그분의 제자들이 선교 명령에 순종함으로써, 하나님은 열방에서 완전한 백성을 불러내실 것이다. 그때 하나님은 "정하신 사람으로 하여금 천하를 공의로 심판하게" 하실 것이며 "그를 죽은 자 가운데서 다시 살리신 것으로 모든 사람에게 믿을 만한 증거를 주실" 것이다(행 17:30,31; 마 25:31,32). 그리스도의 구속 목적은 그분이 재림하실 때 절정에 이를 것이다. "만물을 그에게 복종하게 하실 때에는 아들 자신도 그때에 만물을 자기에게 복종하게 하신 이에게 복종하게 되리니 이는 하나님이 만유의 주로서 만유 안에 계시려 하심이라"(고전 15:28).

이스라엘과 메시아의 만남 구약에서 하나님은 이스라엘에게 그분과의 관계와 그분이 그들에게 기대하시는 섬김을 상기시키기 위해 선지자를 자주 보내셨다(렘 7:25). 그러나 하나님이 예수님을 보내신 것은 특별했다. 인간은 너무나 타락했고 구속이 절실했기 때문에 하나님의 백성을 구속할 방법은 성자 하나님이 육신으로 오셔서 십자가에서 대속을 이루시는 것밖에 없었다. 앞선 '보냄'은 이 마지막 '보냄', 즉 이스라엘에게 메시아를 보내기 위한 무대를 세우는 것이었다. 이 사건은 구원사의 큰 전환점이다. '옛 것'이 끝나고 '새 것'이 시작되는 점이다.

예수님은 이스라엘에 오셨을 때 거의 즉시 바리새인들의 전통적 경건에 의문을 제기하셨다. 그분은 또한 사회에서 버림받은 자들에게 눈을 돌리시고 그들에게 하나님의 사랑이 지배하는 삶을 제시하셨다. 이러한 연결에 관해 데이비드 보쉬(David Bosch)는 이렇게 말한다.

> 복음서가 예수님이 눈을 돌리신 사람들에 대해 하는 말에 주목할 만하다. 복음서는 이들을 가난한 자, 눈먼 자, 저는 자, 나환자, 주린 자, 죄인, 우는 자, 병든 자, 어린아이, 과부, 사로잡힌 자, 박해받는 자, 눌린 자, 지극히 작은 자, 나중 된 자, 수고하고 무거운 짐진 자, 잃은 양이라고 말한다.

바꾸어 말하자면, 예수님은 사회에서 대항문화적(countercultural) 존재로서 하나님 나라를 구현하셨으며, "율법을 알지 못하는 이 무리는 저주를 받은 자로다"(요 7:49)라고 하며 그분을 경멸하는 바리새인들을 공격하셨다. 이들은 성경을 연구했음에도 그분의 구속의 목적이 가지는 의미를 깨닫지 못했다(요 5:39). 사두개인들도 그분을 반대했는데, 그 이유는 성경도 모르고 하나님의 능력도 몰랐기 때문이었다(막 12:24).

이러한 구속의 목적은 메시아의 길을 여는 자였던 세례 요한에게서("엘리야가 이미 왔으되" — 마 17:12; 말 4:5), 예수님의 성육신과 세례와 그분의 진정한 정체에 대한 하나님의 확증에서 시작되었다(마 1:23; 3:7). 그분은 사탄에게 유혹을 받으셨으나 승리하셨다. 요한이 죽자 갱신을 위한 두 사람의 협력이 끝났다. 이때부터 예수님은 유대인의 메시아로서 그들을 대면하기 시작하셨으며(눅 4:16-30), 제자들을 부르셨으며(눅 9:23), 은밀한 방식으로 하나님 나라를 개시하셨다. 그분은 이렇게 설명하셨다. "율법과 선지자는 요한의 때까지요 그 후부터는 하나님 나라의 복음이 전파되어 사람마다 그리로 침입하느니라"(눅 16:16).

예수님의 이적을 단순히 인도주의적 동정으로 생각해서는 안 된다. 실제로, 예수님의 이적은 이사야(35,61장)가 하나님께서 그분의 백성을 구속하시는 결정적인 역사가 나타나기 전에 있으리라고 예언한 메시아 '표적'(signs)이었다. 이것들은 하나님 나라가 그리스도의 신분과 그분이 하시는 일을 통해 '이미' 이스라엘 가운데 임했다는 뜻이었다. 예수님이 한번은 이렇게 말씀하셨다. "내가 만일 하나님의 손을 힘입어 귀신을 쫓아낸다면 하나님의 나라가 이미 너희에게 임하였느니라"(눅 11:20). 처음에 무리는 그분이 지피신 기대감과 그분이 행하시는 메시아 표적에 끌렸다. 그리스도께서 무리를 먹이셨을 때, 무리는 그분을 왕으로 삼으려 했다(요 6:15). 그러나 그분의 나라가 더 많은 변화를 요구한다는 사실이 분명해졌을 때, 무리는 약해졌고 반대가 커졌다.

예수님은 3년의 짧은 사역에서 선교적 통찰력으로 가득한 비유를 사용하여 하나님 나라를 선포하고, 주린 자들을 먹이며, 병든 자들을 고치고, 귀신들린 자들을 자유하게 하는 데 몰두하셨다. 그런 후 그분은 종교 당국자들에게 붙잡혀 불의한 재판을 받으셨고, 신성모독 혐의로 정죄를 받으셨으며, 로마 당국자들의 손에 넘겨져 십자가에 달리셨다. 그분은 세상 죄를 제거하는 구속자로 죽으셨으며(요 1:29) 구약이 예언했듯이 죄와 사망을 이긴 승리자로서 사흘 만에 죽은 자 가운데서 다시 살아나셨다(눅 24:44-49). 부활 후 사역에서, 그리스도께서는 네 가지를 강조하셨다.

1. 그분의 육체적 부활(행 1:3).
2. 그분 자신이 구약을 이해하는 열쇠라는 것(눅 24:25-27,32).
3. 그분의 선교 명령: 가서 회심자들에게 세례를 주어 지교회에 소속시키고 그분이 하셨듯이 그들을 제자로 훈련시킴으로써 "모든 민족을 제자로 삼으라"(마 28:18-20).
4. 성령이 없이는 선교 사역이 불가능할 것이므로, 성령을 받기 위해 예루살렘을 떠나지 말고 기다리라는 그분의 명령(눅 24:49; 행 1:8).

그런 후에 예수님은 하늘로 올라가심으로써 자신이 하나님의 아들임을 마지막으로 증거하셨다(행 1:9-11).

선교의 시작: 하나님 나라 선포하기 오순절에 임한 성령은 특별한 민족, 즉 유대인들에게 편중되었던 선교(마 10:5,6; 15:24)를 모든 민족에게로 확대시켰다(행 2:17,21,39). 그러나 초기 제자들이 예수님의 메시아적 유대교 운동이 보편적 신앙으로 바뀐 의미 — 새 언약 아래 새 시대가 시작되었다 — 를 완전히 이해하는 데는 시간이 걸렸다. 처음에, 예수님을 믿는 자들은 대체로 유대교 내의 메시아 분파로 여겨졌다. 이들의 전도 방법은 구약에 깊이 뿌리를 박고 있었다(행 13:14-43). 그러나 이방인들이 믿기 시작하면서, 사도들은 이방인들이 옛날의 유대교 개종 패턴에 따라 할례를 받고 율법을 지킴으로써 유대인이 되어야 하는 게 아님을 느꼈다. 이 때문에 위기가 생겼으며, 이 위기는 '사도들과 장로들'의 특별 회의에서 부분적으로 해결되었다(행 15장). 이 회의는 비유대인들에 대한 이들의 선교 전략에도 영향을 미쳤다(행 17:16-34; 26:18). 이로 인해 특히 유대 신자들 가운데 랍비를 따르는 유대인들과 예수님을 믿고 늘어나는 이방인 신자들과의 영적 일체감을 점점 더 느끼는 유대인들 사이에서 '갈림길'이 생기고 있다는 의식이 점점 더 강해졌다.

이러한 거대한 전환은 많은 신학 논쟁을 촉진시켰다. 다행히도, 하나님은 사도 바울의 회심을 통해 초대교회에 거물 신학자를 주셨다(행 9,22,26장. 특히 9:15). 이때부터 바울의 선교 활동과 문제를 해결하는 서신서는 세계 선교가 얼마나 복잡한가를 더욱 강하게 인식시켰다. 바울이 주로 이방인으로 구성된 로마교회에 보낸 힘찬 편지는 주목할 만하다. 이 편지에서 바울은 지중해 세계 전체를 선교하기 위해 스페인에 선교 기지를 세우고 싶은 바람을 표현한다. 그는 먼저 유대인이든 이방인이든 모든 사람이 죄로 가득함을 섬뜩하게 묘사한다(롬 1:18-3:20). 그는 이어서 하나님의 의, 예수 그리스도를 통해 모든 죄인에게 임하는 풍성한 은혜를 포괄적으로 제시한다(롬 3:21-5:21). 우리는 믿음을 통해 은혜로 의롭다 함을 얻는다.

그러나 바울은 여기서 멈출 수 없었다. 그는 믿는 모든 자에게 임하는 하나님의 놀라운 은혜를 말해야 했다. 그리스도인은 십자가와 성령을 통해 승리의 삶을 살 수 있다. 십자가와 성령이 있기에, 죄는 언제나 가능하지만 필수적이지는 않다(롬 6:9-8:39)! 그 다음으로 바울은 이스라엘의 비극적 경험을 소개했다. 하나님은 결코 이스라엘 자체를 목적으로 의도하신 게 아니었다. 이스라엘은 세계적 사역을 위해 선택되었으나 스스로 실패했기 때문에 제외되었다. 완전히 또는 영구적으로 제외된 것은 아니다. 그러므로 이스라엘은 그리스도의 재림 때 회개와 그들의 메시아를 믿는 신앙을 통해 황금시대에 들어갈 것이다(롬 9:1-11:36). 이 편지의 마지막 부분은 로마교회가 선교사를 파송하고 선교, 특히 스페인 선교에 적극적으로 참여하는 공동체로 바뀌기를 바라는 바울의 바람과 관련된 실제적인 문제에 초점을 맞춘다(롬 12-16장).

하나님 나라: 하나님의 내일에 대한 표시 신약은 고정된 교회 구조뿐 아니라 이동 선교팀의 타당성에 대한 통찰, 성령의 은사의 본질과 다양성과 활용, 영적 싸움과 관련된 세력의 문제, 윤리적 종교와 영적 회심의 현상, 구원받은 자와 잃은 자의 영원한 분리, 말세, 하나님의 궁극적 승리처럼 선교와 관련된 중요한 문제를 많이 다룬다.

그러나 우리가 특히 관심을 가져야 할 부분은 하나님 나라를 모든 선교 활동의 중심으로 삼는다는 게 어떤 의미인지 제대로 이해하는 것이다. 우리 시대에는 세계 모든 사람들이 미래에 대한 희망을 잃고 있다. 그러나 하나님 나라는 하나님이 이스라엘과 모든 민족을 위해 영광스러운 미래를 준비해 놓으셨다는 뜻이다. 하나님의 내일이 있을 것이다. 모든 그리스도인이 세상 가운데서 하나님의 내일을 나타내는 '표적'이 되어야 한다.

기독교 공동체는 현실이나 특권자나 착취자나 권력자에게 얽매이지 말고 문화의 물결을 거슬러야 한다. 기독교 공동체의 구성원들은 다른 장단에 맞춰 행진하는 사람들이다. 이들은 하나님 나라의 모든 요소를 자신의 삶에서 구현하려고 노력하기 때문이다. 그리스도처럼, 이들의 관심은 가난한 자들, 눈 먼 자들, 소외된 자들, 멸시 받는 자들, 사로잡힌 자들, 박해받는 자들, 갇힌 자들, 밟힌 자들, 무거운 짐진 자들, 하나님의 사랑을 모르는 모든 자들에게 있다. 이들은 예수 그리스도를 해방자, 구원자, 친구, 용서와 새로운 삶과 말할 수 없는 기쁨과 소망을 주시는 분으로 선포한다. 이들의 하나님은 '만물을 새롭게 하시는' 분이다. 이들은 '새 하늘과 새 땅'에 대한 갈망으로 불타며 그리스도를 위해 다른 사람들을 사랑하고 섬기지 않고는 견딜 수 없다. 이들의 복음은 선포에 그치지 않았으며, 말과 행동이 함께한다. 이들의 싸움은 예수님의 복된 소식이 그 누구에게도 거부당하지 않게 하는 것이다. 이것이 선교이다!

선교의 역사

A History of Missions

+ 제임스 스타물리스

1세기 유대인 순회 설교자의 제자들이 어떻게 하나님 나라에 관한 그분의 메시지를 온 세상에 퍼트렸는지 놀랍기만 하다. 이들이 먼저 로마를 정복하고 뒤이어 세계 도처에 교회를 세울 수 있었던 것은 수많은 신자들이 증인의 삶을 산 결과였다. 이들 선교사 가운데 많은 수의 행적은 알 수 없지만 후세에 이름조차 알려지지 않은 사람들이 훨씬 더 많다. 이처럼 완전한 선교의 역사가 지금까지 남아 있지 않기 때문에, 우리는 하나님이 평범한 신자들에게 힘을 주셔서 선교 사역을 감당하게 하셨음을 인정하지 않을 수 없다. 예수님은 유대와 갈릴리라는 한정된 지역에서 주로 사역하셨고 이따금 비유대 지역을 방문하셨을 뿐이지만 그분의 제자들에게는 "예루살렘과 사마리아와 땅끝까지 이르러 내 증인이 되라"(행 1:8)고 구체적으로 명하셨다. 사도행전은 이 계획에 따라 복음이 끝없이 확산되는 모습을 보여준다. 오순절에 성령이 임하심으로써, 복음이 "천하 각국으로부터 와서 예루살렘에 머무는"(행 2:5) 유대인들과 유대교로 개종한 사람들에게 전파되었다.

스데반이 돌에 맞아 순교한 후 교회에 몰아닥친 최초의 박해 때문에(행 7장) 신자들이 유대와 사마리아, 베니게(페니키아)와 구브로(키프로스)와 안디옥까지 흩어졌다(행 8:1; 11:19,20). 예수님이 제자들에게 모든 민족으로 제자를 삼으라고 명령하신 운동이 박해와 함께 시작되었다는 사실은 주목할 만하다. 하나님이 복음의 확산을 위해 비극적으로 보이는 사건들을 활용하신다는 주제는 역사에서 계속 나타난다. 복음이 사마리아인들에게 전파됨으로써 종교와 문화라는 두

개의 장애물을 넘는 다리가 놓였다. 기록에 따르면, 이방인들에게 처음으로 복음을 전한 사람은 베드로였다. 베드로는 이방인 고넬료에게 복음을 전했다(행 10장). 박해 때문에 흩어진 사람들 가운데는 안디옥으로 가서 이방인들에게 복음을 전한 사람들도 있었다(행 11:20). 이들 회심자들은 유대교로 개종한 이방인들이 아니었다. 그러므로 그리스도의 제자들을 유대교의 한 분파와 구분하기 위해 안디옥에서 이들을 그리스도인이라 부른 것은 이상한 일이 아니었다(26절). 바울의 선교 여행은 안디옥 교회에서 시작되었는데, 성령께서 바울과 바나바를 선교사로 파송하도록 명하셨으며 바울과 그의 팀이 아시아에서 복음을 전하지 못하게 하셨다(행 13:2; 16:6-10). 사도행전 끝에서, 바울은 로마에서 자신의 항소가 처리되기를 기다리면서 방해 받지 않은 채 그리스도를 전하고 있다.

교회의 초기 확장은 복음이 뒤이은 2천 년 동안 세계에 어떻게 퍼졌는지를 이해하도록 도와주는 패러다임이다. 팍스 로마나(Pax Romana) 아래, 복음은 상업과 정치의 주요 중심지에 급속히 퍼진다. 예수님이 사역 중이실 때도, 복음은 지배 계층을 파고들었다(눅 6:3. 헤롯의 청지기 구사의 아내 요안나는 예수님과 함께 다닌 사람들 가운데 하나이다). 로마에서, 바울은 자신이 갇힌 이유가 궁정에 잘 알려졌다고 쓸 수 있었다(빌 1:13). 지배 계층이 이처럼 기독교에 관심이 있다는 것은 복음이 역사 내내 영향을 미쳤다는 표시이다. 20세기 말까지, 통치자 한 사람이 회심할 때 그의 통치를 받는 사람들이 적어도 명목상으로라도 기독교로 개종할 때가 많았다. 통치자의 종교가 곧 백성의 종교가 되는 현상은 특히 16세기 유럽에서 잘 나타나며, 이것은 관계가 긴밀한 사회에서는 일반적인 현상이다.

복음과 상업의 관계는 사도행전에서 나타나며 선교의 여러 시대에서 거듭 나타난다. 때로 복음은 비즈니스에 이롭지 못했다(행 16:19; 19:23). 상업적 동기에서 가톨릭 선교와 개신교 선교를 후원한 사람들이 있다. 거듭 나타나는 또 하나의 주제는 복음과 타종교의 관계이다. 1세기 기독교의 주요 라이벌은 신비종교였는데, 신비종교의 요소는 기독교 복음이 대답하는 것과 비슷한 질문을 다루었다. 복음이 채울 수 있는 영적 주림이 있었다. 그러나 이방 종교들은 쉽게 굴복하지 않았으며, 따라서 사도행전에 나타나는 것과 같은 힘 대결이 불가피했다(예를 들면, 행 6:8; 8:9; 13:6; 16:16).

초기 500년

안디옥에서 가장 먼저 이방인들에게 복음을 전한 제자가 누구였는지 알 수 없듯이, 로마에서 가장 먼저 복음을 전한 사람이 누구였는지도 알 수 없다. 그러나 로마에는 바울을 따뜻이 맞아줄 신자들이 있었다. 최초의 회심자들은 하위계층이었을 가능성이 아주 높다. 그러나 도미티안(Domitian, c. AD 96) 황제의 박해 때, 그리스도인들에게 씌운 일반적인 죄명이 '신성모독죄'였으며, 황제의 사촌이 죽었고 그의 아내가 추방당했다. 어떤 사람들은 이것을 복음이 로마 사회의 최고위층에까지 침투했다는 증거로 본다.

1세기 말과 2세기 내내, 그리스도인들은 심하게 박해를 받았다. 그리스도인들이 로마의 신들에게 경의를 표하지 않는다는 게 그 이유였다. 그리스도인들은 오직 그리스도만을 하나님으로 인정하고 그분께만 충성할 뿐 로마의 만신전을 인정하려 하지 않았기 때문에 '무신론자'라 불렸다. 저스틴 마터(Justin Martyr, c. 100-165)는 기독교 신앙을 오해로부터 지키려고 노력한 초기 변증가들 가운데 하나였다. 251년 무렵, 로마에는 3만 명 정도의 그리스도인이 있었다. 순교자들의 이야기가 기독교 신앙의 존재를 자주 확실히 증언하듯이 박해가 교회를 뿌리 뽑지는 못했다.

복음은 일찍이 이집트에도 들어갔으나 이집트에 복음을 전한 초기 선교사들이 누구였는지도 알 수 없다. 알렉산드리아는 클레멘트(Clement, c.150-215)와 오리겐(Origen, c.185-254)처럼 성경의 계시를 굳게 붙잡았으나 복음을 위한 준비로 헬라 철학도 인정한 걸출한 인물들을 배출한 기독교의 주요 중심지였다. 이것이 한 민족의 문화에서 선복음적 이해(pre-gospel understanding)의 씨앗을 인식하는 것이 복음화의 예비 단계라고 본 최초의 예이다. 알렉산드리아 모델에 대해, 그리고 기독교 역사 전체에서 동일한 원리를 적용한 결과에 대해서는 지금까지도 논쟁이 벌어지고 있다. 이러한 형식에서는 항상 혼합주의의 위험이 있다.

기독교는 로마령 북부 아프리카(Roman North Africa)의 교육받은 식민지 계층 사이에서 급속도로 확산되었다. 이들은 세계 최초로 라틴어를 쓰는 교회들이었다. 카르타고를 식민지로 만든 페니키아인들이 가져온 퓨닉어(Punic language)도 어느 정도 사용되었으나 교회가 촌락과 유목민의 베르베르 방언(Berber vernacular)에까지 파고들었는지는 확실하지 않다. 교회가 평민들의 토속어를 사용하지 않았기 때문에 이들 그룹들이 7세기에 이슬람으로 넘어간 게 분명하다. 북아프리카에서 배우는 중요한 교훈은, 교회가 평민의 언어를 파고들어야 한다는 것이다. 이 지역에서 교회가 서구 신학의 핵심 인물인 히포의 어거스틴(Augustine of Hippo)을 포함해 뛰어난 신학자들을 배출하기는 했으나 신학적 발전이 이슬람의 급속한 확산을 막지는 못했다.

박해 기간에 신앙을 버린 사람들에 대한 교회의 태도를 중심으로 벌어진 도나투스 논쟁은 북아프리카 교회를 더욱 약화시켰다. 그럼에도 선교적 시각에서, 우리는 강력한 기독교의 중심지였던 곳에 지금은 기독교가 없다는 사실에 진지하게 주목해야 한다.

최초의 기독교 왕국은 에데사(Edessa)였다. 에데사는 두 번째 기독교 왕국인 아르메니아에 복음을 전하는 근거지 가운데 하나였다. 전승에 따르면 도마 사도가 인도로 갔는데, 이러한 항해가 가능했을 것이다. 인도에서 발견된 로마 동전에 무역 패턴이 나타난다. 마르 도마(Mar Thoma, 성 토마스) 그리스도인들은 자신들이 도마의 사역에서 기원했다고 본다. 기독교 시대 초기에 인도에 교회가 있었던 게 확실하다.

콘스탄틴 황제의 회심으로 교회 발전의 모습이 완전히 바뀌었다. 교회는 박해받던 소수에서 합법적이며 사회적으로 용인된 기관이 되었다. 교회가 더 이상 외적인 박해를 받지 않고 평화를 누리면서 신학 논쟁을 해결할 기회가 생겼다. 더욱이 콘스탄틴부터 여러 황제들이 이러한 신학 논쟁의 해결 과정에 참여했다. 삼위일체와 기독론 논쟁으로 동방교회가 생겼으며, 동방교회는 칼케톤 신조와는 다른 교리적 기준을 채택했다. 동방교회는 선교의 중심지였으며, 네스토리우스 선교 운동을 통해 중국까지 들어갔다.

기독교가 로마제국의 공식 종교가 되기(AD 333) 이전에, 복음이 제국의 서부와 북부에 전파되었다. 리옹의 주교 이레니우스(Irenaeus, c.130-200)는 교회에서 라틴어뿐 아니라 셀틱어도 사용했다고 썼는데, 이것은 교회가 제대로 교육받지 못한 사람들 속에 존재했음을 의미한다. 기독교는 제국의 종교가 되자 이교(異教)를 보다 직접적으로 공격할 수 있었다. 그러나 기독교의 합법화로 인한 부작용 가운데 하나는 유명론(唯名論, nominalism)이 강해졌다는 것이다. 수도원 운동은 낮아진 기독교의 기준에 대한 부분적인 반발이었다.

영국의 패트릭(Patrick, c.389-461)은 어린 시절 자신의 집에서 아일랜드 침입자들에게 납치되었다. 6년 후, 그는 아일랜드를 탈출하여 프랑스의 한 수도원에 들어갔다. 그는 끈질긴 환상을 뿌리치지 못하고 마침내 43세에 아일랜드로 돌아가 죽을 때까지 그곳에서 사역했다. 그가 사역을 시작했을 때, 아일랜드인들 거의 모두 이교도였으나 그가 죽을 무렵 아일랜드인들 대부분이 그리스도인이었다. 후에 셀틱 수도사들이 유럽의 많은 지역을 복음화했다.

유럽의 전환점 가운데 하나는 프랑크왕 클로비스(Clovis, 466경-511)의 세례였다. 그는 그리스도인인 부르군디의 클로틸다(Clotilda of Brugundy) 공주와 결혼했는데(493년), 왕비는 왕을 회심시키려고 최선을 다했다. 클로비스는 기독교의 하나님이 자신을 도와 자신의 원수인 알레만니족(Alemanni, 게르만족의 일파)을 물리쳐 주시면 회심하겠다고 맹세했다. 496년 성탄절에, 클로비스는 3천 명의 군사와 함께 세례를 받았다. 다른 통치자들도 회심했다. 그러나 알미니안주의 대신에 가톨릭 신앙을, 자신이 이해한 데까지 받아들인 최초의 통치자는 클로비스였다.

암흑시대(500-1000)

고전적인 세상은 지나가고 있었다. 야만인들이 중부 유럽에서 쏟아져 나와 서부 유럽을 짓밟았다. 바이킹들은 콘스탄티노플까지 진격했으며 영국과 북유럽을 공포로 몰아넣었다. 특히 학문의 중심지가 공격 대상이었다. 그 주민들은 부유하기 때문이었다. 야만인들과 마주치는 것은 무서운 일이었으나 복음을 위한 기회이기도 했다. 이 500년 동안, 교회는 야만인들을 길들이고 이들의 회심이 단지 명목에 그치지 않도록 노력했다. 이 시대의 세 가지 핵심 요소는 왕의 보호와 순교와 수도원 운동이었다.

기독교 세계는 아라비아로부터 또다시 도전을 받았다. 무함마드가 추종자들을 모으고 그들에게 일치감과 선교 의식을 심어주었다. 이들은 기독교 지역들을 휩쓸었으며, 무하함드가 죽은 지 100년도 채 지나지 않아 팔레스타인과 시리아뿐 아니라 북아프리카 전역과 스페인 대부분이 무슬림의 지배에 들어갔다. 무슬림은 732년 처음으로 투어스(Tours)에서 찰스 마르텔(Charles Martel)에게 제지를 받았으나 846년에 로마를 약탈했다. 시실리는 902년 무슬림 국가가 되었다. 마침내, 1453년 콘스탄티노플이 무슬림의 수중에 들어갔으며, 이로써 콘스탄티노플이 천 년 넘게 계속했던 기독교 세계의 수장 역할도 끝났다.

그러나 위험한 시대에도 불구하고, 계속해서 새로운 곳에 교회가 섰다. 아일랜드 선교사들은 험한 스코틀랜드 해안에 수도원을 세우고 영국을 복음화했다. 그와 동시에 교황 그레고리 대제(Gregory the Great)는 원주민을 몰아내고 영국을 차지한 앵글로색슨족에 선교사를 파송했다. 596년, 어거스틴(주교가 아니다)과 한 무리의 수도사들이 에셀버트(Ethelbert, c.560-616)가 왕으로 있는 켄트 지역에 들어갔다. 에셀버트는 고울 출신의 그리스도인 공주 베르다(Bertha)와 결혼했으며, 그해 말 만 명의 색슨족과 함께 세례를 받았다.

셀틱 선교사들에게는 조금 다른 관습이 있었으며, 이러한 관습은 이들이 처한 보다 고립된 상황에서 보존되었다. 이러한 차이 때문에 현대 독자들에게는 사소해 보이겠지만 다른 세대에서도 거듭 나타나는 문제가 생겼다. 차이를 해소할 권리가 누구에게 있는가? 결국 로마가 우세했고, 로마는 종교개혁 때까지 유지된 하나의 패턴을 세웠다.

교회가 발전하는 과정에서 타협도 있었는데, 교황 그레고리가 선교사들에게 이교도 신전에서 우상만 제거하고 신전을 다시 봉헌하라고 지시한 일이 한 예이다. 마찬가지로, 이교도 축제도 기독교의 성일(聖日)로 재편되었고, 전통적인 종교적 관습도 기독교의 상징으로 거듭났다. 성탄절 트리의 기원인 율레 통나무(Yule log, 이 통나무를 태우면 액운이 물러간다고 믿었다 — 역자 주)와 전통적인 성탄절 날짜도 이러한 수용과 조절의 예이다.

선교사들과 토착민 사이에 힘겨루기도 있었다. 게르만족의 사도 보니페이스(Boniface, 672-755)는 헤세에 있는 토르의 신성한 참나무를 베어버렸다(723년 보니페이스는 지금의 독일인 보헤미아의 헤세에서 사람들이 큰 참나무를 우뢰의 신 토르로 믿고 섬기는 것을 보고 이 나무를 베어버렸다 — 역자 주). 복음은 유럽에 천천히 꾸준하게 확산되었으나 이교도의 영향이 완전히 뿌리 뽑혔는지는 의문스럽다. 왜냐하면 이교도가 민담과 우화에서 다시 나타나며 교회의 삶에 혼합주의적 영향을 미쳤기 때문이다. 어떤 민족들은 복음에 더 완강히 저항했으며, 많은 선교사들이 순교했다.

동방교회와 서방교회의 분열은 1054년까지 공식적이지 않았으며, 1054년에도 파문된 것은 고위성직자뿐이었다(서방교회의 수장인 교황 레오 9세와 동방교회의 수장인 총대주교 케룰라리우스 미카일 1세간의 다툼이 일어나자, 1054년 훔베르트는 문제를 해결하기 위해 교황의 사절단을 이끌고 콘스탄티노플에 왔다. 그러나 계속되는 협상이 실패로 돌아가자 7월 16일 소피아 대성당에서 교인들이 모두 앞에서 미리 준비해온 교황의 파문장을 제단에 올려놓았다. 그러자 총대주교는 사절단과 그들의 지지자들을 파문했다 — 역자 주). 그러나 이전부터 있었던 신학적 차이에서 분열의 조짐을 찾을 수 있다. 선교에서 중요한 것은 동방교회가 서방교회처럼 언어적 통일성을 고집하지 않았다는 사실이다. 고트족을 위해 성경을 번역한 선교사 울필라스(Ulfilas, c. 311-383)가 콘스탄티노플에서 주교로 임명되었다는 것은 중요하다(그는 341년 아리우스주의자인 콘스탄티노플의 주교 니코메디아의 유세비우스에 의해 고트족의 주교로 임명되었다 — 역자 주). 그러나 그는 자신의 아리우스주의(Arianism, 그리스도의 신성을 부인한다) 때문에 동방 정교회에서는 인정받지 못하고 있다.

8세기, 시릴(Cyril)과 메도디우스(Methodius)가 슬라브어를 사용하는 모라비안들 사이에서 선교 활동을 할 때 성경을 번역하려 한다는 이유로(두 사람은 성경을 슬라브어로 번역했다) 교황과 관련된 선교사들의 반대에 부딪혔다. 데살로니가 출신인 이들 형제가 제시한 세 원칙은 예배 때 현지어를 사용하고, 현지인 성직자를 세우며, 마지막으로 교회를 자립시키는 것이었다. 두 사람은 로마로 가서 교황 앞에서 슬라브어로 된 전례(典禮)를 직접 행해 보일 수 있었다. 그러나 주교가 되어 모라비아로 돌아온 메도디우스는 반대에 직면했고 마침내 추방당했다. 이들의 제자들이 슬로비아 전역에 퍼져 복음을 전했으며 마침내 988년 블라디미르 1세(Vladimir I, 956경-1015)를 개종시켰다. 바이킹의 후예인 블라디미르는 자신을 따르는 자들을 강제로 교회로 인도함으로써 뒤이은 러시아 통치자들을 위한 하나의 패턴을 만들었다. 이러한 시작에도 불구하고, 러시아 교회는 때로 교회를 지배하려는 강압적인 통치자들 아래에서도 천 년 넘게 존속했다.

중세의 세계(1000-1500)

교회는 두 번째 천년에 접어들면서 주로 유럽에 집중되었다. 무슬림 지역에 고대 교회의 흔적이 남아 있었고 교회가 인도와 에디오피아에 발판을 마련했으나 네스토리우스파의 중국 선교는 탄압을 받았다(당나라 태종 때인 635년에 네스토리우스 선교단에 중국에 들어감으로써 기독교가 경교라는 이름으로 중국에 전해졌다 — 역자 주). 스칸디나비아 민족들은 처음에는 복음을 거부했으나 12세기 말에 이르러 노르딕 지역에 교회가 세워졌다. 그러나 이 지역의 이교도는 쉽게 뿌리 뽑히지 않았으며 지금도 노르딕 민간전승 속에 남아 있다.

십자군 원정은 교회사에서 선교에 가장 도움이 안 되는 사건이었을 것이다. 성지 지배권을 무슬림에게서 되찾기 위해 시작된 십자군 원정은 2백년 간 계속되었으며, 이 과정에서 수많은 사람들이 죽었다. 불신자를 강제로 회심시키려는 시도 — 교회는 7백년간 이런 시도를 했다 — 는 실패로 돌아갔다. 부분적으로는 십자군이 이교도를 설득하는 것보다 죽이는 게 쉽다는 것을 알았기 때문이었다. 겸손한 아시시의 프란시스(Francis of Assisi, 1181-1226)와 학문적인 레이몬드 럴(Raymond Lull, c. 1235-1315)을 통해 무슬림들에게 복음을 전하려는 시도는 황량한 풍경의 한 부분을 아름답게 장식했다. 레이몬드 럴은 북아프리카에서 순교했다. 프란시스는 이집트의 술탄에게 복음을 전했는데 술탄은 그에게 이렇게 말했다고 한다. "당신과 같은 그리스도인을 더 만난다면 나도 그리스도인이 되겠소." 지금도 계속되는 무슬림과 그리스도인 사이의 적대감은 십자군이 남긴 질긴 유산이다.

무슬림 지배 지역의 동쪽에 기독교 왕국이 있다는 소문은 온갖 추측을 불러일으켰다. 몇몇 탐험대가 몽고족에게까지 이르렀으나 성공의 정도는 다양했다. 기독교 왕국은 발견되지 않았다. 그러나 중앙아시아를 지배하던 몽고족은 무슬림 제국을 위협했으며, 1258년 바그다드를 공격하여 파괴했고, 2년 후에는 다마스커스까지 진격했다. 네스토리우스 교회는 몽골족 아래서 전에 없던 특혜를 누렸다. 그러나 마침내 몽골족이 무슬림 문화에 동화됨으로써 이들을 교회로 끌어 들일 기회가 사라졌다.

탐험가 마르코 폴로(Marco Polo)는 돌아와서 중국을 서구에 소개했는데, 쿠빌라이 칸은 그에게 기독교 신앙의 덕목을 논할 100명의 학자를 보내달라고 요청했다. 프란시스 수도회 소속의 몬테코르비노의 존(John of Montecorvino, c.1247-1328)은 1294년에 베이징에 도착했다. 그는 죽을 때까지 세 명의 프란시스 수도회 수사와 함께했으며, 교황에 의해 대주교에 임명되었다. 존은 수천 명에게 세례를 주었다. 그러나 그가 죽은 후, 중국교회는 더 이상의 선교사를 파송 받지 못해 쇠퇴했다.

발견의 시대(1500-1600)

십자군 원정은 무슬림이 지배하는 땅을 밟음으로써 동방으로 가려는 열망에 불을 당겼다. 탐험가들은 배를 타고 동방의 향료를 들여올 무역로를 확보하고 이슬람에 대한 지속적인 십자군 원정의 동맹자를 찾기 위해 동인도까지 갔다. 항해자 헨리 왕자(Prince Henry the Navigator, 1394-1460)는 선원들을 아프리카 해안까지 보냈다. 콜럼부스(Christopher Columbus)는 서쪽으로 항해하여 동방에 이르려 했다. 그의 바람은 기독교를 전할 뿐 아니라 자신의 후원자인 스페인 여왕 이사벨에게 영토와 부를 안겨주는 것이었다. 1493년, 교황은 두 명의 가톨릭 주권자 사이의 분쟁을 해결하기 위해 스페인령과 포르투갈령에 대해 각자의 지배 지역에서만 선교를 하게 했다. 경계선의 서쪽은 모두 스페인령이었으며 동쪽은 모두 포르투갈령이었다. 1년 후, 경계선이 서쪽으로 옮겨지면서 브라질이 포르투갈령이 되었다.

신세계 정복 과정에서 정복자들은 많은 피를 흘렸다. 스페인령 아메리카(Spanish America)에 파송된 몇몇 선교사는 인디언의 수호자가 되었다. 그 가운데 가장 유명한 인물은 바르톨로메 데 라스 카사스(Bartholomew de Las Casas, 1474-1566)였다. 그는 스페인 국왕에게 인디언을 공정하게 대하도록 간청했다. 예수회 소속의 페드로 코악서(Pedro Coaxer, 1581-1654)는 플랜테이션 농장으로 끌려온 아프리카 노예들을 평생 섬겼다. 그는 30만 명이 넘는 사람들에게 세례를 주었다고 한다.

1534년, 로욜라의 이그나티우스(Ignatius of Loyola, 1491-1556)는 여섯 명의 친구

를 모아 예수회를 조직함으로써 강력한 선교 함대를 발전시켰다. 새로운 이 수도회는 교황에게 복종했고 이단의 재회심과 이교도의 회심에 전념했다. 1640년경, 당시의 세계 거의 모든 곳에 예수회 선교사들이 있었다. 여섯 명의 예수회 창단 멤버 가운데 하나인 프란시스 자비에르(Francis Xavier)는 유명한 가톨릭 선교사가 되었을 뿐 아니라 역사상 매우 위대한 선교사 가운데 하나가 되었다. 자비에르는 처음에 인도에서 글을 모르는 어부들을 상대로 사역했으나 일본 선교가 잠재력이 크다는 소식을 듣고 일본으로 건너갔다.

자비에르는 선교 사상에 길이 남을 기여를 했는데, 그 가운데 하나는 그가 일본에서 했던 경험에서 나온 것이었다. 자비에르는 앞서 하위 계층을 상대로 사역했으며, 이 때문에 발달된 일본의 문화와 전통에 준비되어 있지 못했다. 그는 일본 문화의 모든 부분을 파괴하기보다는 전통적 요소를 재규정하고 재창조하려 했다. 어떤 면에서, 이것은 유럽에서 이교도의 관습이 기독교에 유입될 때 사용되었던 선교 방식을 확대한 것이었다. 이 방법은 놀라운 결과를 낳았으며, 자비에르를 따르는 선교사들 가운데 논쟁이 벌어지기도 했다.

또 한 사람의 혁신적인 가톨릭 선교사는 중국에서 사역한 마테오 리치(Matteo Ricci, 1552-1610)였다. 전문 시계공이었던 그는 중국인들에게 시계를 선물했으며, 태엽을 감아야 할 때를 이용해 복음을 전했다. 그는 유학자처럼 옷을 입고 자신의 회심자들에게 공자와 가족을 존중하는 의식을 지키도록 허락했다. 리치의 원리는 복음을 가능한 한 중국인들이 받아들이기 쉽게 만드는 것이었는데, 고위층의 회심자 숫자로 보면 그의 선교는 성공적이었다. 그러나 말로는 아무리 쉽더라도, 복음을 훼손하지 않은 채 조절(accommodation)의 문제를 풀기란 매우 어렵다.

로마 가톨릭의 선교(1600-1800)

파드로아도(Padroado), 즉 스페인령과 포르투갈령을 나누는 교황의 칙령이 준 이점은 선교사들이 식민지 당국자로부터 지나치게 풍부하게는 아니더라도 어느 정도 후원을 기대할 수 있게 되었다는 것이다. 그러나 이 칙령은 제대로 시행되지 못했다. 당시 인구가 백만 정도에 불과했던 포르투갈이 선교 명령을 수행할 수 없었기 때문이었다. 따라서 1622년 교황 그레고리 15세는 선교를 담당할 신앙 전파를 위한 거룩한 모임(Sacred Congregation for the Propagation of the Faith)을 만들었다. 이 모임의 초대 회장인 프란세스코 인골리(Francesco Ingoli)는 주목할 만한 선교 정치가였다. 인골리는 현지인 성직자들을 빨리 양성하고 기독교 사역이 식민지 당국의 구속을 받지 않도록 하는 데 힘을 쏟았다. 1659년, 이 모임은 현지인들의 관습이 뚜렷이 비기독교적이지 않은 경우에는 그 관습을 바꾸지 않기 위해 대목(代牧, vicars apostolic. 선교 지역의 장) 제도를 도입했다(대목의 정식 명칭은 교황대리 감목구장이지만 일반적으로 대목 또는 대목구장이라 부르며, 대목구는 교계제도가 설정되지 않은 지역을 교황청에서 직접 관할하는 교구를 말한다 — 역자 주). "프랑스, 스페인, 이탈리아, 그 밖의 유럽 국가를 중국으로 옮겨놓는 것보다 더 불합리한 게 있겠는가?"

인도에서, 로베르트 드 노빌리(Robert de Nobili, 1577-1656)는 마테오 리치의 방법을 수정하여 브라만의 관습에 적용했다. 그는 상류 카스트에서 상당한 성공을 거두었으나 다른 유럽 선교사들의 반대에 부딪혔으며, 이들은 노빌리가 신학적 타협을 했다면서 그를 비난했다. 하위 카스트가 선교 대상이 되었을 때에야 소위 대중 운동이라 할 수 있는 것이 일어났다.

스페인과 포르투갈이 쇠퇴하면서 프랑스가 로마 가톨릭의 강력한 선교 후원국이 되었다. 프랑스 탐험대는 사제들과 함께 북아메리카 내륙을 탐험하면서 원주민을 전도했다. 프랑스에서는 어슬린(Ursuline) 수녀회 소속인 강생의 마리아(Mary of the Incarnation) 수녀가 캐나다 선교에 대한 비전을 품었다. 1639년 몬트리올에 도착한 여섯 명은 수녀로서는 처음으로 선교 사역에 깊이 참여한 선구자들이었다. 파라과이에서, 예수회 소속 선교사들이 자립 마을을 세우고 인디언 회심자들을 모았다. 이곳은 회심자들을 적대적인 부족이나 노예상으로부터 안전하게 보호해 주었다. 교회가 공동체 생활의 중심이었으나 교회 확장이라는 관점에서 보면 과라니(Guarani) 부족에 대한 선교는 실패였다. 예수회 수사들이 백 년 넘게 선교 활동을 했지만 인디언들 가운데 사제 지원자는 하나도 나오지 않았기 때문이다.

18세기 후반에는 로마 가톨릭의 선교가 쇠퇴했다. 이러한 변화의 이유 가운데 하나는 개신교 국가들이 세계열강으로 성장하면서 정치 상황이 바뀌었다는 것이다. 몇몇 나라에서, 기독교에 대한 반발이 일어났고 많은 선교사들이 순교했다. 결정타는 1773년 교황 클레멘트 14세가 예수회를 해체한 것이었다. 당시에 가톨릭이 선교사들과 영향력을 잃은 것은 무엇으로도 만회될 수 없었다.

동방 정교회의 선교

대분열(Great Schism, 1054) 이후, 서방교회와 동방교회의 역사는 한층 더 멀어졌다. 타타르족(Tartar)의 침입은 러시아를 단련시킨 도가니였으나 선교의 방해가 되기도 했다. 그러나 정교회에는 주목할 만한 선교 영웅들이 있었는데, 이들은 모두 현지어로 된 성경과 예전(禮典)에 동일한 관심을 갖고 있었다. 페름의 스테판(Stephen of Perm, 1340-1396)은 지리아족(Zyrians)을 전도했으며 이들의 말을 기록할 문자를 만들었다(지리아족 출신의 러시아인이었던 그는 지리아 문자를 만들어 헬라어 성경과 전례서를 지리아어로 번역했다 — 역자 주). 마카리우스 글로우카레프(Makarius Gloukarev, 1792-1847)는 알타이 산맥에서 교육과 건강과 여성 사역을 중심으로 선교했다.

언어학자인 니콜라스 일리미니스키(Nicholas Illiminiski, 1821-1891)는 뛰어난 선교 전략가였다. 그는 전통적 의미로 보면 전혀 선교사가 아닐 때, 아랍 문자의 사용이 타타르족에게 기독교를 가르치기보다는 이슬람에 대한 그들의 충성을 강화한다는 사실을 발견했다. 일리미니스키는 러시아 문자를 이용하여 타타르 문자를 만들었으며, 토속 언어를 이용하여 진리를 가르치는 것을 촉진시켰다.

이노센트 베니아미노프(Innocent Veniaminov, 1797-1878)는 알라스카에 선교사로 가라는 소명에 순종하여 알류트족(Aleut)의 교회를 세웠다. 그는 토속어를 사용했으며(그는 당시 러시아의 영토였던 알라스카에 머무는 동안 알류트어를 배워 알파벳을 만들었다 — 역자 주) 카약을 타고 섬 교구를 능숙하게 다녔다. 그는 아내가 죽은 후 수도사가 되었고 이노센트라는 이름을 받았으며, 거대한 시베리아 지역의 선교 주교(missionary bishop)가 되었다. 그는 마지막에 모스크바의 대주교로서 사역을 마쳤다. 그에게 영향을 받은 선교사 가운데 한 사람이 일본에 정교회를 개척한 니콜라스 카사트킨(Nocolas Kasatkin, 1836-1912)이다. 카사트킨은 한 신자가 또 다른 사람을 가르치는 방법을 사용함으로써 일본인들을 사역에 참여시켰다.

이러한 여러 예에서 공통된 요소는 현지어를 사용했으며 현지인을 성직자로 세웠다는 것이다.

개신교 선교의 시작

프로테스탄트 종교개혁 때, 종교개혁을 받아들인 나라들은 세계를 지배하는 강대국이 아니었다. 더욱이, 이들 나라는 로마 가톨릭교회의 압력뿐 아니라 내부의 다툼 때문에 선교가 불가능했다. 종교개혁자들의 반응은, 선교의 의무는 사도들에게서 끝났다고 가르치는 것이었다. 주목할 만한 예외도 있었다. 예를 들면, 저스티니안 폰 벨츠(Justinian von Welz, 1621-1668)는 선교를 주장했다. 네덜란드가 세계의 강대국이 되었을 때, 목사들이 식민지에 파견되었다. 그러나 어떤 형태든 간에 선교 노력은 이들이 식민지 개척자들의 필요 충족이라는 일차적 책임을 다한 후에나 가능했다.

아메리카의 발견은 아메리카 원주민에 대한 선교적 관심을 불러 일으켰다. 매사추세츠 식민지 헌장에는 플랜테이션의 주요 목적이 원주민을 기독교로 개종시키는 것이라는 내용이 있다. 원주민 선교에 처음으로 성공한 사람은 존 엘리어트(John Eliot, 1604-1690)였다. 엘리어트는 피쿼트족(Pequots)의 언어를 배웠으며, 자신의 회심자들을 위한 '기도 마을'(Praying Towns)을 만들어 이들이 그리스도인의 삶을 살 수 있게 했다. 그는 또한 성경을 인디언 언어로 번역했다. 조나단 에드워즈의 가까운 친구인 데이비드 브레이너드(David Brainerd, 1718-1748)도 인디언을 찾아다니며 선교에 힘썼다. 그가 과로로 쓰러져 죽었을 때 일기장을 남겼는데(그는 조나단 에드워즈의 집에서 숨을 거두었다), 이것이 윌리엄 캐리(William Carey, 1761-1834. 인도를 사랑한 선교사)와 헨리 마틴(Henry Martyn, 1781-1812. 성경을 아랍어, 우르두어, 힌두어, 페르시아어로 번역했다)에게 영향을 미쳤다.

유럽의 선교는 경건주의로 알려진 운동에서 시작되었다. 필립 제이콥 스페너(Philip Jakob Spener, 1635-1708)가 쓴 《경건의 열망》(Pia Desideria)은 개인적인 회심과 거룩과 교제와 증거의 필요성을 개괄적으로 제시했다. 경건주의 운동이 교회에서 확산될 때, 덴마크의 프레데릭 4세는 자신의 작은 식민지 트랑케발(Tranquebar, 인도의 남쪽 끝)에 선교사를 파송하기로 결심했다. 그는 경건 운동의 중심인 독일의 할렐 대학에 선교사로 갈 사람을 구해달라고 요청했다. 아우구스트 헤르만 프랑크(August Herman Francke, 1663-1727)는 바돌로마에우스 지겐발크(Bartholomaeus Ziegenbalg 1682-1718)와 헨리 플루차우(Henry Pluschau, 1677-?)를 뽑았고, 이들은 인도에 파송된 최초의 비가톨릭 선교사로서 1706년 현장에 도착했다. 지겐발크는 자신을 이끌어 줄 선배가 전혀 없었는데도 올바른 선택을 하면서 선교 사역을 훌륭히 수행했으며, 성경을 번역했고(그는 신약성경을 타밀어로 번역했는데, 이것이 인도방언으로 번역된 최초의 성경이었다 — 역자 주), 지역 문화를 정확히 이해했으며, 확실하고 개별적인 회심을 이끌어냈으며(그는 23세부터 15년간 선교사로 사역하면서 355명의 회심자를 얻었다고 한다 — 역자 주), 가능한 한 빨리 현지인 성직자를 양성했다. 그는 그리스도인들이라면 하나님의 말씀을 읽을 수 있어야 한다고 믿었기 때문에 교육이 복음을 확산시킬 큰 잠재력이 있다고 보았다.

경건주의의 영향을 받은 또 다른 선교 지도자는 니콜라스 루드비히 폰 진젠도르프(Nicolaus Ludwig von Zinzendorf, 1700-1760) 백작이었다. 그는 모라비아에서 추방된 공동생활 형제단(Brethren of the Common Life)이 정착할 수 있도록 헤른후트의 자기 땅을 내주었다. 또한 덴마크의 그린란드 선교가 중단될 위기에 있다는 소식을 듣고 모라비아 교도들(Moravians)에게 그린란드 선교를 맡기자고 제안했다. 그 후 1732년 8월 21일, 모라비아 교회가 선교를 시작했다. 모라비아 교도들은 그린란드뿐 아니라 서인도와 수리남에도 선교사를 파송했다.

위대한 선교의 세기

개신교 선교의 폭발은 유럽이 증기선과 증기기관을 통해 속도를 지배하게 된 것과 때를 같이했다. 유럽 강대국들이 식민지 쟁탈전을 벌이면서 식민지 민족들의 영적 복지에 대한 관심도 커졌다. 쿠크 선장의 항해는 윌리엄 캐리(William Carey, 1761-1834)를 흥분시켰고, 윌리엄 캐리가 쓴 《이교도의 회심을 위한 그리스도인들의 재물 사용 의무에 대한 연구》(Enquiry into the Obligation of Christians to Use Means for the Conversion of the Heathens)는 선교에 대한 소명을 불러 일으켰다.

캐리는 선교 명령은 끝났다는 일반적인 신학 개념에 이의를 제기했다. 독학을 한 구두수선공이자 학교 교사였던 그는 때로 '현대 선교의 아버지'라 불린다. 이것은 정확한 표현이 아니다. 왜냐하면 캐리는 앞선 선교사들의 사역을 알고 있었기 때문이다. 그러나 그는 영어권 세계에서 선교의 선구자로서 중요한 위치를 차지한다. 수많은 개신교 선교사들이 그의 뒤를 이었기 때문이다. 캐리는 1793년 인도에 도착한 후 5년 동안 플랜테이션 농장의 관리자로 일했다. 1799년 더 많은 침례교 선교사들이 인도에 오면서 선교 사역이 진척되었다.

캐리는 학교 교사인 조수아 마쉬맨(Joshua Marshman, 1768-1837)과 인쇄업자 윌리엄 워드(William Ward, 1769-1823)와 함께 캘커타에서 25킬로미터 떨어진 덴마크령 세람포어(Serampore)에 선교기지를 세우라는 권유를 받았다. 이들은 침례교회를 세우고 전도 여행을 시작했다. 이들의 큰 업적은 성경 번역이었다. 이들은 30년 동안 여섯 개의 언어로 성경을 완역했고, 스물 세 개의 언어로 신약을 완역했으며, 열 개의 언어로 성경의 일부를 번역했다. 이들은 인도 사회를 연구했으며, 워드 출판사를 통해 1811년 힌두 문화에 관한 책을 냈다.

세람포어의 삼총사가 교육을 자신들의 목표 가운데 하나로 삼고 있을 때, 알렉산더 더프(Alexander Duff, 1806-1878)는 인도에서 최초로 영어를 쓰는 고등교육기관을 세웠다. 더프의 목적은 교육과 선교였다. 그는 18년 동안 회심자를 겨우 33명밖에 못 얻었지만 이들은 확실한 회심자였다. 더프의 방법은 다른 지역에서 널리 적용되었다.

아도니람 저드슨(Adoniram Judson, 1788-1850)은 버마(미얀마) 선교의 선구자였다. 앤 하젤틴 저드슨(Ann Hazeltine Judson, 1789-1826)은 최초의 여성 선교사 가운데 하나였으며, 말 그대로 영국-버마 전쟁(Anglo-Burmese War) 때 포로로 잡힌 남편을 살렸다. 저드슨 테일러는 성경을 버마어로 번역했으나 그가 남긴 더 큰 유산은 그의 회심자 코타뷰(Ko Tha Byu)였다. 코타뷰는 자신이 속한 카렌족에게 복음을 전했다. 카렌족에게는 그들의 죄 때문에 노한 창조신이 있었다. 그러나 그들의 죄값을 지불하신 구원자를 전한 복음을 들은 카렌족 가운데 많은 사람들이 회심했다.

데이비드 리빙스턴(David Livingstone, 1813-1873)은 결코 최초의 아프리카 선교사가 아니었으며, 탐험과 노예제 반대로 유명했다. 남아프리카의 츠와나족(Tswana)을 38년간이나 섬긴 로버트 모펫(Robert Moffat, 1795-1883)의 사위이기도 한 리빙스턴은 한곳에 머무르는 데 만족하지 않았다. 복음을 전혀 듣지 못한 '수천 개 마을에서 피어나는 연기'의 손짓을 받은 리빙스턴은 내륙을 탐험했다. 그는 아프리카인들이 그리스도인이 되고 경제적으로 발전해야만 노예무역의 공포가 사라지리라고 확신했다.

기독교가 중국에 들어간 것은 상업적 관심 때문이었다. 최초의 중국 개신교 선교사는 로버트 모리슨(Robert Morrison, 1782-1834)이었다. 그가 중국에 도착했을 때 선교사들의 복음 전파는 불법이었기 때문에 그는 숨어 살아야 했다. 그러나 그는 중국어가 아주 유창했기 때문에 동인도회사의 통역관이 되었다. 중국은 영국에게 차 무역 대금으로 은을 요구했고 영국은 은이 부족했다(영국은 중국에 마땅히 팔 만한 물건이 없었다). 아편 생산지를 지배하고 있던 영국의 해답은 중국에 아편 수입을 강요하는 것이었다. 두 번의 아편 전쟁 끝에, 중국은 무역항을 열고 외국인의 중국 거주를 허용했으며 홍콩을 영국에 넘겨주었다(홍콩은 1997년까지 영국의 지배를 받다가 중국에 반환되었다).

칼 구츨라프(Karl F. A. Gutzlaff, 1803-1851)는 중국인 대리자들을 성경보급자(서적 보부상)로 고용함으로써 중국 내지를 복음화할 원대한 전략을 세웠다. 불행히도, 그의 대리자들이 늘 신뢰할 만하지는 못했고 보수를 받고도 맡은 사역을 제대로 하지 못했다. 그러나 구츨라프의 사역은 헛되지 않았다. 왜냐하면 그는 외부 세계에 중국 내지를 알렸기 때문이다.

아편 거래와 선교사들의 중국 입국이 낳은 또 다른 결과는 태평천국의 난(Tai P'ing Rebellion)이었다. 홍수전(洪秀全, 1814-1864)은 최초의 중국 개신교 목사 리앙파(Ling Fah, 1789-1855)에게서 기독교 문서를 받았다. 그는 몇 차례 꿈을 통해 자신이 이해하는 기독교의 원리로 중국을 개혁하는 게 자신의 운명이라고 생각했다. 그의 조직이 어느 정도나 정통적이었느냐는 논쟁거리이다. 그러나 그는 주기도문과 십계명을 사용했으며, 다섯째 계명에 자녀로서의 경건을 포함시켰고 일곱째 계명에 아편 금지를 포함시켰다.

이 평화 운동은 1848-1853년 사이에 만주국 전복을 목적으로 하는 혁명군으로 바뀌었다. 이들은 1853년에 난징(南京)을 정복하고 11년 동안 본거지로 삼았다. 그러나 이들은 서양 군대의 도움을 받은 황제의 군대에 진압되었다. 아이러니컬하게도, 황제의 군대를 이끈 영국군의 찰스 고든 장군(Charles Gordon)도 홍수전과 마찬가지로 성경을 열심히 읽는 사람이었으며, 그의 인쇄공들이 모리슨이 번역한 성경을 급속도로 보급해오고 있었다.

중국을 위한 큰 비전을 품었던 사람은 중국 내지에 선교사를 파송하기 위해 중국 내지 선교회(China Inland Mission)를 설립한 제임스 허드슨 테일러(James Hudson Taylor)였다. 그의 사역자들은 중국옷을 입었고 중국의 생활방식을 최대한 수용했다. 테일러는 점점 더 전문화되어 가는 사회에서 오히려 정식 교육을 거의 받지 못한 선교사들을 받아들였다. 대부분의 경우, 그가 모집한 사람들은 훌륭한 선교사가 되었으며, 많은 사람들이 뛰어난 언어학자가 되었다. 그는 또한 현지 상황을 잘 아는 사람들이 선교를 지휘할 수 있도록 선교본부를 중국에 두었다.

복음은 중국에서 상당한 성공을 거두었으며, 19세기가 끝날 무렵 중국에는 50만 명가량의 신자들이 있었다. 그러나 기독교는 두려움과 저항의 대상이기도 했다. 중국은 여전히 혼란스러웠고, 열강이 더 많은 요구를 하며 때로는 영토를 점령했다. 1900년, 마침내 황태후의 후원을 받는 의화단(義和團)이 조직됨으로써 외국인들과 그리스도인들에 대한 반감이 폭발했다. 이들은 중국 그리스도인들과 선교사들을 죽였으며 선교 시설을 파괴했다. 이때 선교사들이 가장 많이 죽었다. 이번에도 서구 열강의 군대가 들어와 난을 진압했다.

20세기에 선교는 극적으로 팽창했다. 성경이 더 많은 언어로 번역되었고, 아프리카에서도 성경을 구할 수 있었으며, 분리교회(separatist churches)가 생겨났다. 이들 분리교회의 설립자의 비전이 맺은 시몽 킴방구 교회(Church of Simon Kimbangu)와 같은 교회들은 시온주의(Zionist) 교회 또는 에디오피아 교회 등으로 다양하게 불리는데, 선교사들이 세운 교회가 아니라는 의미로 편의상 아프리카 독립교회(African Independent churches)라고 부른다. 이들의 교리는 전형적으로 전통적인 아프리카 문화와 성경 계시가 혼합된 형태이다. 이러한 토착화된 형태의 기독교는 사람들의 관심을 끌었으며, 현대 세계를 압박하는 인구전환 현상(아프리카 기독교 인구의 폭발적 증가 — 역자 주)에 대한 해답을 제시했다.

20세기의 또 다른 특징은 성결 운동에서 비롯된 세계적인 은사 운동이었다. 오순절 교단들을 탄생시킨 이러한 갱신 운동은 선교 사역을 새롭게 자극했다. 오래된 전통적 교단들에서 일어난 은사 운동은 강력한 복음 전파와 악의 세력 간의 충돌에 대한 새로운 관심을 불러 일으켰다.

요약 지금까지 교회의 확장을 개괄적으로 살펴보았는데, 이 과정에서 반복해서 나타나는 주제들이 있었다. 현지어로 번역된 성경은 사회를 변혁하는 강력한 힘이다. 회심자들을 지도자로 세움으로써 그들을 인정하든 아니면 독립교회 운동을 통해서든 간에, 회심자들에게 힘을 실어주는 것이 한 문화에서 교회를 성장시키는 방식이다. 그리스도 안에서 성령의 능력을 통해 체험한 것을 선교사를 통해서든 회심자를 통해서든 나누는 것이 교회 성장의 열쇠이다.

문화 간 커뮤니케이션

Intercultural Communication

+ 도날드 스미스

문화마다 상징이 다르고, 정황이 다르며, 사회 규범이 다르고, 기대가 다르다. 따라서 공통된 이해의 발전이 극도로 어려울 때가 많다. 커뮤니케이션 패턴을 연구함으로써 이러한 차이를 찾아내고 거기에 적응하는 것이 효과적인 타문화 사역의 기초이다.

문화 간 커뮤니케이션은 동일한 행동을 서로 다른 문화에서 비교하는 통문화적 커뮤니케이션(cross-cultural communication)과는 뚜렷이 구별된다. 문화 간 커뮤니케이션은 서로 다른 나라에서 사용되는 서로 비교되는 대중 매체를 통한 커뮤니케이션과 나라들 사이의 커뮤니케이션을 다룬다. 글로벌 커뮤니케이션(global communication)은 대개 기술, 그리고 국경을 초월한 정보의 이동에 한정되는 용어이다.

기계적 모델과 인본주의적 모델이라는 두 가지 일반적 커뮤니케이션 모델은 문화 간 커뮤니케이션에 접근하는, 지배적이지만 서로 다른 방법을 보다 잘 이해하는 데 유익하다.

기계적 모델 기계적 모델은 전화와 컴퓨터를 비롯해 이와 관련된 장치에 사용되는 '정보 이론'의 발전에서 가장 분명하게 나타난다. 행동주의적 시각(behaviorist perspective, 심리학에 기인)은 자극과 반응을 강조한다. 전달적 시각(transmissional perspective, Berlo/DeVito)은 커뮤니케이션의 10요소를 제시한다. 자료(source), 암호화(encoding), 메시지(message), 채널(channel), 잡음(noise), 수신자(receiver), 해독(decoding), 수신자의 반응(receiver response), 피드백(feedback), 정황(context).

기계적 모델을 사용하면 실제로 누가 메시지를 받고 그 메시지를 어떻게 이해하는지에 큰 관심을 두지 않은 채 메시지 전송만을 강조하게 된다. 이것은 또한 문화 간 커뮤니케이션을 가능하게 한다는 전자 번역 장치(electronic translation units)의 발전을 촉진했다. 한 언어의 단어가 제2 언어에서 동등한 단어로 제시된다. 문화 간 커뮤니케이션에 적용하면, 기계적 모델은 문화적 가설, 정황, 경험 같은 중요한 영역을 간과한다. 기계적 접근은 문화 간 사역에서 자주 사용되지만 전도나 제자 삼기의 패턴으로서는 성경의 지지를 거의 받지 못한다.

인본주의적 모델 인본주의적 모델(humanistic models)은 커뮤니케이션의 인간적 요소를 강조한다. 전달적 시각(transactional view, 언어의 가장 중요한 기능은 정보 전달이라는 시각 – 역자 주)은 수신자나 청자(聽者)의 지식이 메시지의 형태를 형성하는 한 부분임을 인정한다. 커뮤니케이션은 형성(shaping)으로 이해된다. 다른 사람에게서 의미 형성을 촉진하기 위해 상징이 사용되며, 그 결과 상황감지 과정(context-sensitive process)을 통한 의미 공유가 이루어진다. 상호작용적 접근

(interactional approach)은 커뮤니케이션의 상호성을 인정하는데, 여기서 피드백과 수정을 포함하는 하나의 사이클이 커뮤니케이션 과정을 대표한다. 전달적 시각과 상호작용적 시각 모두 성경에 기초한 성육신적 선교(incarnational mission)와 일치한다. 기독교의 커뮤니케이션관은 커뮤니케이션 과정에서 성령의 임재와 역사도 반드시 인정해야 한다.

서구 세계에서 발달된 가장 인본주의적인 모델들은 정보 공유를 커뮤니케이션의 일차 목적으로 본다. 그러나 유교의 영향을 강하게 받은 동아시아 사회들(특히 중국과 한국과 일본)은 조화의 형성과 유지를 커뮤니케이션의 일차 목적으로 본다. 인간관계의 균형과 조화는 사회의 기초이다. 나이와 신분과 친밀감에 따라 상황별로 구체화된 사회 규범이 사람과 사람 간의 커뮤니케이션을 주도한다. 따라서 커뮤니케이션은 '끝없는 해석 과정'이며, 관련된 모든 사람이 사회적 관계를 발전시키고 유지하려 한다. 커뮤니케이션은 본질적으로 정보를 전달하는 방법이 아니라 합의를 찾는 방법이다. 문화 간 커뮤니케이션의 어려운 문제는 어투와 정황과 어휘의 더 분명한 차이에서 생길 뿐 아니라 동양과 서양에서 커뮤니케이션의 목적이 근본적으로 다른 데서도 생긴다.

커뮤니케이션과 문화

커뮤니케이션은 문화와 동의어인가 아니면 문화의 한 면인가? 문화는 우리가 배우고 공유하는 하나의 암호이며, 문화를 배우고 공유하려면 커뮤니케이션이 필요하다. 모든 행동과 문화 패턴은 커뮤니케이션을 포함한다. 한 문화의 커뮤니케이션을 모르고서는 그 문화를 이해할 수 없으며, 관련 문화를 알아야 그 문화의 커뮤니케이션을 이해할 수 있다. 문화가 커뮤니케이션 없이 존재한다면, 그 문화를 아는 일은 불가능하다. 다른 한편으로, 커뮤니케이션은 문화의 표현으로 기능할 뿐이다. 문화와 커뮤니케이션은 분리될 수 없다. 커뮤니케이션은 삶의 한 부분이며, 어떤 종류의 공동체에 속하든 커뮤니케이션을 피할 수는 없다.

커뮤니케이션 기술은 그래픽과 순수 예술, 드라마, 음악, 언론, 문학 같은 구체적인 커뮤니케이션 모드에 초점을 맞춘다. 목적과 문화적 정황에 따라 구체적인 방식과 특별한 모드(커뮤니케이션 기술)가 발전한다. 이것은 외적 또는 실용주의적 커뮤니케이션, 즉 특별한 목적을 위해 습득되고 활용되는 기술이다.

문화 간 커뮤니케이션의 문제는 외적 수준과 내적 수준에서 나타나지만 내적 수준에서 나타날 때가 더 어렵다. 그 이유는 서로 다른 가치관과 경험뿐 아니라 하나님, 인간, 세계, 실체의 본성에 대한 서로 다른 가정 때문이다. 이러한 차이를 무시하고 오히려 유사점을 가정할 때, 문화의 경계를 넘어서는 커뮤니케이션은 효과적이지 못하거나 심지어 부정적인 결과를 낳을 것이다.

동양적 시각 커뮤니케이션에 대한 동양적 시각은 역사적으로 인간과 자연을 조화시키려는 목적에 기초한다. 커뮤니케이션을 통해, 개인은 의식과 명상과 신화를 이용하여 개인적인 관심을 초월하여 '보편적 본질'과 하나가 되려고 한다. 오늘날 동양에서 사용되는 커뮤니케이션 패턴은 중국과 일본과 한국이 각각 다르지만 모두 이러한 공통된 근거에서 나온다. 킨케이드(Kincaid)와 쿠쉬맨(Cushman)은 동양의 사회와 정체 체제가 공유하는 세 가지 특징을 제시한다. (1) 강력한 계통적 권위에 대한 개인의 종속. (2) 조화에 대한 상징적 인식에 의해 유지되는 지배. (3) 사건이 보편적 원리의 증거로서 의미를 갖는다는 신념. 커뮤니케이션에 대한 동양적 시각은 암시적 측면을 강조한다.

서양적 시각 이와는 대조적으로, 커뮤니케이션에 대한 서양적 시각은 개인의 정치적, 사회적, 경제적 자유를 확립하고 유지하는 커뮤니케이션의 역할을 강조한다. 커뮤니케이션은 개인의 목표가 성취되도록 환경과 사람을 다루는 데 이용되는데, 이런 경우 외적 접근 또는 실용주의적 접근을 통해 활용된다.

문화 간 커뮤니케이션이 외적 또는 실증주의적 수준에서는 어려운데, 이는 언어적 차이와 비언어적 오해와 개인의 태도 때문이다. 이러한 문제를 규명하고 극복할 수는 있지만 성숙한 이해는 여전히 이루어지지 않을 수 있다. 효과적인 문화 간 커뮤니케이션을 위해서는 외적, 내적 어려움을 인식하고 극복해야 한다.

신호 체계나 상징 체계 신호의 12체계가 모든 문화에서 사용된다. 사실, 인간의 거의 모든 커뮤니케이션은 12체계 가운데 하나 또는 그 이상을 통해 이루어진다. 12체계란 말, 기록, 숫자, 그림, 기술(3차원적 표현이나 대상), 소리(침묵 포함), 동작(소위 '바디 랭귀지'), 시각(빛과 색), 촉각, 공간(공간의 활용), 시간, 후각(맛과 냄새)이다.

동일한 신호 체계가 모든 문화에서 사용되더라도 상당히 다른 방법으로 사용될 때가 많으며, 이러한 차이 때문에 문화가 서로 다른 사람들이 분명한 이해에 이르기 어렵다. 한 문화는 말의 중요성을 강조하는 반면에 다른 문화는 말이 통하지 않는 바디 랭귀지(몸짓)를 강조할 수 있다. 한 문화에서는 그림을 통한 커뮤니케이션이 매우 발달된 반면에 다른 문화에서는 숫자를 활용한 정교한 커뮤니케이션 시스템이 발달했을 수 있다. 예를 들면, 하나의 몸짓이 어떤 문화에서는 좋다는 뜻이지만 다른 문화에서는 싫다는 뜻일 수 있으며, 한 단어가 어떤 상황에서는 수용을 의미하지만 다른 문화에서는 거부를 의미할 수 있다. 외적이며 실용주의적 수준에서 효과적인 문화 간 커뮤니케이션을 위해서는 다양한 신호 체계가 의도하는 의미뿐 아니라 다양한 신호 체계의 상대적 가치도 배워야 한다.

요약하자면, 문화 간 커뮤니케이션은 커뮤니케이션을 하려는 당사자들의 참여를 확대하는 데 달린 하나의 과정이다. 참여를 통해서만 내적, 외적 커뮤니케이션 모두 공통된 이해에 기여할 수 있다. 이러한 참여가 육신이 되어 우리 가운데 거하신 그리스도의 삶에서 나타났다(요 1:14). 이것은 선교적 섬김의 패턴이기도 하다(요 17:18). 바울은 이러한 종류의 문화 간 커뮤니케이션의 모델을 분명하게 제시했다(고전 9:19-23).

선교 트렌드와 선교 전략

Mission Trends and Strategies

+ 제프 터니클리프

21세기가 동이 트면서, 교회는 선교를 통해 희망과 구원의 기독교 메시지를 세계 각지에 전하는 가운데 크고 새로운 도전을 많이 만난다. 새천년의 세계는 급격히 변하고 있다. 경제가 요동치고, 정치가 불안하며, 놀라운 기술 혁신이 이루어지고, 수백 년 동안 이어온 사회적, 윤리적, 종교적 가치관이 근본적으로 바뀌고 있다.

많은 교회와 선교 단체들이 당장의 생존을 확보하는 데 지쳐 선교적인 미래는 꿈도 못 꾼다. 그런가 하면 어떤 교회와 선교 단체들은 "21세기에 선교가 담당할 효과적 역할이 있을까" 하고 묻는다.

스튜어트 웰스(Stuart Wells)는 이렇게 말한다.

> 미래는 계속해서 우리의 사고를 재구성하라고 요구한다. 전략적 사고를 아주 간단하게 말하면 이런 것이다. 무슨 일이 일어날 것으로 보이는가? 우리는 어떤 가능성에 직면하는가? 우리는 그것에 대해 무엇을 할 것인가? 이것은 큰 서류 뭉치로 나타나는 성가신 계획 세우기의 과정이 아니다. 이것은 변화하는 상황에 대한 예리한 감각을 유지하는 것이고, 다양한 방식으로 생각하려는 의지이며, 우리가 이미 알고 있는 것이 파놓은 덫을 피하는 것이며, 결단하는 능력이다.

하나님만 미래를 아신다. 그러나 우리는 지혜로운 청지기로서 이러한 변화와 관련된 함정뿐 아니라 기회도 고대한다. 이러한 추세 하나하나는 선교 사역과 관련된 문제와 의미를 제시한다.

선교의 정황

교회가 하나님의 세계적인 계획에 어떻게 참여할지를 알려면 선교의 정황, 즉 우리가 사는 세상에 영향을 미치는 조건과 흐름을 알아야 한다. 다음 몇 가지 중요한 세계적 흐름은 선교 사역에 완전히는 아니더라도 중요한 영향을 미친다.

세계화의 확대 동일한 요소와 사건이 전 세계 사람들에게 영향을 미치며, 이것이 전 세계 사람들과 문화와 종교가 서로 관계를 갖는 방식에 영향을 미친다.

인터넷의 급속한 확산이 세계가 하나로 연결되는 데 박차를 가한다. 국제 무역도 한몫 한다. 그러나 세계화가 어느 정도의 세계 인구에게는 유익을 끼치는 것으로 보이지만 상당수의 사람들에게는 부정적인 영향을 끼친다. 어떤 사람들은 파산, 일자리 축소, 거대 실업, 가파른 가격 상승과 임금 감소, 면세 지역으로의 자본 이동, 공적 서비스의 축소, 환경 파괴, 빈부 격차 심화 등을 경고한다.

문명 충돌의 확대 하버드 대학의 새뮤얼 헌팅턴(Samuel Huntington)은 종교가 지배 요소로 작용하는 여덟 개의 주요 문명이나 문화를 제시한다.

- 서구
- 정교회(Orthodox)
- 라틴 아메리카
- 중국(Sinic)
- 이슬람
- 힌두
- 일본
- 아프리카

영국의 선교학자 톰 휴스턴(Tom Huston)은 이렇게 말한다.

> 헌팅턴은 지진에서 빌려 온 언어를 사용한다. 그는 세상에서 융기를 일으키는 문명 사이의 단층선이 때로 문명 사이의 보이지 않는 경계선이라고 말한다. (헌팅턴은) 1993년 세계에서 일어난 59건의 충돌을 분석함으로써 이것을 강력하게 증명하며, 단일 문명 내에서보다는 문명 사이에서 충돌이 더 많이 일어났다는 것을 보여준다. 이때도 우리는 문명 내의 이러한 충돌 가운데 3분의 1은 르완다와 부르나이의 투트시스족(Tutsis)과 후투스족(Hutus) 같은 아프리카 부족들 사이의 충돌이라는 사실을 덧붙일 필요가 있다. 문명 내의 충돌과 문명 사이의 충돌의 다수는 무슬림, 보스니아, 체첸, 중동, 이라크, 아제르바이잔, 수단 등과 관련이 있다.

헌팅턴이 통찰력 있는 책을 쓴 이후의 짧은 기간을 되돌아보면, 문명 사이의 충돌 패턴이 계속 늘어나는 것 같다.

박해의 심화 전 세계에서 많은 사람들이 종교적인 믿음과 행위 때문에 박해받는다. 그러나 그 가운데서도 그리스도인들이 가장 많다. 60여 개 나라에서 2억이 넘는 사람들이 그리스도인이라는 이유로 기본적인 인권을 박탈당한다. 이러한 박해의 주원인은 인권이 침해당하거나 존재하지도 않는 나라들에서 기독교가 급격히 성장하고 있기 때문이다.

세속화의 증가 9.11 테러 직후, 브루스 클레멘저(Bruce Clemenger)는 캐나다의 오타와에서 추모 예배를 인도하면서 이렇게 말했다.

> 저는 힐에서 열린 추모식에 참석했습니다. 수천 명이 모인 것을 보고 감동을 받았습니다. 그리고 수상 각하와 미합중국 대사와 연방 총독(Governor General, 영국 여왕을 대신하여 외국 국가원수 및 대사 접견을 하는 사람)의 연설을 듣고 용기를 얻었습니다. 저는 마지막에 참석한 기독교 단체 대표들 중에 누군가 일어나 기도와 위로의 말을 할 줄 알았습니다. 그러나 아무도 말하지 않았습니다.

그는 이렇게 결론 내린다.

> 이러한 행사에서 공개적으로 신앙을 표현하지 않는다고 해서 사람들이 신봉하며 그들의 삶을 형성하고 이끄는 종교적 전통에 대한 관용과 이해가 커지는 게 아닙니다. 오히려 이것은 종교적 전통을 표현하는 일이 공적인 행사에서는 필요하지 않거나 심지어 적절하지도 않다는 시각을 낳습니다. 신앙을 공개적으로 표현하지 않음으로써 종교적 전통을 순응시키려는 이러한 세속주의적 접근은 종교가 무엇이어야 하며 종교적 관용의 한 형태가 무엇인가에 대한 이해의 표현입니다. 종교에 대한 공적인 표현은 환영 받지 못합니다.

캐나다는 점점 더 세속화되는 많은 나라의 대표이다.

포스트모더니즘의 심화 스텐리 그렌츠(Stanley Grenz)에 따르면, 포스트모더니즘은 현대의 사고방식에 대한 반작용으로, 지식은 객관적이지 않다고 믿는다. 진리는 순전히 그것이 속한 공동체에 달려 있으며, 인간 이성은 진리를 결정하는 유일한 수단이 아니다. 따라서 우리는 보편을 희생시켜 특수를 선택하며, 이것은 우리를 다양성과 다원주의로 이끈다. 그 결과 포스트모더니스트들은, 세상을 초월적 시각에서 보면서 모든 인류에게, 모든 인류를 대신하여 오만하게 말할 수 있는 자들의 겉치레를 고발한다.

목회자이자 작가인 브라이언 맥라렌(Brian McLaren)은, 포스트모더니즘은 삶의 무대나 세대의 문제가 아니라 일차적으로 사람들이 정보를 전달하고 세계를 보는 방식의 전환이라고 믿는다. 포스트모더니즘의 세계관은 곧 지배적인 인식론이 될 것이다! 한때 서구 문화만의 특별한 것이라고 생각했던 포스트모더니즘이 이제는 세계 대부분의 주요 문화에 영향을 미친다.

빈부격차의 심화 오늘날 세계적으로 13억의 사람들이 하루에 1달러도 안 되는 돈으로 살고 있다. 30억의 사람들이 하루에 2달러도 안 되는 돈으로 살고 있다. 13억의 사람들이 깨끗한 물을 마시지 못하고 있다. 30억의 사람들이 공중위생 시설을 전혀 이용하지 못하고 있다. 20억의 사람들이 전기 없이 살고 있다. 가장 가난한 48개국(즉, 전 세계 국가의 4분의 1)의 국민 총생산(GDP)이 세계에서 가장 잘 사는 세 나라의 국민 총생산을 합친 것보다 적다. 거의 10억의 사람들이 글을 읽지 못하거나 자신의 이름도 쓸 줄 모른 채 21세기를 맞았다. 세계 인구의 12퍼센트가 세계 수자원의 85퍼센트를 사용하며, 이들 12퍼센트는 제3세계에 살지 않는다.

에이즈의 확산 2001년 말 현재 전 세계적으로 4천만 명이 에이즈에 감염되었으며, 그 가운데 5백만 명은 2001년에 감염된 사람들이다(그 가운데는 15세 미만의 어린이가 80만 명이다).

불행히도, 수백만 명이 더 감염되고 있다. 이제 위기는 10년 전에 예상했던 최악의 시나리오를 넘어섰다.

위험에 노출된 아동의 증가 전 세계적으로 수천만 명의 아이들이 거리를 떠돈다. 전 세계적으로 1억 2천만 명이 넘는 아이들이 학교 문턱을 밟아보지 못했으며, 그 가운데 다수는 여자 아이들이다. 학교에 다니는 아이들 가운데 4분의 1이 5학년 이전에 학교를 떠난다. 아이들은 수백 년 동안 전쟁에 나가 싸웠으나 최근 몇십 년 동안 군인으로 전쟁에 내몰리는 어린아이들이 더 많아졌다(현재 전 세계적으로 약 30만 명). 수많은 아이들이 너무 어린 나이에 지나치게 많은 시간을, 그것도 극도로 열악한 환경에서 매우 적은 급여를 받으며 일하고 있다. 국제노동기구(ILO)에 따르면, 5-6천만 명에 이르는 5-11세 아동들이 위험한 환경(예를 들면, 섹스 산업이나 광산업)에서 일하고 있다.

난민의 증가 2002년 초, 전 세계적으로 난민과 보호시설을 찾아 헤매는 사람들과 보금자리를 잃은 사람들과 난민촌과 비슷한 환경에서 사는 사람들이 3,740만 명이었다. 이외에도 집을 버릴 수밖에 없었으나 정부나 유엔 기구에 공식적으로 등록되지 않은 사람들이 수백만 명에 이른다. 우리 시대에 박해나 전쟁이나 기근이나 깊은 절망감 때문에 수천만 명의 보금자리를 잃었다는 것은 놀랍고도 이해할 수 없는 현실이다. 보금자리를 잃은 사람들은 억압과 절망을 피해 달아나거나 새로운 삶의 희망을 향해 달려가고 있다.

비서구 국가들에서 늘어나는 기독교 인구 매주 아시아와 아프리카에서만 천여 개의 교회가 세워진다. 이전에는 기독교가 주로 백인 중심적이었다. 오늘날 전 세계 교회의 65퍼센트는 유색인이 지배하는 국가에 있다.

신흥 국가의 선교사 파송 증가 이전에는 선교지였던 나라들이 이제는 선교 강대국이 되어가고 있다. 빌 테일러(Bill Taylor)는 이렇게 말한다. "어떤 선교 학자들은 세계적이며 장기적인 선교 세력에서 서구교회와 전 세계 나머지 교회의 비율이 50대 50이라고 평가한다."

선교 전략과 선교 기회

변화하는 세계를 감안할 때, 우리는 이렇게 묻지 않을 수 없다. "오늘날의 교회가 세계 선교를 위해 할 수 있는 일이 무엇인가?" 교회가 할 수 있는 일은 결코 적지 않다.

자비량 선교 자비량 선교사들(tentmakers)은 그리스도를 타문화에 선포하라는 하나님의 부르심에 순종하여 자신의 전문 기술을 활용하는 신자들이다. 이들의 사역은 미전도 종족과 그 사회에 절대적으로 중요하게 기여한다. 자비량 선교는 접근이 어려운 문화를 파고드는 의도적인 전략으로 성경과 역사에 전례가 많다.

전 세계 비기독교 인구의 약 80퍼센트가 기독교 사역자들의 공식적인 접근을 제한하는 지정학적(地政學的) 지역에 살고 있다. 이러한 필요에 대응하려면 수백 명의 자비량 선교사를 찾아내 훈련시켜 파송함으로써 미전도 종족들에게 예수 그리스도의 복음을 접할 좋은 기회를 주어야 한다. 이러한 선교 방식은 교회가 선교의 최전선에 참여할 놀라운 기회를 제공한다.

파트너십 키우기 파트너십을 가지면, 사역자들은 각자의 계획과 자원을 공유하고 공동 전략을 수립할 수 있다. 대개 파트너십은 서로 연관된 사역자들이 함께 일하면서 협력 사역을 통해 모든 사역자들이 유익을 얻는 제한적이고 전략적인 프로젝트에서 시작된다. 파트너십이 점점 성숙하면서, 사역자들은 전체적인 전도와 교회 개척에 중요한 문제를 중심으로 사역그룹을 형성하기 시작한다. 여기에는 성경 번역과 보급, 기도 네트워크 형성, 라디오/텔레비전/영화 프로그램의 제작과 보급, 문서 제작과 보급, 건강 및 교육 사역, 교회 개척 전략 등이 자주 포함된다.

전략적 교회 개척 데니 버뮬린(Danie Vermeulen)은 이렇게 말한다.

쇠퇴하는 교단을 보여달라. 그러면 교회 개척에 대한 비전이 없는 교단을 보여주겠다. 기독교 인구가 정체하거나 감소하는 나라를 보여달라. 그러면 교회 개척에 대한 비전이 없는 그 나라의 교단들을 보여주겠다. 이것은 당연하다. 그러나 교단들과 교회 그룹들이 구체적이며 전국적인 교회 개척의 목표를 세우고 여기에 집중하기 때문에 복음적으로 크게 성장하는 나라들이 많이 있다. 필리핀, 중국, 브라질(사실, 라틴 아메리카 대부분), 가나, 짐바브웨를 예로 들 수 있다. 모든 대륙에서, 그리스도인들이 악의 저항을 뚫고 교회 개척 운동을 전개함으로써 주님의 영광을 나타내고 그리스도의 성육신적 임재를 지역사회에 드러내고 있다.

교회는 전략적 교회개척에 매진하는 국가적 사역을 재정적으로 후원함으로써 이 중요한 운동에 기여할 수 있다. 또한 우리는 사람들을 보내 기존의 사역을 후원할 수도 있고, 무교회 지역에 교회를 세우도록 타문화 교회 개척자를 보낼 수도 있다.

리더 양성 우리가 세계 도처에서 듣는 절실한 필요 가운데 하나는 리더 양성에 더 많은 노력을 기울여야 한다는 것이다. 매년 평균적으로 10만 개의 교회가 세워지며, 매년 전 세계 교회에 1억 7천 6백만 명의 새 신자가 생긴다. 그러나 그 가운데 10퍼센트만 정식 프로그램을 통해 훈련 받는다. 80-90퍼센트는 비공식적인 방법으로 훈련 받는다. 더 나아가 오늘날의 목회자 가운데 95퍼센트는 교인을 효과적으로 훈련할 기본 틀과 도구를 갖추지 못하고 있다. 그리고 약 200만 명의 목회자들이 본질적인 훈련을 받지 못하고 있다.

교회가 할 수 있는 매우 중요한 투자 가운데 하나는 국가적인 지도자를 훈련시키고 길러내는 것이다. 신학교와 훈련 기관과 비공식적인 리더십 프로그램을 재정적으로 지원하면 나라 전체가 혜택을 누릴 수 있다. 또한 훈련된 목회자와 교육자와 선교 지도자가 미래의 지도자를 단기적으로 가르치고 지도하는 일에 참여할 기회가 늘어나고 있다.

현지 교회와의 협력 많은 곳에서 서양 선교사들이 복음을 전하지 못하고 있으며, 또 어떤 곳에서는 서양 선교사들을 선교의 전면에 배치하는 것이 최선의 선택이 아니다. 뛰어난 국가 지도자들이 세계 많은 지역에서 나타나고 있다. 그러나 이들은 자신들이 직면하는 도전을 돌파하는 데 필요한 자원이 부족할 때가 많다. 서양의 단체나 교회와의 협력이 선교(전도)에 도움이 될 수 있다. 그러나 상호 책임과 건강한 상호 의존이 성공적인 파트너십에 아주 중요하다. 선교 파트너들은 전략적 협력의 기회를 모색하면서 서로 간에 건강한 관계를 세우고 유지하는 데 신경 써야 한다.

새로운 선교 지도자들에 대한 격려 2001년 가드스미션 컨퍼런스(GodsMission Conference) 중에 열린 새로운 리더를 위한 포럼(Emerging Leaders Forum)에서, 젊은 리더들은 새로운 선교 지도자들이 어떤 모습이어야 하고 그들의 결정이 어떤 영향을 미칠 것인가에 대한 자신들의 믿음을 제시했다. 새로운 지도자들은,

- 과거와는 다르게 본다("내일의 빌리 그래함은 어디에 있는가?"는 잘못된 질문일 것이다).
- 공동체의 방향성, 기술 등에서 선교를 시작하는 경우가 많다.
- 다인종적, 다문화적 정황, 전체적인 선교의 필요성을 생각한다.
- 나이와 경험이 '젊을' 뿐 아니라 문화적으로는 다양하다.
- 세계적으로 생각한다.
- 개척정신이 강하다.
- 보다 또래/멘토 지향적이다.
- 권위 지향적이기보다는 팀 지향적이다.

이러한 새로운 지도자들이 속한 교회와 기관의 포용과 격려가 세계 선교를 위한 전혀 새로운 기후를 조성할 것이다.

통합 선교 마이카 선언(Micah Declaration)은 교회에, 통합 선교에 참여하라고 촉구하는 강력한 도전이었다. 이 선언의 일부는 이렇게 나와 있다.

통합 선교(integral mission) 또는 총체적 변혁(holistic transformation)은 복음의 선포와 증명이다. 이것은 단순히 전도와 사회 참여가 나란히 가야 한다는 뜻이 아니다. 오히려 통합 선교에서, 우리가 사람들에게 삶의 모든 부분에서 사랑과 회개를 요구할 때 우리의 선포는 사회적 결과를 낳는다. 우리가 예수 그리스도의 변화의 은혜를 증거할 때, 우리의 사회 참여는 전도의 열매를 맺을 것이다. 우리가 세상을 무시한다면, 세상을 섬기도록 우리를 보내신 하나님의 말씀을 배신하는 것이다. 우리가 하나님의 말씀을 무시한다면, 세상에 줄 게 하나도 없다. 정의와 이신칭의, 예배와 정치적 행위, 영적인 것과 물질적인 것, 개인적인 변화와 구조적인 변화는 하나이다. 예수님의 삶에서처럼, 존재와 행위와 말은 우리의 통합 사역의 핵심이다. 우리는 서로에게 중심 되신 예수 그리스도께로 돌아가라고 외친다. 그분의 희생적 섬김의 삶이 그리스도의 제자들을 위한 패턴이다. 자신의 삶과 죽음을 통해, 예수님은 가난한 자들과 하나 될 뿐 아니라 부자까지 포용하는 본을 보여주셨다. 십자가에서, 하나님은 그분이 정의를 얼마나 중시하는지를 보여주시며, 정의의 요구를 충족시키실 때 부유한 자와 가난한 자를 화해시키신다. 우리는 만물이 그리스도 앞에 무릎 꿇으며 악이 최종적으로 패배하리라는 소망을 품고 가난한 자들과 함께 걸으면서 부활하신 주님의 능력으로 성령을 통해 섬긴다. 우리는 이러한 복음에 합당한 삶을 살지 못할 때가 너무나 많음을 고백한다.

선언은 이렇게 끝난다. "우리의 기도는 우리가 우리 시대에, 각자의 처지에서 주님이 우리에게 요구하시는 바를 행할 수 있다. 그것은 오직 정의를 행하며 인자를 사랑하며 겸손하게 우리 하나님과 함께 행하는 것이다." 이것이 전 세계 그리스도인들의 기도여야 한다.

박해받는 교회의 편에 서기 세계복음주의 연맹(World Evangelical Alliance, WEA)은 이런 보고서를 내놓았다. "현재 약 2억의 그리스도인들이 심한 박해(투옥이 자경단이나 국가적 폭력의 위협) 가운데 살고 있다. 또 다른 4억의 그리스도인들이 단지 예수 그리스도를 사랑하고 따르기로 선택했다는 이유만으로 자유를 심하게 제한받으며 기본적 인권의 많은 부분을 박탈당한 채 살고 있다." 교회의 박해는 거대한 문제이다. 우리는 모두 형제요 자매이다. 그렇다면 우리는 어떤 가정이 될 것인가? 서로를 돌보는 가정이 될 것인가, 아니면 서로에게 소홀한 가정이 될 것인가?

다문화적 상황의 사역 많은 지역과 많은 나라에서, 교회들이 '유색화'(coloring)되고 있는데, 이것은 예수 그리스도의 몸이 모든 지체를 포함한다는 사실을 보여주는 좋은 예이다. 우리는 문화의 모자이크처럼 다양성 가운데서 하나됨을 추구한다. 이러한 추구가 있는 곳마다, 우리가 할 수 있는 큰 기여 가운데 하나는 다문화 선교팀을 만들어 배치하는 것이다. 이러한 팀을 만드는 데 많은 어려움이 있겠지만 그 유익은 엄청날 것이다.

다문화 팀은,

- 그리스도의 몸의 다양성을 반영한다.
- 의심을 줄여준다. 하나의 지배적 문화를 반영하는 것으로 보이지 않는다.
- 문화 간의 관계와 진정한 공동체의 모델을 제시한다.
- 다양한 경험을, (그리고 그 경험에 대한 서로 다른 생각을) 사역의 상황에 적용한다.
- 더 큰 문화적 감수성을 갖는다.

스티브 초크(Steve Chalke)는 다양한 팀의 필요성을 잘 표현한다.

> 최상의 팀은 다양한 의견을 반영하는 팀이다. 당신 주변에 항상 당신 생각에 찬성하는 사람들만 있다면 당신은 결코 평범한 데서 벗어날 수 없을 것이다.

단기선교 캐나다 복음주의 협의회(Evangelical Fellowship of Canada)가 성장하는 선교 프로그램이 있는 교회와 그렇지 못한 교회를 비교해본 결과 지난 5년간 성장한 교회는 단기선교팀을 두고 여기에 높은 우선순위를 부여한 것으로 나타났다.

더욱이, 선교 교육과 선교사 파송의 관계를 살펴보았더니, 지난 5년간 선교사를 한 명도 파송하지 않은 교회는 청소년 선교 프로그램이나 단기선교 프로그램도 거의 실시하지 않은 것으로 나타났다. 그러나 지난 5년간 선교사를 파송한 교회는 대부분 단기선교를 실시한 것으로 나타났다. 장기선교사를 파송하려는 교회가 할 수 있는 최선의 일은 단기선교사를 파송하는 것이다.

모든 단기선교가 동일한 결과를 내는 것은 아니다. 점점 더 많은 사람들이 단기선교의 체험이 기대에 못 미쳤다고 말한다. 이것은 세계 선교에 대한 한 사람의 태도에 부정적 영향을 미칠 수 있다. 이것은 또한 이러한 전략에 대한 지교회의 시각에도 영향을 미칠 수 있다. 우리가 긍정적인 단기선교의 체험이 세계 선교에 대한 참여를 높이는 데 도움이 된다고 믿는다면, 단기선교 프로그램의 전체적인 질을 높이는 게 필수적이다.

복음주의 선교단체 협의회(Evangelical Fellowship of Mission Agencies) 회장 폴 맥카우건(Paul McKaughan)이 말하듯이, "개인의 시각이 어떻든 간에, 단기선교에 대한 전체적인 추세는 우리의 21세기 선교 방식을 바꾸자는 것이다."

미전도 종족 지금 전 세계적으로 예수 그리스도에 대해 거의 또는 전혀 들어보지 못한 사람이 16억이 넘는다. 그리스도인의 비율이 5퍼센트가 안 되는 부족이 3천 개가 넘는다. 극심하게 가난한 나라 가운데 85퍼센트가 비복음화 지역이다.

교회는 세계의 미전도 종족을 향한 사역에 더 적극적으로 참여해야 한다. 이것은 기존 프로그램을 차근히 살피면서 복음을 듣지 못한 사람들에게 어떻게 다가갈지를 결정한다는 뜻일 수 있다.

세계의 주요 이슈에 대한 반응 우리는 세계에 큰 영향을 미치는 몇몇 중요한 이슈와 마주친다. 그 가운데 우리가 가장 우선시해야 할 문제는 에이즈와 난민이다. 서구 여러 나라는 약물로 에이즈를 관리하며, 감염자들이 생명과 건강을 유지하면서 일을 계속할 수 있도록 해준다. 그러나 가난한 나라에서는 이러한 약물을 사용할 여유가 있는 사람이 거의 없다. 후진국은 에이즈가 사망 원인 가운데 첫째를 차지하면서 엄청난 고통을 겪는다. 경제는 파탄에 이르고, 수백만 명의 고아들이 쏟아져 나오며, 아이들은 어머니 뱃속에서 에이즈에 감염된다.

몇몇 방법으로, 교회는 급증하는 세계적 재난에 서서히 반응했다. 그러나 이것은 변화의 시작이다. 짐바브웨에서 일어난 일을 예로 들 수 있다. 짐바브웨의 지도자들은 교회를 움직여 각 지역사회에서 에이즈에 감염된 고아들과 아이들과 가정을 돌보게 했다. 교회는 에이즈에 가장 취약한 사람들을 찾아내는 데 그치지 않고 관리자와 자원봉사자를 훈련시키며, 영적 지원뿐 아니라 물질적 지원도 아끼지 않고, 지역의 경제 성장을 독려하며, 교회 터에 여러 작물을 길러 가난한 사람들에게 나눠주기까지 한다.

이러한 사역은 교회가 후원할 가치가 있을 뿐 아니라 교회가 복잡한 이슈에 어떻게 반응할 수 있는지를 보여주는 본보기이기도 하다. 우리는 지역사회의 에이즈 위기에 어떻게 반응하고 있는가?

난민촌(refugee highway)은 난민들이 스스로의 필요를 채우는 곳일 뿐 아니라 새로운 삶을 향해 나아가는 난민들을 섬기기를 원하는 그리스도인들이 믿음을 실천할 기회이기도 하다. 이러한 사랑의 사역은 전략적이다. 왜냐하면 난민촌 거주자들은 주로 공개적인 선교가 금지된 나라 사람들이기 때문이다. 이 가운데 많은 수가 난생 처음으로 기독교 신앙을 진지하게 고려해 볼 것이다. 궁핍과 절망에 처한 난민들의 유일한 희망은, 자신의 부르짖음을 들으시고 자신을 돌보시는 하나님이 계신다는 사실이다. 난민들에게는 단순히 자신들의 물리적 필요를 채우는 데 그치는 게 아니라 친절한 공동체와 영적 양식을 공급해주는 안전한 환경이 필요하다. 교회만이 이러한 도움을 줄 수 있다.

그리스도인들이 난민촌을 찾아가 직접 도울 수도 있지만 지역사회가 이들을 돕는 통로가 될 수 있다. 우리는 세계적인 난민 문제에 관한 정보를 얻고 난민촌의 한 가족을 후원하거나 올바른 이민 정책을 주창하거나 난민들이 지역의 언어를 습득하도록 돕거나 단지 이민자 가족의 친구가 되어주는 것만으로도(다양한 기독교 단체와 정부 기관을 통해) 우리가 선 자리에서 이들을 도울 수 있다.

모든 기회를 활용하라

지역 기관들이나 국제 기관들이 온갖 기회를 제공한다. 수요는 엄청나고 자원은 제한되어 있다. 그렇다면 우리의 에너지와 자원을 어디에 투자할지 어떻게 결정하는가?

선교 전문가 데이비드 메이스(David Mays)는 이 과정에서 우리를 돕는 질문 목록을 만들었다.

세계에 관한 질문

- 교회가 극도로 소수거나 없는 곳은 어디인가?
- 교회가 유능한 리더가 없어 위험에 처한 곳은 어디인가?
- 하나님이 분명하게 일하고 계시는 곳은 어디인가?
- 우리가 알고 신뢰하는 사람들과 협력하여 일할 수 있는 곳은 어디인가?
- 다른 사람들이 소홀히 하고 있는 것은 무엇인가?
- 하나님이 분명하게 사용하고 계시는 전략은 무엇인가?
- 역사를 바꿀 기회가 있는 곳은 어디인가?

개별 사역과 기회에 관한 질문

- 이 사역은 얼마나 전략적인가?
- 이 사역이 기회가 거의 없는 사람들을 그리스도께 인도하는 데 어떻게 기여하는가?
- 이 사역이 지교회를 세우는 데 궁극적으로 어떤 도움을 줄 것인가?
- 지금 이루어지고 있지 않은 이 사역이 중요한 것인가?
- 어느 정도의 기독교 자원이 이미 투입되었는가?
- 이 사역이 영향을 미칠 것인가? 또한 실제적인 중요한 차이를 낳을 것인가?
- 어떤 종류의 상승이나 배가를 기대할 수 있는가?
- 투입된 사역자들의 질 – 소명, 경쟁력, 인격 – 은 어떠한가?
- 이 사역이 우리 교회에 맞는가? 하나님이 이 사역을 위해 우리를 준비하셨는가?
- 우리 사람들은 이 사역을 이해하고, 받아들이고, 지원하고, 이 사역에 참여할 것인가?
- 우리는 이 사역에 얼마나 잘 맞는가?
- 우리의 역할은 무엇인가?
- 우리는 필요하다면 오랫동안 이 사역을 할 준비가 되어 있는가?
- 우리는 이 문제에서 하나님의 인도를 분명하게 받고 있는가?

결론

스코틀랜드 선교학자 로즈 다우셋(Rose Dowsett)은 세계적, 전략적으로 생각한다는 게 무슨 뜻인지를 상기시켜준다. 이것은 "어디에 있든지 하나님의 모든 백성이 손을 잡고 한 가족의 소명인 대위임에 반응한다는 것"이다. 그녀의 평가는 정확하다. "우리는, 하나님께서 우리에게 세계 선교를 요구하실 때 우리의 인간적 자신감으로 하는 게 아니라 연약하고 부족한 가운데서 우리의 계획이 아니라 하나님께서 자비로 행하시는 것을 의지하며 하라고 요구하신다는 것을 다시 한 번 기억해야 한다."

팀 디어본(Tim Dearborn)의 말로 결론을 맺겠다. "기독교 선교는 다른 사람들을 우리처럼 만들려는 우리의 오만한 추구가 아니라 모든 사람을 자신처럼, 그들의 삶을 자신의 삶처럼 만드시려는 하나님의 추구에 우리가 참여하는 것이다."

더 깊게 공부하려면

Patrick Johnston and Jason Mandryk, *Operation World*
G. W. Peters, *A Biblical Theology of Missions*
Michael Pocock 등, *The Changing Face of World Missions*
Gailyn Van Rheenen, *Missions: Biblical Foundations and Contemporary Strategies*
D. K. Smith, *Creating Understanding: A Handbook for Christian Communication Across Cultural Landscapes*
R. A. Tucker, *From Jerusalem to Irian Jaya*

J. H. 바빙크, 《선교학 개론》(*An Introduction to the Science of Mission*), 전호진 옮김 (성광문화사, 2005)
이종우, 《선교·문화 커뮤니케이션》(기독교문서선교회, 2011)

제임스 민스, 케네스 갱글

리더십의 과제 | 자원자 신학

24 크리스천리더십

내게 지혜로운 연민을 가지고 이끌 수 있는 용기를 주소서.

리차드 크리그바움 Richard Kriegbaum

리더십의 과제

The Task of Leadership

+ 제임스 민스

힘의 부여

리더의 근본적인 책임은 무엇인가? 영적 리더가 자신의 사명을 성취하기 위해 반드시 해야 할 일은 무엇인가?

이 시점에서 우리는 리더십, 특히 영적 리더십의 의미를 분명히 이해할 필요가 있다. 리더십 곧 상황에 적합한 리더십은 어떻게 정의되는가? 사람들마다 리더십을 다양한 방식으로 정의하며, 각자 특정한 틀에서 리더십을 말한다. 말 그대로, 리더십에 대한 정의는 수없이 많다. 그 가운데 몇 가지를 살펴보면 도움이 될 것이다.

- 주어진 상황에서 커뮤니케이션 과정을 통해 특별한 목적이나 목표의 달성을 위해 행사되는 사람과 사람 사이의 영향력.

- 다른 사람들이 개인과 팀원으로서 각자의 잠재력을 발휘하도록 돕는 능력을 포함한 학습된 행동 기술.
- 개인(또는 리더팀)이 한 그룹을 권하여 리더의 목적이나 전체가 공유하는 목적에 맞는 행동을 취하게 하는 설득과 본보기의 과정.

각각의 정의는 어느 정도 통찰력이 있지만 어떤 면에서, 특히 교회의 영적 리더십을 생각할 때 부족한 부분이 있다.

다음과 같은 정의가 영적 리더십에 가장 잘 맞는 것 같다.

> 영적 리더십은 개인과 그룹이 진정한 필요를 충족시키며 성경에 부합하는 목표를 세우고 성취할 수 있는 방식으로 한 기독교 단체에 속한 사람들과의 관계를 발전시키는 것이다. 자신의 윤리적 영향력으로, 영적 리더는 사람들이 그렇지 않으면 결코 성취될 수 없을 것을 성취하도록 동기와 능력을 부여한다.

한 가지 핵심 요소는 리더 개인의 목표가 아니라 다른 사람들(그룹이나 개인의)의 목표를 강조하는 것이다. 바꾸어 말하자면, 영적 리더는 다른 사람들이 해야 할 일을 일방적으로 결정하고 그들에게 그 일을 강요하지 않는다. 또는 동일한 생각을 전통적인 기독교 언어로 표현하자면, 리더는 그룹이나 교회를 향한 하나님의 뜻을 자신이 결정한 후 다른 사람들이 그 결정을 따르도록 설득하려 하지 않는다. 오히려 리더는 구성원들이 스스로 목표를 정하고 이루도록 동기를 부여하고 도와준다.

물론, 어떤 목표는 성경에 부합한다. 그리고 목표가 분명할 때, 영적 리더의 책임은 구성원들이 그 목표를 파악하고, 이해하고, 받아들이고, 성취할 수 있도록 하는 것이다. 바꾸어 말하자면, 반드시 그룹이 서로를 사랑하는 것이 목표여야 한다고 결정할 필요는 없다. 이러한 목표는 성경이 명령하는 것이다. 리더는 사랑하라는 성경의 명령을 권위 있게 지적하고 제시하기만 하면 된다. 그러나 리더는 성경적 목표와 (사역의) 결정에 대한 자신의 개인적인 의견은 근본적으로 다르다는 점을 인식해야 한다.

또 하나 중요한 요소는 그룹을 통제하는 게 아니라 그룹에 대한 섬김을 강조하는 것이다. 리더가 원하는 바를 이루려고 사람들을 조종하거나 강요하는 것은 진정한 리더십이 아니다. 존 가드너(John W. Gardner)의 말이 옳다.

> 물리적 강요의 요소들이 몇몇 종류의 리더십에 포함된다. 물론, 모든 사회적 행위에는 아무리 부드럽고 미묘하더라도 또래의 압력을 포함한 심리적 강요도 있다. 그러나 우리 문화에서 이 용어(리더십)에 대한 대중적 이해는 리더십과 강요를 구별하며, 강요의 정도가 낮은 형태의 리더십을 더 높이 평가한다.

이 점에 대해, 테드 엥스트롬(Ted Engstrom)의 말은 우리를 당황스럽게 한다. "우리의 관리 능력으로 일할 때, 우리(리더들) 모두는 기본적으로 똑같은 일을 한다. 우리는 모두 사람들과 함께, 사람들을 통해 일이 이루어지도록 하는 데 부분적으로 참여한다." 이것은 리더가 일을 이루려고 사람들을 이용하거나 조종하며, 이렇게 해서 이루어진 일이란 리더가 이루어져야 한다고 결정한 일이라는 것을 암시한다. 이러한 철학은 현대의 많은 비즈니스와 정치 리더십의 개념과 일치하지만 조종을 철저히 거부하는 영적 리더십과 양립할 수 없다. 리더의 계획을 실행하려고 사람들을 이용해서는 안 된다. 사역에서 리더는 사람들을 존중해야 하고, 목표 설정에 그들을 참여시켜야 하며, 그들을 동료로 대해야 한다.

훌륭한 리더십의 철학은 언제나 사람들에 대한 깊은 존중을 강조한다. 가장 좋은 형태의 리더십은 사람들을 피실험자나 소떼처럼 취급하지 않는다. 가장 성공한 몇몇 기업은 이러한 존중의 철학을 요구한다. 예를 들어 IBM의 철학은 다음과 같다.

> IBM의 철학은 대체로 세 가지 단순한 믿음에 담겨 있습니다. 제가 가장 중요하다고 생각하는 것부터 말씀드리겠습니다. 우리는 개인을 존중합니다. 이것은 간단한 개념입니다. 그러나 IBM에서, 이것은 경영의 중요한 부분을 차지합니다. 돈이나 기계나 마음이 아니라 사람을 자연 자원으로 대하는 것이 모든 것의 열쇠일 것입니다. 우리는 사람을 성인으로 대하고, 파트너로 대하며, 존엄하게 여기고, 존중합니다.

성경의 지침에 부합하는 리더십은 타인 중심적일 수밖에 없다. 이러한 리더십은 결코 리더 중심적일 수 없다. 제임스 번스(James Burns)는 변화의 리더십(transforming leadership)을 분명히 제시하고 옹호한다. "이러한 리더십은 리더와 그를 따르는 사람들이 서로를 더 높은 단계의 동기와 도덕성으로 끌어올리는 방식으로, 한 사람이나 그 이상이 다른 사람들과 관계를 가질 때 이루어진다." 이러한 기준에서 보면, 자신의 목적을 이루려고 사람들을 권위적으로 통제하는 사람은 진정한 리더가 아니다. 그는 권력을 휘두르는 자로, 사람들과 그 외의 것으로 하여금 자신이 원하는 것을 하게 만들려고 자신의 외적(경제적, 사회적, 심리적, 제도적) 자원, 영향력, 훈련과 기술과 능력을 이용한다. 여기서 핵심은 '자신이 원하는 것'이다.

마키아벨리와 홉스와 니체의 고전적인 권력 철학은 세상의 독재자들의 행동 지침이 될 수는 있지만 진정한 윤리적 리더십과 하나님의 말씀과는 전혀 맞지 않는다. 높은 수준의 리더십에서 판단한다면, 히틀러, 이디 아민(Idi Amin, 우간다의 악명 높은 독재자), 짐 존스(Jim Jones, 그리고 적지 않은 현대 교회의 인물들)는 일시적으로 엄청난 권력을 손에 넣고 물질적 성공을 거두었지만 결코 리더는 아니었다(짐 존스는 1978년 11월 18일 남미 가이아나의 밀림에 위치한 인민사원에서 914명의 신도들과 함께 독극물을 마시고 자살했다 — 역자 주). 루이스 룬드보그(Louis B. Lundborg)는 이 진리를 간결하게 말한다. "리더는 사람들이 기꺼이, 자발적으로 따르는 사람이다. 그러므로 폭군과 독재자, 물리력을 사용해서 자신들의 뜻을 다른 사람들에게 강요하는 모든 사람은 제외된다." 케네스 갱글(Kenneth O. Gangel)이 정확히 말하듯이 "리더십은 정치적 파워 게임이 아니다. 리더십은 권위주의적 태도가 아니다. 리더십은 교주의 지배가 아니다."

그러나 결코 리더가 힘이 없다고 생각해서는 안 된다. 실제로, 리더에게 권위가 없다면 그는 따르는 사람이 없는 이상한 리더가 될 것이다. 리더십은 특별한 종류의 권위이다. 리더는 적법한 힘(윤리적이며 감동을 주고 세워주는 힘)이 있다. 이러한 종류의 권위는 개인과 그룹의 경외심을 자아낼 수 있다. 이러한 힘은 탁월한 선생이나 안내자가 자신이 섬기는 사람들에게 끼칠 수 있다. 이런 힘은 리더의 자리를 강화하거나 리더의 목적을 이루려고 사람들을 조종하는 법이 결코 없다.

진정한 리더십을 가늠하는 궁극적인 테스트는 사람들의 가장 기본적인 육체적, 정서적, 영적 필요를 충족시키는 지속적인 변화를 확인하는 것이다. 리더에 대한 세상과 교회의 평가가 잘못될 때가 많다. 우리는 결과물의 크기나 물질주의적 기준으로 리더십을 판단하고 이런 부분에서 '성공한' 사람들에게 찬사를 보내며 이들을 더 높은 자리에 앉히는, 거의 부정하기 어려운 경향이 있다. 그러나 다른 사람들의 삶에서 실제적인 필요가 충족되지 않는다면, 사람들이 복음화되거나 가르침을 받지도 않는다면, 아무리 성공적이고 중요한 성취가 있더라도 의미 있는 영적 리더십이 전혀 이루어지지 않은 것이다.

리더십과 관리

리더십과 관리(management, 경영)의 차이가 지나치게 강조되고 이용될 때도 있지만, 그래도 우리는 리더십과 관리를 구분해야 한다. 리더십과 관리는 겹치는 부분이 있으며, 둘 사이의 차이점이 항상 분명하게 나타나는 것은 아니다. 훌륭한 리더는 상당한 관리 기술을 갖추어야 하며, 훌륭한 관리자도 대개는 리더의 자질을 상당 부분 갖추고 있다. 훌륭한 리더가 아닌 훌륭한 관리자를 생각하기 어렵듯이, 훌륭한 관리자가 아닌 훌륭한 리더도 생각하기 어렵다.

비전 리더는 관리자보다 큰 비전이 있다. 리더는 하루하루를 넘어, 또한 관리자와 따르는 자들의 비전을 자주 제한하는 현실의 지평선을 넘어, 장기적으로 생각한다. 리더는 부분 간의 관계와 자신의 조직과 타조직 간의 관계를 포함해 전체를 본다.

리더는 다른 사람들이 꿈도 꾸지 못할 목표를 성취할 꿈을 꾼다. 조지 버나드 쇼(George Bernard Shaw, 1856-1950)는 이렇게 말했다. "당신은 사물을 본다. 그리고 '왜 그래야 돼?'라고 묻는다. 그러나 나는 결코 존재하지 않았던 것을 꿈꾼다. 그리고 '왜 안 돼?'라고 묻는다." 리더는 이런 꿈을 꿀 뿐 아니라 다른 사람들도 이 꿈을 함께 꾸도록 한다.

갱신 리더는 항상 과정과 구조의 수정에 관심이 있으며, 낡은 방법을 바꾸고, 새로운 목표를 세우며, 새로운 자원을 개발하고, 사람들에게 동기를 부여하거나 사람들을 뽑으며, 그룹과 구성원들에게 활력을 불어넣으려 한다. 관리자는 이미 확정된 목표의 성취와 기존의 틀과 자원의 효과적인 활용을 강조한다.

관리자는 지시하고 평가하지만 리더는 성취욕을 북돋우고 전체 조직, 즉 그룹과 구성원에게 활력을 불어넣는다. 리더는 보다 창의적이고 혁신적이며 변혁적이다.

간디와 같은 리더는 세계적인 운동을 일으키고 확산시킬 수 있다. 영국은 온 국민을 결집시켜 히틀러의 군대와 맞서 싸우게 할 리더가 절실히 필요했다. 그때 영국의 매우 위대한 정치가 중 한 명인 윈스턴 처칠이 등장했다. 기독교적 관점에서 보면, 예수 그리스도는 세상이 경험한 가장 위대한 리더이셨다. 그분은 별 볼일 없는 제자들을 데리고 결코 무너지지 않을 나라, 음부의 권세가 이기지 못할 나라를 세우셨다. 자신의 존재(person)와 본과 가르침과 성령의 힘으로, 그분은 세상을 영원히 바꿔놓으셨다.

지향성 리더는 인간 지향적이다. 리더는 구성원들과 그들의 필요를 끊임없이 생각한다. 관리자는 보다 결과 지향적이며 프로그램 지향적이다. 관리자는 일을 완수할 생각을 하며, 정해진 기준에 따라 만족스러운 결과를 내려고 일한다. 리더는 사람들이 잠재력을 최대한 발휘하도록 돕기 위해 어떤 일을 바르게 할 생각을 한다.

관리자는 효율성을 의식하고 리더는 가치를 의식한다. 관리자는 지시하는 데 빠르고 리더는 귀를 기울이는 데 빠르다. 관리자는 "그 일은 도저히 불가능합니다"라거나 "만약 이렇게, 저렇게 하면, 우리가 그 일을 할 수 있을 것입니다"라고 말할 것이다. 반면 리더는 "우리가 그 일을 할 방법을 찾아봅시다. 그다음에 함께 해봅시다"라고 말할 것이다.

리더십 전략

리더는 사람들에게 영적 힘을 줄 때 어떻게 하는가? 리더와 따르는 사람들이 서로를 더 높은 수준의 영적 성취와 실현으로 이끌기 위해, 리더는 윤리적, 성경적으로 어떤 합당한 방법을 사용하는가? 리더는 교회에 특별한 영향력을 발휘하면서 어떤 특별한 책임을 받아들이는가? 리더가 사람들에게 영적 힘을 줄 때 취하는 다섯 가지의 기본 행동이 있다.

리더는 경청한다 리더는 자신과 함께하는 사람들의 상처, 갈망, 바람, 유혹, 죄, 기쁨, 필요를 이해하려는 뜨거운 마음이 있어야 한다. 리더십은 효과적인 커뮤니케이션을 포함하며, 효과적인 커뮤니케이션은 경청에서 시작된다. 로버트 그린리프(Robert Greenleaf)는 《섬기는 리더십》(Servant Leadership)에서 이렇게 말한다.

> 진정한 경청은 사람들에게 힘을 준다. 우리가 이 정도로 깊게 커뮤니케이션을 하고 있는지 알아보는 가장 좋은 방법은 먼저 자신에게 이렇게 묻는 것이다. 우리는 정말로 경청하고 있는가? 자신이 커뮤니케이션을 나누고 싶은 상대의 말을 경청하는가? 누군가를 대면할 때 기본적으로 그 사람을 이해하려는 태도를 취하는가? 성 프란시스의 진실한 기도 한 줄을 기억하라. "주여, 이해받기보다는 이해하게 하소서."

진정한 영적 리더는 누구나 이 기도를 하고 또 할 것이다.

교회 리더는 이러한 경청의 태도를 반드시 길러야 한다. 야고보 사도의 조언을 결코 잊지 말아야 한다. "내 사랑하는 형제들아 너희가 알지니 사람마다 듣기는 속히 하고 말하기는 더디 하며 성내기도 더디 하라"(약 1:19). 이러한 지혜는 솔로몬보다 더 오래되었다. "지혜 있는 자는 듣고 학식이 더할 것이요 명철한 자는 지략을 얻을 것이라 … 너는 권고를 들으며 훈계를 받으라 그리하면 네가 필경은 지혜롭게 되리라"(잠 1:5; 19:20).

리더십의 정황에서, '듣다'(listen, 경청하다)라는 단어는 최대한 넓은 의미로 사용된다. 리더는 구성원들에게 세밀한 주의를 기울이고, 그룹의 심장에 손을 없으며, 그룹원 개개인의 심장 박동을 느낀다. 또한 무엇이 구성원들을 가로막고 무엇이 그들의 꿈을 실현하는지 안다. 구성원들이 말하지 않아도 그들의 진짜 필요와 바람이 무엇인지 안다.

경청하고 배우며 성숙한 사람들의 조언을 거부하는 사람은 결코 지혜로운 리더일 수 없다. 리더의 자리에 있는 사람이 개인적인 일에 몰두한 나머지 공동체 구성원들의 고동소리를 듣지 못할 때, 교회와 교인들은 말할 수 없는 고통을 당한다.

진정한 리더십은 경청에서 시작된다. 경청에 기초하지 않은 리더십은 잘못되기 쉽다. 리더에게 가장 자연스러운 일이 주의 깊은 경청일 만큼, 귀와 마음으로 경청하는 태도가 모든 리더의 삶에서 근본적인 부분이어야 한다. 리더는 하나님의 말씀에 귀를 기울여야 할 뿐 아니라 하나님의 백성의 말에도 귀를 기울여야 한다.

리더는 팀을 세운다 유능한 리더는 다른 사람들을 복종시키는 게 아니라 그들이 교회의 삶과 성숙과 의사 결정과 외부 사역에 적극 참여하도록 한다. 성도들은 복종이 아니라 파트너십을 통해 만들어진다. 그러므로 사역에서 그 무엇도 협력 의식, 팀 정신의 고취를 대신할 수 없다. 리더는 팀을 세우기 위해 자신의 영향력을 사용한다. 모세는 자신이 모든 것을 혼자 할 수 있다고 생각했다. 그러나 이드로는 모세에게 이렇게 말했다. "자네는 할 수 없네. 자네에게는 책임을 나눌 팀이 필요하네." 지혜로운 리더는 이드로의 조언에 귀를 기울인다.

유능한 사역자는 리더와 구성원 사이의 강한 시너지 의식과 공동체 의식과 일체감을 형성하는 사람들의 인도를 받는다. 이러한 방식으로 리더십에 접근할 때, 협력과 우애를 강조한 나머지 리더와 따르는 사람들 간의 구별이 모호해질 때가 많다. 누가 리더이고 누가 따르는 사람인지 분명하지 않지만 이것이 중요한 것은 아니다.

바울은 자신의 사역에서 팀 세우기를 크게 강조했다. 그는 일반적으로 사람들을 자신의 형제자매, 동역자, 전우(戰友)라고 불렀다. 바울은 고린도 교회의 잘못된 태도를 바로잡으려 애썼다. "어떤 이는 말하되 나는 바울에게라 하고 다른 이는 나는 아볼로에게라 하니 너희가 육의 사람이 아니리요 그런즉 아볼로는 무엇이며 바울은 무엇이냐 그들은 주께서 각각 주신 대로 너희로 하여금 믿게 한 사역자들이니라 … 우리는 하나님의 동역자들이요"(고전 3:4-5,9).

바울의 목적은 결코 자신이 원하는 바를 사람들이 하도록 만드는 게 아니었다. 그의 목적은 분명한 하나님의 뜻을 행하는 것이었다. 바울은 사람들에게 자신이 그리스도를 따르지 않는다면 자신을 따르지 말라고 말했다. 바울은 "너희가 첫날부터 이제까지 복음을 위한 일에 참여하고 있기 때문"에 자신은 매우 기쁘다고 했다(빌 1:5). 가장 좋은 교회를 보면, 스스로를 구경꾼이나 부하로 느끼지 않고 참여자요 리더의 동역자로 느끼는 사람들이 있다.

로버트 그린리프(Robert Greenleaf)는 이 개념을 단순하고 솔직하면서도 아름답게 표현했다. "우리가 비즈니스에서 성공하려면 우두머리에서 팀을 세우는 사람으로 바뀌어야 할 것이다." 일본 기업은 이러한 리더십에서 뛰어난 모습을 보였으며, 그 결과는 놀라웠다. 그린리프의 개념이 비즈니스의 세계에서 타당하고 효과적이라면 교회에서는 훨씬 더 중요할 것이다. 이것이 신약의 가장 좋은 리더십이다.

리더는 감동을 준다 번스가 말하듯이 "리더의 제일 과제는 따르는 사람들이 자신의 필요와 가치관과 목적을 인식하게 하는 것이다." 영적 리더는 사람들에게 감동을 주어 그들의 영적 필요와 가치관과 목적을 인식하게 하며 그들이 이러한 중요한 부분에서 성장하도록 돕는다. 훌륭하고 유능한 영적 리더는 다른 사람들에게 그리스도의 사람이 되고 그리스도 안에서 성장하며 교회의 사명을 감당하려는, 살아 꿈틀대며 강렬한 열심을 불어 넣는다. 맥클레랜드(D. Mccelland)의 견해는 다음과 같다.

> 감동을 주는 것이 훌륭한 교사의 일이다. 리더는 언제나 일종의 교사이다. 교사는 학생들을 강압적으로 다루거나 도구로 대하지 않으며, 함께 진리를 탐구하고 상호 실현을 돕는 사람으로 대한다. 이들은 학생들이 도덕적 가치관을 규정하도록 도울 때 자신의 도덕관을 학생들에게 부가하는 게 아니라 어려운 도덕적 선택을 해야 하는 상황을 제시하고 학생들 스스로 갈등과 논쟁을 해결하게 한다. 이들은

학생들이 더 높은 단계의 도덕적 추론에 이르도록 도우며, 그렇게 함으로써 더 높은 수준의 원칙 있는 판단에 이르게 한다. 처음부터 끝까지, 교사들은 학생들이 배울 수 있는 사회적, 지적 환경을 제공한다.

영적 리더가 사람들이 배우기를 진정으로 원한다면, 또한 사람들에게 감동을 주려면, 자신의 삶에서 가치 있는 진리를 보여주어야 한다. 사실 모범을 보이는 것만큼 좋은 가르침은 없다. 가치관과 행동 규범은 말이나 메모로 쉽게 전달되지 않지만 눈에 보이는 행동을 통해 매우 효과적으로 전달된다. "내가 그리스도를 본받는 자가 된 것같이 너희는 나를 본받는 자가 되라"(고전 11:1).

리더는 가치관에 초점을 맞춘다 훌륭한 영적 리더는 기계나 프로그램이나 통계 수치에 초점을 맞추지 않는다. 그 대신 가치 체계, 이유, 철학, 본질적 진리, 구조, 목표, 계획, 분위기, 정서, 환경 등 근본적인 것에 열정적이다. 이 모든 것을 사역 철학의 본질적 부분으로 생각할 수 있으며, 모든 탁월한 리더는 특히 이러한 것을 분명하게 이해한다.

예를 들면, 형편없는 리더는 간식에서 펀치에 이르기까지 여름성경학교의 세세한 부분에 크게 신경 쓰지만, 왜 이 모든 것이 필요하고, 늘 되풀이되는 이 모든 일을 함으로써 이루려는 게 무엇인지는 거의 신경 쓰지 않을 수 있다. 이러한 사람은 훌륭한 일꾼과 섬세한 사람은 될 수 있겠지만 리더는 아니다. 왜냐하면 그는 이유나 가치나 목표에 초점을 맞추지 않기 때문이다. 그는 간식, 펀치, 크레파스, 칠판을 보지만 이러한 프로그램이 어떻게 근본적인 필요를 충족시키고 교회의 다른 활동과 조화를 이루는지 정확히 보지 못한다.

많은 단체의 문제는 리더가 불필요한 일을 많이(아마도 잘) 하지만 그 일이 관례적이며 해야 한다는 것만 알 뿐 왜 그 일을 해야 하는지 모른다는 것이다. 한편, 이런 리더는 이처럼 전통을 고수하고 바꾸기를 싫어하기 때문에, 해야 할 필요가 있는 많은 일을 간과한다.

진정한 리더는 말로 표현되지는 않더라도 단체나 그룹을 발전시킬 일련의 내면적 가치관을 항상 인식한다. 필립 셀즈닉(Philip Selznick)이 말했듯이, "조직의 리더는 일차적으로 가치관을 증진하고 보호하는 데 전문가이다." 또한 토마스 피터스(Thomas Peters)와 로버트 워터맨(Robert Waterman)이 말했듯이, "(성공한 기업이) 가치관에 주목하는 모습은 우리를 놀라게 한다. 그리고 그 리더들이 개인적인 집중과 일관성과 직접적인 참여를 통해 활기찬 환경을 만들어내는 방식도 우리를 놀라게 한다."

가치 체계에 대한 이러한 세심한 주의 때문에, 훌륭한 교회 리더는 창의적 아이디어와 건강한 갈등과 결정 과정에 대한 참여를 환영하는 분위기를 조성하려 한다. 부분적으로, 진정한 리더의 과제는 혁신적인 아이디어가 나오게 하고, 이러한 아이디어를 가진 사람들을 사역 과정에 참여시키는 것이다. 이 모든 것은 영향력이 있는데, 이것은 교회에서 윤리적으로 받아들여질 수 있고 반드시 필요한 영향력이다.

리더는 우선순위의 균형을 맞춘다 유능한 리더는 세 가지 면이 있다. 개인적인 면과 사회적인 면(그룹)과 생산적인 면(일, 직장)이다. 훌륭한 영적 리더는 동시에 세 가지에 초점을 맞추며, 각각에 균형 있고 적절하게 주목하지만 결코 하나를 성취하려고 다른 하나를 희생시키지 않는다.

자신의 일을 이루기 위해 사람들을 함부로 대하거나 그룹에 대한 열정 때문에 개개인은 안중에도 없거나, 조화를 이루려고 조화 외에 아무것도 생각하지 않는 리더는 형편없는 리더이다. 최고의 리더는 세 부분 모두에서 뛰어나다.

예수님은 자신의 사명, 곧 아버지께서 맡기신 일을 성취하는 데 열정을 다하셨으나 항상 도움이 필요한 개개인에게 시간을 내셨다. 그분은 하나님 나라를 세우려고 싸우셨으나 창녀나 세리나 시각장애인을 결코 소홀히 대하지 않으셨다. 그분은 사마리아 여인과 바리새인 시몬을 위해 시간을 내셨다. 그분은 5천 명을 먹이고 제자들을 가르칠 시간을 내셨다. 십자가의 고통 가운데서도, 그분은 사람들의 필요를 아시고 그 필요에 주목하셨다("아버지, 저들을 사하여 주옵소서", "여자여, 보소서 아들이니이다", "오늘 네가 나와 함께 낙원에 있으리라"). 이처럼 연관된 세 가지 기초에서, 그분은 개인과 더 큰 그룹과 자신 앞에 놓인 과제에 똑같이 집중하셨다. 참으로 이 셋은 분리될 수 없고 때로는 구분될 수 없을 만큼 그분의 사역에서 완벽하게 융합되었다. 그분은 개인과 그룹(제자들)에 주목하심으로써 자신의 나라를 세우셨고 아버지의 뜻을 이루셨다.

따라서 진정한 영적 리더의 과제는 개인의 경쟁력과 책임감과 인격을 성장시키고, 건강하고 제 역할을 하는 사역 단체를 만들며, 교회가 지역사회에서 자신의 목적과 계획을 성취하도록 하는 것이다. 훌륭한 영적 리더는 마음과 행동에서 이러한 사역의 세 면에 항상 분명하게 초점을 맞추고 이 셋이 균형을 이루도록 한다.

요약

지금까지 리더의 다섯 가지 중요한 책임을 살펴보았다. 여기서 우리가 말하려는 것은 이러한 것들이 리더의 포괄적인 행동 목록을 형성한다는 게 아니다. 전혀 그렇지 않다. 훌륭한 리더는 리더의 의무를 다하면서 다양한 순간에 문제를 진단하고, 사실을 수집하여 연구하고, 제안된 해결책을 발전시키고, 대안을 평가하고, 구체적인 가이드라인 안에서 권고하고 결정을 내려야 한다. 리더는 또한 훌륭한 관리자처럼 계획하고, 협력하고, 공표하고, 소개하고, 분명히 하고, 다시 말하고, 규정하고, 대표하고, 요약해야 한다. 그러나 이러한 것들 가운데 어느 하나도 고압적이거나 명령적이거나 일방적인 방식으로 이루어지는 게 아니라 하나님과 교회를 겸손히 섬기는 마음으로, 다른 리더들과 그룹 전체와 협력하는 가운데 이루어진다.

홀륭한 영적 리더는 모든 과제를 그리스도와 그분의 교회를 섬긴다는 견지에서 생각한다. 훌륭한 리더는 독불장군식의 우월감으로 일하는 게 아니라 자신이 속한 교회의 종들과 협력하고 하나 되는 마음으로 일한다. 그리고 무슨 일을 하든 그리스도께서 교회의 머리시며 우리는 그분의 일을 하는 그분의 종이라는 사실을 결코 잊지 않는다. 진정한 행동은 하나님의 말씀과 하나님의 성령의 권위 아래 사는 진정한 삶의 모습을 보여주는 사람들의 감동적인 영향력과 이들이 주는 힘을 통해 나타난다.

영적 리더십은 개인과 그룹이 진정한 필요를 충족시키는 성경적 목표를 세우고 성취할 수 있게 하는 방식으로 이루어지는 기독교 단체나 조직과의 관계 발전이다. 자신의 윤리적 영향력을 통해, 리더는 사람들이 그들의 목표를 성취하도록 그들에게 힘과 동기와 감동을 줄 수 있다.

리더와 관리자 사이에는 주목할 만한 몇 가지 차이가 있다. 리더는 비전에, 구조와 과정과 구성원들에게 활력과 에너지를 공급하는 데, 또한 사람들의 진정한 필요를 찾아내고 충족시키는 데 탁월하다.

진정한 리더는 권력을 휘두르는 자와 구분되어야 한다. 영적 리더는 결코 자신의 계획을 이루려고 사람들을 이용하지는 않으나 자신의 목적, 궁극적으로 성경적 목적을 이루기 위해 다른 이들을 고무시킨다. 진정한 리더십은 그룹과 개인의 필요를 충족시키고 구성원들이 각자의 삶에서 하나님의 뜻을 이룰 수 있는 변화를 만들어낸다.

교회에 영향을 미치는 훌륭한 영적 리더의 중요한 과제는 다음과 같다.

1. 리더는 경청한다. 리더의 결정과 행동은 자신의 구성원에 대한 진정한 이해에 근거한다.
2. 리더는 협력 관계를 조성한다. 리더는 결코 자신의 목표나 목적을 이루는 데 사람들을 동원하지 않는다. 그리고 팀 정신과 그리스도께 대한 충성심을 기르기 위해 개인적인 당파심을 버린다.
3. 리더는 감동을 준다. 하나님의 영적 리더는 교회나 그리스도의 사람의 일을 위한 열심을 고취하고 일깨우며 드높임으로써 다른 사람들을 고무시킨다. 리더는 주로 자신의 개인적인 낙관론과 진정성과 열심과 본을 통해 이렇게 한다.
4. 리더는 가치관을 강조한다. 리더는 가치 체계, 이유, 철학, 본질적 진리, 구조, 목표, 계획, 분위기, 정서, 환경 등 근본적인 것에 열정적이다.
5. 리더는 우선순위의 균형을 맞춘다. 리더는 개인과 그룹과 해야 할 일을 항상 의식한다. 다른 것들의 유익을 위해 이 셋 가운데 어느 하나를 희생시키는 법이 없다.

영적 리더는 이러한 리더십의 주요 과제를 성취하는 가운데 다양한 일을 하겠지만 모든 것의 머리 되신 그리스도 아래서, 그리스도의 몸 안에서 협력과 섬김을 통해 한다.

자원자 신학

A Theology of Volunteerism

+ 케네스 갱글

올림픽 선수들의 근육질 몸매는 완벽해 보인다. 물론 완벽하지 않다. 이들도 팔다리가 쑤시고, 근육이 파열되고, 물집이 잡히고, 피가 나고, 심지어 뼈가 부러지는 고통까지 겪는다. 그러나 인간적 결점에도 불구하고, 올림픽 선수들의 몸은 잘 단련되어 있다.

불완전하지만 고도의 기능을 수행하는 몸은, 불완전하지만 구속받았고 하나님 나라 확장을 위해 함께 일하는 사람들로 구성된 효과적인 교회의 모습이다. 그러나 실제로 자원자(자원 봉사자)들로 고도의 기능을 수행하기란 쉬운 일이 아니다. 많은 면에서, 모든 사역자에게 사례를 지급하는 게 자원자를 쓰는 것보다 쉬워 보인다. 교회는 확실히 더 부드럽게 돌아갈 것이다. 그러나 부드럽게 돌아가는 것이 그리스도의 몸에 합당한 목표인가?

> 우리는 사명에서 하나님과 함께하도록 창조되었다.
>
> 빌 하이벨스
> Bill Hybels

초대교회가 시작될 때부터, 사람들은 복음 전파를 위해 각자의 시간과 달란트를 아낌없이 쏟아 부었다. 성경은 전문 사역을 반대하지 않지만 대부분의 사역이 자원자를 통해 이루어져야 한다고 말한다. 신약의 많은 서신이 '성도들에게' 쓴 것이라는 사실에 주목하라.

성경은 또한 목사, 교사, 장로, 그 외에 신자들의 영적 복지를 위해 중요한 책임을 수행하는 사람들로 이루어진 구조를 제시한다. 그러나 성경이 이러한 구조를 제시한다고 해서 기독교 공동체의 전체적인 참여를 강조하지 않는 것은 아니다.

사역의 네 이미지

교회의 자원자들을 위한 신학적 기초를 놓기 위해 신약의 네 단락을 살펴보자.

종으로서의 리더(The Servant Leader) 우리 주님에게서 시작하는 게 가장 좋을 것이다. 그분은 죽으시기 직전에 사랑하는 제자들과 마지막 교제의 시간을 준비하셨다. 식사를 시작하기 전, 그분은 자리에서 일어나 겉옷을 벗으시고 허리에 수건을 동이신 채 제자들의 발을 씻어주셨다. 발을 씻는 것은 대개 가장 낮은 종이 하는 일이었다. 그분은 짐승의 분뇨로 얼룩진 흙길을 하루종일 밟았던 제자들의 발을 씻어주셨다. 세례 요한은 자신이 예수님의 신발 끈을 풀 자격도 없다고 했다. 그런데 바로 그 예수님이 지금 제자들의 발을 씻어주셨다.

이 일을 마치신 후(베드로의 반대가 있었다), 예수님은 다시 식탁에 앉아 이렇게 말씀하셨다.

> 내가 주와 또는 선생이 되어 너희 발을 씻었으니 너희도 서로 발을 씻어 주는 것이 옳으니라 내가 너희에게 행한 것같이 너희도 행하게 하려 하여 본을 보였노라 내가 진실로 진실로 너희에게 이르노니 종이 주인보다 크지 못하고 보냄을 받은 자가 보낸 자보다 크지 못하나니(요 13:14-16)

따라서 자원자 신학을 세우는 첫 단계는, 교회에서 리더의 위치에 있는 사람들이 아무리 비천한 방법으로라도 필요하다면 자원자들을 섬길 책임이 있음을 인식하는 것이다.

거룩한 제사장 예수님이 제자들의 발을 씻는 장면에서 초점의 중심에 있었던 베드로는 나중에 이렇게 썼다. "너희는 택하신 족속이요 왕 같은 제사장들이요 거룩한 나라요 그의 소유가 된 백성이니 이는 너희를 어두운 데서 불러내어 그의 기이한 빛에 들어가게 하신 이의 아름다운 덕을 선포하게 하려 하심이라"(벧전 2:9). 이 구절은 일과 생활의 거룩한/세속적인 구분이 부적절하다는 데 분명하게 초점을 맞춘다. 오늘날 모든 그리스도인은 본래 소수의 어깨에 지워졌던 책임을 감당해야 한다.

직업에는 귀천이 없다. 모두가 '교회' 일에 참여하는 것은 분명히 아니더라도 모두가 제사장 역할을 한다. 그리스도인에게 속된 직업이란 없다. 자원자 신학을 세울 때, 자원자들이 주중에 하는 일이 거룩하다는 점을 잊지 말아야 한다.

이들이 직장에서 하는 일이 목회자의 일보다 결코 덜 경건하거나 더 약한 헌신을 요구하는 게 아니다. 각자는 자신이 하는 일 가운데서 왕 같은 제사장의 역할을 감당할 것이다.

몸의 개념 세 번째 이미지는 모든 구성원이 전체 교회의 건강에 기여하는 본질적인 역할을 한다는 점을 인정한다. 바울은 이렇게 말했다. "우리가 한 몸에 많은 지체를 가졌으나 모든 지체가 같은 기능을 가진 것이 아니니 이와 같이 우리 많은 사람이 그리스도 안에서 한 몸이 되어 서로 지체가 되었느니라"(롬 12:4,5).

이러한 이미지의 확장이 고린도전서 12장에 나오는데, 우리의 신학과 깊은 관련이 있다.

> 눈이 손더러 내가 너를 쓸 데가 없다 하거나 또한 머리가 발더러 내가 너를 쓸 데가 없다 하지 못하리라 그뿐 아니라 더 약하게 보이는 몸의 지체가 도리어 요긴하고, 우리가 몸의 덜 귀히 여기는 그것들을 더욱 귀한 것들로 입혀 주며 우리의 아름답지 못한 지체는 더욱 아름다운 것을 얻느니라 그런즉 우리의 아름다운 지체는 그럴 필요가 없느니라 오직 하나님이 몸을 고르게 하여 부족한 지체에게 귀중함을 더하사 몸 가운데서 분쟁이 없고 오직 여러 지체가 서로 같이 돌보게 하셨느니라 만일 한 지체가 고통을 받으면 모든 지체가 함께 고통을 받고 한 지체가 영광을 얻으면 모든 지체가 함께 즐거워하느니라(21-26절)

자원자 신학은 문화적 정황에서 성경을 토대로 세워져야 한다. 북미 사회는 개인적인 면을 크게 강조하기 때문에 이런 신학을 실천하는 데 거의 예외 없이 문제가 생긴다. 많은 사람들이 개인적인 무행위가 그룹의 건강에 어떤 영향을 미치는지 모른 채 살아간다. 그러나 하나님은 다음과 같은 점을 상기시키려고 육체적인 몸을 교회의 한 이미지로 사용하신다. 거룩한 제사장에 속하는 사람은 그 누구도 자신을 전체 사역의 비본질적인 부분으로 생각할 수 없다.

잠시 요약해 보자. 예수님은 본질적으로 자원자 구조로 된 그분의 교회에서 리더 역할을 하는 사람들에게 종의 본을 보여주셨다. 이러한 구조에서 구성원 각자는 귀한 자리에 있다. 각자는 거룩한 제사장직의 한 부분을 이루기 때문이다. 전체 구조를 형성하는 각 부분이 활동하지 않고 전체의 건강과 기능에 기여하지 않을 때 전체 구조가 해를 입거나 능률적이지 못하게 된다. 이러한 해와 비능률을 어떻게 피하느냐 하는 문제는 우리의 기초를 더 견고히 해주는 성경의 네 번째 부분으로 우리를 이끈다.

훈련시키는 리더 에베소서, 특히 4장 11-16절은 자원봉사의 기준을 제시한다. 전체적으로 바울은 철저한 하나됨을 강조하며, 다소 특별하고 어쩌면 조금은 이상한 방법으로 이 부분을 강조한다. 그는 하나됨이라는 단어를 두 번밖에 사용하지 않지만(엡 4:3,13), 이 주제는 번역 성경보다 헬라어 원문에서 더 분명하게 나타나는데, 헬라어 원문에서는 복합동사를 특별하게 사용하기 때문이다. 14번에 걸쳐, 바울은 동사 앞에 '순'(sun, 함께)이라는 접두어를 붙이면서 신약의 다른 곳에는 나타나지 않는 몇 가지를 보여준다. 그 결과는 무엇인가? 리더는 자신은 협력자이며 따르는 자들과 함께 일하면서 그들이 목적을 이루기 위해 서로 손을 잡도록 만들고 달란트를 결집시키는 존재라는 것을 강하게 인식하게 된다.

에베소서 4장의 마지막 부분은 이 개념을 더 자세히 제시한다. 하나님은 신자들이 섬기도록 그들을 훈련시키는 일을 리더에게 맡기셨다(흥미롭게도, 이전의 주석가들, 특히 교회가 성직자와 평신도를 분명하게 구분했던 영국의 주석가들은 12절에 또 하나의 쉼표를 삽입했다. 따라서 이 구절은 성직수임을 받은 리더는 하나님의 백성을 준비시키고 섬김의 일을 하며 그리스도의 몸을 세워야 한다는 뜻이 된다. 오늘날 우리는 이 이론에 반대하지만, 정작 행동은 그렇게 하지 않을 때가 많다).

바울은 13절에서 리더가 목적 선언을 통해 하나님의 백성을 훈련시켜야 한다고 말하며, 14-16절에서는 이중적 목적 선언을 말한다. 목표: 모든 신자들이 그리스도 안에서 하나 되는 것과 그리스도를 아는 지식으로 특징되는 성숙한 상태에 이르러야 한다. 목적 선언: 첫째, 그리스도를 아는 지식이 신자들로 하여금 부적절한 가르침에 미혹되거나 속지 않게 해 줄 것이다. 둘째, 그리스도 안에서 하나됨은 우리로 하여금 먼저 우리의 자원이신 그분과 계속 연결되고 그 다음으로 서로 사랑 안에서 진리를 말하면서 다른 지체들이 필요로 하는 것을 공급하면서 서로 계속 연결되게 할 것이다.

여기서 우리는 종의 리더십이 이러한 자원자 그룹에서 어떻게 기능하는지 배운다. 종의 리더십은 자원자들에게 섬김을 강요하거나 죄책감을 심어 그들이 자신의 자리를 마지못해 맡게 하는(정한 기간이 끝날 날만 손꼽으면서) 수단이 아니라 그들을 훈련시켜 그들이 능력 있게 섬기도록 하는 역할을 한다.

진정한 자원자 신학은 교회의 공식적이거나 비공식적인 프로그램이 제대로 이루어지지 않을 때라도 하나님 나라의 일이 이루어진다고 믿는다. 훈련시키는 자로서, 우리는 하나님의 백성이 성숙에 이르기까지 자랄 수 있도록 성경을 제대로 알고 그리스도 안에서 올바른 하나됨을 알게 해야 한다. 이러한 목표는 지교회의 가르침과 예배 사역을 통해 가장 잘 이루어지며, 이러한 가르침과 예배가 효과적이려면 자원자들의 적극적인 참여가 필요하다.

평가

우리는 지금까지 말한 것 때문에 또 하나의 진영을 형성한 것은 아닌가? 우리는 하나님의 백성이 그들의 일을 거룩하게 볼 수 있도록 그들을 자유하게 함으로써 그들이 교회의 필요성을 포기하도록 허용하고 있는 것은 아닌가? 또는 사람들이 모든 일을 사역으로 볼 수 있도록 그들을 자유하게 하는 것이, 그들이 사역을 위해서는 더 많은 가르침과 준비가 필요하다는 사실을 깨닫게 하는 데 도움이 될 것인가?

자원자 신학을 세울 때, 많은 사람들이 필요에서 출발하고("우리는 주일학교 교사들이나 안내위원이나 방문 선교사를 모실 가정이나 예배 인도자나 정원사나 업무 보조원이 절실히 필요합니다.") 그런 후 이러한 필요를 정당화하기 위해 성경을 펴는 경향이 있다. 교인들에게 "여러분은 섬기기 위해 구원받았습니다!"라는 점을 상기시키기란 매우 쉬운 일이다! 그러나 우리가 성경에서 시작할 때, 우리는 리더가 먼저 자신을 종으로 보아야 한다는 점을 배운다. 이러한 종이 신자들로 하여금 신자들로 구성된 더 큰 몸에서 각자의 특별한 자리를 발견하면서 성숙할 때까지 자라도록 돕는다.

프로그램을 위한 자리 메우기가 아니라 개인의 성숙에 초점을 맞출 때, 자원자 신학이 나타나기 시작한다. 하나님의 모든 백성은 복음의 진보를 위해 중요한 역할을 하며, 이러한 역할을 찾고 자신의 일을 은혜롭게, 능력 있고, 성숙하게 하는 법을 배우려면 모두에게 도움이 필요하다. 임명된 교회 리더는 하나님의 백성을 개인적, 단체적으로 발전시킬 책임이 있다. 이러한 발전 과정에서, 신자들이 자신이 교회의 건강에 꼭 필요하다는 것을 인식할 때, 교회 리더는 이들이 교회 내 프로그램뿐 아니라 시장에서도 자신에게 맞는 자리를 감당하도록 독려할 수 있다.

이와 같은 신학은 사역을 위한 큰 자유를 준다. 리더는 전체의 건강에 기여하는 종의 리더십과 개인의 성장을 강조하면서, 적절한 모집과 훈련과 동기 부여의 기술을 통해 영적 성숙을 독려하는 기쁘고도 두려운 책임을 수행할 수 있을 것이다.

역사 들여다보기

하나님의 모든 백성은 복음의 진보를 위해 중요한 역할을 하며, 이러한 역할을 찾고 자신들의 일을 은혜롭게, 능력 있고, 성숙하게 하는 법을 배우기 위해서는 모두에게 도움이 필요하다.

이 신학은 솔직하며 성경에서 쉽게 도출한 것으로 보인다. 교회 역사에서 이러한 전략이 적용되었는가?

항상 적용되지는 않았다. 교회는 아주 초기부터 영적인 것과 비영적인 것, 거룩한 것과 속된 것, 성직자와 평신도, 정통과 이단을 나누었다. 사람들은 마치 어떤 사람들의 영성은 인정하고 다른 사람들의 영성은 부정하는 것처럼 자신들을 이런저런 방법으로 줄을 세웠다. 시간이 지나면서, 교회의 모든 일은 성직자들이 했다. 영성을 추구하는 사람은 독신으로 수도원적인 삶을 통해 영성을 발견할 수 있었다. 이러한 제사장직은 구약의 직제와 놀랄 만큼 비슷했다.

종교개혁으로, 평신도 운동이 유럽 전역에서 일어났으며, 이러한 운동은 미국의 초기 역사에 깊은 영향을 미쳤다. 청교도는 모든 삶이 거룩하다는 의식이 강했으며, 거룩한 것과 속된 것에 대한 구분을 경멸했다.

교회가 그 시대의 정치와 분리되는 적은 거의 없다. 경직된 계층 구조를 가진 사회 속에서 역할을 할 때, 그리스도의 몸은 자신의 구조를 정당화하려고 성경을 이용하면서 계층적 성향을 자주 드러낼 것이다. 노예제를 토대로 한 경제 체제 안에서 움직이는 교회는 자신의 비정상적 행위를 정당화하려고 성경을 이용할 것이다. 민주적 형태의 정부를 가진 북미에서, 우리는 결정 과정에 대한 우리의 기여가 양도할 수 없는 권리, 누구나 사용할 수 있는 권리라고 믿는다. 그러나 미얀마의 부족 지역의 목회자는 자신이 모든 결정을 내리고 지교회의 모든 사역을 해야 한다고 생각한다. 이런 사람이 날마다 신학교에서 적극적인 평신도 참여를 배운다 하더라도, 그에게는 평신도의 참여라는 개념은 여전히 생각할 수 없는 문제로 남을 것이다. 우리는 미얀마의 목회자에게 그의 문화를 탈피하라고 요구할 수 없으나 그에게 신약을 살펴보라고 요구할 수는 있다. 하나님은 누가 사역을 하기를 기대하시는가?

교회 성장시키기

유급 직원만이 교회 일을 해야 한다고 결론 내릴 수도 있다. 교회 역사 전체에서, 교회는 이런 모델을 자주 적용했으며, 지금도 어느 정도 계속 적용하고 있다. 그러나 이러한 결정은 하나님의 마음을 슬프게 할 것이다. 예수님은 모든 인간을 위해 죽으셨으며, 신자가 되는 자들은 반드시 성숙에 이르도록 성장해야 한다.

이러한 성장을 독려해야 할 책임은 임명된 교회 리더—목사, 교사, 선지자, 전도자—의 어깨에 있다. 그러나 자원자들의 성장을 어떻게 도울 수 있는가? 단지 전체적인 성장이나 수적 성장을 위해 이들을 '이용'하지 않으면서 어떻게 이들의 참여를 독려할 수 있는가? 어떻게 이들의 약함을 사랑하고, 각 사람을 그리스도의 몸에 꼭 필요한 지체로 인정하고, 자원자 조직의 비효율성을 참아내며, 그러면서도 하나님의 일을 수행할 수 있는가? 바로 이러한 질문이 실제로 사역을 규정할 것이다.

더 깊게 공부하려면

Leith Anderson, 《목적이 이끄는 리더십》(*Leadership That Works*), 전의우 옮김(브니엘, 2005)

Kenneth O. Gangel, *Feeding and Leading*

Bill Hybels, 《빌 하이벨스의 섬김》(*The Volunteer Revolution*), 서원희 옮김(두란노, 2006) | 《빌 하이벨스의 리더십》(*Courageous Leadership*), 양준희 옮김(두란노, 2006)

Sue Mallory, *The Equipping Church*

Tom Marshall, 《리더십이란 무엇인가》(*Understanding Leadership*), 이상미 옮김(예수전도단, 2005)

알리스터 맥그래스, 레지날드 화이트, 데이비드 길, 스코트 모로

교리와 윤리 | 성경적 기초 | 기독교 사회윤리 | 기독교 윤리와 가난

25 기/독/교/윤/리

그리스도인들이 기독교 신학의 근본에 굳게 설 준비가 되어 있지 않다면,
그리스도인들이 기독교 도덕의 중요성에 대해 말하는 것은 백해무익하다.

도로시 세이어스 Dorothy L. Sayers

교리와 윤리

Doctrine and Ethics

+ 알리스터 맥그래스

옥스퍼드 대학에서 도덕신학을 가르쳤던 케니스 커크(Kenneth Kirk) 교수에 관한 이야기가 있다. 언젠가 그의 아내가 남편의 일을 어떻게 생각하느냐는 질문을 받고 이렇게 말했다. "남편은 우리 모두가 어떤 일이 잘못임을 너무 잘 알면서도 그 일을 하는 매우 복잡하고 미묘한 이유를 생각하는 데 많은 시간을 쓰지요." 이것은 오늘날 많은 사람들이 도덕신학을 보는 방식을 잘 보여준다. 바꾸어 말하자면, 기독교 교리는 기독교 윤리를 세상의 다른 윤리와 구분해준다. 기독교 교리는 기독교 윤리가 무엇이 특별하고, 어떤 면에서 기독교적인지 정의한다. 교리의 중요성을 보지 못하면 믿음의 척추를 잃고 뼈대 없는 윤리의 길을 열게 된다. 다음의 관찰이 내가 이렇게 믿는 이유에 대한 설명이 되기를 바란다.

헌신은 인간 실존의 가장 피상적인 형태를 제외한 모든 것에서 근본적이다. 심리학자 윌리엄 제임스(William James)는 유명한 에세이 《믿으려는 의지》(The Will to

Believe)에서 삶에는 피할 수 없는 몇 가지 선택이 있음을 분명히 한다. 인간으로서 산다는 것은 결정을 내린다는 뜻이다. 제임스의 말을 빌리면 우리 모두 "살아 있고, 강제적이며 순간적인" 선택들 사이에서 선택을 해야 한다. 우리는 도덕, 정치, 종교의 문제에서 의식적인 선택을 해야 한다. 제임스가 강조하듯이, 우리의 삶 전체가 선택에 달려 있다.

인간의 충성을 놓고 경쟁했던 모든 운동은 일련의 믿음에 근거해서 그렇게 했다. 그 운동이 종교적이든 정치적이든, 철학적이든 예술적이든 간에 동일한 패턴이 나타난다. 한 그룹의 사상과 신념이 처음에는 진실로, 그 다음에는 중요한 것으로 확증된다. 이러한 사상이나 신념에 완전히 맞춰 살면서 우리에게 이런저런 충성을 요구하는 소리를 듣지 않는다는 것은 불가능하다. 마르크스주의, 사회주의, 무신론은 모두 우리에게 자신의 주장을 생각해 보라고 요구한다. 종교적 형태든 정치적 형태든 간에, 자유주의도 마찬가지이다. 알라스다이어 매킨타이어(Alasdair MacIntyre)가 너무나 설득력 있게 증명했듯이, 자유주의는 일련의 분명한 신념에 전념하며 따라서 특정한 가치관에 몰두한다. 매킨타이어의 연구 업적 가운데 하나는 자유주의가 다른 교리적 전통들(복음주의 같은)을 평가하는 일종의 특권적이며 중립적인 시각을 대표한다는 사상을 강하게 비판한다는 것이다. 확실히, 자유주의는 자유주의 신념과 가치관에 우선권을 부여한다. 자유주의 신념(따라서 가치관)은 자유주의의 결정에, 윤리와 종교와 정치에 영향을 미친다. 다음 인용문은 매킨타이어의 연구의 일반적인 방향을 보여준다.

> 〈뉴욕 타임즈〉 독자들에게, 또는 최소한 그 독자들 가운데 이처럼 유창한 자화자찬식의 자유주의적 계몽으로 가득한 이러한 잡지 발행인의 전제를 공유하는 사람들에게, 복음주의적 근본주의 교회들은 유행에 뒤떨어지고 계몽되지 못한 것으로 비친다. 그러나 이들 교회의 구성원들에게, 이 독자들은 그들만큼이나 전이성적(前理性的, prerational) 신앙 공동체로 보이지만, 그들과는 달리 스스로를 있는 그대로 인식하지 못하며 따라서 그들이나 다른 누구의 비합리성을 비판할 입장에 있지 못한 것으로 보인다.

거듭거듭, 우리는 삶을 바꿔놓는 결정을 내려야 한다. 다음 선거에 어떻게 투표를 할 것인가? 인간의 운명이라는 수수께끼를 어떻게 생각하는가? 어떤 형태의 교육 체계가 가장 좋다고 생각하는가? 민주주의를 지키기 위해 폭력을 쓰는 게 정당한가? 동물에게는 어떤 권리가 있는가? 이 모든 질문은 우리로 하여금 우리의 신념에 대해 생각하고 선택하게 한다. 윌리엄 제임스가 놀라울 만큼 분명하게 제시했듯이, 우리는 평생 담장 위에 앉아 있을 수는 없다. 삶이 제기하는 모든 질문에 대한 판단을 유보한다면 무미건조한 불가지론에 빠지게 되며, 인간의 경험에서 나오는 모든 큰 질문에 대해 하나같이 얕은 대답을 한다. "몰라. 관심 없어."

생각하는 사람들은 정신세계를 건설하고 거기에 거주할 필요가 있다. 이들은 자신의 경험에서 어느 정도 경중을 구별하고 그 경험의 수수께끼를 이해할 수 있어야 한다. 이들은 세상에서 인간 실존의 틀을 세우고, 그 실존이 의미와 목적을 갖게 하며, 그 실존의 미래와 관련된 결정을 내릴 수 있어야 한다. 그리스도인이든 무신론자든 마르크스주의자든 무슬림이든 간에, 누구든지 정보에 근거한 도덕적 판단을 내리려면 인간의 삶에 관한 일련의 가치관을 갖는 게 필수적이다. 이러한 가치관은 신념(beliefs, 신앙)에 의해 결정되며, 이러한 신념은 교리로 진술된다. 따라서 기독교 교리는 그리스도인의 삶을 위한 근본적인 틀을 제공한다.

교리에 대한 공통된 불평은 다음과 같다. "교리는 고리타분하고 현실적이지 못하다. 정말로 중요한 것은 다른 사람들에 대한 우리의 태도와 도덕성이다. 교리는 중요하지 않다." 도로시 세이어스(Dorthy L. Sayers)는 이러한 주장을 다음과 같이 반박한다.

> 내가 여기서 당신에게 말하려는 한 가지는 이것이다. 그리스도인들이 기독교 신학의 근본에 굳게 설 준비가 되어 있지 않다면, 그리스도인들이 기독교 도덕의 중요성에 대해 말하는 것은 백해무익하다. 교리가 중요하지 않다는 것은 거짓말이다. 교리는 엄청나게 중요하다. 사람들이 기독교는 느낌일 뿐이라고 생각하게 만드는 것은 치명적이다. 기독교는 무엇보다도 우주에 대한 합리적 설명이라고 주장하는 것이 사실상 필수적이다. 기독교를 간단하고 위안을 주는 모호하고 이상

주의적인 열망으로 제시하는 것은 희망 없는 짓이다. 반대로, 기독교는 격렬하고 타협을 모르는 사실주의에 기초한 견고하고, 거칠고, 흥분되고, 복잡한 교리이다.

얼마 전, 자유주의 신학 내에서 기독교가 반영하는 보편적 도덕(universal morality)이 존재한다고 주장하는 사람들이 있었다. 윤리적 판단을 내리기 위해 기독교 신학을 반드시 알아야 할 필요는 없었다. 이들은 보편적 도덕이 그 자체로 적절하다고 주장했다. 이들은 그리스도인, 불교도, 힌두교도, 무슬림, 인본주의자, 무신론자 모두 일련의 거의 동일한 도덕적 원칙에 전념한다고(사소한 지엽적인 차이는 있지만) 주장했다. C. S. 루이스는 《인간 폐지》(The Abolition of Man, 홍성사 역간)에서 이것들을 "실천 이성의 궁극적인 단조로움들"(the ultimate platitudes of Practical Reason)이라고 표현했다. 이 견해는 이제 사실상 소멸되었을 만큼 심각한 약점이 있다. 제프리 스토트(Jeffrey Stout)의 《바벨탑 이후의 윤리》(Ethics After Babel)와 같은 연구서는 '보편적 도덕' 개념의 신빙성을 무너뜨렸다. 다른 모든 형태의 도덕처럼, 기독교 도덕은 특별하고 뚜렷하며, 단지 존재하지 않는 보편적 도덕의 아류에 불과한 게 아니다. 보편적 도덕의 신화가 사라지면서, 기독교 저자들은 많은 문제에 대해 뚜렷이 기독교적인 시각이 있음을 알기에 '기독교 도덕'이라는 주제에 대해 더 큰 확신을 갖고 글을 쓰기 시작했다. 점점 더 강조되는 이러한 시각은 기독교 교리에 기초한다.

이 점을 분명히 하기 위해 기독교 윤리에 관해 잘 알려진 두 저서를 살펴볼 수 있을 것이다. 하나는 올리브 오도노반(Oliver O'Donovan)의 《부활과 도덕 질서》(Resurrection and Moral Order)이며 다른 하나는 존 마호니(John Mahoney)의 《도덕신학 만들기》(The Making of Moral Theology)이다. 두 저자의 차이에도 불구하고, 한 가지 중요한 주제가 등장한다. 윤리는 교리에 근거한다는 것이다. 한 가지만 예를 들어 보자. 오도노반에 따르면, 기독교 윤리는 하나님이 창조 세계에 두신 객관적 질서에 대한 적절한 이해에 근거한다. 그리스도인의 방식으로 행동하려면 기독교적 방식으로 생각해야 한다.

예수 그리스도의 윤리적 권위를 살펴봄으로써 이 문제를 간단히 탐구해 보자. 예수님을 종교 교사로 보면 그분의 권위에 대한 문제가 일어난다. 왜 우리는 그분의 말씀을 진지하게 받아들여야 하는가? 인간 역사에는 수없이 많은 도덕 선생과 종교 교사가 있었다. 그렇다면 예수님은 무엇이 다른가? 우리가 그분에게 주목해야 하는 이유는 무엇인가? 예수님의 권위는 그분의 도덕적, 종교적 가르침의 탁월성에 있다는 주장은 지지를 받을 수 없다. 이러한 주장은 예수님이 우리에게 동의하실 때만 권위가 있으시다는 것을 암시한다. 이렇게 되면 우리가 예수님에 대해 권위를 가질 것이다.

그러나 사실 예수님의 가르침이 권위 있는 것은 그분의 정체(who Jesus is) 때문이다. 예수님의 정체와 중요성은 다음의 교리적 진술을 통해서만 표현될 수 있다. "예수님이 인간에 불과하지 않으심을 설명하는 그분에 관한 이론이 없다면, 우리는 그저 또 하나의 인간을 대하고 믿는 방식으로 예수 그리스도를 대하고 믿을 것이다." 예수님의 말씀과 행동이 왜, 어떻게 순전히 인간적 권위가 아니라 신적 권위를 갖는지 설명하는 게 바로 교리이다. 예수 그리스도를 다름 아닌 성육하신 하나님으로 제시하는 것이 바로 교리이다. 그리스도께 주목하는 것은 하나님께서 이분을 통해 다른 누구를 통할 때와 다르게 말씀하신다는 우리의 근본적인 확신에 대한 반영이다. 여기에는 하나님을 대신해 간접적으로 말하는 선지자가 없다. 다만 우리에게 직접 말씀하시는 하나님이 계신다. "우리는 이분을 대할 때 하나님을 대한다. 이분이 인간의 말로 말씀하실 때 하나님이 친히 말씀하신다"(칼 바르트). 19세기의 광교회파(Broad Church, 영국 성공회의 한 파 — 역자 주)의 자유주의자들(이들은 기독교 교리를 폐기하면서도 기독교의 종교적, 윤리적 측면을 고수할 수 있다고 믿었다)의 주장과는 완전히 반대로, 예수님의 도덕적, 종교적 가르침의 권위는 교리적 기초에 굳게 근거한다.

종교 철학자 바실 미첼(Basil Mitchell)은 이 점을 주의 깊고 설득력 있게 제시하는데, 그는 윤리가 세계관에 달려 있으며 세계관은 교리에 달려 있다는 점을 강조한다.

> 인간에 대한, 그리고 우주 안에서 인간의 위치에 대한 우리의 이해에 중요한 의미를 갖는 모든 세계관은 도덕성의 범위와 특징과 내용에 대해 자신만의 뚜렷한 시각을 제시할 것이다. "기독교 윤리의 특별한 점은 무엇인가?"라는 질문에 답하기

위해서는 기독교 교리의 논쟁적 질문에 어느 정도 참여하는 게 불가피하다.

따라서 기독교 교리를 무시하는 자유주의 학파는 상당히 곤혹한 지경에 처했다. 기독교가 일차적으로 특정한 종교적, 도덕적 태도에 관한 것이라면, 이러한 태도는 교리적 전제에 달려 있는 것으로 보인다. 교리가 태도를 결정한다. 우리 모두가 예수님의 종교적, 도덕적 태도를 본받아야 한다는 주장은 전혀 무의미하다. 이것은 맹목적 순종을 요구하는 것이다. 왜 우리가 이러한 태도를 권위 있는 요구로 여겨야 하느냐는 질문을 생각해 보아야 한다. 이것은 예수 그리스도에 관한 것 중 그분을 특별하게 하는 것이 무엇인지 설명한다는 뜻이다. 간단히 말해, 예수 그리스도에 관한 교리를 만든다는 뜻이다.

윌리엄 템플(William Temple)은 이 점을 분명하게, 예언적으로 제시했다. 그는 1942년 '교리 없는 종교' 운동을 논박하는 글을 쓰면서 이렇게 외쳤다.

> 이제 기독교 윤리가 기독교 교리와 분리된 채 반 세기를 생존할 수 있다고 생각하는 신학자를 거의 찾아볼 수 없을 것이다. 신학적 기초만이 기독교 윤리를 실제로 견고하게 만든다. 그러므로 교회는 신학적 기초 없이 개괄적인 기독교 윤리를 가지고는 더 이상 전진할 수 없다. 우리는 대개 기독교 환경에서 자랐으며, 완전히 비뚤어지지 않은 누구나 인간의 행동에 관해 본질적으로 기독교적인 개념을 당연히 견지한다고 생각한다. 그러나 이것은 사실이 아니다.

그런 다음 그는 1930년대 히틀러와 스탈린의 등장을 언급하면서 이 점을 설득력 있게 설명한다. 1960년대의 자유주의와 급진주의의 많은 저자들이 기독교 윤리가 교리로부터 분리되어 독립적으로 존재할 수 있다고 주장했으나 템플의 말이 지혜롭다는 게 다시 한 번 분명해진다. 각각의 윤리는(마르크스주의 윤리든 기독교 윤리든 불교 윤리든 간에) 세계관에 의존하며, 세계관은 교리에 의해, 인간의 본성과 운명에 대한 이해에 의해 형성된다.

신앙이 중요한 이유는 그것이 사물의 존재 방식을 기술하기 때문이다. 신앙은 자신이 실체에 대한 진리를 선포한다고 주장한다. 그러나 신앙은 단지 마음으로 받아들일 뿐 우리에게 더 이상 영향을 미치지 않는 사상에 불과한 게 아니다. 신앙은 우리의 행위와 느낌, 그리고 희망과 두려움에 영향을 미친다. 신앙은 우리가 믿는 방식을 결정한다. 제2차 세계대전 당시, 일본군 조종사는 천황의 적을 물리치면 즉시 낙원이 올 것이라고 믿었다. 많은 미국 해군은 이들의 이러한 신념이 아주 분명한 행동으로 표현되는 것을 보았다. 일본군 조종사들은 미국 군함을 향해 주저 없이 자살 공격을 감행했다. 교리는 사상이다. 그러나 교리는 단순히 사상에 불과한 게 아니다. 교리는 우리가 세상을 이해하고 그 안에서의 우리의 위치를 이해하는 기초이다.

우리가 '상식의 기독교'(commonsense Christianity) 학파라 부를 만한 것은, 믿음이란 "실제적이고 현실적인 문제이며 공상적인 이론들과는 무관하다"(내가 한때 좋아했던 표현을 빌리자면)고 계속 주장할 것이다. 경제학자 존 메이나드 케인즈(John Maynard Keynes)는 실업가들과 정치가들 사이에서 비슷한 태도를 접했다. 이들은 이렇게 선언했다. "우리는 경제에 관한 추상적 이론이 필요 없는 실제적인 사람들이다." 그러나 케인즈는 이들이 스스로도 모르게, 죽은 경제학자의 노예에 불과하다고 냉혹하게 말했다. 소위 이들의 실제적인 시각이라는 것은 실제로 인정되지 않는 경제 이론에 근거한다. 이들은 자신이 분명하다고 여기는 것이 실제로는 죽은 지 오래된 경제학자의 이론에 근거한다는 사실을 알아차릴 통찰력이 없었다. 이것을 알지 못하지만, '상식의 기독교'는 아주 분명한 교리적 기초에 근거한다. 상식의 이름으로 예수님은 단지 선한 인간일 뿐이었다고 선언하는 사람은 사실은 계몽주의 교리를 되풀이했는데도 자신은 교리 문제를 피했다고 굳게 믿을 수 있다. 따라서 기독교 교리에 대한 연구는 깊은 자유를 준다. 왜냐하면 그것은 숨겨진 교리적 가정을 드러내기 때문이다. 지금까지 존재한 모든 형태의 기독교는 교리적 기초에 근거하지만 모든 형태의 기독교가 이러한 사실을 파악한 것은 아니다. 중요성에 대한 진정한 물음은 아주 간단하다. 교리적 기초 가운데 어느 것이 가장 참되고 믿을 만한가?

이것은 기독교 교리와 윤리 내의 진리 문제를 제기한다. 현대의 몇몇 종교 저자들에게 '진리'에 관해 말하는 것은 조금 이상하거나 고리타분해 보일 것이다. 관련성(relevance)과 의미(meaningfulness)는 최근 세대의 상상력을 자극하는 단어이다. 어떤 것이 적합성이나 의미가 없다면 그것 때문에 애써 수고하는 것은 무의미하다. 많은 사람들이 기독교 교리는 시대에 뒤쳐지며 현실과 관련이 없다고 주장했다. 소위 동트는 용감한 신세계는 이러한 과거의 유물 없이도 매우 잘 해낼 수 있었다.

이 모든 것의 위험은 분명하다. 관련성에 관한 모든 수사학 아래에는 깊은 혼란의 가능성이 있다. 사람들이 환영(幻影) 위에, 뻔뻔스러운 거짓말 위에 자신의 삶을 세울 수 있다는 것이다. 한 신앙의 매력이 그 신앙에 내포된 진리에 반비례할 때가 너무나 많다. 16세기의 급진적인 저자이자 설교자인 토마스 뮌쩌는 독일 농부들을 이끌고 그들의 정치적 지배자들을 상대로 봉기를 일으켰다. 농민들과 독일 제후들의 군대가 결전을 치르는 날 아침, 뮌쩌는 자신을 따르는 자들은 적들의 칼에 찔리지 않을 것이라고 약속했다. 이러한 매력적이고 의미 있는 믿음에 용기를 얻은 농부들은 결심을 굳혔다.

결과는 대비극이었다. 뒤이은 전투에서 6천 명의 농민들이 죽었으며, 6백 명이 포로가 되었다. 소수만이 간신히 빠져나왔다. 자신들이 해를 입지 않을 것이라는 이들의 믿음은 적절하지 못했다. 이 믿음은 매력적이었고 의미 있었다. 또한 전혀 진리에 근거하지 않은 조악하고 잔인한 거짓말이었다. 매력적이지만 거짓말인 믿음을 붙잡은 애처로운 사람들의 마지막 순간은 너무나 비참했다. 동료 몇 명이 칼에 쓰러진 후에야 이들은 자신들이 속았다는 것을 깨달았다.

진리보다 관련성에 더 큰 무게를 두는 것은 지적인 천박함과 도덕적인 무책임의 표시이다. 모든 질문 가운데 첫째이자 가장 근본적인 질문은 이것이다. 그것이 참인가? 믿거나 신뢰할 만한가? 진리가 관련성을 보장하지 않는 것은 분명하다. 그러나 그 누구도 자신의 개인적인 삶을 거짓말 위에 세울 수는 없다. 기독교 교리는 기독교 도덕이 안전한 기초 위에 세워졌다고 선언하는 데 관심이 있다. 진리에 대한 순종은 지적인 성실함의 표시이다. 이것은 진리라고 말하는 것을 듣고, 그것을 판단하며, 그것이 진리로 드러날 경우 기꺼이 받아들이려는 의지의 표시이다. 진리는 자신을 받아들이라고 요구한다. 진리는 본래 수용되고 행동의 근거가 될 자격이 있기 때문이다. 기독교는 믿음과 순종의 긴밀한 관계를 인정하며 — 바울은 '믿음의 순종'(롬 1:5, the obedience of faith, 한글개역은 "믿어

순종하게")이라는 심오한 표현을 사용한다 — 행동과 태도 아래에 있으며 행동과 태도를 야기하는 사상을 반드시 판단하고 바른지 알아보아야 한다고 말한다.

기독교 교리는 사물의 존재 방식을 설명하려 한다. 기독교 교리는 우리가 진리에 들어가고 진리를 토대로 행동할 수 있도록 진리를 말하는 데 관심이 있다. 기독교 교리는 책임 있고 보살피는 믿음, 자신을 설명하며 자신이 삶의 방식에 대해 갖는 의미를 주의 깊게 살펴 줄 준비가 된 믿음의 표현이다. 교리에 관심을 갖는 것은 그리스도인의 삶의 기초의 신뢰성에 관심을 갖는 것이다. 이것은 우리의 행동과 태도, 희망과 두려움이 자칭 신이라는 그 무엇이나 그 누구에(이들의 주장은 좀 더 자세히 들여다보면 이내 무너져 버린다) 대한 반응이 아니라 하나님에 대한 반응이라는 사실에 뜨거운 관심을 갖는 것이다.

교리를 진지하게 대하는 교회는 하나님이 자신에게 맡기신 일에 순종하고 그 일에 책임을 다하는 교회이다. 교리는 교회가 세상에 주어야 하는 것에 본질과 무게감을 준다. 교리를 경멸하거나 무시하는 교회는 존재 이유를 상실하고 세상에서 가장 편하게 느껴지는 부분이면 어디든지 순응할 위험이 있다. 이런 교회의 과제는 세상에 의해 결정된다. 이런 교회의 전제는 세상의 영향을 받는다. 이런 교회의 시각은 세상의 시각을 반영한다. 교회가 세상의 눈에 적절한 것을 필사적으로 찾으면서 '의미 있는' 하나의 이슈에서 다른 이슈로 목적 없이 헤매는 모습보다 더 애처로운 것은 없다.

그렇다면 왜 이러한 숙고가 중요한가? 로버트 벨라(Robert Bellah)의 《마음의 습관》(Habits of the Heart)과 알라스다이어 매킨타이어의 《덕을 좇아서》(After Virtue)를 통해 그 중요성을 현대 미국의 상황에 비추어 생각해 보겠다. 벨라와 그의 공저자들은 현대 미국인의 삶에서 개인주의와 헌신을 살펴본 후 도덕성이 혼란 상태에 있다는 결론을 내렸다. 더 이상 일치를 찾아볼 수 없다. 공통된 도덕적 언어가 없다. 인간의 도덕적 전통에서 추출할 수 있는 도덕적 에스페란토어가 없다. 벨라는 고대 로마에 대한 '리비'(Livy)의 회상을 인용한다. "우리는 우리의 악이나 그들의 치료를 참을 수 없는 지경에 이르렀다." 매킨타이어는 고대 로마와의 유비를 좀 더 추구하면서 "새로운 암흑시대(New Dark Age)가 이미 우리를 덮고 있다"고 선언했다. 나는 여기에 소위 뉴에이지 운동은 단지 새로운 암흑시대일 뿐이며, 믿음의 빛이 꺼질 위험에 처하는 왜곡과 어둠의 새로운 시대라고 덧붙이고 싶다.

세속 윤리의 기초는 심각할 정도로 혼란스럽다. 언제 어느 곳에서나 타당한 보편적 도덕의 개념이 신뢰를 잃었다. 세속 윤리는 지금까지 도덕적 의무의 개념에 매혹되었는데, 이 개념은 칸트의 도덕적 의무감의 개념에 기초한 것이다. 그러나 매킨타이어가 강력히 지적하듯이, 서구의 도덕적 의무감에 대한 호소와 18세기 폴리네시아 사람들의 금기 사상 사이에는 놀라운 유사점이 있다. 쿡 선장과 그의 선원들은 폴리네시아의 개념에 어리둥절했다. 폴리네시아의 금기 개념이 그들에게는 도저히 이해하기 힘든 것이기 때문이었다. 매킨타이어는 자유주의의 도덕적 의무라는 개념도 금기만큼이나 임의적이라고 지적한다. 차이는 자유주의자들이 이것을 깨닫지 못한다는 것이다.

그러므로 우리는 윤리의 기초를 놓을 수 있어야 한다. 우리는 더 이상 도덕성의 보편적인 틀이라는 기능적인 개념에 과도하게 집중할 필요가 없다. 대신에 어떤 사고방식과 행동방식이 기독교 신앙 공동체에 적절한지에 집중할 수 있다. 매킨타이어는 "정중함과 지적이며 도덕적인 삶이 이미 우리를 덮고 있는 새로운 암흑시대를 헤쳐 나가도록 돕는 공동체의 지역적 양식을 세우라"고 요구한다. 이 비전이 우리에게 도움이 될 것이다.

이 비전은 우리가 자신을 "언덕 위의 동네"(성경의 이미지를 사용하자면)나 "암흑시대 공동체의 지역적 양식"으로 보도록 독려한다. 이 공동체에는 복음의 자양분을 받고, 하나님의 은혜로 유지되며, 하나님의 영광을 향하는, 뚜렷이 다른 사고방식과 행동 방식이 존재한다. 이것은 미국인들이 17세기에 이러한 희망과 믿음을 안고 메사추세츠만에 정착한 청교도 조상들과 공유할 수 있는 비전이다. 이들의 비전은 우리의 비전일 수 있다. 매킨타이어가 강조하듯이, 공동체 밖 사람들이 이 비전을 이해하지 못하거나 공유하지 못하는 것은 중요하지 않다. 중요한 것은 이 비전이 이들에게 제시되고 살아 있다는 것이다. 이러한 신앙 공동체에 들어감으로써, 이들은 공동체의 희망과 신념과 가치관을 이해할 수 있을 것이다.

그러나 세속적인 도덕철학의 흐름에 새로운 중요성을 심어준 청교도 이미지로 끝을 맺으려 한다. 이것은 천국 시민인 그리스도인의 이미지인데, 빌립보서

3장 20,21절에 아주 분명하게 나타난다. 이 모델은 식민지의 모델로, 당시 로마의 식민지였던 빌립보 사람들에게는 친숙한 이미지였다. 빌립보는 로마의 외국 영토의 끝이었다. 빌립보 사람들은 고국의 법을 지켰고, 자신들의 언어로 말했으며, 조국으로 돌아갈 수 있을 날을 고대했다.

우리 자신, 우리의 신학교, 교회, 가정을 천국의 식민지로, 참으로 영원한 도성의 끝으로, 외국에서 자신들의 법을 지키려는 사람들이라고 생각해 보자. C. S. 루이스는 그리스도인의 삶에 관한 유익한 사고방식을 많이 제공하는데, 그 가운데 가장 유익한 한 가지는 세상을 적진으로, 침략군이 장악한 지역으로 생각하는 것이다. 이 지역에서, 신앙 공동체는 레지스탕스로 살아간다. 우리는 주변 세상과 다르기를 결코 두려워해서는 안 된다. 그리스도인들은 세상이 우리의 가치관과 기준을 비웃는다는 사실에 낙담하기 아주 쉽다. 빌립보에서, 문명화된 로마법은 오지인 그곳의 무정부 상태와 대조를 이루었다. 성경에 기초하며, 믿음으로 지탱되고, 기독교 교리가 지적인 척추를 제공하는 우리의 도덕적 비전도 자신의 도덕을 잃어버린 것 같은 세상 속에서 세상을 일깨우는 힘으로 우뚝 서 있다. 새로운 암흑시대가 실제로 우리 앞에 있다면(이미 우리를 덮고 있다면, 실제로 우리 앞에 있는 것이다), 기독교의 도덕적 비전이 자유의 횃불처럼 계속 타올라야 한다. 나는 교리가 우리에게 정확히 이렇게 할 틀을 제공한다고 뜨겁고도 굳게 믿는다. 그렇게 될 수 있다. 반드시 그렇게 되어야 한다.

MAJOR ETHICAL SYSTEMS

주요 윤리 체계

노만 가이슬러(Norman Geisler)에 따르면, 무엇이 옳고 그른지를 결정하는 여섯 개의 주요 윤리 체계나 방식이 있다.

1. **무법주의**(antinomianism, 도덕률폐기론): 도덕법이나 일반법이란 없다. 그러므로 도둑질은 나쁘지도 않고 옳지도 않다. 이 체계에는 객관적인 도덕법이 없으며, 따라서 옳고 그름에 대한 판단은 주관적이며 개인적이다.

2. **상황주의**(situationism): 절대적인 법은 사랑 하나뿐이다. 그러므로 어떤 사람이 누군가가 굶어 죽는 것을 막기 위해 도둑질을 했다면 그 도둑질은 옳을 수 있다. 사랑을 제외한 모든 것은 상대적이다.

3. **일반주의**(generalism): 절대적인 법은 없으며, 몇 가지 일반적인 법만 있다. 그러므로 도둑질은 일반적으로 옳지 않다. 그러나 도둑질이 허용되는 경우가 있을 수 있다. 이 체계에서는 결과가 수단을 정당화한다. 결과가 좋으면 도둑질은 나쁜 게 아니다.

4. **무조건적 절대주의**(unqualified absolutism): 많은 절대적인 법이 있으나 이것들은 서로 충돌하지 않는다. 그러므로 도둑질은 언제나 나쁘다. 사실, 진리나 사랑이나 정결한 삶과 같은 모든 절대적인 법이 깨질 때 반드시 결과가 따른다. 결과가 절대로 수단을 정당화하지 못한다. 이것이 성경적 시각이다.

5. **상충적 절대주의**(conflicting absolutism): 상충하는 절대적인 법이 많이 있으며, 우리는 덜 악한 것을 선택해야 한다. 그러므로 도둑질은 용서될 수 있다. 우리는 도덕적 딜레마에 부딪힐 때 어떤 절대적인 법을 지켜야 할지 결정해야 하며, 그 후에 우리가 어긴 법에 대해서는 용서를 구해야 한다.

6. **차등적 절대주의**(graded absolutism): 상충하는 절대적인 법이 많으며, 우리는 그 가운데 더 높은 법에 순종해야 한다. 그러므로 도둑질은 때로 옳다. 우리는 도덕적 딜레마에 부딪힐 때 어떤 절대적인 법이 더 중요한지 결정하고 그것을 따라야 하며, 다른 것들을 어기는 것을 허용해야 한다.

린 존슨 Lin Johnson

THE PORTABLE SEMINARY

성경적 기초
A Biblical Foundation

+ 레지날드 화이트

유대교 사상뿐 아니라 기독교 사상에서도 윤리는, 집중을 위한 경우를 제외하고 신학적 정황과 분리될 수 없다. 모든 성경신학은 성경적 윤리를 포함하는 도덕적 의미를 갖는다.

구약의 윤리

구약을 기독교의 성경으로 인정함으로써, 교회는 점쟁이 불태우기, 독배 재판, 연좌제, 일부다처제, 축첩, 많은 폭력과 전쟁 등 당혹스러운 도덕적 전례를 받아들였다. 그러나 구약은 또한 기독교의 윤리적 자원을 무수히 확대한 많은 도덕적 교훈과 경고와 본보기와 높은 영감과 도덕적 신앙을 물려주기도 했다.

이러한 유익 가운데 가장 큰 것은 의심할 여지없이 윤리의 신정적(神政的) 토대였다. 구약에서 윤리는 거룩하고 성실하며 선하신 하나님의 뜻이었고, 하나님이 창조주로서, 그분의 백성의 구속자로서 이미 하신 일에 기초했다. 따라서 십계명은 "나는 너를 애굽 땅, 종 되었던 집에서 인도하여 낸 네 하나님 여호와니라"라는 말로 시작한다(출 20:2). 다시 말해, 이스라엘을 그들의 하나님과 연결하는 특별한 언약에서 시작한다. 그러나 이러한 연결은 자연적 유대(마치 하나님이 최초의 조상이신 것처럼)가 아니라 하나님의 선택과 약속과 구원에서 시작된 도덕적 관계이다. 그리고 이스라엘이 놀라운 순종과 신뢰로 여기에 응답했는데, 이러한 관계는 유대의 윤리 사상에 그 무엇과 비교할 수 없는 겸손과 확신을 주었다. 제대로 이해하면, 순종은 하나님의 사랑을 목적으로 한 게 아니라 그 사랑에 감격해서 나온 것이었다.

십계명 자체는(더 오래된 이상을 영구화한 것이라 하더라도) 주목할 만한 윤리적 문헌이며, 종교적 의무(출 20:3-12)와 사회적 의무(출 20:13-17)라는 두 부분으로 구성되어 있으며, 두 부분 모두(한편으로 예배, 우상숭배 금지, 맹세, 거룩한 날, 다른 한편으로 정결한 삶, 결혼, 재산, 진리, 바람) 하나님의 권위 아래 있다. 비록 탐내지 말라는 마지막 계명은 율법주의가 어떻게 할 수 없는 부분이기는 하지만, 이러한 형태의 계명은 필연적으로 유대인의 도덕에 영향을 미쳤다.

'언약서'에 나타나는 이러한 윤리적 기초의 발전(출 20:22-23:19; 24:7)은 단순한 유목 사회와 농경사회적 배경을 반영하며, 원시적 상태에 정의감과 균형 잡힌 책임감을 심는다. 다시 말해, 재산에 대한 침해가 수없이 많고 노예제가 수용되지만, 공평과 경건이 사회생활에 영향을 미치기 시작한다.

신명기는 인도주의적 정신과 자유와 연민과 내적 거룩을 강조하는데("네 하나님 여호와를 사랑하라", 신 6:5), 이것은 선지자들의 가르침과 완전히 일치한다. 아모스는 이스라엘과 하나님의 관계에서 윤리를 본질적인 것으로 만들었다. 그리고 도덕적으로 깨끗했고, 절제했으며, 가난한 자들과 억압받는 자들을 열정적으로 변호했으며, 잔인함과 속임수와 사치와 이기심을 열정적으로 반대했다. 이사야와 미가는 이스라엘의 거룩한 자의 성품과 일치하는 종교를 요구했다. 예레미야서와 에스겔서와 이사야서 40-66장은 바벨론 포로기의 쓰디쓴 교훈을, 항상 그분의 백성을 향한 하나님의 확고한 목적의 정황 속에서이기는 하지만, 교훈적인 방법으로 거침없이 적용한다. 이스라엘의 하나님은 분명히 도덕법의 조성자이며 수호자이시며, 무엇보다도 그분의 백성이 공의를 행하고, 자비를 사랑하며, 겸손히 하나님과 동행하도록 요구하신다(미 6:8).

후에 유대교의 도덕적 가르침은(잠언, 전도, 욥기, 외경인 시락서/Sirach에서) 가치있는 윤리적 '지혜'를 포함하는데, 이 지혜의 목적은 의무를 하나님에 대한 실제적인 존경으로 단순화하는 것이며, 하나님에 대한 존경은 자신을 영원한 분의 피조물로 아는 자들에게 지극히 당연한 상식이다. "여호와를 경외함이 지혜의 근본이라"(시 111:10). 지혜의 이상은 욥기 31장에 자세히 표현되어 있다.

바벨론 포로기와 뒤이은 외국의 지배는 유대인의 자기 정체성을 크게 위협했다. 따라서 유대인들은 성문 율법과 구전 율법을 크게 강조했으며 뚜렷이 유대적인 것은 무엇이든 소중히 여겼다. 경건과 민족주의와 교만이 결합되어 지나친 율법주의를 낳았으며, 이것은 대부분의 사람들에게 부담이었고 많은 사람들에게 도덕적 무지와 위선적 궤변과 독선의 근원이 되었다. 따라서 율법주의를 결코 신적 권위로 보지 않으시는 예수님과 자유를 강조하는 기독교에 대한 '종교적' 반대가 일어났다.

신약의 윤리

그러므로 세례 요한이 정결과 의와 정직과 사회적 관심을 요구하며 나타났을 때 오랜 윤리적 전통이 요약되었다(눅 3:10-14). 그러나 특히 분명한 것은 예수님이 유대교로부터 윤리적 일신론, 사회적 양심, 종교와 도덕의 관계를 빌려 오시면서도 유대교의 독선, 경직되고 외적인 율법주의, 민족주의, 공로 의식, 의식과 도덕의 혼동을 거부하면서 차별된 모습을 보이셨다는 것이다. 다른 한편으로, 예수님은 의에 대한 요구를 율법뿐 아니라 행동 뒤에 있는 마음과 동기(마 5:17-

48), 하나님의 본래 목적에까지(마 19:3-9; 막 2:27), 다시 말해, 하나님과 이웃에 대한 온전한 사랑의 계명에까지 확대하셨다(마 22:35-40). 예수님이 이처럼 모든 종교적, 사회적 의무를 요약하시면서 윤리 사상에 가장 특징적으로 기여하신 부분은 사랑이다. 그분은 사랑의 의미가 무엇인지 직접 본을 보이셨고 인간을 사랑하셔서 인간을 위해 죽으셨는데, 어떤 의미에서 이것은 가장 강력한 윤리적 성취라 할 수 있다.

종교와 윤리는 그리스도께서 선포하시는 하나님 나라의 복음에서 다시 만나는데, 하나님 나라의 복음은 메시아 대망과 역사의 주인이신 하나님에 대한 선지자들의 비전을 그리스도께서 그분의 양식으로 표현하신 것이다. 그리스도께서는 하나님 나라의 삶과 그 나라의 기회와 의무를 묘사하시는데, 이러한 묘사는 급진적이며 실제적인 그분의 의와 사랑을 가정생활, 청지기적 재물 관리, 국가에 대한 책임, 사회악, 죄에 따른 질병과 잔혹성이라는 사실에 적용된다. 모든 영역에서 하나님의 뜻에 대한 순종이 하나님 나라를 구성하고 그 나라의 축복을 보장한다. 그러나 이것은 자신의 생명을 잃고 영원한 유익을 얻는 것을 의미할 수 있다.

그러나 왕께서는 아버지이기도 하시며, 따라서 그 나라의 시민은 순종을 기쁘게 하는 교제와 용서, 자유와 신뢰 가운데 하나님의 성품을 나타내는 신분과 삶을 공유하는 그분의 자녀이다. 사람들이 예수님을 자신의 구주요 주로 영접한다는 사실이 다른 모든 것의 기초이다. 이러한 사랑 가운데서(요 14:15; 21:15-17), 그리스도를 닮으려는 바람이 거대한 정서적 힘을 낳는 도덕적 자극이 된다. 이러한 사랑은 그리스도의 계명을 지키기를 기뻐한다.

사도적 교회가 회심자들을 도덕적으로 상당히 훈련시켰다고 믿을 만한 증거가 있다. 이러한 훈련에는 옛 죄와 이교도의 방식을 버리고, 박해 가운데서도 흔들리지 않으며, 교제를 확대하고, 리더에게 복종하는 것 등이 포함되었다. 여기에는 남편, 아내, 부모, 자녀, 종, 노예, 이웃으로서 해야 할 의무 목록이 포함되었을 것이다(골로새서와 베드로전서를 보라). 초기 기독교의 윤리적 가르침이 어떻게 발전했는지는 베드로전서에 가장 잘 나타난다. 베드로전서는 거룩과 복종, 세상 권세에 대한 복종(벧전 2:13-17), 주인에 대한 종의 복종(벧전 2:18-25), 남편에 대한 복종(벧전 3:1-7), 교제 내에서의 복종을 강조한다(벧전 3:8,9; 4:8-11; 5:5,6). 예상하지 못한 이러한 주제는 하나님의 다스림을 받는 삶의 의미를 분명하게 보여준다. 그뿐 아니라 이 주제는, 죄의 본질은 자기 의지라는 성경적 시각에서 나온 것이다.

초기 그리스도인들의 도덕적 삶은 누가가 인상적으로 그려내는(사도행전에서) 본질적으로 선하고, 행복하고, 사회적으로 쓸모 있고, 용기 있고, 변화된 사람들의 모습에서 가장 잘 나타나는데, 이들의 모습은 그가 복음서에서 그려내는 예수님의 모습과 상응한다. 야고보도 예수님의 놀라운 말씀을 유대교의 지혜문학의 형태로 묵상하면서 초대교회의 도덕적 자세를 제시하는 것으로 보인다.

바울의 윤리적 관심은 믿음이 유대인과 이방인을 차별 없이 구원하기에 충분하며 그리스도인은 성령의 인도를 따를 자유가 있다고 주장함으로써(갈라디아서에서처럼), 자신의 삶에서 실패했으며 교회를 유대교의 한 분파로 제한하려고 위협하는 율법주의를 반박하는 것이었다. 바울은 회심자들에게 윤리적 가르침의 일반적 전통을 전하면서(롬 6:17; 살후 2:15; 3:6), 특히 믿음의 윤리적 의미와 성령 안에 사는 삶의 본성을 자세히 설명했다.

바울은 오직 믿음으로 의롭다 함을 받는다면 신자가 벌을 받지 않은 채 계속 죄를 지을 수 있다는 도전에 대해, 구원하는 믿음은 죄와 자아와 세상에 대한 죽음과 자유와 내어맡김과 승리의 새로운 삶으로 부활하여 그리스도와 인격적으로 완전히 하나 되는 것을 포함하기 때문에 이러한 믿음 가운데 살면서 계속 죄를 짓는 것은 모순되고 불필요하며 불가능하다고 대답한다(롬 6장; 갈 2:20). 바울에게, 우리를 구원하는 믿음은 우리를 거룩하게 한다. 그 어떤 신자라도 이러하지 못하다면, 자신이 그리스도 안에서 되어야 하는 것이 되지 못했기 때문이다. 다시 말해, 죄에 대해 죽고 하나님에 대해 살지 못했기 때문이다.

바울의 또 다른 윤리적 주제는 율법이 연약한 인간 본성을 통해 결코 할 수 없는 것을 그리스도 예수 안에 있는 "생명의 성령의 법"이 하며, 그 결과 율법이 우리 안에서 성취된다는 것이다(롬 8:1-4). 이미 예레미야와 에스겔이 창조와 역사에서 나타나는 보이지 않는 하나님의 능력(성령)을 이스라엘에게 필요한 새로운 마음과 뜻과 연결시켰다. 누가는 예수님이 성령의 담지자이자 수여자라는 것을 보여줌으로써, 요한은 성령을 예수님의 다른 자아로 묘사함으로써, 초기 기독교 사상에서 성령에 대한 전체적 사상이 예수님의 이미지와 어떻게 일치하게 되는지 보여준다(행 16:7). 바울은 이러한 일치의 결과는 모든 신자에게서 그리스도를 닮은 성품(성령의 열매)이 나타나는 것이라고 말한다(롬 5:5; 8:9-14; 갈 5:22,23). 이렇게 그리스도-성령의 내적 역사로 사람들이 변화하는 것이 기독교 윤리의 핵심 주제 가운데 하나이다.

신약의 모든 윤리적 가르침에 공통된 또 하나의 주제는 그리스도를 닮는 것이다. 공관복음은 이것을 예수님을 따르는 것이라고 간단하게 표현한다. 요한은, 본보기 예수(Christus Exemplar)를 따르는 것은 그분이 우리에게 하셨듯이 사랑하고(요 13:34; 15:12) 순종하며(요 9:4; 15:10) 굳게 서고(요 15:20) 겸손히 섬기는 것이라고 했다(요 13:14,15). 또한 이것을 그리스도인의 소망과 연결한다(요일 3:2). 베드로는 그리스도를 본받는 것을 특히 십자가와 연결한다(벧전 2:21-25; 3:17,18; 4:1,13). 바울은 그리스도를 본받는 것을 예배(고후 3:18)와 사역의 목적이자(엡 4:11-13), 권면(고전 11:1)과 하나님의 섭리의 목적으로 삼으며(롬 8:28,29), 그리스도를 본받는다는 말의 가장 깊은 의미를 "그리스도의 마음"을 갖고(고전 2:16; 빌 2:5) "하나님의 영"을 갖는 것이라고 정의한다(고전 7:40).

요약

철학 체계와는 대조적으로, 성경 윤리의 지속적 특징은 하나님과의 관계에 기초하고, 순종을 객관적 의무로 알며, 사람들의 가장 깊은 필요에 호소하고, 철저한 사회적 연관성을 가지며, 지속적으로 개선되고 발전한다는 것이다.

성경 윤리의 최종적 이상(理想)은 그리스도를 닮는 것으로, 이것은 구속의 경험이 촉발하는 사랑과 감사와 직접 관련된다. 성경 윤리는 객관적 역사(성육신의 분명한 윤리적 의미처럼)에 뿌리를 둔다. 성경 윤리는 개인의 가장 섬세한 도덕적 직관에 강하게 호소한다. 성경 윤리는 세상의 궁핍한 자들을 위해 그리스도처럼 섬기고 이 땅에서 하나님 나라를 이루는 데 참여하라고 요구한다. 그리고 기독교 역사에서, 성경 윤리의 많은 양식과 해석은 성경 윤리가 변하는 환경에 유연하게 적응할 수 있음을 증명했다. "내가 거룩하니 너희도 거룩하라"(레 11:45)는 성경 초기의 명령은 "우리가 그와 같이 되리라"(요일 3:2)는 가장 최근의 성경 약속에서 분명하게 메아리친다.

기독교 사회윤리

Christian Social Ethics

+ 데이비드 길

서론과 정의

공적 정책, 정치, 경제, 전쟁, 가난, 교육, 인종차별, 생태학, 범죄 등은 사회윤리의 주제 가운데 몇 가지이다. 사회윤리의 과제는 관련 분야와 대조할 때 가장 잘 이해할 수 있다. 과거의 상황이 '어떠했는지'(was) 연구하는 사회역사와는 대조적으로, 현재 상황이 '어떠한지'(is)를 연구하는 사회과학과는 대조적으로, 사회윤리는 사회상황이 '어떠해야 하는지'(ought to be)와 관련이 있다. 다시 말해, 사회윤리는 과거와 현재를 판단하는 가치와 규범과 관련이 있다. 사회윤리의 과제는 사회역사나 사회과학의 과제와는 뚜렷이 다르지만 관련된 분야들과의 지속적인 상호작용 없이는 그것의 과제를 성공적으로 수행할 수 없다.

윤리학의 하위 영역에서처럼, 사회윤리에도 서술적으로(descriptively, 이 도덕의 특징은 무엇인가? 이 윤리적 언어는?) 또는 규정적으로(prescriptively) 접근할 수 있다(나는 이러한 가치체계를 제안하며, 이러한 규범과 원칙을 제안하며, 윤리적 딜레마를 푸는 이러한 방식을 제안한다). 윤리적 분별(ethical discernment)과 윤리적 이행(ethical implementation)을 더 분명하게 구분해야 한다. 사회윤리는 사회적 선에 대한 분석과 분별의 문제뿐 아니라 사회적 선에 대한 전략과 이행의 문제에 대한 고찰도 포함한다. 교의신학(dogmatic theology)이 교회의 선포와 예배를 돕기 위해 존재하듯이, 사회윤리는 사회가 정의롭고 선하고 올바른 것에 더 근접하게 하는 사회개혁을 통해 세상에 기여하기 위해 존재한다.

사회윤리와 개인윤리를 분명하고 날카롭게 구분하는 것은 불가능하다. 모든 개인적인 행동은 사회적 의미를 갖는다. 모든 사회적 상황이나 문제는 개인에게 영향을 미친다. 그럼에도, 분석을 위해서는 사회윤리 그 자체를 한 분야로 다루고 사회적 그룹과 기관과 집단적인(인종적, 경제적, 정치적 등) 문제의 윤리적 측면에 일차적으로 주목하는 게 유익하다. 대조적으로, 개인윤리는 개인의 도덕적 행위에 초점을 맞춘다.

개인윤리의 경우처럼, 사회윤리는 일반적으로 두 종류의 문제를 다룬다(각각은 앞에서 말했듯이 분별의 측면과 이행의 측면을 갖는다). 첫째는 존재(being, 특성)와 관련이 있고, 둘째는 행위(doing, 구체적 결정과 행동)와 관련이 있다. 후자(구체적이며 즉각적인 윤리적 딜레마에 대한 숙고)가 사회윤리의 긴급한 과제일 때가 많지만, 전자도 적어도 똑같이 중요하다. 다시 말해, 구체적 행위와 딜레마 뒤에는 바르거나 바르지 않을 수 있으며, 선하거나 악할 수 있는 지속적인 태도와 합의와 과정이 존재한다. 사회윤리에서, 선과 악은 단순히 개인의 도덕적 행위나 구체적 결정과 행동에 있지 않다. 이것들도 기관의 속성과 전통과 사회적 합의와 과정이다.

지난 세기에야 사회윤리가 철학과 신학과 종교 연구 분야에서 학문적으로 전문화되었다. 그러나 기독교 사회윤리에서, 사회윤리의 주제는 창세기에서 계시록에 이르기까지 성경 전체에서 큰 주목을 받는다는 것을 인식하는 게 필수적이다. 그러므로 지난 2천년 동안 대부분의 기독교 리더와 교사들은 비록 사회윤리라는 용어는 쓰지 않았지만 사회윤리에 주목했다. 현대의 기독교 사회윤리는 하나님의 말씀인 성경에 뿌리를 두고 성경의 지배를 받아야 한다. 기독교 사회윤리는 교회가 역사 속에서 하는 증언과 경험에서 정보를 얻어야 한다. 앞에서 말했듯이, 기독교 사회윤리는 사회역사와 사회과학과 풍성한 대화를 나누어야 한다.

분석과 분별

기독교 사회윤리의 첫 번째 과제는 구조와 상황을 분석하고 이것들과 관련해서 선과 악을 분별하는 것이다.

계시와 관찰 기독교 사회윤리의 분석은 '위로부터' 오는 하나님의 말씀인 계시와 '아래로부터' 오는 관찰과 경험 간의 변증법에서 이루어진다. 사회학적 현실주의(sociological realism)는 우리 사회의 근본적인 힘과 문제를 정확히 분별하기 위해 표면 아래를 살펴야 한다. 현재의 사건들과 딜레마의 표면 바로 아래에는 어떤 틀과 중요한 흐름이 있는가? 그와 동시에, 분석과 분별은 성경적 계시를 통해, 하나님의 말씀을 통해 정보를 얻는다. 하나님께서 아담과 하와, 가인에게 질문하시는 창세기 기사에서부터 예수님이 베드로와 제자들에게 질문하시는 사건에 이르기까지, 사회윤리는 하나님의 말씀에 뿌리를 둔다. 하나님은 사회 현실에 대한 우리의 관찰을 조명하시고, 바로잡으시며, 깊이 있게 하실 뿐 아니라 가장 현실주의적인 사회학적 분석도 찾아내지 못할 때가 많은 새로운 이슈와 문제를 제기하신다. 따라서 기독교 사회윤리는 인간사에 대한 하나님의 계시된 시각을 표현함으로써 더 넓은 사회에서 뚜렷한 역할을 한다.

창조 전통적, 신학적 사회윤리의 많은 부분이 창조 질서('영역' 또는 '명령')를 토대로 형성되었다. 가정과 결혼, 정치와 국가, 일과 경제 질서, 때로는 그 외의 것들이 성경 계시에 대한 언급뿐 아니라 상식과 이성과 자연법을 토대로 이해되었다. 각 질서나 영역은 그것만의 뚜렷한 목적이 있고 상응하는 윤리적 틀이 있다. 모든 질서는 하나님의 최종적 주권 아래 있다. 이런 입장을 비판하는 사람들은 (1) 우리는 타락한 세상에 살고 있는데, 이런 세상에서는 잃어버린 창조에 대한 호소가 잘못 활용되며 (2) 성경 자체가 창조 윤리를 혹 드러내더라도 거의 드러내지 않는다고 주장했다.

사회윤리가 일차적으로 창조 질서에 근거하든 그렇지 않든 간에, 창조에 관한 성경 계시의 특정한 요소가 기독교 사회윤리에는 계속해서 중요하다(창 1-2장). 윤리적 '선'은 하나님의 뜻과 말씀과 일에 의해 규정된다. 인간은 공동체적 인간(cohumanity)이 되어야 한다. 다시 말해, 하나님 앞에서 다른 사람들과 사회적이며 즐거운 파트너십을 가져야 한다("사람이 혼자 사는 것이 좋지 아니하니"). 정치와 국가에 대한 긍정적 시각은 정치와 국가가 창조된 인간의 사회적 본성에 뿌리를 두며 이러한 본성이 정치와 국가를 암시한다고 본다. 결혼은 암묵적으로 일부일처제이며, 하나님 앞에서 갖는 파트너십이 그 특징이다. 노동은 근본적으로 창의성의 문제이며(창조자의 형상으로 창조되었다) 청지기 정신의 문제이다("땅에 충만하라 땅을 정복하라").

타락 기독교 사회윤리에 창조론만큼 중요한 것이 타락에 관한 계시이다. 타락은(창 3장) 악이 하나님에 대한 거역과 그분의 명령에 대한 불순종에서 기원했다고 말한다. 악은 한 인간에 대한 다른 인간의(하와에 대한 아담의, 아벨에 대한 가인의) 비난과 분리와 지배로 나타난다. 가인이 하나님을 떠나 자신만의 도시와 사회를 건설한 사건과(창 4장) 그 도시에 관한 뒤이은 계시는(바벨/바벨론, 니느웨 등) 사회악에 대한 이러한 첫 기술을 마무리한다. 사회악의 본질적 특징은 교만, 하나님에 대한 불순종, 고소(비난), 분리, 지배, 착취, 폭력, 권력욕이다.

후대의 히브리-기독교 사상은 타락에 관한 이러한 시각을 하나님의 목적을 가로막는 우주적 '정사와 권세'라는 견지에서 발전시켰다. 사회적 구조와 힘은 귀신적이며 집단적인 면이 있다. 악은 단순히 개인적 현상이 아니라 집단적이며 구조적인 문제이다. 이렇게 볼 때, 국가(또는 일이나 돈)는 윤리적으로 모호하다. 국가는 공동체적 인간의 촉진자나 사회악의 억제자일 수도 있고 거역하는 세력의 온상일 수도 있다. 사회역사와 사회과학은 서로 다른 용어와 연구 방법을 사용하지만, 국가(그리고 다른 사회 기관들)의 모호하고 개인의 한계를 초월하며 구조적인 힘에 대한 성경의 계시를 확인해 준다.

율법과 공의 기독교 사회윤리는, 실제로 모든 사회윤리는 공의의 문제와 공의가 법으로 제도화되는 문제에 자주 집중한다. 신적이며 계시된 도덕법과 실제적인 시민법의 관계는 토마스 아퀴나스와 존 칼빈과 그 외에 많은 고전적 기독교 사상가들의 폭넓은 숙고의 대상이었다. 기독교 사회윤리는 고대 이스라엘의 신정(神政)뿐 아니라(여기서는 십계명과 언약서와 거룩한 법전 사이의 관계가 꽤 직접적이다) 포로기의 이스라엘의 예에서도(여기서는 말씀의 백성이 낯선 환경에서 살았다) 정보를 얻어야 한다.

어쨌든, 공의(의, 심판)는 기독교 사회윤리의 중요한 규범 가운데 하나이다.

"나 여호와는 사랑과 정의와 공의를 땅에 행하는 자 … 나는 이 일을 기뻐하노라"(렘 9:24). "여호와께서 공의로운 일을 행하시며 억압당하는 모든 자를 위하여 심판하시는도다"(시 103:6). 성경적 공의는 공정함이나 평등에 불과한 게 아니다. 성경적 공의는 억압받는 자의 유익을 위해 잘못된 것을 바로잡는 모습으로 나타난다. 성경적 공의는 사랑과 충돌하는 게 아니라 사랑과 자비를 포함한다. 공의와 법이 많은 면에서 양적이며 기술적인 용어로 축소되는 시대에, 기독교 사회윤리는 질적이며 하나님에게서 기원하고 인간에게 관심이 있는 성경적 공의 개념을 말해야 한다.

하나님 나라 창조 질서에 기초한 윤리를 가장 고집스럽게 주장하는 사회윤리학자들은 그리스도 예수의 오심과 교회의 설립과 함께 새로운 구속의 질서가 사회에서 창조의 질서를 대신한다는 것을 인정한다. 이 교회는 하나님 나라의 일차적 본보기이며(또는 본보기여야 하며), 이 세상 나라와 긴장 관계에 있다. 어거스틴의 용어를 빌리자면, 사회역사의 가장 중요한 구성 요소는 하나님의 도성(都城)과 지상의 도성이다. 전자는 카리타스(caritas), 즉 하나님을 향한 사랑에서 힘을 얻고 후자는 쿠피디타스(cupiditas), 즉 자신에 대한 사랑에서 힘을 얻는다. 마르틴 루터에게, 하나님 나라는 내적 믿음의 문제인 반면에 세상 나라는 외적인 일과 관련이 있다는 점에서 두 나라는 뚜렷이 구분된다. 물론, 어거스틴과 루터와 그 밖의 사람들에게, 그림은 훨씬 더 복잡하다. 그럼에도, 기독교 사회윤리에서는 예수 그리스도를 출발점으로 삼는 공동체와 다른 모든 것을 여전히 뚜렷이 구분해야 한다.

하나님의 말씀이 다른 모든 것에 대해서처럼 사회윤리에 대해서도 가장 분명하고 완전하게 계시하는 대상은 예수 그리스도이다. 예수님의 사회적 가르침은 그분의 '강단' 선언(눅 4:18-21), 유혹(마 4장), 비유와 강화(講話), 산상설교(5-7장), 고별설교(요 13-17장), 그리고 십자가 죽음과 부활 사건에서 나타난다. 하나님을 사랑하고 이웃을 사랑하라는 큰 계명, 자신을 희생한 후 스스로를 무익한 종으로 여기라는 요구, 황금률, 단순함을 추구하고 물질을 섬기지 말라는 요구 등은 예수님의 사회윤리의 본질적인 부분이다. 기독교 사회윤리는 예수 그리스도와 하나님 나라와 사랑의 계명에 대한 전통적이며 주류적 해석뿐 아니라 이러한 사회적 가르침에 대한 프란시스 수도회와 재침례파와 퀘이커교도와 그 외에 예수 그리스도에 기초한 사회윤리를 발전시킨 사람들의 해석과 적용도 숙고해야 한다.

종말론 기독교 사회윤리는 근본적으로 종말론적이다. 다시 말해, 기독교 사회윤리는 미래에 임할 완전한 심판과 하나님의 은혜 쪽으로 기운다. 이것은 첫 창조 그 이상이며, 신약에서 윤리적 지침을 끌어내는 새로운 창조이다. 참으로 지금 여기 있는(부분적으로) 하나님 나라가 마지막에 계시될(완전히) 것이다. 성령의 임하심이 그 시작일 것이다. 첫 창조의 단순한 복사판이 아니다. 역사는 에덴의 황금시대로 회귀하는 게 아니라 새 예루살렘을 향해 나아간다. 이런 이유 때문에, 묵시는 인간사회에 대한 하나님의 최종적인 윤리적 심판을 바벨론과(계 18장) 새 예루살렘의 견지에서(계 21장) 계시한다는 점에서 특별한 사회윤리적 의미를 갖는다.

바로 이러한 최후의 심판에서, 정사와 권세가 마침내 완전히 폐위당하고 "통치자들과 권세들을 무력화하여 드러내어 구경거리로 삼으시고 십자가로 그들을 이기신"(골 2:15) 예수 그리스도의 일이 완결된다. 바벨론은 사탄과 정세와 권세의 거처이다. 바벨론은 지나친 사치로 땅의 상인들이 부자가 되게 했기 때문에, 교만과 권력 때문에, 성도들과 선지자들과 사도들을 핍박했기 때문에, 사람들의 몸과 영혼을 거래했기 때문에, 폭력을 휘두르고 피를 흘렸기 때문에 정죄를 받는다. 이와는 대조적으로, 새 예루살렘은 하나님이 거하시는 곳이며, 사망과 애통과 아픔이 없는 곳이며, 목마름과 주림이 채워지는 곳이며, 수치스럽거나 속이는 일이 전혀 일어나지 않는 곳이며, 성문이 모든 민족에게 열려 있는 곳이다. 성경적 사회윤리의 깊은 종말론적 갈증 때문에, 기독교 윤리는 사회적으로 선한 것과 악한 것을 분별할 때 이러한 최종적인 묵시적 시나리오를 진지하게 여긴다.

전략과 실행

그러므로 기독교 사회윤리의 마지막 과제는 사회역사, 사회과학, 무엇보다 성경적 사회윤리에 기초하여 사회적 선과 악을 분석하고 분별하는 것이다. 또한 그리스도와 문화의 관계를 숙고하는 것이다. 다시 말해, 하나님의 윤리적 명령과 사회적 상황의 관계를 숙고하는 것이다. 이것은 전략과 실행의 문제이다.

전통적 시각들 기독교의(또는 종교적) 확신은 사회와 어떤 관계인가? 여기에 대한 우리 시대의 숙고는 사회 역사가와 사회 과학자에게서 큰 영향을 받았다. 칼 마르크스, 에밀 더크하임(Emile Durkheim), 그 외에 여러 사람이 상당한 영향을 미쳤다. 그러나 이러한 숙고는 막스 베버(Marx Weber, 1864-1920), 에른스트 트뢸취(Ernst Troeltsch, 1865-1923), 리차드 니버(H. Richard Niebuhr, 1894-1962)와 같은 사람들의 선구자적 연구에 가장 자주 빚을 졌다. 예언주의(prophetism)와 카리스마의 역할에 대한 베버의 연구, 그가 종교그룹과 세상의 관계에 대해 제시한 네 가지 모형(세상 속의 금욕주의, 세상 밖의 금욕주의, 세상 속의 신비주의, 세상 밖의 신비주의), 《기독교 윤리와 자본주의 사상》(Protestant Ethics and the Spirit of Capitalism)이라는 그의 고전적 연구가 계속해서 기독교 사회윤리의 전략과 실행의 문제에 대한 숙고의 중요한 출발점으로 남아 있다.

에른스트 트뢸취의 《교회의 사회적 가르침》(Social Teaching of the Christian Churches)은 교회, 분파(sect), 신비적 연합체(mystical association)라는 세 모형을 역사적으로 자세히 설명했다. 니버는 트뢸취의 모형을 다섯 범주로 세분화하고 수정했는데, 이것이 최근의 많은 논의에까지 영향을 미치고 있다. '그리스도 대 문화'(Christ against culture)는 분파주의적 재세례파의 접근이다. '문화의 그리스도'(Christ of culture)는 리츨과 수정주의자들의 접근이다. '문화 위의 그리스도'(Christ above culture)는 토마스 아퀴나스가 제시한 종합적 접근이다. '문화와 역설 관계에 있는 그리스도'(Christ and culture in paradox)는 루터의 접근이자 이원론적 접근이다. '문화의 변혁자 그리스도'(Christ the transformer of culture)는 어거스틴이 제시한 변혁적 접근이다.

앞에서 제시한 것과 같은 사회과학적이며 역사적인 모형들이 개개의 전통을 완전히 표현할 수는 없다. 그뿐 아니라 이것들은 현대사회의 교단적이며 환속적(還俗的) 특징을 적절히 설명하지 못한다. 16세기의(17세기까지도) 범주와 분류를 현대에 직접 적용할 수는 없다. 그럼에도, 전통적 시각을 무시한다면 우리 시대의 전략과 실행에 관한 숙고는 크게 빈약해진다.

기도와 전도 성경적 사회윤리의 시각에서 볼 때, 사회 변화를 위한 전략으로서 기도와 전도라는 두 활동을 결코 과소평가해서는 안 된다. 유대-기독교 세계관의 기본은 하나님이 인간의 역사에, 적어도 부분적으로는 그분의 백성의 기도에 응답하여 참여하고 간섭하신다는 확신이다. 정치 지도자를 포함해 모든 사람을 위해 기도하고 간구하며 감사해야 한다(딤전 2:1,2). 따라서 한편으로 기도는 매우 중요한 정치적, 사회적 행위이다.

기독교적 시각에서 또 하나 기본적인 것은 사람들이 예수 그리스도를 구원자요 주님이요 하나님으로 알게 되리라는 소망을 품고 예수 그리스도의 복음을 선포하는 것이다. 사회윤리는 주로 집단적이며 구조적인 선악과 관련이 있다. 그렇더라도 사회윤리는 부분적으로 집단과 전체에 영향을 미치는 개인의 도덕적 행위를 통해 집단적이며 구조적인 선악과 연결된다. 전도는 한편으로 사회적 행위자들을, 개인적인 도덕적 행위자들을 변화시킴으로써 사회를 변화시킨다.

대안 공동체 기독교 대안 공동체의 형성은 결코 사회적 책임을 등한시하거나 회피하는 게 아니라 사회윤리를 바꾸는 데 중요한 역할을 한다. 가장 중요한 대안 공동체는 교회이다(지교회와 보다 넓은 의미의 교회). 국제적으로, 기독교 기업, 학교, 정치 그룹, 그 밖의 단체들은 이러한 전략을 수행하는 또 다른 수단이다.

기독교 대안 공동체는 사회적 관심사의 실행과 관련해 다섯 가지 의미를 갖는다.

첫째, 기독교 대안 공동체는 본질적으로 도덕적 숙고와 분별의 장이다. 공동체 구성원 각자의 은사와 재능이 결합되어 현대사회의 복잡한 문제와 딜레마에 대한 가능한 최선의 대응을 찾아낸다.

둘째, 기독교 대안 공동체의 존재 자체가(예수 그리스도에 대한 궁극적 헌신과 함께) 사회 질서를 열어서 사회 건강에 기여한다. 사회에 대안 공동체가 존재함으로써 전체주의적이고 일원론적인 경향이 견제를 받는다.

셋째, 기독교 대안 공동체는 다양한 사회 문제(리더십의 패턴, 복지정책 등)를 다루는 '또 다른 방법'의 본보기를 제시한다.

넷째, 기독교 대안 공동체는 다양한 개혁을 실험하고 다듬으며 증명하는 실험실 역할을 할 수 있다.

다섯째, 기독교 대안 공동체는 공동체에서 나와 보다 넓은 사회의 다양한 구조와 상황으로 들어가는 개개인을 준비시키고 돕는다. 이 공동체는 분별뿐 아니라 사회 활동의 자원이다.

제도적 참여 모세, 다니엘, 바울, 그 밖의 성경 인물들이 보여주듯이, 사회의 정치 구조와 제도에 대한 직접적 참여는 사회윤리적 관심을 실행에 옮기는 또 하나의 전략이다. 특히 그리스도인들이(다른 사람들과 더불어) 정치적, 사회적 책임을 하도록 권유받는 환경에서는 제도적 참여를, 윤리적 확신을 실천하는 정당한 수단으로 보는 게 적절하다. 선거 정치, 입법 개혁, 비즈니스와 전문적 활동, 공교육 등은 그리스도인들이 참여해야 할 제도적 영역 가운데 몇 가지 본보기이다. 이러한 참여의 울타리는 두 기준으로 결정된다.

첫째, 어떤 그리스도인도 하나님의 계명을 어길 권세가 없다. 우리는 갈등에 처할 때 언제나 "사람보다 하나님께 순종해야" 한다(행 5:29).

둘째, 개인이든 단체든, 어떤 그리스도인도 하나님 나라의 도덕적 기준을 세상에 일방적으로(강제적으로) 적용할 권세가 없다. 그리스도인들은 세상의 소금이고 빛이며 이리 가운데 있는 양으로서 존재하고 영향을 미치지만 위협이나 지배를 수단으로 사용하지는 않는다.

수단과 목적 성경적 기독교 사회윤리는 분별과 실행 양쪽 모두에서 의무론적 윤리(결과에 개의치 않고 옳은 것을 한다)나 목적론적 윤리(결과가 수단을 정당화한다)와 같은 손쉬운 분류를 거부한다. 그러나 특히 목적론적 접근은 성경의 메시지를 훼손한다. 악한 수단은 그 어떤 환경에서도 정당화되거나 허용될 수 없다(롬 6장). 그리스도인은 "선으로 악을 이겨야" 한다(롬 12:21). 선택된 수단이 결과의 성격에 영향을 미치기 때문에, 선한 목적은 선한 수단을 통해서만 성취될 수 있다. 정의는 정의로운 방법을 통해서만 성취될 것이다. 평화는 평화로운 수단을 통해서만 얻어질 것이다. 자유와 평등은 자유와 평등으로 특징되는 수단을 통해서만 얻어질 것이다. 분별된 선의 전략과 실행에 대한 기독교적 사고는 언제나 이러한 수단과 목적 간의 끊을 수 없는 관계를 강조할 것이다.

기독교 윤리와 가난

Christian Ethics and Poverty

+ 스코트 모로

가난한 자들은 성경에서 다양한 형태로 300회 이상 언급된다. 이러한 언급은 영적으로 가난한 자들을 포함할 수 있지만(마 5:3) 대다수는 물질적 가난과 관련이 있다. 가난은 인간사에서 피할 수 없는 부분이다. 이스라엘 백성 중에는 가난한 자가 없어야 하지만, 땅에는 가난한 자들이 항상 있을 것이다(신 15:4,11). 예수님은 우리가 도와야 할 가난한 사람들이 항상 있을 것이라고 말씀하셨다(마 26:11; 막 14:7; 요 12:8).

성경적으로 보면, 가난에는 여러 원인이 있다. 첫째는 가난하게도 하시고 부하게도 하시는 하나님 자신이다(삼상 2:6-8). 하나님은 이스라엘이 약속의 땅에서 그분의 길을 버리면 그들을 가난하게 하겠다고 경고하셨다. 이렇듯이 하나님은 가난을 심판의 수단으로 사용하실 수 있다(신 28:48). 하나님께서 최종적 주권자이시다. 그러나 우리는 가난의 인간적인 면도 볼 수 있다. 잠언은 게으름(잠 10:4,5), 조급함(잠 21:5), 쾌락 사랑(잠 21:17), 이기심(잠 28:22) 등을 포함한 개인이 선택하는 생활방식에서 비롯되는 가난에 초점을 맞춘다. 그러나 구약의 나머지 부분에서, 가난이 영구화되는 것은 경건하지 못한 사람들(부자이며 특권을 가진 자들)의 압제 때문일 때가 많다(예를 들면, 욥 20:19; 시 14:6; 37:14; 잠 29:7; 겔 18:12; 암 4:1).

압제자들과는 대조적으로, 하나님은 가난한 자들의 피난처이다(시 14:6; 사 25:4). 하나님은 가난한 자들의 부르짖음을 들으시고(출 22:27; 시 34:6), 그들의 필요를 공급하시며(시 68:10; 82:3; 102:17; 113:7; 사 41:17), 그들에게 정의를 베푸신다

(시 140:12). 마침내 메시아께서 가난한 자들을 공의로 심판하실 것이다(사 11:4). 그러나 그때까지, 가난한 자들은 특별한 보호와 공의가 필요하다. 자신의 관심을 나타내는 하나의 상징으로, 하나님은 율법에 가난한 자들을 위한 특별한 규정을 두셨다. 이삭줍기의 권리가 제정되었으며(레 19:10; 23:22), 가난한 자가 밤에 덮고 잘 수 있도록 전당 잡은 겉옷은 해지기 전에 돌려주어야 했으며(출 22:26,27; 신 24:12,13), 가난한 일꾼들의 품삯을 그날그날 지불해야 했으며(신 24:14,15), 3년마다 가난한 자들을 위한 십일조를 내야 했으며(신 14:28,29), 이스라엘 가운데 가난한 자들에게는 이자를 받지 말아야 했으며(출 22:25), 가난한 자들에게 후히 꾸어주는 것은 하나님께 복 받을 일이었으며(신 15:7-11), 가난한 자들은 부담이 덜한 제물을 바칠 수 있었다(레 5:7,11; 27:8). 하나님의 백성으로서, 우리는 그분의 본을 따라야 한다. 하나님을 아는 자들은 가난한 자들을 변호해야 하며, 이렇게 하는 것이 의롭다(잠 29:7). 하나님은 가난한 자들을 돕는 자에게 복을 주신다(신 24:13,19). 가난한 자들을 불쌍히 여기는 것은 하나님께 꾸어주는 것이기 때문이다(잠 19:17; 마 25:31-46). 그러므로 가난한 자들을 변호하거나(렘 22:16) 그들을 도울 때(잠 14:31) 우리는 그분의 길을 걷고 있는 것이다.

가난한 자들은 공정한 재판을 받을 권리가 있다. 가난한 자들은 단지 가난하다는 이유로 혜택을 누려서도 안 되며 억압을 받아서도 안 된다(출 23:3-11; 30:15; 레 19:15). 우리는 가난한 자들의 송사라고 정의롭지 못하게 처리되거나(출 23:6) 가난한 자들이 착취당하지 않게 해야 한다(잠 22:22). 가난한 자들을 돕는 자는 하나님의 보호를 받겠지만 가난한 자들을 압제하는 자는 악하다. 그는 죽어 마땅하며(겔 18:10-13) 하나님께 심판을 받을 것이다(사 3:13-15). 왜냐하면 그는 가난한 자들을 멸시했을 뿐 아니라 그들을 지으신 분을 멸시했기 때문이다(잠 14:31). 예를 들면, 소돔이 심판을 받은 것은 소돔 사람들이 가난한 자들을 돕지 않았기 때문이다(겔 16:49).

성경의 논의가 기술하듯이, 가난한 자들도 사람이며 하나님이 지으신 자들이다. 가난이 자업자득일 때도 있지만, 보다 일반적으로 부자들은(사회구조와 더불어) 가난한 자들을 억압하고, 그들에게 공의를 베풀지 않으며, 그들이 가난을 벗어날 기회를 주지 않는다. 가난한 자들도 죄인인 것은 사실이다. 그러나 부자들이 가난한 자들에게 깊이 죄를 짓는 것도 사실이다. 하나님은 우리에게 가난한 자들을 공평과 정의로 대하며, 이들의 영적, 물질적 필요를 돌아보라고 요구하신다. 교회도 동일한 태도를 취해야 한다(약 2:2-6).

가난한 자들이 그들이 처한 환경 때문에 하나님을 부자보다 더 실제적으로 볼 수 있는 것은 사실이며, 가난한 자들은 일상을 하나님께 의지하는 부분에 대해 부자들에게 가르쳐 줄 게 많다. 그렇더라도 가난한 자들이 단지 그들의 사회경제적 신분 때문에 구원받는다는 주장은 성경 전체의 주장에 비추어볼 때 지지를 받을 수 없다. 가난한 자들도 복음을 들어야 하며, 따라서 자신이 이 땅에 온 것은 복음을 선포하고 가난한 자들을 스스로 결박하는 것에서 자유하게 하기 위해서라는 예수님의 선언을 들어야 한다(눅 4:18-20). 교회로서, 우리는 억압당하는 가난한 자들의 편에 설 뿐 아니라 그들에게 복음을 전하고 그들을 위해 정의를 구할 책임이 있다.

우리가 가난한 자들을 압제했던 부분이 있다면, 마땅히 회개하고 행동과 태도를 고쳐야 한다. 가난한 자들이 압제당하는 모습을 보고도 침묵했다면, 이제부터 그들과 함께 압제에 맞서 싸워야 한다. 그러나 이렇게 하는 가운데, 가난한 자들을 단순히 관심의 대상으로만 보아서는 안 되며, 우리의 계획에 따라 이들에게 명령하는 게 아니라 이들의 동반자가 되어 이들의 인격을 인정하고 이들의 존엄을 확대해야 한다. 무엇보다도, 가난한 자들을 만나는 곳마다 이들에게 예수님의 죽음과 부활의 복된 소식을 선포하고, 이들이 자신의 고통에 가장 깊은 관심을 보이시는 분과 살아 있는 관계를 갖도록 이들을 이끌어야 한다.

더 깊게 공부하려면

Charles Colson, 《그리스도인, 이제 어떻게 살 것인가?》(*How Now Shall We Live?*), 정영만 옮김(요단, 2002)
David W. Gill, *Doing Right*
Dennis P. Hollinger, *Choosing the Good*
Arthur R. Holmes, *Ethics*
Francis Schaeffer, *How Should We Then Live?*

데니스 윌리엄스, 마를린 르피버, 릴리언 브레켄리지, 줄리 고먼

기독교 교육이란? | 학습 스타일

기독교 교육에 대한 통문화적 시각 | 그리스도인 빚기

26 기/독/교/교/육

내가 너희에게 분부한 모든 것을 가르쳐 지키게 하라.

마 28:20

많은 교회들이 교육부장이나 교육목사를 두고 있다. 이들은 주일학교, 특히 아이들을 가르치는 데 자주 초점을 맞추기 때문에(또는 그렇게 보이기 때문에), 기독교 교육은 주로 성경 이야기나 아동 프로그램과 관련이 있다고 생각하는 게 일반적이다. 기독교 교육은 어린아이를 가르치는 게 본질적인 부분이기는 하지만, 그러나 이보다 훨씬 많은 부분을 포함한다. 그렇다면 기독교 교육이란 무엇이며 크리스천 리더들이 어떻게 하면 기독교 교육을 효과적으로 할 수 있는가? 기독교의 가치관을 가르치는 하나의 '바른' 방식이 있는가? 기독교 환경에서 교육 이론은 어떤 역할을 하는가? 어떻게 하면 학습자들이 "말씀을 행하는 자가 되고 듣기만 하는" 자가 되지 않을 수 있는가(약 1:22)?

이런 질문과 그 외의 질문에 답하도록 돕기 위해, 우리는 기독교 교육의 범위와 목적과 환경에 관해 몇 가지 생각을 제시하고, 학습자들이 어떻게 지식을 받아들이고 유지하는가에 관한 몇몇 핵심 이론의 장점과 한계를 살펴보며, 기독교 교육자들이 어떻게 하면 나이와 성, 인종이나 피부색에 상관없이 학습자들로 하여금 하나님을 알고 그분의 진리를 내면화하여 다르게 살도록 도울 수 있는지 알아볼 것이다.

기독교 교육이란?

Defining Christian Education

+ 데니스 윌리엄스

종교 교육과 기독교 교육이 다른가? 기독교 교육은 그리스도인만을 위한 것인가? 기독교 교육이 기독교적인 것은 무엇 때문인가? 기독교 교육의 목적은 무엇인가? 목표와 가치관은 어떻게 결정되는가? 기독교 교육을 위한 환경은 어떠해야 하는가? 기독교 교육이란 구체적으로 무엇인가? 기독교 교육을 정의할 때, 이러한 문제들을 반드시 다루어야 한다.

종교 교육인가, 기독교 교육인가?

한동안 종교 교육이라는 용어가 사용된 것은 이 용어가 광범위했으며 다양한 시각을 포함하기 때문이다. 종교 교육은 개신교인이나 복음주의자에게만 해당되는 게 아니라 로마 가톨릭과 유대교인뿐 아니라 그 밖의 종교를 믿는 사람들에게도 해당된다. 이러한 분류는 신학적 시각이 다양한 많은 사람들이 모인 종교교육협회(Religious Education Association)에서 가장 잘 나타난다. 그러나 복음주의 교육자들은 이러한 포괄성에 불편을 느꼈으며, 자신들은 모든 종교적인 것에 열려 있는 게 아니라 하나님의 말씀이 가르치는 것에만 열려 있음을 분명히 하기를 원했다.

이것이 신학적, 성경적 차이가 되었다. 신학교는 한동안 종교 교육학 석사(Master of Religious Education, MRE) 학위를 주었으나 많은 복음주의 신학교가 기독교 교육학 석사(Master of Arts in Christian Education, MACE)로 대체했다. 몇몇 복음주의 교회는 교육 목회를 말할 때 '종교 교육'이라는 용어를 사용하기는 하지만, 이들이 말하는 것은 모든 종교 그룹을 받아들일 만큼 포괄적인 게 아니라 성경에 기초한 교육 목회이다.

종교 교육과 기독교 교육이 구분되기는 했으나 이러 문제가 포함되지 않던 때가 있었다. 기독교 교육은 기독교 주간학교와 선교 현장의 학교처럼 학교와 관련이 있는 것으로 정의되었다. 종교 교육은 주일학교, 리더십 개발, 가정생활 교육과 같은 지교회 사역을 포함하는 모든 것이었다. 어떤 사람들은 지금도 이러한 구분을 하지만, 이런 구분은 더 이상 보편적으로 받아들여지지 않는다.

기독교 교육의 범위

기독교 교육은 누구를 위한 것인가? 문자적으로, 기독교 교육은 그리스도인을 위한 것이지만 실제 범위는 이보다 훨씬 넓다. 기독교 교육은 회심 이전과 회심 때와 회심 이후의 학습 경험을 포함한다. 사람들은 하나님의 말씀에 관한 성실한 가르침과 죄를 깨닫게 하시는 성령의 능력을 통해 그리스도를 믿는다. 회심 후, 학습자는 제자훈련 단계에 접어들며 신자로서 발전하고 성장한다. 이것이 행동하는 기독교 교육이다. 기독교 교육은 한때의 학습 경험이 아니라 하나님과 그분의 말씀을 더 많이 배워가는 평생의 과정이다. 기독교 교육은 이러한 진리가 섬김과 사역 가운데 다른 사람들에게 전달될 수 있도록 학습자의 삶에서 이러한 진리를 적용하는 일을 포함한다. 기독교 교육은 사람들을 믿게 하고, 사람들의 믿음을 성장시키며, 사람들이 교회 사역을 통해 다른 사람들을 섬기도록 인도하는 데 목적이 있다.

세속 교육과 기독교 교육의 차이에 관해서는 많은 논의가 있었다. 어떤 사람들은 동일한 학습 이론과 방법과 접근법이 우세하게 사용되기 때문에 아무런 차이가 없다고 말한다. 양쪽이 내용을 공유하는 것은 사실이다. 양쪽이 변화를, 많은 사람들이 '학습'이라 부르는 것을 보고 싶어 하는 것은 사실이다. 기독교 교육이 단지 성경을 가르치는 데 불과하지 않으며, 세속적인 주제를 기독교적 시각에서 가르칠 수 있다는 것도 사실이다. 그러나 둘 사이에는 차이가 있다. 기독교 교육에서 성령이 차지하는 특별한 역할 때문이다. 성령의 조명을 통해, 신자들은 하나님의 진리를 보지만, 세속 교육에서는 이것이 이루어지지 않는다. 세속 교육자와 기독교 교육자가 비슷한 방법을 사용할 수 있지만, 이 때문에 둘이 똑같을 수는 없다.

교사와 학습자가 학습 환경에서 성령의 역사를 의지할 때, 기독교 교육은 기독교적이다. 교육의 목적과 목표가 하나님과 그분의 나라를 높이는 것일 때, 기독교 교육은 기독교적이다. 커리큘럼이 말씀의 가르침과 성경신학에 대한 이해를 토대로 작성될 때, 기독교 교육은 기독교적이다. 하나님이 주관하신다는 전반적인 이해와 시각이 있고 가르치는 자와 배우는 자가 모든 면에서 그분의 뜻과 목적을 성취하려고 진지하게 노력할 때, 기독교 교육은 기독교적이다.

기독교 교육의 목적

기독교 교육의 목적은 사람들이 예수 그리스도를 믿어 구원을 얻게 하고, 제자의 삶을 살도록 훈련시키며, 세상에서 그리스도인으로서 섬길 수 있도록 준비시키는 것이다. 기독교 교육의 목적은 신자들이 기독교적 시각에서 중요한 결정을 내리도록 돕는 성경적 세계관을 키워주는 것이다. 또한 신자들이 복음의 메시지로 사회에 영향을 미치도록 삶의 모든 부분을 '기독교적으로 생각하도록' 돕는 것이다. 본질적으로, 기독교 교육은 기독교 세계관을 길러주는 것이다.

기독교 교육의 목적과 목표와 가치는 성경에 근거한 신학적 기초에서 나오기 때문에, 이런 면에서 보다 포괄적인 '종교' 교육적 접근과는 아주 다르다. 예배, 전도, 제자훈련, 교제, 섬김은 모두 성경에서 나오며, 기독교 교육의 모든 목적과 가치 선언에 포함된다. 목표는 이러한 교회의 핵심 역할에서 나오며, 효과적인 기독교 교육은 이러한 중요한 역할의 성취를 토대로 가늠될 수 있다.

기독교 교육의 환경

기독교 교육의 일차적 환경은 교회이다. 실제로, 교회의 교육 목회는 세상에서 가장 큰 교육적 노력일 것이다. 어린아이에서 최고령 어르신에 이르기까지, 교회를 통한 기독교 교육에 참여하는 사람들의 수는 엄청나다. 기독교 교육은 또한 기독교 학교, 성경 공부, 캠프, 선교 단체, 그 외에 다양한 사역을 통해 교회 밖에서도 이루어진다. 기독교 교육은 단지 한 종류의 조직이나 사역에 제한되는 게 아니라 교회 밖의 다양한 곳에서 이루어진다는 데 주목하는 게 중요하다.

그러므로 기독교 교육은 단순히 그리스도인들을 가르치는 데 불과한 게 아니다. 기독교 교육은 여기서 훨씬 더 나아간다.

학습 스타일
Learning Styles

+ 마를린 르피버

학습 스타일이란 학생이 사물을 가장 잘 보거나 지각한 다음 본 것을 말하거나 사용하는 방식이라고 정의할 수 있다. 기독교 교육의 현장에서 학생이 선호하는 학습 스타일이 존중될 때, 그 학생은 그리스도를 위해 더 많은 것을 시도하고, 더 강한 제자가 되는 경우가 많을 것이다. 학습 스타일은 초점을 "어떻게 하면 주일학교 수업을 무사히 끝낼 수 있을 만큼 규율을 유지할 수 있을까? 어떻게 하면 위험에 처한 아이들을 도울 수 있을까?"에서 "우리는 삶을 바꿔놓는 이 경험에, 많은 유망한 아이들을 가르치라는 하나님의 소명에 참여하게 되어 너무나 기쁘다"로 옮겨간다.

전통적 학습관은 모든 학생이 동일한 방법으로 배운다는 것이었다. 교사는 모든 학생들의 지성이 동일한 직선적 패턴으로 정보를 받아들인다고 생각했다. 이러한 패턴은 수없이 긴 세월 동안 가르침의 모형으로 작용했다. 여기에는 동일한 기본 단계가 있었다. (1) 교사가 정보를 제공하면 학생들은 주의 깊게 들었다. (2) 학생들은 필기를 하고 암기했다. (3) 교사는 교사 중심의 질문과 답변을 통해 학생들과 상호작용을 했다. (4) 그런 후 학생들은 자신이 교습 내용을 숙지했음을 증명하기 위해 교사에게 정보를 되돌려주었다. 그러나 학습은 위의 과정으로 쉽게 도식화되지 않는다. 하나님은 우리의 지성을 정교하게 만드실 때 이보다 훨씬 더 창조적이셨다. 각자는 자신만의 특정한 패턴에서 가장 잘 배운다. 교사가 학습 선호도 차이를 고려할 때, 학생들은 더 빨리 배울 수 있고, 배우는 내용을 더 즐길 수 있으며, 배운 내용을 더 쉽게 실행에 옮길 수 있다.[1]

교사가 이러한 차이를 고려하지 못할 때 귀중한 학습 기회를 허비한다. 학생은 자신이 똑똑하지 못하다고 확신할 수 있을 것이며, 일단 그렇게 확신하면 그 확신대로 살 것이다. 이러한 유해한 사고방식은 어린 시절에 학습될 수 있다. 어떤 초등학교 교사가 말했듯이, "한 아이가 고급 독서반에 배치 받는 것과 초급 독서반에 배치 받는 것의 차이를 이해하는 데는 전혀 시간이 걸리지 않는다."

매우 똑똑한 사람에게도, 배우는 일이라면 뭐든 힘들어 하는 사람에게도 학습 스타일이 있다. 학생들을 개개인의 학습 스타일에 맞는 방식으로 가르칠 때, 이들의 잠재력이 발휘될 가능성이 훨씬 더 높다.

민들레 홀씨를 생각해 보라. 홀씨가 사방으로 날리도록 세게 불어보라. 바람이 가볍게 부는 날에도 모든 홀씨가 다 좇아가는 것은 불가능하다. 학습 스타일에 대한 정보도 마찬가지이다. 많은 연구자들이 사람들이 배우는 방식의 서로 다른 부분을 좇아간다. 확인된 각각의 새로운 정보 덩어리는 기독교 교육자의 일을 더 어렵게 하는 동시에 더 효과적이게 한다. 우리에게는 새로운 정보가 엄청나게 많다. 자원자들은 주일학교에서 집으로 돌아와 발을 구르면서 어머니에게 "다시는 교회 안 갈 거야"라고 외치는 어린 소녀와 같은 기분이 들 것이다.

아이의 어머니는 갑작스러운 말에 놀란 채 물었다. "왜?"

어린 소녀가 대답했다. "이미 알고 있는 것만 해도 실천하기에 벅차."

그렇다. 선생으로서, 우리는 이미 알고 있는 것만 해도 실천하기에 벅차다. 그러나 우리는 배울수록 배운 것을 실천해야 할 책임이 더 커진다.

여기서 우리는 학습 스타일의 두 측면을 살펴볼 것이다.[2] 첫째, 자연적 학습 사이클(Natural Learning Cycle)을 살펴볼 것이다. 자연적 학습 사이클은 우리가 가르칠 때 따라야 하는 패턴을 제시한다. 둘째, 우리가 학습할 때 가장 많이 사용하는 양식이나 감각을 살펴볼 것이다. 양식을 알면 교실의 각 학생에게 맞는 방법을 선택하고 이것을 자연 학습 사이클을 통해 적절하게 효과적으로 사용하는 데 도움이 될 것이다.[3]

자연적 학습 사이클: 자연적 학습 과정

대부분의 교사는 학생들이 매우 다양한 방법으로 배운다는 것을 이해한다.

자원 교사가 묻는다. "하지만 제가 어떻게 서로 다른 아이들을 한 반에서 가르칠 수 있습니까?" 대답은 생각만큼 어렵지 않다. 학습은 자연적 과정이나 사이클을 따른다. 교사는 이 사이클을 따를 때 모든 학습자가 반짝일 기회가 있음을 알 것이다. 학습자가 자신이 선호하는 스타일로 학습할 때, 그 부분에서 적극적으로 참여하고 리더의 역할까지 할 수 있을 것이다. 자신의 학습 방식이 어느 시점에서인가 존중되리라는 것을 알 때, 학생은 자신이 선호하지 않는 부분에서도 자유롭게 경청하고 배운다.

학습 스타일 전문가 버니스 맥카시(Bernice McCarthy)는 이러한 단계 가운데 하나를 다른 사람들보다 더 좋아하고 그 단계가 모든 수업에 포함될 때 가장 잘 배우는 학생들의 이름을 지었다.[4] 그녀는, 모든 학생의 학습 스타일은 사이클에서 자신이 좋아하는 부분에 의해 결정된다고 단언한다. 그곳에서 학생은 이렇게 말할 수 있다. "나는 여기서 제일 똑똑해요. 여기서 가장 크게 기여할 수 있어요."

1단계: 협력형 학습자들(Collaborative Learners)은 자신이 이미 알거나 느끼거나 필요한 것, 즉 과거의 경험으로부터 쉽게 공유하는 것에서 시작한다. 이들은 교실 밖의 삶을 연결하며, 모두가 토의하고 조사하도록 그 연결을 교실 안으로 가져온다. 아주 간단하게 말하면, 이러한 학습 과정의 첫 단계에 가장 크게 기여하는 학생들은 새로운 학습이 일어나는 정황을 제공하는 데 뛰어나다. 이들은 학급 전체가 왜 지금 공부하는 내용이 중요한지 이해하도록 돕는다. 이들은 "왜 이것을 공부하지?"라는 질문에 답한다.

2단계: 1단계는 뭔가 새로운 것을 배우도록 학급 전체를 준비시켰다. 이제 두 번째 그룹의 학생들, 즉 분석형 학습자들(Analytic Learners)이 리더십을 발휘한다. 이들은 "우리가 알아야 할 새로운 것은 무엇인가?" 또는 "성경은 이 문제에 대해 뭐라고 말하는가?"와 같은 질문에 답하기를 좋아한다. 분석형 학습자들은 모든 수업에서 뭔가 새로운 것을 배우거나 자신이 이미 아는 것에 대한 새로운 시각을 볼 필요가 있다. 모든 학생이 자연적 학습 사이클의 모든 부분에 참여하지만 각자 한두 부분을 가장 많이 즐길 것이다. 주의하라. 많은 자원 교사들이 2단계 끝에서 멈춘다. 이들은 학급의 관심사를 파악했으며, 학급을 성경 공부 속으로 이끌었다. 이들은 학생들이 배웠다고 느낀다. 그러나 이들은 학습 사이클의 절반을 소화했을 뿐이다. 이들이 여기서 멈춘다면, 학생들은 자신이 배운 바를 실천에 옮기지 못할 것이다. 또한, 학생들의 거의 절반이 자신의 지성을 자신이 가장 잘하는 방식으로 활용할 기회를 갖지 못했기 때문에 학급에 대해 소속감을 느끼지 못할 것이다. 서구 문화에서, 학생들의 30퍼센트가 학습 사이클의 2단계를 선호한다. 70퍼센트는 나머지 세 단계에 꽤 골고루 퍼져 있다.

3단계: 3단계는 안전한 실험실이며, 여기서 상식형 학습자들(Commonsense Learners)은 앞서 이루어진 것 위에 세운다. 이들은 왜 자신이 공부하는 주제가 중요한지 안다. 이들은 성경이 그 주제에 대해 뭐라고 말하는지 안다. 이제 이들은 자신이 배운 게 오늘날 어떤 의미를 갖는지 알고 싶어 한다. 그것은 적용이 가능한가? 교실이라는 안전한 정황에서, 이들은 "이것이 어떻게 작용하는가?" 라는 실제적인 질문의 해답을 찾는 작업을 하고 싶어 한다.

4단계: 넷째 그룹의 학생들, 즉 역동형 학습자들(Dynamic Learners)은 자신이 교실에서 배운 바를 활용하는 창의적 방법을 찾는 부분에서 전 학급의 리더 역할을 할 것이다. 이러한 최종 단계는 학생들을 안전한 실험실에서 나와 월요일에서 금요일까지 계속되는 일상의 현장으로 옮겨가게 한다.

그 어떤 학생도 4분면 가운데 하나에 완벽히 들어맞지는 않을 것이다(뒤의 그림을 보라). 하나님은 그분의 피조물을 단지 네 종류의 학습자로 제한하기에는 너무나 창조적이시다. 각 사람의 패턴은 조금씩 다르지만 대부분의 학생들에게는 자연적 학습 사이클 가운데 자신이 가장 편안하게 느끼고 크게 기여할 수 있는 한두 단계가 있을 것이다. 한 단계를 제거하는 것은 한 학생의 가치를 떨어뜨리는 것이다.

이 과정에 대해 맥카시는 이렇게 말한다. "이런 방식으로 배우는 것은 자연스럽다. 나는 자연적 학습 과정을 이해하는 과정에서, 내가 항상 이것을 알고 있었다는 느낌이 계속 들었다. 나는 내가 가르칠 때 많은 경우 이것을 직관적으로 사용했다는 것을 깨달았다. 내가 이 사이클을 의식하도록 도와준 연구자들의 노고에 깊이 감사한다. 이제 나는 이것에 이름을 붙일 수 있고, 이것을 소유할 수 있기 때문이다."[5]

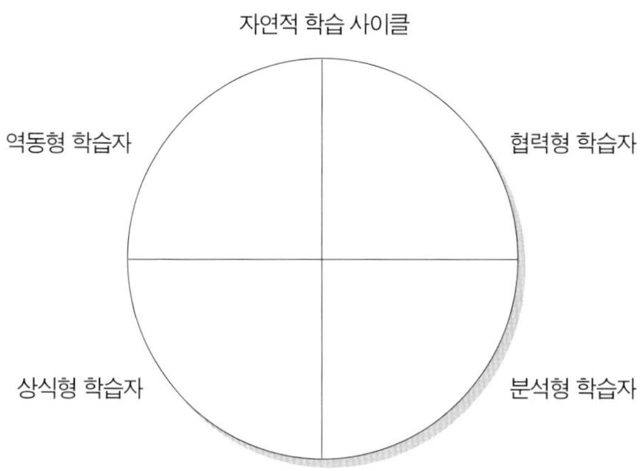

예상 평가

선호하는 학습 스타일에 관해 더 자세히 알고 싶다면 다음 질문을 살펴보는 게 아주 유익하다.[6] 당신의 학습 스타일을 안다면 당신 교실의 다양한 학생들을 이해하는 데 큰 도움이 될 것이다.

WHAT'S MY LEARNING STYLE?

나의 학습 스타일은?

본 학습 스타일 평가는 당신이 선호하는 학습 스타일을 찾는 데 도움이 될 것이다.[7]

방법: 각 문장을 읽고 다음과 같이 점수를 매겨라.

4 = 항상 나에게 해당된다

3 = 때로 나에게 해당된다

2 = 거의 나에게 해당되지 않는다

1 = 전혀 나에게 해당되지 않는다

점수를 모두 기록한 후 네 유형의 점수를 각각 더해 당신의 학습방식에 가장 근접한 유형을 결정하라. 총점이 가장 높은 유형이 당신이 자연적 학습 사이클에서 가장 평안하게 느끼는 유형이다. 이러한 예측은 자신이 가장 잘 배우는 방식에 대해 당신이 이미 알고 있는 것을 확인시켜 줄 것이다. 또한 사이클에서 당신과 가장 거리가 먼 부분들에도 주목하라. 당신은 자신이 선호하는 부분들을 지나치게 강조하지 않고 자신이 편안하게 느끼지 않는 부분들을 소홀히 하지도 않기 위해 수업 시간을 어떻게 짜야 하는지에 특별한 주의를 기울이고 싶을 것이다.

협력형 학습자

______ 나는 다른 사람들과 함께 있을 때 일을 가장 잘한다.

______ 나는 다채로운 작업 환경을 좋아한다.

______ 나는 질문에 대해 구체적으로 빈칸을 채우는 식의 답변보다 에세이 식의 답변을 좋아한다.

______ 나는 스스로 학생들의 친구로 본다.

______ 내 학급에서 일어날 수 있는 최악의 상황은 학생들이 서로 잘 화합하려 하지 않으려는 것이다.

______ 사람들은 내가 정말로 좋은 사람이라고 말한다.

______ 나의 자기 정체성 가운데 한 부분은 내 친구의 수와 그들과 맺은 우정의 힘과 관련이 있다.

______ 나를 묘사하는 세 단어는 이렇다. 친구 같다, 나눌 줄 아는 사람이다, 안아주는 사람이다.

합계 :

분석형 학습자

______ 나는 혼자 있을 때 일을 가장 잘하며, 내게 필요한 정보를 책이나 그 밖의 선생들에게서 수집한다.

______ 나는 책상이나 테이블에서 일하기를 좋아한다.

______ 나는 바른 해답을 찾음으로써 문제를 풀기를 좋아한다.

______ 나는 스스로 학생들에게 정보를 주는 사람으로 본다.

______ 내 학급에서 일어날 수 있는 최악의 상황은 학생들이 신앙의 기본을 배우려 하지 않는 것이다.

______ 사람들은 내가 정말로 똑똑한 사람이라고 말한다.

______ 나의 자기 정체성 가운데 한 부분은 다른 사람들이 내가 얼마나 똑똑하다고 생각하느냐와 관련이 있다.

______ 나를 묘사하는 세 단어는 이렇다. 합리적이다, 분석적이다, 똑똑하다.

합계 :

상식형 학습자

______ 나는 혼자 있을 때 일을 가장 잘하며, 정보가 제 역할을 하도록 정보를 정리한다.

______ 나는 머리뿐 아니라 손으로 일하기를 좋아한다.

______ 나는 나의 생각을 점검함으로써 문제를 풀기를 좋아한다.

______ 나는 스스로 학생들이 해야 되는 일을 하도록 돕는 훈련자로 본다.

______ 내 학급에서 일어날 수 있는 최악의 상황은 학생들이 자신의 신앙을 실제적인 방식으로 삶에 옮기려 하지 않는 것이다.

______ 사람들은 내가 열심히 일하는 사람이며, 결과 지향적인 사람이라고 말한다.

______ 나의 자기 정체성 가운데 한 부분은 내가 일을 얼마나 잘하느냐와 관련이 있다.

______ 나를 묘사하는 세 단어는 이렇다. 행동적이다, 현실적이다, 실제적이다.

합계 :

역동형 학습자

______ 내가 가장 잘하는 일은 새로운 아이디어를 찾아내고 사람들이 감히 하려 하지 않는 일을 시도하는 것이다.

______ 나는 새로운 아이디어를 다루며, 무엇이 잘 작용될 것인지 직관적으로 추측하기를 좋아한다.

______ 나는 스스로 학생들을 위한 촉진자로 본다.

______ 내 학급에서 일어날 수 있는 최악의 상황은 학생들이 자신이 배운 바를 이용하여 이 세상을 더 나은 곳으로 만들려 하지 않는 것이다.

______ 사람들은 내가 매우 창의적인 사람이라고 말한다.

______ 나의 자기 정체성 가운데 한 부분은 내가 가진 새로운 많은 아이디어와 관련이 있다.

______ 나를 묘사하는 세 단어는 이렇다. 호기심이 많다, 리더이다, 상상력이 풍부하다.

합계 :

이러한 예상 평가를 토대로 볼 때,
자연적 학습 사이클에서, 내가 가장 강한 부분은 ______________________ 이다. (이곳이 당신이 가장 편안하게 가르치고 있는 '홈 베이스'home base일 것이다.)[8]
내가 가장 놓치기 쉬운 학생들은(반대쪽 분면에 있는 학생들) 자연적 학습 사이클의 그 부분에서 가장 강한 사람들이다.

마를린 르피버 Marlene LeFever

THE PORTABLE SEMINARY

자연적 학습 사이클에 대한 개괄

자연적 학습 사이클에서 서로 다른 분면을 선호하는 학생들에게는 매우 다른 학습 특징이 있다. 각각에 대한 연구는 네 그룹 모두의 필요를 충족시키는 데 도움이 될 수 있다.

협력형 학습자: 왜 내가 이것을 알아야 하는가? 협력형 학습자들은 많은 교실에서 두 가지 이유 때문에 위험에 처한다. 첫 번째 이유로, 협력형 학습자들은 넓은 그림을 생각하는 데 능하지만 대개 세세한 부분에서는 그다지 능하지 못하다. 예를 들면, 교사가 열두 제자의 이름을 예수님이 선택하신 순서대로 말해보라고 한다면, 이런 학생들은 전혀 대답을 못할 것이다. 이들의 지성은 이런 방식으로 작용하지 않으며, 이들은 이런 질문의 해답을 가치 있게 여기지도 않을 것이다. 그러나 교사가 "그리스도인의 제자도가 무엇이며, 여러분은 예수님의 제자들이 제자도에 대한 이해를 어떻게 키워나갔다고 생각합니까?"라고 묻는다면 이들은 자신이 중요하다고 생각하는 이 질문에 제대로 대답할 것이다.

협력형 학습자들은 교실 밖에서 본 것을 토대로 교실 안에서 기여한다. 이들이 목사에 대해 상황이 어려울 때라도 예수님을 따르기로 결심한 사람으로 알고 존경한다면, 이들은 목사를 예로 들면서 제자도에 관한 질문에 답할 것이다. 이들은 사물을 보고 정리해서 말한다. 이들은 경청하고 아이디어를 공유함으로써 배운다.

협력형 학습자들이 위험에 처하는 두 번째 이유는, 이들이 배우려면 말을 해야 하기 때문이다. 이들은 아이디어를 길게 토의할수록 더 똑똑해질 때가 많다. 주일학교 교사가 "조용히, 가만히 앉아 있으세요. 이제 그리스도인의 제자도에 대해 공부할 거예요"라고 말한다면, 이들은 수업에 집중하기 어려울 것이다. 대신에 교사가 "셋씩 짝을 지어 우리 주위에서 예수님의 뛰어난 제자라고 생각하는 사람들에 대해 이야기해 보세요"라고 말한다면, 이들은 즉시 참여할 뿐 아니라 나머지 학생들을 주도할 만큼 적극적으로 참여할 것이다. 이들은 사회적 상호작용을 통해 제 역할을 한다. 이들은 말로 표현하는 행위를 통해 자신이 무슨 생각을 하는지 발견한다.

협력형 학습자들은 사람 지향적이다. 이들은 주로 사람들을 중심으로 사실에 초점을 맞춘다. 이들은 인간의 행동에 대한 예리한 관찰자이며, 다른 사람들에 대한 진정한 관심을 표현하고 다른 사람들의 감정을 헤아릴 줄 안다. 협력형 학습자들은 대인 관계의 기술이 있을 뿐 아니라 큰 혁신과 상상력을, 특히 사람과의 접촉이 포함된 부분에서 보여준다.

다음은 강력한 협력형 학습 스타일을 가진 사람들을 정의하는 데 도움이 되는 몇 가지 특징이다.

- 전체적으로 폭넓게 말한다.
- 경청하고 아이디어를 공유함으로써 배운다.
- "왜?"라는 질문에 대답한다.
- 사교적이며, 친구 같으며, 섬세하다.
- 다른 사람들의 마음을 헤아린다.
- 인간의 본성을 예리하게 관찰한다.
- 듣고 말하기를 즐긴다.
- 시끄러운 상황에서 일을 가장 잘한다.
- 긴 강의를 듣거나 암기하거나 혼자 일하기를 싫어한다.
- 아이디어가 풍부하다.
- 자신의 느낌에 가락을 맞춘다.
- 사실을 사람들과 관련시켜 본다.
- 말함으로써 배운다.
- '내 패'(my gang)라는 느낌을 좋아한다.
- 말을 오래할수록 더 똑똑해진다.
- 승리/패배의 상황을 싫어한다(예: 논쟁).
- 업적보다 사람을, 성적보다 우정을 더 가치 있게 여긴다.
- 다채로운 교실을 좋아한다.
- 자신을 우정의 견지에서 정의한다.

분석형 학습자: 내가 알아야 할 것은 무엇인가? 분석형 학습자들은 수업에서 새로운 것을 배우거나 아는 것을 다른 정황에 적용하기를 좋아한다. 이들은 우리 사회의 사상가이자 파수꾼이며, 가장 합리적이고 순차적인 생각을 하는 사람들이다. 이들은 뒤에 앉아 한 문제의 모든 면을 듣고 보고 점검한 후에 대답하거나 결론을 내린다. 이들은 하나의 아이디어나 추상적 개념에서 시작해 지성을

활용하여 자신이 옳다고 확신하는 해답을 끌어낸다.

이들은 "똑똑하다"고 불리는 학생들이다. 교사는 이들을 좋아한다. 이들도 교사를 좋아한다. 이들은 교사가, 자리에 앉아 책을 펴라고 하면 그대로 한다. 전통적인 교실이 이들에게 적합하다. 이들은 교사가 자신에게 가르칠 게 있다고 생각되는 한, 교실에서 얼마든지 조용한다. 이들은 지시에 따른다. 이들은 삶의 A학점을 위해, 심지어 성적을 매기지 않는 주일학교에서까지 A학점을 위해 노력한다. 바꾸어 말하면, 이들은 이번 학기의 모든 요절을 다 암송한 사람으로 알려지고 싶어 한다. 이들은 선생님의 칭찬을 먹고 자란다. "○○는 얼마나 기특한지 몰라요. 성경퀴즈 때마다 1등을 하는걸요."

그렇다. 이 그룹은 똑똑하다. 그러나 자연적 학습 사이클의 다른 부분들에 속한 학생들도 똑똑하기는 마찬가지이다. 교사는 이 그룹을 칭찬할 때 자연적 학습 사이클을 돌면서 다른 학생들도 칭찬하는 것을 잊지 말아야 한다.

다음은 강한 분석적 학습 스타일을 가진 사람들을 정의하는 데 도움이 되는 몇 가지 특징이다.

- 논리적, 순차적으로 제시되는 정보를 좋아한다.
- 사실, 숫자, 이론을 가치 있게 여긴다.
- 옳은 입장이나 대답을 논리적으로 증명하기 위해 논쟁한다.
- 똑똑하고 지혜로운 사람들을 가치 있게 여긴다.
- 장기 계획을 세우고 그 결과를 본다.
- 아이디어에 대해 호기심이 많다.
- 자신을 지적이라고 본다.
- 이론(理論)에 아주 관대하다.
- 정확한 대답과 정확하지 못한 대답의 견지에서 생각한다.
- 옳은 것을 가치 있게 여긴다.
- 듣기와 메모하기를 즐긴다.
- 정보를 주는 교사를 좋아한다.
- 조용한 학습 상황을 선호한다.

- 전통적 방법론을 통해 배운다.
- 아무도 이기지 않는 상황이나 방법을 좋아하지 않는다.
- 자신이 얼마나 똑똑한가로 자신을 정의한다.
- 개념과 원칙을 찾기 위해 성경 읽기를 좋아한다.
- 냉정하다(impersonal).
- 경쟁이 필요하다.
- 혼자 일하기를 더 좋아한다.

상식형 학습자: 이것이 어떻게 작동하는가? 상식형 학습자들은 자연적 학습 사이클의 3사분면에서 가장 편안해 한다. 왜냐하면 여기서 과연 아이디어가 작동하는지, 한다면 어떻게 하는지 테스트되기 때문이다. 이들은 문제를 세분화하고 다시 끼워 맞추면서 문제를 논리적으로 생각하길 좋아한다. 이들은 분석형 학습자들의 사실 목록을 활용하기를 좋아한다. 이들은 전략적 사고를 가치 있게 여긴다. 행동과 행위는 이들의 학습 전략이다. 여기서 학생들은 지식을 위한 지식에서 벗어나 예수님을 위한 지식으로 옮겨간다. 상식형 학습자들은 "뿌리가 없는 생각은 꽃을 피우기는 하겠지만 열매는 맺지 못한다"라고 했던 유대 교육가 아브라함 헤셀(Abraham J. Heschel)에게 동의할 것이다.

자신들의 반대쪽에 있는 사람들(협력형 학습자들)처럼, 상식형 학습자들에게는 이들을 학교뿐 아니라 주일학교와 그 외 교회 프로그램에서도 위험에 처하게 하는 몇 가지 특징이 있다.

첫째, 이들은 자신이 배운 것을 일종의 유용한 형태로 바꿔야 한다. 이들은 어떤 정보가 오늘이나 내일 활용될 수 없다면 그 정보를 얻는 게 무의미하기 때문에 그 정보를 무시해 버릴 것이다. 이들의 장점은 아이디어를 실제적으로 적용한다는 것이다. 이들은 제시된 것이 즉시 쓸모없어 보이면 완전히 무시해 버릴 것이다. 모든 것은 반드시 실제적이어야 한다. 이들 가운데 많은 수가 학교에서 잘하지 못하는 것은 미래를 준비하는 수업을 완전히 피해버리기 때문이다. 이들의 태도는 이렇다. "난 지금 그게 필요 없어요. 그러니 지금 배우지 않을래요."

상식형 학습자들을 위험에 처하게 하는 두 번째 특징은 이들에게 학습 과정의 한 부분으로 움직임이 필요하다는 것이다. 하나님은 이들의 머리와 몸 사이에 직접 연결 장치를 두신 것 같으며, 따라서 이들의 몸이 움직이지 않을 때 이들의 지성도 최대의 능력을 발휘하지 못한다.

많은 상식형 학습자들은 다른 학습 스타일의 사람들보다 활동적이다. 이들은 학습 과정에서 자신의 전부를 활용하기 때문에 손과 몸을 끊임없이 움직인다. 상식형 학습자들은 일이 되게 하려고, 제대로 되게 하려고 노력한다. 이들은 교회 주변을 청소하거나 선교사에게 컴퓨터를 사 줄 돈을 모으려고 세차 아르바이트에 가장 먼저 지원할 것이다. 몸을 움직이고 지금 의미 있는 일을 하는 동안, 이들은 무엇인가를 배우고 있다.

다음은 강력한 상식형 학습 스타일을 가진 사람들을 정의하는 데 도움이 되는 몇 가지 특징이다.

- 학습 과정 중에 움직인다.
- 행동, 제품 개발, '방법'(how-to)을 가치 있게 여긴다.
- 현실적이며 실제적이다.
- 논리적 결과를 다룬다.
- 목표 지향적이다.
- 기술을 지식으로 본다.
- 지시 관리자로서의 교사를 가치 있게 여긴다.
- 혼자 일하기를 더 좋아한다.
- 냉정하다(impersonal).
- 강의를 즐기지 않는다.
- 전략적 사고를 가치 있게 여긴다.
- 구체적인 것에 대해서만 판단한다.
- 프로젝트가 얼마나 잘 돌아가느냐로 성공을 잰다.
- 대답을 듣고 있는 것을 아주 싫어한다.
- 문제 해결에 뛰어나다.
- 방법론(how-to)에 관한 글을 읽기를 좋아한다.

- 행동의 견지에서 기독교를 본다.
- 실제적인 정보를 얻기 위해 성경을 읽는다.
- 학습 상황에서 조용히 앉아 있기를 싫어한다.
- 시범을 통해 가르치고 배운다.
- 기계와 컴퓨터를 잘 다룬다.

역동형 학습자: 이것이 어떻게 될까? 교사가 시간이 모자라 매우 창의적인 그룹의 학생들이 "이것이 어떻게 될까?"라는 질문과 씨름할 시간을 주지 못하는 것은 참으로 슬픈 일이다. 역동형 학습자들은 모든 것을 미래의 견지에서 본다. "우리가 이 모든 것을 오늘 배우고, 교실에서 실습해 봤기 때문에 그것이 작동한다는 것을 알더라도, 그것으로 뭔가 하지 않는다면 무슨 소용이 있겠는가? 이봐, 난 좋은 아이디어가 있어." 이 그룹은 새로운 아이디어를 좋아하지만 첫 번째 아이디어가 작동하지 않으면 그 다음 아이디어로 쉽게 옮긴다. 이들에게 학습의 재미는 유연성에, 다른 사람들이 감히 하지 않으려는 새로운 것을 시도하는 데 있다.

자신들의 반대쪽에 있는 사람들(분석형 학습자들)과는 달리, 이 그룹은 깊이 생각하지 않은 채 곧바로 뛰어든다. 이들은 실험적 태도와 행동을 보인다. 이들은 "난 성공을 기다릴 수 없었다. 그래서 나는 성공 없이 전진했다"는 익살꾼 조나단 윈터스(Jonathan Winters)의 말을 이해하고 그 말에 동의할 것이다. 이들은 프로젝트를 연이어 시작하지만 마무리하는 데 어려움을 자주 겪는다. 결국, 시도해야 할 아이디어가 너무 많다.

교실에서, 역동형 학습자들은 교사보다 앞서 가거나 교사의 계획과는 전혀 다른 것을 하고 싶어 할 것이다. 이들은 그 이하의 것을 하고 싶어 하지 않고, 다르게 하고 싶어 한다. 이들은 마이크 야코넬리(Mike Yaconelli)의 말에 동의할 것이다. "기독교는 경계선 내에서 어떻게 사느냐를 배우는 것에 관한 게 아니다. 기독교는 채색의 기쁨에 관한 것이다." 역동형 학습자들은 새로운 아이디어에 호기심이 많고, 모호함에 관대하다. 이들은 학습 스타일은 매우 창의적이다. 그뿐 아니라 이들은 개성과 열정이 강한 리더일 때가 많다. 두 특징 모두 사람들이 이들을 따르기 쉽게 한다. 교사가 주의해야 할 게 있다. 강력한 역동형 학습자를 발견하면 바울 같은 그에게 디모데가 되어주면서 여분의 시간을 가져라. 이 사람은 리더가 될 것이다. 교사는 그의 리더십이 예수 그리스도의 제자도로 이어지도록 최선을 다해야 한다.

다음은 강력한 역동형 학습 스타일을 가진 사람들을 정의하는 데 도움이 되는 몇몇 특징이다.

- 리더이다.
- 실험적 태도와 행동을 보인다.
- 잘 발달된 유머 감각을 기른다.
- 유연성을 요구한다.
- 과제 완수에 많은 시간이 걸린다.
- 다양한 선택이 필요하다.
- 학생 중심의 교실을 좋아한다.
- 호기심과 통찰력이 있다.
- 창의성을 촉진하고 자극하는 교사를 좋아한다.
- 미래 지향적이다.
- 뭔가 다른 것을 하거나 틀을 깨고 싶어 한다.
- 육감에 따라 결정한다.
- 사람을 좋아한다.
- 커뮤니케이션 기술이 뛰어나다.
- 개성을 평가하게 해주는 연기나 모든 형태의 예술을 좋아한다.
- 예측이 불가능하며 기회를 잡으려 한다.
- 창의성을 가치 있게 여긴다.
- 직관이 강하다.
- 상황이나 문제에 접근하는 무수한 방법을 볼 수 있다.
- 이러한 것들을 다르게 또는 더 낫게 하기 위해 일한다.

양식: 자연적 학습 사이클에서 양식 사용하기

자연적 학습 사이클을 각 학생에게 최선을 다할 기회를 주는 수업 패턴으로 활용할 수 있다. 이 시점에서 이렇게 물을 필요가 있다. "내 학생들이 네 개의 순환적 질문에 답하도록 돕기 위해 어떤 방법을 사용해야 하는가? 왜 이것을 공부하는가? 내가 알아야 하는 것은 무엇인가? 이것은 어떻게 작동하는가? 이것이 어떻게 될까?"

감각이나 양식은 우리의 주된 지각 통로이다. 눈으로 볼 때 가장 잘 배우는 사람들을 가리켜 시각적 학습자이라 한다(시각적 학습자들은 읽기를 통해 가장 잘 배울 것이다. 그러나 오늘날 우리의 학생들 가운데 많은 수가 글을 읽는 만큼이나 그림을 읽을 수 있다). 귀로 들을 때 가장 잘 배우는 사람들을 가리켜 청각적 학습자라 한다. 학습 과정의 한 부분으로 움직여야 하는 사람들을 가리켜 촉각적/역동적 학습자라 한다. '촉각'은 접촉으로 느끼는 감각을 말하며, '체험'은 광석을 캐거나 킥볼을 할 때처럼 몸을 움직이는 것을 말한다.

모든 학생의 70퍼센트가 선호하는 학습 양식이 있다. 나머지 30퍼센트는 자신이 주제에 관심이 있다면 어떤 양식이 사용되든 집중할 것이다. 선호하는 양식이 있는 학생들은 자신이 선호하는 학습 방법과 일치하는 방법과 자료를 통해 배울 때 더 활발히 참여하며, 자신이 두 번째로 선호하는 방법이 추가로 사용될 때 더더욱 활발히 참여한다.[9]

청각적 학습자 선호하는 양식이 있는 학생들 가운데 20퍼센트는 청각적 학습자다. 청각적 학습자는 40-50분 수업에서 들은 내용의 75퍼센트를 기억할 수 있다. 청각적 학습자에는 여학생이 남학생보다 많다. 이 간단한 정보가 남학생이 성경공부 모임이나 주일학교 분반공부를 여학생만큼 재미있어 하지 않을 때가 많은 이유에 대한 실마리를 제공한다. 가르치는 게 주로 청각적으로 이루어지면, 많은 남자 아이들은 배우는 게 아니라 교실에서 일어나는 일에 흥미를 느끼는데, 청각적 활동이 자연적 학습 사이클에서 그들이 선호하는 지점에 이르기 위해 의도된 것일 때조차 예외가 아니다.

놀이터에서 나는 소리를 수집해 연구한 사람들은 여자 아이들이 내는 모든 소리는 인식이 가능하다는 것을 발견했다. 반면에 남자 아이들이 내는 소리는 69퍼센트만 이해가 가능했다. 나머지는 "어", "음"과 같은 단음절 소리거나 "부릉!", "야!"와 같은 효과음이었다.[10]

시각적 학습자 시각적 학습자는 40-50분 수업에서 본 것의 75퍼센트를 기억할 수 있다. 선호하는 양식이 있는 학생들 가운데 40퍼센트가 시각적 학습자이다. 어떤 시각적인 아이들은, 특히 그림을 읽어내는(picture literate) 아이들은 그들의 시각적 경향이 언어적 경향만큼 가치 있게 여겨지지 않기 때문에 관심을 덜 받는다. 우리 사회는 언어적 의미를, 말로 표현된 의미와 문자로 표현된 의미를 더 크게 생각한다. 우리는 교실에서 그림꾼들(picture makers)을 인정할 필요가 있다.

학생들 가운데 많은 수가 비디오 게임을 하거나 텔레비전을 보면서 오랜 시간에 걸쳐 발전시킨 자신만의 특별한 그림 기술(picture skills)을 가지고 교실에 들어온다. 우리는 이들의 관심을 유도하고 이들이 발전시킨 기술을 파악하고 활용하기 위해 그림을 보다 창의적으로 사용할 필요가 있다. 그림과 사진은 이해력을 높인다. 우리는 매우 어린아이들이 이야기를 이해할 수 있도록 사진과 비디오에 그림판까지 사용한다. 그러나 자라는 아이들에 맞춰 그림을 계속 사용하려면 어떻게 해야 하는가? 이 일은 많은 교사들에게 특별한 창의성을 계속해서 요구한다.[11]

촉각적/역동적 학습자 많은 촉각적/역동적 학습자들은 시각적, 청각적 기술 수준이 낮을 것이다. 이들은 배우려면 움직여야 한다. 다른 방법으로 이들을 가르치는 것은 그다지 성공적이지 못할 것이다. 선호하는 양식이 있는 학생들 가운데 40퍼센트가 이른바 이 유형이다. 이를 강하게 선호하는 아이들 중에는 여자 아이들보다는 남자 아이들이 많다.[12]

마가복음 9장 35-37절의 이야기 속으로 들어가 보자. "예수께서 앉으사 열두 제자를 불러서 이르시되 누구든지 첫째가 되고자 하면 뭇사람의 끝이 되며 뭇사람을 섬기는 자가 되어야 하리라 하시고, 어린아이 하나를 데려다가 그들 가운데 세우시고 안으시며 제자들에게 이르시되, 누구든지 내 이름으로 이런 어린아이 하나를 영접하면 곧 나를 영접함이요 누구든지 나를 영접하면 나를 영접함이 아니요 나를 보내신 이를 영접함이니라."

예수님은 돌아다니면서 배우는 사람들을 대하고 계셨다. 대부분은 머리보다는 손으로 일하는 게 편했다. 그래서 예수님은 여기서 촉각 및 운동 학습 과정을 이용하여 이들을 가르치셨다. 첫째, 이들은 모두 앉았으며, 아마도 땅바닥에 앉았을 것이다(스트레칭을 하기에 아주 좋았다). 그런 후, 예수님은 어린아이 하나를 지목하셨다. 제자들이 그 아이를 안아 머리를 쓰다듬으면서 옆으로 건네주는 장면을 상상해보라. 예수님의 가르침이 그들의 귀에 들어왔다.

학생들이 움직일 때, 교사는 때로 자신이 통제력을 잃었다고 느낀다. 그러나 움직임이 실제로 학습 과정이라면 징계는 문제가 안 될 것이다. 학생들은 행동과 관련 규정(대개 떠들면 어떻게 한다는 규정)의 목적을 알아야 할 필요가 있다.

결론

자연적 학습 사이클을 사용하고 그 외의 방법을 교육적으로 건전하게 혼합하여 사용하더라도 모든 학생이 예수님을 사랑하고 그분을 섬기게 되리라고 장담할 수 없다. 오직 학생 개개인이 성령의 인도를 받아 이런 결정을 내릴 수 있을 뿐이다.

기독교 교육가 로버트 파즈미노(Robert Pazmino)는 이렇게 말한다. "교사는 가르침을 다른 사람들에 대한, 다른 사람들과 함께하는 사역으로 볼 뿐 아니라 하나님께 대한, 하나님과 함께하는 사역으로 보아야 한다. 가르침의 은사는 하나님을 대신해서 말하며, 하나님이 주시는 은사와 힘으로 믿음의 공동체를 섬기라고 요구한다. 궁극적 목적은 언제나 예수 그리스도를 통해 하나님의 영광을 드러내는 것이어야 한다." 달라스 윌라드(Dallas Willard)는 이렇게 말한다. "우리가 원하는 것은 '좋은 재목(材木)'을 기르는 것이다. 우리의 목적은 단순히 행동을 통제하는 게 아니라 영혼의 내면을 변화시켜 하나님이 영과 진리로 예배를 받으시게 하는 것이다. 이렇게 될 때 바른 행동이 더 이상 율법적 행위가 되지 않는다."

우리는 학습 스타일을 하나의 도구로, 20년 전에는 교사가 갖지 못한 이해의 선물로 봐야 한다. 학습 스타일은 자원 교사가 학생들을 가르칠 때 하나님이 그들을 지으셨기를 우리가 바라는 방식대로나 그분이 그들을 지으셨을 것이라고 우리가 생각했던 방식대로 가르치는 게 아니라 하나님이 그들을 지으신 방식 그대로 가르치도록 도와줄 수 있다.

어린 소녀가 예수님이 병자를 고치시는 그림에 색칠을 하고 있었다. 소녀는 예수님을 얼굴과 손과 발을 온통 녹색으로 칠했다. 선생님이 물었다. "너의 그림에 대해 말해 주겠니?" 소녀는 주저 없이 말했다. "녹색은 건강해요. 예수님이 녹색인 것은 건강하시기 때문이에요. 예수님은 곧 병자도 녹색으로 바꾸실 거예요." 로마서 15장 13절(메시지 성경)은 건강한 녹색 목회를 위한 교사의 기도를 들려준다. "녹색 소망의 하나님, 당신을 기쁨으로 채우시고, 당신을 평화로 채우소서. 그리하여 당신을 믿는 생명이 생명을 주시는 성령의 에너지로 가득하고 소망으로 넘치게 하소서!"

기독교 교육에 대한 통문화적 시각

Cross-Cultural Perspectives on Christian Education

+ 릴리언 브레켄리지

(주의: 다음 자료는 미국 사회라는 구체적 정황을 토대로 했다. 그러나 거의 모든 나라가 다양한 문화를 갖고 있다. 여기 제시된 '통문화적 문제들/cross-cultural issues'에 대해 폭넓게 생각하고 자신이 속한 정황에 적절히 적용하기 바란다.)

미국 내의 인종 그룹과 민족 그룹의 분포는 앞으로 몇십 년 사이에 극적으로 바뀔 것으로 보인다. 1970년 이후, 인종적 소수 그룹들이 전체 인구에 비해 극적으로 늘어났다. 2000년 인구센서스에 따르면, 미국 내에서 잠재력이 있는 인종 그룹은 열다섯 개이다. 미국 교육 위원회(American Council on Education)에 따르면, 소수 인종의 학생들이 현재 취학 연령 아동의 약 1/3을 차지한다. 통계청은 2050년에는 미국 인구의 절반가량을 히스패닉이나 흑인이나 아메리카 인디언이나 아시아계가 차지할 것으로 예측한다. 아시아계가 현재 가장 빠르게 늘고 있으나 히스패닉계가 2010년에는 두 번째로 큰 문화그룹이 될 것으로 예상된다. (이 예상은 2004년에 현실로 나타났다.) 다음 세기 말에는 미국 인구의 다수가 '소수들이 모인 다수'(majority of minorities)가 될 것으로 예상된다.

미국의 인종적 다양성이 이처럼 커지고 있으며, 이 때문에 최근에 미국 문화의 구성이 극적으로 바뀌었다. 이처럼 다양한 인종 구성 때문에, 미국 문화는 다양성이 주는 추가적인 풍성함을 얻었다. 그와 동시에, 교회는 모두에게 적절한 사역 기회를 제공해야 하는 도전에 직면했다. 이러한 많은 도전을 이행하려 노력하는 사역자들과 전문 스텝들이 지난 10여 년 동안 좌절을 겪었다. 이러한 통문화적 관심은 개인적인 접촉과 그룹 차원의 접촉을 모두 포함한다. 왜냐하면 서로 비슷하지 않은 사람들 간에 상호 작용이 일어나기 때문이다. 비유사성은 피부색, 서로 다른 언어를 통한 커뮤니케이션, 서로 다른 인종적 배경 등에 가장 자주 적용된다.

이러한 다양한 문화 시나리오는 교회의 책임에 대한 진지한 질문을 제기한다. 하나의 소수 인종 그룹이 교회에 출석하지 못하도록 막을 수 있는 장애물로는 어떤 것이 있을 수 있는가? 사회가 다양성을 보이는데도 교회가 하나의 문화만 나타내는 것을 받아들일 수 있는가? 다양한 문화의 구성원들이 교육 프로그램이나 예배 요소에 환멸을 느끼게 되는가? 그렇다면 이것을 바로잡기 위해서는 어떤 전략이나 행동 계획이 필요한가?

다양성에 대한 인식은 교회 모든 지도자의 책임이지만, 교육은 유익한 태도 변화를 위한 매우 효과적인 수단 가운데 하나이다. 이런 이유에서, 교회 내의 교육자들과 교육 프로그램을 맡은 사람들은 행정을 맡은 사람들이나 다른 프로그램을 맡은 사람들보다 여기에 더 큰 책임을 느껴야 할 것이다.

교회와 문화적 다양성

21세기 교회는 구성원 개개인의 문화적 차이를 교회생활의 정상적인 부분으로 받아들여야 한다. 다른 기관과 마찬가지로, 교회의 구성원도 피부색, 성, 나이, 인종, 계층, 육체적 능력, 종교적 배경이 다양해질 것이다. 인종적 다양성이 조직과 그 구성원에게 미치는 영향을 과소평가해서는 안 된다. 문화적 배경이 다른 사람들은 서로 다른 생각과 가치관과 행동 패턴을 교회에 가지고 들어온다. 더욱이, 이러한 생각과 가치관과 행동 패턴은 다른 사람들이 이들을 인식하고 이들에게 반응하는 방식을 형성하며, 이들이 다른 사람들과 상호작용하는 방식을 형성한다. 교회 전체 모임이나 위원회 모임 중에, 서로 다른 그룹이나 문화의 구성원들은 서로 과거를 말하기는 하지만 결코 상대방의 말을 진지하게 받아들이거나 상대방의 입장이 진실하다는 것을 인정하지 않을 것이다. 이러한 경우, 어떤 문제에 대해 겉으로는 의견 일치가 이루어진 것처럼 보이지만 실제로 그룹의 몇몇 구성원은 그룹이 자신의 말을 듣지 않았다고 믿거나 패배감이나 좌절감을 느끼며 떠날 것이다. 교회 내에서 커뮤니케이션이 효과적으로 이루어지지 못하면 분열과 다툼이 일어날 것이다.

그리스도인들은 교회가 다양성에 대해 열린 마음을 어떻게 표현해야 하며, 이러한 열린 마음이 현대사회에서 어떤 모습으로 비칠 것인가에 대해 일치된 의견을 갖고 있지 못하다. 오브리 맬퍼스(Aubrey Malphurs)는 비록 모두에게 다가가는 것이 대부분 교회의 바람이더라도 현실적으로 우리의 교회 문화는 몇몇 사람을 배제할 것이라고 주장한다. "전체적으로 모든 사람에게 다가가려 한다면 구체적으로 한 사람에게도 다가가지 못할 것이다. 일단 당신의 교회 문화가 확립되면, 당신은 몇몇 사람을 배제할 것이다. 이것은 피할 수 없는 일이다." 그러나 그는 우리가 기억해야 할 한 가지 중요한 개념을 상기시킨다. 그 어떤 문화도 다른 문화보다 우월하지 않다는 것이다.

교회는 의식적으로든 무의식적으로든 부속 그룹의 구성원들과 관계할 때 다양한 접근법을 사용한다. 이러한 접근법은 절대 수용 불가에서 절대 수용에 이르기까지 다양하다. 리차드 쉐퍼(Richard Schaefer)는 부속 그룹에 대한 다양한 수용 정도를 표현하기 위해 일곱 가지 접근법을 사용한다. 비록 모든 접근법이 교회에 직접 적용되지는 않겠지만 그 가운데 여섯은 교회 공동체나 조직이 보일 수 있는 반응을 적절히 제시한 것으로 보인다.

첫째 접근법이자 부속그룹에게 가장 극단적인 결과는 제명(expulsion)이다. 제명은 소수로 구성된 그룹으로서는 받아들일 수 없는 결과이며, 지배 그룹이 직간접적으로 구체적인 부속그룹에게 떠나라고 강요할 때 일어난다.

둘째 접근법은 탈퇴(secession)이다. 여기서 부속그룹은 공식적으로 교회나 교단을 떠난다. 부속그룹은 더 이상 부속그룹으로 남기를 포기하고 새로운 그룹을 만들거나 기존의 다른 교회나 교단으로 옮길 것이다.

부속그룹에 대한 가능한 셋째 접근법은 분리(segregation)이다. 이것은 두 그룹이 물리적 위치와 사회적 기능에서 물리적으로 분리되는 것을 말한다. 분리는 지배그룹의 주도로 일어날 때가 많다. 미국에서 분리는 지금도 많이 일어나고 있다. 다수의 흑인과 히스패닉이 흑인이나 히스패닉이 지배적인 학교에 다니고 대도시 안에서 대체로 분리된 지역에서 생활한다.

넷째 접근법은 1782년 프랑스인 크레베꾀르(Crèvecoeur)가 미국을 묘사하면서 처음 사용한 도가니(melting pot) 개념으로 설명된다. 이 분석은 중세시대에 싼 금속을 녹여 금이나 은을 만들려 했던 시도에 기초했다. 목표는 인종적 차이를 균질화시켜 새로운 문화를 대표하는 미국적 정체성을 만들어내는 것이었다. 1963년 대니엘 모이니한(Daniel Moynihan)과 나단 글레이저(Nathan Glazer)는 균질화의 이상을 공격했다. 이들은 일치가 다양성이 주는 장점이 아니라 획일화에 달려 있다는 것은 잘못된 생각이라고 주장했다. 이러한 접근은 보다 관대하고 수용적인 쪽으로 움직이고 있더라도 약점이 있다. 교회는 그리스도 안에서 하나됨이라는 유사성을 강조하려고 개인의 차이를 무시하는 쪽을 선택할 수 있다. 이러한 접근의 약점은 융합(fusion)으로 대표되는 부부 관계에도 적용된다. 겉으로 보면, 융합은 바람직한 연합으로 보이지만 부부의 정체성을 강조하려고 개인의 정체성을 놓쳐버릴 때가 많다. 또 다른 예는 피부색에 대해서는 색맹이라고 선언하는 것이다. 이것은 피부색을 초월하는 데 도움이 되는 것처럼 들릴 수 있지만, 실제로 개인의 뚜렷한 정체성이라는 중요한 차이를 부정한다면 도움이 되지 않을 것이다.

교회가 부속그룹의 개개인에 대해 취할 수 있는 다섯째 접근법은 동화(assimilation)이다. 동화란 인종적 소수 그룹의 구성원을 지배그룹에 흡수하려는 시도이다. 이러한 접근은 부속그룹의 구성원에게 최종적으로 지배그룹의 일원이 되기 위해 지배그룹의 특징을 가지라고 요구한다. 이러한 접근법을 취할 때,

소수 그룹은 대개 자신의 특징이나 가치관을 상당 부분이나 대부분 잃어버린다. 지배그룹의 특징을 가지기를 거부하는 개인은 반항적인 사람으로 여겨질 것이다.

교회가 취할 수 있는 여섯째이자 마지막 접근법은 다문화주의 또는 상호 인정이다. 이 접근법의 목표는 모든 그룹의 문화적 차이를 유지하고 인정하는 것이다. 여기에는 서로의 문화에 대한 상호 존중이 포함된다. 이 접근법은 하나의 정체성을 지향하는 도가니식 접근을 취하는 게 아니라 인종적 차이를 모자이크로 짜맞추어 미국의 정체성을 만들어낸다. 어떤 사람들은 이것은 현실이 아니라 이상(理想)이라고 생각할 것이다. 이러한 접근법은 많은 논쟁을 불러 일으켰다. 예를 들면, 미국에서 모든 언어가 동일한 가치를 갖는가? 영어가 공식이어야 하는가?

인종 그룹에 대한 조명

현대사회를 반영하는 교회는 자신만의 삶의 경험과 사회화 과정을 대표하는 다양한 하부문화(하위문화)와 교류할 기회가 있을 것이다. 다양한 커뮤니케이션 스타일과 각 그룹마다 독특한 행동 양식을 인식하고 인정하려면 기본적인 문화 그룹에 대한 개괄적인 이해가 꼭 필요하다. 인구를 기준으로 볼 때, 보다 두드러진 몇몇 인종의 하부문화로는 히스패닉계 미국 문화와 아프리카계 미국 문화와 아시아계 미국 문화가 있다. 여기서 이러한 그룹의 문화적 특징을 살펴볼 것이다. 특정 그룹을 이해하는 데 필요한 개념적 기초를 제공하기 위해 일반적 특징이 제시된다. 그러나 이러한 특징은 그룹 구성원들에게 공통적으로 나타나는 것이 아니다. 왜냐하면 문화란 획일적이지 않으며 오히려 동일한 인종 그룹 내의 다양한 차이를 반영하기 때문이다.

문화 그룹들의 특징에 대한 기술은 사회학자들이 이상적 형태라고 말하는 것을 보여준다. 막스 베버(Marx Weber)가 가상 모델로 제시한 이 개념은 한 사회에서 가장 두드러진 특징들, 거의 극단적 형태의 특징들로 구성된다. 이것은 가능한 최선의 형태를 의미하는 게 아니라 상당히 깨끗하고 정제된 형태, 너무나 깨끗해서 현실에는 존재하지 않을 형태를 의미한다. 문화 그룹들에 대한 기술을 가상 모델로 본다면, 이러한 기술을 한 문화의 전형화(典刑化)로 볼 가능성은 줄어든다.

히스패닉계 미국 문화(Hispanic-American Culture) 히스패닉계 문화는 다양한 종교와 인종과 언어와 피부색을 대표하는 그룹들을 포함한다. 모든 그룹을 히스패닉이나 라티노(Latino)로 규정하는 것이 연구에는 편리하겠지만 보다 포괄적인 수준에서 확인되는 많은 그룹의 개별적 특징을 간과하는 경향이 있다는 점에서 공정하지 못할 때가 많다. "적당한 용어는 있을 수 있지만 모두를 만족시키는 용어는 없다"는 말이 있다. 멕시코인들은 미국에서 가장 큰 히스패닉 그룹이며, 중앙 아메리카인들과 남 아메리카인들이 그 다음으로 큰 그룹이며, 푸에르토리코인들이 세 번째로 큰 그룹이다. 쿠바인들은 불과 5퍼센트밖에 안 되지만 특히 플로리다 남부 지역의 경제와 정치에 강력한 힘을 발휘한다. 히스패닉들은 영어를 잘 못해 취업이 어렵지만 스페인어는 히스패닉들에게 자부심의 상징이다. 다수의 히스패닉계 미국인들은 스페인어와 영어를 할 줄 안다. 히스패닉들 내에서도 피부색이 흰색에서 갈색을 거쳐 검은색까지 다양하다.

히스패닉 문화는 집단적이며, 따라서 개개인의 존엄성은 외적인 물질적 성취보다는 내적인 영적 자질에 달려 있다. 진리는 객관적인 현실이 아니라 사람 사이의 현실에 뿌리를 둔다. 대인 관계와 영적 가치가 매우 중요하다. 한 연구에 따르면, 히스패닉계 경영자들은 개인보다 그룹을 더 중요시하며, 영국계 미국인들보다 일치의 필요성을 더 강조하며, 과제의 이행보다 사람과 사람간의 행동을 더 가치 있게 여긴다.

푸에르토리코인들은 미국 시민으로 간주되기 때문에(푸에르토리코는 미국의 자치령이다 — 역자 주) 조국과 미국을 자유롭게 왕래할 수 있다는 점에서 다른 인종 그룹과 다르다. 푸에르토리코 문화에서 인종적 정체성은 일차적으로 신체적 특징으로 결정되는 게(미국에서 자주 그렇듯이) 아니라 사회경제적 지위와 같은 비인종적 요소로 결정된다. 이들은 미국에 처음 와서 피부색에 따른 편견에 놀랄 때가 많다.

아프리카계 미국 문화(African-American Culture) 아프리카계 미국인들은 유럽인들이 처음으로 미국을 밟은 이후로 미국 문화의 일부였다. 그 결과 아프리카계 미국문화는 미국의 언어와 미술과 음악과 문학의 형성에 강력한 역할을 했다.

아프리카계 미국 문화는 공동체 의식과 개인과 그룹 간의 일체감이 강하다. 이들에게는 세 개의 사회 그룹 — 가족, 공동체(지역사회), 교회 — 이 특히 중요하다. 공동체는 개인의 정체성의 중심이며, 집단적 책임이 크게 강조된다. 아프리카계 미국 문화는 개개인에게 그룹 내에서 자기 정체성을 찾도록 독려한다.

이 문화는 공동체를 강조하며, 따라서 갈등이 일어날 때 그대로 두는 게 아니라 해결하도록 강력히 요구한다. 이런 모습은 갈등을 덮어버리거나 슬며시 넘어가는 미국의 주류 문화와는 대조적이다. 경영자들에 관한 연구에 따르면, 백인 경영자들은 '외면적 평온'(appearance of tranquility)을 가치 있게 여기는 반면에 아프리카계 미국인들은 갈등을 공개적으로 다루기 때문에 일시적으로는 외면적인 부조화가 있더라도 이런 과정을 통해 평온을 이루려 했다.

교회는 아프리카계 미국인들에게 핵심적인 사회 그룹이다. 아프리카계 미국 문화에 접근하려는 단체나 개인은 흑인 교회와의 접촉을 출발점으로 삼는 경우가 많다. 교회 리더들은 일반적으로 흑인 문제나 관심사에 대해 흑인들의 대변인 역할을 한다. 흑인계 미국인들의 다수는 개신교인이며, 그 가운데 거의 절반은 침례교인이다.

아시아계 미국 문화(Asian-American Culture) 아시아계 미국 이민자들의 출신 국가와 문화는 매우 다양하다. 그 가운데 가장 큰 다섯 그룹은 중국계 미국인, 필리핀계 미국인, 일본계 미국인, 인도계 미국인, 한국계 미국인이다. 이들 그룹 외에도, 인구센서스에 따르면 베트남, 라오스, 캄보디아, 방글라데시, 부탄, 보르네오, 버마, 셀레베스, 세난(Cernan), 인도네시아, 이오지마, 말레이시아, 몰디브, 네팔, 오키나와, 시킴(Sikkimese), 싱가포르, 스리랑카 등에서 온 이민자들도 있다. 아시아 그룹들 가운데 미국에서 역사가 가장 긴 그룹은 중국인과 일본인이다. 전체적으로, 아시아계 미국인들은 미국에서 아프리카계 미국인들과 히스패닉계 미국인들의 뒤를 이어 세 번째로 큰 소수 인종이다. 이처럼 다양한 그룹을 동일한 말로 기술하는 것은 큰 잘못일 것이다. 왜냐하면 이들은 언어적, 사회적, 지리적 배경이 서로 다르기 때문이다.

많은 아시아계 미국인들이 자신과 자녀를 위해 경제적 독립과 학문적 성공을 이루는 데 집중해 왔으며, 그 결과 '모범적 소수자'의 이미지를 얻었다. 집단 문화를 형성하는 아시아인들에게는 장기적인 개인적 관계가 중요하다. 대부분 아시아계 미국인들로 구성된 침례교회의 목사인 켄 퐁(Ken Fong)은 이렇게 썼다. "이 그룹에게 복음으로 다가가려면 덜 대치적이고, 더 관계적인 전도 스타일이 필요하다."

아시아계 미국인들의 일반적인 지위는 여기에 속한 많은 그룹만큼이나 다양하다. 1994년의 보도에 따르면, 아시아계 미국인은 전체적으로 이혼율이 가장 낮았고(3퍼센트), 실업률이 가장 낮았으며(3.5퍼센트), 십대 임신율이 가장 낮았던 반면에(6퍼센트), 미국의 모든 인종 그룹 가운데 평균 가구 소득이 가장 높았다. 그와 동시에, 뉴욕의 차이나타운에 거주하는 가정 가운데 25퍼센트가 빈곤선 아래에서 살고 있으며, 캘리포니아에 거주하는 캄보디아와 라오스 이민자들의 75퍼센트가 생계 보조금을 받고 있다.

요약 지금까지 살펴본 각각의 인종 그룹 내에도 많은 다양성이 존재한다. 각각의 문화 그룹에는 다양한 언어, 종교, 가치 패턴, 피부색이 존재한다. 우리 신학교에 다니는 아프리카 학생들의 경우, 사람들이 이들을 아프리카계 미국 문화의 범주에 두는 경향이 있지만 그래도 이들은 이 문화의 구성원들에게서 자신들과의 동질성을 찾기 어렵다고 말할 때가 많다. 이 예는 문화적 정체성을 세우려면 서로가 공유하는 상징적 공동체가 중요하다는 것을 보여준다. 문화적 정체성은 인종이나 피부색만 같으면 자동으로 생기는 게 아니다.

통문화적 사회 내의 기독교 교육

문화와 교육의 상호작용에 관한 연구는 20세기의 한 현상이다. 문화적 다양성과 다문화주의, 이들과 교육의 구체적 관계가 지난 20년간 점점 더 큰 연구의 대상이 되었다.

다문화적 기독교 교육의 원칙과 목표 기독교 교육을 통문화적 이슈의 견지에서 살펴보기 시작한 것은 보다 최근의 일이다. 교회학교 교사들은 공립학교 교사들이 자신들과 문화적 배경이 다른 학생들이 포함된 반에서 수업을 할 때와 똑같은 도전에 직면한다. 이러한 학생들은 과거의 경험이 다르며, 가치관과 태도도 다를 것이며, 교사의 설명을 다른 학생들과는 다르게 해석할 것이다. 기독교 교육에 대한 통문화적 시각에는 다양한 문화를 포함하는 한 그룹의 모든 구성원을 효과적으로 가르치기 위한 원리와 실제에 대한 숙고가 포함된다.

다문화주의는 통문화적 시각이 교육에 적용될 때 자주 사용되는 용어이다. 그러나 지난 세기 동안 이 개념을 어떻게 정의해야 하느냐에 대해서는 거의 아무런 합의도 없었다. 다문화적 기독교 교육에 대한 다음과 같은 정의는 이 주제를 목적이라는 견지에서 살피는 데 논의의 출발점으로는 충분할 것이다.

> 다문화적 기독교 교육의 목표는 다양한 그룹 출신인 개개인의 존재를 인식하고 존중하며, 이들의 차이를 인정하고 가치 있게 여기며, 이들이 그리스도의 사역에 개인적으로 기여할 용기와 힘을 얻도록 교회 가족의 모든 구성원에게 힘을 주는 포괄적 정황을 제공하는 믿음과 태도와 행동의 체계를 구현하는 것이다.

지교회가 실시하는 하나의 기독교 교육 프로그램이 진정으로 통문화적 접근을 취할 때, 이 프로그램은 교회의 구조적 틀에 영향을 미치고 교육 전략을 이끌며 구성원의 개인적인 가치관을 변화시키는 하나의 과정으로 여겨질 것이다. 이러한 프로그램의 목적은 지교회 울타리를 뛰어넘는다. 마틴 마티(Martin Marty)는 다문화적 기독교 교육의 목적은 “주변 세계를 가장 넓고 가장 공정하게 보여주는 것이다”라고 했다.

통문화적 감각은 교회의 사명과 비전과 목적 선언을 보증하는 데 매우 중요하다. 이것들은 기독교 교육을 위한 구체적인 선언뿐 아니라 전체적인 교회 사역을 위한 총괄적 선언과도 일치해야 한다. 아래 제시된 목표는 지교회가 교육 사역에서 보다 포괄적인 접근법을 발전시키도록 돕기 위한 것이다.

1. 문화적 다양성에 대한 인식을 높인다.
2. 교회 내에서 인종 중심적인 성격의 관례와 태도를 찾아내 평가한다.
3. 교회와 공동체 내에서 인종 간의 긍정적 관계를 장려한다.
4. 가르침-배움의 정황과 문화 간 커뮤니케이션을 위한 통문화적 기술을 발전시킨다.
5. 부모들이 자녀들로 하여금 다른 사람들의 가치관과 다양성을 인정하도록 독려하는 것을 돕는다.
6. 소수 그룹의 구성원에 대한 불평등을 줄이고 이들을 위한 정의를 증진할 사회적 책임 의식을 키운다.

인지 스타일과 인종 그룹들

학자들은 문화적 차이가 교육에 미치는 영향을 찾아내기 위해서 인지 스타일(cognitive styles)을 광범위하게 연구했다. 학습 스타일이란 개인이 가장 일관되게 학습을 하고 이것을 증명하는 행동과 수행 패턴을 말한다(학습 스타일에 관해 보다 자세히 알고 싶다면 앞에서 다룬 내용을 보라). 연구에 따르면, 인지 스타일과 문화적 차이는 서로 관련이 있다.

인지적 학습 스타일은 학습자와 관련이 있으며, 학습자와 학습 환경의 관계와 관련이 있다. 모든 학습자는 현장 독립적이거나 현장 의존적인 정도가 저마다 다르다. 현장 독립적 학습자들은 보다 분석적이고 주변 환경에 덜 매이는 경향이 있다. 현장 의존적 학습자들은 주변 환경에서 벗어나기가 더 어려우며, 따라서 다른 사람들에게 그리고 대인 관계에 강한 관심을 보인다. 연구에 따르면, 멕시코계 미국 아이들과 아프리카계 미국 아이들은 보다 현장 의존적 경향이 있는 데 반해 유럽계 미국 아이들은 현장 독립적 경향이 강하다. 미국의 공립학교는 일반적으로 보다 분석적이거나 현장 독립적인 학습 스타일을 중심으로 커리큘럼을 짜며, 따라서 보다 합리적이거나 현장 의존적인 학습 스타일을 가진 학생들 앞에 잠재적인 장애물을 놓는다.

개념 조직화(conceptual organization)의 분석적 또는 합리적 양식은 문화 그룹과도 연관된 인지적 학습 스타일의 또 다른 면이다. 연구에 따르면, 아프리카계 미국인들과 아시아계 미국인들과 아메리카 원주민들과 히스패닉계 미국인들은 유럽계 미국인들보다 관계적 사고를 보일 가능성이 더 높다. 우리는 분석형 학습자들이 과제 지향적이며 개성과 독립적 사고를 좋아한다고 믿는다. 관계적 양식을 선호하는 사람들은 전체적인 그림을 더 잘 파악하며, 보다 개인적이고 경험과 관련된 학습 상황을 좋아한다. 이들은 순전히 인지적인 학습보다는 사회적 만남을 주는 학습을 좋아할 것이다.

인종적 영향과 관련 있는 또 하나의 행동은 관계에 두는 가치의 차이다. 연구에 따르면, 아시아계 미국인들과 미국 원주민들과 히스패닉계 미국인들은 그룹의 정체성과 일체감과 집단행동에 대해 유럽계 미국인들보다 더 큰 가치를 둔다. 이것은 관계에 더 큰 가치를 두는 멕시코계 미국 아이들에 비해 유럽계 미국 아이들이 자기 성취의 필요성을 더 중요하게 여기는 경향이 있음을 보여주는 또 다른 연구와 일치한다.

다양성과 교육 과정

불행히도, 연구자들은 구체적인 그룹에 맞는 효과적인 교육 과정을 결정하는 데보다 학습자들의 특징이 그들이 속한 문화 때문임을 밝히는 데 더 많은 시간을 썼다. '교사 교육'과 '흑인 교육'에 관한 연구의 경우, ERIC 데이터베이스에 수록된 1980-1990년의 자료 중에서 여기에 관한 자료는 불과 27건뿐이다(ERIC는 Educational Resources Information Center의 약자이며, 여기서 제공하는 교육학 관련 정보는 1000여종의 저널, 회의록, 단행본, 연구보고서, 수업자료 등으로 구성되어 있으며, 1966년부터 현재까지 100만 건이 넘는다 — 역자 주). 1990-2000년의 자료 가운데도 여기에 관한 것은 불과 116건뿐이다.

그러나 지난 10년 동안, 다양한 학생들의 학습 효율을 높일 수 있는 방법에 더 큰 관심이 집중되었다. 다양성이 교회의 교육 제도에 미치는 영향에 대한 유익한 지침을 주려는 이러한 연구에서 다음과 같은 일반적인 함축적 의미를 도출할 수 있다.

1. 수업을 준비할 때 교사와 문화가 다른 학생들을 고려해야 한다. 이것은 모든 학생들에게 가장 생산적인 커리큘럼과 프레젠테이션을 준비하고 계획한다는 뜻이다.
2. 다양한 학생들을 가르치는 교사는 다양한 학습 스타일을 인정하는 다양한 교육과정을 활용할 필요가 있다. 여기에는 지배문화의 학생들에게는 가장 효과적이라고 생각되지 않는 과정도 포함될 것이다. 예를 들면, 영국의 교수 스타일은 교실 토의에 적극적으로 참여하는 것을 가치 있게 여긴다. 그러나 히스패닉계 미국인과 아시아계 미국인들은 보다 수동적인 역할을 선호하거나 가치 있게 여길 것이다.
3. 시각적 단서와 언어적 단서 모두 영어를 제2의 언어로 사용하는 학생들에게는 특히 중요하다. 도표, 그래프, 선그림(line-art drawings), 투명그림 등이 추가 정보를 제공하며, 강의의 방향 지시계로 활용될 수 있다. 강의의 일반적인 방향을 제시하는 인쇄물도 도움이 된다. 교사는 첫째, 둘째 등의 용어를 사용함으로써 중요한 개념에 대한 관심을 유도할 수 있다.
4. 교회 교사들은 추상적 개념을 다룰 때 특히 주의해야 한다. 교실에서 교사나 다른 사람들과는 사고의 스타일이 다른 사람들은 이론적 개념을 이해하는 데 어려움을 겪을 수 있다. 이것은 특히 종교 교육과 관련이 있다. 왜냐하면 일차적인 신학적 개념 가운데 대부분은 본질적으로 추상적이기 때문이다. 예를 제시하고 개념을 분명하고 철저하게 설명하는 게 중요하다. 개념 이해를 제대로 다루는 질문 시간을 충분히 갖는 게 수업의 흐름을 따라가느라 애쓰는 학생들에게 도움이 될 것이다. 내게 '여성 사역'이라는 강의를 듣는 한국 학생은 다른 학생들이 수업 때마다 복잡한 개념의 빠른 변화를 잘 따라가는데 자신은 한 시간의 토론에 집중하다보면 수업이 끝날 때면 예외 없이 머리가 아프다고 했다.
5. 학생들이 보여주는 인종적 전통을 토대로 교육 방법론을 평가해야 한다. 《영혼의

이야기: 아프리카계 미국인을 위한 기독교 교육》(Soul Stories: African-American Christian Education)에서, 앤 윔블리(Anne Wimberly)는 기독교 교육을 미국의 아프리카계 그리스도인들의 삶의 경험과 역사와 해방에 적용하기 위해 이야기로 연결되는 과정을 사용할 것을 주장한다. 이정용은 자신의 주변 신학(theology of marginality)은 자신이 북미에서 아시아인으로 산 결과물이라고 말한다. 그는 자신의 신앙을 주변적 존재의 시각에서 기술한다. 그는 더 나아가 "주변은 주변 신학의 정황일 뿐 아니라 주변 신학의 방법이기도 하다"고 말한다.

다양성을 수용하는 교회를 갖는다는 게 무슨 뜻인가?

민족주의와 일치성과 관련이 있는 산업사회로 평가되던 북미 사회가 이제는 다양성과 관련된 정보사회로 평가된다. 21세기는 세계가 지구촌이 될 것이다. 진실은 이 세계가 급속히 변하고 있다는 것이다. 이러한 문화적 변혁은 몇몇 주류 교단이 이미 보인 본을 따르도록, 체릴 샌더스(Cheryl J. Sanders)의 말을 빌리면 "구성원의 자격을 경제적, 계층적, 인종적 경계선을 따라 점점 더 제한하도록" 유혹할 것이다.

어떤 교회는 리더가 구성원들의 필요를 개념화하고 명료화하지 못해 다양성을 이루지 못할 것이다. 어떤 교회는 과제의 복합성을 과소평가할 것이다. 또 어떤 교회는 개념화를 넘어서지 못할 것이다. 개념화와 전략화에 행동이 따르지 않으면, 교회는 모두가 인종과 성별과 계층에 상관없이 받아들여지는 그리스도의 다양성 모델을 보여주지 못할 것이다. 이 과제는 아주 중요하며, 따라서 지교회는 다문화적 시각을 토대로 하는 기독교 교육 프로그램 개발에 우선순위를 두어야 한다. 이 과정은 평가와 함께 시작하며 그 뒤에 명료화와 행동 계획이 따른다. 바라는 결과는 서로의 차이를 인식하고 수용하며 인정하는 그룹들의 집합체 가운데서 평등과 존중의 상호 관계가 나타나는 것이다.

로날드 포터(Ronald C. Potter)는 인종과 신학적 대화에 관한 글에서 통문화적 이슈에 대한 기독교적 반응을 제시한다. 그는 개개인이 자신을 진정으로 십자가 아래 내려놓고 "자신의 진정한 모습을, 자신의 새로운 인성을, 자신이 하나님의 백성이라는 사실을 보기 시작할 때" 문제가 해결된다고 말한다. "이 부분에서는 '나 대 그들'이라는 범주가 존재하지 않는다. 우리는 말 그대로 우리를 가족으로 본다."

진정한 다문화적 기독교 교육 프로그램은 방법이나 자료나 프로그램에 있는 게 아니다. 이것은 서로 상호작용을 할 때 나타나는 개인의 변화된 태도에 있다. 이것은 개인의 차이를 수용하고 인정하는 데 있으며, 하나된 하나님의 가정을 나타내려는 바람에 있다. 기독교 교육가들이 통문화적 시각과 갈보리 십자가의 의미의 관계를 분명하게 표현할 때, 다른 사람들이 이러한 의미와 자신들의 개인적인 삶을 연결하고 자신들이 그리스도 안에서 하나 되게 하는 데 전념할 무대가 마련된다.

그리스도인 빚기

Christian Formation

+ 줄리 고먼

그리스도인 빚기는 하나님의 가치관과 우선순위와 시각과 반응을 심고 기르는 과정과 결과이다. 그리스도인 빚기는 다음 질문을 수반한다. "그리스도인은 어떻게 만들어지는가?"

그리스도인을 빚으려면 하나님의 말씀을 가르치고 전하며, 진리를 일깨우고 삶에 적용하도록 끌어주어야 한다. 그리스도인을 빚으려면 동기부여가 필요하다. 다시 말해, 바람직한 성장을 위해 적극적으로 노력하고 하나님이 계획하신 사람이 되고 싶어 하는 마음을 심어주어야 한다. 그리스도인을 빚기 위해서는 정보가 필요하다. 다시 말해, 하나님이 누구시며 그분이 무엇을 원하시는지 알아야 하고, 내가 누구며 어떻게 성장하는지도 알아야 한다. 그리스도인을 빚기 위해서는 의지가 필요하다. 다시 말해, 알고 있는 진리에 삶으로 반응하려는 자발적 헌신이 필요하다. 성령의 인도로, 앞에서 말한 세 가지 모두를 종합하는 학습은 한 사람을 더욱 그리스도를 닮은 모습으로 변화시킬 것이다.

예수님과 성경 기록자들은 사람이 하나님을 알고 그분의 진리를 내면화하면 다르게 살 것이라고 기대했다.

성경의 증언에 따르면, 예수님과 성경 기록자들은 사람이 하나님을 알고 그분의 진리를 내면화하면 다르게 살 것이라고 기대했다. 존재와 행위 모두 변할 것이다. 잠재적으로 이러한 변화는 '그리스도 안에' 있는 자에게는 이미 현실이기는 하지만 성경은 벗고 입는 과정이 있으며, 미리 결정된 계획의 성취를 향해 점점 더 나아가는 과정도 있다고 말한다. 성령은 이러한 변화의 도구이시다. "우리가 다 수건을 벗은 얼굴로 거울을 보는 것 같이 주의 영광을 보매 그와 같은 형상으로 변화하여 영광에서 영광에 이르니 곧 주의 영으로 말미암음이니라"(고후 3:18).

성경은 또한 사람이 하나님을 만난 후 그리스도인으로 빚어지는 놀라운 과정에서 해야 할 책임이 있다고 말한다. "너희는 이 세대를 본받지 말고 오직 마음을 새롭게 함으로 변화를 받아 하나님의 선하시고 기뻐하시고 온전하신 뜻이 무엇인지 분별하도록 하라"(롬 12:2). 특히 기독교 교육자들에게 중요한 것은 인간이 그리스도 안에 일어나는 이러한 새로운 창조에서 빚는 자의 역할을 한다는 것이다. "나의 자녀들아 너희 속에 그리스도의 형상을 이루기까지 다시 너희를 위하여 해산하는 수고를 하노니"(갈 4:19). 사도 바울은 하나님의 성령의 동역자 갈라디아인들의 삶을 빚는 일을 도왔다.

기독교 교육자로서, 우리는 한 사람을 정보와 바람을 넘어 삶을 바꾸는 변화의 영역으로 옮겨 놓는 이러한 과정을 지지한다.

연구에 따르면, 이러한 빚음은 삶에서 자발적인 방법으로 일어난다. 하나님은 그분의 계획을 성취하는 방향으로 우리를 이끄시기 위해 우리의 경험을 사용하신다. 이러한 빚음의 '과정들'이 우리가 어떻게 할 수 없는 고통스러운 절규의 순간일 때가 많다. 이러한 과정을 통해 새로운 시각과 새로운 우선순위와 새로운 사람이 나온다. 어떤 때는 피할 수 없는 삶의 과정들이(나이가 드는 것) 우리를 빚는 경험이 된다. 우리를 빚는 세 번째 도구는 우리 삶에서 나타나는 은혜의 순간들, 우리가 설명할 수 없는 선(善)이다. 성령께서는 우리를 그리스도인으로 빚기 위해 이러한 기회를 자주 활용하신다.

빚기를 의도적으로 촉진하기도 하는가? 하나님에게는 사람들이 그분의 아들을 닮게 하려는 계획이 있다. 그렇다면 기독교 교육가들은 이를 위한 무대를 세우고 성령과 함께 일하면서 성령께서 사람들이 이러한 계획을 이루려고 노력하게 하는 데 유익한 학습 스타일을 개발하는 법을 배울 수 있는가? 그리스도인 빚기는 그럴 수 있다고 대답한다. 우리가 영적 훈련을 통해 우리 안에서 일하는 하나님을 위한 위치에 있게 되듯이, 그리스도인 빚기는 하나님에게 초점을 맞추며, 모든 일에서 학습자의 움직임을, 삶을 변화시키는 빚음의 순간으로 바꾸시는 하나님의 역사를 촉진할 것이다. 이처럼 가르치면서 종의 자세를 취하려면 하나님의 원하시는 것에 계속해서 주의를 집중해야 하는데, 이렇게 하면 학습자들은 하나님이 자신을 빚으시는 과정에 적극적으로 참여하게 되고 하나님에게 필연적으로 반응하게 된다. 교사는 선구자, 길을 예비하는 자, 학습자들이 그들의 삶과 경험에서 하나님을 인식하도록 돕는 영적 연결자, 학생들이 진리를 경험하도록 도우면서 진리를 설명하는 사람, 모든 학습 상황에서 하나님의 큰 역할을 점점 더 크게 인식하게 하는 그림자가 된다.

그리스도인 빚기는 다음 몇 가지 특징이 있다.

첫째, 성숙이라는 목표를 향한 움직임에 대한 지속적인 인식이 있다. "이것이 어떻게 학습자가 그리스도 안에서 성숙을 향해 나아가게 할 수 있는가?"라는 질문을 기준으로 정보를 평가한다. "이 상황에서 하나님의 진리를 경험하기 위해서는 무엇이 필요한가?"라는 물음을 토대로 학습자의 상황을 평가한다. "이 사람이 성숙을 향해 나아가도록 가장 잘 도울 수 있는 과정은 무엇이겠는가?"라는 질문을 토대로 방법을 선택한다. 경험은 "이 경험이 경건의 성숙을 이루는 데 어떤 기여를 하는가? 성숙을 향해 한 걸음 더 나아가게 하려면 이러한 학습 경험을 어떻게 체계화하는 게 최선인가?"와 같은 질문을 통하여 성숙하는 과정의 일부이다. '그들 안에서 그리스도의 형상 빚기'는 모든 가르침과 양육과 정보 전달 과정을 점검하는 필터이다.

둘째, 전인(全人)이 포함된다. 사람들은 통합된 전체이다. 그리고 빚기는 전체적인 반응을 요구하기 때문에, 그리스도인 빚기는 전인을 대상으로 하며 전체의 모든 부분을 다루려 한다. 단지 지성을 자극하는 것만으로는 결코 충분하지 않다. 마음과 뜻도 반드시 바뀌어야 한다. 개념적 반응으로는 결코 충분하지 않다. 테스트와 프로젝트와 평가는 이 모두를 통합하는 삶의 반응을 반드시 요구해야 한다.

'그들 안에서 그리스도의 형상 빚기'가 모든 가르침과 양육과 정보 전달 과정을 점검하는 필터이다.

셋째, 그리스도인 빚기는 항상 하나님과 그분의 말씀에 대한 열린 자세를 포함한다. 말씀을 결코 습득해야 할 지식이 아니라 삶으로 실천해야 할 진리로 봐야 한다. 하나님의 말씀은 항상 "우리는 이것을 믿는다. 그렇다면 우리는 어떻게 살 것인가?"라는 물음으로 이어져야 한다. 하나님을 아는 것은 개인적이며, 관계적이며, 우선적이다. 그분은 그리스도인 빚기를 위한 모든 학습의 근원이자 결말이다. 모든 것이 그분에 의해 평가되거나 강화된다. 그분이 없는 학습 자원이란 없다.

넷째, 그리스도인 빚기는 발전적이며, 이전의 개념 위에 세워지며, 목표를 향해, 즉 그리스도 안에서의 성숙을 향해 나아간다. 인간 발달 과정은 영적 발전에 영향을 미칠 수 있으며, 따라서 기독교 교육자들은 이 점을 고려해야 한다. 그러나 창조자는 이러한 개략적인 단계들보다 크시며, 이것들에게 제한받지 않으신다.

다섯째, 그리스도인으로 빚어지려면 학습자가 개인적으로 진리와 적극적으로 사귀어야 한다. 교사의 역할은 학습자가 이렇게 하느냐에 따라 결정된다. 교사는 가능할 때마다 학습의 책임과 개인적인 처리를 학습자에게 넘겨야 한다. 이것은 학습자가 진리를 파악하고 적용하기 시작하면서 교사의 역할이 줄어든다는 뜻일 것이다. 이것은 학습자를 최대한 참여시키기 위한 방법을 선택하는 데 영향을 미칠 것이다. 그리스도인 빚기는 학습자에게 배울 힘을 준다.

여섯째, 그리스도인 빚기는 언제나 삶과 관련이 있다. 이것은 하나님이 우리로 하여금 그분을 알게 하고 그분 안에서 성장하도록 빚으신 삶에 대한 인식과 경험에서 그리스도인으로 빚어지는 과정이 시작되고 끝난다는 뜻이다. 이것은 그리스도인으로 빚어지는 학습 경험에서 진리와 삶이 항상 함께해야 한다는 뜻이다.

일곱째, 기독교 공동체는 그리스도인 빚기에서 강력한 역할을 한다. 학습자가 성장이 필요한 부분을 발견하는 것은 공동체 내에서이며, 학습자가 통찰력과 지원을 받고 그리스도의 사람으로 자신만의 특별한 부분을 그룹에 표현할 기회를 갖는 것도 공동체 내에서이다.

여덟째, 사람들로 하여금 성숙에 이르게 하고 그들 속에 그리스도의 형상이 빚어지게 하시는 주된 힘은 하나님의 성령이다. 그리스도인 빚기는 성령의 인도를 따라 이루어진다. 인간 교사는 '교사 도움이'로 섬기며, 하나님의 계획을 이루는 일에서 언제나 큰 선생(Master Teacher)의 최고 권위를 인정한다.

더 깊게 공부하려면

Michael J. Anthony, ed., *Introducing Christian Education: Foundations for the Twenty-frist Century*

Kenneth Boa, 《기독교 영성, 그 열두 스펙트럼》*(Conformed to His Image)*, 송원준 옮김(디모데, 2005)

James and Lillian Breckenridge, *What Color Is Your God?*

Julie Gorman, *Community That Is Christian: A Handbook on Small Groups*

Daniel Lambert, *Teaching That Makes a Difference*

Lois Lebar, *Education That Is Christian*

Marlene LeFever, *Learning Styles*

Richard J. Edlin, 《기독교 교육의 기초》*(The Cause of Christian Education)*, 기독교학문연구회 옮김(그리심, 2004)

미주

1장

1) 2세기 로마의 교사 마르시온(Marcion)은, 신약은 구약과 완전히 모순된다는 자신의 믿음 때문에 로마와 결별했다. 그는 구약을 제외하는 자신만의 정경을 만들었다.

4장

1) 각각의 분류는 장점과 단점이 있다. 우리는 절대적 속성과 내재적 속성(A. H. Strong), 비공유적 속성과 공유적 속성(Louis Berkhof), 형이상학적 속성과 도덕적 속성(John Gill), 절대적 속성과 상대적 속성과 도덕적 속성(H. Orton Wiley), 개인적 속성과 구성적(constitutional) 속성으로 구분할 수 있을 것이다(Lewis Sperry Chafer). 이러한 분류의 장점과 단점은 각각의 신학에서 찾아볼 수 있다.

2) 힌두교의 마야(maya) 개념과 대조된다.

3) 이것은 하나님의 무감각(impassibility)을 가르친 토마스 아퀴나스의 전통에 속하는 사람들의 주장과는 반대이다.

13장

1) 외경(Apocrypha)은 구약의 히브리 정경에 포함되지 않은 책을 가리키는 표현이다. 외경 중에는 그리스도인들이 교리적 교훈보다는 윤리적 교훈을 위해 읽는 자료들이 있다.

26장

1) Marilee Spenger의 Learning and Memory: The Brain in Action(Alexandria, VA:

Association for Supervision and Curriculum Development, 1999)을 보라. 이것은 뇌가 학습을 어떻게 제어하는지에 관한 정보를 제공하는 탁월한 자료이다. "생후 1년 동안, 인간의 뇌는 놀라운 속도로 신경세포 사이의 연결구조를 만들어낸다. 어떤 과학자들은 생후 2년이 지나면, 인간의 뇌는 절대로 그 이전만큼 많이 또는 빨리 학습하지 못한다고 한다. 쓰기를 완전히 습득하는 데는 8-10년이 추가로 걸린다"

2) 학습 스타일을 연구하는 여러 단체들에 대해서는, 다음 책에 실려 있는 학습 스타일에 관한 Marlene LeFever의 글을 보라. Evangelical Dictionary of Christian Education, ed. M. Anthony(Grand Rapids: Baker, 2001)

3) 이 장에서 다루지는 않았지만 Howard Gardner의 Multiple Intelligences: Theory and Practice(New York: Basic, 1993)도 독자가 살펴볼 가치가 있는 책이다. 그는 엄격한 학습 스타일이 아니라 '지능'(intelligence)이라는 제목에서, 교사가 학습을 촉진하는 수업과정을, 특히 학생들이 서로 간에 매우 다른 방식으로 배울 때, 다시 생각해 보라고 요구한다. 그의 다중지능이론(theory of multiple intelligence, MI 이론)은 적어도 일곱 가지 지능이 있다고 말한다. 언어적(linguistic) 지능, 논리적-수학적(logical-mathematical) 지능, 공간적(spatial) 지능, 신체적-역동적(bodily-kinetsthetic) 지능, 음악적(musical) 지능, 대인관계적(interpersonal) 지능, 자기이해적(intrapersonal) 지능. 가드너의 연구에 따르면, "한 사람의 학습 스타일은 자연적 학습 정황에서 작용하는 지능의 실제적 표현이다. 모든 학생은 일곱 가지 지능을 모두 보일 것이며, 그 가운데 많은 수는 상당한 정도로 발전할 것이다. 그러나 학습자들은 몇몇 부분에서는 고도로 발전하고, 몇몇 부분에서는 보통으로 발전하며, 나머지 부분에서는 덜 발전할 것이다"[T. Armstrong, Multiple Intelligences in the Classroom (Alexandria, VA: Association of Curriculum and Supervision Development, 1994)].

4) B. McCarthy, The 4MAT System—Teaching to Learning Style With Right/Left Mode Techniques(Barrington, IL: Excel, 1987). 필수적인 이 자료는 독자에게 4MAT 시스템을 소개하며, 이 시스템이 K-12 교실에 적용되는 열다섯 가지 경우를 제시한다.

5) B. McCarthy, About Learning (Barrington, IL: Excel, 1996), 289.

6) 보다 확실한 테스트를 원한다면, Excel 출판사가 개발한 Learning Type Measure를 활용해보라. 탁월한 이 테스트는 학생들이 이미 어렴풋이 느끼는 것(자신이 선호하는 학습 스타일)을 확인시켜 준다. 그러나 훨씬 더 중요한 점은 이 테스트가 학생들로 하여금 그들이 선호하지 않는 단계들에서 스스로 얼마나 많은 능력을 가졌는지 보게 해준다는 것이다. 교사들에게, 이 테스트는 하나의 경고 역할을 한다. 자원자들은 자신들이 개인적으로 좋아하는 부분에 중점을 두고 가르칠 것이며, 따라서 반대쪽 스타일들에 대해 평가절하하거나 무시할 수 있다.

7) Marlene LeFever의 Learning Style — Reaching Everyone God Gave You to Teach(Colorado Springs: Cook, 1995), 29에서 가져왔다.

8) "교수 스타일은 단순히 학습 스타일의 부속물이 아니다. 교수/학습 스타일은 상호보완적이지만 뚜렷이 다르기 때문에 따로 연구되어야 한다. 이 둘은 대상과 목표와 기준이 완전히 다르다. 학습 스타일의 본질은 학습자의 학습을 기술한다. 교수 스타일의 본질은 교사의 학습을 기술하는 게 아니며, 주로 교사의 학생 학습 촉진을 기술하는 것도 아니다. 오히려, 교수 스타일의 본질은 교사를, 교수의 도구인 교사의 행동을 기술하는 것이다." [G. M. H. Gayle, "A New Paradigm for Heuristic Research in Teaching Styles", in Religious Education 89 (Winter 1994): 9].

9) 우리는 선호하는 방법과 양식을 아이들의 견지에서 생각할 때가 많지만, 사실 우리가 선호하는 양식은 나이에 상관없이 차이를 낳는다. Michael W. Galbraith와 Wayne B. James는 이렇게 지적한다. "학습 스타일은 수용되고 보류되는 정보의 양에 영향을 미치기 때문에, 연장(年長)인 학습자의 가장 효과적인 학습 스타일을 알고 활용하면 학습의 효과가 더 커질 것이다"["Assessment of Dominant Perceptual Learning Styles of Older Adults", Educational Gerontology, No. 6(1984): 455].

10) G. Smalley and J. Trent, "Why Can't My Spouse Understand What I Say?" Focus on the Family Magazine (Nov. 1988): 3.

11) 역동형 학습자들/교사들은 교실에서 학생들의 그림 읽기 능력(picture literacy)

을 파악하는 새로운 방법을 찾아내는 도전을 즐길 것이다. 이 목적을 위해 한 무리의 사람들을 모으고 어떤 새로운 아이디어들이 나오는지 보라. 알버트 슈바이처는 어릴 때 지능이 떨어진다는 잘못된 진단을 받았다. 그는 시각적-공간적 지각과 시각적 추론과 암기에 천재적 능력이 있었는데도, 그가 어릴 때 주변 사람들은 그의 특별한 재능을 파악하지 못했다. 오늘날의 교사들은 이렇게 기도해야 한다. "주님, 아인슈타인의 잠재력을 가진 아이의 삶을 제게 맡기시려면 먼저 저를 준비시켜 주십시오. 제가 시각적 재능을 인식하고 제가 가르치는 방법으로 그것을 길러줄 수 있도록 저를 도와주십시오."

12) 흑인이든 백인이든 간에, 여자들은 셋 중 한 명이 적어도 일주일에 한 번 교회에 나간다. 백인 남자들은 네 명 가운데 한 명, 흑인 남자들은 다섯 명 가운데 한 명만 그렇게 한다. 어떤 남자들은 조사원들에게 자신들이 교회에 나가지 않는 이유는 교회에 나가는 게 현실과 별로 관련이 없고 남자답지 못하기 때문이라고 말했다[National Opinion Research Center, associated with the University of Chicago, reported in the Christian Ministry(Nov., Dec. 1990)]. 한 가지 설명은, 많은 남자들이 촉각적/역동적 학습 스타일을 선호하며 따라서 교회의 성인반이나 실제적인 예배를 자주 무시한다는 것이다.

한 권으로 배우는 신학교

초판 1쇄 발행 2012년 5월 29일
초판 11쇄 발행 2025년 3월 4일

지은이 알리스터 맥그래스, 존 스토트, 마크 놀 외
옮긴이 전의우

펴낸이 여진구
편집 이영주 박소영 최현수 구주은 안수경 김도연 김아진 정아혜
책임디자인 마영애 노지현 조은혜 정은혜
홍보 · 외서 진효지
마케팅 김상순 강성민 마케팅지원 최영배 정나영
제작 조영석 허병용 경영지원 김혜경 김경희

303비전성경암송학교 유니게 과정
이슬비전도학교 / 303비전성경암송학교 / 303비전꿈나무장학회

펴낸곳 규장

주소 06770 서울시 서초구 매헌로 16길 20(양재2동) 규장선교센터
전화 02)578-0003 팩스 02)578-7332
이메일 kyujang0691@gmail.com 홈페이지 www.kyujang.com
페이스북 facebook.com/kyujangbook 인스타그램 instagram.com/kyujang_com
카카오스토리 story.kakao.com/kyujangbook
등록일 1978.8.14. 제1-22

책값 뒤표지에 있습니다.
ISBN 978-89-6097-258-2 03230

규 | 장 | 수 | 칙

1. 기도로 기획하고 기도로 제작한다.
2. 오직 그리스도의 성품을 사모하는 독자가 원하고 필요로 하는 책만을 출판한다.
3. 한 활자 한 문장에 온 정성을 쏟는다.
4. 성실과 정확을 생명으로 삼고 일한다.
5. 긍정적이며 적극적인 신앙과 신행일치에의 안내자의 사명을 다한다.
6. 충고와 조언을 항상 감사로 경청한다.
7. 지상목표는 문서선교에 있다.

하나님을 사랑하는 자 곧 그의 뜻대로 부르심을 입은 자들에게는 모든 것이 合力하여 善을 이루느니라(롬 8:28)

규장은 문서를 통해 복음전파와 신앙교육에 주력하는 국제적 출판사들의 협의체인 복음주의출판협회(E.C.P.A:Evangelical Christian Publishers Association)의 출판정신에 동참하는 회원(Associate Member)입니다.